Puls 64

Wirtschaftslehre für Medizinische Fachangestellte

von
Peter J. Schneider
Manfred Zindel
Roland Lötzerich

westermann

Puls 64 ist ein modernes Buch für die Ausbildung der Medizinischen Fachangestellten.

Puls 64

- ist **hochaktuell.** Das Thema Qualitätssicherung steht im Mittelpunkt des medizinischen Alltags und es zieht sich wie ein roter Faden durch das gesamte Buch.
- lehnt sich eng an den neuen **KMK-Rahmenplan** an. Die Zielformulierungen der einzelnen Lernfelder werden als Ausgangspunkt des handlungsorientierten Buchkonzepts aufbereitet.
- beinhaltet als **Handlungsrahmen zwei Praxisgemeinschaften.** Nicht die einzelnen Ärzte, sondern das gesamte Praxisteam steht im Mittelpunkt der Lernfelder.
- **besteht zunächst aus zwei Bänden.** Das Konzept der Praxisgemeinschaften gilt auch für die medizinische Fachkunde. Damit ist gewährleistet, dass sich die Auszubildenden immer wieder in bestimmten Praxissituationen wiederfinden und sich die einzelnen Lernbausteine schnell zu einem sinnvollen Ganzen zusammenfügen.

Puls 64 besticht über die Inhalte hinausgehend durch drei Schwerpunkte, die durchgängig Berücksichtigung finden:

- **Qualitätsmanagement:** Ärzte sind nach den Bestimmungen des Sozialgesetzbuches zu einem internen Qualitätsmanagement verpflichtet. Spezielle Ziele aus dem Qualitätszielkatalog der Kassenärztlichen Bundesvereinigung (KBV) untermauern und vertiefen die Forderung nach Qualität in der ärztlichen Praxis.
- **Praxismarketing:** Neben einer erfolgreichen Patientenversorgung muss eine Praxis auch unter wirtschaftlichen Gesichtspunkten geführt werden. Daher werden immer wieder geeignete Maßnahmen und Strategien zur Zukunftssicherung einer erfolgreichen Praxis aufgezeigt.
- **Kommunikation:** Eine ärztliche Praxis ohne eine gut funktionierende Kommunikation kann nicht erfolgreich betrieben werden. Die Autoren haben viel Wert darauf gelegt, diesen Anspruch bei der Buchgestaltung auch umzusetzen.

Die 2. Auflage ist in der Gesundheitsreform, Sozialversicherung und Krankenversicherungskarte auf dem Stand von März 2007.

Puls 64 erleichtert das Lernen mit hilfreichen Tipps für den Praxisalltag und Hinweisen auf die Möglichkeiten zur eigenen Verbreiterung des aktuellen Wissens.

Das Autorenteam und der Verlag wünschen Ihnen ein interessantes Arbeiten und ein entspanntes Lernen, vor allem aber eine erfolgreiche Ausbildung und Abschlussprüfung!

Autoren und Verlag

2. Auflage, 2007
Druck 2, Herstellungsjahr 2008

Lektorat: Petra Griesenbeck, Meckenheim
Druck und Bindung: westermann druck GmbH, Braunschweig

ISBN 978-3-8045-**5780**-2

Auf verschiedenen Seiten dieses Buches befinden sich Verweise (Links) auf Internet-Adressen.

Haftungshinweis: Trotz sorgfältiger inhaltlicher Kontrolle wird die Haftung für die Inhalte der externen Seiten ausgeschlossen. Für den Inhalt dieser Seiten sind ausschließlich deren Betreiber verantwortlich. Sollten Sie bei dem angegebenen Inhalt des Anbieters dieser Seite auf kostenpflichtige, illegale oder anstößige Inhalte treffen, so bedauern wir dies ausdrücklich und bitten Sie, uns umgehend per E-Mail unter www.westermann.de davon in Kenntnis zu setzen, damit der Verweis beim Nachdruck gelöscht wird.

57802

Die einzelnen Kapitel des Buches bestehen aus folgenden Bausteinen:

Moment mal ...

Die Kapitel beginnen mit einer Einstiegssituation, die überwiegend aus dem beruflichen Alltag unseres Praxisteams stammt.

Hieran schließen sich eine oder auch mehrere Fragen an. Sie sind als Handlungsanstoß zu verstehen, sich mit der beschriebenen Problemlage zu beschäftigen.

INFORMATION

Unterstützt durch Bilder, Übersichten und andere Veranschaulichungsmaterialien können Sie sich im Informationsteil mit allen wichtigen Hintergrundinformationen vertraut machen.

Praxistipp

Ratschläge zur Situationsbewältigung in der Arztpraxis sowie Tipps für die Ausbildung und den Berufsalltag befinden sich an geeigneter Stelle im Informationsteil.

Arbeitsaufträge

Innerhalb der Lernfelder befinden sich zahlreiche Arbeitsaufträge zur Wiederholung und zur Anwendung des Lernstoffs.
Solche, die im besonderen Maße Ihre Kommunikationsfähigkeit schulen sollen, sind mit dem Symbol markiert.

Forderungen des Qualitätsmanagements

Auf Grundlage des Qualitätszielkataloges der Kassenärztlichen Bundesvereinigung (KBV) wird immer wieder der Forderung nach Qualität in der Arztpraxis Rechnung getragen.

Dieses Verweissymbol finden Sie im Text, wenn Inhalte an einer anderen Stelle des Lehrwerkverbundes ausführlich bzw. zusätzlich behandelt werden.

Abkürzungen:
WL = Wirtschaftslehre
FK = Fachkunde
LF = Lernfeld
Kap. = Kapitel

Das Ärztehaus

Neustadt, Lange Str. 18: Hier am Stadtrand, auf einem parkähnlichen Grundstück, wurde vor vier Jahren ein Ärztehaus gebaut. Es trägt den Namen des bekannten Bakteriologen Robert Koch. Innerhalb kurzer Zeit entwickelte sich das Robert-Koch-Haus für Neustadt und Umgebung zu einem medizinischen Zentrum, das von sehr vielen Patienten aufgesucht wird.

Drei Investoren hatten das Bauprojekt gewagt und ihre Investitionsentscheidung bis heute nicht bereut. Maßgebend für ihren Entschluss waren neben den niedrigen Grundstückspreisen die geringe Facharztdichte im Neustädter Land sowie eine Einwohnerzahl von immerhin 38 000 in dieser Region. Unter ihnen befand sich ein vergleichsweise hoher Anteil an älteren und damit öfter behandlungsbedürftigen Personen.

Für die räumlich sehr großzügig gestalteten Praxiseinheiten sprach nach Beratung der Investoren durch die örtliche Kassenärztliche Vereinigung (KV) ein entscheidender Grund: „Das Kostenbewusstsein der Ärzte steigt ständig an“, so ein Vertreter der KV, „deshalb zieht es immer mehr Ärzte in großflächige Gruppenpraxen. Die Zahl der medizinischen Einzelkämpfer mit ihren Minipraxen geht ständig zurück.“

Innerhalb eines halben Jahres waren die Gewerbeflächen des Robert-Koch-Hauses komplett vermietet. Eine Übersicht über die Belegung zeigt die folgende Abbildung:

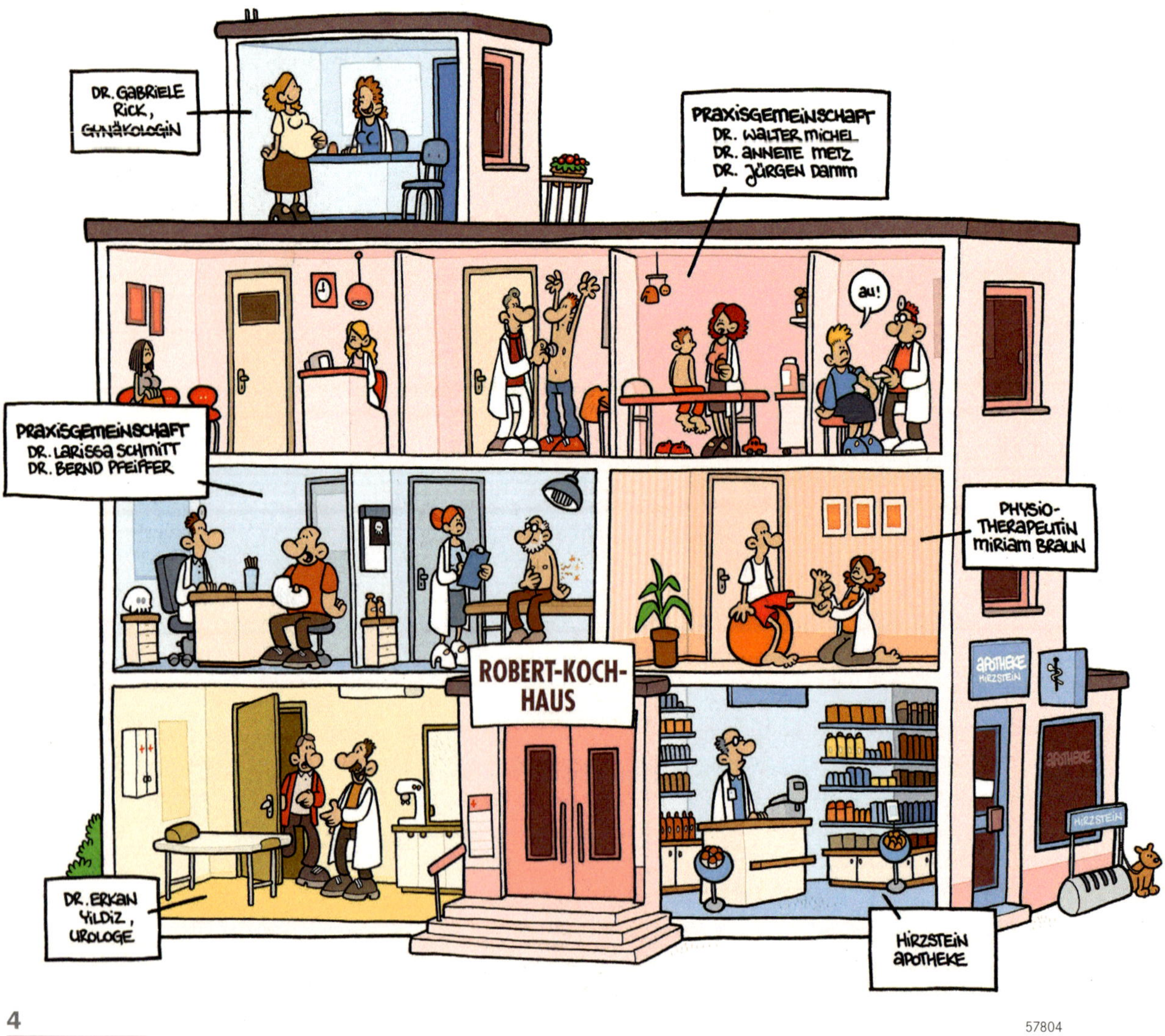

In diesem Buch werden Sie die Praxisteams aus den beiden Praxisgemeinschaften begleiten. Deren einzelne Mitglieder stellen sich daher hier kurz vor.

Das Praxisteam der Praxisgemeinschaft Dr. Michel/Dr. Damm/Dr. Metz

Dr. Walter Michel
Facharzt für
Allgemeinmedizin

Dr. Jürgen Damm
Internist

Tina Keim
49 Jahre alt,
verheiratet,
spezialisiert auf EKG

Dr. Annette Metz
Kinderärztin

Olga Beier
24 Jahre alt,
im 8. Monat
schwanger

Nadja Schulz
26 Jahre alt,
ledig,
zurzeit Fortbildung

Petra Knauff
42 Jahre alt,
2 Kinder,
Teilzeitstelle vormittags

Jasmin Stiller
31 Jahre alt,
1 Kind, Minijob
nach längerer
Erziehungspause

Ramona Krämer
26 Jahre alt,
ledig, Empfang

Natalia Bertram
26 Jahre alt,
verheiratet,
keine Kinder,
am Empfang tätig

Lale Turgut
17 Jahre alt,
1. Ausbildungsjahr

Das Praxisteam der Praxisgemeinschaft Dr. Schmitt/Dr. Pfeiffer

Dr. Larissa Schmitt
Fachärztin
für Orthopädie

Dr. Bernd Pfeiffer
Facharzt
für Chirurgie

Nicole Wagner
21 Jahre alt,
3. Ausbildungsjahr

Edith Blum
47 Jahre alt,
geschieden,
2 Kinder, volle
Stelle, Empfang,
Abrechnung,
Koordination

Karin Meier
27 Jahre alt,
verheiratet,
4-jährige Tochter,
Halbtagsstelle
vormittags

Monika Wanner
42 Jahre alt, allein
erziehende Mutter
eines 10-jährigen Sohnes,
tätig im Labor und Empfang

Lisa Braun
32 Jahre alt,
ledig, macht neben-
bei Weiterbildung

Lernfeld **1**

Im Beruf und Gesundheitswesen orientieren

Worum geht es?

In diesem ersten Lernfeld lernen Sie Ihre Stellung im dualen Ausbildungssystem mit den beiden Lernorten Betrieb und Praxis einzuordnen.

Sie erkennen die wichtigsten Inhalte des Ausbildungsvertrages und erfahren, warum der rechtliche Schutz durch das Berufsbildungs- und Jugendarbeitsschutzgesetz für Sie so wichtig ist. Die Bedeutung weiterer Arbeitsschutzgesetze wie Mutterschutz, Unfallverhütungsvorschriften und Bestimmungen zum technischen Arbeitsschutz lernen Sie einzuschätzen. Sie erkennen gesundheitliche Risiken Ihrer Tätigkeit und werden über Schutzmaßnahmen informiert.

Gleich zu Beginn Ihrer Ausbildung erfahren Sie, dass die Schweigepflicht in Praxen eine zentrale Pflicht ist. Für einen eventuellen Ernstfall lernen Sie Konflikte in der Ausbildung zu lösen.

Sie erfahren, dass die ärztliche Tätigkeit in zahlreiche Organisationen eingebettet ist. Deren Bedeutung für Ihre Tätigkeit und den Praxisablauf lernen Sie zu beurteilen.

Sie können die Tätigkeitsbereiche von Arztpraxen als Dienstleistungen einstufen, erkennen die volkswirtschaftliche Bedeutung der Praxen und können diese in einen gesamtwirtschaftlichen Zusammenhang einordnen.

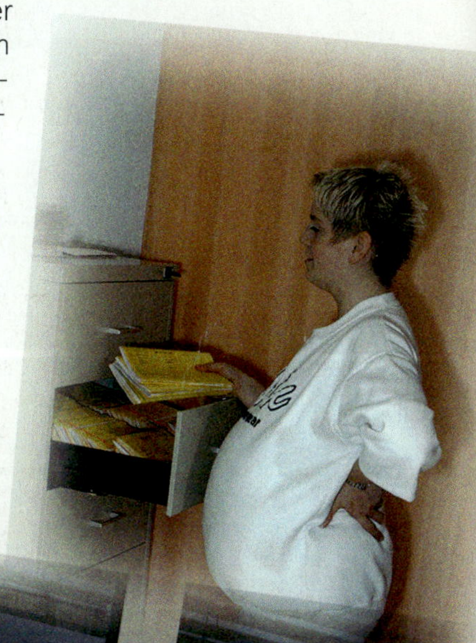

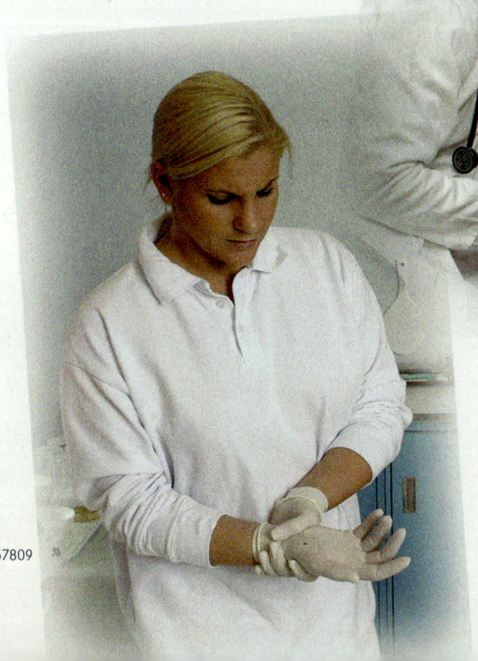

1 Traumberuf oder „nur“ Job?

Der Ausbildungsberuf „Medizinische Fachangestellte“ und andere Berufe im Gesundheitswesen

Moment mal ...

Lale's Wunschberuf

„Sie wollen also in unserem Praxisteam mitarbeiten? Dort werden Sie ganz verschiedene Aufgaben erwarten - und natürlich auch ganz verschiedene Patienten. Denn die Helferin ist die rechte Hand des Arztes und gleichzeitig die Hauptansprechpartnerin der Patienten. Dazwischen noch den Praxisablauf und die kaufmännischen Tätigkeiten erledigen - das ist nicht einfach ...“, beginnt Frau Dr. Metz das Vorstellungsgespräch. „Was hat Sie denn zu diesem Entschluss gebracht?“

„Vor allem, weil ich gern mit Menschen umgehe. Ich finde es interessant, mit ihnen zu reden und ihnen helfen zu können. So habe ich schon länger den Wunsch gehabt, einen Beruf im Gesundheitswesen zu erlernen. Als kleines Kind wollte ich schon immer Ärztin werden. In der Phase der Berufswahl habe ich mich über die Berufe „Arzthelferin, Medizinisch-technische Assistentin und Ergotherapeutin“ informiert. Doch nach meinem Betriebspraktikum in Ihrer Praxis würde ich gern bei Ihnen eine Ausbildung zur Arzthelferin absolvieren“, erwidert Lale.

„‚Arzthelferin‘ sagt der Volksmund“, korrigiert Dr. Metz. „Der Beruf heißt heute ‚Medizinische Fachangestellte‘“, fährt sie fort, „man will damit zeigen, dass es ein sehr vielseitiger und anspruchsvoller Beruf ist.“

Das Vorstellungsgespräch nimmt seinen Lauf ...

Welche anderen Berufe im Gesundheitswesen gibt es?
Welche Aufgaben haben Medizinische Fachangestellte?

INFORMATION

Bei der Berufswahl konnte sich Lale damals noch nicht so genau festlegen. Ein sozialer oder pflegerischer oder noch lieber ein Beruf im Gesundheitswesen sollte es schon sein. Doch welcher? Es war schwer, sich zu entscheiden.

INFO 1 Wichtigste Berufe im Gesundheitswesen

Es gibt über 350 Ausbildungsberufe. Sie sind in 13 Berufsfelder unterteilt. Das Berufsfeld „Gesundheit" ist das zehnte.

Im gesamten Gesundheitswesen gibt es etwas über 4 Millionen Beschäftigte. Wegen der gestiegenen Lebenserwartung und dem Trend, gesünder zu leben, wird dem Sektor „Gesundheit" in den kommenden Jahren noch eine weitere Steigerung vorausgesagt.

Neben dem klassischen medizinischen Personal gehören auch Psychologen, Sozialpädagogen usw. zu den Berufen im Gesundheitswesen.

Typische Berufe mit Studium sind alle Ärzte, Zahn- und Tierärzte und Krankenhausbetriebswirte. Der Beruf des Gesundheitskaufmanns wird in einer dualen Ausbildung erlernt. Daneben gibt es zahlreiche Gesundheitsfachberufe, die in vier Gruppen eingeteilt werden:

Gesundheitsfachberufe

Assistenzberufe	Pflegerische Berufe	Therapeutische Berufe	Medizinisch-technische Berufe
Medizinische Fachangestellte, Zahnmedizinische Fachangestellte, Tiermedizinische Fachangestellte	Hebamme, Entbindungshelferin, Gesundheits- und Kinderkrankenpflegerin, Krankenpflegehelferin, Gesundheits- und Krankenpflegerin, Altenpflegerin	Motopädin, Logopädin, Podologin, Psychotherapeutin, Masseurin, medizinische Bademeisterin, Ergotherapeutin, Diätassistentin	Gesundheitsaufseherin, Medizinische Dokumentarin, Medizinisch-technische Assistentin (MTA), Assistentin für Funktionsdiagnostik, Laborassistentin, Pharmazeutisch-technische Assistentin, Rettungsassistentin, Radiologieassistentin, Hörgeräteakustiker

Der Dienst am Menschen und für den Menschen erfordert Wissen, Qualifikationen, Einfühlungsvermögen und Engagement.

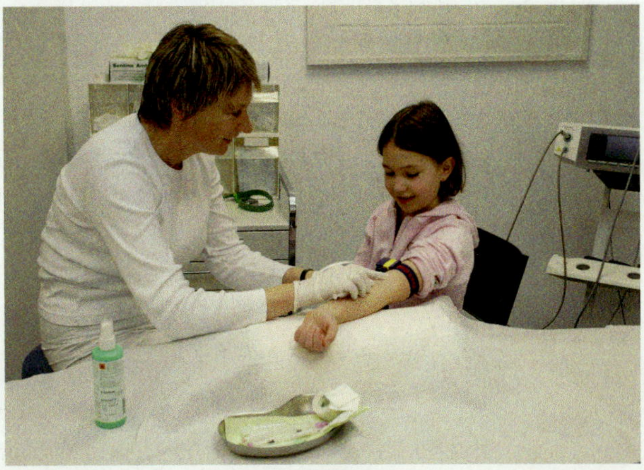

Bei kaum einem anderen Beruf kommen so intensive soziale Beziehungen zwischen Menschen zustande wie in den medizinischen und pflegerischen Berufen.

In den Berufen Medizinische, Zahnmedizinische und Tiermedizinische Fachangestellte (oder ihren früheren Bezeichnungen Arzt-, Zahnarzt- und Tierarzthelferinnen) sind zurzeit über 500 000 Mitarbeiterinnen beschäftigt.

Erklärungen der Berufe in www.sozialnetz.de/ca/vr/ohs www.

INFO 2 Medizinische Fachangestellte – die Anforderungen steigen

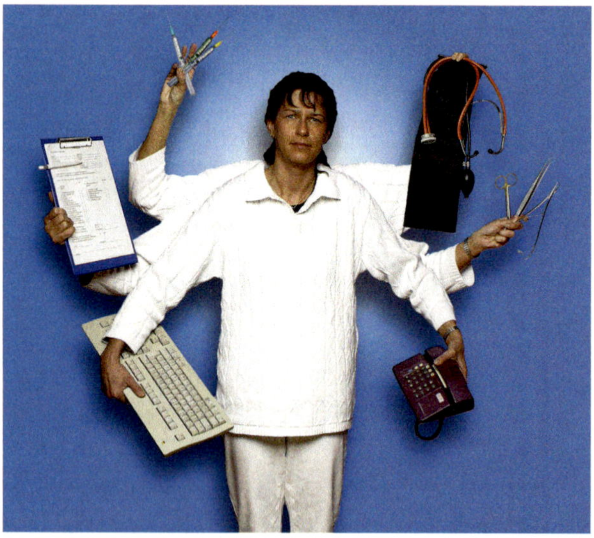

Die Arbeit der Medizinischen Fachangestellten (MFA) ist sehr vielseitig. Praxisarbeit ist Teamarbeit und erfordert daher ein hohes Maß an Teamfähigkeit, Kommunikationsfähigkeit, Kritikfähigkeit, aber auch Verantwortungsbewusstsein und selbstständiges Arbeiten. Um ihren vielseitigen Job bewältigen zu können, muss eine Medizinische Fachangestellte folgende Eigenschaften haben:

- einen guten Gesundheitszustand
- psychische Belastbarkeit
- Verschwiegenheit
- Organisations- und Improvisationsvermögen
- Ordnungssinn und Sauberkeit
- Hilfsbereitschaft und Einfühlungsvermögen
- Stressfähigkeit

Mit ihrem Fachwissen und verantwortungsvollem Einsatz war es den Ärzten bisher möglich, eine hohe medizinische Patientenversorgung zu sichern. Für eine gute Praxisorganisation und einen reibungslosen Praxisablauf sind die Arzthelferinnen verantwortlich. Doch die Anforderungen an das Praxisteam steigen. Daher wurde 2005 die bisherige Ausbildung geändert und die frühere Arzthelferin bekam den neuen Namen „Medizinische Fachangestellte".

Allgemein lässt sich das Neue an der Ausbildung so charakterisieren: Personenorientierte Dienstleistung und Patientenbetreuung sind inzwischen auch im Beruf der Medizinischen Fachangestellten von größter Bedeutung. Dementsprechend werden den Auszubildenden Fertigkeiten und Kenntnisse zu Kommunikationsformen und -methoden, zum Arbeiten im Team und zum eigenverantwortlichen Handeln im Rahmen ihrer späteren beruflichen Tätigkeit vermittelt.

Besonders beim direkten Kontakt der Medizinischen Fachangestellten mit den Patienten können die Qualität der Tätigkeiten sowie das Auftreten und Verhalten gegenüber den Patienten einen wichtigen Einfluss auf die Gesamtbeurteilung der jeweiligen Praxis durch die Patienten haben.

Die Medizinischen Fachangestellten können also den Erfolg der Praxis durch ihr Zutun entscheidend mitbestimmen.

INFO 3 Die wichtigsten Aufgaben

Die Aufgaben der Medizinischen Fachangestellten hängen zuerst einmal von der Fachrichtung der Praxis ab. Der Umgang mit medizinischen Geräten ist in Facharztpraxen höher als in Praxen von Allgemeinmedizinern.

Je anspruchsvoller die medizinisch-technischen Geräte einer Praxis sind, desto vielseitiger kann das Aufgabenfeld der Medizinischen Fachangestellten werden. Während sie in kleinen Praxen „Mädchen für alles" sind, werden sich die Medizinischen Fachangestellten in größeren Praxen zunehmend mehr spezialisieren.

Neben den diagnostischen, therapeutischen Maßnahmen und der Bedienung der medizinischen Apparate ist die **Praxisverwaltung** ein wesentlicher Schwerpunkt der Medizinischen Fachangestellten.

Damit sich die Ärzte möglichst ganz den Patienten und der Erbringung ihrer ärztlichen Leistungen widmen können, müssen die Medizinischen Fachangestellten für einen reibungslosen Ablauf im „Unternehmen Praxis" sorgen.

Ein breit gefächerter Katalog von Tätigkeiten fällt hier an. Einige wichtige Aufgaben sind:

- Patientenkontakt und -kommunikation
- Terminplanung
- Dokumentation und Übermittlung von Patientendaten
- Informations- und Textverarbeitung
- Formularwesen und Statistik
- Bestellung, Annahme und Lagerung von Materialien usw.
- Einholung von Angeboten für Investitionen
- Personalverwaltung und Gehaltsabrechnung
- Buchführung und Abrechnungswesen usw.

Einerseits gibt es immer mehr gesetzliche Vorgaben, die beachtet und umgesetzt werden müssen, andererseits wird die Anwendung von Informations- und Kommunikationssystemen immer wichtiger (PC, Anwendersoftware, Praxisprogramme, Datentransfer usw.).

Informationsbeschaffung mit modernen Medien und die Auswahl und Verarbeitung dieser Informationen werden sowohl für die Arztpraxen als auch für die Teammitglieder privat immer bedeutender. Egal, ob die verschiedenen Praxen untereinander oder mit Krankenhäusern im Netz kommunizieren, ob Röntgenbilder, Laborergebnisse usw. schnell und preiswert versendet werden, der günstigste Anbieter von Praxisbedarf oder Geräten ermittelt werden soll, das Internet wird zunehmend wichtiger. Aber auch für die Medizinischen Fachangestellten und deren Chefs selbst ist das Internet eine zunehmend bequemere, schnelle und preiswerte „Informationsbeschaffungsmaschine". Egal ob Fort- und Weiterbildungskurse gesucht werden, arbeitsrechtliche Fragen z. B. bei Entlohnung, Urlaub usw. geklärt werden müssen, ob man sich bei der Ärztekammer der KV oder der Gewerkschaft informieren will oder ob man dringenden Rat bei Kündigung oder Schwierigkeiten mit dem Ausbilder sucht, das Internet birgt eine ungeahnte Vielfalt von Informationen. Mit dieser Informationsfülle müssen die Medizinischen Fachangestellten umzugehen lernen.

Auch nimmt die **Qualitätssicherung** und -verbesserung im Rahmen des Qualitätsmanagements einen ganz eigenen Stellenwert ein. Auch hier haben die Fachangestellten ein breites Spektrum an Tätigkeiten.

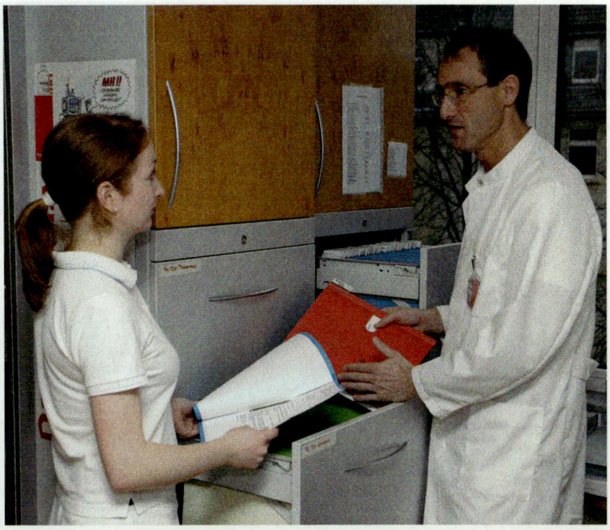

Daher wird in der Ausbildungsverordnung gefordert, dass handlungs- und prozessorientiert ausgebildet werden muss. Das heißt: Neben neuen fachlichen Anforderungen in der Ausbildung soll auch die Fähigkeit zum selbstständigen Planen, Durchführen und Kontrollieren vermittelt werden, wobei weitere persönliche Qualifikationen wie beispielsweise Team- und Kooperationsfähigkeit, Entscheidungsfähigkeit, Qualitätsbewusstsein und prozessorientiertes Denken, Ausdrucks-, Transfer- und

Konzentrationsfähigkeit sowie der Umgang mit neuen Medien gefördert werden müssen. Teilweise sind diese Kriterien auch in der Abschlussprüfung zu berücksichtigen.

INFO 4 „Persönliche Qualifikationen“ oder „Schlüsselqualifikationen“

Die in Info 3 genannten berufs- und fachübergreifende Fähigkeiten, benötigen die Fachangestellten unbedingt. Einfach gesagt, bekommt der Mensch durch sie einen Schlüssel in die Hand, mit dem er sich beispielsweise selbstständig neues Fachwissen oder einen Berufsweg erschließen kann.

Im Rahmen der Kommunikations- und Kooperationsfähigkeit gehören allerdings auch Qualifikationen wie Ausdrucksfähigkeit, Einfühlungsvermögen, das Vermögen, anderen zuhören zu können, Freundlichkeit, netter Umgangston und gute Manieren dazu. Diese Schlüsselqualifikationen sind für den Umgang mit Patienten unbedingt notwendig.

Teamfähigkeit, eigenverantwortliches Handeln oder Kooperationsfähigkeit dienen einer guten Integration in das Praxisteam.

Viele Lernziele in dem neuen Ausbildungsrahmenplan sind neben dem fachlichen Inhalt geeignet bei den Auszubildenden diese „Schlüsselqualifikationen“ zu fördern.

Arbeitsaufträge

1. Diskutieren Sie über die Liste von persönlichen Qualifikationen, die eine Medizinische Fachangestellte haben sollte - welche finden Sie sehr wichtig, welche angebracht oder auch überzogen? Prüfen Sie dabei, ob noch wichtige Qualifikationen fehlen.
2. *„Kaum ein anderer Beruf ist so vielseitig wie der der Zahnmedizinischen Fachangestellten. Sie ist die ‚rechte Hand des Zahnarztes‘. Sie arbeitet im Team, assistiert dem behandelnden Zahnarzt, bereitet die Behandlung vor und erweist sich als verständnisvolle Psychologin, wenn beim Patient mal die Nerven flattern.“* (Zitat aus www.zahn-forum.de von der Landeszahnärztekammer Baden-Württemberg.)
   Diskutieren Sie diese Aussage im Hinblick darauf, ob das nur auf die Zahnmedizinischen Fachangestellten oder auch auf die Medizinischen Fachangestellten zutrifft - unter Berücksichtigung erster Erfahrungen aus der Praxis.
3. Erklären Sie, was ein Unternehmensberater mit folgendem Hinweis an einen Arzt meinte: „Sie können nur so gut sein wie Ihre Praxismitarbeiterinnen“.
4. Informieren Sie sich über die in Info 1 genannten Berufe im Gesundheitswesen - z. B. im Internet auf der Seite „www.sozialnetz.de/ca/vr/ohs“. Suchen Sie sich einen Beruf heraus und erklären Sie diesen Ihren Mitschülerinnen.

578014

2 Alles geregelt

Der Berufsausbildungsvertrag und das Berufsbildungsgesetz (BBiG)

Moment mal ...

Lale hats geschafft

„Nur nicht schon wieder eine Absage!", denkt Lale Turgut, als sie den Brief öffnet – Absender „Gemeinschaftspraxis Dr. W. Michel, Dr. J. Damm, Dr. A. Metz", denn Absagen hatte sie schon einige bekommen. Diesmal hatte sie aber ein gutes Gefühl. Ihre schriftliche Bewerbung muss Anklang gefunden haben, sonst hätte man sie nicht zum Vorstellungsgespräch eingeladen. Dort hatte sie ein sehr nettes Gespräch mit Frau Dr. Metz.

Endlich hat sie den Brief geöffnet und überfliegt den Text. Dann ein lautes „Juchhu – ich habs geschafft!" In dem Brief steht: „Wir freuen uns, dass Sie unser Praxisteam verstärken wollen ... Wir bitten Sie zur Unterzeichnung des Ausbildungsvertrags am 16.03. ... um 17:00 Uhr in unsere Praxis zu kommen. Da Sie noch nicht volljährig sind, bitten wir Sie einen Erziehungsberechtigten mitzubringen ..."

„Das muss ich gleich meinem Freund Hendrik mit einer SMS mitteilen", denkt Lale.

Was muss bei Abschluss eines Berufsausbildungsvertrages beachtet werden?
Welche Rechte und Pflichten haben Auszubildende in der Ausbildung?

INFORMATION

Wie Lale beginnen in Deutschland jedes Jahr ca. 15 000 Mädchen eine Ausbildung zur Medizinischen Fachangestellten sowie etwa 1 500 die Ausbildung zur Tiermedizinischen Fachangestellten. Doch bevor die Ausbildung beginnen kann, muss erst ein Ausbildungsvertrag schriftlich geschlossen werden. So steht es im Berufsbildungsgesetz (BBiG).

Kap. 6 Seite 37 ff. Jugendarbeitsschutzgesetz

In Deutschland herrscht Vertragsfreiheit, d. h., die Vertragspartner sind frei im Aushandeln der Vertragsbedingungen, soweit sie dabei nicht gegen Gesetze verstoßen. Allerdings wird bei Abschluss eines Ausbildungsvertrages diese Freiheit durch Bestimmungen des Berufsbildungs- und des Jugendarbeitsschutzgesetzes eingeschränkt.

INFO 1 Der Abschluss des Ausbildungsvertrages

Der Berufsausbildungsvertrag muss vor Beginn der Berufsausbildung schriftlich abgeschlossen werden. Dabei müssen beide Vertragsparteien, der Ausbilder (Arzt) und die Auszubildende unterschreiben. Bei Minderjährigen ist zusätzlich die Unterschrift des gesetzlichen Vertreters notwendig. Der unterschriebene Vertrag muss dann der zuständigen Landesärztekammer zur Eintragung in das Verzeichnis der Berufsausbildungsverhältnisse eingereicht werden. Erst mit dieser Eintragung ist ein anerkanntes Berufsausbildungsverhältnis entstanden. Die Eintragung wird aber nur vorgenommen, wenn der Vertrag dem Berufsbildungsgesetz und der Ausbildungsverordnung entspricht. Der Ausbildungsvertrag wird in dreifacher Form ausgestellt. Jeweils einen für die Auszubildende, den Arzt und die Landesärztekammer. Minderjährige müssen eine ärztliche Bescheinigung über die Erstuntersuchung bei Vertragsabschluss vorlegen. Nach einem Jahr muss diese Untersuchung wiederholt werden. In Praxisgemeinschaften oder Gemeinschaftspraxen wird ein Berufsausbildungsvertrag mit allen Ärzten und der Auszubildenden geschlossen.

Praxistipp

Das Formular für die Erstuntersuchung ist bei der Stadt- oder Gemeindeverwaltung erhältlich.

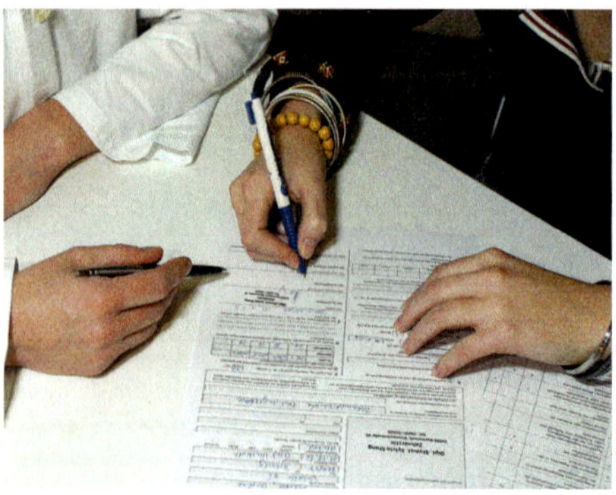

Checkliste Berufsausbildungsvertrag
(Sind diese Punkte enthalten?)

- ✔ Art, sachliche und zeitliche Gliederung sowie Ziel der Berufsausbildung
- ✔ Beginn und Dauer der Berufsausbildung
- ✔ Ausbildungsmaßnahmen außerhalb der Ausbildungspraxis
- ✔ Dauer der Probezeit
- ✔ Dauer der regelmäßigen täglichen Arbeitszeit
- ✔ Zahlung und Höhe der Ausbildungsvergütung
- ✔ Dauer des Urlaubs
- ✔ Kündigungsmöglichkeiten

Praxistipp

Generell gilt: Eine Vereinbarung, die zu Ungunsten der Auszubildenden von den Vorschriften des BBiG abweicht, ist nichtig (Beispiel: Schadensersatzforderung des Arztes, wenn die Auszubildende den Ausbildungsvertrag vorzeitig kündigt).

INFO 2 Rechte und Pflichten in der Ausbildung

Das Berufsbildungsgesetz formuliert die Pflichten des Auszubildenden und des Ausbildenden:

Ausbildende haben

1. dafür zu sorgen, dass den Auszubildenden die Fertigkeiten und Kenntnisse vermittelt werden, die zum Erreichen des Ausbildungszieles nach der Ausbildungsverordnung erforderlich sind und die Berufsausbildung in einer durch ihren Zweck gebotenen Form planmäßig, zeitlich und sachlich gegliedert so durchzuführen, dass das Ausbildungsziel in der vorgesehenen Zeit erreicht werden kann;

2. selbst auszubilden oder einen Ausbilder oder eine Ausbilderin ausdrücklich damit zu beauftragen;
3. den Auszubildenden vor Beginn der Ausbildung die gültige Ausbildungsverordnung kostenlos auszuhändigen;

Die Broschüre „Ausbildung und Beruf“ (Rechte und Pflichten während der Berufsausbildung usw.) kann kostenlos beim Bundesministerium für Bildung und Forschung bestellt oder aber downgeloadet werden. www.bmbf.de, Ausbildung, Publikationen

4. für einen ordnungsgemäßen und regelmäßigen Berufsschulbesuch der Auszubildenden zu sorgen und die dafür erforderliche Zeit zu gewähren;
5. den Auszubildenden vor Ausbildungsbeginn das Berichtsheft für die vorgesehene Ausbildungszeit zur Verfügung zu stellen und ihnen Gelegenheit zu geben das Berichtsheft in Form eines Ausbildungsnachweises während der Ausbildungszeit zu führen und regelmäßig abzuzeichnen;
6. den Auszubildenden nur Verrichtungen zu übertragen, die dem Ausbildungszweck dienen und ihren körperlichen Kräften angemessen sind;
7. dafür zu sorgen, dass die Auszubildenden charakterlich gefördert sowie sittlich und körperlich nicht gefährdet werden;
8. spätestens vor Beginn der Berufsausbildung die Eintragung in das Verzeichnis der Berufsausbildungsverhältnisse bei der zuständigen Kammer zu beantragen;
9. die Auszubildenden rechtzeitig zu den angesetzten Zwischen- und Abschlussprüfungen anzumelden und für die Teilnahme freizustellen.

Pflichten der Auszubildenden

Die Auszubildenden haben sich zu bemühen die Fertigkeiten und Kenntnisse zu erwerben, die erforderlich sind, das Ausbildungsziel zu erreichen. Insbesondere verpflichten sie sich:

1. die im Rahmen der Ausbildung übertragenen Aufgaben sorgfältig auszuführen, auf Höflichkeit, Sauberkeit und Hygiene zu achten;
2. an dem Berufsschulunterricht, Prüfungen und Ausbildungsmaßnahmen außerhalb der Ausbildungsstätte teilzunehmen;
3. den Weisungen zu folgen, die ihnen von Ausbildern oder Ausbilderinnen oder von anderen weisungsberechtigten Personen erteilt werden;
4. alle im Rahmen der Praxis wichtigen Vorkommnisse unverzüglich den Ausbildenden mitzuteilen;
5. die Praxisordnung sowie die festgesetzte Arbeitszeit zu beachten;
6. das Berichtsheft ordnungsgemäß zu führen, regelmäßig den Ausbildenden vorzulegen und von ihnen unterzeichnen zu lassen;
7. Geräte, Instrumente und sonstige Einrichtungen pfleglich zu behandeln und sie nur zu den ihnen übertragenen Arbeiten zu verwenden;
8. über Patienten- und Praxisbelange Stillschweigen zu wahren;

Kap. 7 Seite 40 ff. Schweigepflicht

9. sich im Erkrankungsfalle unverzüglich im Laufe des Vormittags des ersten Fehltages beim Ausbilder oder der Ausbilderin oder der Berufsschule zu entschuldigen. Dauert die Arbeitsunfähigkeit länger als drei Kalendertage, haben die Auszubildenden eine ärztliche Bescheinigung über die Arbeitsunfähigkeit sowie deren voraussichtliche Dauer spätestens an dem darauf folgenden Arbeitstag vorzulegen;
10. soweit sie minderjährig sind, sich vor Beginn der Ausbildung und nach Ablauf des ersten Ausbildungsjahres ärztlich untersuchen zu lassen und die Bescheinigung den Ausbildenden vorzulegen.

Kap. 6 Seite 37 ff. Jugendarbeitsschutzgesetz

INFO 3 Berufsschulzeit und Urlaub

Die Anrechnung der Berufsschulzeiten auf die Ausbildungszeit und die Freistellung nach der Berufsschule sind im **Jugendarbeitsschutzgesetz** geregelt.

Urlaub

Die Dauer des Urlaubs pro Kalenderjahr richtet sich nach den gesetzlichen Vorgaben. Für volljährige Auszubildende ist der gesetzliche Mindesturlaub von derzeit 24 Werktagen zu gewähren. Bei minderjährigen Auszubildenden ist gemäß dem Jugendarbeitsschutzgesetz die Dauer wie folgt (Stand 2006) geregelt:

Der Anspruch auf Erholungsurlaub für Jugendliche, die zu Beginn des Kalenderjahres

- noch nicht 16 Jahre alt sind, beträgt mindestens 30 Werktage,
- noch nicht 17 Jahre alt sind, beträgt mindestens 27 Werktage,
- noch nicht 18 Jahre alt sind, beträgt mindestens 25 Werktage.

Als Werktage gelten alle Kalendertage, die nicht Sonn- oder gesetzliche Feiertage sind. 24 Werktage entsprechen also 20 Arbeitstagen oder 30 Werktage entsprechen 25 Arbeitstagen. Diese Berechnung geht von 5 Arbeitstagen pro Woche aus.

INFO 4 Probezeit

Die Ausbildung beginnt mit einer Probezeit. Diese muss mindestens einen und darf höchstens 4 Monate betragen.

In dieser Probezeit soll die Auszubildende prüfen, ob ihr die Ausbildung und das Praxisteam zusagen und ob sie gesundheitlich und persönlich für die Ausbildungstätigkeiten geeignet ist. Auch der Ausbildende soll prüfen, ob sich die Auszubildende in das Praxisteam integriert und ob sie den Anforderungen der Tätigkeiten und der Ausbildung entspricht. Daher kann innerhalb der Probezeit von beiden Vertragspartnern das Ausbildungsverhältnis fristlos (d. h. jederzeit) und ohne Angabe von Gründen gekündigt werden.

INFO 5 Beendigung des Ausbildungsverhältnisses und Kündigungsschutz nach der Probezeit

Die Ausbildung ist normalerweise mit dem Ablauf der Ausbildungszeit beendet. Besteht die Auszubildende die Abschlussprüfung, dann endet das Ausbildungsverhältnis an dem Tag, an dem der letzte Teil der Abschlussprüfung bestanden wurde. Dies gilt auch dann, wenn die Ausbildung laut Ausbildungsvertrag bis zum Monatsende gelaufen wäre.

Die Auszubildende kann das Ausbildungsverhältnis **nach der Probezeit** mit einer Kündigungsfrist von vier Wochen beenden, wenn sie die Berufsausbildung ganz aufgeben oder sich in einem anderen Ausbildungsberuf ausbilden lassen möchte. Der Wunsch nach Wechsel der Ausbildungsstätte von einer Praxis in eine andere ist kein Kündigungsgrund.

Eine außerordentliche, d. h. **fristlose Kündigung** sowohl durch die Auszubildende als auch durch den Ausbildenden ist nur aus wichtigem Grund möglich. Dieser Grund muss aber so schwer wiegend sein, dass es der Auszubildenden bzw. dem Ausbildenden nicht mehr zuzumuten ist, die Ausbildung fortzusetzen. Gründe hierfür könnten sein: Diebstahl, Tätlichkeit an Patienten, regelmäßiges Zuspätkommen, Beleidigung der Patienten, wiederholtes ungerechtfertigtes Fehlen in der Berufsschule bzw. sexuelle Belästigung, keine Bezahlung, schlechte Ausbildung, schwer wiegende persönliche Gründe wie Umzug,

Todesfall in der Familie. Eine fristlose Kündigung ist aber unwirksam, wenn dem Kündigenden der Kündigungsgrund länger als 2 Wochen bekannt war, bevor er die Kündigung ausspricht.

LF 12 Kap. 4 Seite 318 ff. Kündigung Kündigungsschutz

Alle Kündigungen müssen schriftlich erfolgen und sind dann wirksam, sobald sie dem Empfänger zugegangen sind.

Praxistipp

Sollte es Schwierigkeiten geben oder wurde eine Kündigung ausgesprochen, ist es ratsam, den Ausbildungsberater der Ärztekammer oder eine Vertrauensperson im BdA bzw. von ver.di anzusprechen.

LF 12 Kap. 3 Info 2 Seite 316 Arbeitnehmerorganisationen

Darüber hinaus kann ein Ausbildungsvertrag auch einvernehmlich durch einen Aufhebungsvertrag, mit dem beide Seiten einverstanden sind, beendet werden.

LF 12 Kap. 4 Info 1 Seite 319 Aufhebungsvertrag

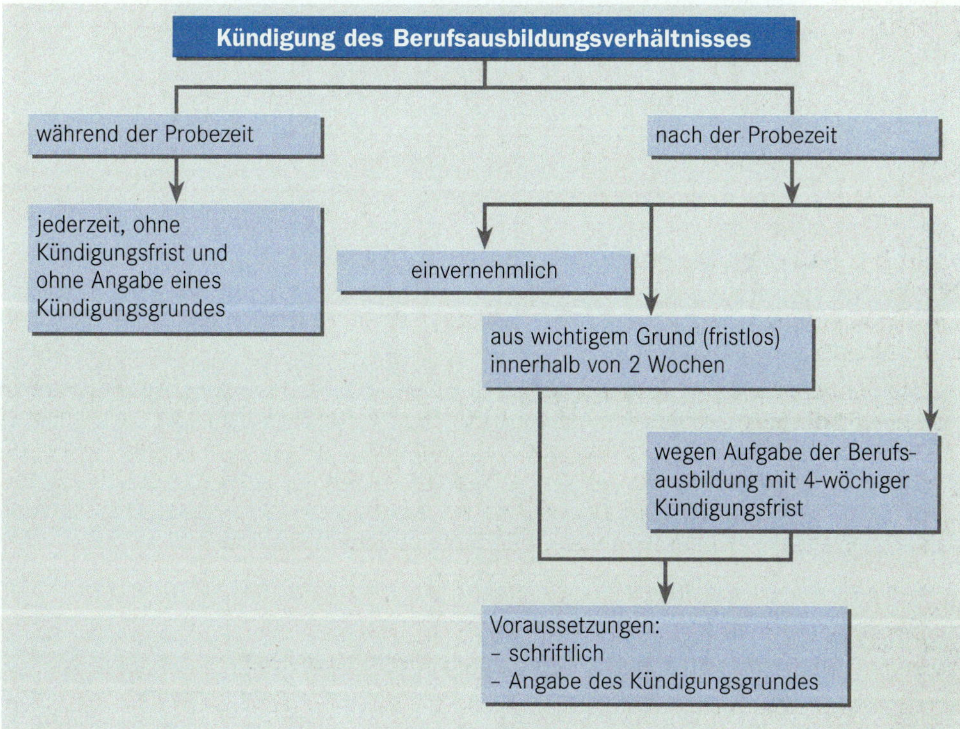

INFO 6 Verlängerung des Berufsausbildungsverhältnisses

Wenn eine Auszubildende die Abschlussprüfung nicht besteht, dann verlängert sich die Ausbildung auf ihren Wunsch hin bis zur nächstmöglichen Wiederholungsprüfung. Dieser Verlängerungszeitraum beträgt höchstens ein Jahr.

Wurde die Ausbildung nachweisbar während der Probezeit um mehr als 1/3 der vereinbarten Zeit z. B. wegen Krankheit, Unfall o. Ä. unterbrochen, kann sie sich um den entsprechenden Zeitraum verlängern. Voraussetzung ist, dass eine solche Vereinbarung im Ausbildungsvertrag aufgenommen wurde.

Wird die Auszubildende nach bestandener Prüfung weiter beschäftigt, ohne dass hierüber ausdrücklich etwas vereinbart worden ist, beginnt ab dem nächsten Tag nach der mündlichen Prüfung (Praktische Übungen) das **Arbeitsverhältnis.** Die entsprechende Vergütung muss auch ab diesem Tag bezahlt werden (mindestens das tariflich festgelegte Gehalt). Soll die Auszubildende nach der Abschlussprüfung nicht weiterbeschäftigt werden, dann muss der Ausbilder ihr dies vorher mitteilen. Er ist dann verpflichtet, der Auszubildenden ein einfaches oder auf Verlangen ein qualifiziertes Zeugnis auszustellen.

LF 12 Kap. 5 Seite 323 ff. Arbeitszeugnisse

Forderungen des Qualitätsmanagements

- Die Praxis ermöglicht eine umfassende, an den Zielen und Inhalten des Ausbildungsrahmenlehrplans für Medizinische Fachangestellte orientierte Ausbildung.
- Die für die Ausbildung zuständigen Mitarbeiter verfügen über die erforderlichen Zeitkapazitäten und Qualifikationen und werden ggf. fortgebildet.
- Verbundausbildung und externe Fortbildungen stellen die Ausbildung in den Bereichen sicher, die von der Praxis nicht abgedeckt werden können.
- Der Ausbildungsrahmenlehrplan und der Lehrplan der Berufsschule sind bekannt.

Quelle: Diel F., Gibis B. (Hrsg.), Qualität und Entwicklung in Praxen - Qualitätsziel-Katalog kompakt, Version 2005, Deutscher Ärzte-Verlag, Köln 2005, 3.2.1 (Ziel 2, Nachweise 1-3, S. 92)

Arbeitsaufträge

1. Die Auszubildende Sabine Werner erhält an einem Montagmorgen von ihrer Chefin den Auftrag, den Bürgersteig und den Platz vor dem Praxiseingang von Schnee und Eis zu räumen. Sabine weigert sich dies zu tun. Ihre Chefin mahnt sie ausdrücklich ihren Weisungen zu folgen. Sabine aber widersetzt sich beharrlich der Anordnung. Zwei Tage danach wird Sabine mit den Worten: „Sie können gehen. Ihr Ausbildungsverhältnis ist ab sofort beendet“, nach Hause geschickt. Prüfen Sie, ob Sabine gekündigt werden kann.
2. Warum gibt es die Probezeit, wie lang ist sie und was sollten Sie während dieser Zeit besonders beachten?
3. Unter welchen Umständen könnte Ihre Berufsausbildung vorzeitig beendet werden?
4. Lesen Sie die Rechte und Pflichten, die im Berufsbildungsgesetz geregelt sind. Diskutieren Sie ihre Umsetzbarkeit in der Praxis.
5. Eine Auszubildende erhält im dritten Ausbildungsjahr 570,00 € (brutto). Am 22. Juni 20.. besteht sie die Abschlussprüfung. Da sie als Medizinische Fachangestellte übernommen wird, arbeitet sie am nächsten Tag in derselben Praxis weiter. Wie viel € verdient sie im Juni brutto, wenn ihr tarifliches Anfangsgehalt pro Monat 900,00 € brutto beträgt?

3 Ausbildung in Schule und Praxis – Die duale Ausbildung zur Medizinischen Fachangestellten

Moment mal ...

„Morgen muss ich zum ersten Mal in die Berufsschule," sagt Lale zu ihrer Ex-Klassenkameradin Anne. „Schade, dass wir nicht mehr in die gleiche Klasse gehen, war doch früher schön in der Realschule," erwidert Anne. „Verstehe ich auch nicht, warum wir in Fachklassen unterrichtet werden," meint Anne und fährt fort: „Bin mal gespannt, was da in der Berufsschule abgeht." „Ich auch," bekräftigt Lale, „früher dachte ich, man wäre nur bis zum 18. Geburtstag schulpflichtig."

„Ist wegen der dualen Ausbildung hier in Deutschland," meint Anne, „hab mal gelesen, in vielen Ländern gibt es diese so nicht."

Was versteht man unter „dualer Ausbildung"?
Welche Aufgaben haben dabei der Ausbildungsbetrieb und die Berufsschule?

INFO 1 Was bedeutet „duales Ausbildungssystem"?

„Warum noch Berufsschule?" mag die eine oder andere von Ihnen fragen. „Lerne ich nicht ausschließlich ‚direkt vor Ort' – also in der Arztpraxis?"

Die Ausbildung zur Medizinischen Fachangestellten findet in **zwei Lernorten** statt:

Die praktische Ausbildung erfolgt in der **Arztpraxis** – und die fachwissenschaftlichen, theoretischen Hintergründe sowie die allgemein bildenden Fächer werden in der **Berufsschule** unterrichtet.

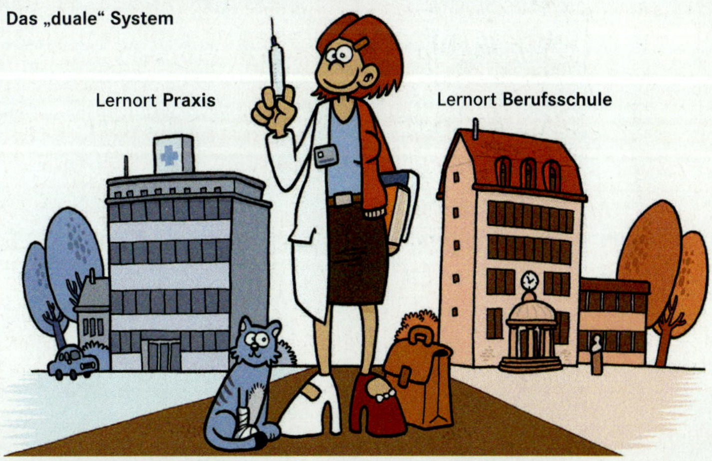

Grundlagen der Ausbildung:

Auszubildende	**Berufsschülerin**
Berufsausbildungsvertrag	Berufsschulpflicht
Ausbildungsverordnung	Lehrgänge
Berufsbildungsgesetz	Schulgesetze der Länder

INFO 2 Praktische Ausbildung in der Arztpraxis

Es gibt 41 verschiedene Facharztrichtungen, in denen die Ausbildung zur Medizinischen Fachangestellten absolviert werden kann. Eine Bewerberin kann innerhalb dieser Fachrichtungen frei wählen, bei welchem Arzt sie ihre praktische Ausbildung absolvieren oder in welcher Arztpraxis sie später arbeiten will. Ist sie z. B. sehr kinderlieb, dann ist der Arzt für Kinderheilkunde ihr richtiger Chef. Möchte sie mit vielen ganz unterschiedlichen Menschen zusammentreffen, dann sollte sie in einer Praxis für Allgemeinmedizin arbeiten. Wenn sie aber mehr Interesse an speziellen medizinischen Bereichen hat, dann kann sie sich bei einem HNO-Arzt, einem Internisten, Frauenarzt, Urologen, Orthopäden, Kardiologen oder bei einem Arzt anderer Fachrichtungen bewerben.

Doch immer ist und bleibt ihre Ausbildung auf allgemeine medizinische Inhalte ausgerichtet. Auch die Lerninhalte der Berufsschule sind allgemeiner Natur und daher für die Auszubildenden aller Fachrichtungen gleich. Dadurch sind die Medizinischen Fachangestellten später sehr flexibel in der Wahl ihres Arbeitgebers. Denn nach abgeschlossener Ausbildung und eventuell sogar noch nach vielen Berufsjahren kann sie von einer Praxis in eine mit einer anderen Fachrichtung wechseln. Es bedarf aber jeweils einer Einarbeitungszeit, denn jede Praxis ist unterschiedlich organisiert.

Praxis-tipp

Nach Vorschrift der Berufsgenossenschaft haben Auszubildende Anspruch auf bestimmte notwendige Impfungen, z. B. gegen Hepatitis B. Die Kosten für diese Impfungen trägt der Arbeitgeber.

Die Arztpraxis vermittelt Erfahrungen und Kenntnisse am Einzelfall und Einzelvorgang. Die Lernziele für die praktische Ausbildung stehen im Ausbildungsrahmenplan.

Angemessene fachliche Qualifikationen sind Voraussetzung für eine qualitativ hochwertige Versorgung, denn nur gut ausgebildete Fachangestellte werden den Anforderungen moderner Praxen gerecht. Dafür muss die Ausbildung systematisch aufgebaut sein. Dabei lernen die Auszubildenden am besten alle organisatorischen und inhaltlichen Bereiche und Abläufe der Praxis kennen, wenn sie in den Praxisalltag einbezogen und in das Praxisteam integriert werden. Die Ausbildung dauert 3 Jahre und ist staatlich anerkannt.

Unter bestimmten Voraussetzungen (Allgemeine Hochschulreife, berufsnahe Ausbildung) kann die Ausbildungszeit verkürzt werden.

www

Die vollständige Verordnung über die Berufsausbildung zur Medizinischen Fachangestellten finden Sie unter www.bundesaerztekammer.de - Begriff „Berufsausbildung"

INFO 3 Wie viele Auszubildende pro Praxis?

In Einzelpraxen darf eine MFA ausgebildet werden. Weitere Auszubildende können nur eingestellt werden, wenn pro Auszubildende je eine weitere Vollzeitkraft (MFA, MTA usw.) zur Verfügung steht. In Gemeinschaftspraxen oder Praxisgemeinschaften gilt: Bei 2 Ärzten dürfen 5 Auszubildende eingestellt werden, wenn 3 ausgelernte Vollzeitkräfte beschäftigt sind. Für jeden weiteren Arzt kann eine Auszubildende zusätzlich eingestellt werden. Es muss aber ein Ausbilder als Verantwortlicher für die Auszubildende beauftragt werden.

578022

INFO 4 Was lernt man in der praktischen Ausbildung?

Im **Ausbildungsrahmenplan** stehen die Fertigkeiten und Kenntnisse, die während der drei Ausbildungsjahre erworben werden sollen. Da in den einzelnen Praxen abweichende sachliche und zeitliche Gliederungen notwendig werden, kann jede Praxis ihren eigenen Ausbildungsplan aus dem Rahmenplan entwickeln. Wichtig ist aber, dass in den drei Jahren alle Inhalte vermittelt werden.

Ausbildungsplan: Vor Beginn der Ausbildung stellt jeder ausbildende Arzt Überlegungen an, welche Ausbildungsinhalte am zweckmäßigsten an welchem Ausbildungsplatz und zu welchem Zeitpunkt vermittelt werden sollen. Diese Überlegungen werden mithilfe des Ausbildungsplans dokumentiert. Dabei sind eventuelle „betriebspraktische Besonderheiten“ und andere Tatbestände, die eine Abweichung vom Ausbildungsrahmenplan rechtfertigen, zu berücksichtigen.

Der Ausbildungsplan hat die Aufgabe, dem Ausbildenden jederzeit die Überprüfung zu ermöglichen, ob die vorgesehenen Lernziele erreicht sind.

Forderungen des Qualitätsmanagements

- Auszubildende werden in den Praxisalltag einbezogen und in das Praxisteam integriert. Sie lernen auf strukturierte Weise alle organisatorischen und inhaltlichen Bereiche und Abläufe der Praxis kennen.
- Ein individueller, strukturierter praktischer Ausbildungsplan ist schriftlich erstellt worden und wird eingehalten.
- Für jeden Auszubildenden ist ein verantwortlicher Ansprechpartner zur qualifizierten Anleitung und Unterstützung benannt.
- Anleitungs- und Feedbackgespräche werden regelmäßig durchgeführt und dokumentiert.
- Die Auszubildenden werden in Teambesprechungen und interne Fortbildungen einbezogen.

Quelle: Diel F., Gibis B. (Hrsg.), a.a.O., 3.2.1 (Ziel 1, Nachweise 1-4, S. 91)

INFO 5 Was muss man alles in der Berufsschule lernen?

Der fachbezogene Unterrichtsstoff ist in Rahmenlehrplänen festgelegt. Der Rahmenlehrplan für die Ausbildung zur Medizinischen Fachangestellten wurde im Jahr 2005 verabschiedet und gilt bundeseinheitlich. Er besteht aus 12 Lernfeldern, jeweils 4 für ein Ausbildungsjahr. Diese Lernfelder umfassen Zeitrichtwerte, Lerngebiete, Zielformulierungen und Lerninhalte, die in der Berufsschule vermittelt werden sollen.

Die Stundentafel und die Anzahl der Schulstunden in den allgemein bildenden Fächern wie Deutsch, Ethik, Politik kann von Schule zu Schule unterschiedlich sein. Diese Fächer sind deshalb so wichtig, da das Erreichen des Berufsschulabschlusses u. a. auch Zulassungsvoraussetzung für eine Aufstiegsfortbildung oder ein späteres Studium sein kann.

Praxis-tipp

Nach einem Beschluss des Bundesarbeitsgerichtes vom 26.03.2001 ist die notwendige Wegezeit zwischen Berufsschule und Ausbildungsbetrieb auf die Arbeitszeit anzurechnen.

INFO 6 Angst vor der Zwischen- oder der Abschlussprüfung?

Noch vor Beendigung des 2. Ausbildungsjahres legt die Auszubildende eine schriftliche **Zwischenprüfung** ab. Diese kann zwar um ein halbes Jahr verschoben werden - ohne sie gibt es aber keine Zulassung zur Abschlussprüfung. In der Zwischenprüfung kann man nicht durchfallen. Es soll lediglich der derzeitige Leistungsstand der Auszubildenden gezeigt werden. Die **Abschlussprüfung** umfasst vier schriftliche Prüfungsarbeiten zu den Gebieten Medizin, Verwaltung, Wirtschafts- und Sozialkunde, Textverarbeitung/Textautomation sowie die praktischen Übungen. Die Prüfungen werden vor der Ärztekammer abgelegt. Einzelheiten zu den Prüfungen regelt die Prüfungsordnung.

www. *Die Prüfungsordnungen können Sie auf den Websites der Landesärztekammern nachlesen.*

INFO 7 Wichtiger als man denkt: Das Berichtsheft

Die Ausbildungsordnung schreibt vor, dass die Auszubildende ein Berichtsheft in Form eines Ausbildungsnachweises zu führen hat. Ihr ist Gelegenheit zu geben das Berichtsheft während der Arbeitszeit zu führen. Der ausbildende Arzt hat das Berichtsheft regelmäßig durchzusehen. Es ist ein wichtiger Nachweis der Tätigkeiten in der Ausbildung. Daher soll ihm zu entnehmen sein, was die Auszubildende in der ausbildenden Arztpraxis gelernt hat. Dies geschieht am sinnvollsten durch kurze, möglichst präzise Angabe der erreichten Lernziele. Formvorschriften für das Berichtsheft gibt es nicht.

Auszubildende und Ausbildender sollen dem Berichtsheft ebenso wie die Ärztekammer und (anlässlich der Abschlussprüfung) der Prüfungsausschuss entnehmen können, dass die im Ausbildungsrahmenplan vorgegebenen Ziele während der Ausbildung erreicht worden sind.

Praxistipp

Das Berichtsheft kann sogar die Funktion eines Beweises haben, wenn nämlich eine durchgefallene Auszubildende behauptet, der von ihr in der Prüfung verlangte Stoff sei ihr während der Ausbildung nicht vermittelt worden. Dann könnte der Ausbildungsnachweis Beweismittel bei einer etwaigen Schadensersatzklage aufgrund unzureichender Ausbildung werden.

Arbeitsaufträge

1. Stellen Sie sich gegenseitig Ihre Praxis vor (Art und Bereich), in der Sie ausgebildet werden.
2. Unterscheiden Sie zwischen Ausbildungsrahmenplan, dem betrieblichem Ausbildungsplan und dem Lehrplan mit Lernfeldern in der Berufsschule.
3. Erklären Sie, warum das Berichtsheft sehr wichtig sein kann und warum man es daher laufend ohne größere zeitliche Unterbrechungen führen sollte.
4. Diskutieren Sie die Erwartungen, die Sie an den Berufsschulbesuch stellen.

4 Dienstleistungs- oder Wirtschaftsbetrieb?

Die ärztliche Praxis im volkswirtschaftlichen Zusammenhang

Moment mal ...

Power im Gesundheitswesen

Medizinische Dienstleistungen weiter im Aufwind

Wovon viele Branchen nur träumen können, ist für das Gesundheitswesen Realität: Hierin steckt eine enorme wirtschaftliche Power. Der Dienstleistungssektor Gesundheitswesen gilt als der dominierende Wirtschaftsfaktor unserer Volkswirtschaft. Millionen Menschen finden hier Arbeit. Riesige Finanzströme durchfließen ständig das System und auch unser Bruttoinlandsprodukt würde ohne die Wertschöpfung im Gesundheitswesen ein kümmerliches Dasein führen. Ist der goldene Weg des Wirtschaftswachstums in diesem Sektor bald zu Ende? Die Fachleute sind sich einig: Das Gesundheitswesen bietet auch in Zukunft viele Chancen.

In Umfragen zeichnet sich ein verstärkter Nachfragetrend nach medizinischen Grundleistungen ab. Aber auch Felder wie Wellness, Fitness, Lifestyle und Schönheit werden immer stärker von der modernen Medizin besetzt. Medizinische Komfortleistungen konkurrieren zunehmend mit anderen Luxusgütern. Designermöbel, exklusive Garderobe, luxuriöse Autos: alles ganz schön und gut. Was von vielen inzwischen mehr geschätzt wird, sind die Angebote aus dem Dienstleistungssektor Gesundheitswesen, die über eine reine Krankenversorgung hinausgehend gut für das persönliche Wohlbefinden sind.

Das Gesundheitswesen ist ein Markt im Aufbruch, ein Markt in Bewegung. Viele Berufe tummeln sich hier, aber im Mittelpunkt des Marktgeschehens steht die Dienstleistung des Arztes. Sein Berufsalltag wird immer häufiger von marktwirtschaftlichen Strukturen bestimmt. Beschaffungs- und Absatzmarkt sind die beiden Pole, zwischen denen sich sein beruflicher Alltag abspielt. Die stark begrenzten Finanzspielräume in den gesetzlichen Krankenkassen machen ihm das Leben schwer. Ein Ausweg bietet der privat finanzierte zweite Gesundheitsmarkt. Ein Arzt, der hier nicht mitmischen kann, hat ganz schlechte Karten. *(xrl)*

Wie lässt sich das volkswirtschaftliche Umfeld von Arztpraxen beschreiben?
Welche fachärztlichen Dienstleistungen lassen sich unterscheiden?
Welche volkswirtschaftliche Bedeutung haben die ärztlichen Dienstleistungen in unserer Volkswirtschaft?

INFO 1 Die Arztpraxis als betrieblicher Teil der Volkswirtschaft

Die Betriebe einer Volkswirtschaft sind Produktions- oder Dienstleistungsbetriebe. Zu den Produktionsbetrieben zählen die Handwerks- und Industriebetriebe. Produktionsbetriebe stellen Sachgüter (z. B. Autos) her. Manche von ihnen führen auch Instandsetzungsarbeiten durch. Dies trifft vor allem auf Handwerksbetriebe zu (z. B. Autowerkstätten).

Dienstleistungsbetriebe stellen keine Sachgüter her, sie erbringen vielmehr Dienstleistungen. Dabei kann es sich um sachliche Dienstleistungen (z. B. Bankbetriebe) oder um persönliche Dienstleistungen (z. B. Fitnessstudios) handeln. Arztpraxen zählen zu den Betrieben, bei denen Personen und weniger Sachen im Mittelpunkt des betrieblichen Geschehens steht.

Betriebe einer Volkswirtschaft

- **Produktionsbetriebe**
  - **Industriebetriebe**
    Beispiele:
    - Möbelfabrik
    - Chemiewerk
    - Textilfabrik
  - **Handwerksberiebe**
    Beispiele:
    - Zahnlabor
    - Schreiner-werkstatt
    - Malerbetrieb
- **Dienstleistungsbetriebe**
  - **Betriebe, die persönliche Dienstleistungen erstellen**
    Beispiele:
    - Friseursalon
    - Fitnessstudio
    - **Arztpraxis**
  - **Betriebe, die sachliche Dienstleistungen erstellen**
    Beispiele:
    - Bank
    - Werbeagentur
    - Handelsbetrieb

INFO 2 Die ärztliche Tätigkeit als Dienstleistungsberuf

Die ärztlichen Dienstleistungen sind sehr vielfältig.

Welche Art von Dienstleistung der Arzt im Einzelnen erbringt, lässt sich am besten aus der jeweiligen Facharztbezeichnung (Fachbereichsbezeichnung) ersehen.

Facharzt/Fachärztin für ...	zuständig für ...
Allergologie	allergische Erkrankungen
Angiologie	Erkrankungen der Blutgefäße
Chirurgie	operative Behandlung von chirurgischen Erkrankungen
Dermatologie	Haut- und Geschlechtskrankheiten
Endokrinologie	Erkrankungen der inneren Drüsen
Gastroenterologie	Magen- und Darmkrankheiten
Gynäkologie	Frauenheilkunde und Geburtshilfe
Hämatologie	Blutkrankheiten
Internist/Internistin	Innere Krankheiten
Kardiologie	Herzkrankheiten
Nephrologie	Nierenkrankheiten
Neurologie	Erkrankungen des Gehirns, des Rückenmarks und der Nerven
Ophtalmologie	Augenkrankheiten
Orthopädie	Krankheiten des Haltungs- und Bewegungsapparates
Pädiatrie	Kinderheilkunde
Pneumologie	Lungenkrankheiten
Psychiatrie	Seelische Störungen und psychische Krankheiten
Rheumatologie	rheumatische Erkrankungen
Urologie	Krankheiten der Harnorgane

Der Begriff „Praktischer Arzt“ wurde inzwischen durch die Fachgebietsbezeichnung **„Facharzt für Allgemeinmedizin“** ersetzt. Die Allgemeinmedizin umfasst die lebensbegleitende hausärztliche Betreuung von Patienten jeden Alters und das bei jeder Art von gesundheitlichen Problemen.

Innerhalb eines bestimmten Fachgebiets kann noch eine Spezialisierung erfolgen, die als „Schwerpunkt“ bezeichnet wird. Die Anerkennung als Schwerpunkt erhalten Ärzte erst nach einer zusätzlichen Weiterbildung. Beispiel:

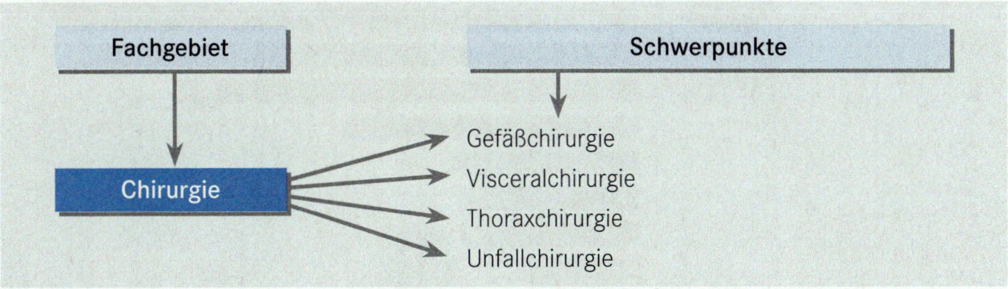

INFO 3 Kooperationsformen bei den ärztlichen Dienstleistungen

Für die Dienstleistung eines niedergelassenen Arztes gibt es neben der herkömmlichen Einzelpraxis die folgenden Kooperationsformen:

- **Gemeinschaftspraxis**
  Hierbei schließen sich mehrere Ärzte der gleichen Fachrichtung zusammen, um gemeinsam ihren Beruf in einer Praxis auszuüben. Räume, Mitarbeiter und Ausstattung werden von allen genutzt. Abweichend hiervon können auch fachübergreifende Gemeinschaftspraxen geführt werden, in denen unterschiedliche Fachrichtungen vertreten sind. Sie ähneln dann zwar der Praxisgemeinschaft. Die gemeinsame Abrechnung gegenüber der KV bleibt davon aber unberührt.
- **Praxisgemeinschaft**
  Praxisräume, Praxiseinrichtung und auch das Personal werden von Ärzten verschiedener Fachrichtungen gemeinsam genutzt. Ein gemeinsames Praxisschild darf eine Praxisgemeinschaft nicht verwenden, da es sich um rechtlich selbstständige Praxen handelt. Gegenüber der KV rechnen die Ärzte getrennt ab.
- **Apparategemeinschaft**
  Verschiedene Ärzte schließen sich zur gemeinsamen Nutzung von medizinischen Geräten für Diagnose und Therapie zusammen. Beispiel: Mehrere selbstständige Radiologen nutzen gemeinsam einen Kernspintomografen.
- **Laborgemeinschaft**
  Hierbei handelt es sich um eine besondere Form der Apparategemeinschaft. Mehrere Vertragsärzte betreiben gemeinsam ein Labor und nutzen Räume, Geräte und Personal gemeinsam.

INFO 4 Der volkswirtschaftliche Rahmen der ärztlichen Dienstleistung

Der Arzt als Arbeitgeber im Gesundheitswesen

Mehr als 4 Millionen Menschen arbeiten in Deutschland im Gesundheitswesen. Beinahe jeder zehnte Berufstätige ist hier beschäftigt. Arztpraxen sind mit 650 000 Beschäftigten der zweitgrößte Arbeitgeber im Gesundheitswesen. Nur in Krankenhäusern ist noch mehr Personal beschäftigt. Im Gegensatz zu manch anderen Branchen ist die Arbeitsplatzsicherheit im Gesundheitswesen relativ hoch. Das gilt vor allem für Ärzte und ihre Mitarbeiter. In vielen Gegenden Deutschlands ist die Nachfrage nach dieser Art von Dienstleistung höher als das Angebot. Übrigens: Das Gesundheitswesen ist überwiegend weiblich. Fast drei Viertel aller Mitarbeiter sind Frauen.

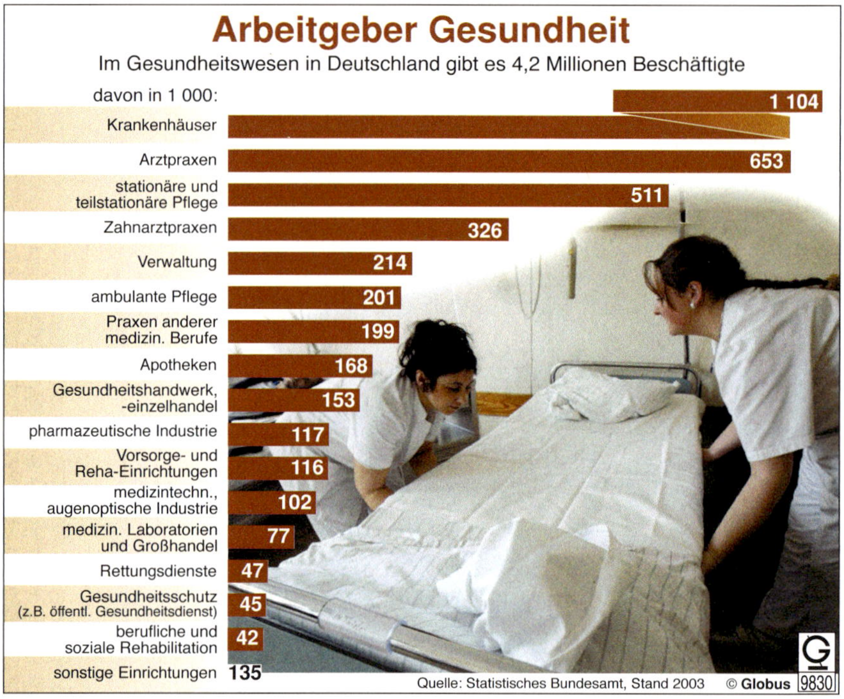

Der Arzt im Rahmen der Gesundheits-Gesamtrechnung

„Wer zahlt die Gesundheitskosten?" und „wofür werden sie ausgegeben?" sind die beiden Fragen, die bei einer Gesundheits-Gesamtrechnung interessieren. Das meiste Geld verschlingen die Krankenhäuser. Die Ärzte stehen als Zahlungsempfänger bereits an zweiter Stelle. Woher bekommen sie und die anderen Anbieter von Gesundheitsleistungen ihr Geld? Die Quellen der ärztlichen Honorare sind sehr vielfältig. Der größte Teil stammt von den gesetzlichen Krankenversicherungen. Aber auch die privaten Haushalte zahlen für ärztliche Dienstleistungen, wenn sie z. B. individuelle Gesundheitsleistungen (IGeL) in Anspruch nehmen. Die Träger der Pflege-, Renten- und gesetzlichen Unfallversicherung sind ebenfalls verpflichtet in bestimmten Situationen ärztliche Dienstleistungen für ihre Versicherten zu bezahlen. Und auch der Staat leistet seinen Beitrag, wenn er z. B. für Sozialhilfeempfänger Krankenversicherungsbeiträge zahlt.

LF 7
Kap. 7
Seite 299 ff.
IGeL

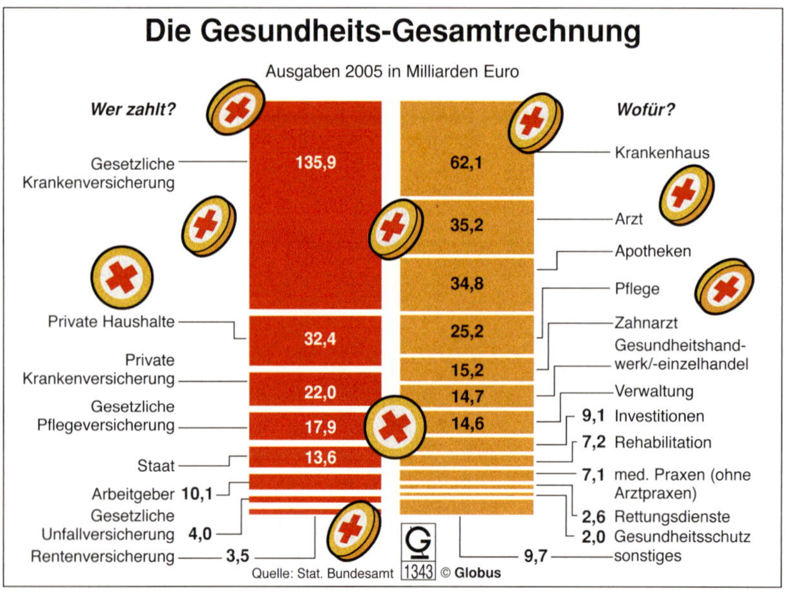

Rund 11 % des Bruttoinlandsprodukts unserer Volkswirtschaft wird im Gesundheitsbereich erwirtschaftet. Das entspricht rund einem Neuntel der gesamten Wirtschaftsleistung.

INFO 5 Blickpunkt Arztpraxis: Ein Betriebsmodell

Frage: Was haben alle Betriebe einer Volkswirtschaft gemeinsam?

Antwort: Ihre Tätigkeit spielt sich zwischen dem Beschaffungsmarkt einerseits und dem Absatzmarkt andererseits ab. Das gilt auch für eine Arztpraxis wie das folgende Ablaufschema verdeutlicht:

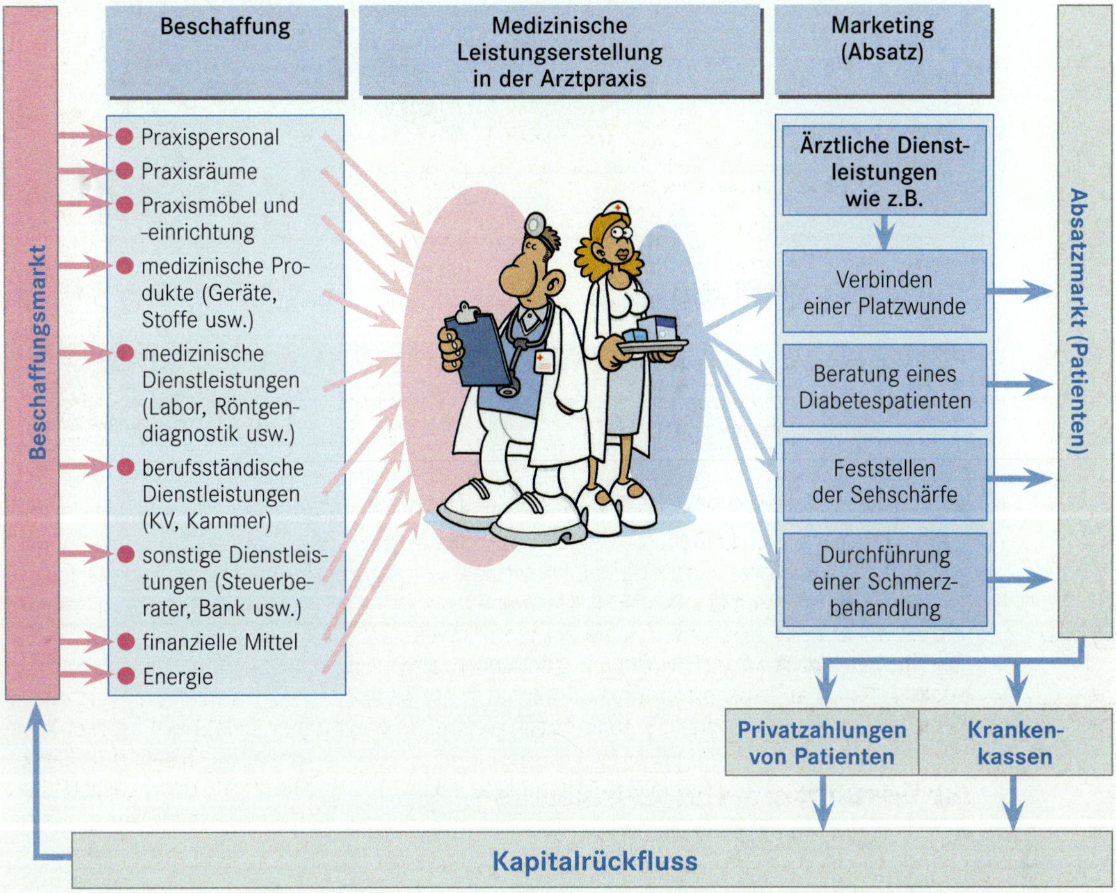

Um ihre Leistungen erbringen zu können, benötigen sie nicht nur Räume, medizinische Geräte und Personal, sondern zahlreiche weitere Sachgüter. Unverzichtbar für ihre Tätigkeit sind aber auch Dienstleistungen anderer Betriebe. Ohne Banken, Transportbetriebe, Post usw. kommt ein Arzt nicht aus. Aber auch auf die Anbieter anderer medizinischer Dienstleistungen wie z. B. Labore und Ärzte anderer Fachrichtungen kann ein Arzt nicht verzichten. Des Weiteren ist der Arzt auf berufsständische Dienstleistungen angewiesen. Ein Beispiel hierfür ist das Abrechnungswesen durch die Kassenärztliche Vereinigung (KV).

Eine immer größere Bedeutung bekommt für den Arzt das **Praxismarketing.** Um trotz der stark begrenzten Finanzspielräume der gesetzlichen Krankenkassen wirtschaftlich arbeiten zu können, sind besondere Anstrengungen erforderlich.

Ein erfolgreiches Marketing ist die Voraussetzung dafür, um über einen angemessenen Rückfluss des eingesetzten Kapitals den Praxisbetrieb aufrecht erhalten zu können.

LF 7
Kap. 6
Seite 292 ff.
Praxismarketing

Ärzten droht Rekord bei Praxis-Pleiten

Bei den niedergelassenen Ärzten droht in diesem Jahr ein Pleite-Rekord. Nach Informationen der „Welt“ rechnen Verbände und das Statistische Bundesamt mit einer Rekordzahl von bis zu 125 Praxen, die entweder überschuldet oder zahlungsunfähig sind. Im Vorjahr waren es lediglich 86 Pleiten. Bundesweit seien derzeit rund 30 000 der insgesamt 96 000 Arztpraxen von einer Schließung oder sogar der Insolvenz bedroht. *(Quelle: HNA v. 21.12.05)*

Das dies nicht selbstverständlich ist, zeigt die wachsende Zahl an Praxis-Pleiten.

Arbeitsaufträge

1. Nehmen Sie den Zeitungsartikel „Power im Gesundheitswesen“ (siehe „Moment mal ...“, Seite 25) als Ausgangspunkt einer Diskussion zum Thema: „Medizinische Dienstleistungen weiterhin im Aufwind: Chance oder Risiko?“ Bilden Sie zwei Gruppen. Eine trägt die Vorteile dieser Entwicklung zusammen, die andere Gruppe zeigt die Nachteile auf, die mit dieser Entwicklung verbunden sein könnten. In einer abschließenden gemeinsamen Diskussion sollten Sie die Vor- und Nachteile gegeneinander abwägen und zu einem abschließenden Urteil kommen.
2. Was bezeichnet man als „Schwerpunkt“ innerhalb eines medizinischen Fachgebiets?
3. Unterscheiden Sie zwischen einer Gemeinschaftspraxis und einer Praxisgemeinschaft.
4. Nennen Sie ein Beispiel für eine Apparategemeinschaft.
5. Erklären Sie die „Gesundheits-Gesamtrechnung“ anhand der vorstehenden Infografik.
6. Beschreiben Sie mithilfe des vorstehenden Ablaufschemas die Arztpraxis zwischen Beschaffungs- und Absatzmarkt.
7. Diskutieren Sie den oben stehenden Zeitungsartikel „Ärzten droht Rekord bei Praxispleiten“ auch unter Zuhilfenahme weiterer Informationen, die Sie sich im Internet auf den Websites der Bundes- und Landesärztekammern, der Kassenärztlichen Vereinigungen und z. B. auf www.spiegel.de, www.focus.de, www.stern.de, www.sueddeutsche-zeitung.de, www.faz.de besorgen.

5 Viele mischen mit

Arten und Aufgaben der ärztlichen Organisationen

Moment mal …

Schlagzeilen aus Tageszeitungen

Problemfälle häufen sich
Krankenkassen fordern von der Kassenärztlichen Vereinigung eine bessere Kontrolle der ärztlichen Abrechnung.

Behandlungsfehler ja oder nein
Operation missglückt: Patient ruft Gutachterkommission der Ärztekammer an.

Bundesärztekammer sieht erste Erfolge bei der Vereinheitlichung der ärztlichen Weiterbildung.

Der Marburger Bund lässt nicht locker!
Arbeitsverträge von Ärzten in Krankenhäusern sollten nicht mehr befristet werden.

„Der Mensch ist nicht mehr wichtig!"
Ein Hausarzt berichtet über die knappen Budgetvorgaben der Kassenärztlichen Vereinigung.

Die Klagen des deutschen Hausärzteverbandes werden lauter.
Die Vergütung der hausärztlichen Leistung liegt im Argen.

Mediziner zwischen Vertrauen und Geschäft
Deutscher Ärztetag diskutiert über private Zusatzleistungen.

Welche Organisationen der Ärzteschaft sind Ihnen bekannt?
Welche Aufgaben nehmen die Organisationen wahr?

Die verschiedenen Ärzte sind in einer Vielzahl von Interessenvertretungen organisiert. Dies sind im Einzelnen:

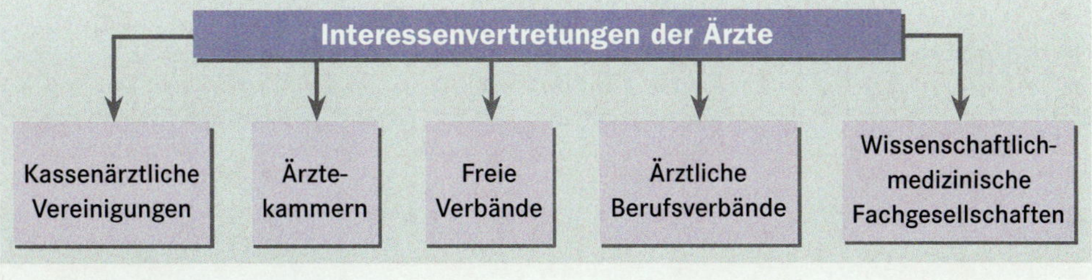

INFO 1 Kassenärztliche Vereinigungen (KVs)

> **Die Kassenärztliche Vereinigung Hessen,**
> **Körperschaft des öffentlichen Rechts**
> **- Landesstelle -**
>
> vermittelt für ihre Mitglieder
>
> **Praxisvertreter/-innen**
>
> für Praxisvertretungen im Land Hessen.
>
> Ärzte, die einen Vertreter benötigen, und Ärzte, die selbst eine Vertretung übernehmen möchten, werden gebeten sich an die Kassenärztliche Vereinigung ... zu wenden.
>
> Der Arzt, der sich in seiner Praxis vertreten lässt, hat sich nach § 17 Berufsordnung der Ärzte in Hessen zu vergewissern, dass der Vertreter die Voraussetzungen für eine ordnungsgemäße Vertretung erfüllt.

Die Kassenärztlichen Vereinigungen sind Körperschaften des öffentlichen Rechts. Sie stehen unter der Rechtsaufsicht des Staates. Jeder Vertragsarzt ist Pflichtmitglied der für seinen Niederlassungsort zuständigen KV. Seine Mitgliedschaft entsteht durch die Eintragung des Arztes in das bei der zuständigen KV geführte Arztregister. Seit 1998 sind auch Psychotherapeuten zur vertragsärztlichen Versorgung zugelassen, wenn sie in das Arztregister eingetragen sind.

Die Aufgaben einer KV:

Aufgabenart	Erklärung
Sicherstellungsauftrag	Die KV hat die vertragsärztliche Versorgung der Patienten sicherzustellen. Diese Aufgabe umfasst auch einen ausreichenden Notfalldienst zu Zeiten, wenn keine Sprechstunden sind. Die KV hat dafür zu sorgen, dass Ärzte und Psychotherapeuten in ihrem Zuständigkeitsbereich in ausreichender Zahl vorhanden sind. Auch auf eine möglichst gleichmäßige Verteilung hat sie dabei zu achten.
Interessenvertretung	Die KV nimmt die Rechte der Vertragsärzte gegenüber den Krankenkassen wahr. Sie hat damit gewerkschaftsähnliche Aufgaben zu erfüllen. Zur Interessenvertretung gehört vor allem, dass die ärztlichen Leistungen angemessen vergütet werden. Sie berät Ärzte bei Fragen zur Niederlassung, zur wirtschaftlichen Praxisführung und zum Abrechnungswesen.
Gewährleistungspflicht	Die KV hat gegenüber den Krankenkassen die Pflicht, dafür zu sorgen, dass die ärztlichen Leistungen ordnungsgemäß erbracht werden. Hierzu zählt ebenfalls die Abrechnung der Vertragsärzte vor Weitergabe an die Krankenkassen zu überprüfen. Verletzen Vertragsärzte ihre Pflichten, kann die KV Disziplinarmaßnahmen (z. B. Verweis, Geldbuße, Ruhen der Zulassung) verhängen.
Vertragshoheit	Um die vertragsärztliche Versorgung sicherzustellen und die Rechte der Vertragsärzte gegenüber den Krankenkassen zu wahren, schließt die KV Gesamtverträge mit den Krankenkassen ab. Seit einigen Jahren dürfen die Krankenkassen auch Direktverträge mit Vertragsärzten abschließen. Der Gesetzgeber hat hiermit in den Sicherstellungsauftrag der KV eingegriffen und deren vertragliches Abschlussmonopol abgeschwächt.

Ausschussbesetzung	Ärzte und Krankenkassen arbeiten in Ausschüssen der gemeinsamen Selbstverwaltung zusammen. Die KV benennt die Vertreter der Ärzte in diesen Ausschüssen. Dies ist der Fall bei dem Zulassungs- und Berufungsausschuss, der in Zulassungssachen entscheidet. Im Sozialgesetzbuch (SGB) wird bestimmt, dass eine Vertreterversammlung als Selbstverwaltungsorgan und ein hauptamtlicher Vorstand zu bilden sind. Sie werden jeweils für einen Zeitraum von 6 Jahren gewählt. Die örtlichen Geschäftsstellen der KV dienen dazu, die Aufgaben der Vertreterversammlung und des Vorstands zu erledigen.

Die zahlreichen Beziehungen zwischen Vertragsarzt, Kassenärztlicher Vereinigung sowie Patient und Krankenkasse zeigt die folgende Übersicht:

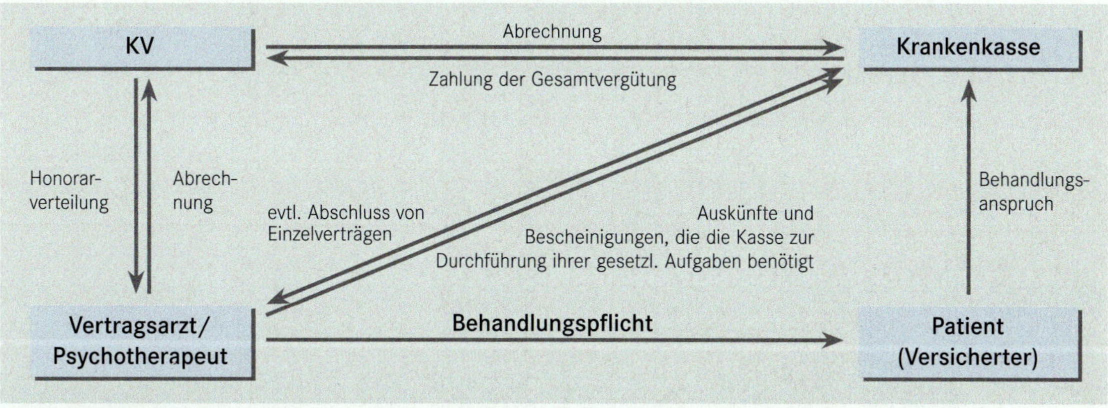

Eine Art Dachorganisation aller kassenärztlichen Vereinigungen ist die **Kassenärztliche Bundesvereinigung** (KBV). Jede KV ist Mitglied dieser Körperschaft. Die wichtigsten Aufgaben der KBV sind:

- Vertretung der Interessen von Vertragsärzten/Psychotherapeuten gegenüber der Bundesregierung,
- Abschluss von Bundesmanteltarifverträgen,
- Erlass von bundeseinheitlichen Richtlinien zur ärztlichen Qualitätssicherung,
- Führung des Bundesarztregisters,
- Durchführung des Fremdkassenzahlungsausgleichs zwischen den kassenärztlichen Vereinigungen verschiedener Länder. Er wird z. B. notwendig, wenn ein Versicherter der AOK Bremen einen Arzt in Kassel aufsucht, welcher der KV in Hessen angehört.

www.kbv.de

INFO 2 Die Ärztekammern

Ärztekammern sind die Berufsvertretungen aller approbierten Ärzte. Pflichtmitglieder sind alle Ärzte, die im Zuständigkeitsbereich der Kammern ihren Beruf ausüben. Diese Bestimmung gilt nicht nur für niedergelassene, sondern auch für angestellte Ärzte im Krankenhaus und beamtete Ärzte. Selbst Ärzte im Ruhestand sind noch Mitglieder der

Kammern. Entscheidungen der Ärztekammern gegenüber ihren Mitgliedern sind aus rechtlicher Sicht Verwaltungsakte, gegen die Widerspruch eingelegt werden kann. Über ihn entscheidet der Vorstand. Ist ein Arzt mit der Entscheidung nicht einverstanden, kann der Rechtsweg vor der Verwaltungsgerichtsbarkeit beschritten werden.

In jedem Bundesland gibt es jeweils eine **Landesärztekammer.** Nordrhein-Westfalen bildet eine Ausnahme. Hier gibt es je eine Kammer für die Region Nordrhein und die Region Westfalen-Lippe. Oberstes Organ der Landesärztekammer ist die Delegiertenversammlung. Sie wählen aus ihrer Mitte den Vorstand. Er führt die Geschäfte der Ärztekammer. An seiner Spitze stehen ein Präsident und ein Vizepräsident.

Ärztekammern regeln die ärztliche Berufsausübung. Ihre Aufgaben sind vor allem:

- Regelung von Rechten und Pflichten durch den Erlass der Berufsordnung,
- Aufsicht über die Einhaltung der Berufspflichten und Ausübung der Berufsgerichtsbarkeit,
- Förderung der ärztlichen Fortbildung,
- Regelung der Weiterbildung durch die Weiterbildungsordnung,
- Überwachung der Ausbildung der Medizinischen Fachangestellten,
- Regelung von Maßnahmen zur Qualitätssicherung,
- Einrichtung von Schlichtungs- und Gutachterkommissionen für ärztliche Behandlungsfehler.

Die Landesärztekammern der einzelnen Bundesländer haben sich in einer Arbeitsgemeinschaft zur **Bundesärztekammer** zusammengeschlossen.

www.

www.bundesaerztekammer.de
Hier finden Sie auch Web-Adressen der Landesärztekammern.

Praxistipp

Wenn Sie Fragen haben oder sich ganz aktuell über Ärztekammern informieren wollen, surfen Sie doch einfach mal bei der Bundesärztekammer vorbei.

Einige wichtige Aufgaben der Bundesärztekammer[1] sind:

- Vertretung der Ärzteschaft gegenüber der Öffentlichkeit in Fragen der Gesundheits- und Sozialpolitik,
- Schaffung von einheitlichen Regeln zu ärztlichen Berufspflichten und Weiterbildung,
- Förderung der ärztlichen Fortbildung (z. B. durch Organisation von Fachkongressen),
- Beschluss von Richtlinien zur medizinischen Qualitätssicherung,
- Förderung der Beziehungen zur medizinischen Wissenschaft.

Oberstes beschlussfassendes Organ der Bundesärztekammer ist der Deutsche Ärztetag, der alljährlich einberufen wird.

Bei der Bundesärztekammer gibt es eine Reihe von speziellen Einrichtungen. Beispiele sind:

- Arzneimittelkommission der Deutschen Ärzteschaft,
- Deutsche Akademie für Allgemeinmedizin,
- Arbeitsgemeinschaft für ärztliche Qualitätssicherung,
- Zentrale Ethikkommission.

Als gemeinsame Einrichtung der Kassenärztlichen Bundesvereinigung und der Bundesärztekammer wird das **Ärztliche Zentrum für Qualität in der Medizin** betrieben.

1 Vgl. KBV (Hrsg.), KBV-Fortbildungshefte, Heft 1: Aufgaben und Organisation ärztlicher Körperschaften und Verbände, Berlin 9/2004

INFO 3 Freie Ärztliche Verbände

Sie vertreten die Interessen ihrer Mitglieder, gleichgültig welcher medizinischen Fachgruppe sie angehören. Die Mitgliedschaft ist freiwillig. Die größten freien ärztlichen Verbände sind:

- **Marburger Bund**
  Er ist die Interessenvertretung der angestellten und beamteten Ärzte. Zu seinem Aufgabenbereich zählen z. B.
  - Abschluss von Tarifverträgen mit Arbeitgebern und Arbeitgeberverbänden,
  - Mitarbeit bei der ärztlichen Aus-, Weiter- und Fortbildung,
  - Unterstützung bei arbeitsrechtlichen Auseinandersetzungen und bei Abschluss von Arbeitsverträgen.

  Bei Tarifstreitigkeiten zwischen den Ärzten und ihren Arbeitgebern, den Krankenkassen und Unikliniken, spielt der Marburger Bund eine besondere Rolle. Demonstrationen werden organisiert und auch Ärztestreiks gehören zu den Mitteln dieser Ärztegewerkschaft, um gegenüber den Arbeitgebern ihre Ansprüche durchzusetzen. Eine zentrale Forderung ist dabei eine bessere Bezahlung und die Anerkennung der Bereitschaftszeiten im Krankenhaus als Arbeitszeit.
- **Hartmannbund**
  Er sieht seine Aufgabe in der Wahrung der beruflichen, wirtschaftlichen und sozialen Interessen aller Ärzte. Dabei spielt es keine Rolle welchem Fachgebiet sie angehören oder welcher Art der Berufsausübung sie nachgehen. Der Hartmannbund setzt sich für eine freie Berufsausübung ein. Er berät seine Mitglieder und bietet ihnen umfassende Informationsleistungen an.
- **NAV-Virchow-Bund**
  Er setzt sich für die Interessen aller in einer eigenen Praxis tätigen Ärzte und Zahnärzte sowie allen niederlassungswilligen Ärzten ein. Ziel der Verbandsarbeit ist die Sicherung und Förderung der Freiberuflichkeit sowie der Niederlassungsfreiheit. Des Weiteren setzt er sich für die freie Arztwahl ein. Er bietet seinen Mitgliedern fachkundige Beratung bei der Praxisgründung und Praxisführung an.

www.marburger-bund.de, www.hartmannbund.de, www.nav-virchowbund.de

INFO 4 Berufsverbände

Außer den freien ärztlichen Verbänden gibt es für bestimmte medizinische Fachrichtungen eine Reihe von speziellen Berufsverbänden. Sie vertreten jeweils die besonderen Interessen dieser Fachrichtung. Beispiele sind:

- Deutscher Hausärzteverband e.V.,
- Berufsverband Deutscher Internisten e.V. (BDI),
- Berufsverband der Augenärzte e.V.

www.hausaerzteverband.de, www.bdi.de

Die Gemeinschaft Fachärztlicher Berufsverbände (GFB) ist eine Handlungsgemeinschaft von zurzeit 27 selbstständigen fachärztlichen Berufsverbänden. Die GFB repräsentiert als Dachorganisation der Berufsverbände sowohl niedergelassene Ärzte als auch Krankenhausärzte.

INFO 5 Wissenschaftlich-medizinische Fachgesellschaften

Gesellschaften dieser Art dienen ausschließlich der Pflege der Wissenschaft. Die Fortbildung ihrer Mitglieder auf diesem Gebiet ist ihr zentrales Anliegen. Berufspolitische Ziele werden nicht von ihnen verfolgt. Zu den wissenschaftlich-medizinschen Fachgesellschaften zählen z. B.:

- Deutsche Gesellschaft für Innere Medizin e.V.,
- Deutsche Gesellschaft für Allgemeinmedizin (DEGAM) e.V.,
- Deutsche Interdisziplinäre Vereinigung für Intensiv- und Notfallmedizin (DIVI),
- Deutsche Gesellschaft für Rechtsmedizin,
- Gesellschaft für Humangenetik e.V.

Praxis-tipp

Die Vertretung der Medizinischen Fachangestellten sind:
- Verband medizinischer Fachberufe e.V. (vmf); www.vmf-online.de
- Gewerkschaft ver.di; www.verdi.de

Arbeitsaufträge

1. Welche Aufgaben erfüllt eine KV?
2. Das Einkommen eines Arztes ist nicht genau planbar, da bei Kassenpatienten das Arzthonorar für eine bestimmte Leistung unterschiedlich ist.
   a) Erkundigen Sie sich in Ihrer Ausbildungspraxis, warum das so ist.
   b) Welche Funktion hat eine KV bei der ärztlichen Abrechnung?
   c) Versuchen Sie einmal kritisch Stellung zu nehmen zu dem Abrechnungssystem.
3. Beschreiben Sie die rechtlichen Beziehungen zwischen Vertragsarzt, KV, Krankenkasse und Patient.
4. Die Vertretungshoheit einer KV ist seit einigen Jahren eingeschränkt. Durch welche gesetzliche Änderung wurde dies ermöglicht?
5. Eine Aufgabe der Kassenärztlichen Bundesvereinigung ist der Fremdkassenzahlungsausgleich. Erklären Sie, was man unter dieser Aufgabe zu verstehen hat.
6. Nennen Sie Aufgaben, welche die Ärztekammern zu erfüllen haben.
7. Welcher rechtliche Unterschied besteht zwischen der Mitgliedschaft zu Ärztekammern und freien ärztlichen Berufsverbänden?
8. Von welchen Organisationen wird das Ärztliche Zentrum für Qualität in der Medizin betrieben?
9. Ein Arzt ist mit der Entscheidung der örtlichen KV nicht einverstanden. Welche rechtlichen Schritte kann er unternehmen?

6 Warum Jugendliche besonders geschützt werden

Jugendarbeitsschutzgesetz

Moment mal ...

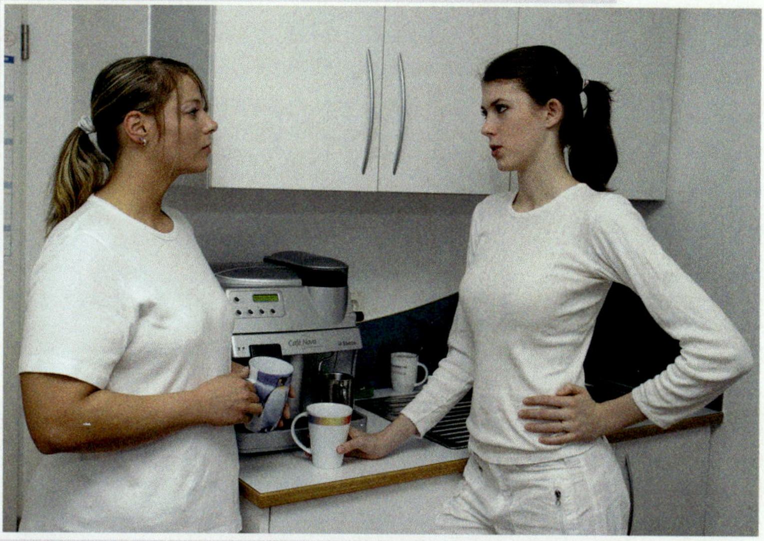

Lale hat ein Problem und sucht Rat bei Ramona Krämer: „Ich arbeite mehr, als ich laut Jugendarbeitsschutzgesetz muss," sagt sie zu Ramona und fährt fort: „Bei der Einstellung hatte mich die Chefin gefragt, ob ich auf die Rechte aus dem Jugendarbeitsschutzgesetz verzichten wolle, denn nur dann könne sie mich als Siebzehnjährige einstellen. Was blieb mir damals übrig? Ich konnte mir auch damals nicht erklären, was sie damit meinte. Doch jetzt haben wir in der Berufsschule das Jugendarbeitsschutzgesetz besprochen. Danach hätte ich als Jugendliche dienstags nach der Schule frei. Wegen der Sprechstunde für Berufstätige muss ich aber dienstags nachmittags noch arbeiten, manchmal sogar bis nach 19:00 Uhr." „Das musste ich damals auch," entgegnet Ramona. „Wie alt warst du denn da," fragt Lale. „19 Jahre," antwortet Ramona.

Erkennen Sie den Unterschied?
Für wen gilt das Jugendarbeitsschutzgesetz?
Welche wichtigen Bestimmungen beinhaltet es?

INFO 1 Das Jugendarbeitsschutzgesetz (JArbSchG) – für wen gilt es?

Jugendliche, die in einer Berufsausbildung stehen oder als Arbeitnehmer beschäftigt sind, sollen durch das Jugendarbeitsschutzgesetz vor Überforderung, Überbeanspruchung und Gefährdung am Arbeitsplatz geschützt werden. Dabei bleibt innerhalb der gesetzlich festgelegten Rahmenbedingungen ein gewisser Spielraum, der eine Anpassung an die jeweilige betriebliche Praxis erlaubt.

Das Jugendarbeitschutzgesetz gilt nur für Jugendliche unter 18 Jahren, die in einer Ausbildung oder Beschäftigung stehen.

Als Mindestalter für die Beschäftigung Jugendlicher legt das Gesetz das 15. Lebensjahr fest. Die Beschäftigung von Kindern (unter 13 Jahren) ist grundsätzlich verboten.

Jugendliche Auszubildende müssen vor Beginn der Ausbildung eine Einstellungsuntersuchung und nach einem Jahr eine Nachuntersuchung machen lassen.

INFO 2 Ausbildungszeit, Freizeit, Feiertagsarbeit

Die tägliche Arbeitszeit (= Arbeitszeit + Ruhepausen + sog. Freistunden) darf für Jugendliche 8 Stunden nicht überschreiten. Wenn an einem Tag weniger als 8 Stunden gearbeitet wird, kann dies an den anderen Wochentagen mit 8 $^{1}/_{2}$ Stunden täglich ausgeglichen werden.

Nach Beendigung der täglichen Arbeit muss den Jugendlichen eine ununterbrochene Freizeit von mindestens 12 Stunden zur Verfügung stehen.

An Samstagen ist die Beschäftigung Jugendlicher nur zulässig

- in Krankenanstalten sowie in Alten-, Pflege- und Kinderheimen, usw.,
- im ärztlichen Notdienst.

Mindestens zwei Samstage im Monat sollen beschäftigungsfrei bleiben.

Werden Jugendliche am Samstag beschäftigt, ist ihnen die 5-Tage-Woche durch Freistellung an einem anderen berufsschulfreien Arbeitstag derselben Woche sicherzustellen. Am Tag vor der **schriftlichen Abschlussprüfung** haben Jugendliche frei. Dieser Tag wird nicht auf den Urlaub angerechnet.

INFO 3 Ruhepausen

§ 11 (JArbSchG)

(1) Jugendlichen müssen im Voraus feststehende Ruhepausen von angemessener Dauer gewährt werden. Die Ruhepausen müssen mindestens betragen:
- 30 Minuten bei einer Arbeitszeit von mehr als viereinhalb bis zu sechs Stunden,
- 60 Minuten bei einer Arbeitszeit von mehr als sechs Stunden.

Als Ruhepause gilt nur eine Arbeitsunterbrechung von mindestens 15 Minuten.

(2) Länger als viereinhalb Stunden hintereinander dürfen Jugendliche nicht ohne Ruhepausen beschäftigt werden.

INFO 4 Anrechnung des Berufsschulbesuchs

Die Berufsschule ist von allen Auszubildenden zu besuchen. Hierfür müssen sie vom Arbeitgeber freigestellt werden. Dazu zählen auch schulische Veranstaltungen wie z. B. Klassenfahrten.

An einem vor 09:00 Uhr beginnenden Unterrichtstag dürfen Auszubildende vorher nicht in der Praxis beschäftigt werden. Diese Regelung gilt auch für Volljährige. Ansonsten sind die Anrechnung auf die Wochenarbeitszeit und die Freistellung nach der Berufsschule wie folgt zu handhaben:

- **Volljährige Auszubildende** können generell nach der Berufsschule in der Praxis beschäftigt werden. Auf die Wochenarbeitszeit werden die tatsächlichen Unterrichtszeiten einschließlich der Pausen plus Wegezeit angerechnet.
- **Minderjährige Auszubildende** dürfen an einem Berufsschultag mit mehr als 5 Unterrichtsstunden (also 6 oder mehr) nicht mehr beschäftigt werden. An einem zweiten „langen" Berufsschultag oder an einem Berufsschultag mit maximal 5 Unterrichtsstunden entfällt die Freistellung. Bei zwei Berufsschultagen mit mindestens 6 Unterrichtsstunden entscheidet der Praxisinhaber, an welchem Tag die Freistellung erfolgt.

An einem Berufsschultag mit mehr als 5 Unterrichtsstunden sind 8 Zeitstunden auf die Wochenarbeitszeit anzurechnen. An dem zweiten Berufsschultag dürfen nur die tatsächlichen Unterrichtszeiten einschließlich der Pausen auf die Wochenarbeitszeit angerechnet werden.

Den Gesetzestext mit dem JArbSchG und dem BBiG können Sie kostenlos beziehen!

Herausgeber: Bundesministerium für Bildung und Forschung (BMBF) Referat Publikationen

Internet: www.bmbf.de/pub/ausbildung-und-beruf.pdf

E-Mail: books@bmbf.bund.de

Das komplette JArbSchG finden Sie auch im Web unter: www.bundesrecht.juris.de/bundesrecht/jarbschg

INFO 5 Zusammenfassung des Jugendarbeitsschutzgesetzes

Geltungsbereich	Arbeitszeit		Beschäftigungsverbote
Ausbildung und Beschäftigung von Jugendlichen unter 18 Jahren	• 40 Stunden in der Woche, bis zu 8 1/2 Stunden am Tag • 5-Tage-Woche • Schichtzeit (Arbeitszeit und Pausen) höchstens 10 Stunden am Tag	• Arbeitsbeginn ab 6 Uhr, Arbeitsschluss spätestens 20 Uhr • Ruhepausen • Verbot der Samstags- und Sonntagsarbeit • Jahresurlaub	• Kinderarbeit • Akkordarbeit • gefährliche Arbeiten • Arbeiten unter Tage

Arbeitsaufträge

1. Warum gibt es für Lale und Ramona unterschiedliche Regelungen bezüglich der Zeit nach dem Berufsschulbesuch?
2. Erklären Sie die Regelung für Jugendliche, wenn der Berufsschulunterricht auf zwei Tage pro Woche verteilt ist.
3. Lisa durfte bis zu ihrem 18. Geburtstag nach dem Berufsschulbesuch nach Hause gehen, um sich auszuruhen. Ab Ihrem 18. Geburtstag wird sie nicht mehr besonders geschützt. Diskutieren Sie anhand dieses Beispiels darüber, ob es sinnvoll ist, dass Jugendliche besonders geschützt werden, die volljährigen Auszubildenden aber nicht.
4. Erklären Sie die Pausen- und Freizeitregelungen anhand des JArbSchG.
5. Nennen Sie mithilfe des Gesetzes den Ihnen zustehenden Urlaub. Begründen Sie mögliche Abweichungen.

7 Reden ist Silber – Schweigen ist Gold

Schweigepflicht der Medizinischen Fachangestellten

Moment mal ...

Dienstag, 15:33 Uhr - das Telefon in der Praxisgemeinschaft klingelt. „Geh du mal ran ..." sagt Natalia, die gerade mit der Aufnahme eines Patienten beschäftigt war, zur Auszubildenden Lale. „Praxisgemeinschaft Dr. Damm, Dr. Metz, Dr. Michel, Lale Turgut am Apparat, was kann ich für Sie tun?", sagt Lale. Am Telefon meldet sich ein Herr Müller, Neu-Markt, Düsseldorf.

Das darf ich Ihnen nicht sagen ...

„Ich hab da eine Frage", beginnt er gleich, „ist eine Frau Petra Schleicher heute in ihrer Praxis erschienen, das ist meine Auszubildende?"

Nachdem Lale im Terminbuch nachgesehen hat, meldet sie sich wieder:

„Ja, Herr Müller, Frau Schleicher sitzt im Wartezimmer, sie wird in etwa 15 Minuten zur Behandlung aufgerufen, kann ich ihr etwas ausrichten?"

Das muss ich aber wissen ...

„Hat sie denn wirklich starke Schmerzen oder ist sie nur zu einer Routineuntersuchung da?", will Müller weiter wissen.

„Das darf ich ihnen nicht sagen", antwortet Lale.

„Das muss ich aber wissen", besteht Müller, der offensichtlich sehr gereizt ist, auf seinem „Recht", „schließlich bin ich ihr Ausbilder und sie geht nun schon den dritten Dienstag immer nach der sechsten Berufsschulstunde zu Ärzten. Und mir fehlt sie hier im Laden."

Herr Müller lässt nicht locker. Arztbesuche könnten an ihrem freien Nachmittag erfolgen und nicht während der Arbeitszeit.

Wenn man starke Schmerzen habe, dann wäre das verständlich, doch er habe das Gefühl, Frau Müller wolle sich vor der Arbeit drücken. „Warum sitzt die denn eigentlich im Wartezimmer, wenn sie starke Schmerzen hat, das kann doch nicht sein, dass man sie in Ihrer Praxis dann warten lässt?", fragt er weiter. Lale sucht nach einer Antwort, doch der aufgebrachte Herr Müller spricht gleich weiter. „Also, wie ist das nun mit den Schmerzen", herrscht er Lale an. Eingeschüchtert sieht diese in die Karteikarte und antwortet: „Ob sie starke Schmerzen hat, kann ich nicht sagen, aber sie ist angemeldet bei Dr. Michel, ihrem Hausarzt." „... das reicht mir," unterbricht er Lale „sie haben mir sehr geholfen, der Schwänzerin muss ihr Handwerk gelegt werden ..."

Hab ich jetzt was Falsches gesagt?

Lale wird bleich, hat sie jetzt etwas Falsches gesagt?

Welche Tatsachen fallen unter die Schweigepflicht einer Helferin? Gibt es Ausnahmen von dieser Schweigepflicht?

INFO 1 Gesetzliche Grundlagen

Die ärztliche Schweigepflicht gehört zu den höchsten und wichtigsten Berufspflichten des gesamten Praxisteams. Nur wenn sich die Patienten darauf verlassen können, dass die dem Arzt oder seinen Angestellten anvertrauten persönlichen, familiären und beruflichen Daten vertraulich behandelt werden, werden auch diese bereit sein Auskünfte aus ihrer Intimsphäre zu geben. Vollständige und wahrheitsgemäße Angaben sind aber häufig nötig, damit die richtige Diagnose gestellt wird und die Ergebnisse aus den Behandlungen zutreffend bewertet werden können. Die ursprünglich aus dem „Eid des Hippokrates“ abgeleitete Verschwiegenheitspflicht des Arztes findet sich heute im Wesentlichen in der Berufsordnung der Ärzte wieder. Zahlreiche gesetzliche Bestimmungen sollen deren Einhaltung sichern. Zu den wichtigsten zählt § 203 Strafgesetzbuch (StGB):

§ 203 StGB

1. Wer unbefugt ein zum persönlichen Lebensbereich gehörendes Geheimnis, das ihm als ... Arzt ... bekannt geworden ist, weitergibt, wird mit Freiheitsstrafe bis zu einem Jahr oder mit Geldbuße bestraft ...
2. Den in Abs. 1 Genannten stehen ihre berufsmäßig tätigen Gehilfen und die Personen gleich, die bei ihnen zur Vorbereitung auf den Beruf tätig sind.

Damit gilt die Schweigepflicht nicht nur für Ärzte, sondern für das gesamte Praxisteam.

INFO 2 Was fällt unter die Schweigepflicht und welche Ausnahmen gibt es?

Alles, was dem Praxisteam über den Patienten bekannt wird, unterliegt der ärztlichen Schweigepflicht. Hierzu gehören insbesondere Umstände, die sich auf den persönlichen Lebensbereich beziehen, so z. B. Erkenntnisse und Informationen über familiäre und partnerschaftliche Probleme, aber auch Privat- und Geschäftsgeheimnisse.

Weiterhin fallen hierunter auch schriftliche Mitteilungen und Aufzeichnungen des Patienten, Röntgenaufnahmen und sonstige Untersuchungsbefunde. Die Schweigepflicht besteht auch über den Tod des Patienten hinaus.

Unter die Schweigepflicht der Arztpraxis fallen insbesondere:

- Name und persönliche Daten der Patienten,
- Angaben über wirtschaftliche Verhältnisse der Patienten,
- der Grund der Behandlung,
- Aufzeichnungen der Ärzte,
- schriftliche oder mündliche Mitteilungen der Patienten,
- Untersuchungsbefunde, Röntgenaufnahmen usw.

Die Pflicht zur Verschwiegenheit gilt gegenüber jedermann, d. h. auch gegenüber Familienmitgliedern, Verwandten und dem Ehepartner. Der Arzt muss hierauf auch bei Telefonaten oder schriftlichen Mitteilungen achten. Anders ist es, wenn der Patient die Anwesenheit eines Verwandten bei einem ärztlichen Gespräch wünscht bzw. durch Umstände zu erkennen gibt, dass eine Entbindung von der Schweigepflicht gewollt ist.

Der Arzt hat die genannten Grundsätze ebenfalls gegenüber dem **Arbeitgeber** des Patienten, Behörden, Leistungsträgern, Versicherungen, privaten Vereinen und anderen Ärzten, die nicht in die Behandlung eingebunden sind, zu beachten.

INFO 3 Entbindung von der Schweigepflicht

Folgende Möglichkeiten der Entbindung von der Schweigepflicht gibt es:

Möglichkeiten	Beispiele
• **durch die Patienten selbst**	Die Schwiegertochter begleitet ihre 80-jährige Schwiegermutter beim Praxisbesuch.
• **bei Minderjährigen gegenüber ihren Erziehungsberechtigten**	Einem 13-Jährigen, der allein in die Sprechstunde kommt, muss eine Behandlung dringend empfohlen werden.
• **durch mutmaßliche Einwilligung des Patienten**	Nach einem Unfall ruft ein Notarzt an und erkundigt sich über einen Bewusstlosen.
• **durch rechtfertigenden Notstand**	Benachrichtigung des Jugendamtes bei dem Verdacht auf Kindesmisshandlung
• **durch gesetzliche Meldepflicht**	Das Infektionsgesetz schreibt die Meldung 18 übertragbarer Krankheiten vor.

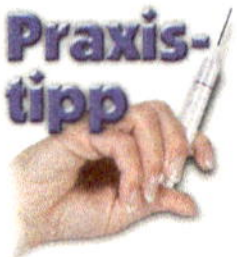

Praxistipp

Das Original der Patientenakte dürfen Sie dem Patienten nicht aushändigen, da Ärzte wegen der Beweissicherung eine Dokumentation der ärztlichen Behandlung ihrer Patienten zu führen haben. Diese muss 10 Jahre aufgehoben werden. Während dieses Zeitraumes dürfen Sie die Patientenakte - auch einem anderen Arzt - nicht aushändigen. Bei einem Arztwechsel oder auf Anfragen dürfen Sie anderen Praxen aus Datenschutzgründen nur dann Auskunft geben, wenn der Patient dies ausdrücklich genehmigt.

INFO 4 Praxisorganisation und Schweigepflicht

Die Organisation in der Arztpraxis ist so zu gestalten, dass die Anforderungen an die ärztliche Schweigepflicht erfüllt werden.

- Vor allem im **Empfangsbereich** ist die Gefahr groß, dass Daten von Patienten unbefugt offengelegt werden und Dritte hierauf Zugriff bzw. Einblick haben. So gehören beispielsweise Patientendaten nicht auf den Tresen.
- Besonders bei **Telefonaten oder Gesprächen mit Patienten am Empfangstresen** ist darauf zu achten, dass andere Patienten nicht mithören können.
- **Praxiscomputer und Faxgeräte** sind so aufzustellen, dass sie nur vom Personal eingesehen werden können.

- Wenn in mehreren Behandlungszimmern **PCs** stehen, ist darauf zu achten, dass wartende Patienten nicht die Daten des Vorgängers auf dem Bildschirm lesen können.
- **Schriftliche oder elektronische Aufzeichnungen,** die sich aus der ärztlichen Dokumentationspflicht ergeben, bedürfen besonderer Sicherungs- und Schutzmaßnahmen.
- Schweigepflicht gilt nicht für das **Reinigungspersonal.** Hier muss das Praxisteam dafür sorgen, dass dieses keinen Zugang zu Daten hat (z. B. abschließbare Karteikästen, passwortgesicherter Personalcomputer).

578042

Forderungen des Qualitätsmanagements

Die Mitarbeiter sind über die Bedeutung des vertraulichen Umgangs in Patientenangelegenheiten informiert und kennen ihre Befugnisse und gesetzlichen Pflichten.

Quelle: Diel F., Gibis B. (Hrsg.), a.a.O., 2.2.2 (Nachweis 3 zu Ziel 1, S. 71)

Praxis-tipp

Anfragen von Kassen

Generell dürfen Informationen von Patienten nur dann an die Kassen weitergegeben werden, wenn dies gesetzliche Regelungen bestimmen, (z. B. zur Übermittlung an die betreffende KV zwecks Abrechnung, Wirtschaftlichkeitsprüfung, Qualitätssicherung). In der Praxis kommt es aber immer häufiger vor, dass Anfragen von Krankenkassen gestellt werden, die über den Vordruck hinaus gehen. So werden bespielsweise Auskünfte zur Behandlung oder aber zur Ursache der Arbeitsunfähigkeit eines Patienten erbeten. Gehen Sie mit derartigen Anfragen besonders vorsichtig um, denn die Auskunftspflicht gegenüber der Krankenkasse erstreckt sich nur auf vereinbarte Vordrucke. Ist die Rechtsgrundlage, auf die sich das Auskunftsersuchen stützt, nicht bekannt, im Aufforderungsschreiben nicht zu finden, sollte keine Auskunft erteilt werden.

Weitere umfangreiche Informationen zum Thema „Datenschutz in der Arztpraxis" finden Sie auch unter http://www.datenschutzzentrum.de/medizin/index.htm und zu rechtlichen Grundlagen sowie Strafen bei Verstoß unter „www.laekh.de" - Recht.

Arbeitsaufträge

1. Welche Folgen können aus Lales Auskunft (siehe „Moment mal ...", Seite 40) entstehen? Wie hätte Sie sich verhalten müssen?
2. Eine offensichtlich schwerhörige Patientin spricht mit Ihnen an der Anmeldung sehr laut über ihre Krankheit. Sie versteht Sie sehr schlecht. Wie verhalten Sie sich?
3. Warum gibt es Ausnahmeregelungen der ärztlichen Schweigepflicht?
4. Eine Mutter kommt mit einem verängstigten 4-jährigen Kind in die Praxis. Sie gibt an, dass es beim Spielen gefallen sei und sich Prellungen im Gesicht zugezogen habe. Sie aber haben den Verdacht, dass diese Prellungen durch Prügel entstanden sind. Wie verhalten Sie sich?
5. Telefongespräch: Führen Sie ein Telefongespräch mit Herrn Müller (siehe „Moment mal ...", Seite 40), in dem Sie Ihren Standpunkt höflich darlegen.
6. Surfen Sie auf www.Datenschutzzentrum.de/medizin/arztprax/aerzte.htm und informieren Sie sich über die Problematik: „Datenschutz bei Verdacht auf Kindesmisshandlung - Was dürfen (müssen) Sie den Krankenkassen und was der Polizei mitteilen?"

8 Miteinander ist besser als gegeneinander
Konflikte in der Ausbildung

Moment mal ...

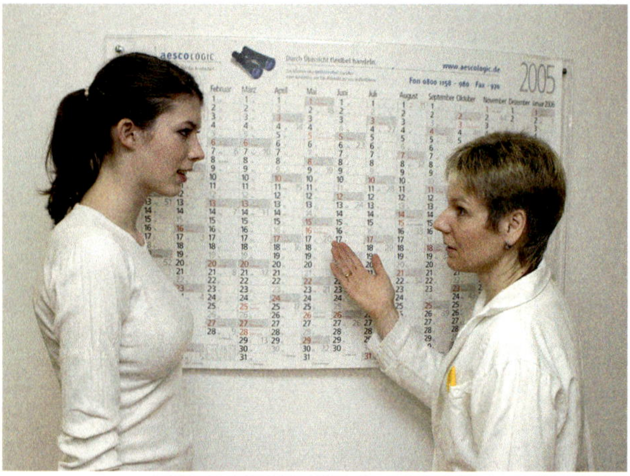

„Auf diese Studienfahrt freue ich mich schon richtig - mal ein paar Tage raus aus dem Alltag der Praxis, das wird bestimmt toll!“, meint Melanie, Lales Klassenkameradin aus der Berufsschule. „Ich weiß noch gar nicht, ob ich mitfahren kann,“ erwidert Lale bedrückt.

Als sie ihrer Chefin den Antrag gegeben hatte, sagte diese: „Was, schon wieder weg?“ - „Was heißt schon wieder, Frau Dr. Metz,“ war die erstaunte Antwort, „das ist doch unsere erste Studienfahrt!“ - „Ach, Lale, Sie sind doch jeden Dienstag und dazu noch jeden zweiten Donnerstag weg“, hatte Dr. Metz erwidert. „Ja, das sind doch meine Berufsschultage ...“

„Und meine Patienten“, entgegnete Frau Dr. Metz ärgerlich, „die können warten, oder? Ich kann das nicht mehr lange mitmachen, ich muss auch an den geordneten Arbeitsablauf in der Praxis denken ...!“

Was würden Sie Ihrem Chef/Ihrer Chefin entgegnen?
Wie kann man eigene Interessen vorbringen, ohne dass der Streit das Vertrauensverhältnis zerstört?

INFO 1 Konflikte durch Gespräche lösen

Ähnliche Konflikte wie in der dargestellten Situation gibt es in vielen Praxen. Manche Konflikte können schärfer werden bis hin zu einem Prozess vor dem Arbeitsgericht. Aber für die Interessen beider Seiten wäre es sinnvoller, eine einvernehmliche Lösung zu finden. Dazu ist es notwendig, das Gespräch mit dem Chef nicht abreißen zu lassen.

Eltern, der Klassenlehrer oder Kolleginnen können helfen, dieses zu unterstützen, ohne gleich die nach dem Berufsbildungsgesetz zuständige Landesärztekammer einzuschalten. Der erste Schritt zur Konfliktlösung sollte ein Gespräch sein.

Ratschläge für Konfliktgespräche: Für die Medizinische Fachangestellte kann ein Gespräch mit dem Arzt über ihre persönlichen Belange eine große psychische Belastung sein. Rhetorische und psychologische Kenntnisse fehlen ihr häufig. Unausgesprochene Probleme können ihr aber den Schlaf rauben, schlimmstenfalls beseitigt sie diesen Zustand durch eine Kündigung. Zunächst einmal ist also das Wohlwollen und nicht die spontane Ablehnung des Arztes Voraussetzung für ein gutes Gespräch. Die Fachangestellte selbst sollte auch einige Punkte beachten:

- **Wählen Sie den richtigen Zeitpunkt!** Ein Arzt, den Sie nach einer anstrengenden Sprechstunde um ein Gespräch bitten, wird sicher zunächst unwirsch reagieren. Planen Sie dies also nicht, wenn die Termine drängen oder er selbst ein wichtiges Problem hat.

- **Unternehmen Sie nichts im Zorn!** Schlafen Sie erst einmal eine Nacht über Ihren Ärger. Wenn Sie wütend ein Gespräch beginnen, vergiften Sie die Atmosphäre und stimmen den Arzt allenfalls gereizt. Hüten Sie sich vor Pauschalklagen, sagen Sie z. B. nicht: „Hier klappt überhaupt nichts mehr", sondern versuchen Sie konkret Ihre Sache vorzutragen.
- **Bieten Sie Lösungen an!** Klagen Sie nicht, dass es Ihnen schlecht geht, dass Sie zu wenig verdienen und dass das Betriebsklima nicht stimmt, sondern sagen Sie, wie man dies eventuell ändern könnte.
- **Bereiten Sie sich auf das Gespräch vor!** Notieren Sie vorher, was Sie mit Ihrem Chef besprechen wollen. Sie sollten seine Zeit nicht mehr als nötig in Anspruch nehmen. Verzetteln Sie sich nicht, sondern versuchen Sie, Ihr Kernproblem klar und sachlich zu schildern.
- **Versetzen Sie sich in die Lage Ihres Chefs!** Reagieren Sie nicht beleidigt, auch wenn es in dem einen oder anderen Punkt zunächst zu keiner Einigung kommt. Bitten Sie darum, in absehbarer Zeit noch einmal darüber zu sprechen. Vielleicht ist zu einem anderen Zeitpunkt eher eine für beide Seiten befriedigende Lösung zu erzielen.
- **Psychologie für die MFA!** Auch Ihrem Chef tut es einmal gut, wenn Sie sich für das Gespräch, für das angenehme Arbeitsklima, für die Kostenübernahme der letzten Fortbildungsveranstaltung, für das Geburtstagsgeschenk oder die Gehaltserhöhung bedanken. Sagen Sie ihm, dass Sie gerne mit ihm zusammenarbeiten. Lob und Anerkennung tun gut.

Praxis-tipp

Konflikte können nicht nur mit dem Praxisinhaber, sondern auch innerhalb des Praxisteams entstehen. Versuchen Sie auch hier immer zuerst den Konflikt durch eine persönliche Aussprache zu klären.
Hat dies keinen Erfolg, dann sollten Sie überlegen, ob Sie eine weitere Kollegin zu dem Gespräch hinzuziehen. Wenn das keinen Erfolg hat, wäre der Chef als nächster „Schlichter" zu wählen.

INFO 2 Ausbildungsberater – Mittler zwischen den Parteien

„Die zuständige Stelle überwacht die Durchführung der Berufsausbildung ... und hat zu diesem Zweck Ausbildungsberater zu bestellen ..." (§ 45 BBiG). Diese sind praktizierende Ärzte, die beide Vertragsparteien fachgerecht mit dem Ziel beraten bei der Lösung von Konflikten mitzuhelfen und so deren Entstehung künftig möglichst zu verhindern.

Praxis-tipp

Wägen Sie aber immer vorher gut ab, ob der Gang zur Ärztekammer und zum Ausbildungsberater sinnvoll ist. Bedenken Sie, dass Sie ja Ihre Ausbildung in dieser Praxis beenden wollen.

INFO 3 Die letzte Instanz vor dem Gericht – der Schlichtungsausschuss

Wenn sich ein Konflikt zuspitzt und der Ausbildungsberater bei Streitigkeiten nicht mehr helfen kann, besteht die Möglichkeit, den **Schlichtungsausschuss der Kammer** anzurufen.

Er ist nicht nur für Auszubildende, sondern auch für Fachangestellte eingerichtet. Er wird auf Antrag des Arbeitgebers oder der Arbeitnehmerin (oder Auszubildenden) tätig.

Ziel ist es,

- die im Raum stehende Streitigkeit einvernehmlich beizulegen,
- Ansprüche aus dem Ausbildungs- oder Arbeitsverhältnis auszugleichen,
- langwierige und teure gerichtliche Auseinandersetzungen zu vermeiden.

Darüber hinaus ist die Durchführung eines Verfahrens vor dem Schlichtungsausschuss gesetzliche Voraussetzung für die Erhebung einer arbeitsgerichtlichen Klage.

Vor dem Schlichtungsausschuss kann sich die Auszubildende

- durch einen Gewerkschaftsvertreter,
- durch einen Rechtsanwalt,
- durch dessen gesetzlichen Vertreter (bei Minderjährigen)

vertreten lassen.

INFO 4 Das Arbeitsgericht als allerletzte Instanz

Ist ein Konflikt um den Ausbildungs- oder Arbeitsvertrag außergerichtlich nicht beizulegen, dann kann das örtlich zuständige Arbeitsgericht angerufen werden. Die Arbeitsgerichtsbarkeit wird oftmals bei Kündigungen angerufen. Sie gewährleistet eine sachgerechte Behandlung des Falles, da die ehrenamtlichen Richter (z. B. aus dem Berufsverband und der Kassenärztlichen Vereinigung) Erfahrungen aus der Berufswelt einbringen.

Bei einem Vergleich, d. h. einer Einigung der Parteien vor Urteilsverkündigung, werden keine Gerichtskosten fällig. Wenn eine der beiden Parteien mit dem Urteil des Arbeitsgerichtes nicht einverstanden ist, kann sie eine Berufung vor dem Landesarbeitsgericht anstreben, wenn der Streitwert mehr als 600,00 € beträgt. Dies bedeutet eine neue Verhandlung vor dem Landesarbeitsgericht, das ein neues Urteil spricht, welches das bisherige entweder ersetzt oder bestätigt. Vor dem Landesarbeitsgericht muss sich die Arbeitnehmerin durch einen Anwalt vertreten lassen. Gegen dieses Urteil kann unter Umständen eine Revision möglich werden. Diese bedeutet eine Verhandlung vor dem Bundesarbeitsgericht über Verfahrensfragen, nicht über Beweismittel oder neue Fakten.

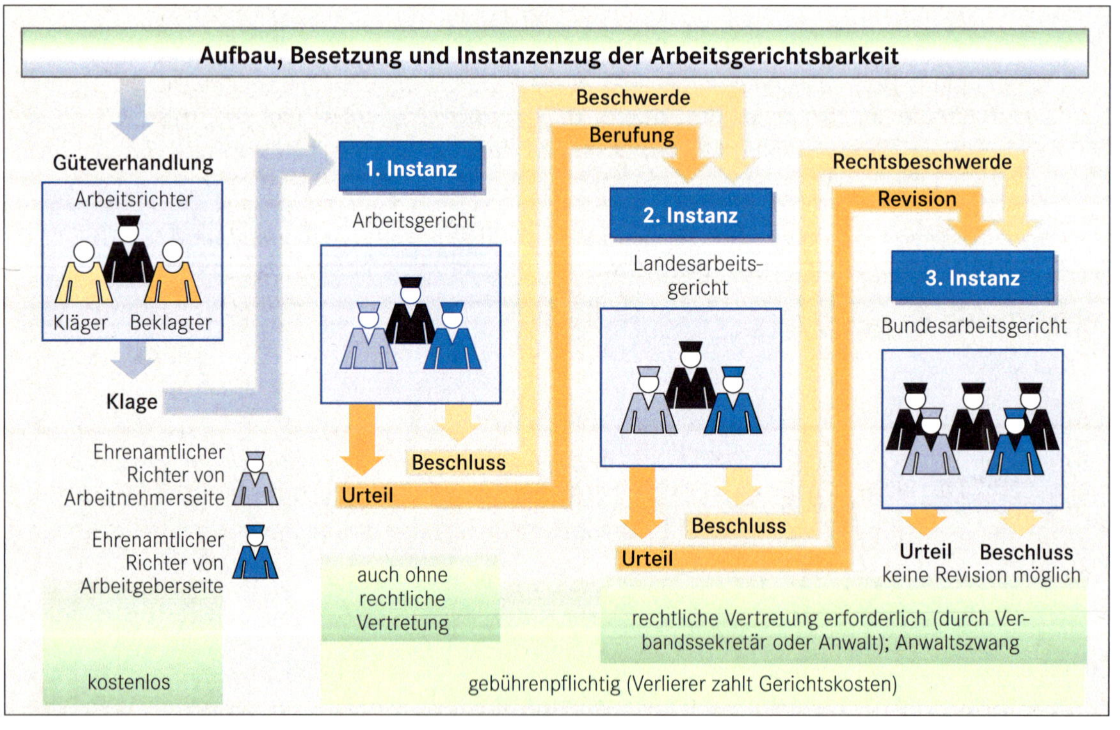

1 Die Anwaltskosten beim Arbeitsgericht (1. Instanz) trägt jede Partei selbst, auch dann, wenn sie den Prozess gewinnt.

Praxistipp

Die Klage vor dem Arbeitsgericht kann mündlich vorgetragen oder schriftlich eingereicht werden.
Als Mitglied eines Berufsverbandes oder einer Gewerkschaft erhalten Sie kostenlosen juristischen Beistand.
Personen mit geringem Einkommen können Prozesskostenhilfe durch Antrag beim Arbeitsgericht erhalten.

Arbeitsaufträge

1. Beschreiben Sie den Ablauf des Verfahrens, falls Lale bis zum Arbeitsgericht gehen sollte, wenn es zum Streit mit Ihrer Chefin und einer Entlassung käme (siehe „Moment mal ...", Seite 44).
2. Überlegen Sie, ob und welche negativen Erfahrungen Sie selbst während Ihrer bisherigen Ausbildung gemacht haben und versuchen Sie zu erklären, worauf man es zurückführen kann, dass Konflikte manchmal unausweichlich erscheinen. Erläutern Sie, wie Sie mit Ihren Ausbildungsproblemen umgegangen sind.
3. Versuchen Sie über die genannten Ratschläge hinaus eigene Empfehlungen zu erarbeiten, wie Konflikte in Betrieb und Schule zu lösen sind.
4. Recht haben und Recht bekommen ist nach einer alten Weisheit oft zweierlei. Das beginnt, wie die unten abgebildete Karikatur am Beispiel sexueller Belästigung am Arbeitsplatz zeigt, schon bei der Abwägung, welche Schritte unternommen werden können oder evtl. auch unternommen werden müssen, um sich zu wehren. Diskutieren Sie über die mit rechtlichen Schritten gegen einen Arbeitgeber oder Ausbildenden verbundenen Probleme und bringen Sie evtl. persönliche Erfahrungen ein. Wann würden Sie eher auf Ihr Recht verzichten und bei welchen Anlässen wären Sie auch bereit, die mit einem gewonnenen Rechtsstreit evtl. verbundenen nachteiligen Folgen in Kauf zu nehmen?

„Nehmen Sie die Gefahren, die jungen Menschen heute drohen, nicht zu leicht."

9 Sicherheit geht vor

Arbeitssicherheit und Arbeitsschutz

Moment mal ...

Es ist Montagmorgen und das Wartezimmer ist voller Patienten. Alle Mitarbeiter müssen sich ranhalten, um nicht zu lange Wartezeiten entstehen zu lassen. Frau Dr. Schmitt hat soeben Frau Bode eine Injektion gegen ihre Rückenschmerzen gegeben. Die Patientin kommt schon seit vielen Jahren in die Sprechstunde und wird auch wegen ihrer Hepatitis behandelt.

aus: BGW (Hrsg.), extrablatt, Januar 1999, S. 4

Als die Patientin ihre Spritze bekommen hat, ist die Auszubildende Nicole Wagner gefordert. Desinfektion und Reinigung des Spritzentabletts müssen zügig erledigt werden. Und dann passiert es: Die gebrauchte Injektionskanüle ist von der Ampullenspritze zu entfernen und zu entsorgen. Anstatt aber den gefahrlosen Entsorgungsbehälter im angrenzenden Behandlungsraum zu verwenden, fängt Nicole selbst an zu hantieren. Ein Moment der Unaufmerksamkeit und Leichtsinn werden sofort bestraft: Die sich plötzlich lösende Kanüle durchsticht ihren Schutzhandschuh, die kleine punktförmige Blutung an ihrem Handballen ist dabei das geringste Übel. Nach einer Schrecksekunde und einem kräftigen Fluch denkt die immer noch verdutzte Nicole: „Ich Dummkopf, hoffentlich habe ich mich nicht infiziert und das an einer Patientin, die Hepatitis hat.“

Eigentlich war die Sache für mich klar: Kanüle von der Zylinderampullenspritze entfernen und in einem speziellen Behälter entsorgen ...

Welche Gefahren für Sicherheit und Gesundheit bestehen in Arztpraxen? Wie sieht ein berufsbezogener Arbeitsschutz aus?

INFO 1 Arbeitsschutz ist unverzichtbar

Er bildet die Grundlage für einen sicheren Arbeitsplatz. Zwei Arten von Vorschriften sind beim Arbeitsschutz zu unterscheiden: die **berufsgenossenschaftlichen Unfallverhütungsvorschriften** und die **staatlichen Arbeitsschutzvorschriften.** Zur Überwachung der in den Arbeitsschutzbestimmungen enthaltenen Gebote und Verbote wurden zwei verschiedene Arten von Aufsichtsdiensten eingerichtet:

- die staatliche Gewerbeaufsicht,
- die Aufsichtsdienste der Berufsgenossenschaften.

Staatliche Gewerbeaufsichtsämter sind Behörden der einzelnen Bundesländer und zuständig für einen bestimmten Bezirk innerhalb eines Landes. Alle Betriebe, die im jeweiligen Bezirk ihre Niederlassung haben, werden vom zuständigen Gewerbeaufsichtsamt überwacht. Dies geschieht unabhängig von der Branche.

Der **Arbeitsschutz** ist in zahlreichen gesetzlichen Bestimmungen geregelt. Als Beispiele seien genannt: Gewerbeordnung, Verordnung über gefährliche Arbeitsstoffe, Unfallverhütungsvorschriften, Medizinproduktegesetz, Röntgenverordnung, Arbeitssicherheitsgesetz.

- **Gewerbeordnung:** Der für den Arbeitsschutz wichtige § 120 a verpflichtet den Unternehmer, „die Arbeitsräume, Betriebsvorrichtungen, Maschinen und Gerätschaften so einzurichten und zu unterhalten und den Betrieb so zu regeln, dass die Arbeitnehmer gegen Gefahr für Leben und Gesundheit so weit geschützt sind, wie es die Natur des Betriebes gestattet."
- **Gefahrenstoffverordnung:** In ihr sind die Vorschriften über den Umgang mit gefährlichen Arbeitsstoffen enthalten. Ihre Verwendung wird durch die Verordnung beschränkt. Bestimmte Sicherheitsauflagen werden gefordert, um die Arbeitskräfte nicht zu gefährden.
- **Unfallverhütungsvorschriften:** Dies sind rechtsverbindliche Vorschriften, die von den Berufsgenossenschaften erlassen werden, um Arbeitsunfälle und Berufskrankheiten zu verhindern oder zu beschränken.
- **Medizinproduktegesetz:** Geregelt wird in erster Linie der freie Warenverkehr von Medizinprodukten (Instrumente, Apparate, Vorrichtungen, Stoffe) innerhalb der Europäischen Gemeinschaft. Die Einhaltung dieser Anforderungen soll einen hohen Grad an Gesundheitsschutz sowie Sicherheit für Patient, Anwender und Dritte garantieren. Nach diesem Gesetz ist es z. B. verboten, Medizinprodukte in den Verkehr zu bringen, wenn das Verfalldatum abgelaufen ist. Untersagt wird des Weiteren, den fälschlichen Eindruck zu erwecken, dass ein medizinischer Erfolg erwartet werden kann oder bei längerem Gebrauch keine schädlichen Wirkungen eintreten.
- **Röntgenverordnung:** Sie schreibt z. B. vor, dass Personen, die Röntgenstrahlen anwenden, per Unterschrift bestätigen, dass sie informiert wurden über
  - Arbeitsmethoden,
  - mögliche Gefahren,
  - anzuwendende Schutzmaßnahmen und
  - den Inhalt der Röntgenverordnung.

  Verlangt wird z. B. des Weiteren, dass alle mit der Röntgeneinrichtung betrauten Personen anhand der Gebrauchsanweisung fachkundig in die sachgerechte Handhabung eingewiesen wurden. Auch ist alles zu tun, um die Strahlenbelastung möglichst gering zu halten. Hierzu zählt vor allem der Einsatz hoch empfindlicher Filme.
- **Arbeitssicherheitsgesetz:** Danach sind auch Kleinbetriebe verpflichtet, sich von einem Betriebsarzt oder einer Sicherheitsfachkraft betreuen zu lassen. Das gilt auch für Arztpraxen. Der Betriebsarzt berät in allen Fragen des Gesundheitsschutzes. Die Fachkraft für Arbeitssicherheit untersucht, wo mögliche Gefahren lauern. Die Ratschläge der Experten können dem Praxisinhaber und seinen Mitarbeiterinnen unangenehme Überraschungen ersparen. Auch Ärzte können nicht alle Unfallverhütungsvorschriften und Gesetze im Kopf haben. Wenn die Vorschriften nicht eingehalten werden und es passiert ein Unfall, dann gilt der Grundsatz: Unwissenheit schützt vor Strafe nicht. Deshalb ist es sinnvoll, gut beraten zu sein.

INFO 2 Gefahrenstoffe in der Arztpraxis

In Arztpraxen werden Produkte verwendet, mit denen besonders sorgfältig umzugehen ist. Sie können Arbeitsunfälle verursachen, Berufskrankheiten auslösen und die Umwelt schädigen. Der Arzt als Arbeitgeber ist nach der Gefahrenstoffverordnung (GefStoffV) verpflichtet seine Angestellten zu schützen.

Wichtige Maßnahmen im Umgang mit Gefahrenstoffen

- **Ermitteln der Gefahrenstoffe:** Alle Stoffe, die in einer Praxis verwendet werden und gefährlich sein können, gilt es, zunächst zu erfassen. Informationen über diese Stoffe sind zu sammeln. Eine erste Orientierung ergibt die Kennzeichnung des Gefahrenstoffs. Auch müssen die Hersteller über die Gefahren informieren, die von ihren Produkten ausgehen. Sie sind verpflichtet bei der ersten Lieferung ein Sicherheitsdatenblatt mitzugeben. Es enthält z. B. Angaben über: chemische Zusammensetzung, mögliche Gefahren, Erste-Hilfe-Maßnahmen, Angaben zur Giftigkeit, Lagerung.
- **Ersatzstoffe prüfen:** Sind sämtliche in der Praxis verwendeten Stoffe erfasst, ist zu prüfen, ob es für die Gefahrenstoffe keinen ungefährlicheren Ersatz gibt. Außerdem sollte auch die Verwendung von Stoffen kritisch überprüft werden, die Reaktionen auf der Haut oder in den Atemwegen auslösen können. So sollten z. B. gepuderte Latexhandschuhe durch puderfreie allergiearme Handschuhe ersetzt werden.
- **Erstellen eines Gefahrenstoffverzeichnisses:** Es sollten folgende Angaben in dem Verzeichnis enthalten sein: Bezeichnung der Gefahrenstoffe, Angabe der gefährlichen Eigenschaft, verwendete Menge und die Arbeitsbereiche, in denen mit dem Gefahrenstoff umgegangen wird.
- **Gefährdung am Arbeitsplatz beurteilen:** Zu prüfen ist, ob die Mitarbeiter unmittelbaren Kontakt mit dem Gefahrenstoff haben. Werden z. B. geschlossene Geräte zur Sterilisation von Instrumenten benutzt, wie Reinigungsautomaten oder Sterilisatoren, so ist die Gefährdung geringer, als wenn in offenen Wannen desinfiziert wird (Eintauchdesinfektion).

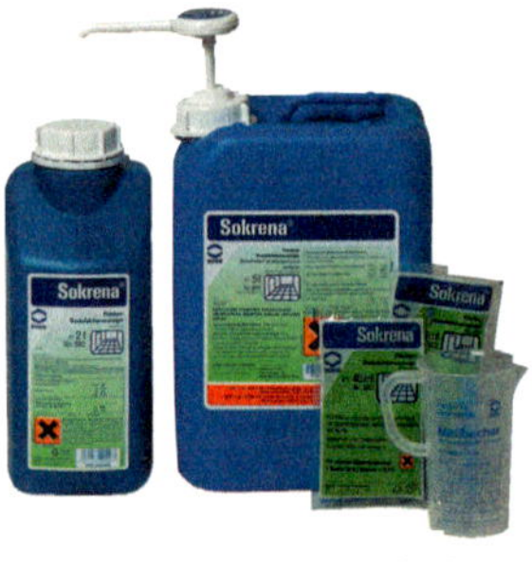

aus: BGW (Hrsg.), a. a. O, S. 3

- **Schutzmaßnahmen ergreifen:** Sicherheitsblätter der Hersteller und Vorschriften der Berufsgenossenschaften enthalten Informationen, welche Schutzmaßnahmen für den Umgang mit dem jeweiligen Gefahrenstoff geeignet sind. Auch hier gilt: Vorrangig sind Arbeitsverfahren zu wählen, die keine oder weniger Gefahrenstoffe freisetzen. So ist z. B. Wischdesinfektion nach der Patientenbehandlung der Sprühdesinfektion vorzuziehen, weil sie die Gefahr einer allergischen Sensibilisierung verhindert und außerdem effektiver ist. Können bestimmte Grenzwerte eines Gefahrenstoffes nicht eingehalten werden, bedarf es einer persönlichen Schutzausrüstung, wie z. B. Schutzhandschuhe oder Schutzbrille. Der Arbeitgeber ist verpflichtet Beschäftigte, die mit Gefahrenstoffen zu tun haben, über Gefährdungen und Schutzmaßnahmen aufzuklären.

INFO 3 Gesundheitliche Risiken in einer Arztpraxis

Infektionsrisiko

Infektionskrankheiten kommen in Arztpraxen gar nicht so selten vor. Zu den häufigsten Infektionskrankheiten gehören Hepatitis und Tuberkulose, wobei Hepatitis B wegen ihrer Häufigkeit an erster Stelle steht. Die Infektionswege bei Hepatitis sind der direkte Blutkontakt (z. B. durch Stich- oder Schnittverletzungen), Infektionen über rissige Haut und Schmierinfektionen über verletzte Schleimhäute.

Um den Infektionsgefahren und sonstigen gesundheitlichen Gefahren in medizinischen Berufen entgegenzuwirken, hat die Berufsgenossenschaft für Gesundheitsdienste und Wohlfahrtspflege (BGW) Unfallverhütungsvorschriften erlassen.

Werden diese Unfallverhütungsvorschriften nicht beachtet, kann es zu ernsthaften gesundheitlichen Gefährdungen kommen (siehe Beispiel).

Ausführliche Informationen finden Sie unter www.bgw-online.de

Beispiel

Öffnen von Ampullen

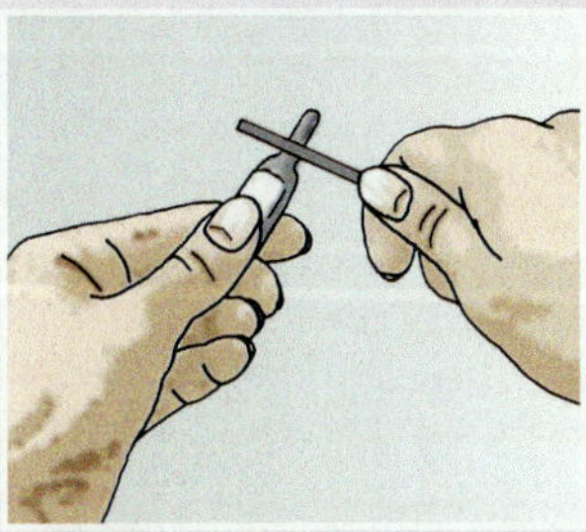

Richtig:
Ampullen unter leichtem Druck ansägen. Und zwar so lange, bis man spürt, dass die Säge fasst. Mehr nicht!

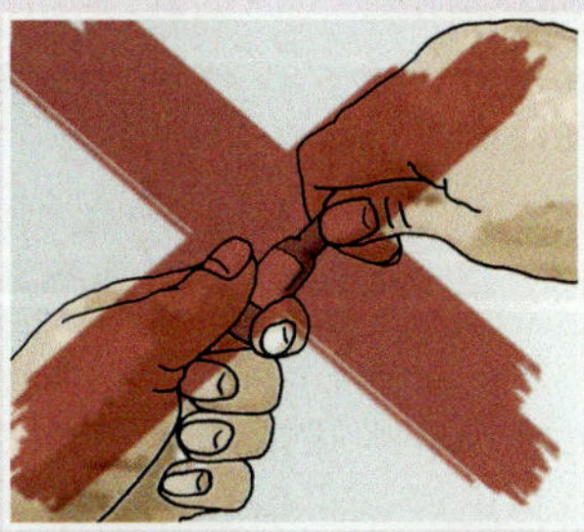

Falsch:
Ampullenspitze mit der Hand abbrechen. Es entstehen so leicht Splitterverletzungen.

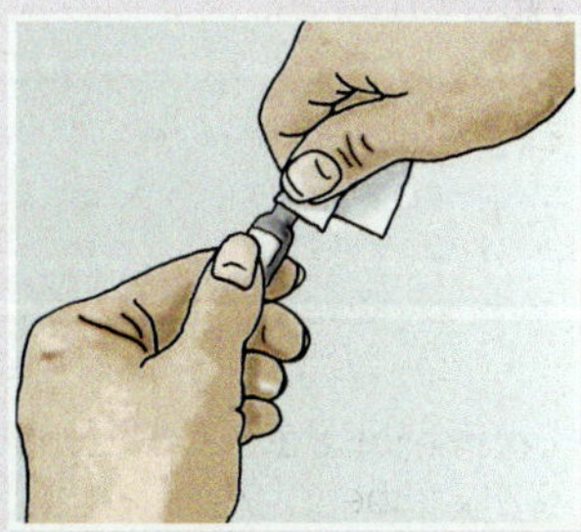

Richtig:
Ampullenspitze mit Zellstofftupfer fassen und mit leichtem Druck abbrechen.

Folgen bei falscher Handhabung: (Auszüge aus Unfallanzeigen)

MFA Lisa B.: Linker Zeigefinger, Verletzung des mittleren Gliedes mit Ampullenfeilen, 2 Wochen später Lymphangitis

Dr. Markus B.: Rechter Zeigefinger, Splitterverletzung durch beim Ansägen zerbrochene Ampulle, Lymphdrüsenentzündung in der rechten Achsel

MFA Corinna S.: Während der Sprechstunde beim Aufsägen der Ampulle die rechte Hohlhand verletzt. Weiter gearbeitet. Nach 12 Tagen starke Schwellung der Hand und des Daumenballens. Eine 8-tägige stationäre Behandlung wurde notwendig. *(nach: Merkblatt BGW, M 714)*

Beispiele aus den berufsgenossenschaftlichen Unfallverhütungsvorschriften (BGR 250)

- Den Versicherten sind leicht erreichbare Händewaschplätze mit fließendem warmen und kalten Wasser, Direktspender für Händedesinfektionsmittel, hautschonende Waschmittel, geeignete Hautschutz- und Hautpflegemittel und Einmalhandtücher zur Verfügung zu stellen.
- Für das Sammeln von spitzen oder scharfen Gegenständen müssen Abfallbehältnisse bereitgestellt und verwendet werden, die stich- und bruchfest sind und den Abfall sicher umschließen.

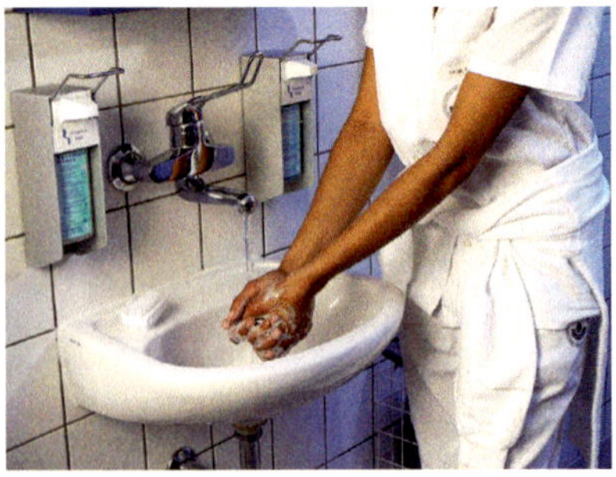

Hygienisch einwandfreie Händedesinfektion

- Der Arbeitgeber hat für die einzelnen Arbeitsbereiche entsprechend der Infektionsgefährdung Maßnahmen zur Desinfektion, Reinigung und Sterilisation sowie zur Vor- und Entsorgung schriftlich festzulegen (Hygieneplan) und zu überwachen.

Auszug aus einem Hygieneplan

1. Reinigung der Räume und des Inventars

Eingesetzte Reinigungs-/ Desinfektionsmittel	Durchgeführt am:	Verantwortliche Arzthelferin:
Allzweckreiniger	24.03.20..	K. Meier

2. Flächendesinfektion der Untersuchungs- und Behandlungsräume

Eingesetzte Reinigungs-/ Desinfektionsmittel	Durchgeführt am:	Verantwortliche Arzthelferin:
Melsept SF	24.03.20..	K. Meier

3. Desinfektion/Sterilisation von Instrumenten und Geräten, z. B.:
Prokto-/Rektoskop • Chirurgische und anatomische Pinzetten • Verbandsscheren • Biopsie-Zangen

Andere: Gastroskop, Nierenschale

Eingesetzte Reinigungs-/ Desinfektionsmittel	Durchgeführt am:	Verantwortliche Arzthelferin:
Centramed Hradesmit	26.03.20..	L. Braun

Forderungen des Qualitätsmanagements

- Es gibt einen praxisintern angepassten schriftlichen Hygieneplan, der die Richtlinien, Empfehlungen und Unfallverhütungsvorschriften zur Hygiene berücksichtigt.
- Eine aktuelle Kurzversion des Hygieneplans hängt sichtbar an zweckmäßigen Orten aus.
- Es existieren Betriebsanweisungen zum Umgang mit Desinfektionsmitteln und die Mitarbeiter sind diesbezüglich unterwiesen.
- Schutzkleidung steht in ausreichender Menge zur Verfügung und wird von den Mitarbeitern gemäß des Hygieneplanes benutzt.

Quelle: Diel F., Gibis B. (Hrsg.), a.a.O., 4.3.3 (Nachweise 1, 3, 5 zu Ziel 1, Nachweis 4 zu Ziel 2, S. 135/136)

Risiko einer Latexallergie

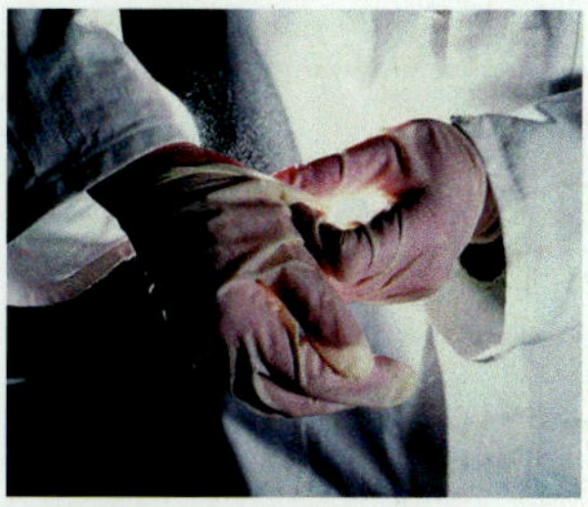

Eigentlich sollen sie schützen, machen aber nicht wenige krank. Gemeint sind die Arbeitshandschuhe aus Naturlatex, die von vielen Beschäftigen im Medizinbereich getragen werden. Bei Hautkontakt kann es zu stark juckenden Quaddeln kommen. Die Proteine aus der Milch des Gummibaumes sind für die Allergien verantwortlich. Latexallergien können entstehen durch die Aufnahme von Latex in die Haut oder auch durch das Einatmen von Latexproteinen. Die Proteine sind an die Handschuhpartikel gebunden, die durch das An- und Ausziehen der Handschuhe in die Luft geschleudert werden. Werden sie eingeatmet, können die Mitarbeiter mit Schnupfen, Asthma oder sogar einem allergischen Schock reagieren. Besonders hoch ist die Allergiegefahr bei gepuderten Latexhandschuhen. Sie enthalten deutlich höhere Proteinkonzentrationen.

Die Berufsgenossenschaft für Gesundheitsdienst und Wohlfahrtspflege hat auf diese Gefahr reagiert. Sie empfiehlt nur puderfreie Latexhandschuhe zu verwenden. Bei einer bereits vorhandenen Latexallergie schlägt sie Ersatzmaterialien vor (z. B. Vinyl).

Risiko einer Erkrankung durch Stress

LF 12 Kap. 10 Seite 351 ff. Stress am Arbeitsplatz

Auch durch die alltägliche Stressbelastung in einer Arztpraxis kann es zu gesundheitlichen Gefährdungen kommen. Schlaflosigkeit, Magen-Darm-Beschwerden, Rückenschmerzen, Bluthochdruck: Stress kann Ursache einer Vielzahl körperlicher und psychischer Beschwerden sein. Was für viele andere Betriebe zutrifft, gilt auch für die Arztpraxis: Der zunehmende Kostendruck zwingt zu einem sparsamen Personaleinsatz. Für die einzelnen Mitarbeiter ist damit auch häufig eine höhere Arbeitsbelastung verbunden, die auch in Stress ausarten kann.

Sonstige Risiken

Die Berufsgenossenschaft für Gesundheitsdienst und Wohlfahrtspflege hat es nachgewiesen: Fast 50 % aller Arbeitsunfälle kommen nur durch Stolpern zustande. Die Unfallursachen sind z. B. glatte Bodenbeläge, Stolperfallen, herumliegende Gegenstände und schlechte Beleuchtung. Eine der wichtigsten Gefahrenquellen ist hausgemacht: Schuhe mit hohen Absätzen, glatten Sohlen und instabilem Halt der Füße.

Arbeitsaufträge

1. Welche Aufgabe hat ein Hygieneplan?
2. Welche Aufsichtsdienste sind für den Arbeitschutz zuständig?
3. Beschreiben Sie die Infektionswege von Hepatitis in einer Arztpraxis.
4. Nennen Sie Maßnahmen im Umgang mit Gefahrenstoffen.
5. Informieren Sie sich im Internet über die bei der Berufsgenossenschaft für Gesundheitsdienste und Wohlfahrtspflege gemeldeten Arbeitsunfälle.
   a) Wie schneiden Ärzte und andere Berufe dort ab?
   b) Diskutieren Sie über mögliche Ursachen bei der Unfallhäufigkeit von Ärzten.
6. Nehmen Sie Einblick in den Hygieneplan Ihrer Ausbildungspraxis. Welche weiteren Punkte werden dort angesprochen?

10 Was „Frau“ wissen sollte – Das Mutterschutz- und das Bundeserziehungsgeldgesetz

Moment mal ...

Die 24-jährige Olga Beier ist im 8. Monat schwanger und steht kurz vor Beginn des Mutterschutzes. Da sie sich - wie sie selbst sagt - „rundherum pudelwohl und topfit“ fühlt, bittet sie ihre Chefin auch während des Mutterschutzes noch in der Praxis arbeiten zu dürfen. „Schwer heben darf ich zwar nicht mehr, aber Rechnungen schreiben oder Zahlungseingänge kontrollieren, das ist doch kein Problem“, so Olga und ergänzt: „Hausarbeit muss ich ja schließlich auch machen ...“

Ist es tatsächlich erlaubt, dass Olga noch während der Mutterschutzfrist arbeitet?
Warum gibt es das Mutterschutzgesetz?
Welche allgemeinen und besonderen Regelungen beinhaltet es?

INFO 1 Ziel des Mutterschutzgesetzes

Ziel des Mutterschutzgesetzes ist es, werdende Mütter und deren ungeborene Kinder vor gesundheitlichen Gefahren, Überforderungen und Gesundheitsschädigungen am Arbeitsplatz sowie vor finanziellen Einbußen zu schützen. Da Schwangere nicht überall einsetzbar sind und durch besondere Schutzmaßnahmen am Arbeitsplatz höhere Kosten verursachen, könnten sie durch andere Helferinnen ersetzt werden. Davor sollen sie besondere Kündig ungsschutzbestimmungen schützen. Der spätere Erziehungsurlaub (gilt auch wahlweise für Väter) soll die uneingeschränkte Pflege des Kindes ermöglichen.

Praxis-tipp

Mutterschutz und Erziehungsurlaub unterbrechen die Berufsausbildung, d. h. nach Beendigung der Mutterschutzfrist kann die Ausbildung fortgesetzt werden.

INFO 2 Keine Auskunftspflicht im Vorstellungsgespräch

Das Bundesarbeitsgericht hat die Frage des Arbeitgebers in Vorstellungsgesprächen nach Bestehen einer Schwangerschaft als unzulässige geschlechtsspezifische Benachteiligung angesehen. Wird eine solche Frage dennoch gestellt und bewusst nicht zutreffend beantwortet, liegt keine arglistige Täuschung vor. Die spätere Anfechtung des Dienstvertrages wäre aus diesem Grund dann nicht möglich.

Praxis-tipp

Die besonderen Schutzbestimmungen beginnen mit Meldung einer Schwangerschaft beim Arbeitgeber. Um keine Schutzrechte zu verlieren, sollten Sie möglichst sofort nach Bekanntwerden Ihre Schwangerschaft melden. Dies gibt auch Ihrem Arbeitgeber die Möglichkeit, sich auf eine bevorstehende Schwangerschaft einzustellen.

INFO 3 Arbeitszeit und Gestaltung des Arbeitsplatzes

Ab der Meldung der Schwangerschaft bis 6 Wochen vor der Entbindung dürfen werdende Mütter unter 18 Jahren täglich nicht länger als 8 Stunden pro Tag bzw. nicht über 80 Stunden pro Doppelwoche beschäftigt werden. Ist die Schwangere älter als 18 Jahre, darf sie höchstens 8 1/2 Stunden pro Tag bzw. 90 Stunden pro Doppelwoche arbeiten. Daneben besteht für werdende Mütter ein generelles Verbot von Sonn-, Feiertags- und Nachtarbeit (20:00 Uhr bis 06:00 Uhr morgens).

Die Mutterschutzfristen und andere mutterschutzrechtliche Beschäftigungsverbote zählen bei der Berechnung des Erholungsurlaubs als Beschäftigungszeiten.

Der Arbeitsplatz muss so eingerichtet sein, dass Leben und Gesundheit der werdenden Mutter und des Kindes geschützt sind. Der Arbeitgeber hat eine Sitzgelegenheit zum kurzen Ausruhen bereitzustellen. Bei überwiegend sitzend ausgeübten Tätigkeiten muss die Schwangere Gelegenheit zu kurzen Arbeitsunterbrechungen erhalten. Daneben muss ein Liegeraum eingerichtet werden, in dem sich die werdende Mutter nach Bedarf ausruhen kann. Pausen und individuelle Arbeitsunterbrechungen müssen Schwangeren jederzeit möglich sein. Sie alleine entscheiden über diese Maßnahmen.

INFO 4 Beschäftigungsverbote

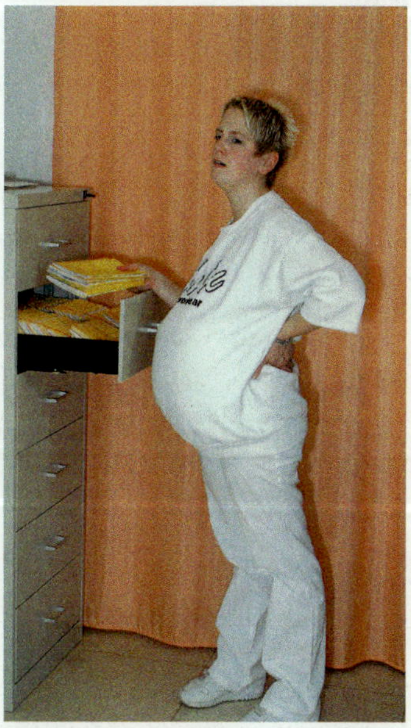

Grundsätzlich gilt: Werdende Mütter dürfen nicht mit Tätigkeiten beschäftigt werden, bei denen Leben oder Gesundheit von Mutter oder Kind gefährdet sind.

Individuelles Beschäftigungsverbot

Bescheinigt ein Arzt, dass Leben oder Gesundheit der werdenden Mutter oder des Kindes durch die Arbeit gefährdet sind, dann darf der Arbeitgeber sie nicht weiter beschäftigen.

Funktionelle Beschäftigungsverbote

Beschäftigungsverbot besteht für alle schädlichen Einwirkungen von Strahlen, Röntgen, Gasen und Dämpfen. Werdende und stillende Mütter dürfen sich gem. § 22 Abs. 2 Röntgenverordnung auch nicht im Kontrollbereich aufhalten und dort eingesetzt werden. Weiter ist der Umgang verboten mit

- offenen radioaktiven, Krebs erzeugenden, fruchtschädigenden oder erbgutverändernden Gefahrstoffen,
- Stoffen und Erzeugnissen, die erfahrungsgemäß Krankheitserreger übertragen können,
- giftigen, gesundheitsschädlichen und chronisch schädigenden Stoffen,
- potenziell infektiösem Material,
- stechenden, schneidenden oder bohrenden Instrumenten bei gleichzeitiger Möglichkeit des Kontaktes zu Körperflüssigkeiten.

Daher dürfen schwangere Fachangestellte:

- keine Blutabnahmen vornehmen,
- keine Spritzen geben (auch nicht intramuskulär oder subcutan),
- keine kontaminierten, schneidenden, stechenden oder bohrenden Instrumente entsorgen,
- keine Versorgung offensichtlich infizierter Wunden durchführen,
- keine Rasur von Patienten mit Rasierklingen durchführen,
- keinen Kontakt mit bekannt infektiösen Personen haben,
- keine Tätigkeit in Bereichen ausüben, in denen die Grenzwerte für Inhalationsanästhetika nicht sicher eingehalten werden (z. B. Lachgas Enfluran),
- keinen Kontakt mit Halothan haben.

In **Labors** dürfen Schwangere nur arbeiten, wenn kein direkter Kontakt mit infektiösen Körperflüssigkeiten, Geweben oder Ausscheidungen besteht.

INFO 5 Mutterschutzfrist und Mitteilungspflicht bei Beendigung der Schwangerschaft

Absolutes Beschäftigungsverbot

Ein Beschäftigungsverbot besteht für werdende Mütter 6 Wochen vor bis 8 Wochen nach der Geburt. Bei Früh- oder Mehrlingsgeburten erhöht sich diese Frist auf 12 Wochen nach der Geburt. Die werdende Mutter kann allerdings vor der Geburt weiter beschäftigt werden, wenn sie dies selbst ausdrücklich wünscht. Sie kann diese Entscheidung jederzeit widerrufen. Nach der Geburt besteht aber ein absolutes Beschäftigungsverbot.

Andere zumutbare Arbeiten

Eine Schwangere, die einem Beschäftigungsverbot unterliegt, kann von ihrem Arbeitgeber mit anderen, zumutbaren Arbeiten beschäftigt werden, die sie ohne Gefährdung ausüben kann (z. B. Arbeiten in Verwaltung oder Abrechnung). Besteht in der Praxis für solche Tätigkeiten keine Möglichkeit, dann muss die werdende Mutter bei vollem Gehalt freigestellt werden.

Wenn der Arbeitgeber über die Schwangerschaft unterrichtet war, ist die Beschäftigte verpflichtet unverzüglich über einen Abbruch oder ein Ende einer Schwangerschaft durch Fehlgeburt zu informieren.

Praxistipp

Bei Frühgeburten oder Geburten vor dem errechnetem Termin verlängert sich die Mutterschutzfrist um die Tage, die vor der Entbindung nicht in Anspruch genommen wurden.

INFO 6 Elterngeld

Ab 2007 bekommen alle Eltern bei der Geburt Elterngeld. Dabei haben beide Elternteile zusammen Anspruch auf 12 Monate Elterngeld und auf weitere zwei Monate, wenn sie für mindestens 2 Monate ihre Erwerbstätigkeit reduzieren. Alle Eltern bekommen mindestens 300 Euro Elterngeld. Diese 300 Euro werden nicht auf andere Sozialleisstungen angerechnet. Maximal werden 1.800 Euro Elterngeld pro Monat gezahlt. Für Mehrlinge gibt es darüber hinaus 300 Euro je Mehrling Extra-Elterngeld. Eine Familie mit Zwillingen kann so maximal 2.100 Euro Elterngeld pro Monat bekommen. Auf Wunsch der Eltern können die monatlichen Elterngeld-Zahlungen halbiert und so die Auszahlungsmonate verdoppelt werden.

Das Elterngeld wird nicht versteuert, es wird steuer- und abgabefrei gewährt. Allerdings wird das Elterngeld bei der Ermittlung des persönlichen Steuersatzes als Einkommen berücksichtigt. Durch diese Maßnahme schöpft der Staat einen Teil des gezahlten Elterngeldes über die Steuererklärung wieder ab.

INFO 7 Kündigungsschutz

Ab der Meldung einer Schwangerschaft bis vier Monate nach der Entbindung darf einer werdenden Mutter nicht gekündigt werden. Während der Elternzeit darf der Mutter nur bei Ablauf eines befristeten Beschäftigungsverhältnisses, bei Abschluss eines Aufhebungsvertrags, am Ende der Berufsausbildung, bei Stilllegung der Praxis oder der Bedrohung der wirtschaftlichen Existenz des Arbeitgebers gekündigt werden.

Der Kündigungsschutz würde auch dann wegfallen, wenn man dringend auf eine qualifizierte Ersatzkraft angewiesen wäre, die aber auf einen unbefristeten Arbeitsvertrag besteht.

Praxis-tipp

Mutterschutzfristen und Beschäftigungsverbote zählen bei der Berechnung des Jahresurlaubs wie Beschäftigungszeiten. Die Frauen erhalten einen Anspruch auf Übertragung ihres Resturlaubs auf das laufende Urlaubsjahr, in dem die Mutterschutzfrist endet, oder auf das nächste Urlaubsjahr.

Beim Bundesministerium für Familie, Senioren, Frauen und Jugend, Jägerstr. 8/9, 10117 Berlin, können Sie folgende beiden kostenlosen InfoBroschüren „Erziehungsgeld/Elternzeit" und „Alleinerziehend" bestellen. (online-Bestellung unter www.bmfsfj.de)

www.

Arbeitsaufträge

1. Welche Tätigkeiten sind Schwangeren untersagt?
   Erstellen Sie eine Checkliste von Arbeiten, die Sie in Ihrer Praxis als Schwangere nicht durchführen dürften. Bilden Sie hierzu eventuell Gruppen mit ähnlichen Arzt- oder Facharztpraxen.
2. Welchen besonderen Kündigungsschutz haben Schwangere?
3. Was müsste eventuell an Ihrem Arbeitsplatz verändert werden, wenn eine Mitarbeiterin schwanger wird?
4. Wie lange dauert die Mutterschutzfrist?
5. Erklären sie Ihrer Freundin das Elterngeld.
6. Nach der Ausbildung stellen Sie sich in einer anderen Praxis vor. Sie werden nach einer bestehenden Schwangerschaft gefragt. Diskutieren Sie, wie man sich am besten verhalten sollte, wenn man tatsächlich schwanger ist.
7. Erstellen Sie eine Checkliste über alle die in Ihrer Praxis anfallenden Tätigkeiten, die Sie als Schwangere nicht ausführen dürfen.

11 Ein System, das vielen hilft

Die Zweige der Sozialversicherung

Deutschland ist ein sozialer Rechtsstaat (Sozialstaat). Dies ist im Grundgesetz verankert. Ein wesentlicher Bestandteil des Sozialstaates ist die Sozialversicherung. Dieses System steht auf fünf Säulen:

- Gesetzliche Krankenversicherung
- Gesetzliche Rentenversicherung
- Arbeitslosenversicherung
- Gesetzliche Unfallversicherung
- Gesetzliche Pflegeversicherung

Das System der sozialen Absicherung in Deutschland besteht aber nicht nur aus der Sozialversicherung. Das „soziale Netz" ist viel engmaschiger geknüpft. Es beinhaltet noch zahlreiche andere Sozialleistungen.

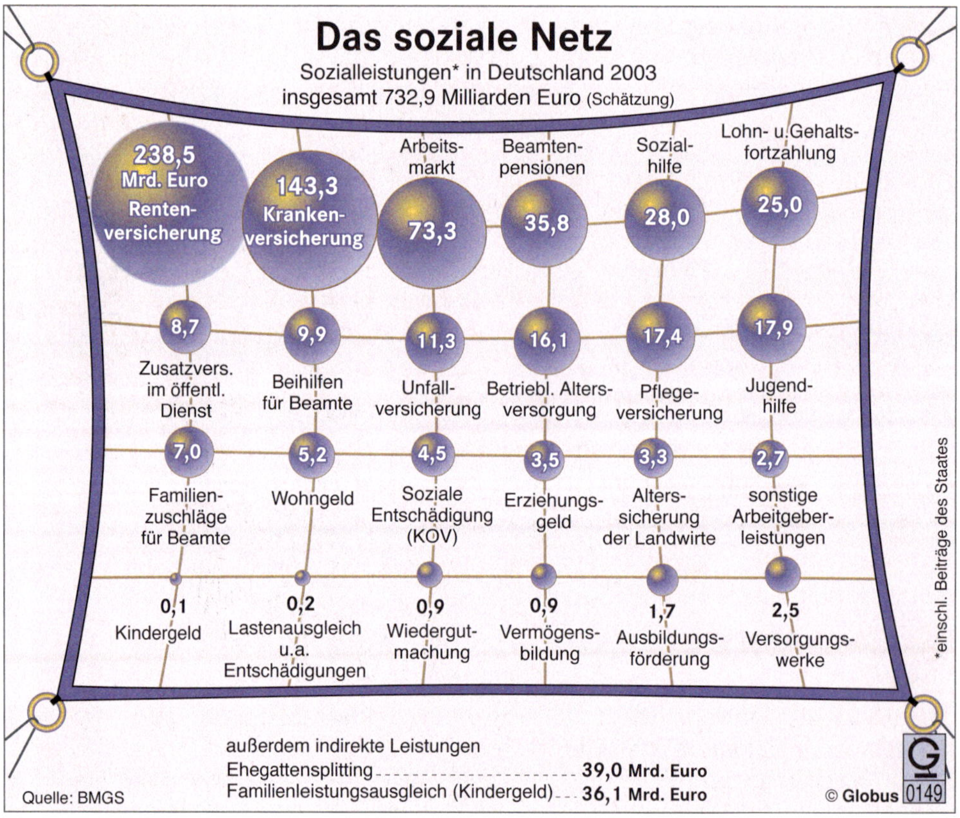

In der Sozialversicherung ist der größte Teil der deutschen Bevölkerung versichert. Untereinander verbunden sind die Versicherten durch das Prinzip der **Solidarität.** Das heißt z. B., dass Gesunde für die Kranken und Pflegebedürftigen zahlen, die Beschäftigten für die Arbeitslosen und die Jungen für die Alten. In den letzten Jahren hat dieses schöne Bild aber Risse bekommen.

Die Gelder werden zu knapp, um alle Ansprüche der Versicherten zu bezahlen. Vor allem die hohe Arbeitslosigkeit und eine immer älter werdende Bevölkerung reißen neue Löcher in die Sozialkassen. Eine ständig ansteigende Zahl von Pflegefällen, teuere Medikamente und aufwändige Untersuchungsmethoden verschlingen Summen, die das Sozialsystem überfordern. Immer deutlicher zeichnet sich ab: Das über hundert Jahre alte Sozialsystem ist in der bisherigen Form nicht mehr überlebensfähig. Eines scheint klar zu sein: Die Versicherten werden künftig noch mehr zur Kasse gebeten und gleichzeitig auch mehr Leistungen eingeschränkt.

11.1 Eine(r) für alle – alle für eine(n)

Die Sozialversicherungspflicht

Moment mal ...

„Da kann doch was nicht stimmen," denkt Lale Turgut ärgerlich, als sie ihre Gehaltsabrechnung am Ende ihres ersten Ausbildungsmonats in den Händen hält. „Dass so wenig auf meinem Konto landet, hätte ich wirklich nicht gedacht. Allein der Beitrag zur Sozialversicherung macht bei mir ja schon über 20 % meines Bruttogehaltes aus. Meine Freundin aus Dresden hat dort eine Ausbildung als Frisörin angefangen. Gut, die verdient etwas weniger als ich, aber der werden gar keine Sozialversicherungsbeiträge abgezogen. Und auch meine Mutter wird bei der Sozialversicherung nicht zur Kasse gebeten, wenn sie stundenweise in einem Blumengeschäft hilft. Also, der Sache muss ich nachgehen. Morgen erkundige ich mich in unserer Praxis."

Lale Turgut schaut in Ihre Gehaltsabrechnung.

Was meinen Sie zu der Auffassung von Lale Turgut?
Wie ist die Sozialversicherungspflicht geregelt?

INFORMATION

Wer einem Beschäftigungsverhältnis nachgeht, ist sozialversicherungspflichtig. Das ist die Regel. Aber es gibt Ausnahmen. Sozialversicherungsfrei für den Arbeitnehmer sind geringfügige Beschäftigungen. Er muss hierfür auch keine Steuern bezahlen. Die monatliche Verdienstgrenze für diese Minijobs liegt bei 400,00 €. Eine geringfügige Beschäftigung darf im Nebenjob ausgeübt werden. Sie bleibt dann auch für den Arbeitnehmer versicherungsfrei. Im Gegensatz zum Arbeitnehmer muss der Arbeitgeber bei diesen Beschäftigungsverhältnissen 30% pauschale Abgaben abführen. Im Einzelnen sind dies:

- 15 % für die Rentenversicherung
- 13 % für die Krankenversicherung
- 2 % Steuern für das Finanzamt

Von 401,00 bis 800,00 € Monatseinkommen muss der Arbeitgeber verminderte Sozialabgaben zahlen. Einkommen ab 401,00 € werden normal besteuert.

Auch für Auszubildende gibt es bei der Sozialversicherungspflicht eine spezielle Regelung. Übersteigt ihre Auszubildendenvergütung nicht die Geringverdienergrenze von 325,00 €, so trägt der Arbeitgeber die Beiträge zur Sozialversicherung allein.

Regeln für Mini-Jobs

Einkommen	das zahlt der Arbeitnehmer	das zahlt der Arbeitgeber
bis zu 400,00 €	• keine Steuern • keine Sozialabgaben (gilt auch für Nebenjobs)	Pauschal 30% davon 13% Krankenversicherung 15% Rentenversicherung 2% Steuern an Finanzamt

Praxis-tipp

Bei einem geringfügigen Beschäftigungsverhältnis ist es dem Arbeitgeber nicht erlaubt, die Beitragspflicht auf den Arbeitnehmer zu übertragen.

11.2 Gesund hilft Krank

Die gesetzliche Krankenversicherung

Moment mal ...

Zu kleine Oberweite ist keine Krankheit

Bundessozialgericht: Kassen müssen Brustvergrößerung oder -verkleinerung nicht bezahlen.

Kassel. Für Veronika M. war es eine herbe Enttäuschung. Sie war bis vor das Bundessozialgericht (BSG) in Kassel gezogen, um von ihrer Krankenkasse die Bezahlung einer Brustvergrößerung zu erzwingen. Vergeblich: Bei Deutschlands obersten Sozialrichtern fand die 45-Jährige kein Gehör – ihre Klage wurde genauso abgewiesen wie die zweier anderer Frauen, die das „regelwidrige Aussehen" ihrer Brüste mit Operationen auf Krankenschein beheben lassen wollten.

„Ich schäme mich so, wie ich aussehe", sagte Veronika M. „Ich fühle mich nicht fraulich, es fehlt irgendwas." Sie leide wegen ihrer kaum ausgeprägten Oberweite unter psychischen Belastungen, erklärte die zweifache Mutter. „Für mich ist das eine Krankheit."

Die Bundesrichter sahen das anders. Auch eine äußerliche Anomalie, die zu einer psychischen Erkrankung geführt habe, sei nicht als behandlungsbedürftige Krankheit einzustufen. „Wie sich die Versicherte dabei fühlt, ist unerheblich", sagte Senatsvorsitzender Wolfgang Dreher. Operationen zur Behebung eines „regelwidrigen Körperzustands" müssten nur dann von den Kassen bezahlt werden, wenn durch die Behandlung eine eingeschränkte Körperfunktion wiederhergestellt würde – oder wenn das Aussehen entstellt sei.

Quelle: HNA v. 21.10.05

Welche Leistungen erbringt die gesetzliche Krankenversicherung?
Welche Krankenkassen kommen als Versicherungsträger infrage?
Wie ist die gesetzliche Krankenversicherung aufgebaut?

578060

INFO 1 Versicherte Personen

Als Arbeitnehmer ist man automatisch versicherungspflichtig, wenn das Einkommen eine bestimmte Höchstgrenze pro Jahr nicht übersteigt. Diese Versicherungspflichtgrenze beträgt 75 % der Beitragsbemessungsgrenze der Rentenversicherung.

Außerdem besteht die gesetzliche Krankenversicherung als Pflichtversicherung im Wesentlichen für folgende Bevölkerungsgruppen:

- Arbeitslose, sofern sie Leistungen der Bundesagentur für Arbeit erhalten;
- Studenten, die an staatlichen oder staatlich anerkannten Hochschulen eingeschrieben sind;
- Praktikanten oder Auszubildende des zweiten Bildungsweges;
- Rentner der gesetzlichen Rentenversicherung, wenn sie in der zweiten Hälfte ihres Arbeitslebens Mitglied einer gesetzlichen Krankenkasse waren;
- Behinderte, die in anerkannten Werkstätten und Heimen, Anstalten oder in Heimarbeit tätig sind;
- Künstler und Publizisten nach dem Künstlersozialversicherungsgesetz;
- Teilnehmer an arbeitsfördernden Maßnahmen, die der Rehabilitation, Berufsfindung oder Arbeitserprobung dienen;

Nicht versicherungspflichtig sind Personen, die eine geringfügige Beschäftigung ausüben. Das ist eine Beschäftigung mit einem Arbeitsentgelt bis zu 400,00 € monatlich.

Bestimmte Personenkreise können auch freiwillig der gesetzlichen Krankenversicherung beitreten. Zur freiwilligen Versicherung sind im Wesentlichen berechtigt:

- Arbeitnehmer, die wegen ihrer Einkommenshöhe nicht mehr versicherungspflichtig sind und bestimmte Versicherungszeiten erfüllt haben;
- Arbeitnehmer mit einem Jahresverdienst oberhalb der Versicherungspflichtgrenze, wenn sie erstmals eine Beschäftigung aufnehmen;
- Ehepartner und Kinder, wenn die Familienversicherung erloschen ist.

Ab 2009 gilt eine Pflicht zur Versicherung. Dann müssen die geschätzten 200.000 bis 300.000 Menschen, die in Deutschland zurzeit gar nicht krankenversichert sind, Mitglied einer gesetzlichen oder einer privaten Versicherung werden.

Die gesetzliche Krankenversicherung gilt als sehr familienfreundlich, da sie die Angehörigen des Versicherten schützt, ohne dass diese hierfür eigene Beiträge zahlen (Familienversicherung).

Die Familienversicherung für Kinder besteht grundsätzlich bis zur Vollendung des 18. Lebensjahres, danach bis zur Vollendung des 25. Lebensjahres, wenn sie noch zur Schule gehen oder sich in der Berufsausbildung befinden (z. B. als Teilnehmer einer Berufsausbildungseinrichtung, nicht jedoch als Auszubildende).

INFO 2 Finanzierung

Die gesetzliche Krankenversicherung finanziert sich durch die Beiträge von Arbeitnehmern und Arbeitgebern. Gesamtgesellschaftliche Aufgaben der Kassen werden ab 2008 zunehmend über Steuermittel finanziert. Die Höhe der Beiträge hängt ab von dem Beitragssatz der jeweiligen Krankenkasse und dem Verdienst des Arbeitnehmers. Das ist Ausdruck der Solidarität der besser verdienenden mit den einkommensschwächeren Versicherten. Die Beitragsolidarität ist allerdings begrenzt. Ab 2009 werden die Beiträge staatlich festgelegt und sollen bei allen Kassen die gleiche Höhe haben. Durch einen neuen Risikostrukturausgleich sollen zukünftig Kassen mit vielen alten und kranken Mitgliedern finanzielle Mittel von finanzstärkeren Kassen erhalten.

Von der Beitragsbemessungsgrenze ist die Krankenversicherungspflichtgrenze zu unterscheiden. Sie gibt an, bis zu welchem Einkommen man gesetzlich krankenversichert sein muss. Die Beitragszahlungen leisten Arbeitgeber und Arbeitnehmer. Anders als früher zahlen die Arbeitgeber und Arbeitnehmer nicht mehr jeweils die Hälfte des Betrages, sondern der Arbeitnehmer bezahlt 0,9% mehr. Bei geringfügig Beschäftigten zahlt der Arbeitgeber allein einen Beitrag von 13% des Arbeitsentgelts.

Einen Beitrag zur Finanzierung der Krankenversicherung leisten die Versicherungsnehmer auch durch die Praxisgebühr. Wer das 18. Lebensjahr erreicht hat, muss bei jeder Inanspruchnahme eines Arztes, Zahnarztes oder Psychotherapeuten 10,00 € im Quartal zahlen. Bei Vorsorgeuntersuchung, Schwangerschaftsvorsorge, Zahnprophylaxe und Schutzimpfungen entfällt diese Praxisgebühr.

Das deutsche Gesundheitssystem ist viel zu teuer, es gibt zu viel Bürokratie und die Strukturen sind unflexibel. Seit Jahren versucht man das System zu reformieren. Alle bisherigen Maßnahmen haben aber nur kurzfristige Erfolge gebracht. Eine neue umfassende Reform des Gesundheitssystems soll es nun richten. Viele zweifeln an ihrem Erfolg.

Die wichtigsten Regelungen der Gesundheitsreform, die teilweise bereits ab 01. April 2007 in Kraft treten soll, sind z. B.:

- Alle Einwohner ohne Absicherung werden in die Krankenversicherung einbezogen.
- Patienten, die an schweren Krankheiten wie z. B. Aids oder Krebs leiden, wird der Zugang zu ambulanten Behandlungen in Krankenhäusern erleichtert.
- Wichtige Impfungen müssen künftig von den Krankenkassen bezahlt werden.
- Jüngere Versicherte müssen künftig die empfohlenen Untersuchungen zur Vorsorge wahrnehmen. Nur dann haben sie bei einer späteren chronischen Erkrankung einen Anspruch auf eine verminderte Belastung bei Medikamentenzuzahlungen.
- Zukünftig wird geprüft, ob die Preise der Arzneimittel in einem angemessenen Verhältnis zu ihrem medizinischen Nutzen stehen.
- Apotheken dürfen künftig auch einzelne Tabletten an Patienten abgeben.
- Unnötige Mehrfachuntersuchungen sollen künftig vermieden werden.
- Jede Krankenkasse muss künftig ihren Versicherten einen speziellen kostengünstigen Hausarzttarif anbieten. Wer ihn wählt, hat die Pflicht, bei einer Krankheit zuerst zum Hausarzt zu gehen.
- Kassen bekommen mehr Möglichkeiten direkt mit Ärzten über Leistungen und Preise zu verhandeln.
- Um nicht in ein Pflegeheim zu müssen, haben ältere und pflegebedürftige Menschen künftig einen Anspruch auf Rehabilitationsmaßnahmen.

Als Antwort auf die Finanzkrise der gesetzlichen Krankenversicherung wurde ein Gesundheitsfond beschlossen. Er soll ab 1. Januar 2009 seine Arbeit aufnehmen.

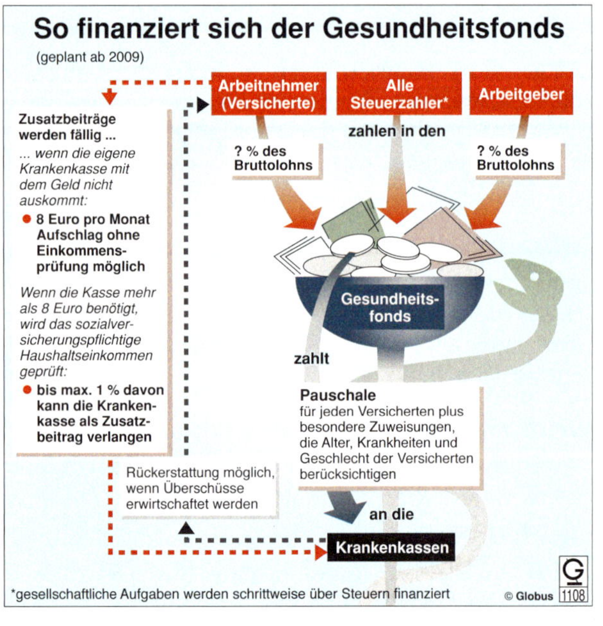

INFO 3 Träger der gesetzlichen Krankenversicherung

Man spricht vom gegliederten Krankenkassen-System, weil es sieben Kassenarten mit zahlreichen Krankenkassen gibt:

- Allgemeine Ortskrankenkasse
- Betriebskrankenkasse
- See-Krankenkasse
- Bundesknappschaft
- Landwirtschaftliche Krankenkasse
- Ersatzkassen
- Innungskrankenkassen

Alle Versicherten können ihre Krankenkasse grundsätzlich frei wählen und wechseln.

Die Krankenkassen werden von Versicherten und Arbeitgebern, Ersatzkassen nur von den Versicherten selbst verwaltet. Als Körperschaften öffentlichen Rechts unterliegen sie einer staatlichen Aufsicht.

Praxistipp

Kassenversicherte können ihre Kasse jederzeit mit einer Frist von zwei Kalendermonaten zum Monatsende kündigen. Der Gesetzgeber verlangt aber, dass sich der Versicherte 18 Monate an die neue Kasse bindet. Werden die Beiträge von der Kasse erhöht, hat der Versicherte ein verkürztes Sonderkündigungsrecht.

INFO 4 Leistungen der gesetzlichen Krankenversicherungen

Förderung der Gesundheit und Verhütung von Krankheiten

Krankenkassen sollen schon vor Ausbruch einer Krankheit aktiv werden. Sie haben ihre Mitglieder allgemein über Gesundheitsgefährdungen und über die Verhütung von Krankheiten (Prävention) aufzuklären. Neben Information und Aufklärung können die Krankenkassen auch vorbeugende Einzelleistungen anbieten wie z. B. Ernährungsberatungen, Raucher-Entwöhnungskurse, präventive Rückenschule. Viele Kassen bieten Bonusprogramme an. Wer z. B. Vorsorge betreibt und an Fitness-Kursen teilnimmt, kann Punkte sammeln, die zu einer Prämie berechtigen. Besonders Erfolg versprechend sind Maßnahmen zur Verhütung von Zahnerkrankungen.

Versicherte haben auch Anspruch auf medizinische Leistungen (ärztliche Behandlung, Arzneimittel, Heilmittel usw.), wenn diese notwendig sind, um eine Gesundheitsschwäche, die in absehbarer Zeit zu einer Krankheit führen könnte, zu beseitigen. Zur Vorsorge können unter bestimmten Voraussetzungen auch ambulante oder stationäre Kuren durchgeführt werden. Viele Impfungen und Vater/Mutter-Kind-Kuren zählen zukünftig ebenfalls zu den Pflichtleistungen der Kassen.

Früherkennung von Krankheiten

Versicherte haben Anspruch auf Maßnahmen zur Früherkennung von Krankheiten, wie z. B. Herz-Kreislauf- und Krebserkrankungen. Des Weiteren werden Früherkennungsmaßnahmen von Krankheiten bei Kindern bis zum 6. Lebensjahr, die ihre körperliche und geistige Entwicklung gefährden können, durch die Versicherung bezahlt.

Leistungen bei Krankheit

Krankenbehandlung und Krankengeld sind die Leistungen, die durch die gesetzliche Krankenkasse erbracht werden.

Arbeitnehmer, die durch Krankheit arbeitsunfähig werden, erhalten nach 6 Wochen Krankengeld. Es beträgt gesetzlich 70 % ihres Bruttoverdienstes, es sei denn, der Arbeits- oder Tarifvertrag enthält andere Regelungen. Vom Krankengeld werden noch Beiträge zur Renten- und Arbeitslosenversicherung abgezogen. Die Krankenkasse trägt davon den Arbeitgeberanteil. Für dieselbe Krankheit können die Versicherten nur für 78 Wochen innerhalb eines Dreijahreszeitraums Krankengeld beziehen. Im Gegensatz zu früheren Jahren tragen die Arbeitnehmer den Beitragsanteil in der gesetzlichen Krankenversicherung für das Krankengeld jetzt allein.

Krankenbehandlung

ärztliche und zahnärztliche Behandlung	Versorgung mit Arznei- und Verbandmitteln
Versorgung mit Heil- und Hilfsmitteln	Krankenhausbehandlung

Kap. 10
Seite 54 ff.
Mutterschutz

Leistungen bei Schwangerschaft und Mutterschaft

Die Leistungen der gesetzlichen Krankenversicherung bei Schwangerschaft und Mutterschaft erstrecken sich auf

- ärztliche Betreuung und Hebammenhilfe,
- häusliche Pflege,
- Versorgung mit Arznei-, Verband- und Heilmitteln,
- Haushaltshilfe,
- stationäre Entbindung,
- Mutterschaftsgeld.

Im Fall einer **stationären Entbindung** hat die Versicherte für sich und das Neugeborene Anspruch auf Unterkunft, Pflege und Verpflegung für längstens sechs Tage nach der Entbindung.

Mutterschaftsgeld erhalten die weiblichen Mitglieder der gesetzlichen KV, denen bei Arbeitsunfähigkeit Krankengeld zu zahlen wäre und die während der Schwangerschaft eine bestimmte Zeit Mitglied waren.

LF 2
Kap. 2.1
Seite 111 f.
Hausarztmodell

Hausarztmodell

Immer mehr gesetzliche Krankenkassen haben sich dazu entschlossen, das Hausarztmodell einzuführen. Nach den Bestimmungen der Gesundheitsreform sind sie sogar dazu verpflichtet. Ziel des Modells ist eine Kostensenkung bei der ärztlichen Behandlung. Der Hausarzt übernimmt quasi eine Lotsenfunktion und navigiert den Patienten durch die Untiefen des Gesundheitswesens. Um an dem Hausarztmodell teilzunehmen, schließt der Versicherte mit seinem Hausarzt und der Krankenkasse einen Vertrag ab. Dadurch verpflichtet er sich, immer zuerst den Hausarzt aufzusuchen. Welche Arznei- oder Hilfsmittel der Patient bekommen soll, ob ein Krankenhausaufenthalt geplant ist oder eine häusliche Krankenpflege benötigt wird, alles regelt hierbei der Hausarzt. Ein wesentlicher Vorteil für den Patienten besteht darin, dass die Praxisgebühr erlassen oder durch eine geringere Gebühr ersetzt wird. Im Gegenzug verpflichten sich die Ärzte, Fortbildungsveranstaltungen zu besuchen, um ihr medizinisches Wissen immer auf einem aktuellen Stand zu halten.

Arbeitsaufträge

1. Welche Bedingungen müssen eingehalten werden, um die Krankenkasse wechseln zu können?
2. Welche Leistungen werden von den Krankenkassen zur Förderung der Gesundheit und Verhütung von Krankheiten erbracht?
3. Welche Früherkennungsmaßnahmen können von den Versicherten in Anspruch genommen werden?
4. Welche Leistungen erbringen die Krankenkassen bei Schwangerschaft und Mutterschaft?
5. Welche Ansprüche haben die Versicherten im Rahmen der Krankenbehandlung?
6. Diskutieren Sie den Aussagegehalt der nebenstehenden Karikatur.

7. **Expertenbefragung: Gesetzliche Krankenkasse**
   Machen Sie einen Check-up der gesetzlichen Krankenkassen (z. B. AOK, Barmer, Techniker).
   a) Krankenkassen verlangen bekanntlich unterschiedliche Beitragssätze. Auch wenn der Gesundheitsfond kommt, können Zusatzbeiträge verlangt werden. Falls die aktuellen Beitragssätze nicht schon bekannt sind, informieren Sie sich bei den jeweiligen Kassen.
   b) Erkundigen Sie sich außerdem danach, welche freiwilligen Zusatzleistungen die Kasse erbringt.
   c) Tauschen Sie Erfahrungen aus, die einzelne Mitschülerinnen mit bestimmten Kassen schon gemacht haben.
   d) Kommen Sie zu einem Urteil und versuchen Sie eine Rangfolge der Kassen festzulegen.
8. Karin Meyer liest in der Zeitung, dass trotz Gesundheitsreform der Kostenanstieg im Gesundheitswesen weitergeht. In dem Artikel wird vermutet, dass es in absehbarer Zeit auch wieder zu Beitragserhöhungen kommen wird. „Die hohen Beiträge machen uns doch langsam arm, da muss doch noch was geschehen“, so Karin im Gespräch mit einer Arbeitskollegin.
   Aufgabe: Diskutieren Sie einmal aus der Sicht einer Medizinischen Fachangestellten Maßnahmen, um den Kostenanstieg zu bremsen.
9. Die Gesundheitsreform ist inzwischen eine beschlossene Sache. Stellen Sie die Ihrer Meinung nach 10 wichtigsten Neuerungen heraus, die mit der Reform verbunden sind. Informieren Sie sich dabei auch im Internet unter www.diegesundheitsreform.de.

11.3 Hals- und Beinbruch in der Praxis

Die gesetzliche Unfallversicherung

Moment mal ...

Nicole Wagner, Auszubildende im dritten Lehrjahr, kann sich noch gut an den Fall erinnern. Kurz vor Ende des letzten Quartals kam ein Patient gegen 17:30 Uhr in die Praxis. Er hatte tiefe Schürfwunden an Händen und Beinen und gab an, dass er auf dem Weg von der Arbeit nach Hause mit dem Fahrrad beim Überqueren der Straßenbahnschienen gestürzt wäre.

Der Patient erzählte, dass er nach der Arbeit „im Geschäft um die Ecke" noch schnell etwas eingekauft habe, denn - so hatte er hinzugefügt - „man will ja nicht verhungern oder verdursten."

Für Nicole war die Sache klar: ***„Unfälle auf dem Weg von und zur Arbeit"*** *- so hatte sie in der Schule gelernt -* ***„sind besonders versichert."*** *Also reichte sie die Abrechnung am Quartalsende bei der Berufsgenossenschaft ein. Eine Woche später kam prompt ein Fragebogen zurück, in dem die Versicherung Genaueres über den Unfallhergang wissen wollte.*

Die Antwort der Versicherung ließ nicht lange auf sich warten: „... handelt es sich hierbei nicht um einen Unfall auf dem Weg von der Arbeit nach Hause, da der Versicherungsnehmer noch anderweitige Erledigungen vorgenommen hat. Damit entfällt unsere Leistungspflicht. Wir bitten dies künftig strikt zu beachten ..."

„Immer wenn es ans Bezahlen geht, machen die Versicherungen Schwierigkeiten", war Nicoles erster Kommentar. „Letztlich ist es doch egal, wer bezahlt, einer muss es sowieso tun ..."

Wer ist Ihrer Meinung nach im Recht?
Ist es wirklich egal, wer in welchen Fällen zur Leistung verpflichtet ist?

INFORMATION

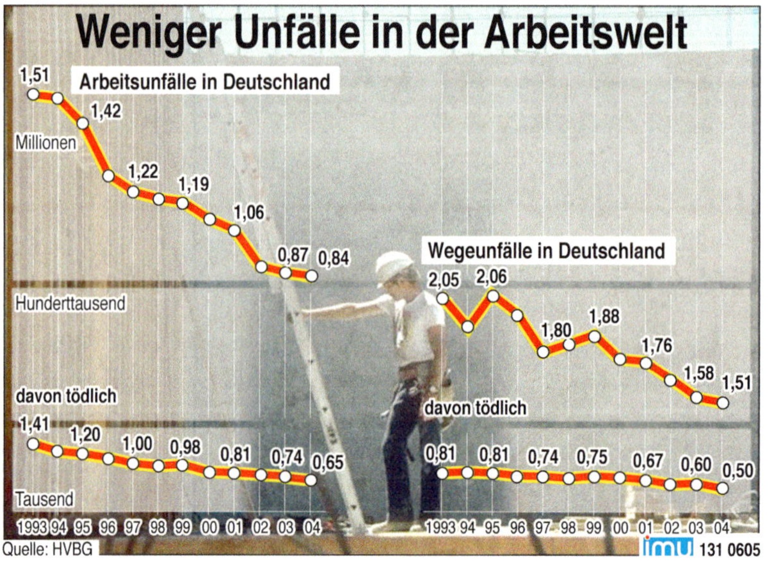

INFO 1 Versicherte Personen

Wer bei der Ausübung seiner beruflichen Tätigkeit und auf dem Weg von und zur Arbeit einen Unfall erleidet, wird von der gesetzlichen Unfallversicherung betreut. Alle Arbeitnehmer sind in ihr pflichtversichert.

Unternehmer können sich und ihre mitarbeitenden Familienangehörigen freiwillig versichern.

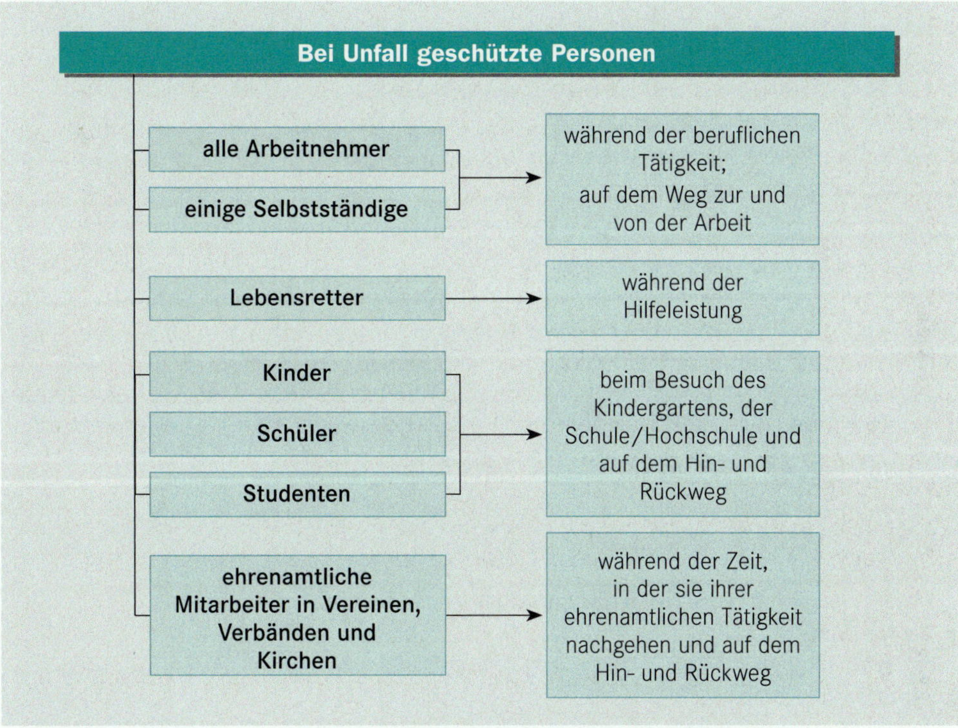

INFO 2 Träger der gesetzlichen Unfallversicherung

Für die Unfallversicherung sind folgende Träger zuständig:

- branchenbezogene gewerbliche Berufsgenossenschaften
- landwirtschaftliche Berufsgenossenschaften
- Seeberufsgenossenschaften

Für die Unfallrisiken der Gebietskörperschaften (Städte/Gemeinden) ist eine Vielzahl von Unfallversicherungsträgern der öffentlichen Hand maßgeblich.

Praxis-tipp

Für die Beschäftigten bei Ärzten, Apotheken u. a. ist zuständig:
Berufsgenossenschaft für Gesundheit und Wohlfahrtspflege,
Schäferkampsallee 24, 20357 Hamburg

bgw *· Berufsgenossenschaft für Gesundheit und Wohlfahrtspflege www.bgw-online.de*

www

INFO 3 Finanzierung

Die Berufsgenossenschaften finanzieren sich ausschließlich aus den Beiträgen der Arbeitgeber. Da Berufsgenossenschaften keine Gewinne erwirtschaften dürfen, können sie nur so hohe Beiträge erheben, wie sie für die Erfüllung ihrer Aufgaben benötigen.

Die Höhe der zu zahlenden Beiträge wird bestimmt durch die
- Unfallgefährdung in einem Betrieb,
- Lohn- und Gehaltssumme der Mitarbeiter,
- Schwere, Anzahl und Kosten der Unfälle.

INFO 4 Aufgaben der Unfallversicherung

Die Unfallversicherung hat die Aufgaben, Unfälle zu verhüten und die Folgen eines Unfalls zu mildern oder zu beseitigen.

Unfallverhütung

Die Berufsgenossenschaften erlassen Unfallverhütungsvorschriften. Durch sie wird der Unternehmer verpflichtet die Arbeitsstätte, die Betriebseinrichtungen und Gerätschaften so einzurichten, dass die Arbeitnehmer gegen Unfälle und Berufskrankheiten geschützt sind. Die Arbeitnehmer sind verpflichtet die erlassenen Vorschriften genau zu befolgen. Durch technische Aufsichtsbeamte der Berufsgenossenschaften wird die Durchführung der Unfallverhütungsvorschriften überwacht. Außerdem werden die Mitglieder beraten.

Unfallfolgen und Leistungen

In der Unfallversicherung gibt es drei Situationen, die zu Ansprüchen des Versicherten führen:
- Arbeitsunfälle:
  Unfälle, die Berufstätige während ihrer Arbeit und auf Dienstwegen erleiden.
- Wegeunfälle:
  Unfälle passieren auf dem direkten Weg von und zur Arbeit.
- Berufskrankheiten:
  Sie müssen berufsbedingt sein und auf der „Berufskrankheitenliste" aufgeführt sein.

Ist ein Unfall passiert oder eine Berufskrankheit eingetreten, können Ansprüche an die Berufsgenossenschaft gestellt werden.

Praxistipp

- ***Die Berufsgenossenschaft versichert keine absichtlich herbeigeführten Unfälle. Auch bei Unfällen, die ausschließlich auf Trunkenheit oder private Tätigkeiten zurückgehen, erbringt die Berufsgenossenschaft keine Leistung.***
- ***Versichert sind auch Fahrgemeinschaften von und zur Arbeit. Dies ist auch dann der Fall, wenn Umwege notwendig werden, um die Mitfahrenden abzuholen.***

Die Betriebsinhaber müssen Unfälle von Versicherten in ihrem Unternehmen der Berufsgenossenschaft anzeigen. Dies hat dann zu erfolgen, wenn Versicherte so verletzt sind, dass sie mehr als 3 Tage arbeitsunfähig werden oder sogar durch den Arbeitsunfall getötet wurden. Eine Unfallanzeige ist auszufüllen. Sofern es einen Betriebsrat gibt, muss dieser ebenfalls die Unfallanzeige unterzeichnen.
Gegen Entscheidungen der Berufsgenossenschaft kann Widerspruch eingelegt werden. Gegen einen Widerspruchsbescheid kann Klage beim zuständigen Sozialgericht erhoben werden.

Arbeitsunfälle | **Wegeunfälle** | **Berufskrankheiten**

↓

berechtigen zu Ansprüchen an die Berufsgenossenschaft

↓

Leistungen der Berufsgenossenschaft

Heilbehandlung (z. B. ärztliche Behandlungkosten)	Leistungen bei Pflegebedürftigkeit (z. B. ärztliche Hauspflege)
Leistungen zur sozialen Rehabilitation (z. B. Wohnungshilfe)	Leistungen zur beruflichen Rehabilitation (z. B. Umschulung)
Verletztengeld (z. B. Übergangsgeld während beruflicher Umschulung)	Rente an Versicherte (z. B. Vollrente bei vollständigem Verlust der Erwerbstätigkeit)
Rente an Hinterbliebene (z. B. Waisenrente)	Sterbegeld

Arbeitsaufträge

1. In welchem der folgenden Fälle erbringt die gesetzliche Unfallversicherung dem/der betreffenden Arbeitnehmer/-in Leistungen?
   a) Veronika besucht zurzeit einen auswärtigen Fortbildungskurs über Infektionsschutz. Beim Tennisspiel im Hotel stürzt sie und bricht sich das linke Wadenbein.
   b) Katja wird von ihrem Chef zu einem benachbarten Radiologen geschickt, um dort einen dringend benötigten Untersuchungsbefund abzuholen. Von einem unbekannt bleibenden Mopedfahrer wird sie angefahren und zieht sich eine tiefe Fleischwunde zu.
   c) In der Frühstückspause rutscht Claudia in der Kantine auf verschüttetem Orangensaft aus und verletzt sich am Arm.
   d) Ein zu verladendes Surfbrett fällt Angelika im Urlaub aus der Hand und verletzt zwei Zehen am rechten Fuß so unglücklich, dass sie eine Woche nicht arbeiten kann.
   e) Der Maurer Peter stürzt bei seiner Arbeit vom Gerüst und muss in ein Krankenhaus eingeliefert werden. Bei der Untersuchung wird festgestellt, dass er große Mengen Alkohol getrunken hat.
2. Wie ist die Finanzierung der gesetzlichen Unfallversicherung geregelt?
3. Welche Leistungen erbringen die Berufsgenossenschaften?
4. Was tun Berufsgenossenschaften, um Unfälle zu verhindern?
5. Wer sind die Träger der gesetzlichen Unfallversicherung?

6. Eine Arbeitskollegin kommt 10 Minuten zu spät in die Praxis. Aufgeregt erklärt sie: „Ich habe heute Morgen einen richtigen Schutzengel gehabt, sonst hätte es mich bei der Eisglätte aus der Kurve getragen. Es ist doch wirklich gut, dass alle Unfälle auf dem Weg von und zu unserer Praxis immer besonders versichert sind." Diskutieren Sie diese Meinung.

7. Weil das Auto von Lisa Braun schon wieder mal in der Werkstatt war, wurde sie von ihrer Arbeitskollegin Karin Meier abgeholt. Die musste zwar einen großen Umweg fahren, aber das tat sie gern, um ihrer Kollegin „aus der Patsche" zu helfen. Und dann passierte es. Auf glatter Straße kam der Wagen von Karin Meier ins Schleudern und prallte gegen eine Erdböschung. Während Lisa Braun unverletzt blieb, zog sich Karin Meier als Fahrerin des Fahrzeugs eine Knieverletzung zu, die ärztlich behandelt werden musste.
„Für Karin Meier brauchen wir der Berufsgenossenschaft gar keine Unfallanzeige zu schicken, denn versichert sind ja nur Wegeunfälle, die auf dem direkten Weg zur Arbeitsstelle passieren", so die Meinung von Frau Dr. Schmitt. Was halten Sie von dieser Auffassung?

11.4 Arbeitslos – was nun?

Arbeitsförderung und Arbeitslosenversicherung

Moment mal ...

„Eine Ausbildung als Krankenpfleger sollte ich nach der Schule beginnen, meint meine Mutter. Ob die hier mal mit ein paar Informationen rüberkommen können?" (Felix, 17 Jahre)

„Jetzt wollen die mir nach einem Jahr schon das Arbeitslosengeld streichen. Von was soll ich dann leben?" (Ralph, 28 Jahre)

„Um die Stelle als Turbinenbauer zu bekommen, müsste ich mich in Hamburg vorstellen. Bin mal wieder blank und kann die Reisekosten von 100,00 € nicht aufbringen. Will mal hören, ob die hier was locker machen können." (Klaus, 34 Jahre)

„Immer hab ich Pech. Ausbildung beendet und dann arbeitslos. Bin gespannt, ob die mir helfen können." (Susanne, 18 Jahre)

„Ernährungs- und Diätberaterin, das würde mich reizen. Wenn die mir als arbeitsloser MFA die Fortbildung bezahlen, dann bin ich dabei. Und meine Stellenchancen sehen dann auch wieder rosiger aus." (Kathrin, 26 Jahre)

Welche Leistung erbringt die Agentur für Arbeit?
Wie werden diese Leistungen finanziert?

INFO 1 Versicherte Personen

In der Arbeitslosenversicherung gibt es im Normalfall nur Pflichtversicherte. Dazu gehören alle Arbeiter, Angestellten, Auszubildenden und Heimarbeiter. Nicht versicherungsmäßig erfasst werden Selbstständige, Beamte, Rentner wegen Erwerbsunfähigkeit und Arbeitnehmer, die das 65. Lebensjahr vollendet haben. Seit 2006 haben auch Existenzgründer die Möglichkeit, sich gegen Arbeitslosigkeit zu versichern. Zu beachten ist allerdings, dass der Antrag hierzu nur gestellt werden kann, wenn der Antragssteller innerhalb der letzten zwei Jahre bevor er seine Selbständigkeit begonnen hat, mindestens 12 Monate in einem versicherungspflichtigen Arbeitsverhältnis gestanden hat.

INFO 2 Träger der Versicherung

Träger der Arbeitsförderung und der Arbeitslosenversicherung ist die **Bundesagentur für Arbeit.** Ihre Hauptstelle ist in Nürnberg. Regional werden die Aufgaben von den Regionaldirektionen und den örtlichen Arbeitsagenturen wahrgenommen.

www.arbeitsagentur.de

INFO 3 Finanzierung

Die Aufgaben der Bundesagentur für Arbeit werden finanziert durch

- Beiträge der Arbeitnehmer,
- Beiträge der Arbeitgeber,
- Mittel von Arbeitgebern bzw. Berufsgenossenschaften, die im Rahmen eines Umlageverfahrens aufgebracht werden,
- Steuermittel des Bundes (Arbeitslosengeld II).

Die Beiträge sind jeweils zur Hälfte vom Arbeitgeber und Arbeitnehmer zu zahlen. Die Beitragshöhe wird begrenzt durch die jeweils aktuelle Beitragsbemessungsgrundlage. Der Arbeitgeber trägt die Beiträge bei geringfügigen Beschäftigungsverhältnissen allein. Die Verdienstgrenze beträgt hier 400,00 €. Für Auszubildende liegt sie bei 325,00 €.

INFO 4 Leistungen

Die Bundesagentur für Arbeit hat zwei große Aufgabenbereiche: Arbeitsförderung und Arbeitslosenversicherung.

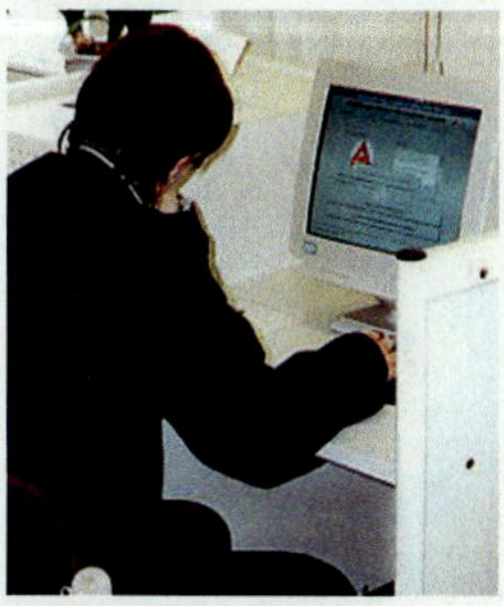

Praxis-tipp ***In nahezu allen Arbeitsagenturen sind Berufsinformationszentren (BIZ) eingerichtet worden. Jeder kann sich dort über Fragen zur Aus- und Weiterbildung kostenlos informieren.***

Arbeitsförderung

Folgende Leistungen werden angeboten:

- **Arbeitsvermittlung**
  Arbeitnehmer und Arbeitgeber sollen zusammengeführt werden, um ein Arbeitsverhältnis einzugehen.

- **Berufsberatung**
  Sie umfasst Rat und Auskunft bei Berufswahl und Berufswechsel. Außerdem betreibt die Berufsberatung die Vermittlung von Ausbildungsstellen.
- **Förderung der beruflichen Bildung**
  Gute fachliche Kenntnisse sind wichtig für die Beschäftigungs- und Aufstiegschancen von Arbeitnehmern. Daher werden unter bestimmten Bedingungen die Berufsausbildung und die berufliche Weiterbildung gefördert. Voraussetzung ist, dass die Weiterbildung notwendig ist, um den/die Arbeitnehmer/-in bei Arbeitslosigkeit beruflich einzugliedern oder eine ihm/ihr drohende Arbeitslosigkeit abzuwenden.
- **Förderung der Arbeitsaufnahme**
  Arbeitslose können durch Mobilitätshilfen gefördert werden, wenn dies zur Aufnahme der Beschäftigung notwendig ist. Voraussetzung ist, dass sie die erforderlichen Mittel nicht selbst aufbringen können. Die Hilfe umfasst z. B. Zuschüsse zum Lebensunterhalt, zur Arbeitskleidung, Fahrtkosten- und Trennungskostenbeihilfe.
- **Eingliederungszuschüsse**
  Arbeitgeber können diese erhalten, wenn sie bereit sind förderungsbedürftige Arbeitnehmer einzustellen. Zu den geförderten Gruppen gehören z. B. ältere Arbeitnehmer, Langzeitarbeitslose und Behinderte.
- **Maßnahmen zur Arbeitsbeschaffung (ABM)**
  Für schwer vermittelbare Arbeitslose in Regionen mit hoher Erwerbslosigkeit können Arbeitgeber Zuschüsse zum auszuzahlenden Arbeitsentgelt erhalten.
- **Zuschüsse zur Ausbildungsvergütung**
  Für die betriebliche Ausbildung von behinderten Menschen können Zuschüsse zur Ausbildungsvergütung bezahlt werden, wenn die Ausbildung sonst nicht möglich gewesen wäre.

Arbeitslosenversicherung

An finanziellen Leistungen werden vor allem erbracht:

- **Arbeitslosengeld**
  Wer arbeitslos wird, kann einen Antrag auf Arbeitslosengeld stellen. Voraussetzung für die Zahlungen ist, dass der Betroffene der Arbeitsvermittlung zur Verfügung steht. Auch muss er innerhalb der letzten 2 Jahre vor der Arbeitslosmeldung mindestens für 1 Jahr Arbeitslosenbeiträge gezahlt haben. Grundlage für die Berechnung des Arbeitslosengeldes ist der (pauschalierte) Nettolohn der letzten 52 Wochen vor Eintreten der Arbeitslosigkeit..

  Das Arbeitslosengeld beträgt 67 % des letzten Nettolohns für Arbeitslose mit Kindern und 60 % für Arbeitslose ohne Kinder. Die Zahlung des Arbeitslosengeldes ist befristet. Es ist für die Dauer von mindestens 6 Monaten zu zahlen. Für ältere Arbeitnehmer verlängert sich die Anspruchsdauer auf bis zu 32 Monate.

  Wer sich vom 1. Februar 2006 arbeitslos meldet und älter als 55 Jahre ist, bekommt längstens nur noch für 18 Monate Arbeitslosengeld. Bei Arbeitslosen bis 55 Jahre wird die Bezugsdauer auf höchstens 1 Jahr verkürzt. Im Anschluss daran wird das wesentlich niedrigere Arbeitslosengeld II gezahlt.

- **Arbeitslosengeld II**
  Dies ist eine fürsorgeähnliche Leistung aus Steuermitteln, die an die bisherigen Empfänger von Arbeitslosenhilfe sowie an erwerbsfähige Sozialhilfeempfänger gezahlt wird. Arbeitslosengeld II wird nur gewährt, wenn der Arbeitslose den Lebensunterhalt für sich und seine Familie nicht durch andere Einkommensarten bestreiten kann. Anspruch auf Arbeitslosengeld II haben alle Erwerbsfähigen zwischen 15 und 65 Jahren, die bedürftig sind. Mit der Reform der Arbeitslosenversicherung ist der Name des ehemaligen VW-Vorstandsmitglied Peter Hartz verbunden. Das Reformpaket wird deshalb auch als **„Hartz IV"** bezeichnet.
- **Kurzarbeitergeld**
  wird bei einer vorübergehenden Unterbeschäftigung von Betrieben in Höhe des Arbeitslosengeldes für die ausgefallenen Arbeitsstunden gezahlt.
- **Insolvenzausfallgeld**
  gibt es bei Zahlungsunfähigkeit des Arbeitgebers, wenn bei Insolvenzeröffnung noch Lohnansprüche für die letzten 3 Monate bestehen.
- **Saison-Kurzarbeitergeld und Wintergeld**
  Für witterungsbedingte Arbeitsausfälle und Erschwernisse unterstützt die Arbeitsagentur mit dieser Zahlung die betroffenen Bauarbeiter.

Arbeitsaufträge

1. Wie werden die Aufgaben für die Bundesagentur für Arbeit finanziert?
2. Welche Leistungen erbringen die Arbeitsagenturen im Rahmen der Arbeitsförderung?
3. Berechnen Sie das Arbeitslosengeld für folgende Fälle:
   a) Gudrun Hohmann, 1 Kind, bisheriges Nettoeinkommen 1.400,00 €
   b) Florian Lang, kinderlos, bisheriges Nettoeinkommen 1.800,00 €
4. Susanne Michels ist arbeitslos geworden und möchte Arbeitslosengeld beziehen. Welche Voraussetzungen muss sie erfüllen?
5. Peter Holz, seit 5 Jahren verheiratet mit der Besitzerin einer gut gehenden Gaststätte, ist seit über einem Jahr arbeitslos. Letzte Woche wurde ihm mitgeteilt, dass der Anspruch auf Arbeitslosengeld in 2 Monaten ausgeschöpft sei. Seine Frau rät ihm schnellstens Arbeitslosengeld II zu beantragen. Beurteilen Sie seine Chance, dieses Geld zu erhalten.
6. Katrin Buchholz ist als Medizinische Fachangestellte arbeitslos geworden. Sie hätte die Möglichkeit, eine neue Stelle zu finden, wenn sie den Fortbildungslehrgang zur Ernährungs- und Diätberaterin erfolgreich abschließt. Diskutieren Sie ihre Chance, die Lehrgangskosten von der Arbeitsagentur erstattet zu bekommen.
7. Horst Löwer, 59 Jahre alt, ist am 1. März dieses Jahres arbeitslos geworden. Wie lange kann er höchstens Arbeitslosengeld beanspruchen?

11.5 Damit wir im Alter auch „über die Runden kommen“

Die gesetzliche Rentenversicherung

Moment mal ...

Mittagspause in der Praxisgemeinschaft. Eine Zeitungsmeldung zum Thema Rentenversicherung erregt die Gemüter ...

Rentnern stehen neue Einbußen bevor

Berlin: Nach zuletzt drei Nullrunden hintereinander stehen Deutschlands Rentnern neue Einbußen bevor. Wie aus Fachkreisen berichtet wird, soll die so genannte Eckrente im nächsten Jahr auf 1.061,06 € im Westen und im Osten auf 935,32 € sinken. Die Eckrente gibt an, wie viel ein Rentner erhält, wenn er 45 Jahre Durchschnittsbeiträge gezahlt hat. Ein Sprecher aus dem Arbeitsministerium betonte, dass die Rentenbeiträge von zurzeit 19,0 % auch langfristig stabil gehalten werden sollen. Sie konnten aber nicht den Einwand von Fachwissenschaftlern dementieren, dass dies einhergeht mit einem schrumpfenden Rentenniveau von 52,4 % im Jahr 2007 auf bis zu 46,6 % im Jahr 2020. (xrl)

Petra Knauff, verheiratet, zwei Kinder, bringt ihre Meinung auf den Punkt: „Wir müssen uns krumm legen, und kriegen allein 10 % von unserem Einkommen an Rentenbeitrag abgezogen. Aber damit nicht genug. Arbeiten sollen wir bis 67 Jahre und dann gibt es eine Rente sie so niedrig ist, dass man eigentlich nicht davon leben kann. Jetzt haben die noch zusätzlich eine private Vorsorge bei der Rente eingeführt, bei welcher der Staat Zuschüsse zahlt. Dann muss ich ja erst mal doppelt bezahlen. Wenn ich nur wüsste, was ich machen soll“.

Wie ist die gesetzliche Rentenversicherung aufgebaut?
Welche Leistungen erbringt sie?
Welche Probleme hat die Rentenversicherung?

INFO 1 Versicherte Personen

Die Rentenversicherung ist eine Versicherung für die gesamte Bevölkerung. Grundsätzlich kann ihr jeder beitreten, sei es Arbeiter, Angestellter, Selbstständiger oder Hausfrau. Zwei Arten von Versicherten sind zu unterscheiden: die **Pflichtversicherten** und die **freiwillig Versicherten.**

Pflichtversicherte Mitglieder sind Auszubildende, Arbeiter und Angestellte. Die Rentenversicherung als Zwangsversicherung ist für sie nicht abwählbar. Auch Selbstständige können nach einem Aufnahmeantrag in die Gruppe der Versicherungspflichtigen aufgenommen werden.

Alle Personen, die nicht versicherungspflichtig sind, können sich ab dem 16. Lebensjahr freiwillig versichern. Ihnen wird damit die Möglichkeit gegeben, für ihr Alter finanziell vorzusorgen.

INFO 2 Finanzierung

Die Rentenversicherung finanziert sich aus Beiträgen des Versicherten, Beiträgen des Arbeitgebers und durch Zuschüsse des Bundes. Der größte Teil der finanziellen Mittel kommt durch Beitragszahlungen zusammen, die von Arbeitgeber und Arbeitnehmer je zur

578074

Hälfte aufgebracht werden. Selbstständige und freiwillig Versicherte müssen ihre Beiträge allein zahlen.

Die Beiträge richten sich nach dem Arbeitsverdienst. Im Jahr 2007 ist ein Satz von 19,9% zu entrichten. Rentenversicherungsbeiträge sind nicht von jeder Einkommenshöhe zu zahlen, sondern nur bis zur Beitragsbemessungsgrenze. Der Arbeitgeber muss die Beiträge zur Rentenversicherung allein zahlen, wenn der monatliche Verdienst nicht mehr als 400,00 € beträgt. Für Auszubildende beträgt diese Geringfügigkeitsgrenze 325,00 €

Praxis-tipp

Die geringfügige Beschäftigung bleibt für den Arbeitnehmer sozialversicherungsfrei. Das Entgelt darf 400,00 € nicht übersteigen.

Als Nachweis einer bestehenden Mitgliedschaft in der Rentenversicherung erhält der Versicherte einen Versicherungsausweis. Es wird für ihn eine Versicherungsnummer vergeben. Unter dieser Nummer führt der Rentenversicherungsträger das Versicherungskonto des Versicherten. Es ähnelt einem Bankkonto.

INFO 3 Rentenreform

Die Grundlage unseres Rentensystems ist der Generationenvertrag. Er beruht auf dem Umlageverfahren. Das bedeutet, dass die arbeitende Bevölkerung die Renten der Menschen im Ruhestand bezahlt. Seit Jahren ist klar, dass dieses System so nicht mehr seine Aufgabe erfüllen kann. Es funktioniert nämlich nur dann, wenn es deutlich mehr Einzahler als Empfänger gibt. Die Sicherheit der Renten ist nicht mehr gegeben. Große Versorgungslücken trotz weiter steigender Rentenbeiträge sind zu befürchten. Probleme, die dem alten System das Leben schwer machen, sind:

- der Anteil der älteren Menschen erhöht sich bei anhaltend niedrigen Geburtenraten;
- die jungen Menschen treten später in das Erwerbsleben ein, dadurch ergeben sich kürzere Beitragszeiten;
- die Rentenlaufzeit ist länger, weil der Rentenbeginn häufig schon früher eintritt. Außerdem steigt die Lebenserwartung.

Eine Antwort auf die zu erwartenden Versorgungslücken bei der gesetzlichen Rentenversicherung ist das „Drei-Schichten-Modell" der Altersvorsorge. Bei der 1. Schicht geht es um eine Basisversorgung. Zu ihr zählt die gesetzliche Rentenversicherung und die Rürup-Rente. Die 2. Schicht dient der Zusatzversorgung. Riester-Rente und die betriebliche Altersversorgung sind hier einzuordnen. Bei der 3. Schicht geht es um weitere Kapitalanlageprodukte, wie z. B. die Lebensversicherung.

LF 12
Kap. 8
Info 3
Seite 343
Altersvorsorge

INFO 4 Träger der Rentenversicherung

Träger der Rentenversicherung sind besondere öffentlich-rechtliche Körperschaften. Sie verwalten sich durch eigene Organe selbst. Früher war für die Angestelltenversicherung die Bundesversicherungsanstalt für Angestellte (BfA) und für die Arbeiterrentenversicherung die jeweilige Landesversicherungsanstalt (LVAs) zuständig. Daneben gab es Sonderanstalten für Versicherte bestimmter Branchen.

Seit 2005 ist die Unterscheidung von Arbeitern und Angestellten aufgehoben. Die Zahl der Bundesversicherungsträger ist auf zwei reduziert worden. Neben der Vereinigung der Bundesversicherungsanstalt und der Landesversicherungsanstalten zur „Deutschen Rentenversicherung" sind die Bundesknappschaft, die Bahnversicherungsanstalt und die Seekasse zur Deutschen Rentenversicherung Knappschaft-Bahn-See vereinigt worden.

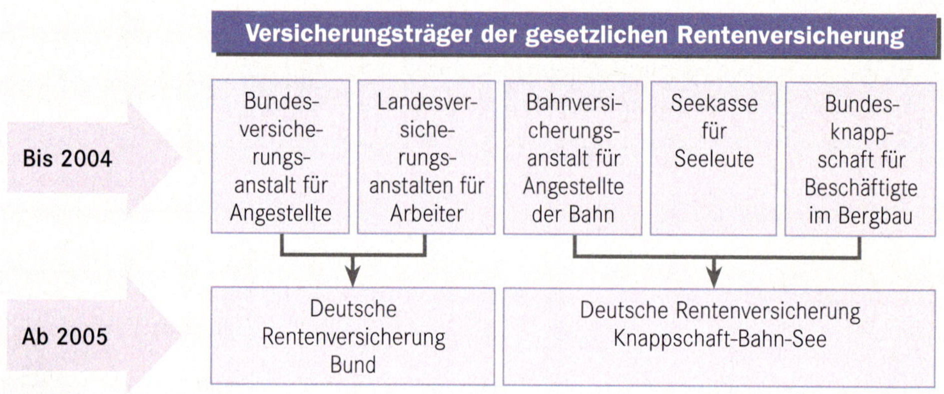

INFO 5 Die Leistungen der Rentenversicherung

Die Rentenversicherung erbringt zwei verschiedene Arten von Leistungen: Leistungen zur Rehabilitation und Auszahlung von Rente.

Rehabilitation

Durch diese Maßnahme soll eine frühzeitige Rentenzahlung vermieden werden. Es gilt, die Arbeitskraft des Versicherten wiederherzustellen. Zu den Rehabilitationsleistungen zählen z. B. medizinische Leistungen (wie ärztliche Behandlung) und berufliche Leistungen (wie Umschulung).

Rentenzahlung

Die Rentenversicherung zahlt Versicherten und ihren Hinterbliebenen Rente, wenn bestimmte Bedingungen erfüllt sind. Dazu gehört immer, dass für eine bestimmte Zeit **Beiträge** gezahlt worden sind und auch genau festgelegte **Wartezeiten** eingehalten wurden.

- **Altersrente:** Die Auszahlung der Rente erfolgt zu unterschiedlichen Altersstufen. Die Regelaltersrente wird zur Zeit noch mit 65 Jahren bezogen. Bis 2029 wird nach dem Willen des Gesetzgebers das Rentenalter stufenweise auf 67 Jahre steigen. Eine Ausnahmeregelung ist für jene vorgesehen, die 45 Jahre in die Rentenkasse eingezahlt haben. Sie können auch weiterhin mit 65 Jahren in den Ruhestand gehen.
- **Witwen- und Witwerrente** erhalten Frauen und Männer nach dem Tod des Ehepartners. Die Rente entfällt, wenn der überlebende Ehepartner wieder heiratet.
- **Waisenrente:** Kinder von verstorbenen Versicherten haben Anspruch auf Halbwaisenrente. Verstirbt auch der andere unterhaltspflichtige Ehepartner, besteht das Recht, Vollwaisenrente zu beziehen.
- **Erziehungsrente:** Einen Anspruch haben Versicherte, deren Ehe geschieden wurde und deren Ehepartner verstorben ist. Anspruchsberechtigt sind sie dann, wenn sie ein eigenes Kind zu erziehen haben und außerdem nicht mehr geheiratet haben.
- **Erwerbsminderungsrente:** Seit einigen Jahren erhalten Versicherte der gesetzlichen Rentenversicherung, die über eine nur noch eingeschränkte Arbeitskraft verfügen, eine Erwerbsminderungsrente. Die bisherige Berufs- und Erwerbsunfähigkeitsrente ist damit ein Auslaufmodell. Für alle, die nach 1960 geboren sind, gibt es nur noch die Erwerbsminderungsrente.

Erwerbsminderungsrente

Arten

Rente wegen teilweiser Erwerbsminderung	Rente wegen voller Erwerbsminderung
Eine Erwerbsminderungsrente erhalten Versicherte, die weniger als 6, aber mindestens 3 Stunden am Tag arbeiten können. Bei Arbeitslosigkeit wird die Rente in voller Höhe gezahlt.	Eine volle Erwerbsminderungsrente erhalten Versicherte, die weniger als 3 Stunden am Tag arbeiten können.

INFO 6 Rentenhöhe und Rentenzahlung

Die Höhe der Rente wird im Wesentlichen durch die persönliche Versicherungsdauer und die gezahlten Beiträge bestimmt. Kindererziehungszeiten (Babyjahre) werden teilweise auf die spätere Rente angerechnet; drei „Versicherungsjahre“ gibt es z. B. für jedes Kind, das nach 1992 geboren wurde. Zur Rentenberechnung dient eine Rentenformel, die sich aus verschiedenen Faktoren zusammensetzt.

Die Rente ist dynamisch. Sie folgt der wirtschaftlichen Entwicklung während eines Jahres. Der Rentenwert orientiert sich an der Entwicklung der Nettolöhne. Wegen finanzieller Probleme in der Rentenversicherung finden Rentenanpassungen nicht mehr jedes Jahr statt. Sogar mit einigen Nullrunden mussten sich die Rentner in den letzten Jahren abfinden. Experten halten es für wahrscheinlich, dass die Renten in Zukunft sogar sinken werden. Die Rentenauszahlung an Neurentner wird zukünftig vom Monatsbeginn auf das Monatsende verschoben. Des Weiteren wird die Rentenanpassung begrenzt durch einen so genannten Nachhaltigkeitsfaktor. Durch ihn wird die Tatsache berücksichtigt, dass einer stärker wachsenden Zahl von Rentnern immer weniger Beitragszahler gegenüberstehen. Arbeitnehmer werden ermutigt zusätzlich private Vorsorge für ihre Altersrente zu treffen.

Arbeitsaufträge

1. Susanne Klose, Mutter von 2 kleinen Kindern, ist an zwei Tagen in der Woche insgesamt 14 Stunden beschäftigt. Sie verdient monatlich 315,00 €. Wie sieht in diesem Fall die Sozialversicherungspflicht aus?
2. Wie finanziert sich die Rentenversicherung?
3. Nennen Sie Gründe, die eine Rentenreform der Rentenversicherung notwendig machten.
4. Was bedeutet die Aussage: „Die Beitragsbemessungsgrenze für die Rentenversicherung beträgt 5.550,00 €“?
5. Welche Bedeutung hat die Rentenversicherungsnummer für den Versicherten?

3\. Diskutieren Sie über die Aussage der vorstehenden Karikatur aus Info 3, Seite 75.

7. Beschreiben Sie die beiden Arten der Erwerbsminderungsrente.
8. Was versteht man unter der dynamischen Rente?
9. Welche Leistungen zur Rehabilitation werden von der Rentenversicherung gewährt?

11.6 Jeder kann sie mal brauchen

Die gesetzliche Pflegeversicherung

Moment mal ...

Olga erzählt oft: „Meine Oma Gertrud ist einfach klasse. Wie die mit 85 trotz ihrer kaputten Knie und ihrem hohen Blutdruck immer noch allein in ihrem Haushalt klarkommt, das finde ich super. Und dabei ist die Frau immer gut drauf."

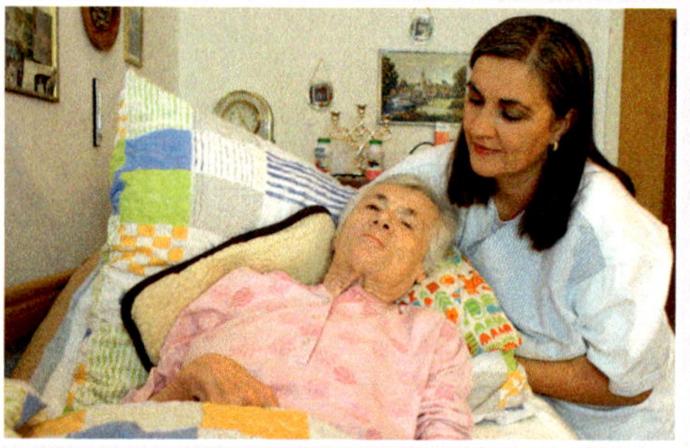

Ambulanter Pflegedienst

Doch dann, zwei Tage vor Weihnachten, passiert es. Oma Gertrud bekommt einen Schlaganfall und ist rechtsseitig gelähmt. Trotz eines mehrwöchigen Aufenthalts in einer Spezialklinik steht bald fest, dass Oma Gertrud für immer ein Pflegefall bleiben wird. Kristins Eltern müssen nicht lange überlegen, sie nehmen die 85-Jährige in ihrem Haus auf. Die alte Frau in ein Pflegeheim zu geben, kommt für sie erst einmal nicht infrage.

Ein Jahr später klingelt das Telefon bei Olgas Mutter, einer gelernten Bankkauffrau. Ihr früherer Chef will sie für 3 Stunden täglich einstellen. Ein verlockendes Angebot, doch wer soll sich um ihre pflegebedürftige Mutter kümmern, wenn sie im Büro ist?

Welche Aufgaben hat die Pflegeversicherung?
Wie ist die Pflegeversicherung aufgebaut?

INFO 1 Träger der gesetzlichen Pflegeversicherung

Die Pflegekassen haben keine eigenen Landes- und Berufsverbände. Die Krankenkassen sind, wie bei der gesetzlichen Krankenversicherung, auch die Träger der gesetzlichen Pflegeversicherung. Der privaten Pflegeversicherung gehören diejenigen an, die privat krankenversichert sind. Beamte müssen sich im Hinblick auf den durch die Beihilfe nicht gedeckten Teil der Pflegekosten dort pflegeversichern, wo sie auch krankenversichert sind.

INFO 2 Finanzierung

Finanzierung der gesetzlichen Pflegeversicherung

Grundsatz

Die Finanzierung erfolgt nach dem Umlageverfahren, d. h., Beitragszahler kommen für heutige Pflegebedürftige auf.

Finanzierung im Einzelnen

- Arbeitnehmer und Arbeitgeber finanzieren die Versicherung grundsätzlich je zur Hälfte.
- Es sind 1,7 % vom krankenversicherungspflichtigen Einkommen des Versicherungsnehmers zu zahlen.
- Kinderlose Versicherte zahlen ab dem 23. Lebensjahr 1,95 % vom krankenversicherungspflichtigen Einkommen. Die 0,25 % höhere Mehrbelastung gegenüber dem Standardbeitragssatz von 1,7 % trägt der Arbeitnehmer allein.
- Der Ausgleich des Arbeitgeberanteils erfolgt durch den Wegfall eines Feiertags.
- Wird in einem Bundesland (z. B. Sachsen) kein Feiertag gestrichen, erfolgt die Finanzierung allein durch Beitragszahlungen des Arbeitnehmers.
- Rentner tragen den Beitrag zur Pflegeversicherung allein.

Praxistipp

Unterhaltspflichtige Kinder und Ehegatten, deren monatliches Gesamteinkommen eine bestimmte Höhe (Geringfügigkeitsgrenze) nicht übersteigt, sind beitragsfrei mitversichert.

INFO 3 Leistungen

Es werden Leistungen für die **häusliche Pflege** gewährt. Die Pflegebedürftigen erhalten ein Pflegegeld, das je nach dem Grad der Pflegebedürftigkeit zwischen 205,00 € und 665,00 € je Monat beträgt. Wird die häusliche Pflege von ambulanten Diensten übernommen, werden Pflegeleistungen durch die Versicherung mit Beträgen zwischen 384,00 € und 1.234,00 € bezuschusst.

Bei Verhinderung der Pflegeperson, z. B. weil sich diese im Urlaub befindet, besteht ein Anspruch auf **Pflegevertretung.** Die Pflegeversicherung übernimmt einmal jährlich für 4 Wochen die Kosten für eine Ersatzkraft bis zu 1.432,00 €.

Die Leistungen der Versicherung zur häuslichen Pflege werden ergänzt durch die **Pflegehilfsmittel** (z. B. Pflegebetten, Rollstühle, Gehwagen). Eine Bezahlung durch die Pflegeversicherung erfolgt nur, soweit nicht andere Leistungsträger (z. B. Krankenversicherung) zahlungspflichtig sind. Denkbar ist auch, dass für pflegebedingte Umbaumaßnahmen einer Wohnung Zuschüsse gezahlt werden.

Auch Pflegekosten bei **Unterbringung in einem Pflegeheim** (stationäre Pflege) werden übernommen. Die finanziellen Leistungen, die erstattet werden, richten sich nach der Pflegestufe, in die der Pflegebedürftige eingestuft wird.

- Stufe 1 – erhebliche Pflegebedürftigkeit
- Stufe 2 – Schwerpflegebedürftigkeit
- Stufe 3 – Schwerstpflegebedürftigkeit

Von der vollstationären ist die teilstationäre Pflege zu unterscheiden. Sie kann z. B. in Zeiten, wenn die Pflegeperson verhindert ist, eine Alternative zu einem dauernden Heimaufenthalt sein. Vor allem ist sie aber für solche Fälle gedacht, wenn ein Pflegebedürftiger nicht rund um die Uhr zu Hause betreut werden kann.

Die Oma von Olga Beier ist in Pflegestufe 2 eingeordnet. Wenn die Mutter stundenweise in ihrer Arbeitsstelle bei der Bank ist, wird die alte Frau von einem Pflegedienst betreut.

Schwer Pflegebedürftige

Hilfebedarf:

- mindestens 3 x täglich zu verschiedenen Tageszeiten bei der Körperpflege, Ernährung und Mobilität
- mehrfach wöchentlich bei hauswirtschaftlicher Versorgung

Zeitaufwand: wöchentlich im Tagesdurchschnitt mindestens 3 Stunden, davon mindestens 2 Stunden Grundpflege

Aus: Barmer (Hrsg.): Die soziale Pflegeversicherung, S. 11

www. *www.behinderung.org/pfgesetz.htm (alle Informationen) zur Pflegeversicherung*

Arbeitsaufträge

1. Welche beiden Arten der Pflege werden bei der gesetzlichen Pflegeversicherung unterschieden?
2. Welche sonstigen Leistungen werden von der Pflegeversicherung ganz oder teilweise erbracht?
3. Die Eltern von Olga wollen 14 Tage Urlaub an der See machen. Welche Regelung sieht die Pflegeversicherung für diesen Fall vor?
4. Wie erfolgt die Finanzierung der gesetzlichen Pflegeversicherung?
5. Zur Pflegeversicherung wurde vor einiger Zeit der Vorschlag gemacht Familien mit heranwachsenden Kindern von den Beiträgen ganz zu befreien. Die anderen Personenkreise sollten zum Ausgleich dafür stärker belastet werden. Diskutieren Sie diesen Vorschlag.
6. Wie wirkt sich die demographische Veränderung der Bevölkerung auf die Pflegeversicherung aus?

Lernfeld **2**

Patienten empfangen und begleiten

Worum geht es?

Die Medizinischen Fachangestellten sollen die Patienten situationsgerecht empfangen und deren Aufenthalt in den Praxisräumen möglichst harmonisch und reibungslos gestalten. Sie sollen durch ihr offenes und freundliches, aber auch einfühlsames Auftreten dazu beitragen, dass das Erscheinungsbild der Praxis möglichst positiv wirkt. Ziel ist, dass sich ein langfristiges Vertrauensverhältnis zwischen Praxisteam und Patient aufbaut und fortentwickelt.

Dabei beobachten die Medizinischen Fachangestellten auch ihr eigenes Verhalten, unterscheiden und bewerten verschiedene Umgangsformen und setzen diese bewusst zur Gestaltung der Patienten-Praxisteam-Beziehung und der Atmosphäre in der Praxis ein. Nicht zuletzt werden Patientenverhalten, Patienteninteressen und Patientenalter angemessen berücksichtigt.

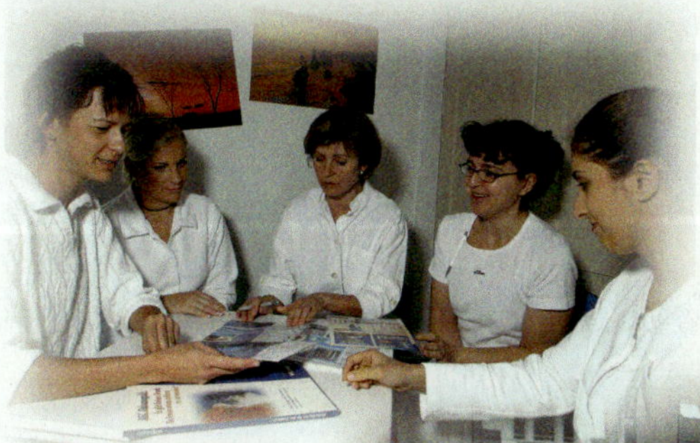

Kommunikation bedeutet, dass man mit anderen Menschen in Verbindung tritt. Man kann dies in schriftlicher oder mündlicher Form tun. Kommunikation kann aber auch in anderer Form stattfinden. Nicht umsonst sagt man, dass ein Blick tausend Worte ersetzen kann.

Oft genügen ein Augenaufschlag, ein Stirnrunzeln oder heruntergezogene Mundwinkel, um etwas mitzuteilen, was den anderen nicht erfreut. Dagegen kann ein freundliches Lächeln, ein Kopfnicken, das Streicheln des Kopfes eines vor Schmerzen weinenden Kindes oder ganz einfach das stille Zuhören als so genannte „nonverbale“, also sprachlose Kommunikation wahre Wunder bewirken.

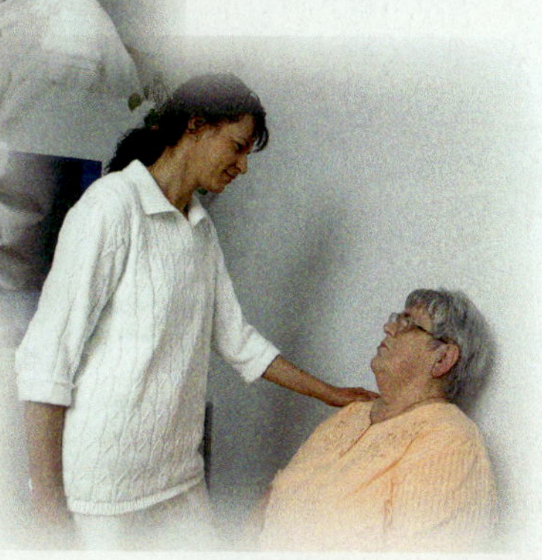

1 Mehr als „Hallo und guten Tag"

Der Empfang – „psychologisch-medizinische" Drehscheibe

1.1 Was muss man wissen?

Patientenaufnahme – Anamnese als wichtige „Erstbefragung"

Moment mal ...

Montagmorgen, halb acht, Anruf in der Praxisgemeinschaft Dr. Michel/Dr. Damm/Dr. Metz:

„Praxisgemeinschaft Dr. Michel, Dr. Damm, Dr. Metz, Sie sprechen mit Petra Knauf, was kann ich für Sie tun?"

„Guten Morgen, mein Name ist Mansfeld. Ich habe seit gestern Herzbeschwerden. Bei einer Wanderung spürte ich ein leichtes Stechen in der Brust. Das ging zwar wieder weg, aber ich will lieber etwas vorsichtig sein und mal nachschauen lassen."

„Ja, das ist richtig. Herr Mansfeld, waren Sie schon mal bei uns?"

„Nein, ich bin vor zwei Monaten erst zugezogen und habe von Arbeitskollegen gehört, dass man bei Dr. Michel ‚gut aufgehoben ist', wenn mal etwas sein sollte. Deshalb rufe ich auch bei Ihnen an."

„Schön, Sie wissen ja, dass Dr. Michel in unserem Hause der Allgemeinmediziner ist, oder? Hatten Sie früher schon einmal Probleme mit dem Herzen oder ist es jetzt das erste Mal? Ich frage nur deshalb, weil der Doktor dann vielleicht entscheiden kann, ob Sie zu ihm kommen oder am besten gleich zu Herrn Dr. Damm gehen sollten – der ist nämlich Internist."

„Herzbeschwerden hatte ich früher nicht. Ich war bis zu meiner Hüftgelenkoperation eigentlich immer sehr sportlich und habe mich selbst gewundert, als ich das leichte Stechen spürte. Wie gesagt, es ist wieder so gut wie weg, aber Vertrauen ist gut, Kontrolle ist besser, oder?" (Anrufer lacht)

„Ach ja, das hätte ich fast vergessen. Als neuer Patient haben wir von Ihnen ja überhaupt keine Unterlagen. Da müssen wir erst eine Patientenakte anlegen. Wir müssen Antworten auf einige Fragen haben, bevor der Doktor mit der Behandlung beginnen kann. Für die Anamnese sind einige Unterlagen wichtig ... Wenn Sie einen PC haben, können Sie den Fragebogen auch herunterladen und zu Hause ausfüllen."

„Ja, das mache ich."

„Gut, Herr Mansfeld – es ist jetzt halb acht. Können Sie gegen halb zehn hier sein? Ich versuche, dass Sie dann gleich drankommen."

Zu der vereinbarten Zeit steht der Patient vor Ihnen.
- ***Wie läuft die Aufnahme ab?***
- ***Was ist dabei alles zu tun?***
- ***Wozu ist eine Anamnese wichtig?***

INFO 1 Die Rolle der Medizinischen Fachangestellten bei der Patientenaufnahme

Ziel ist es, Informationen darüber zu erhalten, warum der Patient den Arzt konsultieren möchte und dann einzuschätzen, ob es sich um eine dringliche Angelegenheit handelt oder ob „Aufschub“ zu verantworten ist, wenn die Praxis „voll ist“.

In einer Praxisgemeinschaft geht es außerdem darum, festzustellen, ob der Weg über den Allgemeinmediziner oder eine direkte Konsultation des Arztes mit dem speziellen Fachgebiet sinnvoller ist.

Hat die Mitarbeiterin am Telefon richtig reagiert?

Problem: Sie kann den Arzt nicht ersetzen. Sie kann ihn aber auch nicht laufend in seiner Tätigkeit stören, um ihm die anstehenden Probleme vorzutragen. Dies sollte vor allem dann unterbleiben, wenn der Arzt gerade von anderen Patienten konsultiert wird. Über die Störung des Patientengesprächs hinaus ist dann auch noch die Frage des Datenschutzes berührt, denn es dürfte unvermeidlich sein, dass in einem solchen Gespräch individuelle Details (Name usw.) genannt werden.

Das heißt, dass das medizinische Wissen und das Einschätzungsvermögen qualifizierter Medizinischer Fachangestellter ausreichen muss, um eine eigenständige sachgerechte Entscheidung zu treffen. Konkret bedeutet das, dass sie nicht nur über bestimmte Grundkenntnisse aus dem Bereich der medizinischen Fachkunde verfügen sollte, sondern dass oft auch das nötige psychologische „Fingerspitzengefühl“ einen wichtigen Beitrag dazu leistet, wie wohl und „gut aufgehoben“ sich Patienten in einer Praxis fühlen.

Dieses Einfühlungsvermögen ist besonders gefragt, wenn

- **akut Schwerkranke,**
- **Unfallverletzte,**
- Patienten mit hoch **ansteckenden Krankheiten,**
- **Blinde** oder **Gehörlose**

in die Praxis kommen. Ihnen muss ggf. eine „Sonderrolle“ eingeräumt werden. Dies gilt z. B. auch für **Schwerbehinderte, Hochschwangere** oder **Mütter mit kleinen Kindern.**

Die Qualität des Praxisprozesses und das nach außen wirksame Bild einer Praxis hängen in einem nicht zu unterschätzenden Maße davon ab, dass es möglichst einheitliche Verhaltensweisen bei den Mitarbeiterinnen gibt. Nichts irritiert einen Patienten mehr, als wenn er sich „heute so und morgen so“ behandelt fühlt.

Forderungen des Qualitätsmanagements

- Es gibt eine schriftliche Interne Regelung zum Umgang mit telefonischen Anfragen von Patienten.
- Es ist festgelegt, welche Mitarbeiter entsprechend den Vorgaben telefonische Anfragen entgegennehmen und beantworten.

Quelle: Diel F., Gibis B. (Hrsg.), a.a.O., 1.1.4 (Nachweise 1 und 2 zu Ziel 1, S. 7)

Praxistipp

Patienten erwarten, dass man sie und ihre Probleme ernst nimmt. Im normalen Praxisalltag kommt es immer wieder vor, dass Patienten anrufen, um z. B. Befunde o. Ä. zu bekommen. Eine telefonische „Befundsprechstunde“ kann hier für beide Seiten „Abhilfe“ schaffen. Aber Achtung: Es muss sichergestellt sein, dass Auskünfte nicht an „falsche“ Personen gegeben werden!

INFO 2 Anamnese als wichtige Behandlungsgrundlage

Kommt der Patient zum ersten Mal zur Behandlung in die Praxis, muss eine Grunderhebung seiner persönlichen Daten durchgeführt werden **(Erstanamnese).** Dies geschieht in Papierform oder elektronisch durch Eingabe am Praxis-PC. Die Anamneseerhebung setzt sich zusammen aus einer gründlichen Befragung des Patienten durch den Arzt und sie wird ergänzt durch eine allgemeine oder aufgrund einer absehbaren oder vermuteten Diagnose zielgerichteten Untersuchung.

Viele Arztpraxen haben eine eigene Website. Hierauf befinden sich Angaben über das Leistungsspektrum. Das Internet wird nicht nur genutzt, um auf sich aufmerksam zu machen, sondern es geht auch darum, den Praxisbetrieb reibungsloser zu gestalten. Damit gewinnt man mehr Zeit für die eigentliche Behandlung.

So kann man z. B. den Anamnesebogen aus dem Internet herunterladen. Die Patienten können ihn dann in Ruhe zu Hause ausfüllen und zur Erstbehandlung mitbringen oder auch an die Praxis zurückmailen.

In besonderen Fällen (z. B. Notfallversorgung) wird die „allgemeine" Anamnese auf das Notwendigste beschränkt. Ist der Patient im Extremfall nicht ansprechbar (z. B. bei schweren Unfallverletzungen), muss ggf. in den persönlichen Unterlagen (Brieftasche, Portemonee usw.) nachgeschaut werden, ob sich hier irgendwelche Hinweise auf Sachverhalte befinden, die für eine Behandlung wichtig sind. Dies ist z. B. bei Medikamentenallergien, bei Patienten, die blutgerinnungsfördernde Medikamente (Marcumar o. Ä.) nehmen, usw. der Fall.

Man unterscheidet verschiedene Formen der Anamnese:

Allgemeine Anamnese

↓

Aufnahme von

- früheren und/oder bestehenden Erkrankungen, die in einem unmittelbaren Zusammenhang mit den momentanen Beschwerden stehen (könnten)
  - Infektionskrankheiten wie z. B. AIDS.
  - Herpesviren, Hepatitis, Stoffwechselerkrankungen, Fettstoffwechselstörungen u. Ä.
  - Herz-Kreislauferkrankungen und Herzfehler wie z. B. Entzündungen der Herzklappen, Herzinfarkt, Herzschrittmacher, Löcher in der Herzscheidewand, Herzklappenschwäche, hoher oder niedriger Blutdruck
  - Allergien oder Unverträglichkeiten wie z. B. Medikamentenallergien, Dentalallergiene
  - innere Krankheiten wie z. B. Atemwegserkrankungen, Leber, Bauchspeicheldrüse, Schilddrüse, Nieren
- Schwangerschaft (wichtig z. B. wegen Röntgenstrahlung)

Spezielle Anamnese

↓

Patienten schildern ihre akuten Beschwerden und deren Verlauf.

Familienanamnese

↓

Bestimmte Krankheitsbilder kommen familiär gehäuft vor oder sie sind erblich bedingt. Die Kenntnis solcher Zusammenhänge kann die Behandlung wesentlich beeinflussen.

Medikamentenanamnese

↓

Der Patient sollte über die Einnahme von Medikamenten befragt werden. Dazu gehören einmalig eingenommene Schmerzmittel ebenso wie z. B. die für eine Operation ganz wichtige Kenntnis, ob z. B. blutverdünnende Mittel genommen werden.

Forderungen des Qualitätsmanagements

Auf eine sorgfältige Anamnese sollte auch für eventuell folgende rechtliche Auseinandersetzungen Wert gelegt werden. Dies gilt sowohl für die Befragung des Arztes als auch für die eigenen Angaben des Patienten. Gerade bei Unfällen oder Verletzungen aufgrund von tätlichen Auseinandersetzungen ist eine genaue Aufzeichnung der Angaben wichtig.

Bei Patienten, die nicht zum ersten Mal in der Praxis vorsprechen, liegt bereits eine **Akte mit den Anamnese- und früheren Befunddaten** vor. Aber auch hier wird sich erkundigt, ob sich seit der letzten Konsultation irgendwelche Veränderungen in der persönlichen Situation ergeben haben.

Nach der **Befragung** des Arztes über die akuten Beschwerden und die Vorgeschichte der Krankheit folgt die **Untersuchung.** Dabei geht es um die Erhebung des körperlichen und psychischen Zustandes des Patienten. Allgemein werden bei **Erstuntersuchungen** folgende Daten erhoben:

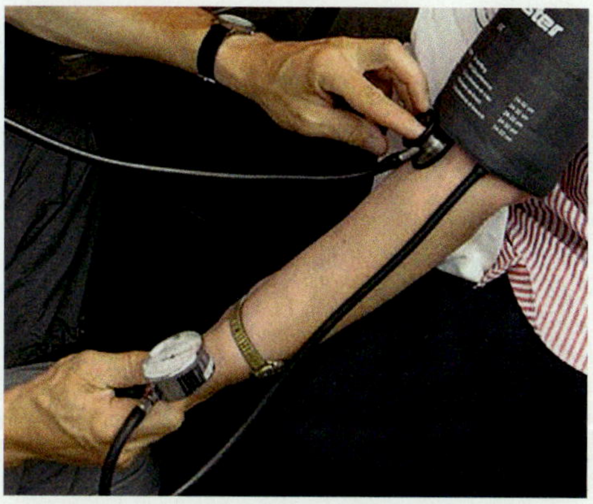

- Körpergröße
- Körpergewicht (barfuß mit Hose)
- Körperumfang
- Körpertemperatur
- Pulsfrequenz
- Blutdruck

Art und Umfang der Untersuchung hängen von dem **Behandlungsanlass** und von dem medizinischen Schwerpunkt ab. Das heißt, dass es hier einerseits zwar ein standardisiertes Vorgehen gibt (dies gilt insbesondere dann, wenn Teile der Anamnese nicht vom Arzt selbst durchgeführt werden), andererseits muss aber von Fall zu Fall entschieden werden, auf was evtl. verzichtet werden kann oder was zusätzlich zu tun ist.

Die **Anamnese** steht in einem engen Zusammenhang mit der sich anschließenden **Behandlung.** Daher wird z. B. bei einem Augenarzt, einem HNO-Arzt oder einem Psychologen oder einem Gynäkologen jeweils ein anderer Untersuchungsschwerpunkt wichtig sein. Der körperliche und/oder psychische und/oder ggf. der psychosoziale Zustand eines Patienten wird grundsätzlich in der Patientenakte festgehalten.

Die **Daten** werden ständig aktualisiert. Dabei können auch Erkenntnisse aus dem persönlichen Bereich des Patienten wichtig sein, die nicht extra erfragt werden müssen (Beispiel: Ehescheidung, Tod von Familienangehörigen, Führerscheinentzug, Arbeitsplatzverlust usw.).

Forderungen des Qualitätsmanagements

Zeitmangel ist das Problem in vielen Arztpraxen. Und weil genau dies oft dazu führt, dass eine gründliche Anamnese bei „Stammpatienten“ zu kurz kommt, sollte in jeder Patientenakte eine konkrete Zeitvorgabe stehen, wann spätestens eine vollständige körperliche, psychische und psychosoziale Erhebung zu erfolgen hat.

Beispiel für einen Anamnesebogen:

Name: Mansfeld, Jürgen

Geburtsdatum: 26. Mai 1959 **Geschlecht:** [X] m [ ] w

Körpergröße: 180 cm **Gewicht:** 90 kg

Straße: Günsteroder Weg 54 **PLZ:** 38674 **Ort:** Großburghausen

Beruf: Taxifahrer

Arbeitgeber: Taxi-Hellwig GmbH, Neudorf

Tel.: 06678-23854

Mail: j.mansi@t-online.de

Krankenversicherung: Betriebskrankenkasse Medistar GmbH

Hausarzt: Dr. Hohberg

1. Welche Krankheiten hatten Sie schon?

Krankheit	Ja	nein	Wenn ja, wann?
Masern	X		1967
Röteln		X	
Windpocken	X		1965
Mumps	X	X	1970
Scharlach		X	
Sonstiges			

2. Mussten Sie sich schon einmal einer Operation unterziehen?

Krankheit	Ja	nein	Wenn ja, wann?
Blinddarm	X		1975
Mandeln	X		1984
Sonstiges			
Bandscheibenoperation	X		1992

3. Leiden Sie an bestimmten Krankheiten?

Krankheit	Ja	nein	Krankheit	Ja	nein
Bluthochdruck	X		Blutzucker	X	
Magengeschwür		X	Tumor		X
Nierenerkrankung		X	Nervenerkrankung		X
Gelenk-Rheuma		X	Tuberkulose		X
Aids		X	Leberentzündung		X
Asthma		X	Herz/Kreislauf		X
Harnsäurestörung			Anfallsleiden		X

Sonstiges oder besondere Erläuterungen zu den Krankheiten:

Häufige Gleichgewichtsstörungen

Haarausfall

4. **Leiden Sie an Allergien?**

Allergie	Ja	Nein	Allergie	Ja	Nein
Penicillin		X	Blütenstaub		X
Tierhaare		X	Hausstaub	X	
Metalle		X			
Sonstiges		X			

5. **Regelmäßige Einnahme von Medikamenten?**

JA [X] NEIN [ ]

Welche? Concor 5 Betablocker

6. **Vegetative Anamnese**

Was?	normal	vermehrt	Was?	normal	vermehrt
Durst	X		Stuhlgang	X	
Appetit	X		Wasserlassen		X

7. **Allgemeines Befinden und Verhalten**

Was?	Ja	Nein	Was?		
Mir ist oft kalt		X	Ich rauche	… Zigaretten	
Ich schwitze übermäßig		X			
Ich fühle mich oft schlapp	X				
Mir ist oft sehr warm		X	Ich trinke Alkohol	sehr selten	X
Ich habe oft Kopfschmerzen		X		oft	
				regelmäßig	

8. **Ich besitze Impfschutz gegen**

Was?	Ja	Nein	Was?	Ja	Nein
Tetanus	X		Röteln		X
Tuberkulose		X	Polio		X
Hepatitis A		X	Diphterie		X
Hepatitis B		X			
Mumps		X			

9. **Wann war Ihr letzter Check-up?** 15. Jan. 2001

Großburghausen, 13. September 20..

Mansfeld

Arbeitsaufträge

1. Welche Aufgabe hat die Ersterfassung wichtiger Patientendaten vor Behandlungsbeginn und wie wird dies in Ihrer Praxis gehandhabt?

2. Nehmen Sie den abgebildeten Anamnesebogen von Seite 86–87 unter die Lupe und gehen Sie auf folgende damit zusammenhängende Fragen ein.
   a) Welche Inhalte sind aus Ihrer Sicht sehr, welche weniger und welche evtl. gar nicht wichtig? Welche Sachverhalte fehlen ggf. aus Ihrer Sicht?
   b) Der Patient hat - wie in „Moment mal ...“ dargestellt - am Telefon erzählt, dass er bisher keine Herzbeschwerden hatte. Bei der Anamnese trägt er aber in das Formblatt ein, dass er den Betablocker „Concor 5“ regelmäßig einnimmt.
      - Was tun Sie bzw. wie gehen Sie mit diesem irgendwie widersprüchlich anmutenden Sachverhalt um?
      - Welches generelle Problem wird hier hinsichtlich der Bedeutung der Patientenbefragung als Grundlage der Behandlung und medizinischen Indikation deutlich?
      - Wie stufen Sie vor diesem Hintergrund die rechtliche Bedeutung der Anamnese ein? Sprechen Sie darüber in jedem Falle auch einmal mit Ihrer/-m Ausbilder/-in.
   c) Was würden Sie an dem Anamnesebogen ändern, wenn Sie darüber zu entscheiden hätten? Begründen Sie, warum Sie dies tun würden.

3. Welche rechtliche Bedeutung messen Sie einer Anamnese bei? Diskutieren Sie auch die Frage der Verlässlichkeit der von einem Patienten bei einer Anamnese gemachten Angaben.

4. Wo liegen die Möglichkeiten und die Grenzen des medizinischen Fachpersonals im Mitarbeiterinnenteam einer Arztpraxis, wenn es um Fragen der mit der Aufnahme eines Patienten verbundenen Anamnese geht? Gehen Sie insbesondere auf Ihre eigene Rolle und das ein, was Sie in Ihrer Praxis beobachten können.
   Bearbeitungshinweis: *Sprechen Sie darüber auch einmal mit Ihrem Chef und lassen Sie sich Auskunft von ihm geben, was er von einer Anamnese per E-Mail hält.*

5. Was muss alles getan werden, bevor der Patient nach seiner Aufnahme in das Wartezimmer entlassen oder dem Arzt vorgestellt wird?
   a) Notieren Sie alle Einzeltätigkeiten, die Ihnen dazu einfallen. Versuchen Sie aus Ihren Praxiserfahrungen herauszufinden, ob es hier größere Unterschiede gibt (und worauf dies ggf. zurückzuführen ist) oder ob die Tätigkeiten in allen Praxen weitgehend gleich sind.
      Bearbeitungshinweis: *Eine gute Möglichkeit die anfallenden Aufgaben darzustellen ist das Mindmap. Ein Mindmap ist eine besondere Form zum Sichtbarmachen und Strukturieren von Ideen eines Denkprozesses. Vom Hauptthema gehen Äste ab, die sich wiederum verzweigen und immer tiefer ins Detail gehen. Alle Gedanken können so festgehalten werden.*
   b) Stellen Sie danach in einem zweiten Schritt in einer Art Ablaufskizze dar, wie die Aufnahme eines Patienten abläuft. Dabei soll aus der Skizze die Grundstruktur des Aufnahmeprozesses deutlich werden.

6. „Patienten haben das Recht auf bestmögliche Versorgung“. Erläutern Sie, was das konkret heißt und was Ihre Praxis z. B. tut, damit sie diesem Ziel gerecht wird.

7. „Qualitätsmanagement“ beginnt schon beim Empfang oder schon beim ersten telefonischen Kontakt mit einem Patienten. Machen Sie dies am Beispiel der Eingangssituation deutlich.

1.2 „Vom Erkennen zum Behandeln“

Diagnostik im Rahmen der Patientenaufnahme

Moment mal ...

Herr Mansfeld ist pünktlich um 09:30 Uhr in der Praxis und legt Petra Knauf den Anamnesebogen vor. Petra schaut kurz darüber und ist offenbar zufrieden, wie Herr Mansfeld die „Aufgabe“ gelöst hat.

„Schön, Herr Mansfeld - Sie sind ja superpünktlich. Wie fühlen Sie sich? Haben Sie noch akute Beschwerden oder können Sie einen Moment im Wartezimmer Platz nehmen?“

„Ich hoffe, dass der Bogen einigermaßen richtig ausgefüllt ist. Wie ich am Telefon schon sagte, habe ich im Moment keine direkten Schmerzen, es ist mehr die Angst, dass etwas sein könnte. Und weil ich schon seit mehr als 5 Jahren Betablocker nehme, sind meine Ängste noch größer. Ich kann etwas warten, nur um 11:00 Uhr habe ich ...“

„In Ordnung, Herr Mansfeld, das schaffen wir schon, nehmen Sie doch bitte einen Moment Platz. Ich bringe dem Doktor schon mal Ihre Unterlagen, ich rufe Sie, wenn er Zeit für Sie hat.“

Was ist die wichtigste Aufgabe der Diagnostik und welche Rolle spielen Arzt und Patient dabei?

INFO 1 Diagnostik oder: Wann ist man krank?

Ob jemand krank oder gesund ist, lässt sich mitunter nur bedingt beurteilen. Was bedeutet es z. B., wenn sich ein Patient krank fühlt, der Arzt aber nichts feststellen kann? Die WHO (Weltgesundheitsorganisation) beschreibt den Begriff **Gesundheit** damit, dass ein Mensch in einem **„Zustand völligen körperlichen, geistigen und sozialen Wohlbefindens“** ist.

Daraus lässt sich ableiten, dass auch das **Krankheitsgefühl** wirklich „krank machen“ kann. Andererseits gibt es Krankheiten, bei denen (zunächst) überhaupt kein Krankheitsgefühl feststellbar ist. Dies ist sowohl bei körperlichen Erkrankungen (z. B. Krebs) als auch bei bestimmten psychischen Erkrankungen der Fall. Und ob sich ein im fortgeschrittenen Stadium demenzkranker alter Mensch „krank fühlt“, bleibt auch der fortschrittlichsten Medizin (noch) verborgen.

Wichtig für den Patienten und den Arzt gleichermaßen ist eine objektive und richtige Einschätzung der Situation, die zu der Konsultation geführt hat. Jede Fehldiagnose kann (beiderseitig) zu schweren Folgen führen.

Der Untersuchung folgen in der Regel konkrete **medizinische Maßnahmen.** Die so genannten diagnostischen Leistungen werden in der Patientenakte dokumentiert. Damit hat auch ggf. ein Vertreter des Arztes (z. B. „Sonntagsdienst“ oder Urlaubsvertretung) die Möglichkeit, wichtige Hinweise auf erfolgte Behandlungen zu erlangen.

INFO 2 Aufklärung und Einwilligung des Patienten

Die **Berufsordnung der Ärzte** schreibt vor, dass einer Einwilligung des Patienten für eine Behandlung grundsätzlich eine Aufklärung in einem persönlichen Gespräch vorausgehen muss. Der Patient hat das Recht auf eine angemessene und verständliche Information über das, was man mit ihm vorhat. Dabei geht es darum, dass der Patient erfährt, welche Ziele mit einer medizinischen Maßnahme verfolgt werden und warum sie nötig ist, aber auch, welche Risiken damit verbunden sein können.

Von Ausnahmen abgesehen entscheidet immer der Patient, ob eine medizinische Maßnahme durchgeführt wird oder nicht. In Einzelfällen können dies auch Angehörige oder bestimmte Personen seines Vertrauens sein.

Vorstellbar sind aber auch Situationen, in denen eine Behandlung auch dann durchgeführt wird, wenn es der betroffene Patient oder die bevollmächtigten Personen nicht wollen. Dies gilt z. B. dann, wenn es um lebenserhaltende Maßnahmen geht. Die Frage der **„Apparatemedizin"** und des „selbst gewählten" Todes stößt hier eng an die medizinischen, aber auch religiösen, ethischen Grenzen.

Schriftliche Dokumentationen der geführten Patientengespräche haben die größte Beweiskraft, sind aber nicht vor jeder Maßnahme nötig und oft gar nicht möglich. In vielen Fällen reicht das mündliche Einverständnis. Oft ist auch das **Ausbleiben eines Widerspruchs** als Einverständnis bzw. als Einwilligung zu werten. Dies gilt z. B. dann, wenn eine grundsätzliche Einwilligung zu einer medizinischen Maßnahme gegeben wurde und sich daraus Folgebehandlungen ergeben (z. B. Blutentnahmen).[1]

Achtung: **Vor** allen allgemeinen **operativen** oder **invasiven und interventionellen Maßnahmen** (operativer Eingriff bei wucherndem Gewebe) ist grundsätzlich eine **schriftliche Einwilligung nach** vorausgegangener angemessener Aufklärung im Normalfall unerlässlich (Ausnahme: Notsituationen wie z. B. in lebensbedrohlichen Situationen, bei Komapatienten usw.).

Die **Aufklärung** des Patienten erstreckt sich auch auf die Therapieplanung und -entscheidung. Auf Wunsch des Patienten können neben Angehörigen auch andere **Personen des Vertrauens** hinzugezogen werden. Dies ist z. B. sinnvoll, wenn es um Fragen der Pflege und die Planung der Versorgung geht.[2]

Das **Selbstbestimmungsrecht** eines Patienten ist nicht ganz unumstritten. Dennoch gilt: Auch die beste medizinische Beratung hat ihre Grenzen. Wenn der Patient etwas nicht will, muss dies respektiert werden. Umgekehrt bedeutet dies aber nicht, dass der Wille des Patienten immer gilt. So ist z.B. die aktive Sterbehilfe in Deutschland verboten (siehe Seite 140).

Forderungen des Qualitätsmanagements

- Die Durchführung, Auswertung und Interpretation von praxisinternen diagnostischen Maßnahmen erfolgt fachlich korrekt und gewährleistet größtmögliche Sicherheit für die Patienten.
- Es gibt eine Interne Regelung, wie Patienten über Ziele, Notwendigkeit, Nutzen und Risiken sowie ggf. über Alternativen von diagnostischen oder therapeutischen Maßnahmen aufgeklärt werden.
- Patientengerechte Informationen zu Diagnose, Therapie und Prognose werden in schriftlicher Form bereitgestellt.

Quelle: Diel F., Gibis B. (Hrsg.), a.a.O., 1.2.3 (Ziel 2, S. 15), 2.1.1 (Nachweis 1 zu Ziel 1, Nachweis 2 zu Ziel 2, S. 57/58)

1 vgl. Diel F., Gibis B. (Hrsg.), a.a.O., S. 57
2 vgl. Diel F., Gibis B. (Hrsg.), a.a.O., S. 61

Praxis-tipp

Vorteilhaft ist es, für die praxisintern wichtigsten bzw. immer wieder vorkommenden diagnostischen Maßnahmen schriftlich in einer Art „Wenn-dann-Szenario“ festzulegen, wie vorzugehen ist.
Eine Patientenbefragung kann ein wirksames Instrument sein, um festzustellen, wie zufrieden die Patienten nicht nur mit der Behandlung, sondern auch mit dem sind, was der Behandlung vorausgeht oder was ihr folgt.

Arbeitsaufträge

1. Zu einem Arzt gehen eigentlich oder hauptsächlich nur Kranke. Wie wird der Begriff der Gesundheit definiert und wer ist danach als krank einzustufen? Überlegen Sie auch, ob es nach dieser Definition überhaupt „rundum Gesunde“ gibt.

2. In Ihrer Praxis sprechen folgende Patienten vor:
   a) Ein Schüler fühlt sich krank. Er sagt, er habe Magenschmerzen und könne nicht in die Schule gehen. Er brauche ein Attest, weil er eine Prüfungsarbeit zu schreiben habe.
   b) Ein Arbeitnehmer kommt am Montagmorgen mit einem „dicken Kopf“ in die Praxis. Am Vortag war ein Heimatfest, auf dem er ausgiebig gefeiert hat. Er meint, dass er keinesfalls zur Arbeit gehen könne, weil seine Kopfschmerzen ihn „wahnsinnig“ machten.

   Wie werden Sie oder Ihr Chef mit diesen Situationen umgehen? Wovon hängt die Entscheidung ab, ob die beiden ein Attest wegen Schul- bzw. Arbeitsunfähigkeit bekommen oder nicht?

2. Welche Bedeutung hat die Beratung und Aufklärung von Patienten vor der Einleitung medizinischer Maßnahmen? Wie läuft dieser Prozess in Ihrer Praxis ab?

3. Ein Patient befindet sich seit mehreren Jahren in einer Krebstherapie. Nachdem man glaubte, die Krankheit im Griff zu haben traten jetzt wieder neue Metastasen auf. Die einzige Möglichkeit ist nach Ansicht des Arztes eine erneute Chemotherapie. Dies verweigert der Patient und nimmt dabei in Kauf, dass dies nach Ansicht des Arztes sein sicheres Todesurteil ist. Die Ehefrau des Patienten möchte, dass die Therapie durchgeführt wird.

   Bearbeitungshinweis: *Sprechen Sie über solche Fälle auch mit Ihrem Chef, der Ihnen aus seinem Erfahrungsbereich sicher einiges berichten kann.*

   Wie beurteilen Sie die rechtliche Situation?

4. Die Einwilligung des Patienten für eine medizinische oder therapeutische Maßnahme ist mit vielen Fragen verbunden:
   a) Warum ist eine Einwilligung des Patienten notwendig und in welchen Fällen ist sogar die schriftliche Form vorgeschrieben?
   b) In welchen Situationen ist ein Eingriff auch ohne Einwilligung möglich?
   c) Überlegen Sie, ob und mit welcher Begründung ein Arzt sogar gegen den Willen eines Patienten handeln kann.

5. Machen Sie an der Frage der Einwilligung oder Nichteinwilligung für Krankheitsbehandlungen die Problematik von lebenserhaltenden Maßnahmen („Apparatemedizin“) deutlich.

   Bearbeitungshinweis zu 4./5.: *Informieren Sie sich z. B. im Internet zum Thema „Patientenwille“ und „Patientenverfügung“ und laden Sie evtl. zu diesem Thema auch einmal einen Experten in den Unterricht ein, der Sie über die rechtlichen Fragen informiert.*

1.3 Jeder ist anders – keiner ist gleich

Persönliche Patienteneigenschaften/Patiententypen

Moment mal ...

Der Arbeitstag beginnt fast normal - bis zu dem Moment, als Frau Maleschke die Praxis betritt. Nicht nur das Team der Mitarbeiterinnen, sondern auch Dr. Michel sind immer „mächtig beeindruckt" von der Patientin und ihren medizinischen Kenntnissen. Hatte Frau Maleschke, die man hin und wieder auch „Frau Doktor" nannte, vor zehn Jahren mit einem alten „Psychrembel" nur einen medizinischen Klassiker als Fachbuch zur Hand, so zieht sie seit neuestem ihre medizinischen Kenntnisse aus dem Internet.

Und jetzt steht sie wieder da. Sie ist offenbar erkältet, das hat man schon am Telefon gehört. Aber sie hat nicht vergessen vorher noch einmal eine Suchmaschine zu bemühen, um „mich selbst zu informieren, was ich habe". Die Ausdrucke hat sie auch gleich mitgebracht. Und weil auch noch etwas ganz Neues von der Universitätsklinik in Mailand dabei sei, hoffe sie, dass Dr. Michel damit etwas anfangen könne.

Während Tina Keim sich noch mit Frau Maleschke beschäftigt, stürmt schon der nächste Patient herein. „Ich glaube ich habe einen Herzinfarkt ...", Herr Pussin steht laut um Hilfe rufend an der Rezeption.

Tina Keim hat Frühdienst. Sie hat mehrere Fortbildungskurse für die zielgerichtete Anwendung des EKGs absolviert. Aber der Patient will nicht von ihr behandelt werden. Er brauche den Arzt, „und zwar sofort" ... Tina kann ihn nicht beruhigen ...

Warum fällt es schwer, das Geschehen und den Tagesablauf in einer Praxis in ein einfaches Schema zu pressen? Nach welchen Kriterien kann man die verschiedenen Patiententypen einordnen?

INFO 1 Patientengruppen und -typen

Wenn Sie in Ihrer Patientendatei tausend Personen haben, dann können Sie davon ausgehen, dass es sich um Menschen handelt, die sich zum Teil sehr voneinander unterscheiden. Ebenso selten wie es vorkommt, dass zwei Menschen völlig gleich aussehen, wird es auch kaum vorkommen, dass zwei oder mehr Patienten wirklich gleiche persönliche Eigenschaften haben.

Bei einem Facharzt kann man davon ausgehen, dass alle in irgendeiner Weise ein ähnliches Leiden prägt. Bei einem Allgemeinmediziner ist noch nicht einmal dies der Fall. Hier sitzen unter Umständen noch mehr Patienten, die sich „nur" krank fühlen neben denen, die wirklich schwer krank sind ...

Es ist ohne Zweifel wichtig, sich möglichst gut auf jeden einzelnen Patienten einzustellen. Auch wenn Sie keinen Patienten sofort von seinem Leiden befreien können oder seine anderen Probleme nicht sofort lösen können, haben Sie doch einen großen Einfluss darauf, wie gut oder wie schlecht sich ein Patient aufgehoben fühlt.

Der Versuch, die Patienten nach bestimmten Merkmalen einzuteilen, ist schwierig. Trotz aller Verschiedenheit lassen sich aber doch Merkmalsgruppen bilden:

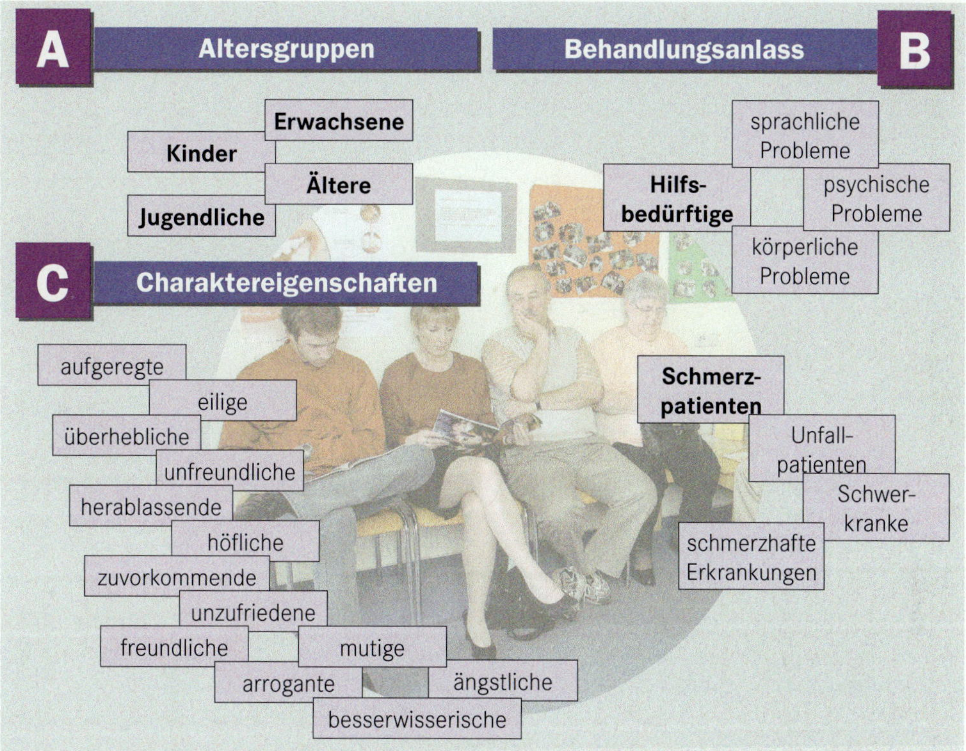

Bei einer näheren Betrachtung der Eigenschaften bzw. der Einstellungen, mit denen Patienten die Praxis betreten und den Arzt konsultieren, kann man hinsichtlich ihres Verhaltens folgende Typen unterscheiden:

Patiententypen nach Verhaltensweisen

	Typ	Patientenverhalten (Kurzfassung)	Beurteilung der Situation
1	Der **ängstliche** Patient	Blick: scheu, unsicher Körperhaltung: geduckt Sprache: oft schnell Körperreaktionen: Schweißperlen auf der Stirn, feuchte Hände Gesamteindruck: unruhig, fahrig bis gehetzt	Vorsicht: Leicht überträgt sich die Ungeduld und Nervosität des Patienten auf das Praxisteam. Bleiben Sie ruhig und sprechen Sie mit entspannter Stimme.
2	Der **kritische** Patient	Gesicht: „Fragefalten" zwischen den Augen Körperhaltung: leicht angespannt Stimme: eher leise, jedoch deutlich Sprache: voller Zweifel bis vorwurfsvoll will alles ganz genau wissen	Vorsicht: Lassen Sie sich vom Patienten nicht beirren. Seien Sie sich bewusst, dass es schwer ist, diesem Patiententyp vorurteilslos zu begegnen.
3	Der **sachliche** Patient	Gesicht zeigt keine Reaktionen Körperhaltung: aufrecht Sprache: überlegt, kurz und knapp	Dieser Patiententyp fragt nicht viel. Er legt Wert auf kurze Wartezeiten. Hinweis: Auch Patienten, die „sachlich" wirken, können in Wirklichkeit (innerlich) durchaus ängstlich bis kritisch sein.
4	Der **gesundheits-bewusste** Patient	Gesichtsausdruck offen und neugierig Körperhaltung: unauffällig Sprache: redselig seine Gesundheit geht ihm über alles	Dieser Patiententyp fragt viel, aber es fällt ihm oft schwer, sich zu entscheiden. Er ist zuverlässig und versäumt keinen Termin. Keine Untersuchung ist ihm zu viel (und zu teuer). Hinweis: Auch wenn seine Besserwisserei manchmal nervt, sollten Sie ihm freundlich begegnen.

Die Darstellung kann nicht vollständig sein, zumal es auch noch andere Merkmale gibt, die mit der eigentlichen Konsultation oder Behandlung nichts zu tun haben. So spielen z. B. Sympathie oder Abneigung eine große Rolle dafür, ob das Vertrauensverhältnis zwischen Patient und Arzt oder Patient und Praxismitarbeiterin stimmt oder nicht.

Die Verhaltensweisen der Patienten kann man nicht immer vorhersehen. Dies gilt zumindest dann, wenn es sich um neue Patienten handelt. Daher ist es wichtig, einiges über die am häufigsten auftretenden Patiententypen zu wissen:

INFO 2 Unfall-, Schmerz- und Notfallpatienten

Die Schmerzpatienten kennen nur ein Ziel: Sie wollen möglichst sofort behandelt werden, um beschwerdefrei zu sein. Schon beim Betreten der Praxis werden die Mitarbeiterinnen damit konfrontiert, dass sie schnell einschätzen müssen, wie stark die Schmerzen des Patienten wirklich sind. Hier sind sie auch fachlich gefordert, weil es oft auch um eine „Erste-Hilfe-Leistung“ geht. Sie müssen schnell und sicher entscheiden, was zu tun ist.

Medizinische Notfälle können Patienten sein, die persönlich oder telefonisch einen dringenden Behandlungs- oder Vorstellungstermin haben möchten. Es können sich aber auch in der Praxis Notfälle ereignen, die sofortiges Handeln verlangen.

Die Mitarbeiterinnen müssen darauf vorbereitet sein, in solchen Fällen schnell, richtig, aber auch eigenständig und eigenverantwortlich zu handeln. Dies kann bis hin zu einer sofortigen Krankenhauseinweisung gehen, die normalerweise natürlich nur von einem Arzt vorgenommen werden kann. Gleichwohl ist sicherzustellen, dass bei einer eventuellen Abwesenheit des Arztes in Notfällen sachgerecht gehandelt und entschieden wird. Dies ist z. B. der Fall, wenn sich der Arzt außer Haus befindet, um einen Patienten zu versorgen und in der Praxis bricht zur gleichen Zeit ein Patient zusammen – Vermutung: Herzinfarkt. Dann sind die Medizinischen Fachangestellten gefordert, alles zu tun, um das Leben oder die Gesundheit zu retten.

Forderungen des Qualitätsmanagements

- Es gibt eine Checkliste mit Kriterien zur Identifikation von Notfallpatienten.
- Es gibt eine schriftliche Interne Regelung zur unverzüglichen Versorgung dieser Patienten (Notfallplan).
- Notfall-/Reanimationsübungen finden regelmäßig statt und werden dokumentiert.
- Das Praxisteam analysiert zeitnah kritische Aspekte stattgefundener Notfälle und entwickelt ggf. Maßnahmen zur Verbesserung.

Quelle: Diel F., Gibis B. (Hrsg.), a.a.O., 1.7.1 (Nachweise 1und 2 zu den Zielen 1 und 2, S. 51/52)

Praxistipp

1. ***Nehmen Sie den Patienten und seine Schilderungen ernst.***
2. ***Versuchen Sie einen „echten“ Schmerzpatienten nicht damit zu trösten, dass Sie ihm sagen: „Na, so schlimm ist es doch gar nicht.“ Dies wird er Ihnen in seiner Situation übel nehmen.***
3. ***Vermitteln Sie den Eindruck, dass dem Patienten so schnell wie möglich geholfen wird.***

INFO 3 Ältere/Behinderte/Hilfsbedürftige

Viele ältere Patienten sind gerade dann, wenn sie ohne Begleitung in die Praxis kommen, sehr unsicher. Dazu kommen oft noch Behinderungen wie schlechtes Sehen, Hören und eine schlechte Merkfähigkeit. Sie benötigen Ihre besondere Fürsorge und Aufmerksamkeit.

FK LF 2 Demenz Schlaganfall Sehschwäche Hörminderung

Es ist ganz wichtig, dem Patienten das Gefühl zu geben, dass man ihn ernst nimmt. Nichts ist schlimmer für einen Patienten, als das Gefühl zu haben, dass man ihn und seine Beschwerden nicht für voll nimmt. Gerade bei einem jungen Mitarbeiterinnenteam kann sich der Generationenkonflikt von beiden Seiten bemerkbar machen, ohne dass dies eigentlich jemand will.

Ältere Patienten können mitunter besserwisserisch sein, weil sie mit Arztbesuchen und Krankenhausaufenthalten schon viele Erfahrungen haben. Als junge Mitarbeiterin müssen Sie gerade im Empfangsbereich damit rechnen, dass diese Patienten Probleme haben, Ihnen überhaupt zuzugestehen, dass Sie etwas von Ihrem Fach verstehen.

Die **Hilfsbedürftigkeit** von Patienten ist sehr unterschiedlich. Bedenken Sie, dass viele Menschen wegen ihrer Behinderungen unsicher und ausgesprochen sensibel sein können. Menschen mit Behinderungen wollen aber häufig nicht, dass sie eine Sonderrolle einnehmen. Sie wollen unabhängig und selbstständig sein. Deshalb ist jede unnötige oder übertriebene Hilfe fehl am Platz und kann manchmal auch das Gegenteil erreichen.

Praxistipp

Vermerken Sie in den Karteikarten, ob ein Patient z. B. geh- oder sehbehindert ist. Vermerken Sie aber auch Dinge aus der psychosozialen Situation, die für einen angemessenen Umgang mit dem Patienten wichtig sind.

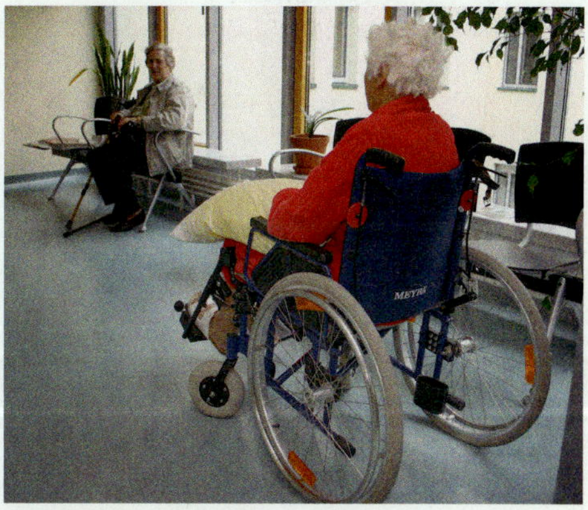

Während man körperliche Behinderungen recht gut erkennen kann, ist dies bei geistigen Behinderungen oft anders. Daher muss ein Patient, bei dem eine solche Einschränkung vorliegt, besonders gut, aber auch diskret beobachtet werden, damit im Zweifelsfall schnell eingegriffen werden kann.

Bei Patienten mit sprachlichen Problemen bleibt oftmals nur die Möglichkeit, sich in einem sehr eingeschränkten Rahmen zu unterhalten und/oder sich auch der Zeichensprache unter Einsatz von Mimik und Gestik zu bedienen. Kopfnicken, Kopfschütteln und andere Zeichen sind gerade bei ausländischen Patienten oft die einzige Möglichkeit der Verständigung.

Bei der Gruppe ausländischer Mitbürger/-innen, die die deutsche Sprache nicht oder nur unzureichend beherrschen, tut sich ein doppeltes Problem auf. Sie müssen diesen Patienten klare Anweisungen geben, aber Sie müssen auch sicherstellen, dass dies verstanden wurde. Besonders wichtig ist das, wenn es zum Beispiel darum geht, dass Einnahmevorschriften für Medikamente erklärt werden.

Praxistipp

Wenn sich Patienten ohne ausreichend deutsche Sprachkenntnisse in Ihrer Praxis häufen, kann ein kleines Handbuch mit den gängigsten fremdsprachlichen Redewendungen hilfreich sein. Darin sollten auch medizinische Fachbegriffe enthalten sein. Es gibt auch Vordrucke und Merkblätter in verschiedenen Sprachen, die Sie sich zulegen sollten.

INFO 4 Kinder

Kinder sind eine der Patientengruppen, die meist nicht aus eigenem Antrieb oder eigener Entscheidung zum Arzt gehen. Je nach Alter der Kinder sind es meist die Eltern, die mit ihnen in die Praxis gehen. Dabei können die Anlässe sehr verschieden sein. Während Erwachsene in den allermeisten Fällen und auch selbst dann, wenn sie durch ihre Krankheit sehr gehandicapt sind, wissen, warum sie zum Arzt gehen (müssen), so ist dies insbesondere bei Kleinkindern nicht der Fall.

Eine weitere Herausforderung sind die Kinder, die gar nicht als Patienten kommen, sondern zum Beispiel die Mutter begleiten müssen, weil diese zum Arzt muss und das Kind nicht allein zu Hause lassen kann.

Gerade für Kinder ist der Besuch beim Arzt zunächst nichts anderes als langweilig. Viele der Patienten, die auf die Behandlung warten, lesen Zeitungen oder Zeitschriften. Die leise Hintergrundmusik ist in der Regel auch nicht gerade das, was Kinderherzen anspricht. Vorhandenen Spielzeug- oder Malecken sieht man oftmals an, dass ihre Platzierung im Warteraum eine Notlösung darstellt.

Nicht nur die Kinder, sondern auch die sie begleitenden Personen sind in diesen Situationen wichtig. Meist ist dies die Mutter. Ihr Verhalten kann die Medizinische Fachangestellte kaum direkt beeinflussen. Aber ihr Verhalten überträgt sich auf die Kinder. Hat die Mutter selbst Angst vor der Untersuchung oder dem Eingriff bei ihrem Kind, wird das Kind kaum anders reagieren.

Sind die Begleitpersonen nervös, weil sie unter Zeitdruck stehen, wird auch dem Kind die Ruhe entzogen und es fängt an zu zappeln und will am liebsten nach Hause.

Was ist zu tun?

- Das Kind sollte die Praxis als eine möglichst normale Umgebung wahrnehmen können. Interessantes Spielzeug im Wartezimmer, vielleicht sogar ein Fernseher, auf dem Zeichentrickfilme laufen, können die Wartezeit verkürzen.
- Kinder sollte man immer versuchen mit ihrem Namen anzusprechen. Das schafft Vertrauen. Fragen Sie das Kind nach etwas, was aus seiner gewohnten Umgebung stammt und worüber es gerne reden möchte. Dies kann z. B. eine Frage nach dem Lieblings(haus)tier oder der besten Fernsehsendung sein.
- Versuchen Sie nicht einem Kind die Unwahrheit zu sagen. Wenn Sie wissen, dass es bei einer Untersuchung oder einer Behandlung nicht ohne den „Piks“ abgeht, dann sagen Sie nicht: „Es tut gar nicht weh.“ Wird Ihnen dieses Kind später so schnell nichts mehr glauben, wenn es doch wehgetan hat?

Praxis-tipp

Ein Kind versteht keine medizinischen Fachbegriffe. Brechen Sie das Eis, indem Sie dem Kind spielerisch erklären, was gemacht werden soll. Wer hat nicht als Kind schon mal das Problem gehabt, dass die Puppe oder der Teddy krank war und operiert werden musste. Knüpfen Sie hier an und schon versteht das Kind, was Sie wollen.

INFO 6 Freunde und Bekannte

Diese Patientengruppe stellt u. U. eine besondere Herausforderung dar, denn es sind oft diejenigen, die glauben, dass die Regeln in einer Praxis für alle gelten, aber nicht für sie. Manche glauben, dass sie einen Sonderstatus besitzen, der ihnen alle Freiheiten erlaubt. Hier müssen Sie auch aus dem Bauch heraus entscheiden.

578096

Klären Sie am besten vorher mit Ihrem Chef, wie Sie sich verhalten sollen, wenn sich jemand auf eine Freundschaft zu Ihrem Chef beruft und deshalb auf Sonderrechten beharrt. Fragen Sie Ihren Chef aber auch, was Sie tun sollen, wenn z. B. ein Verwandter von ihm im Wartezimmer sitzt und sich ohne auf Vorrechte zu bestehen in die Reihe der dort Sitzenden eingeordnet hat.

INFO 7 Besserwisser

Einerseits ist es gut, dass sich die Patienten auch selbst über ihre (vermeintliche) Krankheit informieren und ggf. auch selbst Maßnahmen zur Heilung ergreifen. Wandte man früher in erster Linie das an, was man aus alten Hausrezepten und überliefertem Wissen kannte, oder das, was man aus Gesundheitsbüchern entnehmen konnte, so hat sich die Situation mit dem Internet entscheidend verändert.

Immer mehr Patienten sehen sich in der Rolle des eigenen Arztes und machen sich das zu eigen, was sie an neuesten medizinischen Erkenntnissen aus dem Internet ziehen können. So stehen z. B., in der Suchmaschine Google zum Thema Herzinfarkt insgesamt 2,5 Millionen Einträge zum Abruf bereit. Bei dem Thema Grippe sind es sogar knapp 3 Millionen Einträge.

Die Folge: Ärzte, aber auch Medizinische Fachangestellte müssen sich immer mehr an dem messen lassen, was „irgendwo von irgendwem" publiziert wird. Hier hilft nur eins: Sachlich argumentieren und die eigene Autorität höflich, aber überzeugend betonen.

Erklären Sie dem Patienten, dass Sie und Ihr Chef sich ständig fortbilden und auf dem aktuellen Stand der Medizin halten. Weisen Sie darauf hin, dass die Krankheitsverläufe und die Diagnosen so unterschiedlich sind, dass es gar keine allgemein gültige Antwort geben kann. Bieten Sie ruhig an, dass der Patient das, was er an Informationen hat, bei der nächsten Behandlung mitbringt.

Berücksichtigen Sie in den ersten Sekunden des Kontaktes mit Patienten die SMILE-Regel:

S icherheit im Auftreten, das heißt, dass der Patient das Gefühl haben muss, dass Sie ihn, aber auch Ihre Aufgabe verstehen. Freundlichkeit bedeutet, dass man in der Lage ist, einen Patienten als Kunden zu sehen wie er ist und nicht wie man ihn gerne hätte.

M ienenspiel, das heißt, vergessen Sie nicht, dass der Patient Ihnen nicht nur zuhört, sondern dass er Sie auch beobachtet. Eine gespielte Freundlichkeit sieht man Ihnen an.

I nnerlich überzeugend wirken, das heißt, dass Sie sich darüber im Klaren sein sollten, dass Freundlichkeit die angenehme Eigenschaft hat, dass Sie zu dem zurückkehrt, der sie aussendet.

L ächeln kostet nichts, das heißt, dass Sie auch Stress oder Hektik am einfachsten mit einer positiven Ausstrahlung verringern können.

E insichtigkeit, das heißt, dass es wenig Zweck hat, einem Patienten nicht Recht geben zu wollen, wenn er Recht hat.

Arbeitsaufträge

1. Alle Patienten sind verschieden. Bei den meisten gibt es keine Probleme. Aber es gibt auch Situationen, in denen es schwieriger wird oder in denen man das Gefühl hat, dass es gar nicht mehr auszuhalten ist.
   Die „Patientenampel" gibt Ihnen die Möglichkeit, all das was Ihnen zum Thema **Patientenarten** und **Patientenverhalten** einfällt, den Farben

   - grün = völlig problemlos, Idealpatient
   - gelb = nicht ganz einfach, vorsichtig handeln
   - rot = unangenehm, nicht hinnehmbar, unakzeptabel

   zuzuordnen.
   Führen Sie diese Aufgabe in Partnerarbeit durch. Wenn es möglich ist, verwenden Sie für die Darstellung Ihrer Ergebnisse einen Plakatkarton auf den Sie die Ampel malen und neben die einzelnen Ampelfarben das eintragen, was aus Ihrer Sicht die richtige Zuordnung von Patienteneigenschaften darstellt.
   Welcher Patiententyp
   a) ist Ihnen am angenehmsten und am sympatischsten?
   b) macht Ihnen die meiste Arbeit?
   c) ist für Sie am anstrengendsten?
   Berücksichtigen Sie die Merkmalsgruppen auf Seite 93.

2. Patienten haben nicht nur eine Eigenschaft, sondern es handelt sich meist um ein ganzes Eigenschaftsbündel. Die Zusammenfassung führt zu bestimmten Patiententypen.

   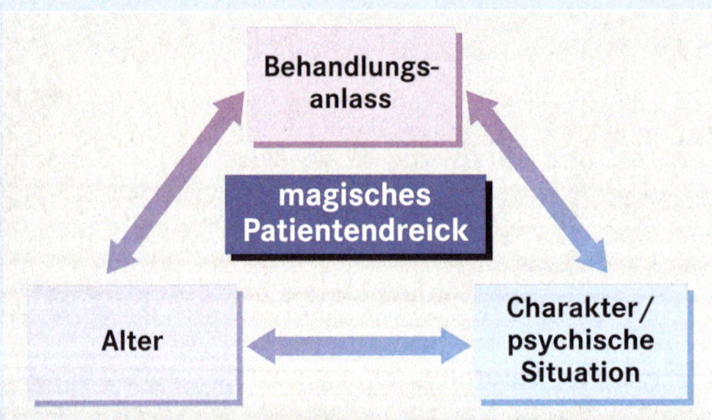

   Konstruieren Sie anhand des „magischen Patientendreiecks" beispielhaft fünf verschiedene Patiententypen.

3. Fassen Sie das, was die **SMILE**-Regel sagen soll, in einem Satz zusammen.
4. Warum ist vieles von dem, was Ihnen an Grundsätzen für den Umgang mit Patienten auf den Weg gegeben wird, oft „leichter gesagt als getan"?
5. Wie gehen Sie oder Ihr Chef mit Patienten um, die einfach alles besser wissen wollen?
6. In Ihre Praxis kommt ein Patient, den Sie bisher noch nie gesehen haben. Ob Sie wollen oder nicht, werden Sie ihn blitzschnell einstufen. Schildern Sie, was dabei in Ihnen abläuft.
7. In Ihrer Praxis erscheint ein offenbar stark angetrunkener Patient. Er ist nicht angemeldet, aber er sagt, er habe wahnsinnig starke Schmerzen in der Brust. Was tun Sie?
8. Ein Patient gibt sich als Freund des Chefs aus und will, dass er ohne Wartezeit sofort behandelt wird. Sie haben von Ihrem Chef aber die Anweisung, alle Patienten gleich zu behandeln. Wie verhalten Sie sich richtig?

1.4 Alles hat seine zwei Seiten
Sprache – Mimik – Gestik oder: Kommunikation mit den Sinnen

Moment mal ...

Sie kennen die Situation:

Halb zehn in irgendwo in Deutschland in irgendeiner Arztpraxis:

Ein Mann kommt an den Empfang, stellt sich vor und sagt:

„Guten Tag, meine Güte, muss es hier voll sein. Alle Parkplätze draußen sind ja belegt - klar: Quartalsanfang - Ihr Chef erzählt immer davon - ich spiele mit ihm Tennis. Gut, dass ich Privatpatient bin" ...

Die Praxisgemeinschaft Dr. Michel/Dr. Damm/ Dr. Metz ist dafür bekannt, dass man nur ganz geringe Wartezeiten hat. Dafür wird unter Zuhilfenahme des PC ein ausgeklügeltes Bestellsystem angewendet.

Klar kann man nicht alles vorhersehen. Für eventuellen Notfälle sind auch Pufferzeiten eingeplant, aber wenn so etwas vorkommt, dann wirft das den besten Plan durcheinander.

Es sind aber nicht nur die Patienten. Da kommt der Pharmareferent - er hatte sich zwar angekündigt, doch jetzt passt sein Besuch gar nicht - die Wartezimmer sind voll ...

... und gerade dann, wenn es „brennt", meinen viele auch noch, dass sie am Telefon ihre ganze Leidensgeschichte ausbreiten müssten, um dies später dem Doktor noch einmal zu erzählen.

Als Sie Ihr Leid dem Chef klagen, antwortet er nur, dass eine gute Mitarbeiterin im Empfangsbereich erkenne, was los sei. Manchmal brauche man eben einen siebten Sinn ...

Die Patienten sind unsere Kunden und genauso müssen wir uns alle verhalten. Vieles entscheidet sich am Empfang.

Kurz vor der Mittagspause – gleicher Ort:

Eine Frau stellt sich vor und sagt:

„Guten Tag, ich kenne Frau Dr. persönlich. Ich ..."

In Anlehnung an: Lernen und Lehren in der Ausbildung, Beitrag von Roger Böhne-Grandt in: Quintessenz Team-Journal 35 (2005), Seite 161

Vieles entscheidet sich am Empfang. Wie gehen Sie mit diesen Situationen um und woher wissen Sie, was die beiden Patienten wirklich wollen?

INFO 1 Kommunikationsformen

Von Kommunikation spricht man, wenn von einem Sender etwas ausgeht, um einen Empfänger zu erreichen. Aber wer ist im Empfangsbereich der Arztpraxis der Sender und wer der Empfänger? Kommunikation findet auf vielen Ebenen und in den unterschiedlichsten Formen statt.

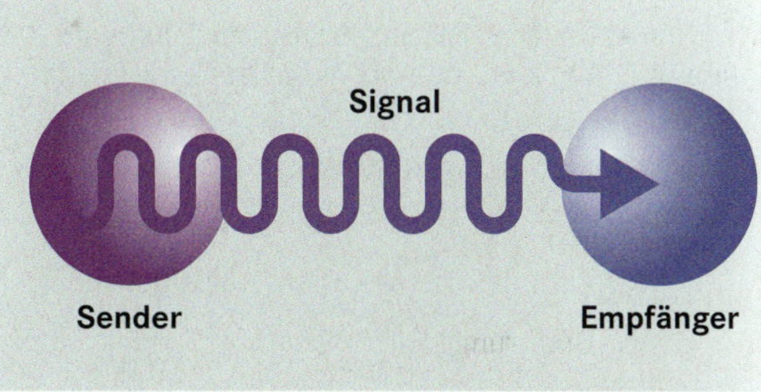

In der Praxis werden Informationen zwischen den Angestellten und den Patienten ebenso ausgetauscht wie Neuigkeiten unter den Mitarbeiterinnen.

Im Mittelpunkt der Behandlung steht neben der eigentlichen ärztlichen Leistung auch die **kommunikative Information** über die Ursachen einer Krankheit oder sonstige Befindlichkeiten. Kommunikation kann auch sprachlos erfolgen. Miteinander zu lachen, sich gegenseitig freundlich anzuschauen, ein tiefer Blick in die Augen, eine bestimmte Bewegung, ein Zeichen ist nichts anderes als eine besondere Art des Informationsaustausches. Man bezeichnet dies auch als **nonverbale** Kommunikation.

So kann selbst Schweigen eine besondere Form der kommunikativen Mitteilung sein. Dabei kann Schweigen vielsagend sein. Es kann Zustimmung, Ablehnung oder einfach auch nur Unentschlossenheit bedeuten. Der Arzt, der während oder nach einer Behandlung schweigend in Unterlagen blättert oder mit einem Kollegen über einen Befund diskutiert, muss damit rechnen, dass sich der Patient seine Gedanken macht - ob sie nun gerechtfertigt sind oder nicht.

Das gilt ebenso, wenn der behandelnde Arzt bei den Anweisungen an seine ihm assistierende Mitarbeiterin fast nur medizinische Fachausdrücke benutzt, von denen er weiß, dass der Patient sie nicht versteht.

„Reden ist Silber, Schweigen ist Gold" - dieser Spruch lässt sich in der Praxis zwar kaum umsetzen, weil man mit Patienten ja immer reden muss. Niemandem kann man aber auf der Stirn ablesen, was er gerade denkt und fühlt. Die wenigsten Patienten kommen ohne Grund in die Praxis. Gerade beim Empfang neuer Patienten sollte man sich nach Möglichkeit durch vorsichtiges Fragen an den Grund des Besuches herantasten.

Praxistipp

Der Patient muss das Gefühl haben, dass Sie ihn verstehen und ernst nehmen.

1. ***Reden Sie mit ihm kein medizinisches Fachchinesisch, sondern verhalten Sie sich so, dass er verstehen kann, was Sie meinen und wollen.***
2. ***Ähnlichkeit schafft Sympathie. Demonstrieren Sie deshalb keine Überlegenheit, denn darin liegt die Gefahr, dass sich ein Patient in die Ecke gedrängt fühlt.***
3. ***Lassen Sie die Gesichtsmuskeln spielen. Das wirkt hier ebenso positiv wie in einer angeregten Unterhaltung (nicht bei einem Streit), bei der es nicht nur um die Worte, sondern auch um die Mimik und Gestik geht.***

In Anlehnung an: Dentalzeitung 2/02, Seite 79 und „Institut für angewandte Synergetik", Königstraße 8, 49124 Georgsmarienhütte („Die fünf HALLO-Regeln")

INFO 2 Mit welchen Sinnen kommunizieren wir?

Betritt ein Patient die Praxis, so wird zunächst von beiden Seiten sofort die Wahrnehmung einer neuen Situation in Gang gesetzt. Dies geschieht nach Einschätzung von Psychologen schneller, als man zu reden beginnen kann.

Bereits die ersten wenigen Sekunden entscheiden, ob einem jemand sympathisch ist oder nicht - und dabei geht es nicht nur um gesprochene Worte, sondern vor allem um das, was wir sehen, fühlen, riechen, schmecken, und es geht auch um den Tonfall der Stimme.

Jede Sekunde nehmen wir etwas Neues auf, ob nun eine Bewegung, Worte, Gerüche, Geschmack, Berührung, Bilder oder Geräusche. Menschliches Verhalten ist geprägt von Faktoren wie

- Bewunderung,
- Faszination,
- Sympathie,
- Antipathie,
- Ablehnung,
- Widerwillen,
- Abscheu,
- Müdigkeit,
- Interesselosigkeit.

In ca. einer Sekunde „tasten“ Sie den Patienten und der Patient umgekehrt auch Sie ab. Man analysiert den **Gesichtsausdruck, die Kleidung, das Auftreten** und beobachtet dabei besonders die **Mund- und Augenstellung.** Hinzu kommt, wie die **Stimme** und die allgemeine **Körperhaltung** auf Sie wirkt. Unbewusst wahrgenommener **Körpergeruch,** der evtl. auch emotional gesteuert sein könnte (Angst, Unsicherheit usw.), spielt für die erste Einschätzung unter Umständen ebenfalls eine Rolle.

Praxistipp

Der erste Eindruck muss nicht unbedingt der letzte sein, aber nicht umsonst gilt das Sprichwort: „Der erste Eindruck ist der beste.“ Deshalb: Anteilnahme und Interesse an dem signalisieren, was der Patient vorbringt. Natürlich können Sie sich nicht für jedes Leid des Patienten interessieren. Und dennoch: Der Patient hat es verdient, dass Sie ihm zuhören und sich ihm dabei zuwenden.

Das Problem der Kommunikation ist schnell auf den Punkt gebracht. Sender und Empfänger sind immer unterschiedliche Personen, die unabhängig voneinander denken, fühlen und handeln. Jemand, der etwas mitteilen möchte und entsprechend handelt, ist sich dabei meist gar nicht bewusst, dass er seine Nachricht mehr oder weniger „verschlüsselt“.

Auch in der Arztpraxis ist für eine erfolgreiche Kommunikation nicht nur entscheidend, dass von den jeweils Beteiligten möglichst klare Signale ausgehen, sondern dass diese Signale auch so ankommen. Noch wichtiger ist aber, dass sie auch in der gewünschten Form verstanden werden.

Möglicherweise haben Sie die Frage des Patienten (siehe „Moment mal ...“, Seite 99) gar nicht richtig verstanden, d. h., der Patient hat die Nachricht, die er Ihnen zukommen lassen wollte, ungeschickt formuliert.

- Ist dies nur der Hinweis, dass er keine Versicherungskarte vorlegen muss?
- Will er damit sagen, dass er erwartet, gleich dranzukommen?
- Will er nur testen, wie Sie reagieren, und würde er es auch einsehen, wenn er – wie alle anderen – im Wartezimmer Platz nehmen müsste?
- Will er vielleicht nur mit dem Doktor privat reden?

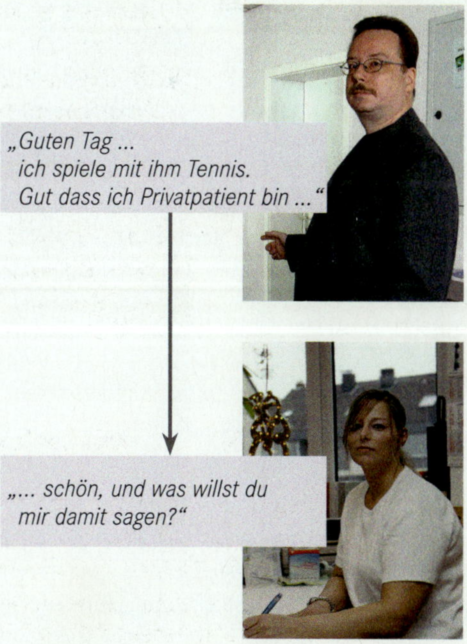

Praxistipp

Fragen Sie höflich nach, wenn Sie etwas nicht verstanden haben oder nicht sicher sind, ob Sie wissen, was ihr Gegenüber gemeint hat.

Es kann auch sein, dass das **Signal,** welches ausgesendet wird, nicht klar verständlich ist. Manches, was gesagt wird, ist am Ende gar nicht das, was man eigentlich sagen wollte. Oder es wird auch „wie die Katze um den heißen Brei“ geredet. Wen wundert es, dass der andere dann nicht versteht, was man von ihm will.

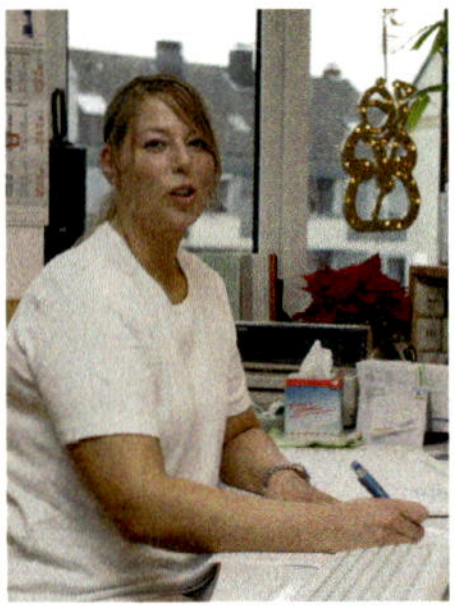

„Guten Tag, sind Sie das erste Mal in unserer Praxis? Haben Sie einen Parkplatz gefunden? So, und Sie kennen meinen Chef. Das ist ja interessant. Er kennt ja so viele Leute hier in der Stadt. Spielen Sie regelmäßig Tennis mit ihm? Er braucht dies ja wirklich zur Entspannung ... Wollen Sie zur Behandlung oder sind Sie nur so hier?"

„Was will die? Ich bin nicht zum Reden hier - ich will doch nur meine Tennistasche holen, die er gestern im Auto mitgenommen hat."

Betrachtet man die Kommunikation aus der Sicht des **Empfängers,** so entsteht die Frage, ob dieser wirklich das gleiche Signal erhält, was der Sender gegeben hat.

Welche Wirkung geht von einem tiefen Blick in die Augen aus? Was empfindet der Patient, wenn sich eine Mitarbeiterin besonders höflich zu ihm verhält und sich dann plötzlich wundert, dass sie zum Essen eingeladen wird?

„Die ist doch eigentlich so nett. Ob sie Lust hat mit mir Essen zu gehen? - habe nichts davon gehört, dass sie verheiratet ist ..."

INFO 3 Die Elemente einer Nachricht – Sicht des Senders

Jeder, der kommuniziert, versucht etwas weiterzugeben bzw. eine Information oder eine Nachricht zu vermitteln.

Beispiel: Der Patient betritt die Praxis und will ein Rezept über 100 Tabletten „Concor5" ausgestellt haben. Es handele sich um ein Folgerezept, deshalb sei es auch nicht nötig, den Arzt direkt zu konsultieren. Die Helferin brauche nur in seine Kartei zu schauen und könne dann das Rezept dem Arzt zur Unterschrift vorlegen. Er wisse, dass er ohne Voranmeldung gekommen sei, aber er habe es schlicht und einfach vergessen.

Diese Nachricht enthält vier Grundbestandteile[1]:

- **Der Sachinhalt**
  Der Patient benötigt Tabletten (in diesem Fall den Betablocker „Concor 5").
- **Die Selbstoffenbarung**
  Der Patient gibt eine Erklärung dafür ab, warum er ohne Voranmeldung gekommen ist. Die Aussage, dass er es „schlicht und einfach vergessen" habe, wurde von ihm nicht verlangt und hat auch nichts direkt mit dem Sachinhalt zu tun.
- **Der Appell**
  Die Kommunikation verfolgt ein klares Ziel: Der Patient drückt sich klar aus und versucht der Helferin eine Handlungsanweisung zu geben. Damit unterstreicht er sein Anliegen und bringt zum Ausdruck, wie er sich die weitere Behandlung des Vorganges vorstellt. Die Helferin kommt jetzt in eine schwierige Situation der Abwägung.
- **Die Beziehung**
  Es geht um die Art und Weise, wie etwas vorgebracht wird. Der Patient ist zwar höflich, aber trotzdem sehr zielbestimmt. Es kommt nun sehr darauf an, ob seine Aussage, dass die Helferin „ja nur in seine Kartei" schauen müsse, von dieser als wirkliche Hilfe oder als Einmischung angesehen wird.

1 zitiert nach: Friedemann Schulz von Thun, Miteinander reden - Störungen und Klärungen, rororo, Reinbek, 1999, Seite 13/14

INFO 4 Wie wird eine Nachricht verstanden – Sicht des Empfängers

Versetzen Sie sich in folgende **Situation:**

Der Arzt teilt dem Patienten die Laborbefunde mit. Er schüttelt dabei den Kopf (weil er sich über die Schrift der Laborantin wundert) und sagt dann: „Alles in Ordnung."

Was passiert?

Der Patient wird dem Arzt diese Aussage niemals abnehmen, weil er durch das Kopfschütteln total irritiert ist.

Und was ist Ihre persönliche **Schlussfolgerung?**

Hier gibt es keine allgemein gültige Antwort - die müssen Sie selbst finden und formulieren. Tatsache ist, dass die Sachinformation (hier die Laborbefunde) nicht alles sagen ...

Bei der Frage, was der Empfänger einer Nachricht verstehen kann und was er verstehen will oder was ihm vielleicht egal ist, spielt das **Vier-Ohren-Modell** eine viel größere Rolle als man glaubt.

Obwohl der Mensch nur zwei Ohren hat, „hört" er doch die Nachrichten aus vierfacher Sicht. Letztlich kennen wir es alle: Mit welchem Ohr hören wir zu - oder hören wir überhaupt zu?

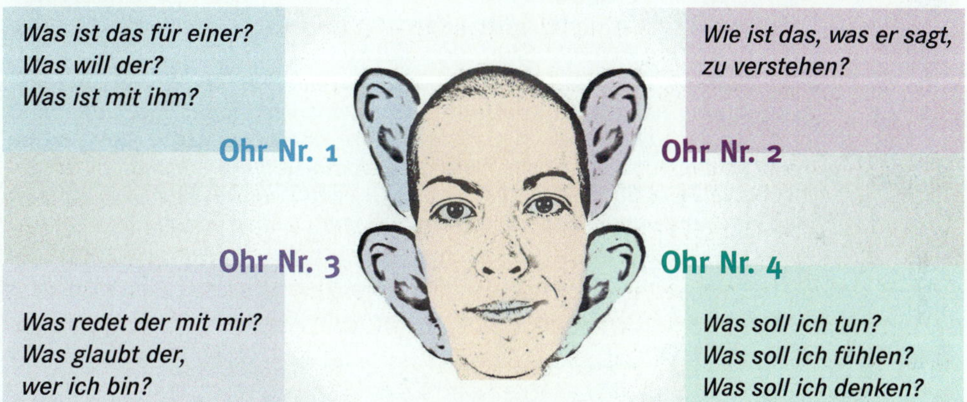

nach: www.dr.mueck.de/HM.Kommunikation

INFO 5 Gesichtsausdruck, Körperhaltung, Bewegungsablauf – nicht nur der Ton macht die Musik

Bei einer normalen Kommunikation werden die Rollen ständig gewechselt. Derjenige, der zunächst der Sender ist, wird schon im nächsten Moment zum Empfänger. Der Patient, der sein Anliegen vorträgt, wartet auf eine Antwort. Er will aber nicht nur irgendetwas hören, sondern er will genau die Antwort haben, die er hören wollte ...

Niemand kann genau angeben, wer beispielsweise bei einem Streit wirklich angefangen hat. Anfänge werden nur subjektiv gesetzt und von jedem anders wahrgenommen.

Kommunikationsprobleme treten besonders dann auf, wenn Sprecher auf einen anderen „Sendekanal" eingestellt sind, Botschaften also falsch verpacken oder entschlüsseln.

Nur wenn die Körpersprache zum gesprochenen Wort passt, ist die verbale Botschaft glaubwürdig.

Ärzte brauchen ebenso wie ihre Helferinnen von ihren Patienten Informationen und sollten daher für eine **offene und vertrauensvolle Gesprächssituation** sorgen. Dabei geht es auch um Dinge, denen man zunächst kaum Beachtung schenkt. Dafür gibt es viele Beispiele, von denen nachfolgend nur einige dargestellt werden:

Sprache, Augen, Hände

Der Hauptkontakt zwischen Ihnen und dem Patienten wird über die Sprache, aber auch über die Augen hergestellt. Was denkt der Gegenüber, wenn die Augenbrauen hochgezogen werden oder die Nase gerümpft wird? Dahinter können ganz einfache Gründe stecken: Die **Augenbrauen** werden hochgezogen, weil damit die Lichteinfallmenge verändert wird. Genauso kann ein Blinzeln nötig sein, wenn das Licht zu grell ist. Aber weiß das der Gesprächspartner?

Das **Naserümpfen** geschieht oft reflexartig und ganz unwillkürlich und hat nichts zu bedeuten. Naserümpfen kann aber auch als eine Distanzierung von dem, was sich gerade ereignet oder gesagt wird, gedeutet werden.

Ein nach unten gesenkter **Kopf** und ein versteinertes **Gesicht** müssen kein Zeichen von Unfreundlichkeit sein. Das Gesicht wird oft auch als der Spiegel der Seele und die Augen als das Fenster zur Seele bezeichnet. Daher können es ganz persönliche Dinge sein, die den Gesichtsausdruck bestimmen. Das ändert aber nichts daran, dass der Patient dies nicht weiß und nicht wissen kann. Er wird unter Umständen Ihr Verhalten falsch interpretieren, wenn Sie ihm nichts über sich sagen.

Praxistipp

- ***Wenn Sie mit einem Patienten sprechen, dann schauen Sie ihn an. Sind Sie gerade mit etwas anderem beschäftigt, dann sagen Sie lieber „einen Moment bitte", anstatt in Ihren Karteikarten weiterzusuchen und gleichzeitig mit dem Patienten zu reden. Sie können nur eins.***
- ***Die Haltung der Hand ist ein wichtiges Element der Körpersprache. Durch eine nach oben geöffnete Hand wird Vertrauen, Verbindlichkeit und Entgegenkommen signalisiert. Eine nach unten mit dem Handrücken nach oben geneigte Hand und womöglich der noch leicht ausgestreckte Zeigefinger signalisiert das Gegenteil. Jeder Satz kann so zum Befehl werden und Widerstand beim Gegenüber auslösen.***

in Anlehnung an: www.laek-bw.de/05/2005_01/koerpersprache.html (nach einem Vortrag von Prof. Samy Molcho) Stand: 29.01.2005

Arbeitsaufträge

1. In der Eingangsdarstellung sagt die Patientin. *„Guten Tag, ich kenne Frau Dr. persönlich ..."*
   Versuchen Sie aus dieser einen Aussage ein Modell mit den Elementen einer Nachricht abzuleiten. Konkret: Übernehmen Sie die Darstellung in Ihr Heft und füllen Sie die freien Kästchen aus. Arbeiten Sie allein und vergleichen Sie dann die Ergebnisse.

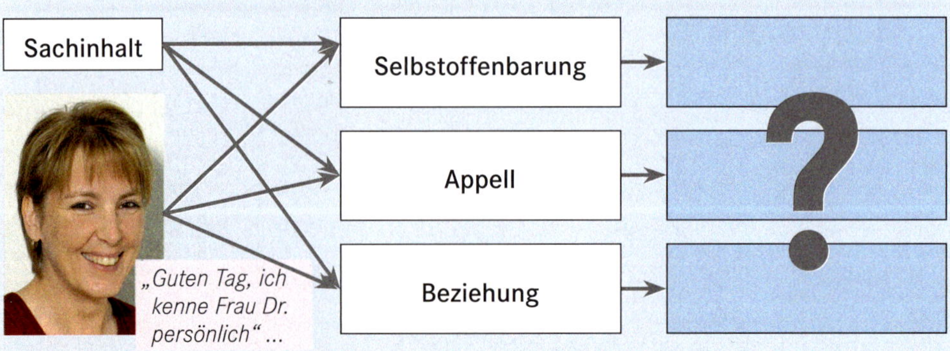

2. Was ist mit dem Vier-Ohren-Modell genau gemeint? Machen Sie dies an folgendem Beispiel aus dem Praxisalltag deutlich, indem Sie die Sätze an den offenen Stellen so vervollständigen, wie es aus Ihrer Sicht sinnvoll oder logisch sein könnte. Vergleichen Sie Ihre Ergebnisse und ziehen Sie entsprechende Schlussfolgerungen.

   Die Medizinische Fachangestellte Jasmin Stiller bereitet eine Spritze vor. Als sie die Schutzfolie abzieht und mit den Fingern in die Nähe der Kanüle kommt, ruft der Arzt aus dem Behandlungszimmer „Vorsicht – nicht anfassen!"

   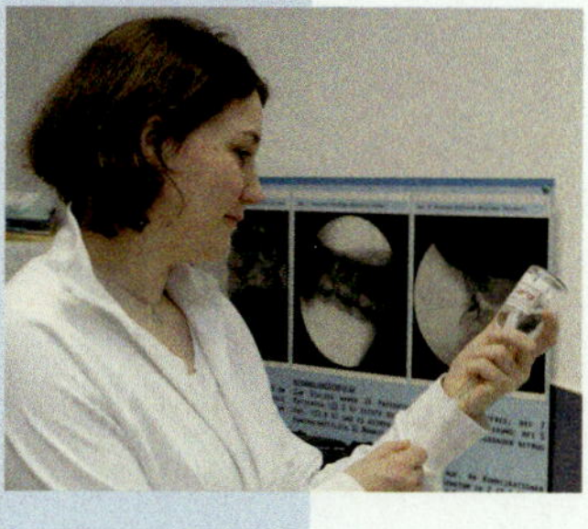

   Diese Botschaft könnte die Helferin als ● ● ● auf die Desinfektionsvorschriften auffassen. Sie könnte aber ebenso den Appell heraushören doch ● ● ●. Auch könnte sie mitfühlend heraushören, dass der Arzt ● ● ●, dass sie sich an der Spitze verletzt. Sie könnte aber nachdenklich werden, weil sie aus dem Satz entnimmt, dass der Arzt glaubt, sie immer ● ● ●.

3. Ein Patient kommt in das Behandlungszimmer und sagt: „Herr Doktor, ich war am Freitag bei Ihnen und habe trotzdem noch immer so starke Schmerzen." Eigentlich klar und dennoch: Wie lässt sich diese Aussage interpretieren, wenn man sie nach den Kriterien „Sachebene", „Selbstoffenbarung" und „Beziehung" einteilt und welcher „Appell" ist damit verbunden?

4. Nonverbales Verhalten ist mit dem verbalen Verhalten eng verbunden. Nonverbale Signale können das Verbale ersetzen, unterstreichen, betonen, ihm widersprechen, es abschwächen. Was bedeutet das für den Praxisalltag und Ihre Kommunikation mit den Patienten?

5. Was ist mit der folgenden Aussage gemeint?
   „Eine Begegnung ohne Kommunikation gibt es nicht. Auch Schweigen und Nichthandeln haben Mitteilungscharakter."

6. Tragen Sie in arbeitsteiliger Gruppenarbeit all das zusammen, was aus Ihrer Sicht eine Kommunikation allgemein und insbesondere die Gesprächssituation zwischen dem Patienten auf der einen und dem Arzt oder der Medizinischen Fachangestellten auf der anderen Seite beeinflusst. Leiten Sie daraus Regeln für das Verhalten von Ihnen und Ihren Kolleginnen für den Empfang von Patienten ab („Empfangs-Knigge für Arztpraxen").

7. Es gibt nach wie vor auch die Meinung, dass um den Bereich der Kommunikation „viel zu viel Theater gemacht" wird. Man müsse die Menschen so nehmen, wie sie seien. Die Helferin oder der Arzt könnten die Patienten nicht (um)erziehen und umgekehrt könnten diese sich auch nicht auf jeden einzelnen Patiententyp individuell einstellen. Wer mit einer Praxis ganz und gar nicht klarkomme, der müsse eben die Praxis wechseln. Wie ist ihre Meinung dazu?

8. Was sagt das nebenstehende Foto aus? Wie würden Sie den Inhalt beschreiben?

1.5 Den richtigen Ton erwischen

Gesprächsstrategien im Praxisalltag

Moment mal ...

Natalia Bertram, eine 26-jährige erfahrene Mitarbeiterin von Herrn Dr. Michel, steht - wie sie selbst sagt - mit beiden Füßen auf dem Boden. Sie weiß, wie sie sich zu verhalten hat, vor allem aber, wie man mit den Patienten spricht. Drei Situationen, die sich am Montagmorgen ereignen, kurz nachdem die Praxistüren geöffnet haben:

„Guten Morgen Herr Maier, mein Gott, was ist denn passiert? Wie sehen Sie denn aus? Hatten Sie einen Unfall oder sind Sie gestürzt? Kommen Sie, setzen Sie sich erst einmal auf diesen Stuhl. Können Sie nicht reden? Sie bluten ja an der Stirn und Ihre Hose ist ja auch kaputt. Mein Gott, wie viel haben Sie denn getrunken? Ich glaube, ich rufe nicht den Doktor, sondern erst einmal Ihre Frau an. Die muss Sie ja sowieso holen ..." In der Zwischenzeit sind einige Patienten neugierig aus dem Wartezimmer gekommen und schauen zu, was passiert ...

„Frau Kunze, hier ist Ihr Rezept. Ich weiß, dass Sie nur wenig Zeit haben, aber Sie müssen die Tabletten gleich holen, weil es ganz wichtig ist, dass das Abführmittel noch heute Mittag eingenommen wird. Sie haben das Rezept am Freitag vergessen und Sie wissen ja ..."

„Ja, wenn Sie sich so gut über die Möglichkeiten und die Vorteile der Alternativmedizin informiert haben und meinen, dass Sie sich Ihre Kenntnisse auch aus dem Internet holen können, dann müssen Sie eben zu einem Heilpraktiker gehen. Wir können Ihnen dann nicht mehr weiterhelfen."

Dr. Michel hat die Situationen aus dem Sprechzimmer mitbekommen. Er bittet Natalia Bertram kurz zu sich. Warum wohl?

5780106

INFORMATION

Im täglichen Praxisgeschehen gibt es hunderte verschiedener Situationen und unzählige Gespräche, bei denen es darauf ankommt, richtig aufzutreten. Gute Mitarbeiterinnen zeichnen sich nicht nur durch gute Fachkenntnisse aus. Oft sind die menschlichen Eigenschaften viel entscheidender. Gerade in kritischen oder auch ausweglosen Situationen ist das Einfühlungsvermögen in den Patienten oft wichtiger als alles andere.

INFO 1 Grundregeln der Gesprächsführung

Die Kunst besteht darin, zu erkennen, was der Patient will, welchen **Patiententyp** man vor sich oder in der Leitung hat und in welchem Zustand er sich befindet. Dabei geht es nicht nur um körperliche (physische) Gegebenheiten, sondern sehr oft auch um die davon unabhängige oder auch damit einhergehende psychische Situation.

Kap. 1.3 Info 1 Seite 92 ff. Patiententypen

In den allermeisten Fällen kommen Menschen in die Praxis, die ein gesundheitliches Problem haben. Kranke Menschen sind häufig ungeduldig und meinen im Mittelpunkt des gesamten Praxisinteresses stehen zu müssen.

So gehts am besten:

Mit der Beachtung einiger kleiner Spielregeln zur Gesprächsführung kommt man weiter als man denkt:

Regel Nr. 1 **Zeigen Sie im Gespräch** den Patienten, dass Sie
- sie wichtig und ernst nehmen,
- ihnen zuhören wollen,
- ihnen helfen wollen,
- ihr Vertrauen benötigen.

Regel Nr. 2 **Versuchen Sie die Patienten mit ihrem Namen anzusprechen.** Die persönliche Anrede gibt dem einzelnen Patienten das Gefühl, dass er nicht irgendjemand ist. Wenn Sie sich darüber hinaus z. B. aus dem letzten Gespräch auch noch etwas Persönliches merken konnten, ist es umso besser. Beziehen Sie Ihre Beobachtungen in das Gespräch ein.
- Hatten Sie nach der letzten Behandlung noch größere Probleme mit der Wundheilung?
- Es ist sicher nicht ganz einfach, sich an die Gehhilfe zu gewöhnen, oder?
- Gut, dass wir die Grippeimpfung durchgeführt haben.
- Ich glaube, dass das regelmäßige Spazierengehen schon viel bewirkt hat.

Regel Nr. 3 **Beobachten Sie den Patienten und hören Sie aktiv zu.** Versuchen Sie festzustellen, ob der Patient Schmerzen hat und sie ggf. unterdrückt, ob er gestresst und gereizt oder unter Termindruck steht. Viele haben Angst vor der Untersuchung. Stellen Sie sich darauf ein, dass sich dadurch auch das Verhalten des Patienten ändern kann. Fragen Sie nach, wenn Sie etwas nicht verstanden haben.

Aktives Zuhören darf aber nicht verwechselt werden mit dem Gedankenlesen. Interpretieren Sie nicht mehr, als der Patient tatsächlich sagt. Je besser Sie sich auf die Situation des Patienten einstellen, desto schneller schmilzt das Eis und desto eher kommt eine vertrauliche Atmosphäre zustande.

Regel Nr. 4 **Bleiben Sie auch in kritischen Situationen ruhig.** Greifen Sie die Patienten nicht mit aggressiven Worten an, denn sie müssen damit rechnen, dass eine entsprechende Gegenreaktion kommt und Sie ohnehin irgendwann nachgeben müssen.

Regel Nr. 5 **Erhalten Sie immer eine vertrauliche Atmosphäre.** Denken Sie daran, dass Sie nichts über andere Patienten erzählen oder zumindest keinesfalls deren Namen nennen. Es kann schon vorkommen, dass es sinnvoll ist, darüber zu sprechen, dass z. B. eine bestimmte Behandlungsmethode bei anderen Patienten erfolgreich angewandt wurde. Dann dürfen aber keine Details genannt werden, denn der Patient wird vermuten, dass das, was Sie über andere erzählen, über ihn auch weitergegeben wird.

Regel Nr. 6 **Kleine Aufmerksamkeiten als Dankeschön sind keine Bestechung.** Weisen Sie deshalb keine Geschenke ab, sondern freuen Sie sich. Manches Geschenk kann Geschmackssache sein - aber vergessen Sie nicht, dass oft auch viel Mühe bei der Auswahl dahinter stecken kann. Es bedarf auch eines gewissen Fingerspitzengefühls, Patienten klarzumachen, dass ein Geschenk nicht mit dem Erkaufen von Vorteilen (günstige Termine, kürzere Wartezeiten usw.) gleichzusetzen ist.

Regel Nr. 7 Achten Sie auf **Körperhaltung, Gestik und Mimik.** Die Körpersprache sagt vieles über Ihre Stimmung oder die Ihres Gesprächspartners. Signale für eine **positive** Stimmung sind z. B.:

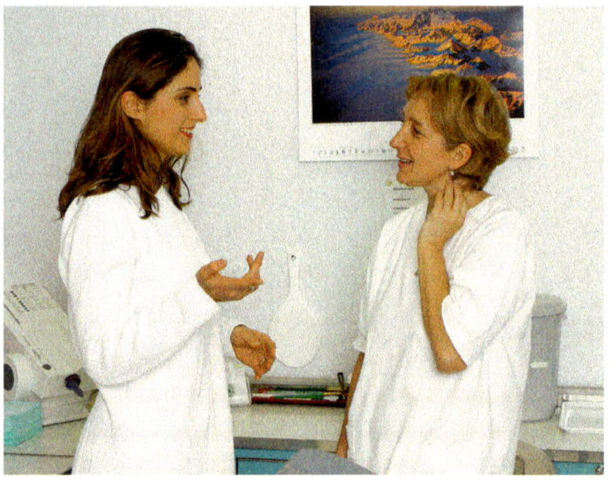

- einander zugewandte Gesichter
- Blickkontakt
- entspanntes Lächeln
- zur Partnerin gedrehter Oberkörper
- entspannte Arm- und Handhaltung
- spiegelbildliche Haltung zu dem Gesprächspartner

Konfrontationssignale bei der Körpersprache sollten vermieden werden. Beispiele hierfür sind:

- im Gespräch auf den Partner zeigen
- auf den Tisch klopfen (nicht nur mit der Faust, auch mit dem Finger)
- sich stark zurücklehnen und von oben herabblicken
- verächtlich lächeln
- locker mit der Hand abwinken

Regel Nr. 8 Versuchen Sie Ihren Gesprächspartner nicht zu **demotivieren.** Ärger und Angriffe sind Gift für Gesprächssituationen. Die positive Grundeinstellung in jedem Gespräch sollte zunächst einmal sein **„Ich bin okay - du bist okay“.** Vorgefasste negative Meinungen über den anderen erschweren jedes fruchtbare Gespräch.

5780108

Regel Nr. 9 Vermeiden Sie **Killerphrasen** in Gesprächssituationen. Sie verhindern häufig, dass bestehende Zustände verbessert werden.

- Ich bin mir nicht sicher, ob unser Chef das mag.
- Dafür haben wir die Ausrüstung nicht.
- Das kriegen wir nie durch!
- Wir haben das eigentlich schon immer so getan.
- Das können wir wirklich nicht riskieren.
- Ich persönlich wäre ja dafür, aber ...
- Ich fürchte, wir machen uns damit keine Freunde.
- Das ist nicht mein Problem.

INFO 2 Richtiges Telefonieren

Die folgenden Tipps für die Telefonpraxis helfen Ihnen den Praxisalltag besser zu bewältigen. Es muss nicht alles in jeder Situation exakt anwendbar sein, aber die **Checkliste** hilft, sich dem anrufenden Patienten gegenüber bestmöglich zu verhalten.

Vor dem Telefonieren/Arbeitsbeginn:

- ✔ Gibt es keine störenden Hintergrundgeräusche? „Getratsche"?
- ✔ Liegen alle notwendigen Unterlagen griffbereit? (Kuli, Notizblock usw.)

Dann kann es losgehen:

- ✔ Nehmen Sie nach zwei oder dreimal klingeln ab. Zu schnelles Abnehmen irritiert, zu langsames verärgert.
- ✔ Lächeln Sie? Ein Lächeln kann man hören. Gute und leider auch schlechte Laune kann man spüren.
- ✔ Lehnen Sie sich zurück, die Stimme klingt dann voller und ruhiger.
- ✔ Sprechen Sie in kurzen Sätzen und eher langsam. Machen Sie Pausen.
- ✔ Gestikulieren Sie ruhig auch ein bisschen am Telefon, das wirkt lebendig.

Und nun zum Inhalt:

- ✔ Nennen Sie den Praxisnamen und Ihren Vor- und Zunamen.
- ✔ Notieren Sie sofort den Namen des Anrufers und sprechen Sie ihn dann korrekt mit seinem Namen an. Eine Kommunikationsregel sagt, man solle dies dreimal tun: Am Anfang des Gesprächs, passend in der Mitte und am Ende bei der Verabschiedung. Die Frage: „Wie war doch gleich Ihr Name?" findet niemand lustig. Sind Sie wegen der Aussprache unsicher, dann fragen Sie nach.
- ✔ Hören Sie konzentriert, aufmerksam und aktiv (aha, hmhm) zu. Unterbrechen Sie nicht.
- ✔ Seien Sie höflich, zuvorkommend und freundlich, auch in schwierigen Situationen (gerne, bitte, danke).
- ✔ Fassen Sie am Schluss den vereinbarten Termin und alles Wichtige noch einmal kurz zusammen.
- ✔ Bedanken Sie sich aufrichtig („Herzlichen Dank für Ihren Anruf") und verabschieden Sie den Gesprächspartner mit Namen.
- ✔ Machen Sie sich sofort Notizen.

In enger Anlehnung an: Anne M. Schüller, Monika Dumont „Die erfolgreiche Arztpraxis – Patientenorientierung, Mitarbeiterführung, Marketing" Springer 2006, Seite 128 f.

Praxis-tipp

Eine alte Faustregel lautet: „Wer das Gespräch eröffnet, wird gewinnen". Sie sollten deutlich und ruhig sprechen. Stellen Sie offene Fragen. Sie beginnen mit „w": was, wie, wo, wann usw.

Jeder Satz hat seine Melodie. Folglich sollten Sie Ihre Stimme entsprechend dieser Melodie heben und senken. Das macht Sie sympathisch.

Geben Sie dem Patienten durch Ihr Schweigen die Möglichkeit, seine Situation zu schildern.

Nehmen Sie die Informationen des Patienten wichtig. Damit schaffen Sie Vertrauen.

Bedenken Sie, dass jedes Gespräch der Beginn einer neuen Patientenbeziehung oder das Ende einer bestehenden Praxis-Patientenbeziehung sein kann.

aus: Die Arzthelferin, Ausgabe 6/2004, Seite 20, Iris Soboll: „Sprechen Sie auch Körpersprache?"

Praxis-tipp

Sind Sie mit der Kommunikation in Ihrem Praxisteam oder in Bezug auf die Patienten unzufrieden? Wenn ja, warten Sie nicht auf den großen Durchbruch, der diesen Zustand von heute auf morgen ändert. Machen Sie es wie die Japaner. Durchbrüche bestehen für sie in der Summe vieler kleiner Fortschritte. Sie nennen das „Kaizen". Es bedeutet ständige Verbesserung. Denn verbessern lässt sich immer etwas. Auch die Qualität von Kommunikationsprozessen.

Arbeitsaufträge

1. Was hat Natalia in der Situationsschilderung auf Seite 106 Ihrer Meinung nach richtig und gut und was hat sie schlecht und falsch gemacht? Wie hätten Sie sich in einer solchen Situation verhalten?
2. Nehmen Sie Stellung zu den Tipps in der Checkliste für professionelles Telefonieren.
   a) Was davon halten Sie für gut, was für weniger gut und was für wenig praxisnah?
   b) Welche eigenen Tipps können Sie hinzufügen?
3. Warum hängt die Frage der richtigen Kommunikation davon ab, um welche Patiententypen es sich handelt?
4. Welche Tipps haben Sie aus eigenen Erfahrungen darüber, wie man den richtigen Ton beim Umgang mit den Patienten trifft?

2 Um sie dreht sich alles

Patienten im Mittelpunkt ärztlicher Tätigkeit

2.1 Allein oder „Gemeinsamkeit macht stark“?

Praxisarten und Praxistypen

Moment mal ...

„Geh doch gleich zum Spezialisten“, sagt Heinz Neubier zu seinem Nachbarn, als sich dieser darüber beklagte, dass er bei der Gartenarbeit plötzlich einen Schmerz in der rechten Hüfte verspürt. „Quatsch“, entgegnet Karl Langlotz, „ich gehe zu meinen Hausarzt, der weiß Bescheid.“ „Und wenn der nicht mehr weiter weiß, dann schickt er dich ja doch zum Orthopäden“, antwortet ihm Nachbar Heinz und meint, dass er dann doch gleich in eine Praxisgemeinschaft gehen könne.

„Erstens denke ich, dass mein Hausarzt der beste ist und für mich immer die erste Adresse bleiben wird, und zweitens frage ich dich, ob du mir eine Praxis nennen kannst, wo ich nicht gleich bei einem Spezialisten bin, denn ich weiß doch noch gar nicht, was mir genau fehlt,“ hält ihm Karl wieder entgegen.

„Ja gut, ich bin in der Praxis von Dr. Michel, Damm und Metz, aber da ist kein Orthopäde mit drin - also nutzt es dir im Zweifelsfall nichts, denn die Metz ist zwar sehr nett, aber sie ist Kinderärztin“, antwortet Heinz mit einem verschmitzten Lächeln.

„Du bist ein guter Nachbar - redest viel und sagst doch nichts - ich gehe zu meinen Doktor, dabei bleibt es ...“, setzt Karl einen Schlusspunkt unter das Gespräch am Gartenzaun. Außerdem habe ich mich sowieso für das „Hausarztmodell“ meiner Krankenkasse entschieden.

Worum geht es in dem Gespräch der beiden, welchen Ratschlag gibt der Nachbar und warum kommt der Rat nicht an?

INFORMATION

Eine wichtige Anmerkung vorweg: Es besteht nach wie vor die freie Arztwahl für die Patienten. Im Rahmen der Gesundheitsreform wurde aber dennoch eine wichtige Änderung eingeführt: das **Hausarztmodell.**

LF 1 Kap. 11.2 Info 4 Seite 64

Für viele ältere Patienten ist dies nur die Rückkehr zu einer Praxis, die sie von früher kennen: Wer krank wird, soll zuerst zu seinem Hausarzt gehen und sich von diesem an einen Facharzt überweisen lassen, wenn dies gewünscht oder für erforderlich angesehen wird. Die gesetzlichen Krankenkassen sind ab 2004 mit § 73 des Sozialgesetzbuches dazu verpflichtet worden, ihren Versicherten eine qualitativ besonders hoch stehende hausärztliche Versorgung anzubieten.

Damit werden zwei Ziele verfolgt:

1. Die Qualität der medizinischen Versorgung von Patientinnen und Patienten wächst.
2. Unnötige finanzielle Belastungen des Gesundheitssystems werden verringert.

Die Idee:

- Doppeluntersuchungen werden weniger.
- Durch eine bessere Abstimmung und Beratung zwischen Haus- und Fachärzten wird die Zahl der planbaren Krankenhauseinweisungen herabgesetzt.
- Arzneimittel werden auch unter Beachtung von Wirksamkeit, Preis und Menge gezielter verordnet.
- Die Versorgung der Patienten erfolgt wohnort- und zeitnah.
- Patienten werden - wenn notwendig - ohne Umwege an die richtigen Fachärzte weiter geleitet.

Nicht jeder **Hausarzt** kann an dem Hausarztmodell teilnehmen. Dies ist an bestimmte **Qualitätskriterien** gebunden.

Dazu gehört u.a.:

- Ausrichtung der hausärztlichen Behandlung an Therapieformen, deren Wirksamkeit und Nutzen durch geeignete wissenschaftliche Studien (so genannte evidenzbasierten Leitlinien) nachvollziehbar belegt ist
- Verpflichtung zur Teilnahme an Qualitätszirkeln und Fortbildungsmaßnahmen (beispielsweise zu Schmerztherapien, Alterserkrankungen u.a.)
- Einführung eines praxisinternen Qualitätsmanagements
- Praxis-Mindestausstattung (medizinische Geräte, Datenverarbeitung)

Weitere Leistungen können von teilnehmenden Hausärzten wahlweise angeboten werden.

Und was haben die Patienten davon?

Die Versicherten sind an die Wahl des Hausarztes für mindestens ein Jahr gebunden. Für die Teilnahme sprechen mehrere Vorteile:

- Wegfall der Praxisgebühr
- reduzierte Zuzahlungen für Arzneimittel
- niedrigere Krankenkassenbeiträge

Entscheidend für die Patienten ist letztlich aber das Vertrauensverhältnis zu einem Arzt. Ein Teil der Vorteile fällt in **Praxisgemeinschaften** oder **Gemeinschaftspraxen** allein dadurch weg, dass hier die miteinander arbeitenden Ärzte auch ohne das Hausarztmodell schon stärker kooperierten als es in einer „normalen“ **Einzelpraxis** üblich und möglich ist.

Arbeitsaufträge

1. In der Eingangssituation wurde ein Gespräch geschildert, in dem es um die Frage der „richtigen“ Praxis ging. Ohne Zweifel wird diese Frage nur schwer zu beantworten sein. Versuchen Sie die jeweiligen Vor- und Nachteile der einzelnen Praxisarten aus der Sicht der Praxiseigner und der Sicht der Patienten zu beurteilen.
2. Erläutern Sie, was man unter dem „Hausarztmodell“ versteht.

2.2 Einer für alle – alle für einen

Arbeit im Praxisteam

Moment mal ...

Die Praxisgemeinschaft Dr. Michel/Dr. Damm/Dr. Metz hat einen guten Ruf, die Patienten- und Behandlungszahlen steigen stetig an. Die Patienten fühlen sich gut versorgt und sie geben in einer Umfrage, die man durchgeführt hat, auch zu verstehen, dass sie sich gut aufgehoben fühlen. Die Praxisatmosphäre wird ebenfalls gut beurteilt.

Aber hinter den Kulissen knistert es hin und wieder doch. Woran liegt das? Eigentlich sind alle zufrieden, das Team funktioniert und im Empfang der Praxisgemeinschaft läuft auch alles glatt.

Trotzdem: Waren es anfangs nur drei Medizinische Fachangestellte, so müssen sich jetzt fünf Mitarbeiterinnen den Arbeitsplatz im Empfangsbereich teilen und die drei Ärzte denken über die Einstellung einer weiteren Halbtagskraft nach ... Und die Ärzte ... sie arbeiten gut zusammen – das ist die eine Seite. Die andere besteht aber darin, dass sie sich immer öfter gegenseitig in den jeweiligen Behandlungszimmern besuchen, um die Meinung der Kollegen einzuholen. Da man dazu natürlich auch die Krankenakten braucht, ergibt dies ein ständiges Hin und Her hinter dem Rücken der Medizinischen Fachangestellten.

Patientenbefunde werden manchmal am Empfang besprochen. Dabei wird auch die eine oder andere Anweisung an die Mitarbeiterinnen erteilt. Währenddessen sind diese damit beschäftigt, zu telefonieren oder die am Tresen wartenden Patienten abzulenken.

„Wohin setzen wir die ... wir haben jetzt schon keinen Platz", ist die spontane Reaktion von Jasmin Stiller, als Dr. Michel eine eventuelle Neueinstellung mit den Mitarbeiterinnen besprechen will. Und sie setzt mit den Worten „Wenn wir in Ruhe so arbeiten könnten, wie es nötig ist, und nicht dauernd neue Anweisungen bekämen, dann bräuchten wir gar keine weitere Kraft ..." noch einen drauf ...

Welches Problem liegt hier vor? Ist es Ihrer Meinung nach nur ein Problem der Kommunikation oder geht es um mehr?
Welche Schlussfolgerungen würden Sie aus dieser Situationsdarstellung ableiten?

INFORMATION

Worauf ist der Konflikt in dem sonst gut funktionierenden Team von Ärzten und Mitarbeiterinnen zurückzuführen? Sind es nur menschliche Konflikte? Tatsache dürfte sein, dass es viele Ursachen gibt, aber auch ebenso viele Möglichkeiten, diese Probleme zu lösen.

INFO 1 Was ist ein Team?

Reicht es schon, wenn ein paar Menschen zusammenarbeiten, um von einem Team zu sprechen? Ist es schon (oder auch) ein Team, wenn gemeinsame Herausforderungen oder Probleme irgendwie gelöst werden? Oder kann man von einem Team erst dann sprechen, wenn Menschen mit unterschiedlichen Erfahrungen, unterschiedlichen Erwartungen und vielleicht sogar unterschiedlichen Motiven und Zielen zusammenarbeiten?

Ein gut funktionierendes Team ist mehr ...

- **Gute Teams brauchen eine gute Führung.**
Eine gute Chefin oder ein guter Chef sorgt vor allem durch das eigene Verhalten und die Übernahme der eigenen Verantwortung für eine angenehme Arbeitsatmosphäre, sodass sich ein Teamgedanke entwickeln kann. Dazu gehört, dass sie/er das Team kompetent führt und die persönlichen Werte der einzelnen Teammitglieder respektiert und in die Arbeit einbezieht. Die Meinungen der Teammitglieder werden akzeptiert. Ob sie umgesetzt werden können oder nicht, spielt erst an zweiter Stelle eine Rolle. Kreativität in einem Team kann nur entstehen, wenn neue Ideen zugelassen werden.
Aber Achtung:
Sobald eine neue Idee eingebracht ist, ist sie für den weiteren Prozess nicht mehr die Idee eines Einzelnen. Egal, von wem sie kam - es ist ab sofort Teamsache!

- **Gute Teams brauchen „gute Werkzeuge".**
Werkzeuge sind nicht nur auf die technische Ausstattung der Arztpraxis begrenzt. Neben dieser ohne Zweifel für eine gute Arbeit wichtigen „Hardware" geht es auch um die „Software". Ein gutes Team arbeitet gut zusammen und hat in den unterschiedlichsten Situationen das nötige Gespür für das richtige Verhalten. In einem guten Team denkt jeder für den anderen mit. Das setzt voraus, dass es gemeinsame Standards gibt, nach denen man sich richtet und die für die gesamte Praxis gelten.

- **Gute Teams brauchen eine gute Praxiskultur.**
Jedes Teammitglied muss wissen, wo die gemeinsame Zielsetzung der Praxisarbeit liegt. Eine Praxisphilosophie ist mehr als eine vorübergehende Modeerscheinung. Im Mittelpunkt der Praxisarbeit stehen die Patienten und deren Versorgung. Daran darf es im Team keinen Zweifel geben. Ein Team zeichnet sich auch durch eine intensive Loyalität und gegenseitige Unterstützung aus. Niemand muss alles können. Je vielfältiger und unterschiedlicher die Talente sind, die zusammenwirken, desto mehr profitieren alle davon.
Auch das gehört dazu:
Konflikte werden gelöst und nicht ausgesessen. Eine offene und partnerschaftliche Zusammenarbeit fördert den konstruktiven Umgang mit Kritik.

- **Ein gutes Team ist nie am Ziel.**
Trägheit kann ansteckend wirken und den Praxisprozess lähmen. Ein geeignetes Gegenmittel ist, dass die Leistungsbereitschaft sichtbar gefördert wird. Ein gutes Team bringt seine Arbeit zu Ende. Motto: **„Das Glas ist immer halb voll".**
Zielorientiert arbeiten:
  - *Ziele werden nicht nur gesagt, sondern auch schriftlich formuliert. Nur das, was schwarz auf weiß geschrieben steht, ist letztlich bindend. Niemand ist Hellseher, deshalb muss man über Dinge, die man ändern möchte, auch reden.*
  - *Zielabweichungen werfen nicht zurück, sie bringen das Team voran. Je früher erkannt wird, dass ein Weg eine Sackgasse ist, desto besser ist es. Dies erfordert eine hohe Aufmerksamkeit, aber auch das Gespür dafür, dass eine regelmäßige Kontrolle ein positives Zeichen für eine funktionierende Teamarbeit ist und keine persönliche Überwachung darstellt.*

Text in zusammenfassender Anlehnung an: Katrin Rinke: Einer für alle und alle für einen: Die Arbeit im patientenorientierten Praxisteam. In: Quintessenz - Teamjournal 35 (2005) Seite 155 - 159

INFO 2 Stolpersteine entdecken – der „Teamcheck“

Fast immer sind es die Kommunikationsprobleme, die in einem Team Schwierigkeiten verursachen und Konflikte auslösen. Oft ist man sich der Situation gar nicht bewusst. Um die Stolpersteine zu entdecken, die der Teamarbeit im Wege liegen, kann eine Analyse der „Ist-Situation“ hilfreich sein:

Nr.	**Das beschreibt die Situation in unserer Praxis**	stimme ich nicht zu	stimme ich eher nicht zu	stimme ich eher zu	stimme ich zu
1	Der Chef ist in der Lage, auf die Fähigkeiten und das Engagement der einzelnen Teammitglieder einzugehen.				
2	Wird ein Konflikt gelöst, dann ist das Thema auch vom Tisch.				
3	Unsere Teambesprechungen sind sorgfältig vorbereitet und effektiv.				
4	Aus abweichenden Meinungen erwächst kein Nachteil.				
5	Jeder im Team ist engagiert.				
6	Alle tragen die gemeinsamen Ziele.				
7	Das Team ist in Entscheidungen eingebunden.				
8	Konflikte werden schnell und konstruktiv gelöst.				
9	Anerkennung und Kritik stehen in einem angemessenen Verhältnis.				
10	Einige im Team haben Nachholbedarf bei Weiterbildungen.				
11	Wir pflegen unser Team.				
12	Die Arbeit im Team hat auch persönlich einen hohen Wert.				
13	Wir haben gemeinsame Ziele, die uns motivieren.				
14	Das Eingestehen von Fehlern ist keine Schwäche, sondern eine positive Eigenschaft.				
15	Wir führen offene und ehrliche Gespräche.				
16	Jeder weiß, welchen Beitrag er zum Erfolg der Praxis leistet.				
17	Persönliche Entwicklung wird gefördert und gefordert.				
18	Die inhaltliche Auseinandersetzung steht im Vordergrund, nicht Macht oder Recht zu behalten.				
19	Ich arbeite gerne in meinem Team.				

aus: Katrin Rinke: Einer für alle und alle für einen: Die Arbeit im patientenorientierten Praxisteam. In: Quintessenz - Teamjournal 35 (2005) Seite 155 - 159

Arbeitsaufträge

1. Im Team spielen alle mit, ganz gleich, ob es der Chef oder die Auszubildende ist. Erst wenn man sich der eigenen Rolle und der eigenen Ziele bewusst ist, kann man sich auch entsprechend in die Teamarbeit einbringen. Fassen Sie in eigenen Worten zusammen, was man unter einem funktionierenden Praxisteam versteht.
2. Was hätte Ihrer Meinung nach getan werden müssen, um das, was in der Eingangssituation geschildert wurde, zu vermeiden?
3. Wie verhalten Sie sich, wenn im Wartezimmer neben älteren Patienten auch eine Mutter mit einem kleinen Kind sitzt, welches drauf und dran ist den Wartebereich zu einem Spielplatz umzugestalten, ohne dass die Mutter etwas dagegen tut? Die anderen Patienten reagieren zunehmend genervt und sind schon zu Ihnen an den Empfangsbereich gekommen und haben sich beschwert.
4. Die beste und modernste Praxis bringt nichts, wenn dort nicht auch das richtige Personal mit den passenden menschlichen Eigenschaften und dem richtigen Gespür für die Belange der Patienten arbeitet. Versuchen Sie einmal die Merkmale einer guten Mitarbeiterin in einer Arztpraxis zu charakterisieren.

		sehr wichtig	schon wichtig	eher unwichtig	völlig unwichtig
1	organisatorisches Talent				
2	Verständnis für Kinder und alte Menschen				
3	Hilfsbereitschaft gegenüber den Patienten				
4	gepflegtes Äußeres, adrette und saubere Kleidung				
5	Verschwiegenheit				
6	gute kaufmännische Kenntnisse				
7	Ausgeglichenheit, stets gut gelaunt				
8	Interesse für politische Ereignisse				
9	Einfühlungsvermögen in die Probleme der Patienten				
10	Mitleid mit Patienten mit schmerzhaften Verletzungen				
11	Durchsetzungsvermögen				
12	Zuverlässigkeit in der Arbeitserledigung				
13	dezentes Make-up, kein Piercing u. Ä.				
14	Loyalität gegenüber dem Arzt				
15	Teamfähigkeit im Mitarbeiterkreis				
16	gute medizinische Kenntnisse				
17	Bereitschaft zu flexibler Arbeitszeit und zu Überstunden				
18	gutes Aussehen, angenehme Stimme				
19	Bereitschaft zur Fortbildung				

3 Alles geregelt
Grundlagen der Rechtsordnung Was steht wo?

3.1 Gewohnheits-, Zivil- und Strafrecht

Moment mal ...

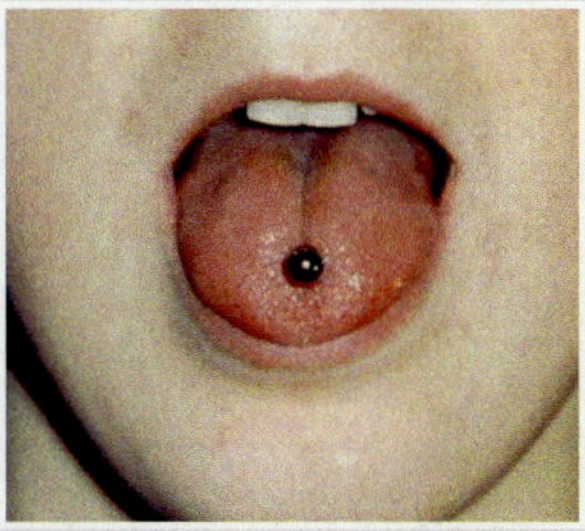

Die 17-jährige Michaela Gruber war von Kindesbeinen an Patientin bei der Kinderärztin Dr. Metz. Als Jugendliche konsultierte sie Dr. Michel. Eines Tages meldet sie sich in der Praxis an und will nur einen Rat. Was ist passiert? Michaela ist begeistert von einem Zungenpiercing und hat schon mehrfach bei Dr. Michel nachgefragt, ob sie dies auch bei ihm machen lassen könne. Dr. Michel hat abgelehnt und mit Michaela über die gesundheitlichen Risiken gesprochen, die mit einem solchen Eingriff verbunden sind.

Jetzt kommt Michaela von einer Klassenfahrt zurück und ist todunglücklich. Sie hat dort ein Zungenpiercing anbringen lassen und nun hat sich offenbar eine Infektion gebildet. Jedenfalls ist die Zunge geschwollen und entzündet. Dr. Michel entfernt das Piercing umgehend, doch die Zunge bleibt entzündet. Auch nach längerer Zeit hat Michaela immer noch ein taubes Gefühl.

Sie erzählt Dr. Michel, dass sie sich das Piercing in einer anderen Arztpraxis habe anbringen lassen. Ihre Eltern hätten davon nichts gewusst, aber jetzt wüsste sie nicht mehr, was sie tun solle.

Welche rechtlichen Fragen stoßen hier aufeinander?

INFORMATION

In diesem Fall geht es um mehrere Fragen.

- Die Patientin ist noch minderjährig und der Eingriff wurde bei ihr auf ihren besonderen Wunsch (Auftrag) vorgenommen, ohne dass die Zustimmung der Erziehungsberechtigten vorlag.
- Es handelte sich um einen ärztlichen Eingriff mit negativen Auswirkungen auf die Gesundheit, die in die Nähe einer körperlichen Verletzung rücken.

Die Frage ist, ob der Behandlungsvertrag ordnungsgemäß zustande kam und was die Patientin oder ihre Eltern eventuell unternehmen können.

INFO 1 Rechtsquellen

Das Zusammenleben von Menschen hat zu allen Zeiten und für nahezu alle Lebenslagen Regeln erfordert. Gewohnheit, Brauch und Sitte haben sich im Laufe der Jahrhunderte entwickelt. Dabei taucht die Frage nach Recht und Gerechtigkeit im Alltagsleben ebenso wie am Arbeitsplatz immer wieder auf.

Rechtsvorschriften bestehen auf verschiedenen Ebenen und in vielfältigen Formen. Sie sind meist niedergelegt in Gesetzen, Verordnungen, Satzungen usw. Daneben gibt es auch noch das Gewohnheitsrecht. Es ist gewachsenes Recht und entsteht aufgrund längerer Ausübung und/oder Duldung bestimmter Verhaltensweisen. Es kann geschriebenes Recht ersetzen, ist aber sehr stark vom subjektiven Empfinden abhängig.

Die Gesamtheit aller in einem Staat gültigen Rechtsvorschriften bezeichnet man als die **Rechtsordnung.** Sie ist nicht starr, sondern verändert sich, passt sich an veränderte Voraussetzungen und an ein sich änderndes Rechtsempfinden der Gesellschaft an. Eine Rechtsordnung muss aber andererseits auch zu einer Rechtssicherheit führen, d. h. dass der Einzelne einschätzen kann, wie seine Handlung rechtlich bewertet wird.

INFO 2 Straf- und Zivilrecht

Das **Strafrecht** ist Teil des öffentlichen Rechts, während das Zivilrecht zum Privatrecht gehört. Das bedeutet, dass bei strafrechtlichen Tatbeständen der Staat (über den Staatsanwalt) Anklage erhebt (z. B. bei Tötungsdelikten), während ein **Zivilprozess** die Klage einer Privatperson voraussetzt.

Zivilrecht	Strafrecht
Privatrecht ist so genanntes „nachgiebiges" Recht, d. h., die Verhandlungspartner können Vereinbarungen selbst festlegen. Im Streitfall werden Gerichte nur dann aktiv, wenn sie angerufen werden, d. h., eine der Parteien muss Klage gegen die andere erheben. Wenn kein öffentliches Interesse oder eine Straftat vorhanden ist, wird der Staatsanwalt von sich aus nicht tätig. Nach dem Motto „Wo kein Kläger ist, ist kein Richter" werden viele Streitigkeiten auf privater Ebene auch außergerichtlich erledigt. Werden Gerichte eingeschaltet, kann die Verurteilung des Schuldigen von der Aufforderung zur Unterlassung (z. B. bei Beleidigungen) bis zu Geldstrafen gehen.	Das Strafrecht umfasst alle Maßnahmen, die der Staat gegen Straftäter, d. h. gegen die Zuwiderhandlungen von Gesetzen, ergreift. Straftaten werden vom Staat verfolgt. Die Bürger haben nur bei bestimmten Fällen mit Privat- oder Nebenklagen Einfluss auf die Strafverfolgung. Strafbare Handlungen werden unterschieden in: • **Übertretungen** und • **Vergehen oder Verbrechen.** Die Folgen sind Freiheits- oder Vermögensstrafen und evtl. Nebenstrafen (wie z. B. Aberkennung der bürgerlichen Ehrenrechte).

Körperverletzung nach § 823 BGB

(Hinweis: Körperverletzung kann auch ein Straftatbestand sein, der nicht zivil-, sondern strafrechtlich verfolgt wird)

1	**Tatbestand**	Anbringen eines Zungenpiercings, Schönheitsoperation
2	**Rechtfertigungsgrund**	ausdrücklicher Wunsch der Patientin, die Behandlung durchzuführen
3	**Schuldhaftes Verhalten**	Arzt musste wissen, dass die Schülerin minderjährig war und die Behandlung nicht ohne Zustimmung der Eltern durchgeführt werden durfte.

Ein Arzt hat sich strafbar gemacht, wenn er den Tatbestand der entsprechenden Vorschrift (§ 823 BGB) schuldhaft erfüllt und keine Rechtfertigungsgründe vorliegen. Dann steht dem Verletzten auch Schadensersatz und Schmerzensgeld zu.

aus: www.finanztip.de/web/lawcare/patientenleitfaden03.htm.

Arbeitsaufträge

1. Welche rechtlichen Fragen stoßen in der Schilderung des Eingangsfalles aufeinander?
2. Wie beurteilen Sie die Möglichkeiten von Michaela (siehe „Moment mal ..." Seite 117), in ihrer Sache etwas zu unternehmen und was könnte sie konkret tun?
3. In nachfolgendem Textauszug wird auf die Beweispflicht bei ärztlichen Kunstfehlern eingegangen.
4. Meldet ein Patient Anspruch auf Schadensersatz und Schmerzensgeld wegen eines ärztlichen Kunstfehlers an, so liegt die Beweislast auf der Seite des Arztes. Nach einer Entscheidung des Bundesgerichtshofs vom April 2004 muss die so genannte Beweislastumkehr in Arzthaftungsprozessen grundsätzlich patientenfreundlich gehandhabt werden.

   Unter bestimmten Umständen muss daher nicht der klagende Patient beweisen, dass ein Behandlungsfehler zu dem erlittenen Schaden geführt habe. Vielmehr müsse der Mediziner den Nachweis führen, dass es keinen ursächlichen Zusammenhang zwischen der Behandlung und dem eingetretenen gesundheitlichen Schaden gebe. Dies gilt immer dann, wenn bereits klar ist, dass dem Arzt ein grober Behandlungsfehler unterlaufen ist. Dabei reicht es aus, dass der Fehler geeignet ist, den Schaden herbeizuführen, selbst wenn dies einigermaßen unwahrscheinlich ist.

   www.mdr.de/ratgeber/aktuelle-urteile/1594281.html

   Welche Bedeutung hat diese Rechtslage allgemein und was könnte sich daraus für den vorliegenden Fall ableiten lassen?
4. Welche Rechtsquellen unterscheidet man?
5. Worin liegt der Unterschied zwischen öffentlichem und privatem Recht?
6. Was versteht man unter Zivil- und Strafrecht?
7. Erläutern Sie den Inhalt von § 823 BGB und versuchen Sie in einer allgemeingültigen Form zu erklären, wann bei einem Arzt ein „schuldhaftes Verhalten" vorliegt. Untersuchen Sie dabei auch folgende Beispielsituationen:
   - Ein Arzt verweigert einem Patienten, der die Praxisgebühr noch nicht bezahlt hat, die Behandlung einer blutenden Wunde.
   - Ein Patient verklagt seinen Hausarzt, weil ihn dieser zu einer Grippeimpfung überredet habe, die dann zu einer allergischen Reaktion führte.
   - Vor einer Einweisung in das Krankenhaus vergisst der Arzt, den Patienten darauf hinzuweisen, dass er das blutverdünnende Medikament „Marcumar" einige Tage vorher absetzen müsse. Die Operation kann erst nach einer Woche durchgeführt werden. Der Patient klagt wegen des Verdienstausfalles.
   - Bei einer Schönheitsoperation wird ein Gesichtsmuskel verletzt. Die Folgen sind deutlich sichtbar.
   - Eine tiefe Schnittwunde muss genäht werden. Nach einigen Wochen beschwert sich der Patient, dass man die Narbe noch sehen könne, weil der Arzt hier eine unfachmännische Arbeit geleistet habe.
   - Eine junge Frau wird trotz regelmäßiger Einnahme einer vom Arzt verordneten Anti-Baby-Pille schwanger. Sie geht davon aus, dass die Untersuchung des Hormonspiegels durch den Arzt fehlerhaft war und demzufolge die Pille nicht richtig dosiert war. Die junge Frau will Schadenersatz.
   - Weil der Arzt einem 17-jährigen Mädchen die Pille verschreibt, ohne dass die Eltern dies genehmigt haben, wird der Arzt verklagt. Grund: Die äußerst religiöse Familie hält das Keuschheitsgebot aus ihrem muslimischen Glauben heraus für unabdingbar.

3.2 Wer darf was?

Willenserklärungen und Geschäftsfähigkeit

Moment mal ...

Die 17-jährige Lale Turgut befindet sich im letzten Ausbildungsjahr bei Dr. Damm. Sie erhält pro Monat 435,00 € Ausbildungsvergütung. Obwohl sie noch zu Hause wohnt, muss sie ihren Eltern kein Geld abgeben.

Lale glaubt, dass sie mit ihrem selbst verdienten Geld machen kann, was sie will. Ihre Eltern kontrollieren dies im Normalfall auch nicht. Das Einzige, was sie ihr zu Beginn der Ausbildung gesagt haben, war, dass sie sparsam sein solle.

Lale kommt eines Tages nach Hause und erzählt, dass sie von ihrem selbst verdienten Geld zusammen mit ihrer Freundin einen Urlaub in die Dominikanische Republik für 895,00 € gebucht hat, glauben ihr das die Eltern zunächst nicht. Als Lale aber noch ergänzt, dass sie ihrer Freundin 200,00 € Kredit gegeben hat, damit diese mitfliegen kann, ist das gute Verhältnis zu ihren Eltern plötzlich gestört.

„Die sind förmlich ausgerastet", erzählt Lale ihrer Freundin. „Dabei können sie mir doch gar nichts verbieten, denn es ist mein Geld, das ich ganz alleine verdient habe. Damit bin ich geschäftsfähig!"

Wie stellt sich die Situation aus Ihrer Sicht rechtlich und menschlich dar?

INFO 1 Rechtsfähigkeit

Unter Rechtsfähigkeit versteht das Gesetz die Fähigkeit einer Person, Träger von Rechten und Pflichten zu sein. Die Rechtsfähigkeit ist eine Voraussetzung, um überhaupt Geschäfte abschließen zu können. Während die Rechtsfähigkeit von natürlichen Personen (Menschen) mit der Geburt beginnt und mit dem Tod endet, wird sie für juristische Personen (z. B. Unternehmen, wie GmbHs, AGs) erst durch einen besonderen Rechtsakt geschaffen (Eintragung in das jeweilige Register = konstitutive Wirkung).

INFO 2 Geschäftsfähigkeit

Juristische Personen sind immer geschäftsfähig. Bei natürlichen Personen hängen Art und Umfang der Geschäftsfähigkeit von verschiedenen Faktoren, insbesondere aber vom Alter und dem Geisteszustand ab. Zum Schutz vor unüberlegten Handlungen und vor Übervorteilung dürfen nur solche Personen Rechtsgeschäfte selbstständig abschließen, die das entsprechende Maß an Geschäftsfähigkeit besitzen:

- **Unbeschränkte Geschäftsfähigkeit**
  Personen, die das 18. Lebensjahr vollendet haben und bei denen keine sonstigen Gründe für eine Geschäftsunfähigkeit vorliegen (z. B. Geistesgestörtheit, Entmündigung).

- **Beschränkte Geschäftsfähigkeit**
  Personen zwischen dem vollendeten 7. Lebensjahr und vor Vollendung des 18. Lebensjahres, sofern keine anderen Gründe für eine Geschäftsunfähigkeit vorliegen.
  Eigenständige Anschaffungen sind nur mit dem Geld möglich, welches von den Erziehungsberechtigten zur freien Verfügung überlassen und bar bezahlt wurden. „Leistung mit eigenen Mitteln“ (früher: „Taschengeldparagraf“):

- **Geschäftsunfähigkeit**
  Kinder unter 7 Jahren und Personen, bei denen die freie Willensbildung durch dauernde Geistesstörung unterbunden ist. Auch von dem eigenen Taschengeld sind keine eigenständigen Anschaffungen möglich.

Mit den Stufen der Geschäftsfähigkeit sollen die minderjährigen Verbraucher (aber auch deren Eltern oder Erziehungsberechtigte) vor Übervorteilungen und unüberlegten Handlungen, deren Tragweite sie noch nicht absehen können, geschützt werden.

Auch wenn in der Praxis zum Teil sehr unterschiedlich vorgegangen wird, gilt, dass **jedes mit einem Geschäftsunfähigen abgeschlossene Geschäft nichtig,** als wäre es gar nicht geschlossen, ist. **Jedes mit einem beschränkt Geschäftsfähigen abgeschlossene Geschäft ist dagegen schwebend unwirksam**. Sind die Erziehungsberechtigten gegen den Vertrag, so wird dieser nichtig. Im Zweifelsfalle trägt der Verkäufer die Verantwortung und evtl. Kosten für Geschäfte, die aus diesen Gründen nicht ordnungsgemäß zustande gekommen sind.

In den folgenden Fällen darf aber eine beschränkt geschäftsfähige Person **Rechtsgeschäfte** auch **ohne Zustimmung** abschließen und zwar:

- Verträge, die ausschließlich einen rechtlichen Vorteil bringen; Beispiel: Annahme eines Geschenks ohne Gegenleistung (Geldverwendung ist damit nicht erfasst).
- Verträge, die nur mit den eigenen Mitteln erfüllt werden; die Höhe spielt dabei keine Rolle, das Geld muss aber dem beschränkt Geschäftsfähigen zur freien Verfügung stehen.
- Verträge, die im Zuge eines Arbeits- oder Ausbildungsverhältnisses (welches mit Zustimmung der Erziehungsberechtigten eingegangen wurde) abgeschlossen werden. So darf eine minderjährige Auszubildende kündigen, ohne die Erziehungsberechtigten um Erlaubnis zu bitten.

(UN)WIRKSAMKEIT VON WILLENSERKLÄRUNGEN

Geschäftsunfähige	beschränkt Geschäftsfähige	Geschäftsfähige
Willenserklärungen sind **ungültig** (nichtig).	Willenserklärungen sind **schwebend unwirksam.** Sie können von den Erziehungsberechtigten widerrufen werden.	Willenserklärungen sind **wirksam,** sofern keine anderen Gründe entgegenstehen.

INFO 3 Formen der Willenserklärungen

Die Vertragsfreiheit lässt Raum für viele Arten, wie Willenserklärungen abgegeben werden. Am häufigsten dürften im privaten Bereich die Willenserklärungen vorkommen, die gar nicht ausdrücklich, sondern durch einfaches Handeln erfolgen. Ganz gleich, ob beim Einkauf im Supermarkt, an der Tankstelle oder durch einen Wink an der Theke - es handelt sich immer wieder um Willenserklärungen, bei denen oft nicht ein einziges Wort verloren und schon gar nichts geschrieben wird, und trotzdem sind sie gültig.

Übersicht über die Arten der Willenserklärungen:

Schlüssiges (konkludentes) übereinstimmendes Handeln

Das Verhalten muss hierbei klar erkennbar geäußert werden.

Beispiele für ein solches Handeln:

- Kauf von Waren aus einem Automaten
- Entnahme eines am Empfangstresen der Artzpraxis ausgestellten Blutdruckmessgerätes und Bezahlung
- Befolgen der Aufforderung, zur Behandlung zu kommen
- Einschieben einer Geld- oder EC-Karte und Drücken der Bestätigungstaste

Schweigen

Verträge können auch dadurch zustande kommen, dass eine Seite ein Angebot unterbreitet und das Schweigen („Nichtreaktion") der anderen Seite nicht als Ablehnung, sondern als Zustimmung betrachtet.

Solche Verträge gelten aber nur dann als zustande gekommen, wenn es sich um regelmäßige Geschäftsbeziehungen handelt.

Beispiel: Die Arztpraxis bezieht regelmäßig montags von einer Apotheke Verbandmaterialien. Hier kann auch geliefert werden, ohne dass jedesmal eine eigene Bestellung vorauszugehen hätte.

Ausdrückliche Äußerung

mündlich

- persönliches Gespräch
- Telefon

schriftlich

- Brief
- Fax

elektronisch

- E-Mail
- Internet

INFO 4 Rechtswirksamkeit von Willenserklärungen

Generell gilt für die Abgabe von Willenserklärungen zwar das Prinzip der Vertragsfreiheit. Aber insbesondere der **Schutz der Verbraucher** hat doch eine Reihe von Einschränkungen zur Folge:

Freiheiten im Vertragsrecht	Einschränkungen der Gleichgültigkeit von Willenserklärungen	Rolle des Vertragspartners
	Nichtig sind alle Verträge von und mit geschäftsunfähigen Vertragspartnern.	**Geschäftsunfähig:** Jeder Mensch bis zur Vollendung des 7. Lebensjahres und Menschen, bei denen die freie Willensbildung durch eine dauernde Geistesstörung unterbunden ist.
Abschlussfreiheit Wenn nicht gegen geltendes Recht verstoßen wird, kann jeder Geschäftsfähige Verträge schließen, mit wem er will.	Rechtsgeschäfte mit beschränkt Geschäftsfähigen bedürfen der Zustimmung des gesetzlichen Vertreters. Aber alle Rechtsgeschäfte sind gültig, die - auf Anweisung, d. h. mit einer Vollmacht, vorgenommen wurden, - mit eigenen Mitteln bezahlt werden (früher: „Taschengeldparagraf") Achtung: Darunter fallen keine Ratenverträge o. Ä.! - keine Verpflichtungen, sondern nur einen rechtlichen Vorteil beinhalten, - im Rahmen und/oder in der unmittelbaren Folge eines mit Zustimmung der Erziehungsberechtigten abgeschlossenen Arbeits- oder Ausbildungsverhältnisses getätigt werden.	**Beschränkt geschäftsfähig:** Jeder Mensch vom vollendeten 7. bis vor Vollendung des 18. Lebensjahres und Menschen, die wegen Trunk-, Verschwendungssucht oder einer psychischen Erkrankung nur eingeschränkt handlungsfähig sind und Personen, die unter vormundschaftlicher Fürsorge und Betreuung stehen.
Inhaltsfreiheit Wenn nicht gegen geltendes Recht verstoßen wird, können die Inhalte von Verträgen frei ausgehandelt werden.	**Nichtig** sind Verträge, die nur aus Scherz, zum Schein, im Zustand der vorübergehenden Störung der Geistestätigkeit abgeschlossen wurden oder die gegen ein Gesetz bzw. die guten Sitten verstoßen und/oder die Notlage eines Vertragspartners in unzulässiger Weise ausnutzen.	• **Scherzgeschäfte,** bei denen für jedermann klar sein müsste, dass eine Willenserklärung nicht ernst gemeint sein kann, • **Scheingeschäfte,** deren Inhalt der Erreichung eines ganz anderen Zweckes dient.

Fortsetzung

Inhaltsfreiheit

Wenn nicht gegen geltendes Recht verstoßen wird, können die Inhalte von Verträgen frei ausgehandelt werden.

Anfechtbar sind Verträge, die aufgrund eines offensichtlichen Irrtums, einer arglistigen Täuschung oder einer widerrechtlichen Drohung zustande gekommen sind.

- **Irrtum in der Erklärung** (z. B. Tippfehler, Versprecher beim Telefonieren usw.)
- **Irrtum im Inhalt** (z. B. Edelstahl statt Kunststoff)
- **Irrtum in der Übermittlung** (z. B. wenn eine Sachbearbeiterin am Telefon einen falschen Preis angibt)
- **Arglistige Täuschung** (z. B. Verheimlichung eines Unfallschadens)
- **Widerrechliche Drohung** (z. B. Androhung von Gewalt)

Formfreiheit

Grundsätzlich können Verträge mündlich, schriftlich oder sogar nur durch übereinstimmendes Handeln zustande kommen.

In Einzelfällen ist aber eine bestimmte Form vorgeschrieben.

Formvorschriften	Anwendungsbereiche
Schriftform, d. h., eine nur mündlich abgegebene Willenserklärung, ist nichtig.	• Kündigungen • Testamente • Mietverträge, die länger als ein Jahr laufen • private Bürgschaftserklärungen
Öffentliche Beglaubigung, d. h., ohne die Bestätigung der Echtheit der Unterschrift(en) der Vertragspartner ist eine Willenserklärung nicht gültig.	• Anmeldungen in das Handelsregister • Nichtannahme einer Erbschaft
Öffentliche Beurkundung, d. h., dass nicht nur die Unterschrift beglaubigt, sondern der Inhalt eines Schriftstückes bzw. Verhandlungsgegenstandes bestätigt wird. Erklärungen sind erforderlich, dass - die Beteiligten vor dem Notar erschienen, - die in der Urkunde gemachten Erklärungen von ihnen abgegeben wurden, - der Inhalt verlesen, - die Willenserklärungen durch ihre Unterschrift bestätigt wurden.	• Grundstückskaufverträge • Eintragung einer Hypothek • Erbschaftsvertrag

INFO 5 Gegenstände des Rechtsverkehrs

Rechtssubjekte → **Personen**

Natürliche Personen
Die Personeneigenschaft liegt von Geburt an vor.

Juristische Personen
Eingetragene Vereine und Kapitalgesellschaften werden erst durch die Gründung und Registereintragung zu Personen.

Privatrecht	Öffentliches Recht
• rechtsfähige (eingetragene) Vereine - nichtwirtschaftliche oder ideelle Vereine, z. B. Sport-, Gesangs-, Geselligkeitsvereine - wirtschaftliche Vereine in Form von handelsrechtlichen Gesellschaften, z. B. AG, GmbH, Genossenschaft • Stiftungen von Einzelpersonen oder Vereinen, z. B. Stiftung Volkswagenwerk, Bertelsmannstiftung	• Körperschaften des öffentlichen Rechts, z. B. Bund, Länder, Gemeinden, Ortskrankenkassen, Zahnärztekammer • Anstalten des öffentlichen Rechts, z. B. Universitäten, Hochschulen, Schulen, Bibliotheken, Rundfunk- und Fernsehanstalten, Strafanstalten, Kreissparkassen • staatliche Stiftungen, z. B. Studienstiftung des Deutschen Volkes, Stiftung Preußischer Kulturbesitz

Rechtsobjekte → **Sachen**

- unbewegliche Güter (Immobilien)
- bewegliche Güter

→
- vertretbare/fungible Gegenstände (Gattungswaren, bei denen ein Stück durch ein beliebiges anderes Stück ersetzt werden kann)
- nicht vertretbare Gegenstände bzw. Einzelstücke

Rechtsobjekte → **Rechte**

- alle „nicht dinglichen Gegenstände" wie z. B. Patente, Lizenzen, Wegerechte, Nutzungsrechte, Eigentumsrechte usw.

Arbeitsaufträge

1. Was unterscheidet natürliche von juristischen Personen?
2. Wann erlangen natürliche und juristische Personen ihre Rechtsfähigkeit?
3. Worin unterscheidet sich die Geschäftsfähigkeit von der Rechtsfähigkeit?
4. Welche Stufen der Geschäftsfähigkeit unterscheidet man?
5. Warum gibt es in der Geschäftsfähigkeit Beschränkungen?
6. Wie beurteilen Sie die Frage, wer in der Ausgangssituation im Recht ist?
7. Erörtern Sie, inwieweit Theorie und Praxis bezüglich der Anwendung und Überprüfung der Geschäftsfähigkeit vor dem Abschluss von Verträgen im täglichen Leben in Einklang zu bringen sind.
8. Welche verschiedene Arten der Abgabe von Willenserklärungen unterscheidet man?
9. Was besagen die Begriffe „Abschluss-, Inhalts- und Formfreiheit"?
10. Versuchen Sie sich einmal in einem Rollenspiel:

    Ein 5-jähriges Mädchen kauft sich am Kiosk ein Eis für 0,80 €. Als es nach Hause kommt, schimpft die Mutter, weil das Mädchen wegen einer vorhandenen Neurodermitis eigentlich kein Eis essen darf. Die Mutter geht entrüstet zum Kioskbesitzer und droht ihm an, dass er dafür haften müsse, wenn das Kind nun wieder einen Krankheitsschub bekäme. „Für Geld machen Sie alles und setzen sogar die Gesundheit meiner Tochter aufs Spiel", ergänzt sie. Er wisse doch schließlich genau, dass er der geschäftsunfähigen Kleinen kein Eis verkaufen dürfte. In jedem Fall wolle sie das Geld dafür zurückhaben. Der Kioskbesitzer entgegnet, dass solche Geschäfte doch heute völlig normal seien und weist den Vorwurf der Bereicherung zurück.

    Versetzen Sie sich (in Gruppen) in die Rollen der Mutter und des Kioskbesitzers. Überlegen Sie sich Argumente und eröffnen Sie nach ca. 5 Minuten die Diskussion. Hinweis: Sie benötigen sicherlich eine Diskussionsleitung. Wählen Sie jemanden aus Ihrer Mitte.
11. Alles schriftlich zu machen ist unmöglich, aber jede mündliche Vereinbarung beinhaltet das Problem der Beweisführung. In übertragener Form gilt dies auch für den Praxisbetrieb, denn auch hier wird im Prinzip nur dann gehandelt, wenn die Willenserklärung des Patienten mit dem, was der Arzt tun will, übereinstimmt.

    Zeigen Sie an einigen Beispielen die Gemeinsamkeiten, aber auch die Unterschiede im Rechtsverkehr der Arztpraxis gegenüber dem täglichen Rechtsverkehr.
12. Ein Privatpatient fühlt sich arglistig getäuscht, weil er vor der Behandlung rund 45 Minuten warten musste. Unter dieser ihm vorher nicht bekannten Bedingung wäre er nicht in die Praxis gekommen, sondern er hätte einen anderen Arzt aufgesucht. Mit den Worten: „Die Liquidation können Sie sich sparen, ich werde sie nicht bezahlen", verabschiedet er sich nach der Behandlung.
    a) Was versteht man allgemein unter einer arglistigen Täuschung?
    b) Wie sehen Sie in diesem speziellen Fall die Rechtslage?

4 Was ist, wenn ...?

Rechtsgrundlagen der vertraglichen Beziehung zwischen Arzt und Patient

4.1 Nur selten schriftlich ...

Der Behandlungsvertrag

Moment mal ...

Die 24-jährige Madeleine Schnitzer stürzt mit dem Fahrrad so unglücklich, dass sie mit dem Kopf auf der Borsteinkante aufschlägt und sich dabei verletzt. Ein Fußgänger leistet erste Hilfe. Gleichzeitig läuft ein anderer Passant in die gegenüberliegende Praxis von Dr. Michel und informiert dort die Medizinische Fachangestellte Olga Beier, die normalerweise am Empfang sitzt und gerade einen Patienten zur Blutentnahme begleitet.

Kurze Zeit später wird die verunglückte Radfahrerin in die Praxis gebracht. Olga Beier versorgt sofort die blutende Wunde am Kopf. Ein paar Minuten danach kommt Dr. Michel und schaut sich den Fall genauer an. „Verdacht auf Gehinerschütterung", diagnostiziert er.

„Bitte messen Sie den Blutdruck, die Patientin sieht sehr blass aus und hat kalten Schweiß auf der Stirn. „Machen Sie auch gleich ein EKG, damit wir wissen, was mit dem Kreislauf los ist", ergänzt Dr. Michel.

Der Blutdruck ist sehr niedrig und der Puls ist ebenfalls sehr schwach. „Der Kreislauf ist völlig instabil", stellt Dr. Michel fest und bittet darum, dass ein Krankenwagen angefordert wird, um die Patientin zur eingehenden Untersuchung in die rund 15 km entfernte Klinik „Weserschloss" zu bringen.

„Ich würde aber lieber erst meinen Mann fragen", antwortet Madeleine Schnitzer, „der kann mich doch auch dorthin fahren". Dr. Michel ist damit überhaupt nicht einverstanden. Er lässt sich das zwar nicht ansehen, rät aber von einer Fahrt mit dem PKW des Mannes ab.

„Sie fahren mit dem Krankenwagen – glauben Sie mir, das ist das Beste und es geht auch am schnellsten. Der Wagen ist in zehn Minuten da. Frau Beier nimmt schnell noch ein paar Daten von Ihnen auf. Alles andere machen wir dann später ..."

„Alles andere machen wir dann später" ... Wann kommt ein Behandlungsvertrag zustande und welche Folgen entstehen daraus für den Arzt und den Patienten?

INFO 1 Grundlagen des Behandlungsvertrages

Nicht nur in dem obigen Fall ist die Frage, was ein Behandlungsvertrag ist und wie er zustande kommen kann.

Zu Beginn der Behandlung schließt der Arzt bzw. das Krankenhaus mit dem Patienten einen Behandlungsvertrag. Dieser kommt zwar nicht ausdrücklich durch ein Vertragsformular zustande, in dem der Arzt und der Patient als Vertragspartner ausgewiesen sind. Meist entsteht er durch eine mündliche Vereinbarung, wie z. B. die Vereinbarung eines Termins. In

Deutschland gibt es kein eigenständiges Medizin- oder Arztgesetz, sodass der Behandlungsvertrag nach den allgemeinen Regeln des **Zivilrechts** beurteilt wird.

Der Behandlungsvertrag ist ein Sonderfall eines allgemeinen Dienstvertrages, der in § 611 ff. BGB geregelt ist. Diese Einordnung ist wichtig, denn bei einem Dienstvertrag wird, anders als bei einem Werkvertrag, **kein Erfolg geschuldet.**

Die Einordnung als Dienstvertrag ist für den Arzt anwendbar, denn viele Krankheiten können aufgrund der noch mangelnden Behandlungsmöglichkeiten nicht geheilt werden. Der Arzt schuldet nur eine Behandlung nach bestem Wissen der ärztlichen Kunst.

Wie alle übrigen Verträge kommt auch ein **Behandlungsvertrag** dann zustande, wenn zwei übereinstimmende Willenserklärungen vorliegen. Dies muss nicht schriftlich erfolgen. Der Behandlungsvertrag kann auch stillschweigend z. B. durch Betreten des Behandlungszimmers zustande kommen. Meist sind es mündliche Vereinbarungen bzw. in der Mehrzahl der Fälle übereinstimmende Handlungen, die dazu führen, dass ein Behandlungsvertrag entsteht. Dies ist dann der Fall, wenn der Patient

- **nach einem Termin fragt und ihm ein Behandlungstermin genannt wird,**
- **die Praxis betritt und die Sprechstunde aufsucht,**
- **der Arzt einen Hausbesuch vornimmt.**

Es gibt aber durchaus auch schriftliche Vereinbarungen, z. B. wenn es sich um kostenpflichtige Zusatzleistungen handelt.

Es hat keinen Zweck, einen Patienten mit Hinweis auf einen zustande gekommenen Behandlungsvertrag gegen dessen Willen halten zu wollen. Nach gängiger Rechtsprechung kommt kein Vertrag zustande, wenn sich ein Patient ins Wartezimmer setzt und sich es dann doch anders überlegt. Dies ist auch dann nicht der Fall, wenn ein Kassenpatient bereits die Chipkarte abgegeben hat und die Behandlung noch nicht begonnen wurde. Er kann dann immer noch gehen.

Auch für den Behandlungsvertrag gilt das allgemeine Vertragsrecht. Damit verbunden ist auch die **Freiheit der Vertragsgestaltung,** d. h., es gibt weder über die Form noch über den Inhalt eines Behandlungsvertrages besondere Vorschriften. Wichtig ist aber, wer mit wem den Vertrag abschließt und wer wem welche Leistung schuldet.

Hier muss unterschieden werden, ob es sich auf der einen Seite um einen Kassen- oder Privatpatienten und auf der anderen Seite um einen **einzelnen Arzt,** eine **ärztliche Praxisgemeinschaft** oder um eine **Gemeinschaftspraxis** handelt

Kap. 2
Seite 111 f.
Hausarztmodell

Im Normalfall setzt man auf beiden Seiten eine freie Willensbekundung und seitens des Patienten die Geschäftsfähigkeit voraus, damit ein rechtmäßiger Behandlungsvertrag zustande kommt. Die Patienten können nicht dazu gezwungen werden, einen bestimmten Arzt zu konsultieren. Es besteht die **freie Arztwahl.** Sie ist zwar grundsätzlich gewährleistet, unterliegt in der Praxis aber auch gewissen Vorgaben und Einschränkungen, die in § 76 Sozialgesetzbuch V festgelegt sind:

§ 76 Freie Arztwahl

(1) Die Versicherten können unter den zur vertragsärztlichen Versorgung zugelassenen Ärzten, den ermächtigten Ärzten, ermächtigten ärztlich geleiteten Einrichtungen, den Zahnkliniken der Krankenkassen, den Eigeneinrichtungen der Krankenkassen ... vertraglich zur ärztlichen Behandlung verpflichteten Ärzten und Zahnärzten, den zum ambulanten Operieren zugelassenen Krankenhäusern sowie den Einrichtungen ... frei wählen. Andere Ärzte dürfen nur in Notfällen in Anspruch genommen werden.

INFO 2 Aufklärung des Patienten

Vor Beginn einer ärztlichen Behandlung steht die Beratung und Aufklärung der Patienten. Damit soll sichergestellt sein, dass der Patient über Art und Umfang eines Eingriffs informiert ist und von seiner grundsätzlichen Entscheidungsfreiheit Gebrauch machen kann.

Dabei sollen dem Patienten Informationen gegeben werden über:

- **die vorliegenden gesundheitlichen Voraussetzungen,**
- **die Notwendigkeit des Eingriffs oder der Behandlung,**
- **eventuelle Risiken oder Konsequenzen,** die mit dem Eingriff verbunden sein könnten.

Der Arzt muss sicher sein, dass der Patient alles **richtig verstanden** hat. Dabei spielen sprachliche Voraussetzungen ebenso eine Rolle wie die Vorbildung eines Patienten oder aber auch dessen bisherige Informationen über eine vorliegenden Krankheit.

Die Aufklärung muss **rechtzeitig** erfolgen. Der Patient soll genügend Zeit haben zu überlegen, welche Schlussfolgerungen er aus der Beratung für sich selbst zieht. **Die Beratung ist erst dann beendet, wenn der Patient keine weiteren Fragen mehr hat.**

Das Beratungsgespräch muss in den Patientenakten dokumentiert werden. Der Patient kann eine Einwilligung in eine Behandlung jederzeit widerrufen. Der Arzt ist daran gebunden, es sei denn, dass ein Abbruch der begonnenen Behandlung nicht möglich ist, ohne dass ein dauerhafter Schaden entsteht.

INFO 3 Geschäftsführung ohne Auftrag

In bestimmten Situationen kann oder muss das Beratungsgespräch auch entfallen. Dies ist zum Beispiel dann der Fall, wenn ein Patient nicht in der Lage ist seine Situation wahrzunehmen, sich zu äußern oder eine Arztwahl zu treffen (z. B. bei Bewusstlosigkeit, Verkehrsunfällen, Volltrunkenheit usw.) oder wenn es nicht möglich ist, die nötige Einverständniserklärung der Erziehungsberechtigten einzuholen, ohne dass das Leben und die Gesundheit eines Minderjährigen gefährdet würden. In diesen Fällen kommt ein Behandlungsvertrag im Rahmen der **„Geschäftsführung ohne Auftrag"** zustande.

Dies ist **im weitesten Sinne zwar kein Vertrag,** wird ihm aber gleichgestellt. Bei der Geschäftsführung ohne Auftrag (GoA) übernimmt jemand ein Geschäft für einen anderen, ohne von ihm dazu beauftragt worden zu sein. Voraussetzung ist jedoch, dass das Geschäft ausdrücklich für einen anderen erledigt werden soll und im Interesse des anderen liegt.

Bewusstlose Patienten können z. B. keinen Behandlungsvertrag schließen, da sie keine Willenserklärung formulieren können. Nimmt der Arzt die Behandlung vor, so handelt es sich um eine Geschäftsführung ohne Auftrag, da keine Beauftragung vorliegt, die Heilmaßnahme für den Bewusstlosen erfolgen soll und der Patient sicherlich ein Interesse an einer Behandlung hat.

Sonderfall: Minderjährige

- Bei Minderjährigen kann auf die Einverständniserklärung der Erziehungsberechtigten unter Umständen verzichtet werden, wenn sich in einem Gespräch herausstellt, dass sich der Minderjährige über die Behandlung im Klaren ist. Dass dies nicht immer ganz einfach ist, zeigt die Praxis.

- Bei **Minderjährigen unter 14 Jahren** ist die Einwilligung der Erziehungsberechtigten unabdingbar. Wird ein dringender Eingriff abgelehnt (z. B. aus religiösen Gründen), kann das Vormundschaftsgericht durch den Arzt angerufen werden. Bei Jugendlichen **zwischen 14 und 18** Jahren kommt es darauf an, wie der Arzt die Persönlichkeit des Patienten einschätzt.

Aber:

- Je dringender ein Eingriff vollzogen werden muss, desto geringer sind die an eine Beratung zu stellenden Ansprüche.
- Der Patient kann auf die Beratung selbst verzichten.
- Bei Bewusstlosen darf der Arzt die mutmaßliche Einwilligung des Patienten voraussetzen.
- Eine Beratung kann dann unterbleiben, wenn die negativen Folgen größer sein könnten als der positive Effekt der Beratung. Dies ist z. B. dann der Fall, wenn durch die Beratung stärkere psychische Schäden verursacht werden können. Eine Beratung, die den Patienten in seiner vermeintlich auswegslosen Situation in den Suizid treiben würde, muss unterbleiben.
- Die Entscheidungsfähigkeit des Patienten darf nicht durch starke Schmerzen oder Medikamente so eingeschränkt sein, dass eine reale Wahrnehmung nicht mehr gewährleistet ist.

INFO 4 Vertragspartner beim Behandlungsvertrag

Patient	**Behandlungsvertrag durch übereinstimmende Willenserklärung**	**Arzt**
Madeleine Schnitzer		**Dr. Walter Michel**
	Übergabe der Versichertenkarte / Durchführung der Behandlung	

Vertragspartner ist ...

Privatpatient
der Patient selbst.

Kassenpatient
der Patient selbst, die Kassenärztliche Vereinigung und die gesetzliche Krankenkasse.

Vertragspartner ist/sind in der ...

Einzelpraxis
nur der Praxisinhaber, nicht der Vertreter und erst recht nicht ein Student im „praktischen Jahr“ (PJ'ler), denn diese handeln nur im Namen und im Auftrag des Praxisinhabers.

Praxisgemeinschaft
jeder einzelne Arzt für sich selbst wie in einer Einzelpraxis.

Gemeinschaftspraxis
alle Ärzte zusammen, d.h., sie haben einen gemeinsamen Patientenstamm.

INFO 5 Ärztliche Pflichten nach dem Sozialgesetzbuch V

Für die Durchführung und Abrechnung von ärztlichen Leistungen gibt es eine Vielzahl von Einzelregelungen, die im **Sozialgesetzbuch V** festgelegt sind. Die wichtigsten Bestimmungen sollten Sie kennen:

§ 12 Wirtschaftlichkeitsgebot

(1) Die Leistungen müssen ausreichend, zweckmäßig und wirtschaftlich sein; sie dürfen das Maß des Notwendigen nicht überschreiten. Leistungen, die nicht notwendig oder unwirtschaftlich sind, können Versicherte nicht beanspruchen, dürfen die Leistungserbringer nicht bewirken und die Krankenkassen nicht bewilligen.

(2) Ist für eine Leistung ein Festbetrag festgesetzt, erfüllt die Krankenkasse ihre Leistungspflicht mit dem Festbetrag.

(3) Hat die Krankenkasse Leistungen ohne Rechtsgrundlage oder entgegen geltendes Recht erbracht und hat ein Vorstandsmitglied hiervon gewusst oder hätte es hiervon wissen müssen, hat die zuständige Aufsichtsbehörde nach Anhörung des Vorstandsmitglieds den Verwaltungsrat zu veranlassen das Vorstandsmitglied auf Ersatz des aus der Pflichtverletzung entstandenen Schadens in Anspruch zu nehmen, falls der Verwaltungsrat das Regressverfahren nicht bereits von sich aus eingeleitet hat.

§ 28 Ärztliche Behandlung

(1) Die ärztliche Behandlung umfasst die Tätigkeit des Arztes, die zur Verhütung, Früherkennung und Behandlung von Krankheiten nach den Regeln der ärztlichen Kunst ausreichend und zweckmäßig ist. Zur ärztlichen Behandlung gehört auch die Hilfeleistung anderer Personen, die von dem Arzt angeordnet und von ihm zu verantworten ist. ...

§ 295 Abrechnung ärztlicher Leistungen

(1) Die an der vertragsärztlichen Versorgung teilnehmenden Ärzte und ärztlich geleiteten Einrichtungen sind verpflichtet

1. in dem Abschnitt der Arbeitsunfähigkeitsbescheinigung, den die Krankenkasse erhält, die Diagnosen,
2. in den Abrechnungsunterlagen für die vertragsärztlichen Leistungen die von ihnen erbrachten Leistungen einschließlich des Tages der Behandlung, bei ärztlicher Behandlung mit Diagnosen, bei zahnärztlicher Behandlung mit Zahnbezug und Befunden,
3. in den Abrechnungsunterlagen sowie auf den Vordrucken für die vertragsärztliche Versorgung ihre Arztnummer des überweisenden Arztes ... maschinenlesbar aufzuzeichnen und zu übermitteln. Die Diagnosen ... sind nach der Internationalen Klassifikation der Krankheiten in der jeweiligen vom Deutschen Institut für medizinische Dokumentation und Information ... herausgegebenen deutschen Fassung zu verschlüsseln. ...

§ 305 Auskünfte an Versicherte

(1) Die Krankenkassen unterrichten die Versicherten auf deren Antrag über die im jeweils letzten Geschäftsjahr in Anspruch genommenen Leistungen und deren Kosten. ...

Den kompletten Gesetzestext finden Sie unter: www.juris.de/sgb_5/ www.

Arbeitsaufträge

1. Wie beurteilen Sie die Situation, die in „Moment mal ...“, Seite 127 geschildert wurde? Gehen Sie dabei auf folgende Fragen ein:
   a) Ist Ihrer Meinung nach ein „ordentlicher“ Behandlungsvertrag zustande gekommen?
   b) Stufen Sie die Darstellung als eine besondere Situation ein, in der man auf das eine oder andere bei der Patientenaufnahme verzichten kann und muss, oder sehen Sie die Situation anders?
   c) Die Patientin möchte offenbar nicht mit dem Krankenwagen in die Klinik gebracht werden sondern sie möchte, dass ihr Mann sie hinfährt. Dr. Michel sieht dies anders. Was wäre in dieser Situation die richtige Vorgehens- oder Verhaltensweise?
   d) Eigentlich steht vor jeder Behandlung eine Beratung. Warum ist sie hier offenbar unterblieben und wo ist für Sie generell der Punkt, an dem eine Beratung in den Hintergrund rückt und medizinische Maßnahmen Vorrang haben?
2. Unter welchen Voraussetzungen kommt normalerweise ein Behandlungsvertrag zustande?
3. Was ist der Unterschied zwischen einem Dienst- und einem Werkvertrag und wozu gehört der Behandlungsvertrag? Begründen Sie dies.
4. Welche verschiedenen Arten von Behandlungsverträgen unterscheidet man?
5. Was ist im behandlungsrechtlichen Sinne eine „Geschäftsführung ohne Auftrag“?
6. Aus religiösen Gründen verweigern die Eltern eines 13-jährigen Jungen eine Bluttransfusion, die nach einem schweren Unfall aus der Sicht der behandelnden Ärzte dringend nötig ist, um sein Leben zu retten. Wie ist die rechtliche Lage und wie beurteilen Sie diesen Fall, wenn es nicht der Junge, sondern ein Elternteil wäre, der selbst betroffen ist und eine Bluttransfusion ablehnt und lieber sterben will?
7. Welche Aufgabe hat das Beratungsgespräch und welche besondere Bedeutung hat hier die Dokumentation des Gesprächsverlaufs und des Gesprächinhaltes?
8. Ein Patient, der sich eine Quetschung am rechten Daumen zugezogen hat, kommt in Ihre Praxis. Er klagt über sehr starke Schmerzen. Der Daumen ist sichtbar verletzt. Der Nagel selbst ist stark blutunterlaufen. Sie sehen keine Möglichkeit zur Rettung des Nagels. Noch während der Untersuchung kollabiert der Patient. Eine Beratung über das weitere Vorgehen ist nicht möglich. Schildern Sie, wie Sie sich in dieser Situation verhalten würden bzw. was Sie glauben, wie sich Ihr Chef verhielte. Es geht darum, festzustellen, in welchem Umfang ein medizinischer Eingriff ohne die Zustimmung des Patienten möglich ist.
9. Einerseits kann vom Arzt keine Garantie für den Erfolg seiner Arbeit verlangt werden, andererseits soll und muss er aber den Patienten über die Notwendigkeit und die Erfolgsaussichten eines Eingriffs oder einer Behandlung aufklären. Welches Problem oder welcher ansatzweise sogar erkennbare Widerspruch lässt sich daraus ableiten?

5780132

4.2 Einheitliche Versorgung in Europa?

Die elektronische Gesundheitskarte und die europäische Versicherungskarte

Moment mal ...

Der 25-jährige Wladimir Kurstan aus dem tschechischen Slubice ist zu Besuch bei Bekannten in Neustadt, als er auf der Treppe stolpert und umknickt. Weil der Fuß schnell stark anschwillt, meinen seine Bekannten, es sei besser, einen Arzt aufzusuchen, damit der Fuß geröntgt werden könne.

Als sie bei Dr. Schmitt vorsprechen, bittet Monika Wanner um die Versicherungskarte. Wladimir Kurstan hat die Karte in seinem tschechischen Heimatort vergessen, beteuert aber, dass er dort krankenversichert sei. Als Monika Wanner die Bekannten fragt, ob sie eventuell die Behandlung privat zahlen bzw. ihrem Bekannten das Geld vorschießen würden, lehnen sie es ab.

Die Frage, ob es bei Wladimir Kurstan irgendwelche Dinge wie z. B. Unverträglichkeiten oder Allergien gebe, die bei einer Behandlung beachtet werden müssten, kann weder von dem Patienten und schon gar nicht von seinen Bekannten beantwortet werden ...

„Was nun?“ Es ist nicht nur die Frage der Übernahme der Behandlungskosten ... „Hätten wir doch nur schon die Gesundheitskarte, wie sie geplant ist, dann wären wir schon ein Stück weiter,“ meint Dr. Schmitt, „aber wir haben sie noch nicht ...“

Welche Funktionen haben die elektronische Gesundheitskarte und die europäische Krankenversicherungskarte?

INFO 1 Funktionen der elektronischen Gesundheitskarte

Vor Beginn der Behandlung wird in der Regel schon unmittelbar nach Betreten der Praxis die Versicherungskarte vorgelegt. Im Zuge der Bemühungen um ein Voranschreiten der europäischen Einigung wurde auch hier eine Harmonisierung umgesetzt.

Die Einführung der europäischen Gesundheitskarte („European Health Insurance Card - EHIC)“ geht auf die Gipfelbeschlüsse des Europäischen Rates von Barcelona vom März 2002 zurück. Dort hat man sich darauf geeinigt, sämtliche Vordrucke, die zur Inanspruchnahme von Leistungen in einem anderen Mitgliedsstaat erforderlich sind, zu ersetzen.

Seit Ende 2006 laufen die Testphasen zur Einführung der elektronischen Gesundheitskarte, welche später flächendeckend die davor geltende Krankenversicherungskarte ersetzen soll. Diese **Gesundheitskarte** ist gleichzeitig auch eine **europäische Versicherungskarte.**

Sie ist ein wichtiger Teil der Modernisierung des Gesundheitswesens. Nach Überzeugung der Experten sorgt sie dafür, dass die zur Behandlung der Patienten erforderlichen Daten dort verfügbar gemacht werden, wo man sie benötigt. Die Anwendungsmöglichkeiten umfassen den **verpflichtenden administrativen Teil,** zum anderen den **freiwilligen medizinischen Teil.**

administrativer Teil	medizinischer Teil
• Versicherungsangaben einschließlich der Angaben zum Zuzahlungsstatus • Berechtigung zur Behandlung im europäischen Ausland (Ersatz des früheren „E-111-Formulars“) • papierlose Übertragung eines Rezeptes	• Notfallinformationen (z. B. Blutgruppe, Allergien, Herzkrankheiten, Dialyse, Asthma usw.) • Dokumentation der eingenommenen Arzneimittel • zusätzliche Gesundheitsinformationen (z. B. aktuelle Diagnosen, Operationen, Impfungen, Röntgenuntersuchungen usw.) • Aufnahme elektronischer Mitteilungen (z. B. Arztbriefe) • eigene, vom Patienten selbst zur Verfügung gestellte Daten (z. B. Patientenverfügungen)

Vorteile der Gesundheitskarte

- **Qualität der medizinischen Versorgung** einschließlich der Arzneimittelsicherheit wird erhöht.
- **Gesundheitscheck** wird erleichtert, da alle relevanten Daten in Bezug auf den eigenen Gesundheitsstatus auf einem Chip gespeichert sind und bei einem Arztgespräch zur Verfügung stehen.
- **Patientenorientierte Dienstleistungen** werden verbessert. Der Informationsaustausch medizinisch wichtiger Sachverhalte (z. B. bei Überweisungen) wird einfacher und sicherer.
- Die **Kosten für medizinische (Neben-)Leistungen** (z. B. Versand von Unterlagen und Arztbriefen) werden minimiert.
- Wichtige **Gesundheitsdaten sind ständig verfügbar.** Dies kann in Notfällen lebensrettend sein. Ein Arztwechsel wird erleichtert, weil dem aufnehmenden Arzt sofort alle nötigen Informationen zum Krankheitsbild und den erfolgten Behandlungen zur Verfügung stehen.
- **Die medizinische Kommunikation** unter den an einer Behandlung beteiligten Ärzten und/oder Krankenhäusern wird verbessert und damit einhergehend werden Doppeluntersuchungen verringert.

Die Kritiker

- sehen hierin einen weiteren Schritt zur **„gläsernen Person“.**
- warnen vor allem vor der **Gefahr des Missbrauchs der Daten,** weisen aber auch darauf hin, dass die auf der Karte gespeicherten Daten vom Patienten nicht oder nur unzureichend kontrolliert werden könnten.
- sind der Auffassung, dass die **Frage des Datenverlustes** nicht unterschätzt werden darf. Das bezieht sich sowohl auf einen Totalverlust (Karte wird verloren) oder auf einen Teilverlust einzelner Daten, die nicht korrekt gespeichert werden.

Wichtig für eine Gesamtbeurteilung dürften auch folgende Gesichtspunkte sein:

- Der Patient kann entscheiden, ob und welche Gesundheitsdaten aufgenommen und gelöscht werden bzw. wer auf die Daten zugreifen darf.
- Die letzten fünfzig Zugriffe werden protokolliert und gespeichert, sodass nachvollziehbar ist, wer wann auf was zurückgegriffen hat.
- Zugriff auf die Daten haben nur Personen, die einen „elektronischen Heilberufsausweis" (Health Professional Care) und damit zusammenhängend eine elektronische Signatur haben.

INFO 2 Europäische Krankenversicherungskarte

Um die Gleichbehandlung zu gewährleisten, haben alle Versicherten aus Mitgliedsländern der EU unabhängig von ihrer Herkunft bei vorübergehenden Auslandsaufenthalten Anspruch auf dieselben medizinisch erforderlichen Sachleistungen.

Die europäische Krankenversicherungskarte wird zusätzlich zur normalen Krankenversichertenkarte ausgegeben und bestätigt die Versicherteneigenschaft der Person, die zur Behandlung kommt. Sie ersetzt u. a. den früheren Auslandskrankenschein E111. Bei der künftigen elektronischen Gesundheitskarte wird sie die Rückseite bilden. **Die Behandlung dieses Patienten erfolgt genauso, als wenn er ein Versicherter des eigenen Mitgliedstaates wäre.** Für diese Person gelten die Gebührensätze des gesetzlichen Systems der sozialen Sicherheit.

Ein Patient, der Inhaber einer europäischen Krankenversicherungskarte ist, hat Anspruch auf alle Sachleistungen, die sich während seines Aufenthalts als medizinisch notwendig erweisen, wobei die Art der Leistungen und die voraussichtliche Dauer des Aufenthalts zu berücksichtigen sind.

Der Arzt

- **muss** also alle Leistungen und Behandlungen erbringen, die der Gesundzustand dieses Patienten erfordert, damit er seinen Aufenthalt unter medizinisch sicheren Bedingungen fortsetzen kann.
- ist hingegen **nicht** zu Behandlungen **verpflichtet,** die verschoben werden können, bis die versicherte Person in ihr Heimatland zurückgekehrt ist (z. B. bei nicht dringenden Operationen). Die betroffene Person könnte gewisse Schwierigkeiten haben die Übernahme der Kosten für Sachleistungen zu erwirken, die über diejenigen hinausgehen, die während eines vorübergehenden Aufenthalts erforderlich sind.

Wenn der Patient vor der Auslandsreise aus zwingenden Gründen nicht in der Lage war die europäische Krankenversicherungskarte zu beantragen, oder wenn er sie verloren oder vergessen hat, erfüllt für die Dauer des Auslandsaufenthalts eine **provisorische Ersatzbescheinigung** die gleiche Funktion wie die europäische Krankenversicherungskarte.

Arbeitsaufträge

1. Welche Aufgaben hat die elektronische Gesundheitskarte?
2. Worin sehen Sie die besonderen Vorteile dieser neuen Gesundheitskarte und welche Argumente könnten von den Kritikern ins Feld geführt werden?
3. Welche Gesichtspunkte sind Ihrer Meinung nach die schlagkräftigsten?
4. Was ist eine europäische Krankenversicherungskarte?
5. Wie beurteilen Sie den Fall in der Eingangssituation „Moment mal ...", Seite 133 und wie hätten Sie in dieser Situation gehandelt?

4.3 Nach den Regeln der ärztlichen Kunst

Ärztliche Sorgfalt und Haftung

„Ein Arzt, der bei einem operativen Eingriff das Wohlergehen oder die körperliche Unversehrtheit des Patienten in einer Weise gefährdet oder verletzt, die bei ordnungsgemäßer Ausübung der Tätigkeit vermeidbar gewesen wäre, handelt schuldhaft fahrlässig."
Mit diesem Urteil des Landgerichts Karlsburg wurde der vorläufige Schlussstrich unter einen zwei Jahre dauernden Rechtsstreit gezogen.

Moment mal ...

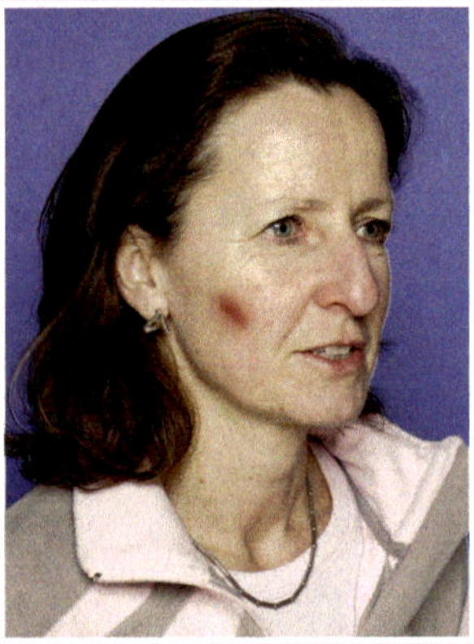

Die 45-jährige Patientin Cornelia Sieberhain ist bei Dr. Pfeiffer zur Behandlung. In einem kleinen operativen Eingriff wird dabei unter örtlicher Betäubung ein Pigmentfleck an der rechten Wange entfernt. Die Patientin will diesen Eingriff unbedingt haben und hat es so verstanden, dass mit dem Eingriff überhaupt kein Risiko verbunden ist und dass nach drei Tagen alles vorbei sei.

Als nach vier Wochen die Wunde noch immer nicht vollständig zugeheilt ist, verordnet Dr. Pfeiffer nach Rücksprache mit Dr. Michel eine Cortisonsalbe, welche den Heilungsprozess beschleunigen soll. Was er nicht ahnen kann, ist, dass Frau Sieberhain offenbar an einer leichten Cortisonallergie leidet. Damit verzögert sich die Heilung weiter.

Nach einem Vierteljahr wendet sich die Patientin an einen ärztlichen Gutachter. Die Wunde ist zwar abgeheilt, aber anstelle des vorher vorhandenen Pigmentflecks ist nun eine ca. 2 cm lange, leicht erhobene und rötliche Narbe zu sehen, die von der Operation herrührt. Vor dem Landgericht klagt Frau Sieberhain auf Schmerzensgeld von 20.000,00 €, weil die Wunde wochenlang sehr weh tat. Dadurch bedingt musste die Patientin auch einen gebuchten Urlaub absagen. Dafür waren 1.500,00 € Stornogebühren fällig.

Darüber hinaus leide sie noch immer an den psychischen Folgen der bleibenden Operationsnarbe, die sie nur mit viel Make-up verstecken könne. Hinzu kämen Besuche bei einer Kosmetikerin, die vorher nicht nötig waren. Als besonders schwerwiegend stellt der Anwalt die Tatsache heraus, dass die bleibende Operationsnarbe für die Klägerin lebenslang eine psychische Belastung darstelle.

Der Rechtsanwalt hat in seiner Klageschrift den Arzt der fahrlässigen Körperverletzung bezichtigt. Dagegen vertritt der Verteidiger von Dr. Pfeiffer die Auffassung, dass es keinen operativen Eingriff ohne Risiko gäbe. Wenn man der Auffassung des Anwaltes folge, dann sei jede Spritze, die ein Arzt verabreichen würde, im Zweifelsfall schon eine Körperverletzung.

Ganz folgt das Gericht dem Schadensersatzanspruch der Klägerin zwar nicht, aber immerhin wird ihr ein Schadensersatz von 2.500,00 € zugesprochen ...

Welche Pflichten hat ein Arzt und bis zu welchem Punkt muss der Patient das Risiko der Behandlungsfolgen tragen?

INFO 1 Ärztliche Leistungspflicht/Behandlungsergebnis und Behandlungserfolg

Grundsätzlich schuldet der Arzt die **sachgerechte Behandlung und nicht den Behandlungserfolg.** Der **Behandlungsvertrag** ist mit seinen Haupt- und Nebenpflichten die Grundlage der ärztlichen Tätigkeit:

Kap. 4.1
Seite 127 ff.
Behandlungsvertrag

Behandlungsvertrag

Arzt	Patient
Hauptpflicht	
Heilbehandlung **„lege artis"** (nach dem Stand der ärztlichen Kunst bzw. dem Stand der Wissenschaft) in Diagnose und Therapie	Zahlung des Honorars: - direkt als Privatpatient, - von Kasse als Kassenpatient
Behandlungs- und Risikoaufklärung, Sicherstellung der Einwilligung des Patienten	Mitwirkungspflicht, Informationspflicht über Beschwerden
Nebenpflicht	
Organisationspflicht: Sicherstellen von Personal und Sprechzeiten, Geheimhaltung, Dokumentation von Patientenunterlagen	Befolgungspflicht ärztlicher Anweisungen

Der Arzt ist nur insoweit schadensersatzpflichtig, wenn die üblichen nach dem Stand der Schulmedizin geforderten Qualitätsstandards unterschritten werden. Dazu gehört auch, dass bei der Wartung, Nutzung und Bedienung der technischen Geräte sorgfältig gearbeitet wird.

Eine solche Pflichtverletzung kann entweder durch übermäßige Behandlung oder auch durch eine Untätigkeit begangen werden. Letzteres ist zum Beispiel der Fall, wenn ein Arzt zu einem Notfall gerufen wird, die Situation aber falsch einstuft und erst nach dem dritten Anruf zu diesem Hausbesuch aufbricht. Dort stellt sich dann z. B. heraus, dass tatsächlich ein (inkompletter) Gefäßverschluss vorliegt.

INFO 2 Behandlungsgrundsätze und Verhaltensregeln

In der Musterberufsordnung für Ärzte aus dem Jahr 1990 sind die bis heute gültigen **Grundsätze der ärztlichen Tätigkeit** festgelegt. In § 7 geht es dabei um die freie Arztwahl und die Frage, ob und in welchem Umfang ein Arzt zur Leistungserbringung verpflichtet ist oder diese auch ablehnen kann.

- Jede medizinische Behandlung hat unter **Wahrung der Menschenwürde** und unter Achtung der Persönlichkeit, des Willens und der Rechte der Patientinnen und Patienten, insbesondere des Selbstbestimmungsrechts, zu erfolgen.

- Ärztinnen und Ärzte achten das Recht ihrer Patientinnen und Patienten, die Ärztin oder den Arzt frei zu wählen oder zu wechseln. Andererseits sind - von Notfällen oder besonderen rechtlichen Verpflichtungen abgesehen - auch Ärztinnen und Ärzte frei eine Behandlung abzulehnen.
- Angehörige von Patientinnen und Patienten und andere Personen dürfen in der Untersuchung und Behandlung anwesend sein, wenn die verantwortliche Ärztin oder der verantwortliche Arzt und die Patientin oder der Patient zustimmen.

INFO 3 Verschwiegenheitspflicht

Kap. 4.4
Seite 143 ff.
Meldepflichten

Der Arzt unterliegt der Schweigepflicht. Er darf eine Diagnose nicht ohne Einwilligung des Patienten an den Arbeitgeber, Angehörige und Freunde usw. weitergeben. Eine Pflicht zur Weitergabe besteht aber dann, wenn eine ansteckende Erkrankung vorliegt und der Arzt weiß, dass sich der Patient für andere gefährdend verhalten könnte.

Beispiel

Ein Aidskranker und dessen Freundin sind bei demselben Arzt in Behandlung. Der Arzt erfährt, dass der Patient seiner Freundin nichts von seiner Krankheit berichtet hat. Hier muss der Arzt die Freundin aufklären.

In Streitfällen darf der Arzt gegenüber einem Anwalt, einem Sachverständigen oder auch dem Gericht nur nach einer Entbindung von der Schweigepflicht Auskunft geben.

INFO 4 Dokumentationspflicht

In den Krankenunterlagen sind die wichtigsten Sachverhalte über die diagnostischen und therapeutischen Maßnahmen, Verlaufsdaten, Zwischenfälle, insbesondere Änderungen der Diagnose und der Behandlung, zu dokumentieren. All diese Unterlagen muss der Arzt dem Patienten zur Verfügung stellen.

Der Arzt ist auch dazu verpflichtet, die Dokumente sorgsam für die Dauer von zehn Jahren nach Abschluss der Behandlung aufzubewahren, soweit nicht nach gesetzlichen Vorschriften eine längere Aufbewahrungspflicht besteht (Pflicht zur Befundsicherung). Ein entsprechendes Dokumentationsversäumnis oder der **Verlust der entsprechenden Unterlagen führt in einem möglichen Prozess zur Beweislastumkehr.** Insbesondere der Verlust von EKGs oder Röntgenaufnahmen kann dazu führen, dass der vom Patienten behauptete Behandlungsfehler vom Gericht angenommen werden muss, weil der Arzt den Gegenbeweis nicht führen kann. Das mit der Dokumentationspflicht eingehende **Einsichtsrecht** bezieht sich auf alle Aufzeichnungen.

Beispiel

Die Patientin leidet an einem Gehirntumor, der mit an Sicherheit grenzender Wahrscheinlichkeit zum Tod führen wird. Hier hat die Patientin ein Recht auf Einsicht in ihre Unterlagen und die Kenntnis über ihre Gesundheitssituation, auch wenn der Arzt glaubt, dass es besser wäre, die Patientin wüsste nichts über ihren wahren Gesundheitszustand.

Gegenbeispiel

Ein stark depressiver, erheblich suizidgefährdeter junger Mann befindet in einer akuten Lebenskrise. Er bittet um Einsicht in seine Krankenunterlagen. Hier darf der behandelnde Arzt selektieren, welche Unterlagen er dem Patienten zumuten kann. Jene Aufzeichnungen, die analytisch minutiös die akute Selbstmordgefährdung dokumentieren, wird der Arzt zurückhalten dürfen, da er anderenfalls den Todestrieb des Patienten verfestigen oder sogar verschlimmern würde.

Forderungen des Qualitätsmanagements

- Für jeden Patienten gibt es eine eindeutig zugeordnete Patientenakte, die die patientenbezogenen Informationen und Unterlagen enthält.
- Die Dokumentation umfasst Anlass, diagnostische und therapeutische Maßnahmen, den Verlauf sowie Anordnungen.
- Jede Konsultation, alle Befunde, Verordnungen, Über- und Einweisungen etc. werden in den Akten vermerkt.
- Es gibt eine Interne Regelung mit Verantwortlichkeiten und Befugnissen aller Mitarbeiter hinsichtlich der Eintragungen in Patientenakten.
- Alle Eintragungen in die Patientenakten erfolgen mit Datum, eindeutigem Namenskürzel/Handzeichen des Eintragenden und werden, wenn notwendig, von den Ärzten/Psychotherapeuten gegengezeichnet.
- Es existiert eine aktuelle Liste der Namenskürzel/Handzeichen.
- Es gibt eine Interne Regelung, wie es Patienten möglich ist, Einsicht in ihre Unterlagen zu nehmen.

Quelle: Diel F., Gibis B. (Hrsg.), a.a.O., 1.4.1 (Nachweise 1-3 zu Ziel 1, Nachweis 1, 3 und 4 zu Ziel 2, S. 35/36), 2.1.3 (Nachweis 1 zu Ziel 1, S. 63)

INFO 5 Aufklärungs- und Einwilligungspflicht

Zur Behandlung bedürfen Ärzte der Einwilligung der Patienten. Der Einwilligung geht grundsätzlich die erforderliche Aufklärung im persönlichen Gespräch voraus. Der behandelnde Arzt hat die von ihm ermittelten Befunde (festgestellte Gesundheitsstörungen: erhöhte weiße Blutkörperchen, erhöhte Temperatur, Druckschmerz, Schwellungen, usw.) dem Patienten mitzuteilen und die daraus abzuleitenden Schlussfolgerungen einer möglichen Diagnose zu nennen.

Ist ein Eingriff oder gar eine Operation notwendig, hat der behandelnde Arzt in jedem Fall vor dem Eingriff genau über den Verlauf der Behandlung und die damit verbundenen Risiken zu unterrichten. Der Patient muss sich in etwa ein Bild über die zu erwartende Therapie machen können. Man unterscheidet zwischen der

- **Eingriffs-** und der
- **Sicherheitsaufklärung,**

wobei die Erste die Aufklärung über den Eingriff und die Zweite die Folgen des Eingriffs beinhaltet. Diese beiden Aufklärungen sind nötig, da die Patienten sonst keine eigene Abwägung und Einwilligung vornehmen können. Die bloße Vorlage eines Vordrucks reicht hierzu nicht aus.

Aufgeklärt werden muss auch über Behandlungsalternativen, damit der Patient überhaupt eine Entscheidung treffen kann. **Eine formularmäßige schriftlich fixierte „Aufklärung" genügt den gesetzlichen Anforderungen nicht.** Der Patient hat auch das Recht, vor Unterzeichnung um ein Duplikat zu bitten, um es sich in Ruhe zu Hause durchlesen zu können. Auch nach der Unterschrift steht dem Patienten diese Durchschrift zu.

Allgemeine Ausführungen in Anlehnung an: www.finanztip.de/web/lawcare/patientenleitfaden05.htm und Diel F., Gibis B. (Hrsg.), Qualität und Entwicklung in Praxen – Qualitätsziel-Katalog, kompakt, Version 2005, Deutscher Ärzte-Verlag, Köln 2005

INFO 6 Was ist, wenn ...?

Besteht Grund zu der Annahme, dass ein Behandlungsfehler vorliegt, kann der Patient zunächst das Gespräch mit dem behandelnden Arzt oder einer Beratungsstelle suchen und Einsicht in die Behandlungsdokumentation nehmen bzw. sich Kopien anfertigen lassen. Im stationären Bereich steht dem Patienten außerdem die Möglichkeit offen sich an die Krankenhausleitung zu wenden.

Mit Beschwerden und Beratungsanliegen kann sich der Patient an die Ärztekammern, Krankenkassen oder an freie Patientenberatungs- und Patientenbeschwerdestellen, Verbraucherzentralen und Selbsthilfeorganisationen wenden. Patientenbeschwerdestellen sind vielfach bereits in den Krankenhäusern eingerichtet worden.

Forderungen des Qualitätsmanagements

- Es gibt eine Interne Regelung, wie Patienten über Ziele, Notwendigkeit, Nutzen und Risiken sowie ggf. über Alternativen von diagnostischen oder therapeutischen Maßnahmen aufgeklärt werden.
- Es gibt eine Interne Regelung, in welcher Weise Angehörige der Patienten und/oder Personen ihres Vertrauens einbezogen werden.
- Angemessene schriftliche Informationsmaterialien werden bei der Aufklärung der Patienten eingesetzt.
- Die Aufklärung und die Einwilligung oder Ablehnung werden in der Patientenakte dokumentiert.

Quelle: Diel F., Gibis B. (Hrsg.), a.a.O., 2.1.1 (Nachweise 1-3 zu Ziel 1, S. 57), 2.1.2 (Nachweis 1 zu Ziel 3, S. 61)

Informationen über Patientenbeschwerdemöglichkeiten erhalten Sie unter Google, Stichwort „Patientenbeschwerdestellen".
Für Hausarztpraxen gibt es ein Fehlerberichts- und Lernsystem unter www.jeder-fehler-zaehlt.de.

INFO 7 Verbot aktiver Sterbehilfe

Im Normalfall geht es bei der Inanspruchnahme einer ärztlichen Leistung darum, dass sich der Gesundheitszustand eines Patienten durch die Behandlung bessert und eine Heilung eintritt.

Doch problematisch wird es, wenn dies nach allen Regeln der ärztlichen Kunst aussichtslos ist oder eine Heilbehandlung von dem Kranken nicht (mehr) gewünscht wird. Wenn sich ein Mensch weigert, sich einer Behandlung zu unterziehen oder wenn er nicht bereit ist, die verordneten Medikamente zu nehmen, dann ist dies eine Tatsache, die respektiert werden muss. Was aber ist, wenn sowohl die Angehörigen als auch die behandelnden Ärzte eine Weiterbehandlung z.B. eines an lebenserhaltenden Maschinen „hängenden" und evtl. bereits hirntoten Patienten als nicht mehr sinnvoll ansehen und es darum geht, ein bestimmtes Medikament nicht mehr zu verabreichen oder die Maschinen abzustellen...? Was passiert, wenn ein krebskranker Patient den Arzt darum bittet, ihn durch eine Spritze von seinem Leiden zu erlösen? Die Antwort ist nicht ganz einfach, denn **passive Sterbehilfe** ist unter bestimmten Bedingungen durchaus erlaubt. Dazu gehört u.a. der Verzicht auf lebensverlängernde Behandlungsmaßnahmen durch intensivmedizinische Verfahren. Dagegen ist die **aktive Sterbehilfe** in Deutschland im Gegensatz zu einigen Nachbarländern (z.B. Schweiz, Niederlande) verboten. Hier endet das Selbstbestimmungsrecht des Patienten. Aktive Sterbehilfe ist strafbar.

INFO 8 Zusammenfassende Darstellung

Pflichten des Arztes

- Gewährung der **Einsichtnahme** in Krankenunterlagen
- **Schweigepflicht**
  Persönliche Leistung, d. h., Hilfspersonen dürfen nur eingeschaltet werden, wenn es sich um vorbereitende, unterstützende, ergänzende oder mitwirkende Tätigkeiten zur eigentlichen ärztlichen Leistung handelt.
- **Anamnese,** d. h., es muss ein Gespräch über die Vorgeschichte einer aktuellen Erkrankung geführt werden.
- angemessene **Untersuchung,** um zu einer fundierten Diagnose zu kommen
- **Diagnosestellung:** Der Arzt muss dem Patienten erläutern, welche gesundheitliche Störung oder Beeinträchtigung vorliegt.
- **Indikationsstellung,** d. h., es muss vom Arzt das Vorliegen eines Grundes zur Anordnung bzw. Verordnung eines bestimmten diagnostischen oder therapeutischen Verfahrens angegeben werden.
- **Hilfeleistung und Behandlung,** die besonderen Fällen aber auch abgelehnt werden kann.
- Ausstellung von Attesten und **Bescheinigungen**
- **Rezeptur und Verschreibung**
- Anwendung der medizinischen **Technik,** wobei die Geräte nach den Erkenntnissen der medizinischen Wissenschaft und Praxis dem ärztlichen Standard entsprechen müssen.
- Einhaltung fester **Bestelltermine**
- **Nachsorge** und Kontrolle
- Pflicht zum **Behandlungsabbruch,** wenn dies aus medizinischen Gründen erforderlich ist oder angebracht erscheint.
- Dokumentation des Behandlungsverlaufes
- **Aufklärung** des Patienten über die Diagnose und die geplanten medizinischen Maßnahmen sowie deren eventuelle Folgen

Pflichten des Patienten

- **Mitwirkung** und Befolgung der ärztlichen Anweisungen
- **Duldung** (unter Beachtung des Grundrechtes auf körperliche Unversehrtheit)
- **Offenbarung,** d. h. Darstellung von Sachverhalten, die für die Behandlung wichtig sein könnten
- **Bezahlung** der ärztlichen Leistung

Achtung:
Bei einem Verstoß gegen diese Pflichten (mit Ausnahme der Zahlungspflicht) muss sich der Patient im Rahmen eines Haftungsprozesses bei Misserfolg der Behandlung unter Umständen ein Mitverschulden anrechnen lassen.

www.finanztip.de/recht/medizin/vertragspflichten.htm.-26k-19.Juni2005

Arbeitsaufträge

1. Wie beurteilen Sie die Situation, die in dem Eingangsfall, Seite 136 geschildert wurde? Nehmen Sie Stellung zu dem Urteil und versuchen Sie Ihre Meinung rechtlich fundiert zu unterlegen.
2. „Jeder ärztliche Eingriff erfüllt den Tatbestand der Körperverletzung und ist nur durch den Zweck der Heilung gerechtfertigt." Was ist mit diesem Satz gemeint und was leitet sich daraus für die Tätigkeit des Arztes ab?
3. Welche Haupt- und Nebenpflichten haben Arzt und Patient, wenn ein Behandlungsvertrag abgeschlossen wurde?
4. Welche Bedeutung hat die Dokumentationspflicht?
5. Unter welchen Umständen darf der Arzt die Einsichtnahme in die dokumentierten Aufzeichnungen verweigern oder seine Auskunftspflicht einschränken?
6. Was bedeuten die Begriffe „Aufklärungs- und Einwilligungspflicht"?
7. Welche Vor- und welche Nachteile können mit der Hinzuziehung von „Personen des Vertrauens" bei einem Aufklärungsgespräch verbunden sein?
8. Welche Regelungen gelten in Ihrer Ausbildungspraxis bezüglich der Eintragungen in die Patientenakten?
9. Für die Erbringung der ärztlichen Leistung wird kein Erfolg geschuldet (siehe dazu auch Seite 136) und dennoch ist das kein Freibrief für die ärztliche Tätigkeit. Wie ist dies auszulegen und welche Pflicht leitet sich daraus konkret für den behandelnden Arzt ab?
10. Eine Behandlung hat mit dem Grundsatz „lege artis" zu erfolgen.
    a) Nehmen Sie ein Blatt Papier und schreiben Sie darauf drei Stichworte, die Ihnen spontan zu dem Begriff „ärztliche Kunst" einfallen. Heften Sie diese Blätter an die Tafel, ein Flip-Chart oder an die Wand.
    b) Versuchen Sie aus den einzelnen Nennungen Merkmalsgruppen zu bilden.
    c) Fassen Sie das zusammen, was dieser Grundsatz der medizinischen Behandlung für die ärztliche Fortbildung bedeutet.
    d) Versuchen Sie, in einem Satz zu erklären, was man unter einem ärztlichen „Kunstfehler" versteht und welche Folgen ein nachgewiesener Kunstfehler für den Arzt haben kann.

       (Hinweis: Gehen Sie mit diesem Begriff in das Internet. Hier finden Sie nicht nur zahlreiche Informationen, sondern auch aktuelle Rechtsfälle dazu.)
11. Ein Patient wird im Rahmen der Anamnese gefragt, wann er das letzte Mal gegen Tetanus geimpft worden sei. Er hat sein Impfheft nicht dabei und weiß den Termin der Schutzimpfung nicht genau. Der Patient meint, dass es „mindestens zehn Jahre her sein müsse". Was würden Sie an der Stelle des Arztes tun?
12. Eine 82-jährige Frau starb an Herzversagen. Die Hinterbliebenen machen den Krankenhausarzt dafür verantwortlich, dass er sie zu früh aus dem Krankenhaus nach Hause entlassen habe. Er hätte erkennen müssen, dass die Frau noch nicht völlig genesen war. Der Vorwurf lautet: „Unterlassene Hilfeleistung"... Wie sehen Sie diesen Fall?

4.4 Was ist zu tun, wenn ...?

Infektionsschutzgesetz und Meldepflichten – die Rolle des Arztes und der Ämter

Moment mal ...

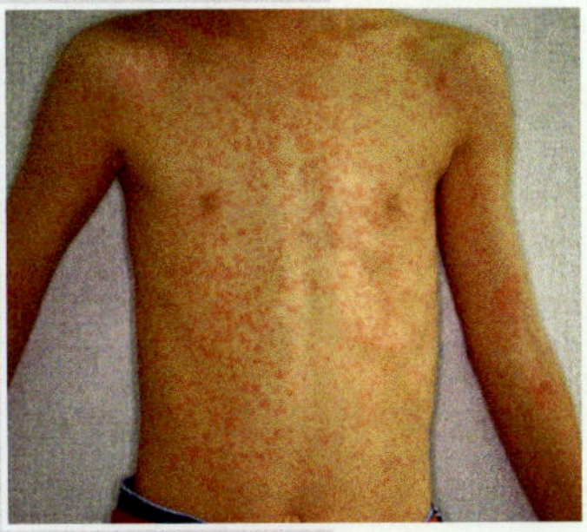

In der Praxis von Dr. Metz rief die Mutter der kleinen Vanessa Adam ziemlich aufgeregt an: „Ich weiß nicht was los ist, aber mein Kind hat seit vorgestern einen immer stärker werdenden Husten und das Fieber nimmt auch zu. Seit heute morgen haben sich auf der Haut kleine weiße Flecken gebildet, die von einem roten Hof umgeben sind. Angefangen hat es hinter den Ohren und nun geht es über den ganzer Körper. Kann ich schnell mal in der Praxis vorbeikommen, damit sich Frau Doktor dies mal ansehen kann?

Das Wartezimmer war schon recht voll. Außerdem wurde Frau Dr. Metz vor ein paar Minuten gerade zu einem Notfall gerufen. „Gut, dann kommen Sie in einer halben Stunde mit Vanessa vorbei, ich will sehen, dass wir die Kleine schnell dazwischenschieben können".

Als Olga Beier ihrer Chefin kurz davon berichtete, als diese von dem Notfall in die Praxis zurückkehrte, war deren spontane Antwort: „Wahrscheinlich sind es die Masern. Ist das Kind schon da? Es darf keinesfalls in das Wartezimmer zu den anderen Patienten."

Olga war ratlos – natürlich war Frau Adam schon da und sie saß mit der kleinen Vanessa im Wartezimmer. Sie wurde sofort zur Behandlung aufgerufen.

Was war das Besondere an dieser Situation und warum reagierte Frau Dr. Metz in dieser Form?

INFO 1 Was ist zu tun bei ansteckenden Krankheiten?

Die Diagnose von Frau Dr. Metz stellte sich schnell als richtig heraus. Die kleine Vanessa litt an Masern und diese Krankheit ist meldepflichtig, weil sie hochansteckend ist. Übertragen wird die Erkrankung über die Luft, auch über weite Strecken. Man nennt das eine fliegende Infektion. Vor allem für Erwachsene kann der Krankheitsverlauf mit schwerwiegenden Folgen verbunden sein.

Masern sind nach dem seit 2001 geltenden **Infektionsschutzgesetz** eine meldepflichtige ansteckende Krankheit. Das Infektionsschutzgesetz, welches das davor geltende Bundesseuchengesetz abgelöst hat, umfasst zahlreiche Artikel mit nahezu unzähligen Einzelbestimmungen. Zweck dieses Gesetzes ist es, übertragbaren Krankheiten beim Menschen vorzubeugen, Infektionen frühzeitig zu erkennen und ihre Weiterverbreitung zu verhindern (§ 1).

In § 6 des IfSG werden allein 14 „meldepflichtige Krankheiten" und in § 7 insgesamt 47 „meldepflichtige Nachweise von Krankheitserregern" aufgeführt. Masern sind eine dieser meldepflichtigen Erkrankungen. Diese Meldepflicht entbindet in bestimmten Fällen den Arzt von der Schweigepflicht. Neben die **namentliche Meldung von Erkrankungen** durch den behandelnden Arzt tritt nunmehr auch die Meldung von Krankheitserregern durch ein Labor. Eine solche Meldung muss neben den persönlichen Angaben des Patienten (Name, Vorname, Geburtsdatum, Geschlecht, Adresse) eine ganze Reihe weiterer Informationen erhalten.

LF 1 Kap. 7 Seite 40 ff. Schweigepflicht

Mit einem **bundeseinheitlichen Meldebogen** wird sichergestellt, dass die Meldung dem **zuständigen Gesundheitsamt spätestens nach 24 Stunden** vorliegt. Wird die Meldepflicht nicht beachtet, können Bußgelder bis zu 25.000,00 € verhängt werden. Wenn eine unterlassene Meldung zur Verbreitung einer Krankheit führt, kann dies mit bis zu 5 Jahren Freiheitsstrafe geahndet werden.

Zur Meldung oder Mitteilung sind nach **§ 8 Infektionsschutzgesetz** unter anderem die

- **behandelnden Ärzte,**
- **Laborleiter** von privaten oder öffentlichen Untersuchungseinrichtungen sowie Laboratorien in Krankenhäusern,
- **Krankenpfleger, Medizinische Fachangestellte, Hebammen oder sonstige Heil- und Pflegeberufe,** aber auch
- **Heilpraktiker** verpflichtet.

Bei den nötigen Untersuchungen der zuständigen Behörden bei Infektionskrankheiten darf ihnen weder der Zutritt in private oder ärztliche Räume noch die Einsicht in Unterlagen verweigert werden. Die Kranken oder Krankheitsverdächtigen sind verpflichtet alle nötigen Untersuchungen über sich ergehen zu lassen. Die zuständige Behörde kann auch Tätigkeitsverbote aussprechen (z. B. im Nahrungsmittelbereich bei Bäckern, Metzgern und Köchen) und betroffene Einrichtungen (Schulen, Kindergärten) schließen.

Unter dem Stichwort „Infektionsschutzgesetz“ finden Sie Adressen zum Gesetz mit weiteren Informationen.

INFO 2 Meldepflicht nach Betäubungsmittelgesetz

Nach dem Betäubungsmittelgesetz darf ein Arzt oder Zahnarzt Betäubungsmittel verordnen, wenn ihre Anwendung begründet ist. Dies gilt z. B. bei Patienten mit schweren Schmerzen, die übliche Schmerzmittel nicht mehr ansprechen oder bei Patienten, die von Betäubungsmitteln abhängig sind und deren Wartezeit bis zur Langzeittherapie nur durch Betäubungsmittel als Ersatzdroge überbrückt werden kann. Betäubungsmittel dürfen auch verabreicht werden, wenn es Notfälle erfordern (z. B. bei einem Herzinfarkt).

Für die Verschreibung der Betäubungsmittel sind in jedem Falle die von dem **Bundesinstitut für Arzneimittel und Medizinprodukte** ausgegebenen dreiteiligen amtlichen **Betäubungsmittelrezept-Formblätter** vorgeschrieben. Die Teile I und II sind zur Vorlage in der Apotheke bestimmt, während der Teil III beim Arzt verbleibt und 3 Jahre aufzubewahren ist. Betäubungsmittelrezepte sind gegen Diebstahl zu sichern, ein Verlust muss unverzüglich der **Bundesopiumstelle** unter Angabe der Rezeptnummer angezeigt werden.

Für die Verschreibung der gängigen Betäubungsmittel durch den Arzt ist eine Höchstmenge festgesetzt, die im Normalfall bei durchschnittlicher Dosierung einen Bedarf von 30 Tagen gewährleisten soll (z. B. Morphin 20 000 mg). In begründeten Einzelfällen darf die Höchstmenge überschritten werden.

INFO 3 Die Rolle der Gesundheitsämter

Die öffentlichen Gesundheitsämter fördern und schützen die Gesundheit der Bevölkerung und beobachten und bewerten die gesundheitlichen Verhältnisse der Bevölkerung einschließlich der Auswirkung von Umwelteinflüssen auf die Gesundheit.

Zur Erfüllung dieser Aufgaben gehen die Gesundheitsämter den Ursachen von Gesundheitsgefährdungen und Gesundheitsschäden nach und wirken auf deren Beseitigung ein. Sie stellen sicher, dass die Anforderungen der Hygiene eingehalten und übertragbare

Krankheiten bei Menschen verhütet und bekämpft werden. Dabei initiieren und koordinieren sie Maßnahmen der Gesundheitsförderung und Gesundheitserziehung. Als Grundlage der Gesundheitsberichte und für ggf. erforderliche politische Entscheidungen werden Krankheiten durch die Gesundheitsämter epidemiologisch erfasst und bewertet.

Das Infektionsschutzgesetz definiert Aufgaben der Gesundheitsämter bundeseinheitlich insbesondere in den Bereichen:

- Koordinierung von Infektionsschutzmaßnahmen und Früherkennung
- Meldewesen und Infektionsstatistik
- Verhütung übertragbarer Krankheiten, z. B. durch Schutzimpfungen und Hygienemaßnahmen in Krankenhäuser und Arztpraxen
- Bekämpfung übertragbarer Krankheiten, z. B. durch gezielte Behandlung und Quarantänemaßnahmen
- Vorschriften zum Infektionsschutz für Schulen und sonstige Gemeinschaftseinrichtungen
- gesundheitliche Anforderungen an das Personal beim Umgang mit Lebensmitteln
- Sicherheitsbestimmungen bei Tätigkeiten mit Krankheitserregern
- Umgang mit biologischen Risikostoffen

Darüber hinaus haben Gesundheitsämter folgende Aufgaben:

- Gesundheitsschutz mit den Teilbereichen Infektionsschutz und umweltbezogener Gesundheitsschutz
- Gesundheitsförderung und Prävention
- Gesundheitsberichterstattung und Epidemiologie
- Kinder- und Jugendgesundheitsdienst
- sozialmedizinischer und sozialpsychiatrische Beratung, Betreuung und Vermittlung von Hilfen für besondere Zielgruppen
- Amtsärztlicher Dienst und gutachterliche Tätigkeiten

Gesundheitsämter

- informieren und beraten die Bevölkerung, Verwaltung und Politik
- nehmen ihre Aufgaben auch in Kooperation mit Institutionen, Verbände und Personen wahr und
- arbeiten interdisziplinär.

Arbeitsaufträge

1. Welchen Sinn hat die Meldepflicht im Sinne des Infektionsschutzgesetzes?
2. Sprechen Sie mit Ihrer Ausbilderin/Ihrem Ausbilder über die Wichtigkeit des Infektionsschutzgesetzes für Ihre Praxis und erkundigen Sie sich über die Häufigkeit, mit der Meldungen aus Ihrer Praxis erfolgen. Bringen Sie diese Ergebnisse mit in den Unterricht und erstellen Sie ggf. eine vergleichende Statistik.
3. Wie haben Sie sich als Mitarbeiterin in der Arztpraxis zu verhalten, wenn Patienten mit infektiösen Krankheiten vorsprechen oder zur Behandlung kommen? Wo liegt hier die Grenze zwischen dem Anspruch auf „normale“ Behandlung und dem Gefühl der Diskriminierung und Ausgrenzung von den übrigen Patienten?
4. Welches Spannungsverhältnis von ärztlicher Schweigepflicht und Meldepflicht sehen Sie und wie lässt sich begründen, dass in entsprechenden Fällen der Persönlichkeitsschutz hinter der Meldepflicht zurückstehen muss?
5. Besorgen Sie sich ein „Meldeformular“ für meldepflichtige Krankheiten gemäß § 6, 8, 9 IfSG und untersuchen Sie dieses Formular in seinen einzelnen Bestandteilen. Versuchen Sie, deren Bedeutung herauszustellen und zu begründen.

5 Alles in Ordnung?
Die Verwaltung von Patientendaten

5.1 Es gibt sie noch ...
Die gute alte Karteikarte

Moment mal ...

„Guten Morgen - mein Name ist Heinrich Zimmerman. Ich war bis vor fünf Jahren Patient in der Praxis von Dr. Michel. Danach bin ich nach München gezogen.

Jetzt benötige ich eine Arbeitsunfähigkeitsbescheinigung, die ungefähr vor vier Jahren ausgestellt wurde. Ich war damals wegen einer unfallbedingten Knieverletzung mehrere Wochen krankgeschrieben. Ich weiß auch, dass ich damals mehrmals von Dr. Schmitt geröntgt wurde.

Sie müssten doch die Unterlagen noch haben, oder? Es ist ganz wichtig für meinen Rentenantrag. Und wenn Sie gerade dabei sind, schicken Sie doch bitte die genaue Diagnose an meinen jetzigen Hausarzt. Wichtig ist auch, dass ...“

Jasmin hörte diese Nachricht vom Anrufbeantworter ab, als sie ihren Dienst beginnt. „Vor fünf Jahren ... und dann noch aus der alten Praxis - wir haben doch alles umorganisiert und auf Computer umgestellt. Ob wir so alte Belege noch finden?“

Welche Möglichkeiten der effektiven Karteiführung und Registratur gibt es?

INFO 1 Karteikarten

Obwohl heute immer mehr Daten mit dem PC verwaltet werden, gibt es in der Praxis auch noch die gute alte Karteikarte. Eine **Kartei** ist ein Hilfsmittel, auf dem geschriebene Informationen über verschiedene Sachverhalte festgehalten werden. Auch in der ärztlichen Praxis findet man unterschiedliche Systeme und Arten von Karteien. Im Mittelpunkt steht zwar die Patientenkartei, aber es gibt sowohl in einer Praxis wie z. B. auch im Krankenhaus die Notwendigkeit, Informationen über Lieferer von medizinischen Hilfsmitteln oder Anschriften von Fach- und Spezialärzten festzuhalten. Allgemein unterscheidet man:

- Sachkarteien - z. B. Bezugsquellenkartei
- Personenkarteien - z. B. Patientenkartei, Adressenkartei
- Terminkarteien - z. B. Fälligkeit von Privatliquidationen

Karteiformen

Die in einer Arztpraxis am häufigsten anzutreffende **Karteiform** dürfte die als Steil- oder Blockkartei geführte Patientenkartei sein. Sie besteht aus beliebig vielen stehenden Karteiblättern aus Pappe. Die Karteikarten stehen hier geradlinig hintereinander. Meist wird das Querformat bevorzugt. In der Regel ist die Karteikarte so gefaltet, dass eine Tasche entsteht, auf deren Innenseite man die Aufzeichnungen nicht nur weiter führen kann, sondern die auch dazu dient, Unterlagen wie z. B. Arztbriefe, Befunde usw. aufzunehmen.

Der Kartenbehälter kann auch in einen Schrank oder Schreibtisch eingebaut sein. Möglich ist auch ein Karteitrog. Die Art der Aufbewahrung hängt stark von der Art der Kartei, vor allem aber auch von der Gestaltung des Arbeitsplatzes und von der Häufigkeit des Zugriffes auf die Kartei ab.

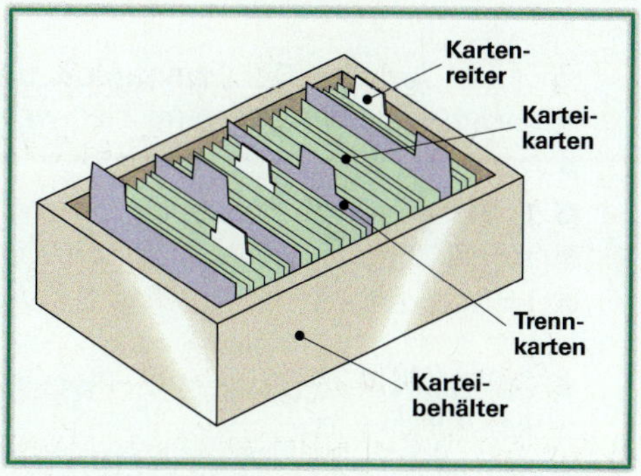

INFO 2 Karteiaufbau

Jedes Karteiblatt lässt sich in verschiedene Zonen bzw. Abschnitte unterteilen. Im oberen Bereich gehören dazu Kartenkopf und Kartenleiste. Auf ihnen werden wichtige Ordnungsmerkmale festgehalten und ggf. entsprechende Ordnungs- und Signalmittel angebracht. Sie können entweder unverrückbar sein, d. h., wenn sie einmal angebracht sind, kann man sie nicht mehr ändern, oder es handelt sich um so genannte Kartenreiter, deren Position verändert werden kann.

Zwischen den einzelnen Karten werden bei sehr umfangreichen Karteien unter Umständen Trenn- oder Leitkarten eingestellt. Sie haben eine ähnliche Funktion wie Trennblätter in Ordnern und gliedern Karteien in übersichtliche Gruppen. Außerdem geben sie den einzelnen Karteiblättern evtl. mehr Standsicherheit.

Innen- und Rückseite (Ausschnitt)

Datum	Diagnose	Verordnung
15. Jan. 04	139/87 – 132 – 39,7 – Zystitis/Urethritis, Coulter, Urikult	Ciprofloxacin 250 mg
18. Jan. 04	142/76 – 128 – 37,5 –"– –"–	
12. Febr. ..	132/78 – 138 – 36,9 –"– Derde o.K., abgeschl.	keine

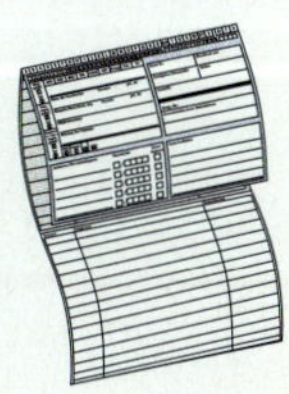

Vorderseite einer Patientenkarteikarte

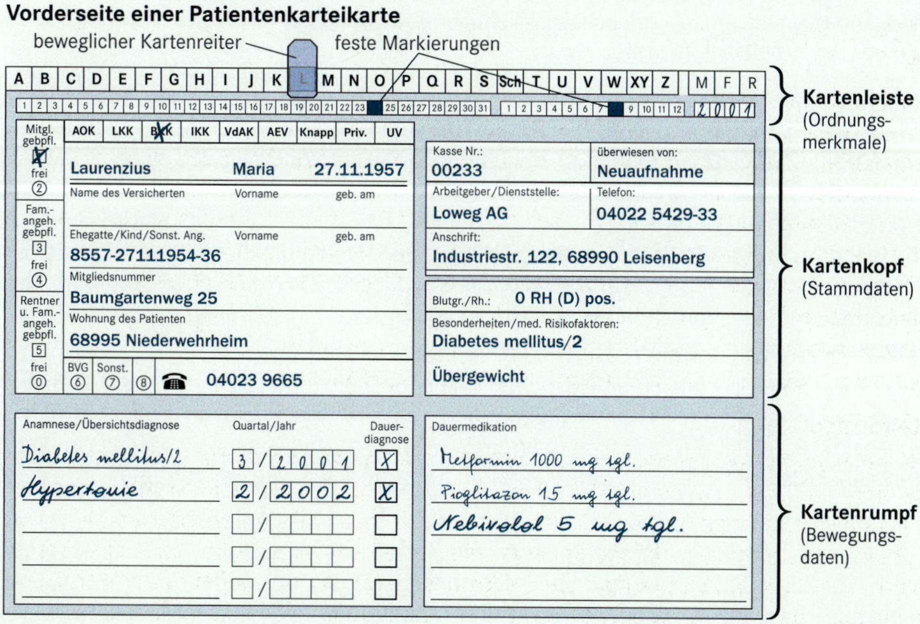

Über die **Art der Dokumentation und Aufbewahrung** gibt es keine standardisieren Vorschriften. In den meisten Fällen werden aber Karteien benutzt, weil sie

- nur **wenig Platz** beanspruchen,
- **problemlos** in die Schublade eines Schreibtisches oder Aktenschrankes zu integrieren sind,
- schnell und einfach nach den jeweils für sinnvoll erachteten Kriterien sortiert werden können,
- im Gegensatz zu den Unterlagen in Aktenordnern **schnell zu entnehmen** und zurückzulegen sind,
- den zur Verfügung stehenden **Platz optimal ausnutzen** (es gibt keine Leerräume zwischen den Karteikarten,
- sich im Sinne der genannten Vorteile auch **sehr gut archivieren** lassen,
- **kostengünstig** sind.

Obwohl es weder formale noch inhaltliche Normungen gibt, wird eine Karteikarte bestimmte Merkmale aufweisen:

- meist **A-5-Format** gefaltet und mit Einsteckmappen versehen
- **Karteikopf** mit Alphabet am Karteikartenrand
- **Stammdaten** des Patienten
  - Familienname, ggf. Geburtsname, Vorname, Geburtsdatum des Hauptversicherten
  - Familienname, ggf. Geburtsname, Vorname, Geburtsdatum des Familienversicherten
  - Name und Anschrift evtl. Sorgeberechtigter bei Kindern und Jugendlichen oder bei anderen unter besonderem Schutz stehenden Personen
  - genaue Anschrift mit Straße, PLZ, Wohnort Telefonnummer, Faxnummer, E-Mail-Adresse
  - besondere Kennzeichen des Hauses (für Hausbesuche)
  - Beruf des Versicherten
  - Krankenkasse
  - besondere Vermerke (Diagnosen, Unverträglichkeiten, Allergien)
  - Angabe des Arztes
- **Behandlungsdaten/Bewegungsdaten**
  - Diagnosen
  - Befunde
  - Laborberichte
  - andere Arztberichte (Fachärzte, Krankenhaus)
  - Verordnungen (Medikamente, Heilmittel, Hilfsmittel, Sachleistungen)
  - erfolgte Meldungen (z. B. bei anzeigepflichtigen Krankheiten)
  - Dauer der Arbeitsunfähigkeit
  - bei Schwangeren verschiedene Daten über letzte Periode, Bewegungen des Kindes, Niederkunftstermin usw.)
  - Überweisungsdaten an andere Arztkolleginnen/-kollegen
  - Anamnese, bei Unfällen zusätzlich Hergang (bei welcher Tätigkeit, Arbeitsunfall, Wegeunfall, Betriebsunfall, Freizeitunfall, Schulunfall, Zeitpunkt, erste Hilfe usw., Beteiligte, Zeugen, Ort, Verletzungen

Die Karteikarten müssen **10 Jahre aufbewahrt** werden. Damit gilt die gleiche Frist wie bei allen anderen Patientenunterlagen. Eine Patientenkartei enthält so wichtige Unterlagen und Information, dass man sie nicht nur vor unberechtigter Einsichtnahme, sondern auch vor Diebstahl und Feuereinwirkung schützen muss.

Kap. 1.1
Seite 82 ff.
Anamnese

Dass sich die Karteikarten inhaltlich schon allein deshalb unterscheiden, weil z. B. für Allgemeinmediziner andere Daten maßgebend sind als für einen Kinder- oder HNO-Arzt, versteht sich von selbst. Bei der Erstaufnahme von Patienten und/oder z. B. bei Operationen werden neben den persönlichen Daten auch andere Informationen „abgefragt“.

Arbeitsaufträge

1. Welche Hauptaufgaben hat eine Patientenkartei und was muss sie enthalten, damit diese Aufgaben erfüllt werden?
2. Welche Karteiform wird in Ihrer Praxis benutzt?
3. Wie ist eine Karteikarte aufgebaut?
4. Welchen Vorteil hat Ihrer Meinung nach eine herkömmliche Karteikarte, die für einen Patienten geführt wird, gegenüber einer Patientendatei?
5. Wie ist der Beweischarakter einer Patientenkarte einzustufen? Sprechen Sie mit Ihrem Chef/Ihrer Chefin darüber und stellen Sie dar, wer berechtigt ist, auf einer Patientenkarte welche Art von Eintragungen vorzunehmen.
6. Fragen Sie Ihren Chef/Ihrer Chefin, was mit einer Patientenkartei passiert, wenn der Patient a) den Arzt wechselt oder in eine andere Stadt zieht.
   b) seit mehreren Jahren nicht mehr in Ihre Praxis gekommen ist.
7. Was machen Sie umgekehrt, wenn ein neuer Patient zu Ihnen kommt und sagt, dass er aus einer andere Stadt hinzugezogen ist und früher regelmäßig zu seinem Hausarzt Dr. Meier gegangen sei, der alle Unterlagen von ihm habe. Legen Sie eine neue Kartei an oder versuchen Sie die „alten“ Daten von dem bisherigen Arzt zu holen? Sprechen Sie auch hier über die rechtlichen Fragen mit Ihrem Chef/Ihrer Chefin.

5.2 Alles nur schneller – oder auch sicher?

Computer in der Arztpraxis

Moment mal ...

Hamburg. Patientendaten im Internet?

Einem größeren Skandal scheint die Hamburger Polizei auf der Spur zu sein. Immer mehr Bürger hatten sich bei dem Datenschutzbeauftragten der Hansestadt beschwert, weil sie ohne Anforderung Werbebriefe von Arzneimittelherstellern bekamen. Das Besondere daran: Es handelte sich offenbar um sehr gezielte Werbebotschaften.

Einmal waren dies Männer, denen auf diese Weise Potenz fördernde Mittel angeboten wurden. Wie die Nachforschungen der Kripo ergaben, waren alle vorher in dieser Angelegenheit bei einem Arzt in Behandlung gewesen. In zwei anderen Fällen konzentrieren sich die Ermittler auf eine Frauenarztpraxis, in der Patientinnen mit Hormonproblemen Rat gesucht hatten, und auf eine Zahnarztpraxis, aus der offenbar Daten von Patienten mit künstlichem Zahnersatz an Anbieter von Haft- und Pflegeprodukten gekommen seien.

Möglicherweise – so die Kripo – ist man hier einem großen Datenskandal auf der Spur, denn das Internet kann kaum kontrolliert werden und heute ist es so, dass nahezu jede Arztpraxis über das Internet zu erreichen ist.

Was tun Sie in Ihrer Praxis, um die Daten der Patienten zu schützen?

INFO 1 Dateien ersetzen Karteien

Es gibt kaum eine Arztpraxis, die nicht zumindest neben der herkömmlichen Karteiverwaltung auch noch eine elektronische Datenverwaltung betreibt. Die Datenflut wird mithilfe eines PCs effektiver und Raum sparender bewältigt. Aber sie erfordert nicht nur Kenntnisse im Umgang mit der Datenverarbeitung, sondern ein hohes Maß an Disziplin und Ordnung bei der Datenablage. Ein großer Vorteil besteht darin, dass man die **Daten** auch mit anderen Praxen oder z. B. mit Kliniken schnell und problemlos **austauschen** bzw. **übermitteln kann.**

Mit der elektronischen Speicherung

- spart eine Praxis viel Platz, der von herkömmlichen Karteien benötigt wird. Ein weiterer Vorteil ist die **schnelle Auffindbarkeit** einzelner Dateien;
- kann man mit entsprechenden Suchbegriffen schon heute in Sekundenschnelle Dinge finden und **zusammenführen,** für die man bei herkömmlicher Aktenführung Stunden, wenn nicht sogar Tage braucht.

Es gibt erste Ansätze, dass man sich völlig von der Papierform der Archivierung loslöst. Außerdem werden mehr und mehr auch für **fotografische Befunde** alternative Speichermedien angewandt. Das, was auf einer überdimensionalen Röntgenaufnahme gespeichert wird, kann man auch problemlos auf einer CD unterbringen.

Durch einen anwendungsgerechten Aufbau der elektronischen **Patientendatei** ist es fast problemlos möglich, Daten zu verknüpfen und daraus neue Dateien zu erstellen. Das, was bei Ausdruck einer einfachen AU-Bescheinigung elektronisch passiert, lässt sich fast beliebig erweitern, sodass sich z. B. eigene Arztberichte oder Sachstandsberichte für die Krankenversicherungträger ebenso wie medizinische Stellungnahmen zu Kuren oder Rentenanträgen fast per Knopfdruck erstellen lassen.

Ergebnis: Der Arzt hat ebenso wie seine Mitarbeiterinnen mehr Zeit für die eigentliche Kerntätigkeit, nämlich die Beratung und Versorgung der Patienten.

Die **papierlose Archivierung** hat aber nicht nur Vorteile.

- Noch ist der Aufwand für die Erfassung der Daten, die in den allermeisten Fällen schriftlich vorliegen und dann in elektronische Form ungewandelt werden müssen, erheblich. Die Schriftstücke werden eingescannt und auf einem geeigneten Datenträger gespeichert.
- Eines der Hauptprobleme ist auch die dauerhafte Lesbarkeit, die viele Ärzte noch zögern lässt. Niemand kann heute vorhersagen, ob und wie lange ein Dateiformat noch gilt oder mit welchen Laufwerken ein PC in 10 oder 20 Jahren ausgestattet sein wird.

Für die Nutzung des Computers in der Praxis ist aber das **Ziel der papierlosen Archivierung** zurzeit noch eher nebensächlich. Das Einsatzgebiet des PCs ist wesentlich vielfältiger und hat durch die **Vernetzung** der Praxiscomputer untereinander (Intranet) sowie die Anbindung an das Internet einen Stellenwert erhalten, der eine moderne Praxisführung ohne PC unmöglich erscheinen lässt.

Kap. 4.2
Seite 133 ff.
elektronische
Gesundheitskarte

Dies ist auch der Grund, warum sich in modernen Arztpraxen die elektronische Form der Datenerfassung durchsetzen wird. Der sichtbare Beweis dafür ist die elektronische **Gesundheitskarte.** Der hierauf enthaltene Chip kann ebenso wie der Praxis-PC Datenmengen speichern, die noch vor wenigen Jahren unvorstellbar waren.

INFO 2 Vernetzungen

Eine wichtige Voraussetzung für einen effektiven Einsatz der PCs ist, dass sie sowohl intern vernetzt als auch mit dem Internet verbunden sind. In modernen Praxen befindet sich heute **nicht nur ein Computer,** sondern es sind sowohl der Empfang (evtl. schon mit mehreren

PCs) und jeder Behandlungsraum sowie die Nebenräume wie Labor-, Röntgen-, EKG-Raum usw. mit Computereinheiten bestückt. Meist sind sie untereinander **vernetzt,** d. h. verbunden.

Nicht in jedem dieser Räume müssen alle Einheiten der **PC-Konfiguration** verfügbar sein. Es ist durchaus möglich, dass man sich eines Zentraldruckers bedient. Dabei ist es wichtig, dass die PCs miteinander vernetzt sind.

Quelle: 1&1 Web-hosting, Untertitel „Share-Point", entnommen am 12. März 2004

Von einer **Vernetzung** oder einem Intranet spricht man, wenn mehrere Computer miteinander verbunden sind und untereinander Daten ausgetauscht werden können. Ein **Server** übernimmt dabei die Funktion des Zentralrechners.

Für jede Praxis wird ein **„elektronischer Briefkasten"** auf dem Netzserver eingerichtet. Hierdurch kann eine Praxis an jede andere Praxis Daten (Befunde, Hinweise, Berichte usw.) übermitteln.

Es ist schon heute technisch überhaupt kein Problem mehr, **Untersuchungsergebnisse** oder **Befundberichte** elektronisch aufzunehmen und weiter zu bearbeiten. Der Hin- und Hertransport von Akten wird damit überflüssig.

Von Blutzuckermessungen angefangen über Lungenfunktionstests, Belastungs-EKGs oder Röntgenaufnahmen ist es technisch überhaupt kein Problem mehr, die Ergebnisse direkt digital zu erfassen und zu speichern, sodass sie jederzeit an jedem Behandlungsplatz aufgerufen, begutachtet und mit dem Patienten besprochen werden können.

Der Datenaufbereitung und -verteilung sind dabei (fast) keine technischen Grenzen gesetzt. Kopfschmerzen bereitet aber der Schutz vor unberechtigten **Zugriffen auf Patientendaten.**

Informationen zu medizinischen Netzwerken: www.telemedizinführer.de/tmfpdfs/holstein.pdf
www.gesetzeskunde.de/Medizin-Infos/Telemedizin/medizinische_Netzwerke.htm

INFO 3 Datensicherung/Zugriffsrechte/Datenschutz

Die Frage der Datenverwaltung und Datensicherung ist für eine Arztpraxis eines der wichtigsten Themen schlechthin. Die Anforderungen an eine geordnete Sicherung und Archivierung wird aber noch bedeutender, wenn die Unterlagen nicht mehr in der bisher gewohnten Form sichtbar sind und eine Suche auf herkömmliche Art nicht mehr möglich ist.

Mit der Datenverarbeitung wird die **Abhängigkeit von der Technik** deutlich größer als bisher. Jeder Stromausfall, jede kleinste Unachtsamkeit oder jedes unbeabsichtigte Ausschalten des Computers, jede Störung bei der Verwendung eines Datenträgers führt fast unweigerlich zu dem Verlust von Daten, die nicht oder nur sehr schwer wiederherzustellen sind.

Sichern Sie in regelmäßigen Abständen Ihre Daten und Dateien:

- Umfangreichere Dateien, die Sie bearbeiten, zwischendurch immer wieder **abspeichern.** Wenn der PC „abstürzt", ist der Datenverlust nicht so groß.
- Datenbestände sollten immer **doppelt gesichert** werden. Das bedeutet nicht nur auf der Festplatte des Computers am Arbeitsplatz, sondern zusätzlich auch auf dem Praxisserver und/oder auf einer Diskette oder einer CD.
- Man kann auch zwischendurch einen **USB-Stick** verwenden, auf dem auch große Datenmengen unterzubringen sind. Der Vorteil ist, dass nicht laufend auf die Speicherkapazität des Arbeitsplatz-PCs zurückgegriffen werden muss. Auf Dateien, die auf dem Stick gespeichert sind, kann aber kein anderer zurückgreifen.

- Größere Datenbestände auf geeigneten Datenträgern in regelmäßigen Abständen speichern und **auf externen Datenträgern sichern.** Dazu gehört, dass mindestens am Ende einer Woche, im Zweifelsfall aber auch am Ende eines jeden Tages, ein **Backup** (Sicherungskopie) der kompletten Festplatte angefertigt wird.

Praxistipp

Elektronische Daten müssen gegen Verlust geschützt werden. Dazu gehört nicht nur die technische Sicherung, sondern auch die Wiederauffindbarkeit der Daten. Halten Sie sich dabei genau an das in der Praxis verwendete Sicherungs- und Archivierungssystem.

Bei einer Datenspeicherung im Netz ist weitgehend sichergestellt, dass man immer auf den aktuellen Bearbeitungsstand zurückgreift. Dies ist wichtig, wenn mehrere Mitarbeiterinnen gemeinsam an Datenbeständen arbeiten.

INFO 4 Beschränkung der Zugriffsrechte

Ein **Zentralrechner** (Server) übernimmt die Aufgabe, alle einzelnen Vorgänge abzuwickeln. Da auf ihm alle Daten zur Verfügung stehen, können bestimmte Bereiche vor einem freien Zugang durch **Passwörter** oder sonstige **Zugriffsbeschränkungen** gesperrt werden. Die Zugriffsmöglichkeit auf die einzelnen Datenbanken muss klar geregelt sein

Dies gilt z. B. für besonders **sensible Bereiche.** Es ist durchaus möglich, dass eine neu eingestellte Auszubildende oder eine Aushilfskraft, aber auch eine Helferin, die z. B. entlassen werden soll, keinen Zugriff (mehr) auf Dateien hat, die unmittelbar etwas mit dem Einkommen des Arztes zu tun haben.

Passwörter können auch für alle vergeben werden, damit man sich beim Einloggen in den Computer bei Arbeitsbeginn als zugriffsberechtigt ausweist. Dies hindert z. B. einen Einbrecher, die Putzfrau, den Hausmeister und andere unberechtigte Personen daran, auf die Datenbestände zuzugreifen. Mit der Verbindung ins Internet sind die **Gefahren eines unerlaubten Eingriffs in die Datenbestände** der Praxis durch so genannte Hacker größer geworden. Gleiches gilt auch für die Problematik der Verseuchung durch **Computerviren.**

Gesetzlicher Datenschutz

Wenn in einer Praxis ständig mehr als 5 Arbeitnehmer/-innen mit der Verarbeitung von Daten beschäftigt sind oder wenn mit der manuellen Verarbeitung von Daten mindestens 20 Personen beschäftigt sind, ist jemand zu beauftragen, der für den Datenschutz zuständig ist. Dieser Arbeitnehmer soll den Datenschutz überwachen und die Mitarbeiter im Datenschutz schulen.

Arbeitsaufträge

1. Welche Daten sind auf dem Chip der Krankenversichertenkarte gespeichert?
2. Welche Vor- und Nachteile hat die datenverarbeitungsgestützte Verwaltung von Patienten- und Praxisinformationen gegenüber dem herkömmlichen Kartei- und Formularwesen?
3. Wie schützen Sie die Patientendaten in Ihrer Praxis?
4. Fertigen Sie eine Liste an, die mögliche Schwachpunkte des Datenschutzes anzeigt, um mit Ihrem Chef darüber zu sprechen.
5. Führen Sie organisatorische oder andere Beispiele an, wie es Ihnen trotz der täglichen Praxishektik gelingt, dem Datenschutz nachzukommen.

Lernfeld **3**

Praxishygiene und Schutz vor Infektionskrankheiten organisieren

Worum geht es?

Der Schwerpunkt des Lernfeldes liegt im Bereich der medizinischen Fachkunde.

Im wirtschaftskundlichen Unterricht sollen Sie Arbeitsmittel aus ökonomischer und ökologischer Sicht vergleichen.

Sie erfahren, wie ein funktionierendes System des Abfallmanagements in einer Arztpraxis organisiert ist und welche Umweltschutzmaßnahmen im Einzelnen ergriffen werden sollten.

Sie lernen die juristische Seite des Wartungsvertrags und dessen mögliche Inhalte kennen.

Außerdem lernen Sie, mit dem Kostenbegriff als wichtige ökonomische Größe umzugehen.

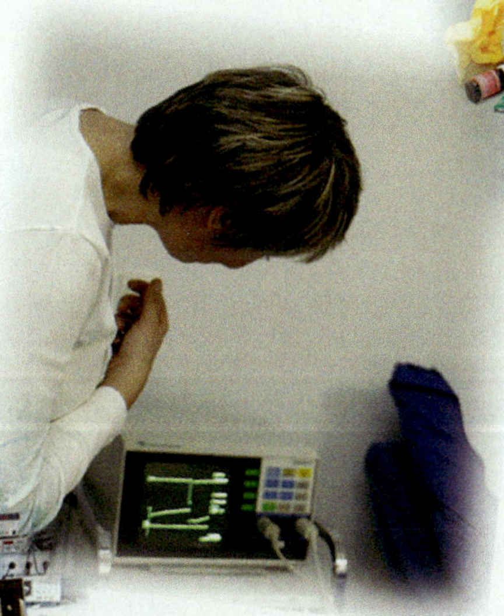

1 Einfach wegwerfen geht nicht!

Umweltschutz in der Arztpraxis

Moment mal ...

Das Mitarbeiterteam der Praxisgemeinschaft Dr. Schmitt/Dr. Pfeiffer kommt am Freitagnachmittag zu einer Besprechung zusammen. Wichtigster Tagesordnungspunkt: Mängel beim Abfallmanagement.

Frau Dr. Schmitt und Herr Dr. Pfeiffer erklären, dass die Abfallsammlung und Abfalltrennung nicht richtig funktioniert. „Wir haben hier ein Problem, das wir nicht auf die leichte Schulter nehmen sollten", so die Ärzte zu ihren Mitarbeiterinnen. Missstände, die in den letzten Wochen auftraten, waren vor allem:

- *Medikamente mit abgelaufenem Verfalldatum befanden sich wiederholt im Hausmüll.*
- *Altröntgenfilme wurden unmittelbar neben den neueren Filmen gestapelt und nicht ordnungsgemäß beseitigt.*
- *Mehrwegverpackungen wurden immer häufiger von Einwegverpackungen verdrängt, was der Hauptgrund für eine ständig wachsende Menge von Verpackungsmaterial war.*
- *Ausgediente Skalpelle und Pinzetten wurden einfach in den Instrumentenkasten zurückgelegt und nicht in den dafür vorgesehenen Abfallbehälter.*

Wie sollte ein funktionierendes System des Abfallmanagements in einer Arztpraxis organisiert sein?
Was kann in einer Arztpraxis für den Umweltschutz getan werden?

INFO 1 Die „Vier-V-Philosophie" des Abfallmanagements

Für die Behandlung von Abfällen im Gesundheitswesen gelten zahlreiche Gesetze und Verordnungen. Das wichtigste Gesetz ist dabei das Kreislaufwirtschafts- und Abfallgesetz (KrW/AbfG). Nicht die umweltverträgliche Beseitigung von Abfällen, sondern die Schonung der natürlichen Ressourcen ist die wichtigste Zielsetzung des Gesetzes. Ihm liegt als Forderung die „Vier-V-Philosophie" zugrunde.

VIER-V-PHILOSOPHIE

Regeln		Bedeutung
Vermeiden geht vor Verringern	V+V	Beim Arbeiten in einer Arztpraxis sollten Ressourcen geschont und Abfall nach Möglichkeit ganz vermieden werden. Auf Sicherheit und Qualität bei der Patientenbehandlung darf dabei natürlich nicht verzichtet werden.
Verringern geht vor Verwerten	V	Statt Abfall zu verwerten, sollte versucht werden die Abfallmenge zu verringern.
Verwertung und Vermarktung gehen vor Beseitigung	V	Statt die Abfallmenge ungenutzt zu beseitigen, sollte versucht werden die Abfallmenge zu verwerten bzw. zu vermarkten.

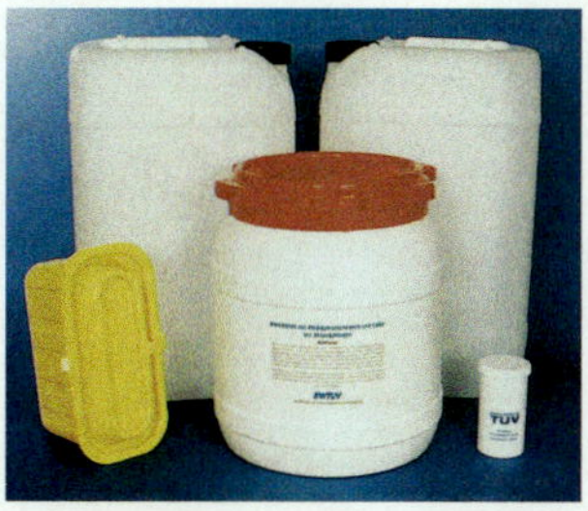

Standardbehältersatz für die Abfallentsorgung

Gelingt es, Abfall zu vermeiden, ist die Menge des zu entsorgenden Abfalls natürlich geringer. Die Abfallvermeidung steht daher an erster Stelle eines umweltorientierten Abfallmanagements. Die Vermeidung oder Verringerung der Abfallmenge beginnt bereits beim Einkauf. Werden langlebige Produkte verwendet, nachfüllbare Materialien gekauft oder wird auch auf Mehrweg- statt Einwegverpackungen geachtet, lässt sich die Abfallmenge deutlich reduzieren.

Werden Maßnahmen zur Abfallentsorgung notwendig, muss dies durch den Praxisinhaber organisiert werden. Nach dem KrW/AbfG haftet er dafür, dass die Entsorgung in der richtigen Art und Weise erfolgt. Ein Teil der zu entsorgenden Abfälle ist relativ einfach zu behandeln. Dies gilt z. B. für anfallende Verpackungsmaterialien, die Bestandteile des normalen Hausmülls sind. Schwieriger und aufwändiger ist die Entsorgung solcher Abfälle, von denen aufgrund ihrer chemischen Zusammensetzung Gefahren für Mensch und Umwelt ausgehen können. Sie dürfen deshalb keinesfalls zusammen mit dem Hausmüll entsorgt werden.

Entsorgung bedeutet dabei nicht unbedingt, den Abfall ungenutzt zu beseitigen. Manche Abfallarten lassen sich verwerten. So kann man z. B. die in alten Röntgenfilmen enthaltenen Silberbestandteile rückgewinnen und vermarkten.

INFO 2 Die Entsorgung von medizinischen Abfällen, z. B. infektiöse Abfälle

Der Gesetzgeber listet in der „Verordnung zur Bestimmung von Reststoffen“ überwachungsbedürftige Stoffe auf, die einer besonderen Entsorgung bedürfen.

Arztpraxen und Krankenhäuser bedienen sich bei dieser Aufgabe im Allgemeinen spezieller Entsorgungsfachbetriebe. Diese benötigen für ihre Tätigkeit eine besondere Zulassung. Zwischen ihnen und der jeweiligen Praxis wird ein Entsorgungsvertrag geschlossen. Hierin wird festgelegt, welche umwelt- und gesundheitsschädigenden Stoffe abgeholt werden, um sie dann einer von den zuständigen Behörden zugelassenen Verwertungs- und Beseitigungsanlage zuzuführen. Zur sorgfältigen Sammlung und Trennung der unterschiedlichen Abfälle gehört es zum kostenpflichtigen Service der Entsorgungsbetriebe, spezielle Behälter zur Verfügung zu stellen, die entsprechend des vereinbarten Entsorgungszyklus (z. B. viertel- oder halbjährlich) abgeholt und gegen leere ausgetauscht werden. Maßnahmen zur Abfallentsorgung hat der Praxisinhaber im Hygieneplan festzulegen.

Zur sicheren und professionellen Absicherung von Abfällen stellen Entsorgungsbetriebe den Arztpraxen bedarfsgerechte Systembehälter zur Verfügung.

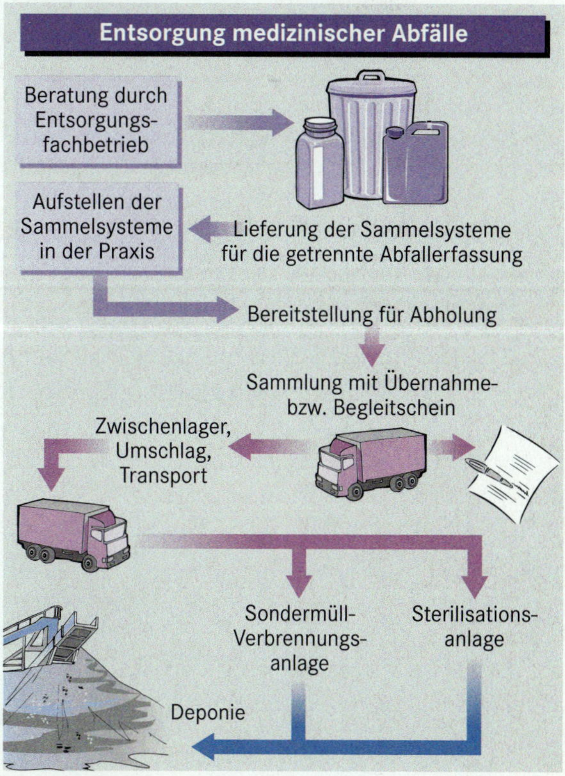

INFO 3 Abfallarten in einer Arztpraxis (Beispiele)

	Abfallarten	Aufbewahrung	Entsorgung
Gruppe A	• hausmüllähnliche Praxisabfälle	• Abfallsäcke	• Hausmüllverbrennung, -deponie,
	• Verpackungen	• Papiertonne	• Verwertung duales System, Rückgabe an Hersteller oder Vertreiber
	• desinfizierte Abfälle	• Abfallbehälter, geschlossene Abfallsäcke	• Hausmüllverbrennung, -deponie
Gruppe B	• Spritzen, Skalpelle, Kanülen u. a.	• durchstichfeste Sammelbehälter	• Entsorgungsbetrieb
	• mit Blut und Sekreten kontaminierte Abfälle wie z. B. Watterollen, Tupfer	• sicher umschlossen durch spezielle Behälter in Abfallsäcke. Aufnehmende Behälter müssen durchdringfest und abschließbar sein.	• Hausmüllverbrennung, -deponie
Gruppe C	• mit Erregern meldepflichtiger Erkrankungen behaftete Abfälle	• sicher umschlossene Abfallsäcke, vorher aber Sterilisation bzw. Desinfektion	• Entsorgungsbetrieb
Gruppe D	• Desinfektions- und Reinigungsmittel	• dicht verschließbare Kanister	• Entsorgungsbetrieb
	• Bleifolien, Altfilme	• Behälter, Tüten, Gitterboxen	• Entsorgungsbetrieb
	• Fixierbäder, Entwicklerbäder	• Kanister	• Entsorgungsbetrieb
	• Altmedikamente	• gekennzeichnete Behälter	• Rückgabe an Apotheke, Entsorgungsbetrieb
	• Batterien	• gekennzeichnete Behälter	• Rückgabe an Fachhandel, Entsorgungsbetrieb
Gruppe E	• Körperteile	• dicht verschließbare Einwegbehälter	• Entsorgungsbetrieb
	• Organabfälle	• dicht verschließbare Einwegbehälter	• Entsorgungsbetrieb
	• Blutbeutel	• dicht verschließbare Beutel	• Entleerung in die Kanalisation (nur bei einzelnen Blutbeuteln)

INFO 4 Weitere Maßnahmen zum Schutz der Umwelt

Mögliche Maßnahmen zur **Einsparung von Energie** sind:

- Verwendung von Geräten mit Energiespartechnik
- Einsatz von Stromsparlampen
- Batterien durch Akkus ersetzen
- bei der Anschaffung darauf achten, dass die Rücknahme der Geräte zugesichert wurde
- geringere Raumtemperatur für nicht belegte Praxisräume einstellen
- bei längerer Betriebspause vor allem ältere Computer und Drucker ausschalten
- statt Kippfenster längere Zeit offen zu halten, 3- bis 4-mal täglich für 8 bis 10 Min. Stoßlüften
- beim Einsatz von Wasserboilern Wassertemperatur auf 50 Grad senken

Mögliche Maßnahmen zur **Verwendung von schadstofffreien oder schadstoffarmen Produkten** sind:

- Verwendung von Desinfektionsmitteln, die biologisch abbaubar sind (Aldehyde und Alkohol)
- Schutzhandschuhe aus nichtgepudertem Latex oder Polyethylen verwenden
- digitale Temperaturmessgeräte statt Quecksilberthermometer einsetzen
- in Kinderarztpraxen Holz- statt Kunststoffspielzeug verwenden
- FCKW-freie Kühlgeräte anschaffen

Mögliche Maßnahmen im Hinblick auf **umweltschonende Verpackungen** sind:

- Medizinprodukte vor allem von solchen Herstellern oder Vertreibern einsetzen, die Verpackungen und die anfallenden Füllmaterialien zurücknehmen und diese wieder verwenden
- Produkte mit geringem Verpackungsaufwand auswählen
- auf Produkte verzichten, die ökologisch schädliche Verpackungsmaterialien verwenden
- auf bedarfsgerechte Verpackungsgrößen achten

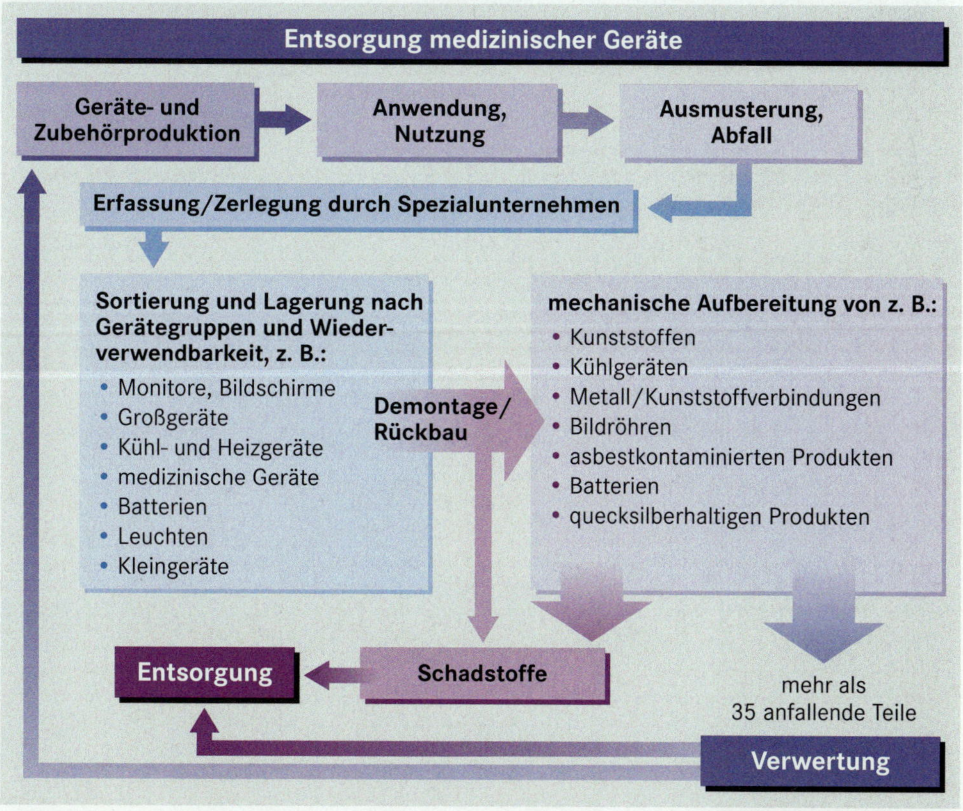

Zahlreiche Geräte in einer Arztpraxis werden mit Strom betrieben. Irgendwann sind diese Geräte reif für die Entsorgung bzw. Verwertung. Für diesen Aufgabenbereich spezialisierte Firmen bieten dem Arzt ihre Dienste an, um den Elektronikschrott sachgerecht der Materialaufbereitung zuzuführen. Die vorausstehende Übersicht zeigt diesen Zusammenhang.

Forderungen des Qualitätsmanagements

- Es gibt eine schriftliche Interne Regelung zur Entsorgung von potenziell infektiösem oder kontaminiertem Abfall.
- Es gibt eine Interne Regelung zur Entsorgung von scharfen Materialien, die bekannt ist und eingehalten wird.
- Es stehen stichfeste Abfallbehälter mit Gefahrenzeichen zur Sammlung und Entsorgung von verletzungsträchtigem Abfall zur Verfügung.
- Es werden wiederverwertbare oder mehrfach verwendbare Produkte eingesetzt.
- Energiesparmaßnahmen werden umgesetzt.

Quelle: Diel F., Gibis B. (Hrsg.), a.a.O., 4.3.2 (Nachweis 1 zu Ziel 1, Nachweise 1 und 2 zu Ziel 2, Nachweise 1 und 4 zu Ziel 3, S. 133/134)

Arbeitsaufträge

1. Zeigen Sie beispielhaft einige Möglichkeiten auf, wie sich die Abfallmengen in einer ärztlichen Praxis verringern lassen.
2. Nennen Sie Abfallarten, die einer besonders sorgfältigen Behandlung bedürfen.
3. Informieren Sie sich in Ihrer Praxis, durch wen und wie häufig die Entsorgung von Abfällen erfolgt, die aus umwelthygienischer Sicht besondere Anforderungen stellen.
4. Eine Ihrer Arbeitskolleginnen findet die strengen Bestimmungen über die Abfallentsorgung in Arztpraxen sehr übertrieben. „Das kostet nur viel und bringt wenig", so ihre Meinung. Versuchen Sie diese Meinung zu entkräften.
5. Organisieren Sie einen Beitrag zur Abfallverringerung durch Steuerung der Werbeflut. Lassen Sie hierzu nach Rücksprache mit Ihrem Chef die Praxis in die so genannte Robinsonliste des „Deutschen Direkt-Marketing-Verbandes" eintragen. Adresse: DDV Robinson-Liste, Postfach 1401 in 71243 Ditzingen, Tel. 07156 951010
6. Machen Sie Vorschläge, wie Sie in Ihrer Praxis Energie einsparen können.
7. Erklären Sie das vorstehende Ablaufschema über den Elektroschrott im Kreislauf.

2 Für eine Praxis unverzichtbar

Der Wartungsvertrag

Moment mal ...

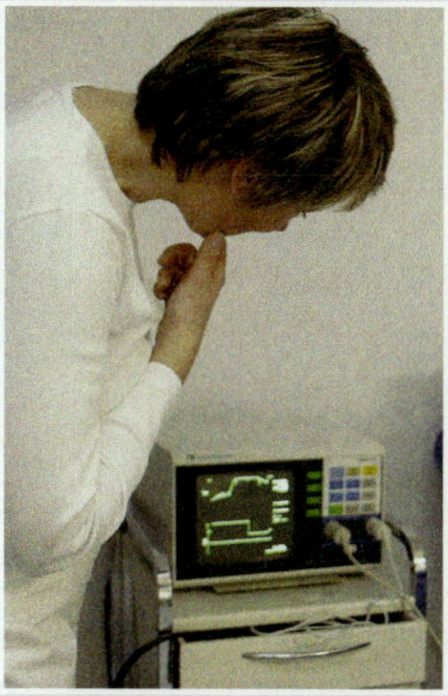

Der Besuch des Technikers der Wartungsfirma PROMED OHG ist gerade eine Woche her, als es zu folgendem Zwischenfall kommt:

Verschiedene EKGs sollen geschrieben werden. Bei Frau Fischer und Herrn Kluge arbeitet das Gerät noch einwandfrei. Probleme tauchen auf bei Frau Meister, einer älteren und ohnehin ängstlichen Patientin. Die Elektroden werden angelegt und der Ausdruck der Ergebnisse soll beginnen. Trotz mehrerer Versuche tut sich aber nichts. „Der Techniker muss her und zwar ganz schnell", ist die klare Anweisung von Dr. Damm.

Als nach zwei Tagen trotz mehrerer Telefonanrufe noch niemand von der Wartungsfirma PROMED OHG erscheint, ist Dr. Damm mit seiner Geduld am Ende. „Wir kündigen den Wartungsvertrag und suchen uns eine Firma, die auch zu ihren vertraglichen Pflichten steht", so seine Worte voller Zorn, und er betraut Petra Knauff mit dieser Aufgabe.

Was ist ein Wartungsvertrag?
Welche Besonderheiten weist er auf?

INFO 1 Ein Wartungsvertrag kommt zustande

Arztpraxen zählen zu der Gruppe der wartungsintensiven Betriebe. Sehr viel Zeit wird darauf verwendet, die Instrumente, Geräte und Vorrichtungen zu pflegen, intakt zu halten und, falls notwendig, auch instand zu setzen. Im Vordergrund stehen dabei die Sicherheit und Gesundheit der Patienten. Werden notwendige Wartungsarbeiten schlecht oder gar nicht ausgeführt, ist auch ein reibungsloser Behandlungsablauf gefährdet. Zeitliche Verzögerungen, unzufriedene Patienten und zusätzliche Kosten sind die Folge.

Für Wartungsarbeiten ist vor allem das Praxisteam zuständig. Gegenstände, die einer besonderen Pflege bedürfen, sind z. B. chirurgische Instrumente. Jedes gebrauchte Instrument muss desinfiziert und anschließend gereinigt werden. Danach wird es häufig auch noch sterilisiert, d. h. keimfrei gemacht.

In der Medizinprodukte-Betreiberverordnung (MPBetreibV) stellt der Gesetzgeber besondere Anforderungen an medizinische Geräte. Unfallverhütungsvorschriften ergänzen diese Bestimmungen. So darf der Arzt bestimmte Geräte nur betreiben, wenn der Hersteller oder eine von ihm beauftragte fachkundige Person das Gerät vor Inbetriebnahme einer Funktionsprüfung unterzogen hat. Außerdem sieht der Gesetzgeber regelmäßige sicherheitstechnische Kontrollen vor.

Das Praxispersonal wäre mit dieser Aufgabe überfordert. Es besitzt weder die notwendigen Fachkenntnisse noch die erforderlichen Messinstrumente und Werkzeuge, um Wartungsaufgaben dieser Art vorzunehmen. Der Arzt schließt daher mit einem auf diesen Aufgabenbereich spezialisierten Betrieb einen Wartungsvertrag ab. Durch geeignete notwendige Maßnahmen wird so den gesetzlichen Vorgaben entsprochen, die Betriebsbereitschaft wird aufrechterhalten und eventuell auftretende Störungen werden schnell und fachmännisch beseitigt.

Wartungsverträge gehören zu der Gruppe der **Werkverträge.** Wie jeder andere Vertrag kommt auch der Wartungsvertrag durch Antrag und Annahme zustande. Der Antrag kann dabei von der Wartungsfirma oder dem Arzt ausgehen. Häufig ist es so, dass der Arzt eine unverbindliche Anfrage an eine Wartungsfirma richtet und um ein Angebot bittet (= Antrag). Ist er mit dem Inhalt des Angebots einverstanden, erteilt er der Wartungsfirma den Auftrag (= Annahme), die vereinbarten Arbeiten auszuführen. Eventuell erhält er von der Wartungsfirma noch eine ausdrückliche Auftragsbestätigung.

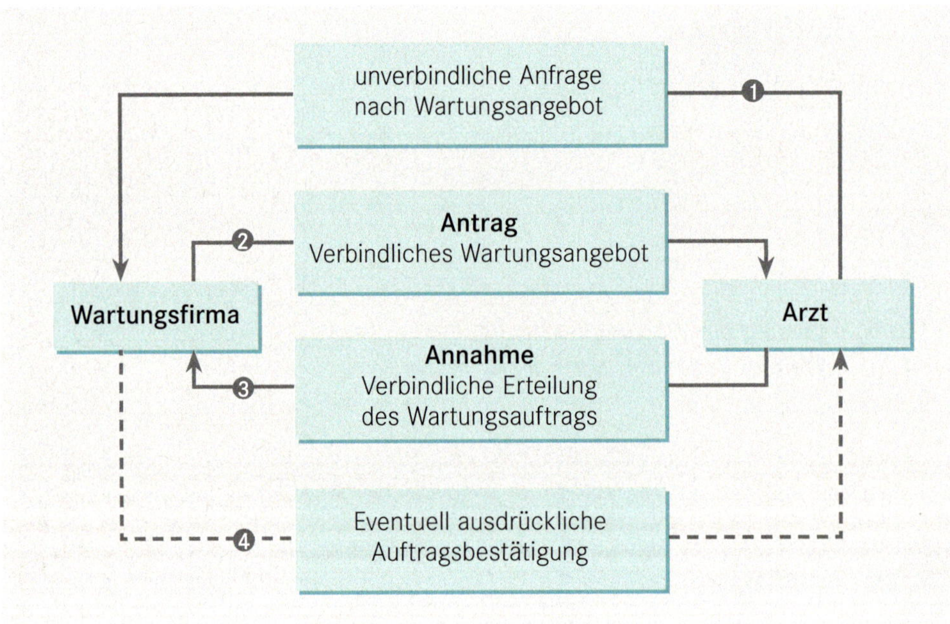

INFO 2 Inhalt eines Wartungsvertrages

Wartungsfirmen können die rechtliche Bindung ihrer Angebote durch Verwendung von so genannten Freizeichnungsklauseln einschränken. Dies geschieht z. B. durch Formulierungen wie „unsere Angebote sind freibleibend" und „unverbindlich". Denkbar ist auch, dass sich die rechtliche Bindung nur auf einzelne Inhalte des Angebots beschränkt. Beispiel aus dem Angebot einer Wartungsfirma: „Die vereinbarten Reparaturfristen sind unverbindlich."

Rechtliche Grundlage für den Abschluss eines Wartungsvertrages ist vor allem das Bürgerliche Gesetzbuch (BGB). Ergänzt werden diese Bestimmungen durch die Allgemeinen Geschäftsbedingungen der Wartungsfirma, die der Arzt mit Abschluss des Wartungsvertrages akzeptiert. Spezialgesetze wie z. B. die Medizinprodukte-Betriebsverordnung ergänzen die Vorschriften.

WARTUNGSANGEBOT

Allgemeine Qualitätssicherungsbedingungen

1. **Betriebswartung**
   Der Auftragnehmer übernimmt:
   - Überprüfung der Funktionssicherheit und elektrischen Sicherheit
   - Funktionskontrolle gemäß Wartungsfrist
   - Überprüfung der Messgenauigkeit des Systems
   - Kontrolle der Betriebsbereitschaft

2. **Instandsetzung und Instandhaltung**
   Der Auftragnehmer übernimmt:
   - die von ihm als notwendig erachteten vorbeugenden Maßnahmen, d. h. insbesondere den Austausch der abgenutzten Teile
   - Durchführung der vom Auftraggeber als notwendig erachteten technischen Änderungen zur Verbesserung der Geräteeigenschaften

3. **Wartungsbereitschaft des Auftragnehmers**
   - Die Servicezentrale des Auftragnehmers ist täglich 24 Stunden erreichbar.
   - Nach Absprache mit dem Auftraggeber werden Wartungs- und Servicearbeiten vor Ort im Allgemeinen von Montag bis Freitag in der Zeit zwischen 08:00 Uhr und 16:30 Uhr durchgeführt.

4. **Mitwirkungspflicht des Auftraggebers**
   - Der Auftraggeber verpflichtet sich dem Servicepersonal des Auftragnehmers nach vorheriger Terminabsprache an Werktagen in der Zeit von 08:00 bis 16:30 Uhr Zugang zu den Geräten zu gewähren.
   - Der Auftraggeber stellt dem Servicepersonal die zur Durchführung der notwendigen Arbeiten erforderlichen Unterlagen zur Verfügung.

5. **Garantie**
   - Für alle Reparaturarbeiten gilt eine Garantiezeit von 6 Monaten.
   - Die Garantiezeit berechnet sich ab dem Tag der Leistung.
   - Soweit vom Auftraggeber unsachgemäße Eingriffe an Geräten vorgenommen werden, ist die Garantie ausgeschlossen.

6. **Vertragsdauer und Kündigung**
   - Dieser Vertrag läuft zunächst für ein Jahr.
   - Der Vertrag verlängert sich automatisch um jeweils ein Jahr, sofern er nicht spätestens 30 Tage vor Ende seiner Laufzeit gekündigt wird.

Auftraggeber:	**Auftragnehmer:**
Praxisstempel:	
Unterschrift:	Unterschrift:
Datum:	Datum:

INFO 3 Pflichten der Vertragspartner

Über die einzelnen Pflichten der Vertragspartner bei einem Wartungsvertrag informiert die folgende Übersicht:

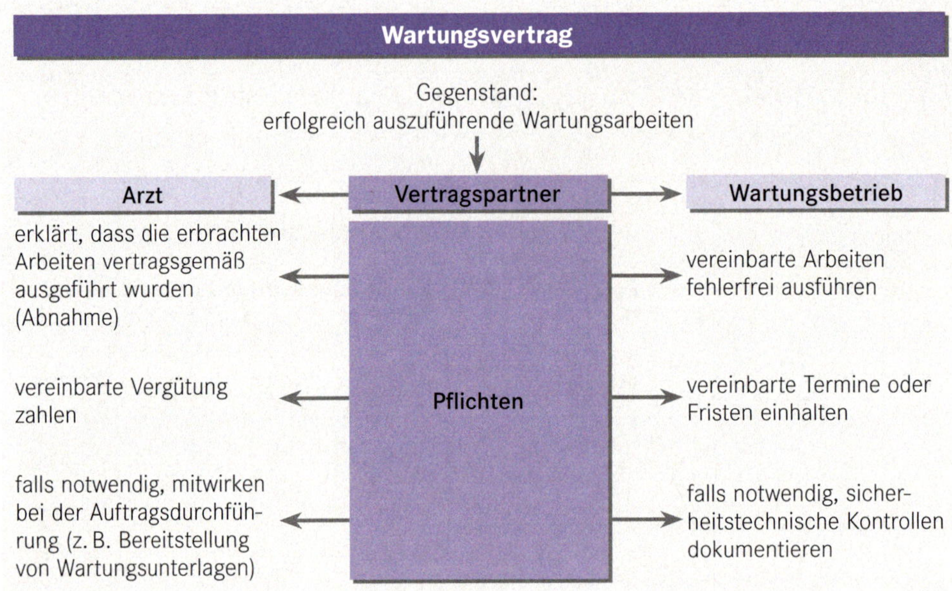

INFO 4 Was passiert, wenn es bei der Erfüllung eines Werkvertrages Störungen gibt?

Ebenso wie beim Kaufvertrag läuft auch bei Wartungen von medizinischen Geräten oder sonstigen Praxisgegenständen nicht alles glatt. Auch hier gilt es abzuwägen, welche Rechte man in Anspruch nimmt.

Sachverhalt 1: Die Sache, die hergestellt oder repariert wurde, erfüllt nicht ihre Funktion. Sie weist Mängel auf, die beseitigt werden müssen.

Die Gewährleistungsansprüche des Bestellers bei Sachmängeln sind ähnlich wie im Kaufrecht geregelt. Der Besteller kann zunächst jedoch nur Nachbesserung, ggf. Neuherstellung (Erfüllung) verlangen.

Kommt der Unternehmer hiermit in Verzug, so kann der Besteller den Mangel selbst beseitigen und Ersatz der erforderlichen Aufwendungen verlangen (§ 633 II, III BGB).

Nach Ablauf einer zur Nachbesserung gesetzten Frist kann der Besteller Wandelung oder Minderung verlangen; einer Fristsetzung bedarf es nicht, wenn die Beseitigung des Mangels unmöglich ist oder von dem Unternehmer verweigert wird (§ 634 BGB).

Beruht der Sachmangel auf einem Verschulden des Unternehmers, so kann der Besteller bzw. in diesem Falle der Arzt statt Wandelung oder Minderung Schadensersatz wegen Nichterfüllung verlangen (§ 635 BGB, daneben u. U. Anspruch aus positiver Vertragsverletzung wegen eines Mangelfolgeschadens, Gewährleistung).

Sachverhalt 2: Sie merken schon während der Herstellung oder Reparatur des vereinbarten Werkes, dass „die Sache" nicht erfolgreich oder wie vereinbart zu Ende gebracht werden wird. Es gibt offensichtliche Probleme mit demjenigen, der das Werk erstellen oder die Reparatur durchführen soll. Was nun?

Techniker überprüfen einen Kunstherzantrieb.

Der Besteller hat bis zur Vollendung des Werkes jederzeit das Recht, den Werkvertrag zu kündigender Unternehmer erhält in diesem Fall die vereinbarte Vergütung abzüglich ersparter Aufwendungen.

Häufig erstellt der Unternehmer einen Kostenvoranschlag, d. h. eine fachmännisch ausgeführte überschlägige Berechnung der voraussichtlich entstehenden Kosten.

Ist der Voranschlag dem Vertrag zugrundegelegt worden, so kann bei einer wesentlichen Überschreitung der Besteller jederzeit den Werkvertrag kündigen; er hat dann nur die der bereits geleisteten Arbeit entsprechende Vergütung zu entrichten (§ 650 BGB). Wird das Werk ganz oder teilweise nicht rechtzeitig hergestellt, so kann der Besteller - auch ohne Verschulden (Verzug) des Unternehmers - vom Vertrag zurücktreten (§ 636 BGB); eine nur unerhebliche Verzögerung ist allerdings unschädlich.

Arbeitsaufträge

1. Beurteilen Sie, ob Dr. Damm den Vertrag mit der Wartungsfirma PROMED OHG in der beschriebenen Situation wirklich kündigen darf.
2. Dr. Damm erhält ein Wartungsangebot der Firma Multi-Med OHG, in dem die Formulierung steht: „Vereinbarte Reparaturfristen sind unverbindlich." Welche rechtliche Bedeutung hat diese Freizeichnungsklausel?
3. Beschreiben Sie, wie ein Wartungsvertrag zustande kommt.
4. Welche Pflichten haben Arzt und Wartungsbetrieb mit dem Abschluss eines Wartungsvertrages übernommen?
5. Ein fehlerhaftes Ersatzteil wird von einem Techniker der Wartungsfirma in ein Röntgengerät eingebaut. Das Gerät ist deshalb zurzeit nicht zu benutzen. Mehrere Mahnungen zur Beseitigung des Mangels waren bisher erfolglos. Diskutieren Sie rechtliche Möglichkeiten gegenüber der Wartungsfirma.
6. Zu welcher Art von Verträgen gehören Wartungsverträge?
7. Nennen Sie Wartungsarbeiten, die in Ihrer Ausbildungspraxis von dem Praxisteam auszuführen sind.
8. Vergleichen Sie das vorstehende Wartungsangebot mit Angeboten aus Ihrer Ausbildungspraxis. Stellen Sie Unterschiede und Gemeinsamkeiten fest.

3 Erst prüfen und dann entscheiden

Vergleich von Arbeitsmitteln aus ökonomischer und ökologischer Sicht

Moment mal ...

Lisa Braun ist für die Beschaffung von Arbeitsmitteln in der Gemeinschaftspraxis Dr. Schmitt/Dr. Pfeiffer zuständig. Für den Chirurgen Dr. Pfeiffer muss sie diesmal unter anderem Nierenschalen und Rasierer für die Haarentfernung vor Operationen bestellen. Zugegeben, dies sind für einen Chirurgen nicht die allerwichtigsten Arbeitsmittel. Aber auch sie sind notwendig für einen reibungslosen Behandlungablauf und bei ihrer Anschaffung kann man allerlei falsch machen. Vieles muss bedacht werden, bevor man sich für ein Produkt entscheidet. Zur Auswahl stehen folgende Produkte:

Nierenschalen

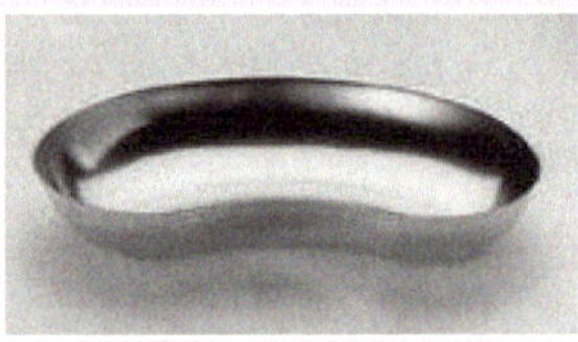

Nierenschale aus Edelstahl

Nierenschale aus Plastik

Einwegschale aus Pappe

Rasierer

Einwegrasierer

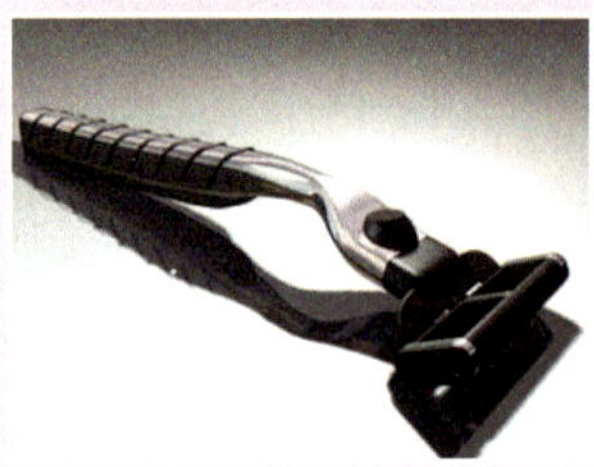

Nassrasierer mit austauschbarer Klinge

Elektrorasierer

Welche Entscheidungskriterien sind bei der Beschaffung und der Verwendung von Arbeitsmitteln zu berücksichtigen?

INFO 1 Bewertung von Arbeitsmitteln im Überblick

Um die vielfältigen Tätigkeiten in einer Arztpraxis durchführen zu können, wird eine große Anzahl von Arbeitsmitteln benötigt. Die große Palette reicht dabei von einfachen Produkten wie z. B. Nierenschalen und Einwegspritzen bis hin zu technisch aufwändigen Geräten wie z. B. einem Kernspintomograf und dem PC im Empfangsbereich.

Entscheidungskriterien für die Auswahl von Arbeitsmitteln sind vor allem die Gebrauchstauglichkeit, die Umweltverträglichkeit sowie der Anschaffungspreis und evtl. die entstehenden laufenden Kosten. Bei vielen medizinischen Arbeitsmitteln ist auch der Gesichtspunkt der Hygiene von großer Bedeutung. Bei einem Vergleich mit dem ökologischen Aspekt der Umweltverträglichkeit hat die Hygiene einen höheren Stellenwert. Ökologische Aspekte können bei der Anschaffung von Arbeitsmitteln nur dann berücksichtigt werden, wenn für Patienten und Personal keine gesundheitlichen Risiken entstehen. Eine optimale medizinische Versorgung und der Schutz vor Infektionen müssen immer gewährleistet sein.

Geht es um die Anschaffung und Auswahl von Arbeitsmitteln, können **Produktlisten** eine sinnvolle Entscheidungshilfe sein. Bei vielen Produkten ermöglichen sie eine übersichtliche Bewertung hinsichtlich der Entscheidungskriterien Gebrauchstauglichkeit, Hygiene, Anschaffungspreis und Umweltverträglichkeit. Eine Produktliste für Nierenschalen und medizinische Rasierer zeigt die nachfolgende Tabelle.

Produkte	Bewertung			
	Gebrauchstauglichkeit	Hygiene	Anschaffungspreis	Umweltverträglichkeit
Nierenschale aus Plastik	+	+	o	--
Nierenschale aus Edelstahl	++	+	-	o
Einwegnierenschale aus Pappe	+	o	++	+
Einwegrasierer	+	+	++	--
Nassrasierer mit austauschbaren Klingen	++	+	+	o
Elektrorasierer	o	o	-	++

(++) = sehr gut, (+) = gut, (o) = durchschnittlich, (-) = schlecht, (--) = sehr schlecht

vgl. Ärztekammer Niedersachsen (Hrsg.), Arbeitsmaterialien zur ökologischen Entsorgung für Arztpraxen und Kliniken

INFO 2 Bewertung von Arbeitsmitteln aus ökonomischer Sicht

„Unsere Kosten müssen unbedingt runter", eine Aussage, welche die Mitarbeiter der Praxisgemeinschaft schon einige Male von ihren Chefs gehört haben. Was sind eigentlich Kosten und welche Bedeutung haben sie für eine Arztpraxis? Neben den Ausgaben sind Kosten eine wichtige ökonomische Größe, die ein Arzt in seiner Eigenschaft als Unternehmer bei seinen Entscheidungen zu berücksichtigen hat. Auch bei der Auswahl von Arbeitsmitteln sind die dabei anfallenden Ausgaben und die entstehenden Kosten die zentrale ökonomische Vergleichsgrundlage.

Zwischen **Kosten und Ausgaben** gibt es wichtige Unterschiede, die es zu klären gilt:

Kosten entstehen in einer Arztpraxis, wenn Güter (z. B. Verbandmaterial) oder auch Dienstleistungen (z. B. Arbeitszeit einer Wartungsfirma) verbraucht werden. Um als Kosten eingestuft zu werden, muss der Verbrauch in Euro bewertet werden.

In Arztpraxen gibt es zahlreiche unterschiedliche Kostenarten. Beispiele sind:

- Personalkosten für ärztliche Mitarbeiter/-innen
- Kosten für Verbrauchsmaterial, wie z. B. Watterollen, Röntgenfilme
- Raumkosten, wie z. B. Praxismiete, Strom, Wasser
- Kosten für fremde Dienstleistungen, wie z. B. Wartungsfirmen, Sicherheitskräfte, Steuerberater
- Zinsen für Praxisdarlehen
- Abschreibungen auf medizinische Geräte

Kosten dürfen nicht verwechselt werden mit **Ausgaben.**

Beispiel

Die 82.000,00 €, die in der Praxis Schmitt/Pfeiffer für den Kauf eines Röntgengeräts gezahlt wurden, sind Ausgaben und zunächst keine Kosten. Nur ein Teil der 82.000,00 € wird jedes Jahr zu Kosten. Er wird durch die Abschreibung erfasst. Die Abschreibung von jährlich 8.200,00 € sind Verschleiß- und Abnutzungskosten. Außerdem entstehen Wartungs-, Entsorgungs- und Energiekosten für das Röntgengerät. Die Summe aller Kosten beläuft sich auf 8.420,00 €.

Die Entscheidung für ein Arbeitsmittel (z. B. Röntgengerät) hat aus ökonomischer Sicht immer beides zu berücksichtigen: Ausgaben für die Anschaffung und die zu erwartenden Kosten. Denkbar ist z.B., dass ein Gerät mit niedrigem Anschaffungspreis besonders hohe Kosten verursacht und deshalb dem Konkurrenzprodukt eines anderen Herstellers wirtschaftlich unterlegen ist.

Einen **Vergleich von Ausgaben und Kosten** zeigt folgende Übersicht:

Ausgaben →	Kauf eines Röntgengerätes zu 82.000,00 € →	Für den Kauf des Gerätes sind **Ausgaben** von 82.000,00 € im Anschaffungsjahr angefallen.

Kosten →	jährliche Wertminderung durch Verschleiß und Abnutzung 8.200,00 €	+	anteilmäßiger Betrag, den die Wartungsfirma und der Fachbetrieb für Entsorgung erhält 130,00 €	+	anteilmäßiger Energieverbrauch zum Betreiben des Geräts 90,00 €	=	jährliche Kosten für Röntgengerät 8.420,00 €
	↓		↓		↓		↓
	Abschreibung	+	**Wartungs- und Entsorgungskosten**	+	**Energiekosten**	=	**Summe der Kosten**

INFO 3 Bewertung von Arbeitsmitteln aus ökologischer Sicht

Kap. 1 Seite 154 ff. Umweltschutz in der Arztpraxis

Auch Ärzte sollten sich bei ihrem Praxisbetrieb so verhalten, dass die natürlichen Ressourcen der Umwelt geschont werden. Fallen aber Abfälle an, so sind sie verpflichtet, diese zu verwerten. Ist dies nicht möglich, muss der Abfall entsorgt werden. Kommen sie dieser Verpflichtung nicht nach, haften sie für die entstandenen Schäden.

Ökologisch ist es besser, Abfälle erst gar nicht entstehen zu lassen. Die Umwelt wird hierdurch geschont. Aber auch ökonomisch ist dies sinnvoller, da für die Verwertung und die Beseitigung Ausgaben notwendig werden (z. B. für Abfallsammelbehälter) und Kosten entstehen (z. B. Gebühren für Entsorgungsfachbetrieb).

Weitere Beispiele für Maßnahmen, die sowohl ökologisch als auch ökonomisch bei der Anschaffung und dem Umgang mit Arbeitsmitteln sinnvoll sind, stehen in der folgenden Tabelle:

Beispiele für ökologisch und ökonomisch sinnvolles Verhalten

- Auf routinemäßige Wisch- und Flächendesinfektion verzichten.
- Bei Reinigungsarbeiten statt Einweg- Haushaltshandschuhe verwenden.
- Sprühdesinfektion nur sehr sparsam einsetzen.
- Auf überflüssige Mittel wie WC-Reiniger, Toilettensteine und Raumsprays verzichten.
- Quecksilberthermometer durch digitale Temperaturmessgeräte ersetzen.
- Recyclingpapier als Unterlage für Patientenliegen verwenden.
- Bevorzugt Medizinprodukte von Herstellern verwenden, die Verpackung, Behältnisse und Füllmaterial zurücknehmen.
- Bevorzugt medizinische Geräte mit Energie sparender Technik einsetzen.
- Verwendung von Strom sparenden Leuchtmitteln.
- Nur Medikamentenmuster annehmen, die auch wirklich benötigt werden.
- Angebrochene und Altmedikamente zur Apotheke bringen.

Was ökologisch sinnvoll ist, ist nicht in jedem Fall auch ökonomisch erstrebenswert. Bisweilen gibt es Konflikte zwischen ökologischem und ökonomischem Verhalten. Konflikte kann es aber auch geben zwischen ökologischen Zielen einerseits und der Forderung nach Hygiene und Gebrauchstauglichkeit der verwendeten Arbeitsmittel anderseits.

Ökologische Zielsetzung
geringe Umweltbelastung und Schutz der natürlichen Ressourcen

Konflikte können bestehen gegenüber . . .

Ökonomie | **Hygiene** | **Gebrauchstauglichkeit**

Beispiele

Ökonomie: Ökologisch sinnvoll sind digitale Röntgengeräte. Die Strahlenbelastung wird stark vermindert. Es kommt zu einer ökologischen Entlastung.

Nachteil: höherer Anschaffungspreis

Hygiene: Ökologisch sinnvoll ist es, auf Sprühdesinfektion ganz zu verzichten und Flächendesinfektion stark zu begrenzen.

Nachteil: Bei Übertreibung besteht Infektionsgefährdung der Patienten.

Gebrauchstauglichkeit: Ökologisch sinnvoll ist die Verwendung von Arbeitshandschuhen aus dem Naturprodukt Latex.

Nachteil: Die Proteine aus der Milch des tropischen Gummibaumes können Allergien verursachen.

Arbeitsaufträge

1. Treffen Sie eine Auswahl mithilfe der Produktliste von Seite 165. Begründen Sie, für welche Art von Nierenschale und Rasierer Sie sich entschieden haben.
2. „Ausgaben sind immer auch gleich Kosten." Nehmen Sie Stellung zu dieser Behauptung.
3. Die Abschreibung für ein Ultraschallgerät beträgt 260,00 € pro Jahr. Erklären Sie die Bedeutung dieser Aussage.
4. In einem Gespräch zwischen zwei Mitgliedern des Praxisteams fällt die Aussage: „Für die neue Sitzgruppe im Wartezimmer werden Kosten von 3.650,00 € anfallen." Beurteilen Sie diese Formulierung.
5. Auch im Zeitalter der EDV-gestützten, angeblich papierlosen Arztpraxis fallen immer noch große Papiermengen an. Es gilt, den Papierverbrauch zu verringern. Das ist gut für die Umwelt und spart Kosten.

   Diskutieren Sie Vorschläge, wie man die anfallende Papiermenge in einer Arztpraxis vermindern kann.
6. Vielleicht geht es Ihnen auch so: Mitarbeiter in Arztpraxen hören immer häufiger von ihren Chefs Sätze wie: „Die Kosten fressen uns noch auf!" und „Kosten laufen uns davon." Hinter diesen Formulierungen verbirgt sich eine Zwickmühle, in der sich viele Praxen befinden. Zurückgehende Erlöse aufgrund der Sparmaßnahmen im Gesundheitswesen kommen zusammen mit ständig steigenden Kosten im Praxisbetrieb. Dieser Zustand wird häufig verbunden mit der Forderung an die Mitarbeiter, sich „kostenbewusst" zu verhalten.

   Diskutieren Sie in der Klasse über das Thema: „Wie lassen sich in einer Arztpraxis Kosten senken?" Sammeln Sie die Vorschläge und legen Sie gemeinsam eine Rangfolge fest. Der Rang soll dabei ausdrücken, wie wichtig Sie den jeweiligen Vorschlag einstufen.
7. Erklären Sie am Beispiel eines Röntgengerätes, welche Art von Kosten durch dessen Gebrauch entstehen können.
8. Nennen Sie Beispiele für ein Verhalten im Praxisbetrieb, das sowohl ökologisch als auch ökonomisch sinnvoll ist.

Lernfeld **6**

Ware beschaffen und verwalten

Worum geht es?

Eine Praxis benötigt laufend die verschiedensten Produkte, angefangen vom täglichen Bedarf an Spritzen, Verbandmaterial, Impfstoffen, bis zu Desinfektionsmitteln und Toilettenpapier.

In der Regel sind es die Medizinischen Fachangestellten, die den laufenden Bedarf planen, die benötigten Produkte beschaffen, empfangen und einlagern. In größeren Abständen werden auch die Bestellvorgänge für Geräte und Einrichtungsgegenstände von ihnen durchgeführt. Daher lernen Sie in diesem Lernfeld wichtige Arten und Formen des Kaufvertrags sowie deren rechtliche Folgen kennen.

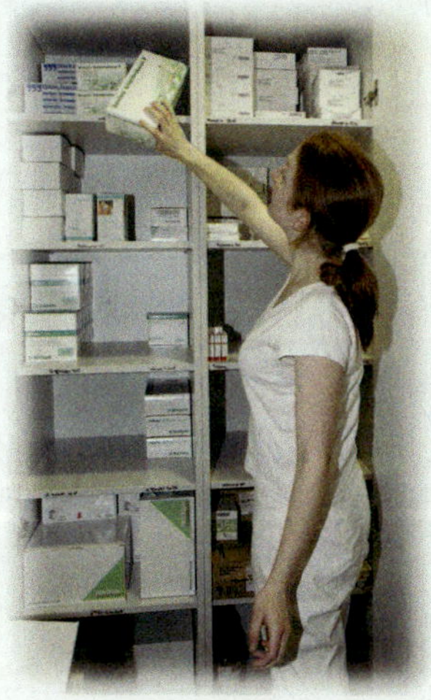

Wichtig sind auch die Inhalte von Kaufverträgen, aus denen sich verschiedene Rechte ableiten lassen. Da auch in Praxen immer öfter beim Versandhandel per Katalog oder sogar online gekauft wird, werden die Besonderheiten bei den so genannten Fernabsatzverträgen erklärt. Dieses Wissen ist auch privat für Sie von Bedeutung.

Die Medizinischen Fachangestellten wickeln die kaufmännischen Tätigkeiten von der Anfrage über den Angebotsvergleich bis zur Bestellung ab. Daher werden diese in Lernfeld 6 behandelt. Sie lernen aber auch die Tätigkeiten beim Empfang und die Prüfung eingehender Waren kennen.

Im Falle von mangelhafter Lieferung und Lieferungsverzug nehmen Sie die Rechte für Ihre Praxis wahr.

Die eingegangenen Produkte lagern Sie gemäß den verschiedenen Vorschriften. Die Belege werden kaufmännisch abgelegt und die Rechnungsbeträge werden von Ihnen überwiesen.

1 Was? Wann? Wo?
Bestellwesen in der Arztpraxis

Moment mal ...

Team-Besprechung in der Praxisgemeinschaft Dr. Schmitt/Dr. Pfeiffer. Heute geht es wieder um das Qualitätsmanagement. Dr. Schmitt liest das Kernziel aus dem Qualitätszielkatalog der Kassenärztlichen Bundesvereinigung für den Bereich „Beschaffung und Lagerhaltung“ vor: „Verbrauchsmaterialien werden bedarfsgerecht beschafft.“ Als sich das Team mit den Fragen über die Bedarfsfestlegung, Lieferantenauswahl und Bestellmodalitäten beschäftigt, wirft Lisa Braun ein: „Ich denke, im Mittelpunkt unserer Praxis stehen unsere Patienten. Wenn wir uns nur noch mit kaufmännischen Fragen beschäftigen, dann kommt unsere Hauptaufgabe zu kurz.“ Frau Dr. Schmitt entgegnet ihr: „Unsere Praxis ist ein Dienstleistungsbetrieb, bei dem das Wohl unserer Patienten an oberster Stelle steht. Sie ist aber auch ein Wirtschaftsunternehmen. Und das bedeutet, dass wir versuchen müssen, Kosten zu sparen, ohne dabei allerdings unsere Patienten zu kurz kommen zu lassen. Und da haben wir im Bereich Beschaffung und Lagerung sicherlich noch Möglichkeiten.“

„Außerdem,“ bestärkt sie Dr. Pfeiffer, „steht in der Vereinbarung über die Verordnung von Sprechstundenbedarf, dass wir stets den Grundsatz der Wirtschaftlichkeit beachten müssen. Das kann von der KV sogar überprüft werden. Und wenn wir uns hierbei falsch verhalten, muss die Praxis sogar Geld zurückzahlen.“

Was wird benötigt?
Wann müssen wir bestellen?
Wo müssen wir bestellen?

INFO 1 Welche Produkte werden in Praxen benötigt?

Praxisinventar

Kap. 10 Seite 220 ff. Medizinproduktebuch

Kap. 8 Seite 206 ff. Zahlungsarten

Kap. 5 Seite 196 ff. Umgang mit Belegen

Wenn Praxen neu eingerichtet oder umgestaltet werden, müssen Möbel gekauft werden. Daneben werden auch immer mal wieder neue Geräte angeschafft. Die Kaufentscheidungen für diese teueren Produkte treffen natürlich die Ärzte. Die Helferinnen ermitteln hierfür die Bezugsquellen, schreiben Anfragen, bearbeiten Angebote, tragen die Geräte in das Medizinproduktebuch und das Bestandsverzeichnis ein, wickeln evtl. den Zahlungsverkehr ab und bearbeiten die Belege.

Sprechstundenbedarf

Sprechstundenbedarf sind Waren, die speziell am Patienten angewendet werden und die bei mehreren Versicherten Verwendung finden. Es sind aber auch Produkte für Notfälle sowie alle Mittel, die im Zusammenhang mit einem ärztlichen Eingriff für mehr als einen Patient zur Verfügung stehen müssen. Dazu gehören Verbands- und Nahtmaterial, Mittel zur Narkose und örtlichen Betäubung, Desinfektionsmittel nur zur Anwendung am Körper des Patienten, Reagenzien und Schnelltests, diagnostische und therapeutische Hilfsmittel, Röntgen- und Ultraschallkontrastmittel, Impfstoffe sowie bestimmte Arzneimittel.

Die Mittel des Sprechstundenbedarfs dürfen nur für Kassenpatienten und nicht für Versicherte privater Kranken- oder Unfallversicherungen eingesetzt werden. Sprechstundenbedarf wird über Rezepte abgerechnet, die sich der Arzt verordnet hat.

Mittel, die nur für einen Patienten gebraucht werden, sind kein Sprechstundenbedarf, sondern müssen auf den Namen des Patienten verordnet und mit der zuständigen Krankenkasse abgerechnet werden. Folgende Mittel dürfen ebenfalls **nicht** als Sprechstundenbedarf verordnet werden: allgemeine Praxiskosten, Desinfektionsmittel für ärztliche Instrumente, Einmalprodukte (Spritzen, Kanülen usw.), Röntgenfilmmaterial, Zellstoff als Unterlage oder zur Reinigung und Mittel zur Vorsorgeuntersuchung.

Auf den Websites der KV-Landesverbände finden Sie die jeweilige Vereinbarung der KV mit der AOK des Landes – mit Listen, welche Mittel als Sprechstundenbedarf verordnet werden dürfen.

Praxisbedarf

Praxisbedarf sind alle die Mittel, die in der Praxis benötigt werden und nicht als Sprechstundenbedarf verordnet werden dürfen. Es sind Verbrauchsmittel für jeweils einen Patienten wie Einmalspritzen, Akupunkturnadeln, Kanülen, Handschuhe, Händedesinfektionsmittel, Teststreifen usw. Der Praxisbedarf muss vom Arzt selbst bezahlt werden. Er ist in seine erbrachten Leistungen eingerechnet, wie z. B. die Blutzuckerkontrolle in der Praxis und die Auswertung des Teststreifens. Zum Praxisbedarf zählen aber auch der gesamte Bürobedarf; Reinigungsmittel, Artikel für die Toiletten sowie die Warte- und Sprechzimmer, Laborbedarf sowie Hygiene- und Reinigungsartikel.

Sonstiges: Auch Zeitschriften, Fachzeitschriften, Fachbücher, Blumen, Bilder, Briefmarken usw. müssen in einer Praxis eingekauft werden.

INFO 2 Wie wird der Bedarf festgestellt und wann wird bestellt?

Oberstes Ziel ist es, alle notwendigen Produkte zur Verfügung zu haben, wenn sie benötigt werden, um die medizinische Leistung der Praxis sicherzustellen. Dies soll aber auch unter wirtschaftlichen Gesichtspunkten geschehen.

Die wirtschaftliche Beschaffungsplanung unterliegt einem Zielkonflikt:

Bestellung größerer Mengen	contra	Bestellung kleinerer Mengen
weniger Bestellaktivitäten, dadurch geringerer Personalaufwand		mehr Bestellaktivitäten, dadurch größerer Personalaufwand
man erhält Mengenrabatte		einzelne Produkte sind teurer
pro Bestellung wird mehr Geld benötigt		Zinsersparnis durch kleinere Rechnungsbeträge
es ist immer ein genügender Vorrat da		kann zu Engpässen bei der Behandlung führen
höhere Kosten durch Lagerhaltung		geringere Lagerhaltungskosten
evtl. Platzproblem, da größeres Lager benötigt wird		kleinere Lagerfläche – aber häufigere Kontrolle, ob noch genügend Materialien vorhanden sind
evtl. Verluste durch Ablauf des Verfalldatums		

Kaufmännisch einkaufen bedeutet die richtige Menge zur richtigen Zeit beim günstigsten Lieferanten zu bestellen. Dabei ergibt sich der Zeitpunkt der Bestellung oftmals durch folgende Situationen:

- Aktueller Bedarf: Hier kommt es auf eine möglichst schnelle Lieferung an. Diese garantieren die Apotheke oder der Stammlieferant (Großhändler, Medizindepot), die oftmals noch am gleichen Tag liefern. Es wird also sofort bestellt.
- Angebote: Sie werden sofort bestellt (z. B. Sonderangebote für Praxisbedarf, der länger haltbar ist, wie z. B. Reinigungsmittel).
- Sprechstundenbedarf: Er muss quartalsmäßig bestellt werden (siehe Info 3).
- Bei Erreichen des Meldebestandes von lagerfähigen Produkten: Es sollte ein bestimmter Mindestbestand für verspätete Lieferungen oder unerwartet starke Nachfrage vorhanden sein. Dazu addiert man die Zahl von Produkten, die für den Zeitraum von der Bestellung bis zur Lieferung benötigt wird. Ist diese Menge erreicht, dann muss umgehend neu bestellt werden.
  Formel für den Meldebestand: (Tage der Lieferung · täglicher Verbrauch) + Mindestbestand.

INFO 3 Besonderheiten bei der Bestellung von Sprechstundenbedarf

Den Sprechstundenbedarf verordnet der Arzt seiner eigenen Praxis. Es dürfen höchstens drei Positionen auf einem Verordnungsblatt aufgeführt werden. Das Rezept wird dem Lieferanten wie z. B. der Apotheke, dem Groß- oder Versandhandel zugestellt. Da Sprechstundenbedarf nur für die Kassenpatienten verwendet werden darf, rechnet der Lieferant mit einer gesetzlichen Krankenkasse des jeweiligen Bundeslandes (in den meisten Bundesländern der AOK) ab. Diese verteilt den Betrag dann auf die anderen gesetzlichen Krankenkassen.

Praxis-tipp

Mittel, die auf den Namen eines Patienten verordnet wurden und nicht mehr benötigt werden, dürfen nicht dem Lieferanten zurückgegeben, sondern müssen dem Sprechstundenbedarf zugerechnet werden.

Kap. 9 Seite 228 ff. Lagerhaltung

Sprechstundenbedarf soll möglichst nur einmal pro Vierteljahr verordnet werden. Daher muss der Verbrauch für die nächsten drei Monate vorausgerechnet und auch gelagert werden.

In allen Vereinbarungen über Sprechstundenbedarf der jeweiligen Bundesländer wird gefordert, dass bei der Verordnung und Verwendung stets der Grundsatz der Wirtschaftlichkeit zu beachten ist. Das bedeutet: Werden größere Mengen von einem Mittel benötigt, dann sollen preisgünstigere Großpackungen bestellt werden.

Für nichtapothekenpflichtige Mittel (z. B. Verband- und Nahtmaterial) sollen möglichst wirtschaftliche Bezugsformen gewählt und direkt beim Hersteller oder Großhandel bestellt werden, soweit dort preisgünstiger eingekauft werden kann.

Die AOK überprüft die Einhaltung der Wirtschaftlichkeit und die richtige Verordnung. Werden Mittel falsch verwendet oder sind sie nicht als Sprechstundenbedarf genehmigt, müssen die Rechnungsbeträge ersetzt werden.

Forderungen des Qualitätsmanagements

Die Aufgaben einer bedarfsgerechten Beschaffung der verschiedensten Produkte sollten unbedingt auf jeweils bestimmte Medizinische Fachangestellte festgelegt werden. Sonst fehlen Produkte, weil sich keine Mitarbeiterin zuständig fühlt, oder es gibt Überschneidungen. Daneben sollten die Medizinischen Fachangestellten auch für die Bestellzeitpunkte, -mengen und die Auftragsvergabe verantwortlich sein, denn sie kennen die Marktbedingungen.

INFO 4 Welche Informationsquellen gibt es?

Die Mitarbeiterinnen des Praxisteams sollen wirtschaftlich einkaufen, doch wo können sie dies?

Sicherheit und Qualität stehen bei der Behandlung Ihrer Patienten im Vordergrund. Wenn Sie bei den Lieferanten Praxismaterial auswählen, ist neben der Qualität sicherlich auch noch der Preis entscheidend. Manchmal ist auch eine möglichst kurze Lieferzeit wichtiger als der Preis. Häufig ist es jedoch nicht einfach, Lieferanten mit einem guten Preis-Leistungs-Verhältnis zu ermitteln. Viele haben so genannte Mischkalkulationen. Das bedeutet, dass einige Produkte knapp kalkuliert wurden, also recht preisgünstig angeboten werden. Andere Artikel werden dagegen mit hohen Spannen kalkuliert und sind daher verhältnismäßig teuer. Bei Bestellungen ohne Vergleich werden diese hohen Preise übersehen. Gerade hier kann Ihre Praxis Einsparungen erzielen.

Um vergleichen zu können, müssen laufend Hinweise auf neue Produkte gesammelt und mögliche Lieferanten ermittelt werden. Welche Möglichkeiten gibt es?

Apotheken

Meist arbeiten Praxen nur mit einer Apotheke zusammen. Kurze Bestell- und Lieferwege sind von Vorteil. Daneben kennt der Apotheker die Wünsche und den Bedarf seiner Praxen, er ist auf mögliche Bestellungen vorbereitet. Wenn es besonders schnell gehen soll oder wenn z. B. Impfstoffe in einer lückenlosen Kühlkette geliefert werden müssen, hat die nahe Apotheke besondere Vorteile.

Im Internet gibt es inzwischen verschiedene Versandapotheken, die evtl. bei verschiedenen Produkten preiswerter sind. Allerdings fehlt die persönliche Beziehung und meist dauert die Lieferung länger. Bei Qualitätsmängeln unterliegt die ausländische Versandapotheke nicht dem deutschen Recht.

Bekannte Lieferanten

Von den Händlern und Herstellern, mit denen eine Praxis bisher in Geschäftsbeziehung stand, erhalten die Praxen Kataloge und Werbebriefe. Daneben werden die Praxen auch von den Außendienstmitarbeitern der Unternehmen besucht. Es werden Seminare und andere Informationsveranstaltungen angeboten.

Neue Lieferanten

Zum Vergleich sollten auch Angebote von neuen Lieferanten hinzugezogen werden. Deren Adressen erhält man:

- **aus Fachzeitschriften:** Dort inserieren Händler und Hersteller von Geräten, Möbeln, IT-Lösungen und Organisationsmitteln. Deren Adressen sollten gesammelt werden.
- **Branchenbücher:** Im Branchenbuch findet man die jeweiligen regionalen Anbieter.
- **www.wlw.de:** „Wer liefert was?" Eine spezielle Suchmaschine im Internet. Nahezu alle Lieferanten aus Deutschland und auch anderen Ländern sind bei ihr gespeichert. Man kann die Produkte eingeben und erhält die wichtigsten Lieferanten.
- **Internet:** Eine große Anzahl von Adressen finden Sie in den Suchmaschinen wie www.fireball.de und www.google.de oder aber auch Spezialsuchmaschinen für Medizin (siehe „Fit im Web").

spezielle Medizin-Suchmaschinen: www.kribus.de; www.mediwarp.de; www.medkatalog.com www.yahoo.com/gesundheit/Medizin; www.medknowledge.de

WWW.

- **Außendienstmitarbeiter:** Pharmareferenten oder Außendienstmitarbeiter von Herstellern medizinischer Geräte sowie IT-Lösungen besuchen die Praxen, informieren und bringen Prospekte, Kataloge, Muster.
- **Besuche:** In Seminaren, Vorträgen und Vorführungen verteilen die Hersteller oftmals auch Prospekte und Informationsmaterialien. Auf speziellen Messen kann man nicht nur Neuerungen, sondern auch die gesamten Sortimente an einem Ort ansehen und vergleichen. Außerdem können mögliche neue Lieferanten kennen gelernt und erste Kontakte geknüpft werden. Es gibt allgemeine Messen wie die jährlich stattfindende „Medizin" und Spezialmessen wie z. B. „Herz-Kreislauf" oder die „IT-Messe Dialog im Gesundheitswesen".
- **B2B-Marktplätze**

  Immer öfter bedienen sich auch Arztpraxen der virtuellen B2B-Marktplätze („business to business" oder „Betrieb zu Betrieb"). Diese Marktplätze führen spezielle Anbieter und Nachfrager im Internet zusammen. Die Praxen haben bei der Nutzung folgende Vorteile:

  - Es müssen nicht die Kataloge (oder Internetseiten) verschiedener Anbieter durchgeblättert werden, um Angebote und Preise zu vergleichen.
  - Mit einer Bestellung kann man aus den Sortimenten verschiedener Lieferanten bestellen.
  - Man muss sich nur einmal registrieren lassen, nutzt nur ein Bestellsystem und hat nur einen Ansprechpartner.

  Das bedeutet einen großen Marktüberblick und Lieferantenvergleiche bei wenig Zeitaufwand.

www *Beispiel eines Marktplatzes: www.mercateo.com*

Arbeitsaufträge

1. Unterscheiden Sie zwischen Praxis- und Sprechstundenbedarf und nennen Sie Beispiele aus Ihrer Praxis.

   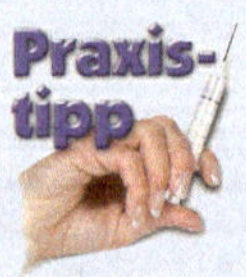

   Gehen Sie auf die Internetseite der KV oder der Landesärztekammer, dort sind alle Produkte für evtl. Sprechstundenbedarf aufgeführt.

2. Welche Besonderheiten müssen Sie bei der Bestellung von Sprechstundenbedarf berücksichtigen?
3. Entwerfen Sie eine Liste für den PC, in die Sie die wichtigen Adressen eintragen können. Diskutieren Sie vorher, welche Kriterien Sie aufnehmen wollen.
4. Ihre Praxis möchte ein neues 3-Kanal-EKG-Gerät mit Software beschaffen. Sie sollen daher Prospekte besorgen. Welche Wege können Sie gehen?
5. Stellen Sie den Zielkonflikt in der Beschaffung für Ihre Praxis dar. Welche Alternative würden Sie favorisieren?
6. Prüfen Sie, ob in Ihrer Praxis die Forderung des Qualitätsmanagements (S.172) erfüllt wird.

2 Schritt für Schritt kommt man sich näher

Die Anfrage und das Angebot

Moment mal ...

Frau Dr. Schmitt und Herr Dr. Pfeiffer haben sich entschlossen während des diesjährigen Praxisurlaubs das Wartezimmer renovieren zu lassen. Auch die Bestuhlung soll in dieser Aktion erneuert werden. Die aufgelockerte Anordnung von Stühlen und Zwischentischchen in einem Katalog gefiel ihnen ganz besonders gut. Daher bittet Dr. Pfeiffer Frau Blum, nähere Informationen über dieses Programm einzuholen. „Daneben fragen Sie auch bitte gleich nach dem Preis für 12 Stühle und 5 Beistelltische sowie den Lieferungs- und Zahlungsbedingungen an. Ermitteln Sie auch einen möglichen Rabatt und fragen Sie vor allem, ob sie bis zu unserem Urlaub liefern könnten.

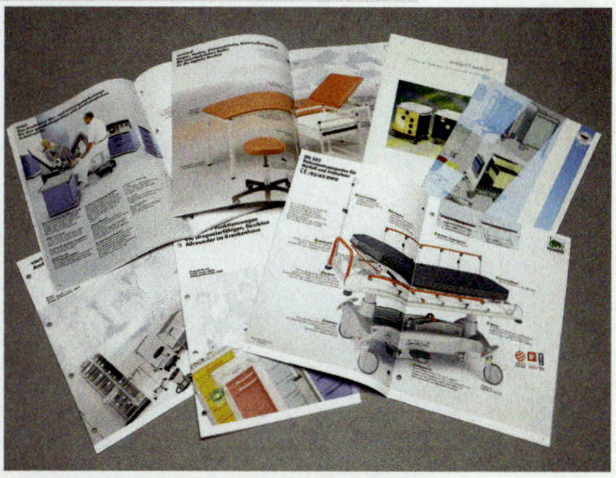

Ermitteln Sie zum Vergleich noch andere Lieferanten und fordern Sie dort Prospekte und weitere Informationen an."

Welche rechtliche Wirkung haben Anfragen und welche Ziele werden mit ihnen verfolgt?
Welche Arten von Angeboten gibt es und wie werden sie verglichen?

INFO 1 Warum Anfragen?

Bei teuren Produkten wie medizinischen Geräten und Einrichtungsgegenständen ist es selbstverständlich, dass verschiedene Anfragen bei möglichen Lieferanten gestellt werden. Es sollen die Art und Qualität der Produkte sowie deren Preise und Rabatte, das Image des Lieferanten, seine Lieferungs- und Zahlungsbedingungen, Kundendienst usw. verglichen werden.

Bei Sprechstundenbedarf müssen die Praxen die Wirtschaftlichkeit bei der Bestellung beachten. Aber auch bei der Bestellung des restlichen Praxisbedarfs kann mit einer wirtschaftlichen Planung so mancher Euro gespart werden.

Aus der großen Zahl von Lieferanten das jeweils beste Angebot zu ermitteln, erfordert Zeit. Es muss also abgewogen werden, ob dieser Zeitaufwand im Verhältnis zu einer eventuellen Preisersparnis steht. Daher ist es in zahlreichen Praxen üblich, dass der Praxis- und Sprechstundenbedarf meist bei einem Lieferanten (Apotheke, Bürofachgeschäft, speziellem Großhändler oder Hersteller) eingekauft wird. Die Praxen werden von Außendienstmitarbeitern besucht und erhalten in regelmäßigen Abständen neue Kataloge oder auch Sonderprospekte mit Angeboten. Eine weitere Möglichkeit, sich über Preise, Lieferungs- und Zahlungsbedingungen usw. (auch von neuen Lieferanten) zu informieren, sind die jeweiligen Homepages der verschiedenen Lieferanten.

Mit Anfragen können

- neue Geschäftsbeziehungen zu einem Lieferer angebahnt werden und
- bekannte Lieferanten zur Abgabe eines Angebotes aufgefordert werden.

INFO 2 Arten von Anfragen

Es sind generell zwei Arten von Anfragen möglich:

Anfrage

allgemeine Anfrage

Man hat sich noch auf kein bestimmtes Produkt festgelegt, sondern fordert ein Komplettangebot des Lieferers an und bittet um die Zusendung von Katalogen, Prospekten, Preislisten oder Vertreterbesuchen.

spezielle Anfrage

Hier werden Informationen über bestimmte Produkte, Qualität und Beschaffenheit, Preise sowie über Lieferungs- und Zahlungsbedingungen, Lieferzeit, Mindestabnahmemengen oder Mindestbestellwert usw. angefordert.

Anfragen unterliegen keiner Formvorschrift, d. h., sie können persönlich, telefonisch, per E-Mail, Fax oder Brief erfolgen.

Beispiel (E-Mail)

Sehr geehrte Damen und Herren,

da ich beabsichtige, meinen Warteraum neu einzurichten, bitte ich um Zusendung eines Kataloges bzw. anderer Fachinformationen.

Mit freundlichen Grüßen

i. A. Edith Blum
Praxisgemeinschaft
Dr. Schmitt/Dr. Pfeiffer
Am Teich 5
34567 Neustadt
Telefon 06543 213456
Telefax 06543 213457
E-Mail schmitt.pfeiffer@praxisgemeinschaft.de

Beispiel (Brief)

Praxisgemeinschaft Dr. Schmitt/Dr. Pfeiffer

Praxisgemeinschaft Dr. Schmitt/Dr. Pfeiffer · Am Teich 5 · 34567 Neustadt

Praxiseinrichtungs GmbH
Postfach 10 98 76
34112 Kassel

Am Teich 5
34567 Neustadt
Telefon: 06543 213456
Telefax: 06543 213457
E-Mail schmitt.pfeiffer@praxisgemeinschaft.de

Datum: 17. Mai 20..

Anfrage nach Programm „Top 2006"

Sehr geehrte Damen und Herren,

Ihr Warteraum-Programm „Top 2006" hat uns gefallen.
Bitte senden Sie uns ein Angebot über:

12 Sitzelemente, Best.-Nr. 3456
5 Zwischentische, Best.-Nr. 3457.

Wir bitte um Angaben über Rabatt, Zahlungs- und Lieferungsbedingungen und Lieferzeit sowie um eine Farbskala.

Mit freundlichen Grüßen

i. A. Edith Blum

Bankverbindung
...
...

Anfragen sind rechtlich immer unverbindlich, d. h., man ist mit einer Anfrage an keine Leistung gebunden und hat auch keine Verpflichtungen.

INFO 3 Angebotsarten

Schon nach einigen Tagen gehen die Angebote ein. Aus rechtlichen Gründen werden zwei Arten von Angeboten unterschieden:

1. Angebot an die Allgemeinheit

Ein Angebot ist nur dann rechtsverbindlich, wenn es an eine bestimmte Person (oder Firma) gerichtet ist. Angebote in Katalogen, Homepages, Anzeigen, Prospekten, Plakaten, Werbespots und Schaufensterauslagen richten sich an die Allgemeinheit und sind unverbindlich. Sie sind eine Anpreisung mit der Aufforderung an die Allgemeinheit, selbst einen Antrag zum Kauf an den jeweiligen Verkäufer zu richten.

2. Persönliche Angebote

Mit einer solchen Willenserklärung verpflichtet sich der Anbieter zum Verkauf. Man unterscheidet hier zwischen verbindlichen und unverbindlichen Angeboten:

- **Unverbindliche Angebote:** Mit so genannten Freizeichnungsklauseln kann ein Anbieter die Bindung an das Angebot ganz oder teilweise ausschließen.

Beispiele:	Bedeutung:
„Solange der Vorrat reicht“	Die Menge ist unverbindlich, ein Käufer kann nicht auf Lieferung bestehen, wenn die Ware ausverkauft ist.
„Preise freibleibend“	Die angegebenen Preise können sich ändern.
„Angebot unverbindlich“ oder „freibleibend“	Das Angebot ist völlig unverbindlich, d. h., es kann geändert oder zurückgenommen werden.

- **Verbindliche Angebote:** Man unterscheidet zwischen befristeten und unbefristeten Angeboten.

– befristete Angebote:	Steht z. B. im Angebot „gültig bis Ende dieses Jahres“, dann ist der Anbieter auch nur bis zum 31.12. des Jahres an sein Angebot gebunden.
– unbefristetes Angebot:	Obwohl keine Frist gesetzt wurde, ist dieses Angebot zeitlich unbefristet gültig. Man muss es auf dem gleichen Weg oder schneller annehmen, wie es versendet wurde.

Angebote sind ungültig, wenn

- eine Freizeichnungsklausel zutrifft,
- eine genannte Frist überschritten wurde,
- die Antwort auf ein unbefristetes Angebot auf einem zeitlich längeren Weg als die Abgabe erfolgte,
- sie der Empfänger ablehnt oder abändert oder
- der Absender sofort widerruft, sodass der Widerruf spätestens mit dem Angebot eingeht.

Abgabefristen für Angebote

Wenn in einem Angebot keine Frist genannt wird, muss dieses mindestens in folgender Zeit angenommen werden, sonst ist es verfallen:

Angebot kommt	muss mindestens angenommen werden
per Brief	in 7 Tagen
per Fax	am gleichen Arbeitstag bis Büroschluss
per E-Mail	am gleichen Arbeitstag bis Büroschluss
telefonisch	sofort während des Telefonats
persönlich	sofort im Gespräch

INFO 4 Inhalte des Angebots

Was beinhalten Angebote? Obwohl es keine generellen Vorschriften gibt, sollten Angebote über folgende Fakten informieren:

Ein Angebot kann enthalten:

- Beschreibung der Ware nach Art, Güte und Beschaffenheit
- Preis der Ware
- Lieferungsbedingungen, Liefertermin
- Zahlungsbedingungen
- Erfüllungsort und Gerichtsstand

INFO 5 Art und Beschaffenheit der Ware

Eine genaue Warenbeschreibung ist Grundlage eines Angebotes. Dabei helfen Markenzeichen (Produktname – im medizinischen Bereich meist Fachbezeichnungen) und Gütezeichen, die eine bestimmte Qualität garantieren.

Sterillium®

Markenzeichen

Die Produkte können auch zusätzlich durch Abbildungen und Muster (z. B. für Verbandmaterial) oder Proben (z. B. für Desinfektionsmittel oder Medikamente) beschrieben werden.

€/100 Stück
14,20

Die **Mengenbezeichnung** ist dann wichtig, wenn in einer Sammelpackung mehrere Waren verpackt sind. Die **Preisangaben** sind überwiegend Einzelpreise.

INFO 6 Lieferungsbedingungen

Wenn keine besonderen Lieferungsbedingungen im Angebot oder in den Allgemeinen Geschäftsbedingungen stehen, dann gilt die gesetzliche Regelung. Danach sind Warenschulden Holschulden, d. h., der Käufer müsste die Ware eigentlich beim Verkäufer abholen. Lässt er sich die Ware aber durch Bahn, Post, private Paketdienste, Speditionen usw. zuschicken, muss der Käufer alle anfallenden Versand-, Verpackungskosten sowie eine evtl. Transportversicherung bezahlen.

Es ist aber auch möglich, die Versandkosten zu vereinbaren. Oftmals sind Lieferungen ab einem bestimmten Bestellwert portofrei, darunter trägt der Käufer die Kosten. Individuelle Regelungen erfolgen oft mit festen Klauseln, wie z. B. folgende oft benutzte Beförderungsbedingungen:

ab Werk	Der Käufer trägt alle Kosten.
frei dort	Der Verkäufer trägt die Kosten bis zum Empfangsbahnhof, ab dort der Käufer.
frei Haus	Der Verkäufer trägt alle Versandkosten.

Der Begriff **„Frachtbasis"** gibt an, von welchem Ort aus die Fracht berechnet wird. Gibt z. B. ein Lieferant „Frachtbasis Hannover" an, so wird die Fracht immer ab Hannover berechnet, egal, ob er die Ware aus der Filiale in Augsburg oder aus der Filiale in Schwerin verschickt.

INFO 7 Zahlungsbedingungen

Wenn kein Zahlungstermin genannt ist, schreibt das Gesetz eine sofortige Zahlung bei der Warenübergabe vor („Zug-um-Zug-Geschäft“).

In der kaufmännischen Praxis wird oftmals im Angebot eine Zahlungsbedingung genannt. Es gibt generell drei Möglichkeiten:

Möglichkeit der Zahlung	Begriff	Klauseln im Angebot (Beispiele)
Zahlung vor Lieferung	Anzahlung, Vorauskasse	„$^1/_3$ Anzahlung, der Rest bei Lieferung.“ Dies gilt häufig für Spezialanfertigungen oder bei Neukunden.
Zahlung bei Lieferung	Barkauf	„Zahlung innerhalb von 10 Tagen, abzüglich 2 % Skonto.“ Hier gilt die kurze Frist ebenfalls noch als Barzahlung. Der Skonto ist ein Anreiz zur baldigen Bezahlung. „Lieferung per Nachnahme“ gehört ebenfalls zur Barzahlung.
Zahlung nach Lieferung	Ziel- oder Kreditkauf	„Zahlung innerhalb 30 Tagen netto Kasse“ bedeutet z. B. ein Zahlungsziel von 30 Tagen ohne Zinsberechnung. Es können auch längere Zahlungsziele eingeräumt werden. „Zahlung in mehreren Raten“

INFO 8 Preisnachlässe

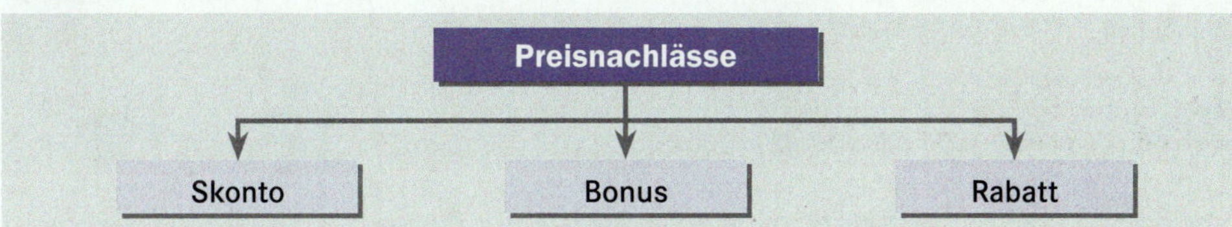

- Skonto ist der Nachlass für vorzeitige Zahlung, d. h., ein eingeräumtes Zahlungsziel wird nicht voll in Anspruch genommen (siehe „Zahlung bei Lieferung“).
- Bonus: Nachträglich gewährter Rabatt – meist am Jahresende – für das Erreichen bestimmter Umsätze.

Daneben können noch weitere Rabatte gewährt werden, z. B.:

Rabattart	Rabattgrund
Mengenrabatt	beim Kauf größerer Mengen zu einem Zeitpunkt
Treuerabatt	für Stammkunden, die laufend vom gleichen Lieferer beziehen
Sonderrabatt	bei Firmenjubiläum, Räumungsverkauf, anderen Anlässen
Saisonrabatt	zum Ausgleich saisonaler Schwankungen, z. B. Sommerpreis für Wintersportartikel u. a.
Einführungsrabatt	bei neuen Produkten, Geschäftseröffnung oder zur Gewinnung neuer Kunden
Personalrabatt	Rabatte an Mitarbeiter

INFO 9 Erfüllungsort

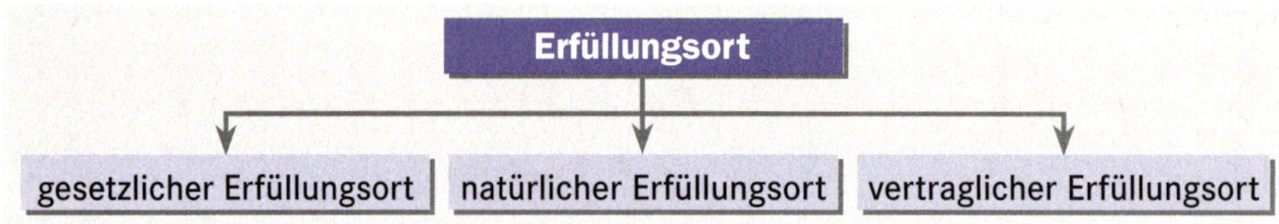

Erfüllungsort ist der Ort, an dem Käufer und Verkäufer ihre Pflichten, die sie mit dem Abschluss eines Kaufvertrages eingegangen sind, erfüllen müssen.

- **Gesetzlicher Erfüllungsort:** Nach dem Gesetz gibt es zwei Erfüllungsorte. Der Verkäufer muss die Ware rechtzeitig und mangelfrei an den Käufer übergeben. Da Warenschulden Holschulden sind, geschieht dies am Sitz des Verkäufers.
- Für die Bezahlung liegt der gesetzliche Erfüllungsort beim Käufer. Es genügt also, spätestens am Fälligkeitstag der Rechnung den Betrag am Wohnsitz des Käufers (Erfüllungsort) zu überweisen. Da aber gleichzeitig Geldschulden „Bringschulden" sind, trägt der Käufer die Überweisungskosten und das Überweisungsrisiko. Er muss also evtl. mit einem Nachforschungsantrag seiner Bank beweisen, dass der Betrag auf dem Konto des Verkäufers eingegangen ist.
- **Natürlicher Erfüllungsort:** Wenn eine Leistung nur an einem bestimmten Ort erbracht werden kann, so ist dieser auch der Erfüllungsort (z. B. ein Elektroinstallateur verlegt in einer Praxis neue Stromkabel).
- **Vertraglicher Erfüllungsort:** Oftmals schreibt der Verkäufer aber den Erfüllungsort für beide Vertragspartner an seinem Geschäftssitz fest. Dies ist im Rahmen der Vertragsfreiheit möglich.

INFO 10 Gerichtsstand

Wenn einer der beiden Kaufvertragspartner seine Leistung nicht erbringt, wird der Schuldner an dem für seinen Wohnort zuständigen Gericht verklagt. Bei Verträgen unter zwei Kaufleuten kann vertraglich der Gerichtsstand geändert werden. Er ist dann „für beide Teile am Sitz des Verkäufers". Dies ist für Verkäufe an Privatpersonen und auch für den Kauf von Gütern durch einen Arzt nicht möglich, denn der Arzt ist rechtlich gesehen kein Kaufmann. Will der Verkäufer den Käufer auf Abnahme oder Bezahlung der Ware verklagen, muss er dies bei dem zuständigen Gericht des Käufers tun.

INFO 11 Lieferzeit

Wenn keine Lieferzeit genannt wird, muss der Verkäufer sofort liefern (= gesetzliche Regelung).

Ein **Fixkauf** liegt vor, wenn ein genauer Liefertermin genannt wird (z. B. „Lieferung am 15.06..."). Bei einem **Terminkauf** wird eine bestimmte Lieferfrist angegeben („Lieferung innerhalb von 14 Tagen").

INFO 12 Angebote vergleichen

Angebote über 12 Stühle mit 5 Ablagen:

Lieferer	Mediserv	Medicus-Plus	Aktivmed
Listenpreis (zuzüglich 19 % MwSt)	1.850,24 €	1.899,00 €	2.390,00 €
Lieferzeit	10 Tage	sofort	14 Tage
Liefer-bedingungen	Fracht: 120,00 €, Verpackung: 10,00 €, Transportversicherung: 10,00 €	Transportkostenanteil: 125,00 €	frei Haus
Zahlungs-bedingungen	bei Zahlung innerhalb 10 Tagen abzügl. 2 % Skonto, Zahlung innerhalb 30 Tage netto Kasse	Zahlung innerhalb 30 Tagen netto Kasse	bei Zahlung innerhalb 10 Tagen abzügl. 3 % Skonto, Zahlung innerhalb 30 Tage netto Kasse
Rabatt	ab 500,00 € = 2 % ab 750,00 € = 2,5 % ab 1.000,00 € = 3 % ab 1.500,00 € = 3,5 %		10 % Rabatt auf alle Geräte, auf Verbrauchsmaterial 3 % Rabatt

„Das Angebot der Firma Mediserv scheint das günstigste zu sein," schätzt Edith Blum. Dennoch vergleicht sie die drei Angebote rechnerisch, da alle Lieferer als pünktlich, schnell und zuverlässig bekannt sind. Wenn die Angebote bezüglich der Eigenschaften der zu beschaffenden Produkte, der Gewährleistung, der Lieferzeit und dem Service vergleichbar sind, dann entscheidet nur noch der Bezugspreis über den günstigsten Anbieter.

Der Bezugspreis ist der Listen- oder Katalogpreis vermindert um alle Abzüge und zuzüglich aller evtl. anfallenden Nebenkosten (z. B. Fracht usw.). Er errechnet sich nach folgendem Schema:

	Listeneinkaufspreis (Katalogpreis)
–	Rabatt
=	Zieleinkaufspreis
–	Skonto
=	Bareinkaufspreis
+	Bezugskosten (Fracht, Porto, Verpackung, Transportversicherung)
=	Bezugspreis

Forderungen des Qualitätsmanagements

Es ist sinnvoll, ein Vorgehen zur Angebotseinholung und Auswahl abzustimmen und bei der Auftragsvergabe die Lieferbedingungen festzulegen.

Quelle: Diel F., Gibis B. (Hrsg.), a.a.O., 4.2.3 (aus Erläuterungen zu Ziel 1, S. 122)

INFO 13 Lieferantenbeurteilung

Neben dem Bezugspreis und Eigenschaften der Produkte sind auch die Merkmale der Lieferanten von Bedeutung. Was nützt ein preiswerter Lieferer, der aber sehr unzuverlässig ist, wenn man ein Produkt schnell benötigt? Wichtig ist, dass die Lieferer ein gutes, ausgewogenes Sortiment haben, dass sie zuverlässig liefern und guten Service bieten.

Checkliste: Merkmale guter Lieferanten

- ✔ zuverlässige und pünktliche Lieferung
- ✔ schnelle Lieferung bis zum nächsten Tag
- ✔ gute telefonische Beratung
- ✔ laufende Informationen über Neuerungen
- ✔ kostenlose Installation von Geräten
- ✔ gute Einführung in die Bedienung in der Praxis
- ✔ schneller Reparaturservice
- ✔ Finanzierung für Geräte und Einrichtung
- ✔ kostenlose Seminare

Forderungen des Qualitätsmanagements

Die Lieferantenauswahl kann anhand einer internen Lieferantenbewertung erfolgen.

Quelle: Diel F., Gibis B. (Hrsg.), a.a.O., 4.2.3 (aus Erläuterungen zu Ziel 1, S. 122)

INFO 14 Checkliste: Angebotsvergleich

Produkt:	

Lieferant:	Anschrift	Tel.:	E-Mail:	Homepage

Im Angebot enthalten	Bedingungen	Angebot (eintragen)
	Produkt	
	Bezeichnung	
	Qualität	
	Mengeneinheit	
	Lieferzeit	
	Zuverlässigkeit des Lieferanten	
	Preis	
	Preis je Mengeneinheit	
	Verpackungskosten	
	Lieferungsbedingungen	
	ab Lieferer	
	frei Empfangsstation	
	frei Haus	
	andere Regelung	
	Beförderungskosten	
	Fracht	
	Rollgeld	
	Transportversicherung	
	Zahlungsbedingungen	
	Vorauszahlung	
	Anzahlung	
	% Skonto bei Zahlung	
	innerhalb xx Tagen	
	Zahlungsziel netto	
	(xx Tage)	
	Installation u. Einweisung	
	Gewährleistung	
	Rückgaberecht	
	Weitere Regelungen	

Arbeitsaufträge

1. Welchem Zweck dient eine Anfrage und welche rechtliche Wirkung hat sie?
2. Wann werden Sie welche Form der Anfrage einsetzen? Geben Sie Beispiele.
3. Formulieren Sie eine schriftliche Anfrage für Dr. Schmitt/Dr. Pfeiffer (siehe „Moment mal ...“, Seite 175). Überlegen Sie vorher, welche Daten interessieren.
4. Simulieren Sie für ein von Ihnen gewähltes Produkt eine telefonische Anfrage, wobei eine Schülerin die Anfrage stellt und eine andere die Mitarbeiterin eines Lieferers ist. Ermitteln Sie dabei alle möglichen wichtigen Daten. Halten Sie die wichtigsten Fakten in einer Gesprächsnotiz für Ihren Chef fest.
5. Beurteilen Sie, ob folgende Angebote verbindlich sind und begründen Sie Ihre Antwort:
   a) Ein fehlerhaftes Angebot wird per Brief verschickt, am Absendetag abends aber per E-Mail widerrufen.
   b) Angebote in einem Katalog
   c) Ein Angebot an Ihre Praxis hat folgenden Zusatz: „Gültigkeitsdauer 4 Wochen ab Absendetag“.
   d) Ein Sonderangebot mit dem Zusatz: „Solange Vorrat reicht“ wird per Brief an Ihre Praxis geschickt.
6. In welcher Zeit müssen Sie ein unbefristetes Angebot annehmen, das per Brief an Ihre Praxis geschickt wurde?
7. Nennen Sie andere Annahmefristen.
8. Berechnen Sie die drei Angebote über die Sitzmöbel (Seite 181).
9. Wie viel % ist das günstigste Angebot preiswerter als die jeweiligen anderen?
10. Welche Anforderungen sollte ein Lieferer erfüllen?
11. Aufgrund einer Anfrage für ein EKG-Gerät und 50 Rollen passendes Papier gehen folgende beiden Angebote ein:
    - „Gesellschaft für Praxisbedarf mbH“:
      Gerät: „Cardiovit AT“ 1.350,00 (netto), Cardioline Delta 30 pro Rolle 4,50 €
      Lieferungsbedingen: Mindestbestellwert: 40,00 €; Fracht- u. Verpackungsanteil: 16,50 €; Lieferung frei Haus; Transportversicherung: 1,5% vom Katalogpreis; Zahlungsbedingungen: Bei Zahlung innerhalb 10 Tagen abzüglich 2% Skonto, innerhalb von 30 Tagen netto Kasse; Neukundenrabatt 5%.
    - „Praxisfit OHG“:
      Gerät: „Cardiovit AT“ 1.465,00 (netto), Cardioline Delta 30 pro Rolle 4,55 €
      Lieferungsbedingen: Mindestbestellwert: 50,00 €; frachtfrei, Zahlungsbedingungen Bei Zahlung innerhalb 10 Tagen abzüglich 3% Skonto, innerhalb von 30 Tagen netto Kasse; Treuerabatt 12%.

    Welches Angebot ist das günstigere, wenn wir bar bezahlen und Skonto ziehen?

3 Beim Einkauf muss man rechnen

Lernfeldbezogene Prozent- und Zinsrechnung

Moment mal ...

Im Durchschnitt benötigt die Praxisgemeinschaft von Dr. Schmitt/Dr. Pfeiffer Verbrauchsmaterialien als Praxisbedarf von ca. 18.000,00 € im Jahr. Edith Blum stellt folgende Überlegung an: „Wenn wir alle Rechnungen immer innerhalb von 10 Tagen bezahlen würden, könnten wir 2 % Skonto abziehen."

Wenn wir aber jeweils nach 30 Tagen bezahlen, dann dürften wir zwar kein Skonto abziehen, aber dafür könnten wir das Geld jeweils für 30 Tage länger auf dem Bankkonto liegen lassen. Auf dem Sparbuch erhalten wir aber 2,5 % Zinsen.

Es scheint sich also nicht zu rentieren, 20 Tage früher zu bezahlen und dafür Skonto abzuziehen.

Warum hat Edith Blum unrecht?
Wie wird der Prozentwert ermittelt?
Wie errechnet man die Zinsen?

INFORMATION

Auf diesen Seiten werden lediglich die Bereiche der Prozent- und Zinsrechnung behandelt, die für die Überlegungen im Bereich der Beschaffung in einer Praxis notwendig sind.

INFO 1 Die Berechnung des Prozentwertes

Wie viel Euro spart man bei Barzahlung und Abzug von 2 % Skonto bei einem durchschnittlichen Beschaffungsbetrag von 18.000,00 €?

$$\text{Prozentwert} = \frac{\text{Grundwert} \cdot \text{Prozentsatz}}{100} = \frac{18.000{,}00\ € \cdot 2}{100} = 360{,}00\ €$$

Die Praxisgemeinschaft Dr. Schmitt/Dr. Pfeiffer hätte also 360,00 € gespart, wenn Frau Blum von jedem Rechnungsbetrag 3 % Skonto abgezogen hätte.

INFO 2 Die Berechnung des Prozentsatzes

Kap. 4 Info 7 Seite 193 f. AGB

Bei einer Lieferung von 500 Kanülen waren 14 Stück beschädigt. In den Allgemeinen Geschäftsbedingungen steht, dass bei einer Beschädigung von 2,5 % der Gesamtmenge die komplette Lieferung umgetauscht wird. Prüfen Sie, ob diese Bedingung erfüllt ist.

$$\text{Prozentsatz} = \frac{\text{Prozentwert} \cdot 100}{500} = \frac{14 \cdot 100}{500} = 2{,}8\ \%$$

INFO 3 Die Berechnung des Grundwertes

Am Jahresende erhält die Gemeinschaftspraxis eine Gutschrift ihres Lieferers als Treuerabatt von 4 % der gesamten Umsatzsumme. Die Gutschrift beträgt 313,87 €. Wie hoch war der Gesamtumsatz?

$$\text{Grundwert} = \frac{\text{Prozentwert} \cdot 100}{\text{Prozentsatz}} = \frac{313{,}87\ € \cdot 100}{4} = 7.846{,}75\ €$$

INFO 4 Die Berechnung der Zinsen

Ein Kapital von 12.000,00 € wird zu 3,5 % Zinsen vom 15.02. bis zum 17.09. angelegt. Wie viel Zinsen bringt es in dieser Zeit?

Die Tage werden in der Zinsrechnung je nach dem Gebiet der Berechnung unterschiedlich ermittelt. Für Sparkonten, Kontokorrentkonten, Ratenkredite und Darlehen gilt die „Deutsche kaufmännische Methode“. Danach wird ein Jahr grundsätzlich mit 360 Tagen und jeder Monat mit 30 Tagen berechnet. Dies gilt auch, wenn der Verfalltag z. B. auf den 31. eines Monats fällt. Ausnahme: Wenn der Verfalltag auf den 28. oder 29. Februar fällt, wird der Kalendertag exakt angesetzt. Liegt er aber im März, dann wird der Monat Februar auch mit 30 Tagen berechnet.

Für die Aufgabe bedeutet das: Vom 15.02. bis zum 17.09. sind es 272 Tage.

$$\text{Zinsen} = \frac{\text{Kapital} \cdot \text{Zinssatz} \cdot \text{Tage}}{100 \cdot 360} = \frac{12.000 \cdot 3{,}5 \cdot 272}{100 \cdot 360} = 317{,}33\ €$$

Ist die dritte Stelle hinter dem Komma 4 oder kleiner, dann bleibt die 2.Stelle (es wird abgerundet), ist die 3. Stelle 5 bis 9, dann wird die 2. Stelle um eins aufgerundet.

Arbeitsaufträge

1. Überprüfen Sie die folgende Rechnung, die Elektroinstallateur Meier der Praxisgemeinschaft geschickt hat:

Summe Installationsmaterial	1.435,60 €
+ 7 % Kleinmaterial	104,92 €
Summe Material	1.540,52 €
Löhne (5,5 Std. à 42,00 €)	231,00 €
Summe (netto)	1.771,52 €
+ 19 % USt	336,59 €
Rechnungsbetrag	2.108,11 €

2. Da die Gemeinschaftspraxis mit dem Installateur Meier einen Wartungsvertrag abgeschlossen hat, darf er von jeder Rechnung 2,5 % Rabatt abziehen.
   Sie sollen die Rechnungssumme überweisen. Wie hoch ist der Überweisungsbetrag?

3. Dr. Pfeiffer erhält eine Nachricht seiner Wartungsfirma, in der ihm mitgeteilt wird, dass die Wartungsgebühren ab nächsten Monat um 5,5 % angehoben werden. „Das sind bei Ihnen lediglich 9,90 €“, heißt es in dem Schreiben. Wie hoch war die Wartungsgebühr bisher?

4. Im Internet lesen wir ein Angebot für ein neu entwickeltes Spezialgerät zur Diagnostik. Der Bareinkaufspreis des Geräts beträgt 949,86 €. Bei Leasing berechnet sich der Mietkaufpreis aus 15 Monatsraten zu je 85,13 €. Wie viel € und wie viel % ist der Mietkaufpreis teurer als der Bareinkaufspreis?

5. Die Medizintechnik Müller OHG bietet an:

- **Einmalkanülen Größe 1 „Sterican“, 100 Stück pro Packung**
  1 Packung: 1,96 €
  10 Packungen: 1,65 € p. P.
- **Insulinspritzen „Omnican F“, 100 Stück im Spenderkarton**
  1 Karton: 25,93 €
  10 Kartons: 220,40 €

Wie viel % würden wir sparen, wenn wir jeweils die 10er-Packungen anstatt der Einzelpackungen bestellen würden?

6. Ein Medikamentenmusterschrank wird mit einer Beschädigung (Kratzer auf der linken Seite) geliefert. Da ihn Dr. Pfeiffer dennoch behält, bekommt er einen Preisnachlass von 122,40 €, das sind 8,5 %. Wie hoch war der Kaufpreis des Schranks?

7. Der Wartungsservice für das Aquarium im Warteraum ist um 3,19 € pro Monat gestiegen. Das entspricht einer Erhöhung von 5,5 %. Wie teuer war der Service vor der Erhöhung?

8. Ein Notfallkoffer „Atmung - Kreislauf - Wiederbelebung“ kostet bei Lieferer A: 1.200,00 € abzüglich 5 % Sofortrabatt und 3 % Skonto bei Barzahlung.
Bei Lieferer B kostet der gleiche Koffer 1.185,00 € plus 10,00 € Portoanteil abzüglich 2,5 % Skonto.
a) Wie teuer sind die beiden Koffer (bei Skontoabzug)?
b) Wie viel % ist der preiswertere billiger?

9. Wir haben eine Überweisung vergessen. Daher müssen wir auf einen Rechnungsbetrag von 2.465,00 € 6 % Verzugszinsen für die Zeit vom 22.03. bis zum 15.05. zahlen. Wie hoch ist unsere Gesamtzahlung?

10. Der Barverkaufspreis eines Ultraschallgerätes beträgt 6.500,00 €. Bei einem Zahlungsaufschub von 9 Monaten werden uns 8 % Zinsen berechnet. Wieviel € müssen nun insgesamt überwiesen werden?

11. Prüfen Sie folgende Rechnung (von der nur die untere Reihe abgebildet ist) und berechnen Sie den Überweisungsbetrag, wenn Sie 3 % Skonto vom Warenwert ohne Portokosten abziehen.

Warenwert netto	Gesamt netto (inkl. Porto)	19 % MWSt	Rechnungsbetrag
49,46	51,24	9,74	60,98

4 „Wenn zwei zueinander finden ...“

Abschluss, Inhalte, Arten und Pflichten von Kaufverträgen

Moment mal ...

Verschiedene Kaufverträge in der Praxisgemeinschaft Dr. Michel/Dr. Damm/Dr. Metz

Montag: *Dr. Michel bestellt schriftlich eine neue Bestuhlung für das Wartezimmer aufgrund des Angebotes der Fa. Mediserv OHG, Lieferzeit 4 Wochen, Zahlungsziel 30 Tage ab Lieferung.*

Dienstag: *Natalia Bertram bestellt aus dem Katalog des „Med-Depot Schmidt“ mit beiliegendem Bestellschein verschiedene verordnete Sprechstundenbedarfsartikel und legt die Rezepte der Bestellung bei.*

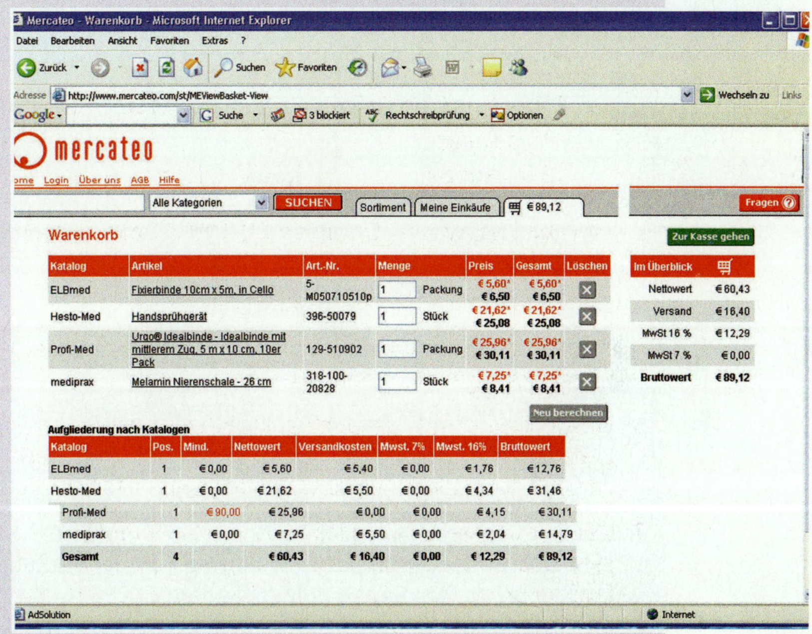

Natalia bestellt online.

Mittwoch: *Ein Außendienstmitarbeiter stellt ein neuartiges Endoskop mit Xenon-Licht vor und demonstriert die Vorteile des farbechten Lichts. Dr. Damm kauft das Gerät auf Probe. Wenn es ihm nicht gefallen sollte, kann er es innerhalb 2 Wochen zurückgeben.*

Donnerstag: *Ramona Krämer kauft im Supermarkt 1 Pfund Kaffee und 8 Stücke Kuchen für das Praxisteam. Später faxt sie einen Bestellschein an den Großhändler für Laborbedarf. Mit Schrecken stellt Natalia Bertram fest, dass nur noch wenig Filme im Lager sind. Sie bestellt sofort telefonisch im Großhandel 5 Packungen Röntgenfilme. Abends bestellt sie per E-Mail noch 2 Flaschen Entwicklungsflüssigkeit nach, da diese alle 4 Wochen gewechselt werden muss.*

Freitagnachmittag: *Nach Ende der Sprechstunde probiert Natalia Bertram die Online-Bestellung bei einem neuartigem B2B-Marktplatz aus. Auf der Homepage von www.mercateo.com werden die wichtigsten Hersteller und Großhändler mit den möglichen Käufern zusammengeführt. Auch den Einkauf kann man im Shop problemlos abwickeln. Natalia sucht Produkte verschiedener Hersteller heraus und legt die erste Probebestellung in den virtuellen Warenkorb.*

Wie kommen Kaufverträge zustande?
Welche verschiedenen Arten gibt es?
Welche rechtlichen Wirkungen haben Kaufverträge?

INFO 1 Wie kommt ein Kaufvertrag zustande

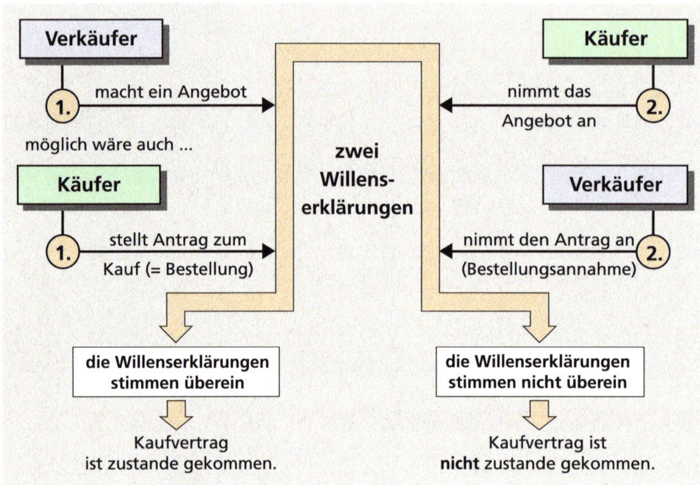

Ein Kaufvertrag kommt durch zwei übereinstimmende Willenserklärungen zustande. Derjenige, der einen Vertrag schließen möchte, wendet sich mit einem Antrag an den Vertragspartner. Je nachdem, welche der beiden Parteien zuerst aktiv wird, kann es sich bei dem Antrag um ein Angebot des Verkäufers oder um eine Bestellung des Käufers handeln.

Ist der Vertragspartner damit einverstanden, nimmt er den Antrag an und der Vertrag ist perfekt.

INFO 2 Formfreiheiten und Formvorschriften

In Deutschland herrscht **Vertragsfreiheit.** Das bedeutet, dass man grundsätzlich bei seinen Vertragsabschlüssen über die Wahl des Vertragspartners, den Inhalt und die Form des Kaufvertrags frei entscheiden kann. Dies gilt allerdings nur, wenn nicht gegen Gesetze verstoßen wird. Um den schwächeren Vertragspartner zu schützen, kann diese Vertragsfreiheit aber gesetzlich eingeschränkt werden.

Generell gibt es folgende Möglichkeiten, eine Willenserklärung abzugeben:

- **ausdrückliche Äußerung:** Sie kann schriftlich, telefonisch, per E-Mail, Fax oder online in einem Onlineshop erfolgen.
- **bloßes Handeln:** Durch ein absichtliches Handeln kann ein Vertrag geschlossen werden (z. B. durch Heben der Hand bei einer Versteigerung).
- **Schweigen:** In ganz bestimmten Fällen kann dieses Verhalten als Willenserklärung gedeutet werden. Voraussetzung ist jedoch eine bestehende Geschäftsbeziehung. Wenn z. B. regelmäßige Lieferungen über einen längeren Zeitraum hinweg vereinbart sind, dann bedarf es nicht für jede einzelne Lieferung einer ausdrücklichen Willenserklärung durch den Käufer.

Bei größeren Beträgen empfiehlt sich ein schriftlicher Kaufvertrag, da hier die Beweislage einfacher ist als z. B. bei einem mündlich geschlossenen Vertrag.

Für besonders wichtige Kaufverträge ist die Formfreiheit gesetzlich eingeschränkt (z. B. muss der Kauf eines Grundstückes oder einer Immobilie notariell beurkundet werden, Ratenkaufverträge bedürfen der Schriftform).

INFO 3 Die Bestellung

Mit einer Bestellung erklärt der Käufer seinen Willen zum Kauf unter den im Angebot erklärten Bedingungen oder unter Anerkennung der Allgemeinen Geschäftsbedingungen des Verkäufers. Fehlen diese, dann gelten die gesetzlichen Regelungen. Bestellungen sind formfrei. Bei solchen mit höherem Wert empfiehlt sich aber die Schriftform. Zur Sicherheit sollten die wesentlichen Angebotsdaten in der Bestellung wiederholt werden, wie z. B. Art, Preis und Menge der Ware, Liefertermin, Lieferungs- und Zahlungsbedingungen.

Wann muss die Bestellung erfolgen?

Eine Bestellung muss in der Zeit erfolgen, in der ein Lieferant unter normalen Umständen eine Antwort erwarten darf. Diese muss dabei mindestens auf gleichem Weg wie das Angebot oder schneller versendet werden.

Antrag (Angebot)	Annahme (Bestellung) muss mindestens erfolgen ...
mündlich	sofort, Schweigen gilt als Ablehnung
telefonisch	sofort, Schweigen gilt als Ablehnung
per Fax	am gleichen Tag mit Fax, E-Mail oder telefonisch
per E-Mail	am gleichen Tag mit Fax, E-Mail oder telefonisch
per Brief	spätestens innerhalb einer Woche

Forderungen des Qualitätsmanagements

Zu den Bestellmodalitäten gehören die Festlegung der Verantwortlichkeiten, Frequenzen, Mengen, Auftragsvergabe und Ausgabenhöhe.

Quelle: Diel F., Gibis B. (Hrsg.), a.a.O., 4.2.3 (aus Erläuterungen zu Ziel 1, S. 122)

INFO 4 Auftragsbestätigung

Eine Bestellung nach Katalog oder nach einer Zeitungsanzeige (beides gilt als Angebot an die Allgemeinheit) ist ein Antrag zum Kauf. Hier kommt ein Kaufvertrag erst durch sofortige Lieferung oder durch eine Auftragsbestätigung zustande (Annahme).

Diese ist auch notwendig bei
- Bestellung ohne vorhergegangenes Angebot,
- unverbindlichen Angeboten,
- verspäteter Annahme oder zu spät eingegangener Bestellung,
- wenn der Käufer die Angebotsbedingungen ändert.

Im täglichen Geschäftsverkehr ist eine Auftragsbestätigung aber auch bei einer Angebotsannahme üblich.

INFO 5 Wichtige Kaufvertragsarten

Es gibt verschiedene Kaufvertragsarten, die auch im Rahmen der Vertragsfreiheit gewählt werden können. Die wichtigsten werden nachfolgend erklärt.

Nach der rechtlichen Stellung der Vertragspartner wird generell unterschieden in:

Art	Vertragspartner	Beispiel
bürgerlicher Kauf	beide sind Privatpersonen	Eine Medizinische Fachangestellte kauft einen gebrauchten Pkw von einer Privatperson.
einseitiger Handelskauf	ein Betrieb und eine Privatperson	Eine Arztpraxis kauft in einer Medizin-Großhandlung[1]
zweiseitiger Handelskauf	zwei Betriebe	Eine Apotheke kauft Waren von einem Pharma-Hersteller.

1 Ärzte zählen auch als Praxisinhaber zu der Gruppe der Privatpersonen.

Nach der Güte und Beschaffenheit der Produkte unterscheidet man:

Art	Erklärung
Stückkauf	Der Käufer ist nur an einem besonderen Stück interessiert, da jedes individuell verschieden ist. (Beispiel: Ein Reitpferd kann nicht einfach durch ein anderes der gleichen Rasse ersetzt werden.) Bei mangelhafter Lieferung ist es dem Verkäufer unmöglich, einen Ersatz zu liefern.
Gattungskauf	Ein Produkt aus der Massenfertigung kann durch ein anderes ersetzt werden. Wenn z. B. ein neues Röntgengerät beschädigt ist, kann ein gleiches Ersatzgerät geliefert werden.
Kauf nach Probe	Ein Produkt wird nach einer Beschreibung im Katalog, nach einem Muster, nach Vorstellung durch einen Vertreter bestellt. Die gelieferte Ware muss dem Muster oder der Beschreibung entsprechen.
Kauf zur Probe	Sie bestellen eine kleine Menge eines neuen Desinfektionsmittels, um es auszuprobieren. Sollte das Produkt Ihre Erwartungen erfüllen, wird eine größere Menge nachbestellt.
Kauf auf Probe	Ein Gerät wird gekauft. Es kann nach einer Probezeit bei Nichtgefallen zurückgegeben werden. Der Kaufvertrag wird dann rückgängig gemacht.
Spezifikationskauf	Ein Kaufvertrag wird über eine bestimmte Abnahmemenge geschlossen. Nach einer bestimmten Frist hat der Käufer dann die Möglichkeit, Farbe, Form, Größe usw. der zu liefernden Produkte noch näher zu bestimmen.

Nach der Lieferzeit der Ware unterscheidet man:

Sofortkauf	Wurde im Kaufvertrag keine Aussage über den Liefertermin getroffen, muss der Verkäufer sofort liefern.
Terminkauf	Hier wird im Vertrag eine bestimmte Lieferfrist genannt (z. B. „Lieferung innerhalb vier Wochen“ oder „... innerhalb der 40. Woche“). Der Käufer kann dann die Lieferung nicht vorher verlangen, der Verkäufer darf aber vorher liefern.
Fixkauf	Ein genauer Liefertermin wurde genannt (z. B. Lieferung am 12.03.). Ist der Termin verstrichen, dann ist der Lieferer sofort in Verzug.
Kauf auf Abruf	Eine größere Menge (z. B. der Jahresbedarf an Druckerpapier) wurde gekauft, um Mengenrabatt zu erhalten. Es wird aber nicht die gesamte Lieferung auf einmal geliefert, sondern bei Bedarf werden jeweilige Teilmengen abgerufen.
Teillieferungskauf	Ein Gesamtpaket wird geordert, im Kaufvertrag sind aber die Lieferungen in einzelnen Teilmengen festgelegt (z. B. Bestellung eines Sammelordners und Ergänzungslieferungen monatlich.)

Nach dem Zahlungszeitpunkt unterscheidet man:

Art	Erklärung
Barkauf 	Dieses „Zug-um-Zug-Geschäft“ gilt immer dann, wenn keine anderen Vereinbarungen getroffen wurden. Lieferung und Zahlung erfolgen sofort. Die Nachnahmesendung, bei der man die Ware erst nach Bezahlung ausgehändigt bekommt, ist eine besondere Form des Barkaufs.
Zielkauf	Der Verkäufer räumt dem Käufer eine bestimmte Zahlungsfrist ein (z. B. „Zahlung innerhalb 30 Tagen netto Kasse“).
Ratenkauf	Auch „Abzahlungs- oder Teilzahlungskauf“. Der Kunde zahlt in vorher festgelegten Raten.
Vorauszahlungskauf	Der gesamte Kaufpreis muss im Voraus (vor der Lieferung) bezahlt werden.
Anzahlungskauf	Ein Teil des Kaufpreises wird bei Vertragsabschluss bezahlt, der Rest bei Lieferung oder in Raten (z. B. Bestellung von Möbeln).

INFO 6 Schuldverhältnisse aus Kaufverträgen

Durch den Abschluss von Kaufverträgen entstehen Schuldverhältnisse, denn beide Vertragsparteien verpflichten sich bestimmte Leistungen zu erfüllen. Der jeweilige Schuldner hat die Pflicht, seine Leistungen mit üblicher Sorgfalt (§ 242 BGB) zu erbringen. Wobei die Pflichten des einen jeweils die Rechte des anderen Vertragspartners sind.

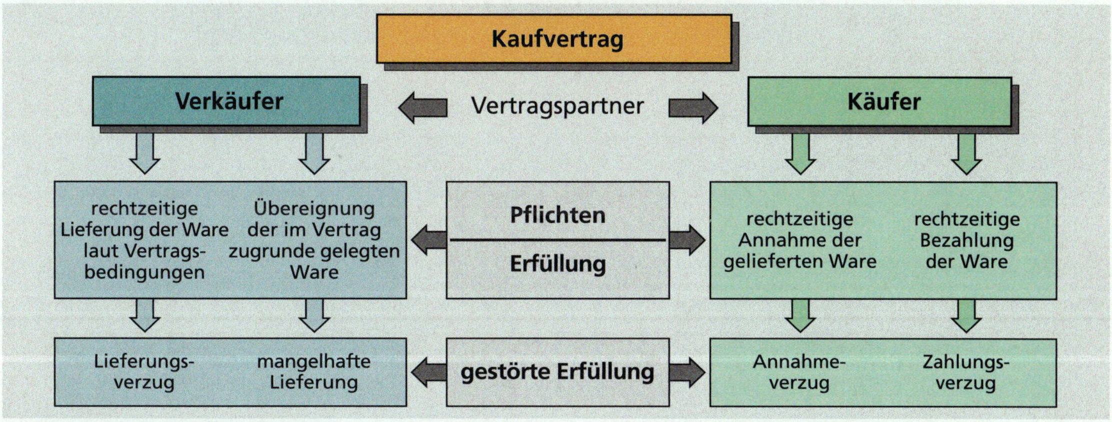

Wo muss geleistet werden?

Als „Leistungsort“ wird der Ort bezeichnet, an dem der jeweilige Schuldner seine Leistungen zu erbringen hat. Dies ist für die

Warenlieferung: Ort des Lieferers	**Zahlung:** Ort des Käufers
Der Lieferer muss die Ware zum vereinbarten Zeitpunkt an seinem Wohn- oder Geschäftssitz zur Abholung bereitstellen. „Warenschulden sind Holschulden.“ Die Kosten und das Risiko der Versendung trägt der Käufer (§ 448 BGB).	Eine Zahlungsschuld gilt dann als rechtzeitig erfüllt, wenn die vereinbarte Zahlung zum vereinbarten Zeitpunkt am Wohn- oder Geschäftssitz des Geldschuldners angewiesen wurde. Der Schuldner trägt die Kosten und das Risiko der Geldübermittlung (§ 270 BGB).

Leistungszeit

Ist die Zeit für die Erbringung der Leistungen weder festgelegt, noch aus den Umständen zu entnehmen, kann der jeweilige Gläubiger die Leistung sofort verlangen. Ist aber eine konkrete Zeit vereinbart, dann hat der Gläubiger keinen Anspruch auf eine frühere Erfüllung. Der Schuldner kann dagegen früher leisten (§ 271 BGB).

Ausschluss der Leistungspflicht

Es besteht kein Anspruch auf eine Leistung, wenn diese objektiv oder für den Schuldner subjektiv bzw. faktisch unmöglich ist. Beispiele:

Objektiv unmöglich: Ein Kaufvertrag über ein bestimmtes Reitpferd wurde geschlossen. Wenn das Pferd danach stirbt, kann es nicht durch ein genau gleiches ersetzt werden. Der Lieferer kann nicht liefern.

Kap. 6/Kap. 7 Seite 200 ff. mangelhafte Lieferung

Kap. 7 Seite 204 ff. Lieferungsverzug

Subjektiv/faktisch unmöglich: Beim Aufbau eines Röntgengerätes fehlt eine kleine Bodenabdeckklappe. Die Nachlieferung mit einer Bestellung aus Japan dauert ca. 30 Tage. Eine Lieferung per 24-Stunden Eil-Luftfracht würde ein Vielfaches des gesamten Warenwertes kosten. Dem Verkäufer ist dieser erhöhte Aufwand nicht zuzumuten (siehe hierzu auch die Kapitel „mangelhafte Lieferung“ und „Lieferungsverzug“).

Annahmeverzug:

Der Käufer gerät in Annahmeverzug, wenn er die ordnungsgemäß gelieferte Ware nicht annimmt (§ 293 BGB). Dabei ist es egal, aus welchen Gründen er die Annahme verweigert. Der Käufer kommt auch dann in Verzug, wenn ihn keine Schuld trifft und er z. B. wegen Krankheit oder Praxisurlaub die Ware nicht annehmen kann.

Voraussetzungen des Annahmeverzugs

Die Leistung muss fällig sein.
Wenn ein fester Liefertermin (Fixkauf) vereinbart wurde, gerät der Käufer dann in Annahmeverzug, wenn er die Ware zu diesem Zeitpunkt nicht annimmt.

Der Lieferer liefert ordnungsgemäß.
Ordnungsgemäß bedeutet, der Lieferer liefert:

- die richtige Ware ohne Mängel
- zum richtigen Zeitpunkt
- an den richtigen Ort.

Will er vor der vereinbarten Zeit liefern, muss der Käufer damit einverstanden sein.

Der Käufer verweigert die Annahme der Leistung.

- Ist ein Zug-um-Zug-Geschäft vereinbart, kommt der Käufer auch dann in Annahmeverzug, wenn er zwar die Ware annehmen, diese aber nicht sofort bezahlen will (z. B. bei einer Nachnahmesendung).
- Wurde nicht vereinbart, dass der Verkäufer die Ware zusendet, dann kommt der Käufer in Annahmeverzug, wenn er die rechtzeitig bereitgestellte Ware nicht beim Verkäufer abholt.

Rechtsfolgen des Annahmeverzugs

- Haftung des Lieferers: Wenn die nicht angenommene Ware beschädigt wird oder abhanden kommt, haftet der Lieferer nur bei grober Fahrlässigkeit und Vorsatz (§ 300 (1) BGB).
- Die Gefahr geht auf den Käufer über, der auch die anfallenden Kosten übernehmen muss.
- Der Käufer schuldet dem Verkäufer Ersatz für alle Mehraufwendungen, die durch die Nichtannahme entstehen.

Rechte des Verkäufers bei Annahmeverzug

Rücktritt vom Vertrag und anderweitiger Verkauf der Ware bei ...	Lagerung der Ware im eigenen Lager oder im öffentlichen Lagerhaus	Selbsthilfeverkauf
• **guter Absatzlage** (Er kann die Ware problemlos anderweitig oder sogar teurer verkaufen.) • **langjährigen Kunden oder aus Kulanz** (Bestehen gute Geschäftsbeziehungen mit einer Arztpraxis, dann kann aus Kulanzgründen auf rechtliche Maßnahmen verzichtet werden.) • **geringen Rechnungsbeträgen** (Hier lohnen sich weitere Bemühungen oftmals nicht.)	**Lagerung der Ware im eigenen Lager** oder im **öffentlichen Lagerhaus** (Kosten gehen zulasten des Käufers) und **Klage vor Gericht auf Abnahme**	Die Ware wird öffentlich versteigert. Oftmals wird dieser Weg einer Klage vorgezogen. Erstens erhält der Verkäufer schneller und sicherer das Geld und zweitens werden dem Käufer Gerichts- und Anwaltskosten erspart. Zur Durchführung eines Selbsthilfeverkaufs muss der Verkäufer aber bestimmte Pflichten zum Schutze des Käufers erfüllen. • Er muss dem Käufer die Hinterlegung der Ware mitteilen, eine **Frist zur Abnahme setzen** und den Selbsthilfeverkauf androhen. • Nimmt der Käufer die Ware dennoch nicht ab, wird die Versteigerung angesetzt. Dem Käufer müssen rechtzeitig **Ort und Zeitpunkt des Selbsthilfeverkaufs** angekündigt werden. Damit kann der Käufer selbst an der Versteigerung teilnehmen und die Ware bei zu niedrigem Preis selbst ersteigern. • Der Verkäufer muss dem Käufer das Ergebnis der Versteigerung mitteilen und einen evtl. Mehrerlös an den Käufer abführen. Der Käufer muss die Kosten des Selbsthilfeverkaufes übernehmen und einen evtl. verbleibenden Restbetrag zwischen vereinbartem Kaufpreis und Versteigerungserlös übernehmen.

INFO 7 Inhalte von Kaufverträgen und AGBs

Ein Kaufvertrag sollte eine genaue Beschreibung der Ware (Produktname, Artikel- oder Bestellnummer), die Menge, Preis, Rabatte, Skonto sowie die Lieferzeit enthalten. Daneben können auch weitere Informationen, wie sie schon evtl. im Angebot gemacht wurden, aufgenommen werden.

Ein Beispiel für AGBs finden Sie bei www.mercateo/pages/legal-agb/agb.html WWW

Unternehmen schließen täglich viele Kaufverträge. Vor allem bei solchen mit kleineren oder mittleren Auftragssummen wäre der Aufwand zu groß, wenn für jeden Vertrag die Bedingungen individuell ausgehandelt würden. Daher wurden von den Verkäufern die Allgemeinen Geschäftsbedingungen (AGB) aufgestellt. Sie gelten dann für alle Käufe, die bei dem jeweiligen Betrieb getätigt werden.

Allgemeine Geschäftsbedingungen (AGB) sind also im Geschäftsleben unabdingbar. Die Betriebe lassen sich Ihre AGB so formulieren, dass im Falle eines Rechtsstreits die Risiken möglichst auf den Verbraucher als den schwächeren Vertragspartner abgewälzt werden. Gerade daher müssen diese vor einer „Übervorteilung“ gesetzlich geschützt werden. Unter anderem wurde festgelegt:

Die AGB werden nur dann Bestandteil eines Vertrages, wenn:
- der Verkäufer ausdrücklich auf sie hinweist,
- der Käufer die Möglichkeit hat von ihrem Inhalt Kenntnis zu nehmen (im Geschäft müssen sie deutlich sichtbar aushängen, in Katalogen und im Internet müssen sie vorhanden sein),
- der Käufer mit den AGBs einverstanden ist.

Generell gilt:
- Zweifel bei der Auslegung der AGB gehen immer zulasten des Verkäufers.
- Vereinbarungen der Vertragspartner, die den AGB widersprechen, sind gültig.
- Individuelle Vertragsabreden haben Vorrang vor den AGB.

Dabei unterscheidet der Gesetzgeber zwischen **absolut verbotenen Klauseln** (sie sind nichtig) und **gefährlichen Klauseln.** Letztere sind zwar rechtswirksam, jedoch ist von Fall zu Fall zu überprüfen, ob eine unangemessene Benachteiligung der Käufer vorliegt, dann sind auch sie unwirksam.

Die wichtigsten Klauseln, die absolut verboten sind:
- überraschende Klauseln, z. B. der Kauf eines Röntgengerätes enthält den automatischen Abschluss eines Wartungsvertrages und die Lieferung der Filme;
- Preiserhöhungen innerhalb von vier Monaten nach Vertragsabschluss;
- Vereinbarung einer Vertragsstrafe für den Käufer bei Rücktritt vom Kaufvertrag;
- Beschränkung der Gewährleistung auf Nachbesserung;
- Berechnung von Reparaturkosten innerhalb der Garantiezeit;
- Verkürzung der gesetzlichen Verjährungsfristen bei mangelhafter Lieferung.

Kap.6 Info 3 Seite 202 Verjährungsfristen

Zu den „gefährlichen“ Klauseln zählen:
- unangemessen lange und unbestimmte Annahme- und Lieferfristen;
- Rücktrittsvorbehalte des Vertragspartners;
- unangemessen hohe Nutzungsentschädigung bei Rücktritt oder Kündigung.

Da das Gesetz nicht alle denkbaren, für den Verbraucher nachteiligen Klauseln enthalten kann, gibt es eine **Generalklausel**, die besagt: *„Niemand darf durch die AGB unangemessen benachteiligt werden.“* Geschieht dies dennoch, dann ist die Klausel unwirksam.

INFO 8 Besonderheiten bei Fernabsatzverträgen

Geschäfte im Internet setzen sich auch im Gesundheitsbereich immer mehr durch. So kann sowohl der Verbraucher als auch die Arztpraxis in Internetapotheken oder von vielen Herstellern direkt auf deren Homepages einkaufen. Aber auch nahezu alle anderen Lieferanten der Praxen bieten Ihre Produkte heute online an. Bestellungen sind hier oftmals nicht nur preiswerter sondern werden auch in der Regel sehr schnell abgewickelt.

Zu den Fernabsatzverträgen zählen neben telefonischer Bestellung auf Angebote in Radio oder Fernsehen vor allem der Kauf nach Katalog oder E-Commerce im Internet. Da sich diese Angebote an die Allgemeinheit richten, kommt ein Vertrag durch folgende Schritte zustande:

1. Schritt	**Verkäufer**	richtet ein Angebot an die Allgemeinheit und nutzt dazu das Internet, Fernsehen, Kataloge oder andere Medien.
2. Schritt	**Käufer**	geht auf das Angebot ein, stellt z. B. einen Warenkorb zusammen. Die Bestellung per E-Mail stellt den Antrag auf einen Kauf dar. Da im Internet keine Unterschrift geleistet wird, gilt der „Klick“ als abgegebene Willenserklärung.
3. Schritt	**Verkäufer**	entscheidet, ob er den Antrag annimmt. Er bestätigt die Annahme per E-Mail oder durch die Lieferung. Damit ist der Kaufvertrag zustande gekommen.

Vor dem Vertragsschluss muss der Käufer über folgende Sachverhalte informiert werden:
- komplette Anschrift des Unternehmens
- geschäftlicher Zweck des Angebotes (z. B. Versandhandel, Versteigerung usw.)
- Angaben über wesentliche Eigenschaften der Produkte
- Preis inkl. aller Nebenkosten und Steuern
- Zahlungs- und Lieferbedingungen
- Gültigkeitsdauer des Angebots
- Widerrufsrecht

Den Nachweis über diese Informationen muss der Verkäufer führen. Er muss beweisen, dass die Informationen beim Kunden eingegangen sind.

Der **Gerichtsstand** ist im jeweiligen Land des Verbrauchers. Dieses Gericht muss aber bei einem ausländischen Lieferanten das Recht dessen Herkunftslandes anwenden.

Fernabsatzverträge kann der Käufer innerhalb von 14 Tagen schriftlich widerrufen. Wurden die Waren schon geliefert, dann kann er sie in dieser Frist zurücksenden. Die Ware darf allerdings nicht benutzt oder angebrochen worden sein.

Praxistipp

Widerrufsschreiben sollten Sie als entsprechendes Einschreiben (mit Übergabeerklärung oder mit Rückschein) verfassen und absenden. Dies ist zwar teurer, aber sicherer! Achten Sie darauf, dass Verträge nicht so weit rückdatiert werden, dass die Widerspruchsfrist schon bei Vertragsabschluss abgelaufen ist!

Ein Widerruf ist nicht möglich bei
- verderblicher Ware, deren Verfallsdatum überschritten ist,
- Produkten, die speziell auf Kundenwunsch gefertigt wurden,
- Zeitungen, Zeitschriften, Illustrierten,
- vom Käufer entsiegelte Software, Audio- und Videoaufzeichnungen.

Arbeitsaufträge

1. Welche Formen des Kaufvertrages liegen in den nachfolgenden Beispielen vor? Ordnen Sie diesen jeweils mehrere Sonderformen des Kaufvertrages zu:
   a) Die Verwaltung des Ärztehauses bestellt den Jahresbedarf Heizöl. Bei Bedarf ruft sie Teilmengen ab.
   b) Lale kauft einen gebrauchten Pkw von einem Werksangehörigen.
   c) Dr. Damm kauft ein 3D-EKG-Gerät. Bei Nichtgefallen kann er es innerhalb eines Monats zurückgeben.
   d) Ein Veranstalter bestellt für ein Fest am 14.03..., 08:00 Uhr, 300 Bratwürstchen.
   e) „Bei Buchung einer Reise zahlen Sie 250,00 €, den Rest in zwei Teilen, nach Erhalt der Unterlagen und 14 Tage vor Reiseantritt."
2. Prüfen Sie, ob der Käufer in folgenden Fällen in Annahmeverzug geraten ist:
   a) Eine abzuholende Ware liegt zum vereinbarten Zeitpunkt bereit, wird aber nicht abgeholt.
   b) Auf die Ankündigung, dass die bestellten Sitzmöbel für das Wartezimmer zwei Wochen vor der vereinbarten Zeit geliefert werden sollen, erklärt ein Arzt, die Renovierungsarbeiten hätten noch nicht begonnen und er könne die Möbel jetzt noch nicht annehmen.
   c) Eine kurzfristig gelieferte Ware wird nicht angenommen, weil das Praxisteam einen Betriebsausflug unternimmt.
3. Nicht abgenommene Waren werden vom Verkäufer öffentlich versteigert. Dabei wird ein Mehrerlös erzielt. Der Käufer verlangt diesen Betrag sofort. Der Verkäufer dagegen verrechnet mit dem Mehrerlös die Kosten für Lagerhaltung, Transport und Versteigerung. Wer hat Recht?
4. Welche Besonderheiten gibt es bei Fernabsatzverträgen?
5. Unter welchen Bedingungen und innerhalb welcher Frist können solche Geschäfte widerrufen werden?

5 Viele wissen nicht, wohin mit ihnen – Der Umgang mit Belegen aus dem Beschaffungsbereich

Moment mal ...

Frau Dr. Schmitt hat ein Gespräch mit ihrem Steuerberater Herrn Kraft. Als sie von dem Besuch zurückkommt, bittet sie Edith Blum, zuständig für die kaufmännischen Arbeiten in der Praxis, zu einem Gespräch. „Herr Kraft war voll des Lobes über Sie, wie sorgfältig die Belege von Ihnen zusammengestellt und für die Buchung vorbereitet wurden", so die Ärztin. „Aber unserem Steuerberater ist aufgefallen, dass wir die letzte Rechnung über unser neues EKG-Gerät zu spät an den Lieferanten überwiesen haben. Wissen Sie eigentlich, welchen Betrag wir an entgangenem Skonto dadurch eingebüßt haben? Bitte denken Sie in Zukunft daran", so Dr. Schmitt weiter, „die Zahlungstermine sorgfältiger zu überwachen. Denn Geld zu verschenken haben auch wir nicht."

Rechnung

Nr.: 78543-1
Datum: 20..-03-02
Lieferschein-Nr.: 259 627

Pos.	Art.-Nr.	Bezeichnung	Menge	Preis in €	Gesamtwert €
1	17538-4	EKG-Gerät	1	5.840,00	5.840,00
		Fracht und Verpackung			35,00
					5.875,00
		19 % Umsatzsteuer			1.116,75
					6.991,25

Zahlungsbedingungen:
innerhalb 10 Tagen ab Rechnungsdatum 2 % Skonto oder nach 30 Tagen netto

Welche Belegarten fallen bei der Beschaffung an?
Was ist bei dem Umgang mit Belegen zu beachten?

INFO 1 Sortieren der Ablage

Beispiel:
Beschaffung eines EKG-Gerätes
Beschaffungsbelege im zeitlichen Ablauf:

↓

Anfrage von Praxisgemeinschaft Dr. Schmitt/Dr. Pfeiffer bei Lieferfirma
(schriftlich oder telefonisch)

↓

Ein Problem vieler Arztpraxen besteht darin, dass zu viel Papier aufbewahrt wird. Im Durchschnitt sind 50 % aller Informationsmaterialien überflüssig. Die Folge ist, dass es zu langen Such- und Ablegezeiten kommt, Mehrfacharbeiten erledigt werden müssen und der Überblick über die vorhandenen Informationen erschwert wird. Auch für das Schriftgut, das z. B. im Zusammenhang mit der Beschaffung von Geräten, Instrumenten und Verbrauchsmaterial anfällt, trifft dies zu. Anstatt die Belege in dafür vorgesehenen Ordnern abzuheften, wird häufig erst einmal der Ablagekorb gewählt. Das scheint im ers-

↓

Angebot der Lieferfirma

↓

Durchschrift der Bestellung
(Bestellung eventuell auch mündlich)

↓

eventuell Auftragsbestätigung

↓

Lieferschein über EKG-Gerät

↓

Gebrauchsanweisung und Garantieschein des EKG-Geräts

↓

Rechnung der Lieferfirma

↓

Überweisungsbeleg

ten Moment schneller zu gehen und bequemer zu sein. Gibt es mehrere Ablagekörbe, deren Inhalte nicht sauber abgegrenzt sind, ist die Unordnung vorprogrammiert. Ein Grundsatz sollte sein die anfallenden Belege nur vorübergehend in Ablagekörbe zu legen, deren Inhalte auch eindeutig benannt sind (z. B. Ablagekorb „Rechnungen"). Ablagebehälter sollten in kürzeren Zeitabständen entleert werden (z. B. wöchentlich), um dann Schriftstücke in einer geeigneten Form der Schriftgutverwaltung abzulegen. Verschiedene Registraturarten stehen hier zur Auswahl. Um die Belege ohne größeren Zeitaufwand wiederfinden zu können, ist auch hier eine übersichtliche Ordnung unverzichtbar. So ist z. B. denkbar, für jede Belegart einen speziellen Ordner anzulegen, der auch eindeutig gekennzeichnet sein sollte.

Beispiel

Jeweils ein Ordner für:
- Angebot, Bestellung und Auftragsbestätigung;
- Lieferscheine;
- Eingangsrechnungen;
- Gebrauchsanweisungen und Garantiescheine;
- Bankbelege;
- Quittungen.

INFO 2 Belegverwaltung

Bei der Belegverwaltung fallen eine Reihe von **Kontrollaufgaben** an, zum Beispiel:
- Stimmen Anfrage und Angebot überein?
- Stimmen Angebot und Auftragsbestätigung überein?
- Stimmt das gelieferte Gerät mit der Bestellung und dem Lieferschein überein?
- Stimmen relevante Daten auf Bestellung und Rechnung überein?
- Stimmen Rechnung und Bankbeleg überein?

Sind Vorgänge nicht abgeschlossen, kommen sie in die **Wiedervorlage.** Die Organisationsmittel, die sich hier anbieten, sind z. B. die Hängeregistratur, die Wiedervorlagemappe oder auch eine Wiedervorlage mithilfe des PC.

Ein klassischer Wiedervorlagebeleg bei der Warenbeschaffung ist die **Eingangsrechnung.** Wird die Barzahlungsfrist versäumt, kann die Praxis evtl. kein Skonto mehr vom Rechnungsbetrag abziehen. Wird der Zahlungstermin ganz versäumt und eine fällige Schuld nicht beglichen, gerät die Praxis in Zahlungsverzug. Der Lieferant hat dann das Recht, Verzugszinsen zu verlangen.

Belege sind immer nur eine gewisse Zeit aufzubewahren. Nach Ablauf der Zeit können sie vernichtet werden, das gilt z. B. für Garantiebelege (wenn die Garantiezeit abgelaufen ist) oder für Lieferscheine, die mit der Bestellung und der Rechnung verglichen worden sind. Auch bei medizinischen Geräten, die „ausgemustert" wurden, kann natürlich die Betriebsanleitung in den Papiermüll wandern.

Regelmäßig sollten Ordner und Hängeregistraturen nach überflüssigen Belegen durchforstet werden. Überquellende Ordner verdienen dabei besondere Aufmerksamkeit.

Praxistipp

- ***Legen Sie die Belege immer nur vorübergehend in die Ablagekörbe.***
- ***Werfen Sie alles weg, was nicht mehr gebraucht wird (z. B. Prospekte).***
- ***Trennen Sie zwischen Vorgängen, die abgeschlossen und solchen, die schwebend sind.***
- ***Durchforsten Sie die Ordner in regelmäßigen Zeitabständen.***

INFO 3 Buchungsbelege

Eine besondere Bedeutung haben Belege für die **Buchführung.** Für den Arzt erfüllt eine gewissenhafte Buchführung wichtige Aufgaben:

- Sie informiert ihn über den Stand des Vermögens und der Schulden.
- Sie gibt Auskunft über den Erfolg (Gewinn oder Verlust).
- Sie bildet eine wichtige Grundlage für die Berechnung der Steuern.
- Sie ist ein wichtiges Beweismittel bei Rechtsstreitigkeiten z. B. mit Patienten, Banken, Finanzamt.

Buchungsbelege, die bei der Warenbeschaffung anfallen, sind z.B. Eingangsrechnungen, Quittungen (z. B. über den Barkauf von Druckerpatronen) und Bankbelege. Immer wenn sich ein Geschäftsvorfall ereignet (z. B. Kauf eines EKG-Gerätes), fällt ein Beleg an (Eingangsrechnung), der zu buchen ist. In der Buchführung besteht der Grundsatz: **„Keine Buchung ohne Beleg".** Der Grund für diese Bestimmung: Ob die Buchführung korrekt ist, kann z. B. vom Finanzamt immer nur anhand der Belege überprüft werden. Wegen der Bedeutung dieser Belege hat der Gesetzgeber im Handelsgesetzbuch (HGB) eine *sechsjährige* Aufbewahrungsfrist vorgeschrieben. Diese Frist gilt ebenfalls für Handelsbelege, wie z. B. Bestellungen. Die Unterlagen müssen nicht als Originale aufbewahrt werden. Zulässig ist auch eine Aufbewahrung auf einem Bildträger (Mikrofilm) oder auf einem anderen Datenträger (Diskette u. a.).

Nach der Herkunft der Belege unterscheidet man zwischen externen und internen Belegen.

Belegarten

externe Belege	**interne Belege**
Sie fallen im Geschäftsverkehr mit Außenstehenden an.	Sie entstehen aus innerbetrieblichen Geschäftsfällen.
Beispiele:	**Beispiele:**
• Eingangsrechnung • Quittung • Kontoauszüge	• Lohn- und Gehaltslisten • Belege über Privatentnahmen von Geld aus der Geschäftskasse

In der Regel lassen Ärzte ihre Buchführung vom Steuerberater erstellen. Häufig ist es aber so, dass von den ärztlichen Mitarbeiterinnen gewisse Vorarbeiten zu erledigen sind. Dazu gehören:

- ordnungsgemäße Ablage und Aufbewahrung der Belege;
- fortlaufende Nummerierung der Belege innerhalb der jeweiligen Belegart (z. B. Durchnummerierung der Eingangsrechnungen).

Arbeitsaufträge

1. Edith Blum (siehe „Moment mal ...", Seite 196) hat es versäumt, den Rechnungsbetrag für das EKG-Gerät rechtzeitig zu überweisen.
   a) Ermitteln Sie den Betrag, den man bei einer rechtzeitigen Überweisung hätte einsparen können.
   b) Der Lieferant gewährt 2 % Skonto. Welchem Jahreszinssatz entspricht das?
   c) Was würden Sie Edith Blum raten, um verspätete Zahlungen künftig zu vermeiden?
2. Zur Ausstattung einer Praxis soll ein Ergometer gekauft werden. Der Preis beträgt 1.420,00 € zuzügl. Mehrwertsteuer. Die Versandkosten belaufen sich auf 25,00 €. Die Zahlungsbedingung lautet: zahlbar innerhalb von 15 Tagen mit 3 % Skonto, nach 30 Tagen netto Kasse.
   a) Welcher Betrag ist nach 30 Tagen zu zahlen?
   b) Welcher Betrag wäre zu zahlen, wenn Skonto in Anspruch genommen wird?
   c) Annahme: Es besteht ein Liquiditätsengpass. Lohnt es sich, bei der Bank ein Darlehen zu 12 % aufzunehmen, um Skonto auszunutzen?
3. Die Medizinische Fachangestellte Jasmin Stiller hat letzte Woche die Rechnung über eine gelieferte Untersuchungsliege bezahlt. Unter Ausnutzung von 3 % Skonto übweist sie an den Lieferanten, die Firma Mediatrade GmbH, 1.276,50 €. Wie hoch war die Rechnung?
4. Die Kinderärztin Dr. Annette Metz erhält eine Rechnung über eine gelieferte Säuglingswaage. Der Lieferant stellte einen Betrag von 940,00 € und einen Frachtanteil von 12,85 € zuzüglich Mehrwertsteuer in Rechnung. Als Zahlungsbedingung werden genannt: zahlbar innerhalb von 20 Tagen mit 2 % Skonto, 60 Tagen netto Kasse.
   a) Welcher Betrag ist nach 60 Tagen zu überweisen?
   b) Das Zahlungsziel wird nicht ausgenutzt und bereits nach 2 Wochen gezahlt. Welcher Betrag ist jetzt zu überwiesen?
5. Welche Bedeutung haben Belege für die betriebliche Buchführung?
6. Erfragen Sie in Ihrer Ausbildungspraxis weitere Belegarten und unterscheiden Sie diese nach internen und externen Belegen.
7. Eine Arbeitskollegin macht den Vorschlag, die Unordnung im Belegwesen durch die Verwendung weiterer Ablagekästen zu beseitigen. Diskutieren Sie in der Klasse über mögliche Vor- und Nachteile dieser Absicht.
8. Erkundigen Sie sich in Ihrer Ausbildungspraxis, wie dort das Belegwesen organisiert ist. Tauschen Sie in Ihrer Klasse diese Informationen aus und versuchen Sie einzelne Organisationsstile zu bewerten.

6 „Das kann schon mal passieren …“

Die mangelhafte Lieferung

Moment mal …

Der Bote hat ein Paket abgeliefert und will von Nicole die Empfangsbestätigung durch ihre Unterschrift auf seinem Laptop. „Moment, ich muss nur noch gerade prüfen, ob die Lieferung auch keine Verpackungsschäden hat - das ist Pflicht“ sagt Nicole zu dem in Eile befindlichen Fahrer. Nachdem sie das Paket von allen Seiten kurz angesehen hat, fährt sie fort: „Alles in Ordnung, wo soll ich unterschreiben?“ Als der Bote geht, beginnt Nicole sofort mit dem Auspacken. Sie vergleicht die Bestellung mit der gelieferten Ware. Nach kurzer Zeit stutzt sie und murmelt: „Wer sucht, der findet“. Sie bemerkt, dass statt der bestellten „Venofix 19 G, 1,1 mm“ 2 Kartons „Venofix 21 G, 0,8 mm“ geschickt worden sind. Als sie die erste Packung öffnet, stellt sie auch noch fest, dass einige der Venenpunktionsbestecke nicht richtig eingeschweißt sind. „Unsteril und dadurch unbrauchbar“, ist ihr kurzer Kommentar. „Und was willst du jetzt unternehmen?“ fragt die Kollegin. „Ganz einfach, unsere Rechte wahrnehmen“, antwortet Nicole.

Wann liegt eine mangelhafte Lieferung vor?
Welche Mängelarten gibt es?
Welche Möglichkeiten hat der Kunde bei mangelhafter Lieferung?

INFORMATION

Der Verkäufer übernimmt mit Abschluss eines Kaufvertrages die Pflicht, eine Ware entweder in einer durchschnittlich üblichen Beschaffenheit und Güte oder so zu liefern, wie es vertraglich festgelegt wurde. Bei Abweichungen kann es zu folgenden Mängelarten kommen:

INFO 1 Mängelarten

Mängel nach deren Erkennbarkeit

Erkennbarkeit	offene Mängel	sofort erkennbar (z. B. defekter Verschluss einer Flasche Konzentrat für Instrumentendesinfektion)
	versteckte Mängel	erst bei Gebrauch erkennbar (z. B. der Druckverschluss einer Flasche mit Silikonschaum zur Gerätereinigung ist defekt)
	arglistig verschwiegene Mängel	vom Verkäufer absichtlich verschwiegene Mängel (z. B. wird ein Pkw mit früherem Unfallschaden als „unfallfrei“ verkauft.)

Sachmängel

Falschlieferung	Mängel in der Art	Lieferung einwandfreier, aber falscher Ware (z. B. Heidemannspatel, breit statt schmal)
	Mangel in der Menge[1]	mehr oder weniger Waren wurden geliefert (z. B. 2 Packungen Kugelstopfer statt 3 bestellter Packungen)
Qualitätsmängel	Mangel in der Güte	Fehlen einer bestimmten Eigenschaft (z. B. nicht sterile statt sterile Mullkompressen)
	Mangel in der Beschaffenheit	fehlerhafte, beschädigte oder verdorbene Ware (z. B. Kratzer im Lack eines Röntgenbildbetrachters)
	Ware ungleich Werbeaussage	fehlende Eigenschaften, die in Werbung, Katalogen, Prospekten usw. über das Produkt gemacht wurden (z. B. „garantiert steril")
Montagemängel	fehlerhafte Fremdmontage	Fehler in der Montage, unsachgemäße oder andere als vereinbarte Montage
	mangelhafte Montageanleitung für Selbstmontage	auch „IKEA-Klausel" genannt. Ein Fehler entstand an einer Ware durch eine falsche Montageanleitung (z. B. wenn deswegen ein Schrank nochmals ab- und aufgebaut werden musste und dadurch die Schrauben nicht mehr halten)

Rechtsmängel

unerlaubter Verkauf	Eigentumsmangel	Wenn ein Arzt ein Gerät geleast hat, ist er nicht der Eigentümer und darf dieses auch nicht verkaufen.
	Verpfändungsmangel	Die „verkaufte" Sache ist pfandrechtlich gesichert.

1 Für zu wenig gelieferte Ware gelten die Regelungen des Lieferungsverzuges.

INFO 2 Pflichten des Käufers bei einer mangelhaften Lieferung

Prüfungspflicht

Jede Lieferung muss vom Käufer auf eventuelle Transportmängel geprüft werden, denn diese müssen dem Transportunternehmen sofort angezeigt werden.

Forderungen des Qualitätsmanagements
Eine Wareneingangskontrolle wird durchgeführt und dokumentiert.

Quelle: Diel F., Gibis B. (Hrsg.), a.a.O., 4.2.3 (Nachweis 4 zu Ziel 1, S. 122)

Aufbewahrungspflicht

Wenn Mängel festgestellt wurden, muss die Ware zum Beweis, zur Prüfung, Mängelbeseitigung oder Abholung aufbewahrt werden, notfalls auch in einem fremden Lager.

INFO 3 Verjährungsfristen und Formen von Mängelrügen

Der Käufer muss die aus einer mangelhaften Lieferung entstehenden Rechte innerhalb folgender Fristen geltend machen, da sie sonst verjähren:

Verjährungsfristen

Dadurch, dass der Käufer die Mängel erst erkannt haben muss, könnte die Verjährungsfrist quasi endlos sein. Diese wird jedoch durch nachfolgende Höchstfristen verhindert:

1 Jahr	für Sachen, die gebraucht gekauft wurden; Beginn: mit Übergabe der Ware bzw. Abnahme der Leistung
2 Jahre	regelmäßige Frist bei Kauf- und Werkverträgen; Beginn: mit Übergabe der Ware bzw. Abnahme der Leistung
3 Jahre	bei arglistig verschwiegenen Mängeln aus Kauf- und Werkverträgen; (Ausnahme: wenn der Mangel aus grober Fahrlässigkeit nicht erkannt wurde) Beginn: am Schluss des Jahres, in dem der Mangel erkannt wurde
5 Jahre	bei Mängeln an Bauwerken oder Sachen, die üblicherweise in Bauwerken verarbeitet werden; Beginn: mit dem Tag der Abnahme des Werkes durch den Käufer
10 Jahre	bei Mängeln an verkauften Grundstücken; Beginn: mit Fälligkeit des Anspruchs

Form von Mängelrügen

Eine Mängelrüge kann formlos erteilt werden. Obwohl sie mündlich, telegrafisch und telefonisch oder durch einen Boten (Pharmareferenten oder Handelsvertreter) abgegeben werden kann, wird die schriftliche Form als Beweismittel vorgezogen.

INFO 4 Rechte bei mangelhafter Lieferung

Wenn eine mit Mängeln behaftete Sache geliefert wird, kann der Käufer mehrere Rechte geltend machen. Die vorrangigen Rechte müssen dabei zuerst in Anspruch genommen werden.

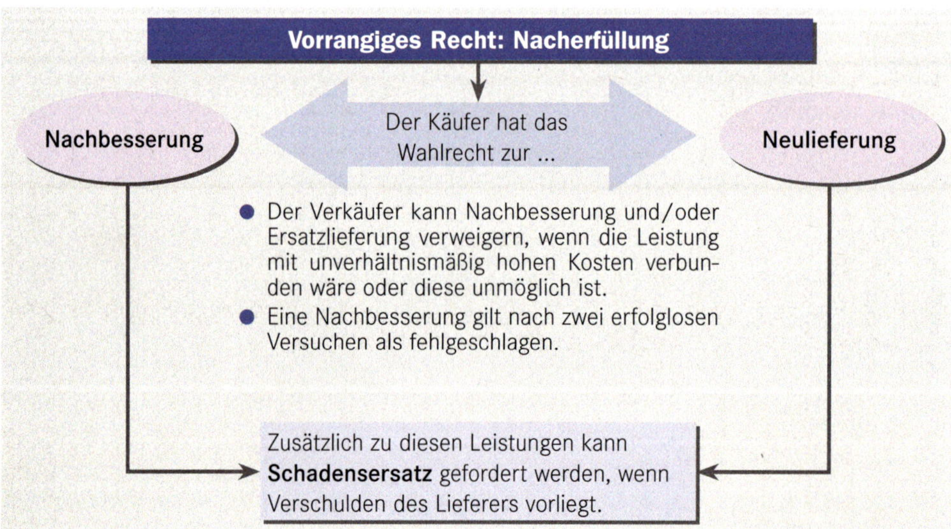

Nachrangige Rechte:
Erst nachdem eine Frist zur Nachbesserung abläuft, wenn der Verkäufer die Nachbesserung verweigert oder diese nach zweimaligem Versuch fehlgeschlagen ist, können vom Käufer folgende Rechte in Anspruch genommen werden:

Rücktritt vom Vertrag[1]	**Minderung** Herabsetzen des Preises	**Schadensersatz statt Leistung** auch neben Rücktritt möglich	**Ersatz vergeblicher Aufwendungen**

Voraussetzungen (Rücktritt vom Vertrag, Minderung)
angemessene Nachfrist setzen;
entfällt bei
- Verweigerung der Nacherfüllung.
- zwei fehlgeschlagenen Nacherfüllungsversuchen.
- Fix- oder Zweckkauf.

Voraussetzungen (Schadensersatz statt Leistung, Ersatz vergeblicher Aufwendungen)
Schuldner muss den Schaden zu vertreten haben; angemessene Nachfrist setzen;
entfällt bei:
- Verweigerung der Nacherfüllung.
- zwei fehlgeschlagenen Nacherfüllungsversuchen.

1 nicht bei geringfügigen Mängeln

Die Rechte des Käufers sind allerdings ausgeschlossen, wenn er den Mangel bei Vertragsschluss kannte. Es liegt bei dem Käufer, welches Recht er in Anspruch nehmen möchte.

Arbeitsaufträge

1. Warum muss Nicole die Transportverpackung im Beisein des Boten prüfen (siehe „Moment mal ...", Seite 200)?
2. Um welche Mängelart handelt es sich in „Moment mal ...", Seite 200?
3. Nennen Sie mögliche andere Mängelarten anhand von Beispielen aus Ihrem Praxisalltag.
4. Welche Rechte hat ein Käufer bei mangelhafter Lieferung?
5. Verfassen Sie eine unterschriftsreife Mängelrüge für den Fall „Moment mal ...", Seite 200. Sie schicken die mangelhafte Ware unfrei zurück und verlangen sofortige Ersatzlieferung. Adresse: Kleinschmidt GmbH, Postfach 1122, 90443 Nürnberg.
6. Welche Pflichten haben Sie als Medizinische Fachangestellte bei dieser mangelhaften Lieferung?
7. Unterscheiden Sie in einem kurzen Fachvortrag zwischen vorrangigen und nachrangigen Rechten anhand von Beispielen aus dem Praxisalltag.

7 Die bestellte Ware kommt nicht ...

Der Lieferungsverzug

Moment mal ...

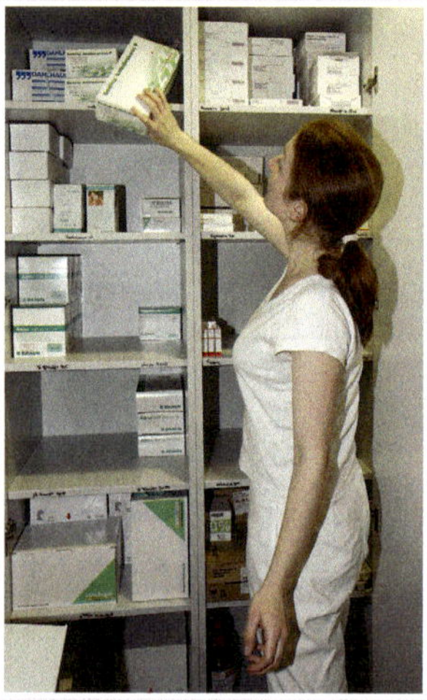

Stress in der internistischen Facharztpraxis: Der Patient Müller sitzt schon im Wartezimmer. Er ist für heute bestellt, um ein Belastungs-EKG zu machen. Bei der Vorbereitung bemerkt Lale Turgut, dass die Packung mit Elektroden-Papier leer ist. Da sie keine volle Packung findet, wendet sich Lale an Natalia Bertram, die zuständig ist für Lagerung und Bestellungen. Auch Natalia sucht vergeblich. Sie erinnert sich aber, dass der Lieferant vorige Woche mitgeteilt hat, dass es wegen der Einführung einer neuen Lagersoftware zu verspäteten Auslieferungen kommen könne. „Nun haben wir ein Problem, wir können kein EKG machen," sagt Natalia und fährt fort: „Den Patienten im Wartezimmer müssen wir auf übermorgen vertrösten und alle Patienten, die heute und morgen zum EKG geplant sind, müssen wir telefonisch umbestellen. Mach du das gleich, Lale. Ich kümmere mich sofort um Ersatzlieferungen."

Was ist, wenn bestellte Ware nicht kommt?
Wie kommt ein Lieferer in Verzug?
Welche Folgen können daraus entstehen?

INFO 1 Voraussetzungen des Lieferungsvertrags

Nach Abschluss eines Kaufvertrages hat der Verkäufer die Pflichten übernommen die unbeschädigte und richtige Ware rechtzeitig (d. h. zum vereinbarten Liefertermin und an den richtigen Ort) zu liefern und das Eigentum an ihr auf den Käufer zu übertragen. Wurde kein Termin vereinbart, muss er sofort liefern. Der Käufer hat also einen Anspruch auf eine rechtzeitige Lieferung. Dieser Anspruch entfällt, wenn es für den Verkäufer objektiv oder subjektiv unmöglich ist, zu liefern. Eine objektive Unmöglichkeit kann infolge höherer Gewalt wie Naturkatastrophen, Streik, Brandschaden entstehen. Als subjektiv unmöglich wird z. B. eine sofortige Lieferung angesehen, wenn das Produkt dafür extra mit einer teuren Sonderlieferung besorgt werden müsste.

Grundvoraussetzung des Lieferungsverzuges ist also die **Fälligkeit** der objektiv und subjektiv möglichen Leistung.

Erfolgt diese Lieferung nicht, muss der Käufer den Verkäufer mahnen und ihm eine angemessene Frist setzen, in der er die Lieferung nachholen kann. Erst nach Ablauf dieser Frist kommt der Lieferer in Lieferungsverzug.

Die Mahnung und Fristsetzung entfällt bei:

Fixkauf (oder Zweckkauf)

Wenn ein kalendermäßig bestimmter Liefertermin überschritten oder der Kaufzweck nicht mehr gegeben ist (z. B. ein für Vormittag bestelltes Büfett für den Geburtstag des Chefs wird erst am Abend geliefert).

Selbstinverzugsetzung

Der Lieferer erklärt selbst, dass er die Ware nicht rechtzeitig liefern kann oder will.

INFO 2 Rechte des Käufers bei Lieferungsverzug

Sind die genannten Voraussetzungen erfüllt, kann der Käufer zwischen folgenden Rechten wählen:

Rechte des Käufers

Er setzt dem Verkäufer **keine Nachfrist** und kann die		Er setzt dem Verkäufer **eine Nachfrist** und kann, auch wenn diese verstrichen ist, die	
Lieferung verlangen,	**Lieferung und Schadensersatz verlangen,**	**Lieferung ablehnen,**	**Lieferung ablehnen und Schadensersatz verlangen.**
wenn er die Ware nur von diesem Lieferer haben möchte oder nur dieser in dieser Art oder Qualität liefern kann.	wenn ein Schaden entstanden ist.	• bei Preissenkung, • bei günstigerem Angebot eines anderen Lieferanten.	Er tätigt einen Deckungskauf[1] und fordert den Unterschiedsbetrag zum eventuell höheren Preis und die Beschaffungskosten.

Anmerkung:

Bei einem Fix- oder Zweckkauf entfällt eine Nachfristsetzung. Da eine Lieferung nach dem angegebenen Termin in der Regel sinnlos ist (z. B. ein Partyservice liefert einen Tag nach dem Geburtstag), wird der Käufer auf die Lieferung verzichten, eventuell einen Deckungskauf tätigen und Schadensersatz verlangen.

1 Deckungskauf = Kauf der nicht gelieferten Ware bei einem anderen Lieferer.

Arbeitsaufträge

1. Wann gerät ein Lieferer generell in Lieferungsverzug?
2. Prüfen Sie, ob Lale in „Moment mal ...“ (S. 204) erst mahnen muss oder ob der Lieferer sofort in Lieferungsverzug geraten ist.
3. Welche Rechte hat der Käufer bei Lieferungsverzug?
4. Welches Recht wird Lale in Anspruch nehmen?
5. Formulieren Sie den Text für eine E-Mail mit Ihren Forderungen an den Lieferanten.
6. In welchen Fällen ist eine Mahnung des säumigen Schuldners entbehrlich?
7. Erklären Sie Ihrer Klasse in einem kleinen Fachvortrag die Voraussetzungen eines Lieferungsverzuges sowie die daraus entstehenden Rechte des Käufers.

8 Nicht vergessen – sonst droht Ärger …

Übliche Zahlungsarten in der Arztpraxis

Moment mal …

Einzugsermächtigung

Zahlungsempfänger:
DOC-Shop für Praxisbedarf
und Medizintechnik GmbH
Am Hambuch 2
34127 Kassel

Ja, ich möchte Zeit und Geld sparen. Bitte buchen Sie ab sofort die fälligen Zahlungen einschließlich der noch offenen Rechnungen von meinem Konto ab.

Die Einzugsermächtigung kann ich jederzeit widerrufen. Teileinlösungen werden im Lastschriftverfahren nicht vorgenommen.

Hiermit ermächtige ich Sie, bis auf Widerruf die fälligen Beträge von meinem Konto abzubuchen:

Geldinstitut

Kontonummer   Bankleitzahl

Name/Firma

Straße/Nr.

PLZ/Ort

Kunden-Nr. (falls bekannt)

Datum   Unterschrift des Kontoinhabers

Bitte schicken Sie diesen Abschnitt an: DOC-Shop für Praxisbedarf und Medizintechnik GmbH, Rechnungswesen, Am Hambusch 2, 34127 Kassel

In einer Teambesprechung macht Edith Blum folgenden Vorschlag:

„Wir sollen doch weiter Kosten senken. Bei unserem Hauptlieferanten, der „DOC-Shop für Praxisbedarf und Medizintechnik GmbH“, können wir durch Abbuchungsauftrag mindestens 1,5 % sparen. Bisher haben wir die Rechnungen meist innerhalb von 10 Tagen überwiesen. Dann durften wir 1,5 % Skonto abziehen. Ich habe aber in deren Allgemeinen Geschäftsbedingungen folgende Zahlungsbedingungen gefunden: „Bei Bankeinzug gewähren wir 3 %, bei Zahlung innerhalb 10 Tagen per Überweisung 1,5 % Skonto. Bei Zahlung innerhalb 30 Tagen zahlen Sie bitte rein netto.“ Im vergangenem Jahr hatten wir dort Gesamtrechnungen von 19.238,56 €. Wenn wir mit Einzugsermächtigung 1,5 % gespart hätten, wären das 288,57 € gewesen.

Da wir keine Zahlung mehr vergessen könnten, würden wir hin und wieder nochmals 1,5 % und sogar Mahngebühren und Verzugszinsen sparen. Außerdem hätten wir die Arbeit mit den Überweisungen nicht mehr.“

„Das klingt überzeugend,“ erwidert Dr. Schmitt, „doch was ist, wenn die mal zu viel abbuchen oder wir Ware zurücksenden?“ „Wir können eine Einzugsermächtigung innerhalb von 4 Wochen stornieren,“ entgegnet Frau Blum. „Dann sollten wir Ihren Vorschlag umsetzen,“ ist die Meinung der beiden Chefs.

Welche Zahlungsarten gibt es?
Wie werden diese in der Arztpraxis verwendet?

INFORMATION

Es gibt verschiedene Möglichkeiten der Bezahlung. Die Praxisinhaber sind dabei sowohl Schuldner als auch Gläubiger, d. h., sie müssen bezahlen oder sie erhalten Zahlungen. Meist hat der Schuldner die Auswahl, wie er bezahlt. Dies hängt davon ab, über welche Bankverbindungen er verfügt. Daneben wird diese Entscheidung z. B. durch Kosten- und Sicherheitsüberlegungen sowie anfallenden Arbeitsaufwand beeinflusst. Dabei unterliegen auch die Zahlungsarten einem dauerndem Wandel. Manuelle werden verschwinden und online-Zahlungen oder Zahlung mit Karten und Chips werden sich noch mehr durchsetzen.

In diesem Themenkreis werden Zahlungsarten speziell unter der Anwendung in der Arztpraxis betrachtet.

INFO 1 Übersicht

Generell wird unterschieden:

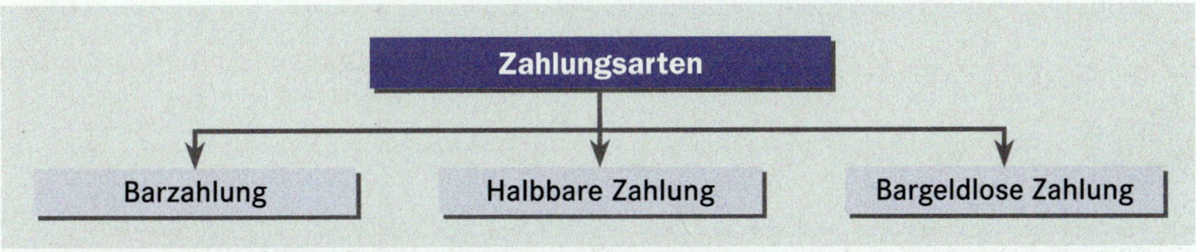

Käufer	← Warenlieferung —	Verkäufer
Schuldner (Zahlender) benutzt ...	— Zahlung →	Gläubiger (Zahlungsempfänger) benutzt ...
... kein Konto	**Barzahlung** zahlt durch: persönliche Übergabe, Boten, Postexpressbrief →	kein Konto
... kein Konto oder sein Konto	**halbbare (Bargeld sparende) Zahlung** zahlt mit: Nachnahme → oder: mit Barscheck →	sein Konto bei Bank oder Postbank oder: kein Konto
sein Konto	**unbare (bargeldlose) Zahlung** zahlt mit: Überweisung, Abbuchungsauftrag, Einzugsermächtigung, Verrechnungsscheck, EDC-Karte, Kreditkarte, Bargeldkarte, POS, ELV →	sein Konto

INFO 2 Barzahlung

Spätestens seit der Einführung der Praxisgebühr gibt es auch in Arztpraxen die Barzahlung. Neben dieser werden in zahlreichen Praxen auch die IGeL-Leistungen bar bezahlt. Die Einnahmen kommen in eine Kasse und werden meist am Abend auf der Bank bar eingezahlt. Man kann das Geld aber auch mit einer „Geldbombe" in das Schließfach der Bank einwerfen. Die Bank schreibt dann den Betrag auf dem Girokonto der Praxis gut. Als Beweis der Barzahlung erhält der Zahlende eine Quittung. Für die Praxisgebühr gibt es einen besonderen Vordruck. Nur dieser darf verwendet werden, da die Quittung für die Praxisgebühr ein rechtsverbindliches Dokument ist, welches

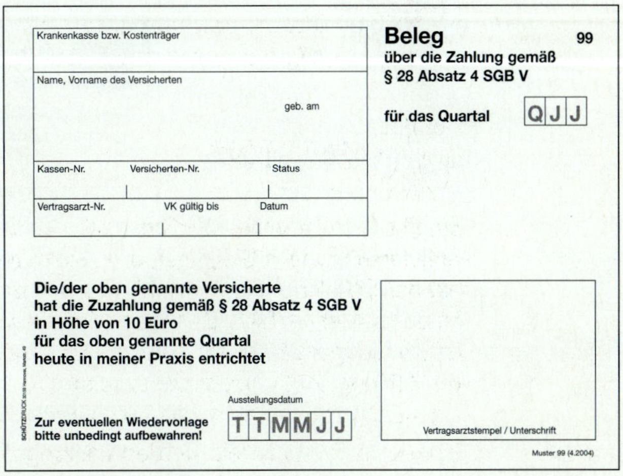
Krankenkasse bzw. Kostenträger
Name, Vorname des Versicherten
geb. am
Kassen-Nr. | Versicherten-Nr. | Status
Vertragsarzt-Nr. | VK gültig bis | Datum

Beleg 99
über die Zahlung gemäß § 28 Absatz 4 SGB V
für das Quartal Q J J

Die/der oben genannte Versicherte hat die Zuzahlung gemäß § 28 Absatz 4 SGB V in Höhe von 10 Euro für das oben genannte Quartal heute in meiner Praxis entrichtet

Ausstellungsdatum T T M M J J
Zur eventuellen Wiedervorlage bitte unbedingt aufbewahren!

Vertragsarztstempel / Unterschrift

Muster 99 (4.2004)

Vordruck Praxisgebühr

von weiteren Praxisgebührzahlungen (beispielsweise bei Kassenwechsel im Quartal) befreien kann. Für IGeL-Leistungen können Quittungen am PC ausgedruckt oder herkömmliche Vordrucke verwendet werden. Es ist aber auch möglich, auf einer Rechnung die Barzahlung mit Unterschrift zu quittieren. Bar werden i. d. R. auch die Portokosten für den Versand der Privatliquidationen bei der Post bezahlt.

INFO 3 Nachnahme

Mit Nachnahmesendungen können fällige Geldbeträge zusätzlich zur normalen Beförderung der Waren, Briefe oder Postkarten von der Post oder privaten Paketdiensten eingezogen werden. Diese überweisen dann die Nachnahmeforderung auf das Girokonto.

Vor allem Versandhäuser bedienen sich bei neuen Kunden oder auch solchen, die schon mehrmals in Zahlungsverzug geraten sind, der Nachnahme. Daneben kann aber auch jeder andere, der ein Konto hat, per Nachnahme Beträge einziehen lassen.

Der Rechnungsbetrag (plus Porto, Nachnahme- und evtl. Paketzustell- und Zahlscheingebühr) wird im Zahlschein eingetragen. Der Zusteller händigt die Sendung nur gegen Barzahlung dieses Betrages aus. Der Rechnungsbetrag wird dann auf das Konto des Versenders eingezahlt.

Wenn der Empfänger den Betrag nicht bezahlt, bleibt die Sendung 7 Tage in der Postfiliale liegen. Wenn sie dann der Empfänger noch immer nicht abgeholt hat, geht die Sendung an den Absender zurück.

Per Nachnahme können aber auch Briefe oder Postkarten verschickt werden. Wenn Privatliquidationen oder IGeL-Leistungen trotz Mahnung nicht bezahlt werden, kann die Praxis einen Mahnbrief oder eine spezielle Postkarte per Nachnahme an den säumigen Zahler schicken. Auch hier händigt der Zusteller die Sendung nur gegen Barzahlung aus.

INFO 4 Bezahlung mit Schecks

Auch wenn im Praxisalltag die Bezahlung mit Schecks nicht besonders relevant ist, soll dieses Thema der Vollständigkeit halber behandelt werden.

Als Inhaber eines Girokontos kann man mit verschiedenen Arten von Schecks bezahlen.

Barscheck

Mit einem Barscheck weist man seine Bank an dem Inhaber des Schecks bei Vorlage die eingetragene Summe bar auszuzahlen. Die Verwendung ist allerdings riskant, da sich bei Verlust jeder Finder oder Dieb sich den Betrag bar auszahlen lassen kann.

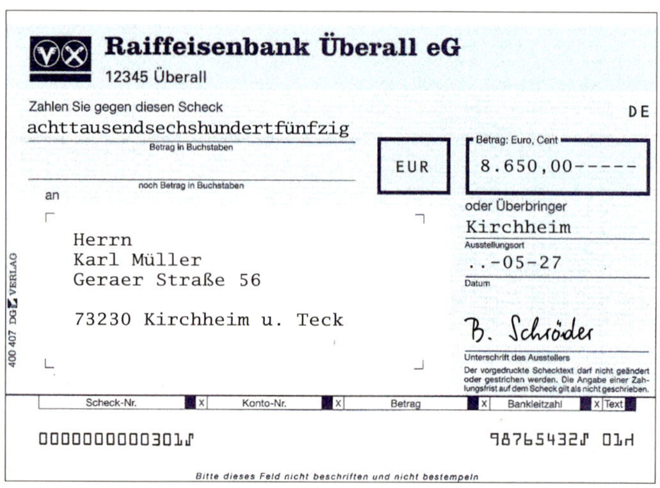

Raiffeisenbank Überall eG
12345 Überall
Zahlen Sie gegen diesen Scheck
achttausendsechshundertfünfzig
Betrag in Buchstaben
noch Betrag in Buchstaben
DE
EUR
Betrag: Euro, Cent
8.650,00-----
an
oder Überbringer
Herrn
Karl Müller
Geraer Straße 56

73230 Kirchheim u. Teck

Kirchheim
Ausstellungsort
..-05-27
Datum
B. Schröder
Unterschrift des Ausstellers
Der vorgedruckte Schecktext darf nicht geändert oder gestrichen werden. Die Angabe einer Zahlungsfrist auf dem Scheck gilt als nicht geschrieben.
400 407 DG VERLAG
Scheck-Nr. | Konto-Nr. | Betrag | Bankleitzahl | Text
0000000000301⑂ 98765432⑂ 01⑁
Bitte dieses Feld nicht beschriften und nicht bestempeln

Verrechnungsscheck

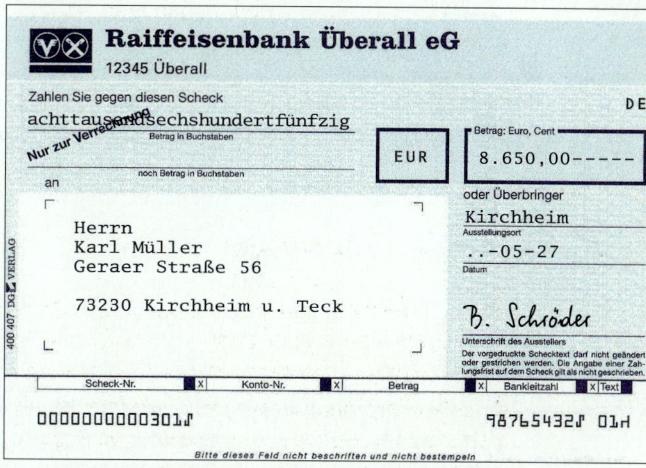
Raiffeisenbank Überall eG
12345 Überall
Zahlen Sie gegen diesen Scheck
achttausendsechshundertfünfzig
Nur zur Verrechnung
Betrag in Buchstaben
noch Betrag in Buchstaben
an
Herrn
Karl Müller
Geraer Straße 56
73230 Kirchheim u. Teck
DE
EUR
Betrag: Euro, Cent
8.650,00-----
oder Überbringer
Kirchheim
Ausstellungsort
..-05-27
Datum
B. Schröder
Unterschrift des Ausstellers
Der vorgedruckte Schecktext darf nicht geändert oder gestrichen werden. Die Angabe einer Zahlungsfrist auf dem Scheck gilt als nicht geschrieben.
400 407 DG VERLAG
Scheck-Nr. | Konto-Nr. | Betrag | Bankleitzahl | Text
Bitte dieses Feld nicht beschriften und nicht bestempeln

Ein Verrechnungsscheck wird nur auf dem Konto des Zahlungsempfängers gutgeschrieben. Er ist daher erheblich sicherer als ein Barscheck. Üblich ist es, dass Vordrucke schon den Aufdruck „Verrechnungsscheck“ oder „Nur zur Verrechnung“ tragen. Durch das Aufschreiben dieses Zusatzes kann aus jedem Barscheck auch ein Verrechnungsscheck gemacht werden. Dies geht jedoch nicht umgekehrt, da eine Streichung dieses Zusatzes als nicht erfolgt gilt. So kann ein Dieb oder unehrlicher Finder einen Verrechnungsscheck nicht in einen Barscheck umwandeln und sich den Betrag bar auszahlen lassen. Einen Verrechnungsscheck könnte man daher auch in einem Brief versenden. IGeL-Leistungen könnten in Praxen mit Verrechnungsscheck bezahlt werden.

Orderscheck

Orderschecks sind bei Zahlung höherer Beträge üblich. Statt der Klausel „oder Überbringer“ im Bar- oder Verrechnungsscheck steht bei ihm „oder Order“. Damit wird er nur an den auf dem Scheck genannten Zahlungsempfänger ausgezahlt. Es sei denn, der Scheck wurde mit einem schriftlichen Übergabevermerk (Indossament) an eine andere Person abgetreten.

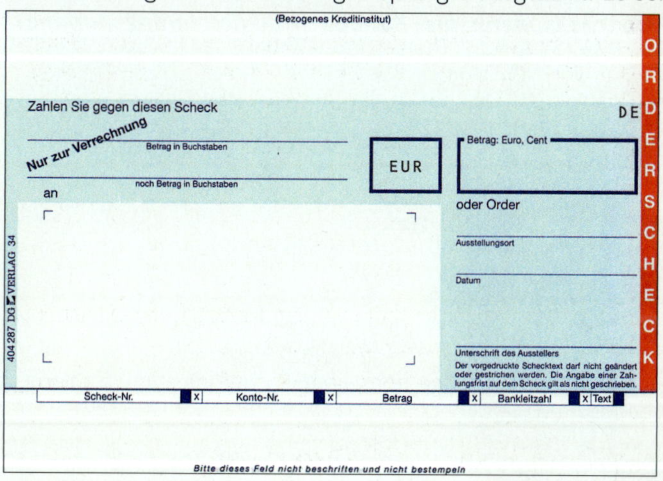
(Bezogenes Kreditinstitut)
Zahlen Sie gegen diesen Scheck
Nur zur Verrechnung
Betrag in Buchstaben
noch Betrag in Buchstaben
an
DE
EUR
Betrag: Euro, Cent
oder Order
Ausstellungsort
Datum
Unterschrift des Ausstellers
Der vorgedruckte Schecktext darf nicht geändert oder gestrichen werden. Die Angabe einer Zahlungsfrist auf dem Scheck gilt als nicht geschrieben.
ORDERSCHECK
404 287 DG VERLAG 34
Scheck-Nr. | Konto-Nr. | Betrag | Bankleitzahl | Text
Bitte dieses Feld nicht beschriften und nicht bestempeln

Wenn das Konto des Scheckausstellers nicht gedeckt, die Einlösungsfrist überschritten ist oder gesetzliche Bestandteile fehlen (z. B. die Unterschrift), können Schecks nicht eingelöst werden.

Travellerschecks

Sie sind sichere Zahlungsmittel für Reisen im In- und Ausland. Vor der Reise werden diese gekauft und auch dem Girokonto belastet. Bei Übergabe wird jeder Scheck einmal unterschrieben. Bei Verwendung eines Schecks auf Reisen muss man diesen nochmals unterschreiben. Die Mitglieder des Praxisteams könnten die Travellerschecks auf Urlaubsreisen und auch auf Kongressen oder Fortbildungsveranstaltungen im Ausland nutzen.

Praxistipp

Achtung: Die zweite Unterschrift nicht vor der Zahlung leisten.

INFO 5 Überweisung

Mit einer Überweisung beauftragt man seine Bank, einen Betrag vom eigenen auf das Konto des Gläubigers zu übertragen. Dafür wird ein Formular ausgefüllt und auf der Bank abgegeben oder online verschickt. Der Betrag wird dem Konto des Empfängers gutgeschrieben und dem Konto des Schuldners belastet. Der Kontoauszug ist also die Quittung für die Einzahlung. Auf seinem Kontoauszug sieht der Gläubiger den Namen des Einzahlers sowie die Rechnungs- und Kundennummer. Auf den Praxiskonten gehen zahlreiche Überweisungen ein, zum Ausgleich von Liquidationen von Privatpatienten, IGeL-Leistungen von Kassenpatienten, die Abrechnungen der Kassenärztlichen Vereinigung usw. Es werden aber auch zahlreiche Überweisungen getätigt, wie z. B. Überweisung der Gehälter und Ausbildungsvergütungen des Praxisteams und der Ausgleich von Rechnungen, Daueraufträge für Miete, Abbuchungen für Wassergeld, Strom usw.

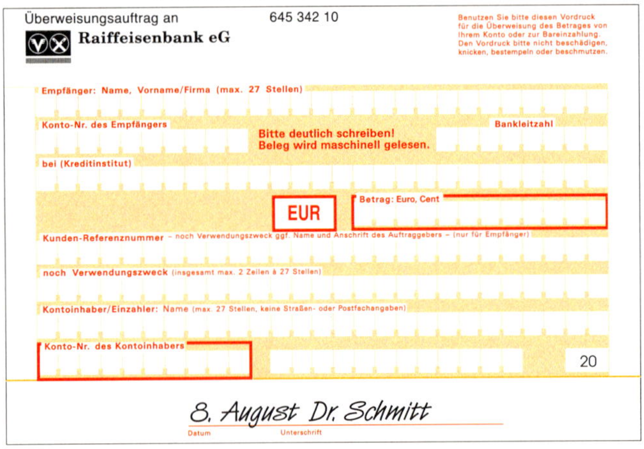
Überweisungsauftrag an 645 342 10
Raiffeisenbank eG
Benutzen Sie bitte diesen Vordruck für die Überweisung des Betrages von Ihrem Konto oder zur Bareinzahlung. Den Vordruck bitte nicht beschädigen, knicken, bestempeln oder beschmutzen.
Empfänger: Name, Vorname/Firma (max. 27 Stellen)
Konto-Nr. des Empfängers
Bitte deutlich schreiben! Beleg wird maschinell gelesen.
Bankleitzahl
bei (Kreditinstitut)
EUR
Betrag: Euro, Cent
Kunden-Referenznummer – noch Verwendungszweck ggf. Name und Anschrift des Auftraggebers – (nur für Empfänger)
noch Verwendungszweck (insgesamt max. 2 Zeilen à 27 Stellen)
Kontoinhaber/Einzahler: Name (max. 27 Stellen, keine Straßen- oder Postfachangaben)
Konto-Nr. des Kontoinhabers
20
8. August Dr. Schmitt
Datum Unterschrift

Praxis-tipp ***Unbedingt bei Überweisungen die Kunden- und Rechnungsnummer angeben.***

INFO 6 Keine Zahlungen vergessen, mit ...

... Dauerauftrag

Fallen immer wiederkehrende Zahlungen in gleicher Höhe zu gleichen Zeitpunkten an denselben Zahlungsempfänger an, ist es sinnvoll, seiner Bank einen Dauerauftrag zu erteilen. Bis auf Widerruf werden dann automatisch Beträge überwiesen, ohne dass der Zahlungspflichtige sich selbst darum kümmern muss.

Bedingungen:

- Der Zahlungsbetrag bleibt gleich;
- es handelt sich immer um den gleichen Empfänger und
- der Zahlungstermin wiederholt sich regelmäßig.

Für die Praxis empfiehlt es sich, die Miete, Beiträge für Ärztekammer, eventuelle Raten für Praxiseinrichtung oder Geräte usw. per Dauerauftrag zu bezahlen.

... mit Abbuchungsverfahren (Einzugsermächtigung)

Hier erteilt der Kontoinhaber dem Zahlungsempfänger die Genehmigung, von seinem Konto die jeweils anstehenden Beträge einzuziehen. Man füllt dafür lediglich die Einzugsermächtigung aus und sendet sie dem Lieferer. Damit werden die Rechnungen immer pünktlich und ohne Aufwand beglichen. Dieses Verfahren ist besonders für solche Zahlungen geeignet, bei denen es sich stets um den gleichen Gläubiger handelt, die Zahlungsbeträge und/oder die Zeiten der Bezahlung aber unterschiedlich sind (z. B. Telefon-, Gas-, Wasser-, Stromrechnung, Rechnungen des Hauptlieferanten für Labor- und Praxisbedarf).

Praxistipp

- ***Eine Einzugsermächtigung kann jederzeit widerrufen werden (E-Mail, Fax, Telefon).***
- ***Alle Abbuchungen im Lastschriftverfahren können noch acht Wochen später beim eigenen Kreditinstitut widerrufen werden.***

INFO 7 Home-(Online-)banking

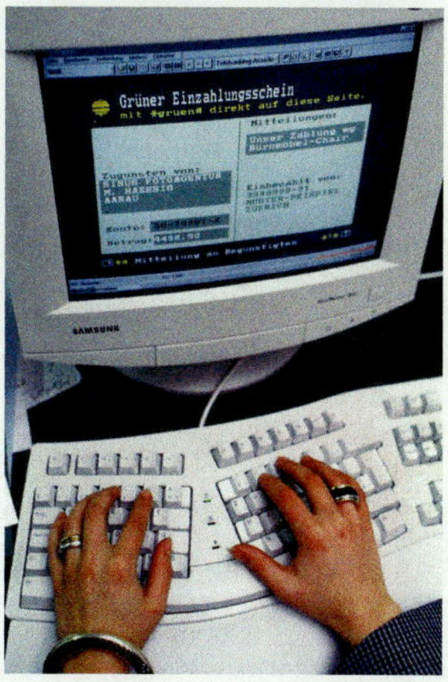

Bequem von zu Hause oder aus der Praxis lässt sich der Zahlungsverkehr auch mit Onlinebanking abwickeln. Kontoübersicht, Überweisungen tätigen, Daueraufträge einrichten, ändern oder stornieren - alles geht ohne großen Zeitverlust für Bankbesuche und auch nach Geschäftsschluss der Banken. Daneben ist Onlinebanking auch preiswerter, denn die Kontoführungsgebühren sind meist kostenlos. Zur Sicherheit muss der Kontoinhaber neben seiner Kontonummer auch die PIN (Persönliche Identifikationsnummer) und eine TAN (Transaktionsnummer) eingeben. Onlinebanking bieten neben den Direktbanken auch die herkömmlichen Hausbanken an.

INFO 8 Bezahlen mit Karte

Diese Zahlungsart ist zwar für den Zahlungsverkehr der Arztpraxen noch nicht so wichtig, sie setzt sich aber auch hier immer mehr durch.

Die Praxisgebühr und IGeL-Leistungen können in modernen, größeren Praxen zunehmend mit **Electronic Cash** bezahlt werden. Diese Zahlungsart ist ein weiterer Service für die Patienten. Für die Praxis entstehen zwar etwas höhere Kosten, dafür entfällt aber die aufwändige Arbeit mit der Barzahlung (z. B. Geld einziehen, Wechselgeld zurückgeben, immer genügend Wechselgeld besorgen, die Kasse abends abrechnen und den Betrag auf der Bank einzahlen).

Ein wesentlicher Vorteil der Kartenzahlung für den Verkauf ist, dass mit ihr die Hemmschwelle für Ausgaben beim Kunden geringer ist als bei Barzahlung. Dies gilt auch für Patienten, die sich für IGeL-Leistungen interessieren.

Es gibt heute eine Vielzahl von Karten. Für Praxen kommen die EDC-Karten (drei Möglichkeiten) und Kreditkarten infrage.

Ein Überblick über das so genannte „Plastikgeld":

Kreditkarten

Der Inhaber einer Kreditkarte erhält ein gesondertes Konto mit einem individuellen Kreditrahmen. Es erfolgt eine monatliche Abrechnung, wobei der Karteninhaber die Möglichkeit hat in einer Summe oder in Raten zu zahlen. Es werden Gebühren und Soll-Zinsen berechnet.

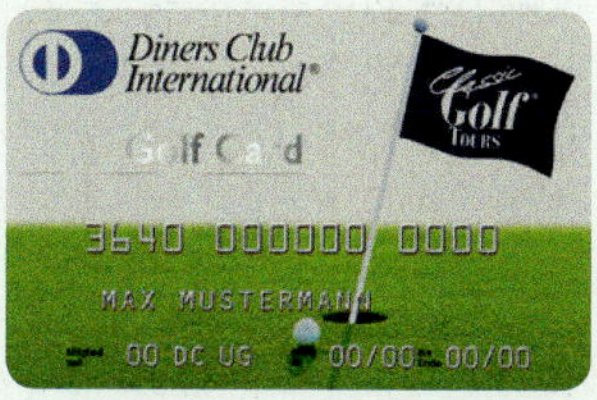

Charge-Cards

Sie sind der Kreditkarte sehr ähnlich. Auch hier wird monatlich oder 14-tägig abgerechnet. Allerdings werden keine Sollzinsen (charge = kostenlos) berechnet. Dafür muss der Betrag sofort beglichen werden. Er wird in der Regel als Lastschrift vom Girokonto abgebucht. Durch die Sammlung der Zahlungsbeträge und einmalige Abbuchung hat man einen kleinen Zinsvorteil. Die bekanntesten sind MasterCard und VISA.

Co-Branding-Cards

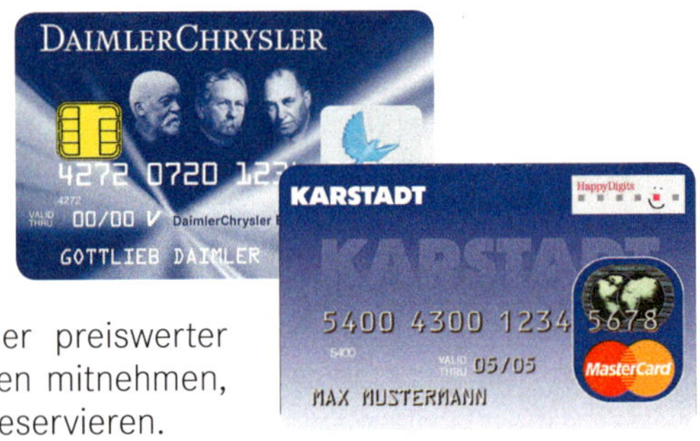

„Co-branding“ bedeutet gemeinsame Marktplatzierung. Kommerzielle Unternehmen bieten gemeinsam mit einer Bank oder Kartenorganisation eine Karte an. Der Vorteil ist, dass man mit einer solchen Karte zusätzlich besondere Leistungen in Anspruch nehmen kann, wie z. B. bequem Eintrittskarten bestellen oder preiswerter Mietwagen buchen, mehr Gepäck auf Reisen mitnehmen, später einchecken und Plätze im Flugzeug reservieren.

Affinity-Cards

Sie werden von Verbänden oder Vereinen zusammen mit einer Kartenorganisation herausgegeben z. B. für Golfer, Segler, Jäger usw. Die Zusatzleistungen sind ähnlich der Co-branding-Card.

Debit-Cards

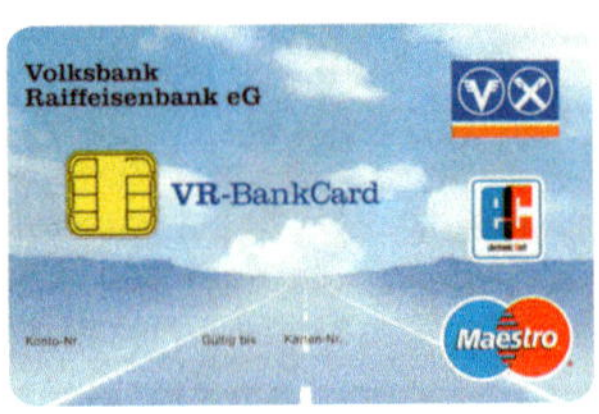

Die EDC-Karte oder andere ähnliche Bankkarten sind die bekanntesten Karten für Girokontenbesitzer. Mit ihnen bezahlt man bargeldlos. Die Zahlungsbeträge werden direkt dem Girokonto abgezogen oder per Lastschrift eingezogen. Auf dem Kontoauszug ist die Abbuchung sichtbar. Man kann mit der Debit-Card auch Kontoauszüge ausdrucken lassen, Bargeld über Geldautomaten von seinem Girokonto abheben, an Geldautomaten Überweisungen tätigen, sogar Daueraufträge erteilen, ändern oder stornieren. Die EDC-Maestro-Karte gilt nahezu in der gesamten Welt.

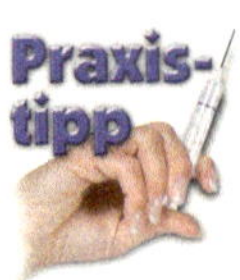

Achtung: Nie die Karte und die PIN zusammen aufbewahren.
Ein unehrlicher Finder oder Dieb können sonst Bargeld von Ihrem Konto abheben. In diesem Fall haftet die Bank nicht!

Zur Zahlung mit der Karte gibt es generell drei Möglichkeiten:

POS (Zahlung am Point of Sale): Die Karte wird eingelesen und der Zahlende muss seine PIN (persönliche Indentifikationsnummer = Geheimnummer) eingeben. Dadurch erfolgt online ein direkter Zugriff auf das Girokonto. Jetzt muss er den Betrag bestätigen und die Abbuchung ist erfolgt. Ist der Kreditrahmen seines Kontos überzogen, wird die Zahlung verweigert und man muss bar bezahlen. Der Gläubiger (z. B. die Praxis) erhält also eine Zahlungsgarantie. Allerdings ist der Online-Zugang für den Arzt etwas teurer. Preiswerter ist das folgende Verfahren, das keine Zahlungsgarantie hat.

Praxis-tipp

Kontrollieren Sie als Zahlender, bevor Sie den Betrag bestätigen oder die Unterschrift leisten, unbedingt den Zahlungsbetrag!

ELV-Zahlung:

ELV ist die Kurzform für „elektronisches Lastschriftverfahren ohne Zahlungsgarantie".

Es wird allerdings keine Abfrage, ob die Karte gesperrt ist, vorgenommen. Dafür ist dieses Verfahren kostenlos. Aus diesem Grund wird es überwiegend vom Handel aber auch von Praxen eingesetzt. Dieses Risiko ist für Praxen etwas kleiner, da man die Patientenadressen hat.

Die EDC-Karte wird durch das Lesegerät gezogen oder eingeführt. Die Medizinische Fachangestellte gibt den Rechnungsbetrag in das Terminal ein und der Patient bestätigt ihn.

Der Kassenbeleg (mit Durchschrift) wird ausgegeben. Diesen unterschreibt der Patient. Das Original wird als Lastschriftbeleg an die Bank weitergegeben. Der Patient erhält die Durchschrift. Der Betrag wird vom Konto des Patienten abgebucht und dem Konto der Praxis gutgeschrieben. Der Arzt trägt das Risiko. Er weiß zwar, dass die Karte gültig ist, nicht aber ob das Konto gedeckt ist. Sollte der Patient seinen Dispositionsrahmen ausgereizt haben, gibt die Bank die Lastschrift zurück.

Sollte eine Zahlung ausfallen, dann besitzt die Praxis die Patientendaten. Der Patient wird gemahnt. Wenn er danach immer noch nicht bezahlt, kann er einen Mahnbescheid erhalten oder auf Zahlung verklagt werden.

Nach einem Bericht der Kassenärztlichen Bundesvereinigung mussten allein im Jahr 2006 über 887.000 Mahnungen wegen nicht bezahlter Praxisgebühren verschickt werden. Daher gilt seit 2007 ein neues Gesetz, nach dem ein Gerichtsvollzieher die Praxisgebühr einziehen kann.

Arbeitsaufträge

1. Wie läuft eine Nachnahmesendung ab?
2. Unterscheiden Sie zwischen Dauerauftrag und Einzugsermächtigungsverfahren.
3. Zählen Sie mögliche bargeldlose Zahlungsarten für eine Arztpraxis auf.
4. Welche weiteren Möglichkeiten können Arztpraxen anbieten, die von den Patienten selbst bezahlt werden müssen? Prüfen Sie, ob sich bei einer Erweiterung des Angebotes der Einsatz des EDC-Cash-Systems lohnt!
5. Unterscheiden Sie zwischen den verschiedenen Arten von Schecks.
6. Diskutieren Sie über einen evtl. Einsatz von POS-System in Ihrer Praxis. Überlegen Sie, ob Ihre Patienten sichere oder unsichere Schuldner sind.

9 Nicht verstecken sondern übersichtlich lagern ...

Lagerhaltung in der Arztpraxis

Moment mal ...

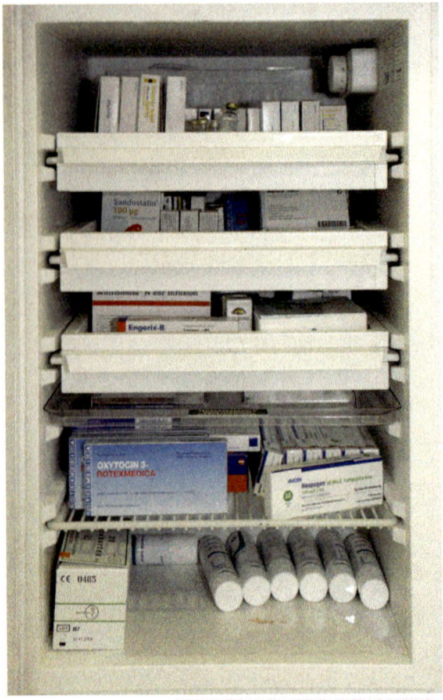

Anfang Oktober ruft Natalia Bertram für die Allgemeinarztpraxis die ersten 50 Spritzampullen mit Grippeimpfstoff von der Apotheke ab. Schon im Februar dieses Jahres wurden dort 400 Ampullen bestellt. Erst einige Monate später, wenn die Weltgesundheitsorganisation die genaue Stammzusammensetzung empfohlen hat, werden die Influenzaimpfstoffe hergestellt und an die Apotheken geliefert. Die Arztpraxis ruft bei Bedarf jeweils eine bestimmte Menge ab und lagert sie im Kühlschrank. Natalia muss einerseits aufpassen, dass sie nicht zu viel bestellt, denn nach der Grippe-Saison sind die Impfstoffe nicht mehr brauchbar. Andererseits müssen aber immer genügend vorhanden sein. Im vorigen Jahr war der Lagerkühlschrank so voll, dass auch Ampullen direkt am Eisfach lagen und angefroren waren. Sie mussten entsorgt werden, da sie zwischen +2 und +8 Grad Celsius gelagert werden müssen, aber nicht gefrieren dürfen. Inzwischen hat die Praxis einen Kühlschrank ohne Gefrierfach.

Ein anderes Problem in der Gemeinschaftspraxis ist die Lagerung der Ärztemuster. Es ist schon einige Male vorgekommen, dass solche abgelaufen sind. Wenn der Arzt dem Patienten ein Mustermedikament schenkt und dieser bemerkt, dass es abgelaufen ist, dann ist das zwar peinlich, viel schlimmer ist es aber, wenn abgelaufene Arzneimittel zu Schäden bei den Patienten führen. „Das Problem ist, dass sich in unserer Praxis keiner für die Aufbewahrung zuständig fühlt. Daher werden diese Medikamente nicht immer nach Indikationen eingeordnet und schon gar nicht in gewissen Zeitabständen die jeweils älteren Muster nach vorne und die neueren nach hinten gelegt," sagt Dr. Michel ärgerlich.

Und heute passiert auch noch diese Panne: Es wurden 2 MMR-Vax Mumps-Masern-Röteln-Impfstoffe bestellt. Diese müssen in einer nicht unterbrochenen Kühlkette vom Hersteller über den Großhandel, die Apotheke an die Praxis geliefert werden. Doch als die Apothekenhelferin die Styroporpackung mit Kühlakku am Empfang abgab, war dort gerade Hochbetrieb. So kam es, dass die Packungen statt sofort im Kühlschrank in einer Ecke des Tresens abgelegt wurden. Als dann die Post noch darüber gelegt wurde, dachte keiner mehr an den Impfstoff. Erst abends, als die Post verteilt werden sollte, entdeckte man das Malheur. „Was machen wir jetzt?", fragt Lale ängstlich. „Unsere Arbeiten in der Lagerung müssen besser organisiert werden", antwortet Dr. Damm, sichtlich ungehalten.

Welche Ziele hat die Lagerhaltung? Welche Arbeiten fallen dort an? Was wird in Praxen gelagert? Was muss dabei beachtet werden?

INFORMATION

Um einen reibungslosen Ablauf der Behandlungen zu garantieren, benötigen die Arztpraxen eine Grundausstattung mit Instrumenten, Sprechstunden- und Praxisbedarf. Aber auch die Ärztemuster (Arzneimittel usw.) müssen in den verschiedenen Schränken gelagert werden, ebenso wie Büromaterial, Fachzeitschriften u. a.

Sprechstundenbedarf muss in allen Bundesländern grundsätzlich jeweils für ein Quartal verordnet werden. Bei dieser Verordnung muss stets der Grundsatz der Wirtschaftlichkeit berücksichtigt werden. Die Vereinbarung über Sprechstundenbedarf der Kassenärztlichen Vereinigungen mit den AOK-Landesverbänden fordert möglichst preisgünstige Groß- und Bündelpackungen zu verordnen. Auch in diesem Bereich unterliegen die Praxen einer Wirtschaftlichkeitsüberprüfung. Weiter wird gefordert: „Der verordnete Sprechstundenbedarf muss jeweils sofort in vollem Umfang bezogen werden, eine Depotlagerung in der Apotheke oder bei sonstigen Lieferanten ist nicht zulässig.“ (Vereinbarung über ärztliche Verordnung über Sprechstundenbedarf, www.aeksh.de)

Kap. 1 Seite 170 ff. Sprechstundenbedarf

Schon allein aus diesen Gründen ist eine geplante Lagerhaltung unumgänglich. Das bedeutet, dass unter Berücksichtigung der räumlichen Gegebenheiten (Lagerplatz, Kühlräume oder -geräte usw.) die Bestände in ihrer Höhe und Verfügbarkeit sowie auf die Verfalldaten zu planen und zu überwachen sind. Bei diesen Aufgaben sind die Helferinnen besonders gefordert.

INFO 1 Ziele der Lagerhaltung

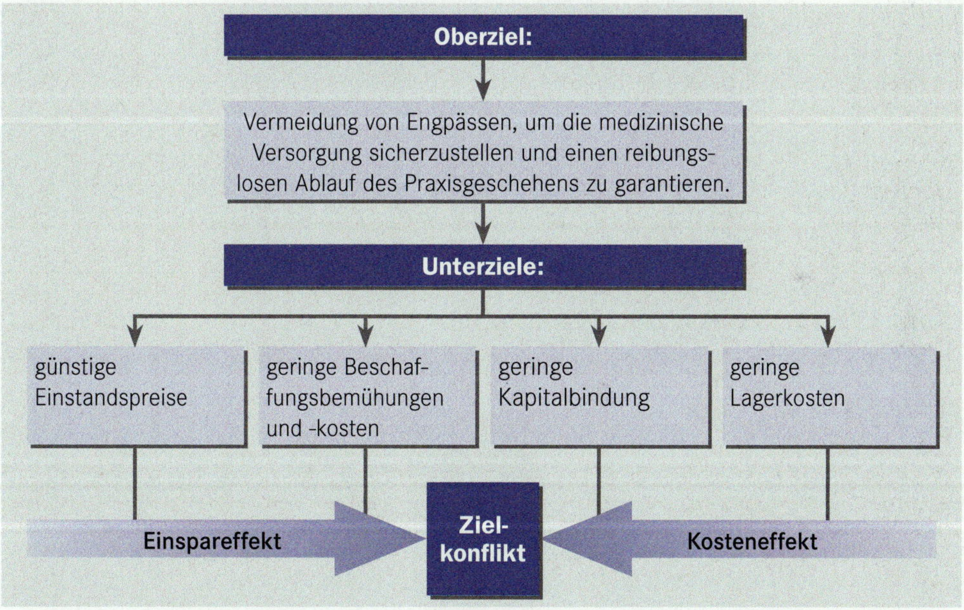

In der Lagerhaltung einer Praxis gilt es, diesen Zielkonflikt zwischen Vor- und Nachteilen einer umfangreichen Lagerhaltung laufend zu optimieren.

So wird auch im Qualitätszielkatalog der KBV gefordert:

Forderungen des Qualitätsmanagements

Der Lagerbestand an Verbrauchsmaterialien ist dem Bedarf der Praxis angemessen.

Quelle: Diel F., Gibis B. (Hrsg.), a.a.O, 4.2.3 (Ziel 2, S. 123)

INFO 2 Vorteile einer umfangreichen Lagerhaltung

Günstige Einstandspreise

Die Lagerhaltung ermöglicht es, größere Mengen der Materialien zu bestellen. Durch Mengenrabatte erzielt man günstigere Einkaufspreise. Viele Verkäufer gewähren einen Mengenrabatt und zusätzlich noch einen Rabatt, der nach der Auftragssumme gestaffelt ist. Zusammen können diese schon bis zu 20 und mehr Prozent ausmachen.

Geringe Beschaffungsmühen und -kosten

Durch die Bestellung größere Mengen haben die Medizinischen Fachangestellten weniger Zeitaufwand, als wenn häufiger kleinere Mengen bestellt werden müssten. Dadurch werden Zeit und Kosten gespart. In einer Praxis mit einem Arzt können so 3 bis 6 Arbeitsstunden im Monat eingespart werden. Bei einem Stundensatz von nur 15,00 € wären das 540,00 € bis 1.080,00 € Einsparung pro Jahr.

INFO 3 Nachteile einer umfangreichen Lagerhaltung

Höhere Kapitalbindung (Lagerzinsen)

Wenn in größeren Mengen auf Lager bestellt wird, muss der Preis früher bezahlt werden, als wenn man jeweils kleinere Mengen verteilt über einen Zeitraum kauft. Dieses Geld würde auf einem Bankkonto Zinsen bringen.

Höhere sonstige Lagerkosten

Je größer ein Lagerbestand ist, desto höher sind auch die weiteren Lagerkosten, wie

- Schwund durch unauffindbare Materialien (nach einer Untersuchung etwa 1 - 2 %), abgelaufene Mindesthaltbarkeitsdaten (ca. 2 - 5 %).
- Lagereinrichtung: Hier sind die Abschreibungen (= Beträge für Anschaffung der Kühlgeräte, Schränke, Regale usw. geteilt durch die Laufzeit) sowie Strom und Wartung, aber auch der Lohn für die Putzfrau einzuberechnen.

INFO 4 Tätigkeiten im Lager einer Arztpraxis

Art und Umfang der Lagertätigkeiten hängen von der jeweiligen Größe, Art und Konzeption des Lagers ab. Nachfolgend die wichtigsten Arbeiten:

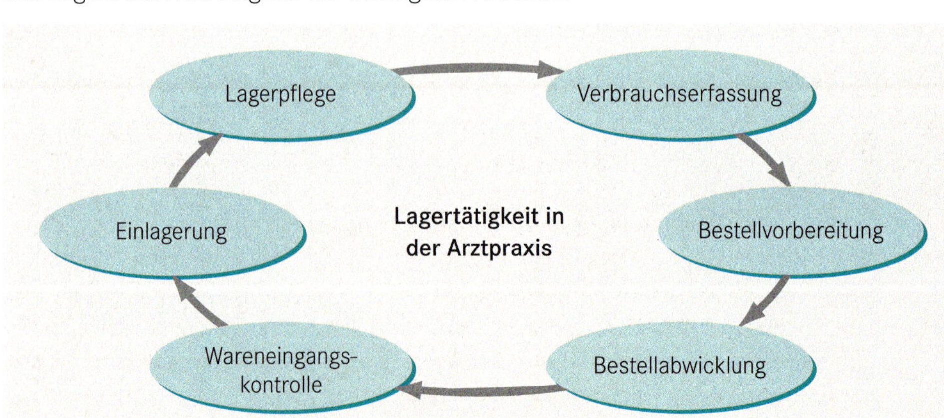

Die Aufgaben im Lager werden üblicherweise von den Medizinischen Fachangestellten übernommen. Diese Tätigkeiten hängen eng mit der Bestellabwicklung und -kontrolle zusammen.

Aufgabengebiete	anfallende Tätigkeiten
Lagerpflege	• Bestandskontrolle • Inventur • Kontrolle des Verfalldatums • Chargenkontrolle • Entsorgung abgelaufener Produkte
Verbrauchserfassung	• Erfassen für Nachbestellungen • Lieferantenstatistik • Austragen verfallener Artikel • umweltgerechte Entsorgung verfallener Artikel • Anwenderzuordnung (bei mehreren Ärzten) • Patientenzuordnung (nur für bestimmte Artikel – nach dem Medizinproduktegesetz)
Bestellvorbereitung	• Fehlmengenerfassung • Bestellterminplanung • Artikelauswahl • Anfragen • Angebots- oder Preisvergleiche • Lieferantenauswahl
Bestellabwicklung	• Bestelllisten erstellen • ggf. Angebote einholen und Preise aushandeln • Bestellfreigabe von den Ärzten einholen • Bestellung versenden
Wareneingangskontrolle	• Lieferscheinkontrolle • Kontrolle auf Transportschäden • Fehlmengenerfassung • Prüfung auf offene Mängel • ggf. Mängelrüge versenden • Chargenerfassung • Verfalldatum prüfen
Einlagerung	• richtigen Lagerplatz (Schrank, Kühlschrank usw.) suchen • ältere Artikel nach vorn oder oben legen • neue Artikel dahinter/darunter ordnen • Eintragung in das Sprechstundenbedarfsbuch • Zahlungsanweisung vorbereiten

Forderungen des Qualitätsmanagements

- Es gibt eine Interne Regelung zur Planung des Lagerbestandes, der den Bedarf, die Lieferzeit und die Haltbarkeit der Verbrauchsmaterialien berücksichtigt.
- In der Praxis werden keine Produkte verwendet, deren Verfallsdatum abgelaufen ist.
- Produkte, deren Haltbarkeitsdatum überschritten ist, werden eindeutig gekennzeichnet und ordnungsgemäß entsorgt.
- Kühlpflichtige Medikamente, Impfstoffe und Materialien werden in einem eigenen Kühlschrank gelagert.

Quelle: Diel F., Gibis B. (Hrsg.), a.a.O., 4.2.3 (Nachweis 1 zu Ziel 2, Nachweise 2-4 zu Ziel 3, S. 123/124)

Praxistipp ***Achten Sie darauf, dass keine Patienten der Privaten Krankenkassen oder der Berufsgenossenschaften (Gesetzliche Unfallversicherung) Mittel aus dem Sprechstundenbedarf erhalten.***

INFO 5 Weitere Besonderheiten in der Lagerhaltung von Arztpraxen

- An Einmalartikeln wie Handschuhen, Mundschutz, Handtüchern, Bechern, Desinfektions- und Pflegemitteln, aber auch Reinigungsmitteln und Bürobedarf sollte immer ein gewisser Vorrat bestehen. Sie sind länger lagerfähig. Daher sollten beim Einkauf auch Mengenrabatte in Anspruch genommen werden.
- Bei Artikeln mit Verfalldatum (z. B. Röntgenprodukte, Anästhetika usw.) muss die Planung abhängig von einem erwarteten durchschnittlichen Verbrauch und den Verfalls- oder Haltbarkeitsdaten der Produkte erfolgen.
- Die meisten gelagerten Artikel müssen staubfrei, ohne Einfluss von Lichteinwirkung und übersichtlich gelagert werden.
- Verbandstoffe und andere Materialien müssen getrennt nach sterilen oder unsterilen Artikeln und staubgeschützt aufbewahrt werden.
- Bei manchen Verbandstoffen gibt es auch Verfalldaten (z. B. Pflaster mit Desinfektionsmittel). Auch diese müssen übersichtlich gelagert werden, um die Haltbarkeitsdaten leicht überprüfen zu können.
- Die für invasive Eingriffe vorgesehenen Instrumente sind nach Desinfektion, Reinigung und Pflege entsprechend der DIN 58952/58953 zu verpacken. Die Verpackung soll das sterile Gut vor einer mikrobiellen Rekontamination schützen. Die Verpackungseinheiten sind daher möglichst klein zu halten, damit unbenutzte Instrumente nicht offen liegen. Sollte dies dennoch der Fall sein, müssen sie erneut desinfiziert und verpackt werden. Die Verpackungen sollten mit Kennzeichen versehen werden, aus denen der Inhalt, das Datum der Sterilisation bzw. das Verfalldatum ersichtlich sind.
- Die Dauer der Lagerfähigkeit ergibt sich aus der Verpackungs- und Lagerungsart. Einfach verpackte Materialien können bei geschützter Lagerung in Containerverpackungen bis 6 Wochen, in Klarsichtsterilisierverpackung bis zu 6 Monaten und Materialien in Sterilgutlagerverpackungen bis zu maximal 5 Jahren aufbewahrt werden.
- Biologische Substanzen sind relativ empfindlich gegenüber den Einflüssen von Wärme und Kälte. Besonders aufpassen muss man, wenn diese nicht als Trockenpulver, sondern als Fertiglösung in Spritzen gelagert werden müssen. Für eine gute Wirksamkeit ist deshalb die Aufrechterhaltung der Kühlkette sehr wichtig. Solche Substanzen müssen im Kühlschrank bei einer Temperatur zwischen + 2 und + 8 Grad Celsius gelagert werden. Sie dürfen aber nicht eingefroren werden.
- Ärztemuster (Arzneimittel) sollten trocken, kühl, vor Licht geschützt und für Unbefugte unzugänglich aufbewahrt werden. Daneben sollten sie möglichst nach Alphabet oder nach Indikationen gelagert werden, damit man sie schnell in den verschiedenen abschließbaren Schränken, Schubladen oder Kühlschränken finden kann.
- Manche Arzneimittel müssen bei Zimmertemperatur gelagert werden, andere im Kühlschrank, viele bei einer Temperatur zwischen + 2 bis + 8 Grad Celsius. Sie dürfen aber nicht frieren. Am besten ist daher ein Kühlschrank ohne Gefrierfach für die Lagerhaltung geeignet.
- Die Arzneimittelpackungen enthalten verschiedene unterschiedliche Angaben für Lagerhaltungsbedingungen. Diese sind noch nicht normiert. Gebräuchlich sind Angaben wie: „Kühl lagern“ (die Kühlschranktemperatur ist evtl. zu kalt); „Nicht über 25 Grad lagern“ (Kühlschrank ist evtl. zu kalt, Zimmertemperatur zu warm, daher am besten im Keller oder einem nicht beheiztem Raum lagern); „zwischen 2 und 8 Grad lagern“ (immer im Kühlschrank aufbewahren). Enthält die Packung keinen Lagerhinweis, dann kann das Medikament bei Zimmertemperatur gelagert werden.

5780218

- Werden die Medikamente in einem handelsüblichen Kühlschrank gelagert, dann kann der Platz in der Kühlschranktür zu warm und direkt vor der Rückwand zu kalt sein.
- Salben dürfen nicht einfrieren.
- Manche Medikamente oder Impfstoffe müssen bei gleich bleibenden Temperaturen gelagert werden. Vor Temperaturschwankungen schützen dann spezielle Taschen (zum Teil mit Kühlakkus) oder Styroporpackungen. Diese Medikamente müssen sofort nach Empfang ausgepackt und in den Kühlschrank gelegt werden.
- Fettemulsionen zu Injektionszwecken dürfen nicht in den Kühlschrank. Es besteht dort die Gefahr der Entmischung, was zu einer Fettembolie führen kann.
- Injektionsdurchstechflaschen sind nicht mit durchstochener Kanüle aufzubewahren.
- Feuergefährliche Flüssigkeiten müssen als solche gekennzeichnet werden.
- Pulver ist unbedingt trocken und gut verschlossen aufzubewahren.
- Betäubungsmittel müssen unbedingt in einem separat abschließbaren Fach aufbewahrt werden. Die Zu- und Abgänge sind in speziellen Karteikarten festzuhalten, die alle 6 Monate vom Gesundheitsamt überprüft werden.

In regelmäßigen Abständen müssen nicht nur die Verfallsdaten, sondern auch die gesamten Medikamente überprüft werden. Wenn Sie sich nicht sicher sind, ob ein Medikament noch in Ordnung ist, dann können Sie dieses mit einem unverdorbenen Präparat auf Verfärbungen, Kristallisation, Geruch, Verquellung usw. vergleichen.

Praxistipp

Falls der Kühlschrank zur Lagerung von Insulin, Impfstoffen usw. ein Gefrierfach hat, müssen Sie darauf achten, dass frostempfindliche Medikamente nicht zu nah an dieses Fach gelegt werden. Stellen Sie ein Stück Styropor dazwischen.

Arbeitsaufträge

1. Welche der genanten Aufgaben der Lagerhaltung werden in Ihrer Praxis wahrgenommen, welche nicht?
2. Was hätten Sie an Natalias Stelle (in „Moment mal ...“, Seite 214) gemacht?
3. a) Beschreiben Sie den Zielkonflikt in der Lagerhaltung in eigenen Worten.
   b) Werden solche Überlegungen auch in Ihrer Praxis gemacht?
4. Wie kann verhindert werden, dass keine Privat- oder Unfallversicherungspatienten mit Sprechstundenbedarf versorgt werden?
5. Tauschen Sie die von Ihnen gemachten Erfahrungen über Lagerhaltung in Ihrer Praxis mit denen Ihrer Klassenkameradinnen aus und machen Sie ggf. Verbesserungsvorschläge.

10 Ein Buch, auf das es ankommt

Medizinproduktebuch und Bestandsverzeichnis

Moment mal ...

Bezeichnung des Medizinproduktes
Gerätetyp
Serien-/Fabrikationsnummer
Datum der Anschaffung
Name Hersteller/ggf. Importeur
Name Lieferant
Standort, betriebliche Zuordnung
Beleg über Funktionsprüfung vor Betreiben und Einweisung gemäß § 5 Abs. 1 Nr. 1 MPBetreibV
Einweisung
Zeitpunkt
Name der einweisenden Person
Name der eingewiesenen Person
Sicherheits- und messtechnische Kontrolle
Frist

Als Herr Kniss und Herr Zinn sich vorstellen ist allen klar, dass sie viel Unruhe in den heutigen Praxisablauf bringen würden. Sie weisen sich als Mitarbeiter des technischen Überwachungsamtes aus und erscheinen unangekündigt, um vor allem zu überprüfen, ob die sicherheitstechnischen Bestimmungen bei den medizinischen Apparaten auch wirklich eingehalten werden. Nachdem sie sich einen ersten Überblick über Einrichtung und technische Ausstattung der Praxis verschafft haben, legen sie mit ihrer Arbeit los. „Geben Sie uns erst mal Ihre Medizinproduktebücher und Ihr Bestandsverzeichnis. Und im Übrigen tun Sie so, als wenn wir gar nicht da wären“, so Herr Knies zu einer Medizinischen Fachangestellten. Er ergänzt: „Wenn wir Fragen haben oder Hilfe brauchen, melden wir uns schon.“

Auszug aus einem Medizinproduktebuch

Welche Aufgaben haben Medizinproduktebücher und Bestandsverzeichnisse?
Wie sind diese Unterlagen aufgebaut?

INFO 1 Das Medizinproduktebuch

Medizinische Apparate, Instrumente, Vorrichtungen und Stoffe werden vom Gesetzgeber als Medizinprodukte bezeichnet. Dieser Begriff hat seinen Niederschlag in dem **M**edizin-**P**rodukt-**G**esetz (MPG) und der **M**edizin-**P**rodukte-**Betreib**er**v**erordnung (MPBetreibV) gefunden. Jeder Arzt ist als Betreiber von Medizinprodukten verpflichtet die entsprechenden Vorschriften einzuhalten.

Das MPG bestimmt in § 14, dass Medizinprodukte nicht betrieben oder angewendet werden dürfen, wenn sie Mängel aufweisen, durch die Patienten, Beschäftigte oder auch Dritte gefährdet werden können. Der Hersteller der Produkte muss die Unbedenklichkeit seiner Erzeugnisse nachweisen. Sind die grundlegenden Anforderungen erfüllt, darf das CE-Zeichen (Conformité-Europée) angebracht werden. Hiermit wird auch bestätigt, dass die gerätebezogenen Arbeitsschutz- und Unfallverhütungsvorschriften eingehalten werden. MPG und MPBetreibV werden ergänzt durch die jeweiligen Arbeitsschutz- und Unfallverhütungsvorschriften.

Nach der MPBetreibV dürfen aktive Medizinprodukte erst nach einer Funktionsprüfung des Herstellers oder des Lieferanten betrieben werden. Zusätzlich ist auch vorgeschrieben, dass zuvor das Bedienungspersonal eingewiesen werden muss. Das **Medizinproduktebuch** stellt ein Dokument dar, das untrennbar mit dem jeweiligen Gerät verbunden ist. Medizinproduktebücher und die jeweiligen Gebrauchsanweisungen sind so aufzubewahren, dass sie der Anwender jederzeit einsehen kann. Auf Verlangen ist auch der zuständigen Behörde Einsicht in die Bücher zu gewähren. Selbst wenn die Geräte nicht mehr in Gebrauch sind, muss das Buch noch 5 Jahre lang nach ihrer Außerbetriebnahme aufbewahrt werden.

5780220

Welchen Inhalt das Medizinproduktebuch enthalten muss, ist § 7 der MPBetreibV zu entnehmen:

	Inhalt
Gerätestammdaten	Aufzuführen sind alle wichtigen Daten für Service und Kontrollbehörden. Daten wie z. B. Seriennummern dienen der Identifikation des Gerätes.
sicherheitstechnische Kontrolle	Nach der Montage des medizinischen Geräts und den erfolgten Instandsetzungsarbeiten müssen Funktionsprüfungen am Betriebsort durchgeführt werden. Dabei geht es vor allem darum, festzustellen, ob elektrisch betriebene und leitfähige Teile gegen durchfließenden Strom abgesichert sind und keine Gefahr für Patienten und Praxispersonal besteht.
Verzeichnis der eingewiesenen Personen	Medizinische Geräte wie z. B. Dialysegeräte dürfen nur von Personen bedient werden, die vom Hersteller oder Lieferanten eingewiesen wurden. Eingewiesene Personen dürfen auch weitere Personen einweisen. Namen mit Unterschrift der eingewiesenen Personen, Zeitpunkt der Einweisung und Name mit Unterschrift der mit der Einweisung Betrauten sind in das Verzeichnis aufzunehmen.
sicherheitstechnische Kontrolle (Wiederholungsmessung)	Spätestens alle 2 Jahre, hat der Arzt (Betreiber) eine sicherheitstechnische Kontrolle zu veranlassen. In das Medizinproduktebuch sind einzutragen: ● Datum der Durchführung der Kontrolle bzw. der Instandhaltung; ● Ergebnis der sicherheits- und messtechnischen Kontrolle; ● Name der verantwortlichen Person oder der durchführenden Firma sowie deren Anschrift. Sicherheitstechnische Kontrollen werden im Allgemeinen von Sachverständigen der technischen Überwachungsorganisationen durchgeführt.
messtechnische Kontrollen	Zu den Medizinprodukten mit Messfunktion gehören z. B. Blutdruckmessgeräte und Tretkurbelergometer. Durch die messtechnische Kontrolle wird festgestellt, ob die Geräte die zulässige Fehlertoleranz einhalten. Die vorgeschriebene Nachprüfungsfrist beträgt 2 Jahre. Messtechnische Kontrollen dürfen auch von den Herstellern und privaten Wartungsfirmen durchgeführt werden.
Dokumentation von Funktionsstörungen	Sich wiederholende gleichartige Störungen, die die Sicherheit der Patienten oder des Praxispersonals gefährden können, müssen gesondert dokumentiert werden.
Meldung von Vorkommnissen	Vorfälle am medizinischen Gerät, durch die Personen geschädigt wurden oder hätten geschädigt werden können, müssen vermerkt werden. Anschließend hat eine Meldung an den Hersteller und die zuständige Behörde zu erfolgen.

INFO 2 Das Bestandsverzeichnis

Die MPBetreibV schreibt nicht nur vor, dass ein Medizinproduktebuch zu führen ist, sondern für jede Betriebsstätte auch ein **Bestandsverzeichnis.** Alle aktiven Medizinprodukte (z. B. medizinische Geräte) sind lt. § 8 der MPBetreibV in diese Übersicht aufzunehmen. Für das Bestandsverzeichnis sind alle Datenträger zulässig.

Um sich einen Überblick über die Ausstattung der Arbeits- und Behandlungsplätze mit Geräten zu verschaffen, kann es sinnvoll sein, eine **Checkliste** zu verwenden. Es muss dann entschieden werden, welche Geräte in das Bestandsverzeichnis aufgenommen werden müssen.

BESTANDSVERZEICHNIS

Betreiberadresse: Praxisgemeinschaft Dr. Schmitt/Dr. Pfeiffer
Lange Str. 18, 34567 Neustadt

STK = sicherheitstechnische Kontrolle, MTK = messtechnische Kontrolle

Lfd. Nr.	Betriebl. ID-Nr.	Serien-Nr.	Anschaf-fungsjahr	Bezeichnung Produkte/ Geräteart	Gerätetyp/ Modell	Hersteller/ Lieferant	Frist STK (M)	Frist MTK (J)
1	36	240-8	2004	EKG-Gerät	EK 33	Kastel AG	August 2006	2006
2	42	315/2	2005	Röntgen-entwick-lungsgerät	Mondelli X-25	Mehdika OHG	Januar 2007	-
3	17	207-B	2001	Blutdruck-messgerät	PM 2430-C	Schulz & So. OHG	-	2007

Die Einhaltung der sicherheitstechnischen Bestimmungen und der Unfallverhütungsvorschriften wird von speziellen Überwachungsdiensten kontrolliert. Dazu zählen die Berufsgenosenschaften und die technischen Überwachungsdienste. Diese Aufsichtsbehörden sind berechtigt unangemeldete Kontrollen durchzuführen. Die Kontrollen sind zu gestatten und durch die Praxismitarbeit aktiv zu unterstützen. Beide Aufsichtsbehörden arbeiten zusammen und informieren sich bei Bedarf auch gegenseitig.

Praxistipp

Neben den Medizinproduktebüchern sind auch die Gebrauchsanleitungen für die medizinischen Geräte so aufzubewahren, dass der jeweilige Praxismitarbeiter sich jederzeit informieren kann.

Bewährt hat sich als Medizinproduktebuch eine Loseblattsammlung im A4 Format. Effektiver ist natürlich eine elektronische Version. Sie hat auch den großen Vorteil, dass leichter an die Kontroll- und Instandhaltungstermine erinnert werden kann.

Arbeitsaufträge

1. Einer Mitschülerin sind die Begriffe Medizinproduktebuch und Bestandsverzeichnis unbekannt. Erklären Sie ihr die Bedeutung dieser Verzeichnisse.
2. Für welche medizinischen Geräte werden in Ihrer Ausbildungspraxis Medizinproduktebücher geführt?
3. „Das Führen von Medizinproduktebücherrn erhöht nur den Verwaltungsaufwand und bringt nichts!“ Versuchen Sie diese Meinung zu entkräften.
4. Welche Aufsichtsbehörden sind für die Überwachung der sicherheitstechnischen Bestimmungen und der Unfallverhütungsvorschriften zuständig?
5. Überprüfen Sie, ob es für jedes medizinisches Gerät in Ihrer Ausbildungspraxis ein „Verzeichnis der eingewiesenen Personen“ gibt. Wenn dies nicht der Fall ist, legen Sie ein Verzeichnis an und sorgen Sie für die notwendigen Eintragungen.

Lernfeld **7**

Praxisabläufe im Team organisieren

Worum geht es?

Die Medizinischen Fachangestellten wirken bei der Planung, Organisation, Gestaltung und Koordination der verschiedenen Arbeiten in der Praxis mit.

Je größer die Praxis und je umfangreicher der Patientenstamm ist, desto wichtiger wird es, dass das Team auch „funktioniert". Dies gilt sowohl nach innen als auch nach außen.

Die Patienten haben ein Gespür dafür, ob es im Praxisteam eine „Hand-in-Hand-Zusammenarbeit" gibt oder ob es des öfteren auch einmal knirscht.

Medizinische Fachangestellte verkörpern auch den „Geist der Praxis". Die Arbeit beginnt oft schon weit vor dem eigentlichen Patientenempfang.

Nicht nur den Patienten, sondern auch dem Praxisteam kommt es zugute, wenn die Arbeitspläne gut aufeinander abgestimmt sind und die Zusammenarbeit reibungslos funktioniert, weil man sich blind aufeinander verlassen kann.

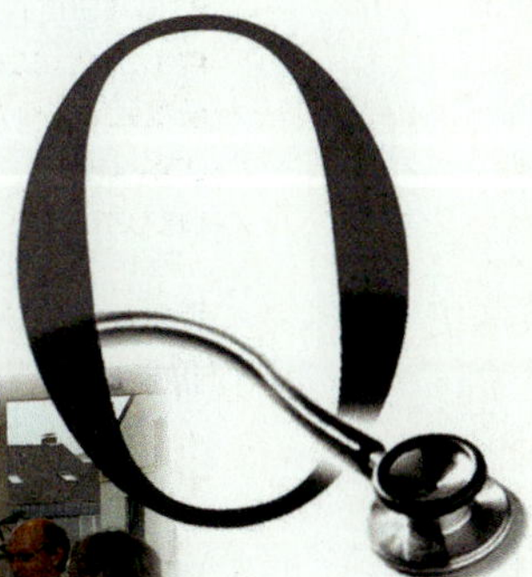

Viele Tätigkeiten laufen nach bestimmten Regeln ab, sodass es nahezu gleich ist, von wem sie erledigt werden. Diese Zuverlässigkeit ist ein wichtiges Merkmal des Qualitätsmanagements. Der medizinische Erfolg hängt nämlich nicht nur von dem medizinischen Fachwissen und den richtigen Diagnosen und Therapien ab.

Sehr wichtig ist auch, wie sich der Patient behandelt fühlt. Auch wenn es nicht darum geht, dass sich ein Patient im engeren Sinne in der Praxis wohl fühlt, so gibt es doch eine Reihe von Dingen, die durch das Verhalten des Praxisteams in positivem Sinne beeinflusst werden und sich für alle Seiten förderlich auf die Gesamtsituation auswirken können.

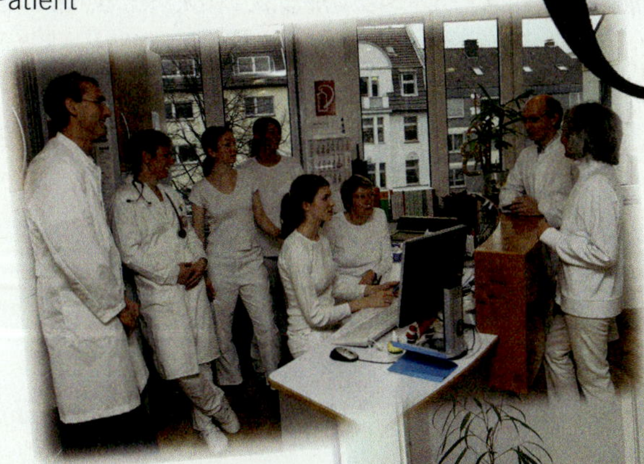

Schließlich haben Arztpraxen nicht nur medizinische Herausforderungen zu bewältigen. Mehr und mehr wird das Augenmerk auch auf die Sicherstellung einer gesunden wirtschaftlichen Basis zu richten sein.

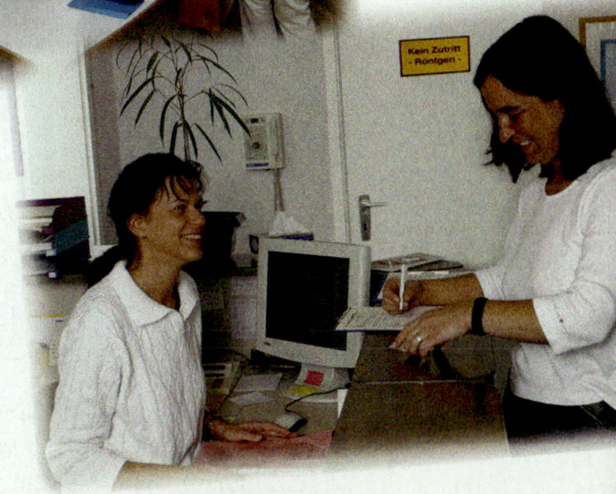

Gesundheitsleistungen auch über das hinaus zu erbringen, was seitens des Staates oder der Sozialversicherungsträger bereitgestellt und finanziert wird, ist eine der wichtigsten Zukunftsaufgaben. Mit dem Angebot von individuellen Gesundheitsleistungen (IGeL) begeben sich Arztpraxen hier in völlig neue Bereiche.

1 Wissen, was man will

Praxisziele, Praxisleitbild, Praxischeck

Moment mal ...

*„Feuer und Flamme" ist Dr. Pfeiffer, als er von einem Wochenendseminar zurückkommt, auf dem es um das Thema **„Die Arztpraxis als Dienstleistungsunternehmen"** ging. In mehreren Fachvorträgen wurde eingehend dargestellt, dass eine Arztpraxis von morgen ganz anders aussehen müsse, als man sich das bisher vorstelle.*

Dr. Pfeiffer macht dies in der nächsten Teambesprechung zum Thema:

*„Patienten wollen von **den Besten des Faches** behandelt werden. Hier sind nicht nur wir als Ärzte gefordert, sondern auch Sie, meine lieben Mitarbeiterinnen. Wer in eine Arztpraxis kommt, will sich als Patient und als Mensch wohl fühlen. Vertrauen entsteht nicht nur durch Fachkompetenz, sondern **Vertrauen braucht Sympathie.***

*In einem Café spürt man ganz genau, ob man eine Tasse Kaffee liebevoll oder lieblos serviert bekommt. Genauso spürt der Patient auch, wann er in der Praxis **freundlich, einfühlsam und wertschätzend** behandelt wird oder wann dies nicht der Fall ist.*

Und nun, meine lieben Mitarbeiterinnen, geht es an die Arbeit und wir formulieren das, womit wir unsere Praxisgemeinschaft fit für die Zukunft machen wollen."

Was erwarten die Patienten und welche Ziele ergeben sich für eine Praxis daraus neben dem Kernziel der medizinischen Dienstleistung?

INFO 1 Praxisziele

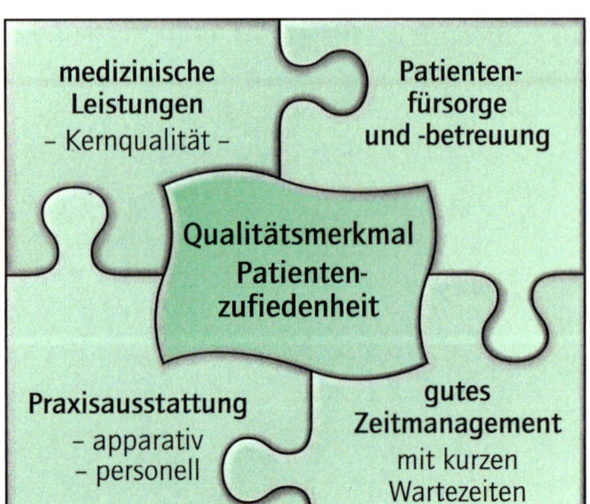

Eine Arztpraxis verfolgt nicht nur ein Ziel, sondern hat oft ein ganzes Bündel von Zielvorstellungen.

Entscheidend ist zwar der medizinische und wirtschaftliche Erfolg, aber der ist von einer ganzen Reihe so genannter Qualitätsfaktoren abhängig.

Am Anfang jeder Qualitätsverbesserung steht die Frage, auf welchem Stand sich eine Praxis überhaupt befindet. Der schwerwiegenste Fehler ist häufig, dass man glaubt, besser zu sein, als man in Wirklichkeit ist.

Die Pflicht zur Qualitätssicherung umfasst alle medizinischen Einrichtungen. Einzelvorschriften sind gesetzlich festgelegt im Sozialgesetzbuch V.

LF 2
Kap. 4.1
Info 5
Seite 131
Sozialgesetzbuch

INFO 2 Leitbild als Qualitätsgrundlage

Jeder weiß, dass das **Ergebnis nur so gut** sein kann **wie der Weg, der dahin führt.** Das gilt auch für die medizinische Arbeit. Deshalb sind Qualitätsmanagementsysteme nicht nur auf das Ergebnis einer Behandlung ausgerichtet, sondern sie umfassen den **Prozessablauf** in einer Praxis.

Das heißt, es geht darum, dass ein optimales Ergebnis am Ende der Behandlung unmittelbar damit verbunden ist, alle einzelnen Schritte zu optimieren. Dazu gehört nicht nur die Behandlung im engeren Sinne, sondern auch der Umgang mit den Patienten sowie die Dokumentation der Behandlungsetappen. Gerade diese Dokumentation ist dringend erforderlich, um im Streitfall den Nachweis einer sachgerechten Behandlung führen zu können.

Qualitätsmanagementsysteme haben folgende Aufgaben:

1. Sicherstellung von effizienten Arbeitsabläufen und Praxisorganisationen
2. Erfüllung der Forderungen nach Dokumentation und Qualität durch Patienten und Kostenträger
3. Konkrete Definition des Praxisleitbildes und der Praxisziele
4. Kontinuierliche Verbesserung der Qualität
5. Kostentransparenz - Ertragssicherung
6. Motivierte und qualifizierte Mitarbeiter/-innen
7. Positives Fehlermanagement
8. Hohe Patientenbindung
9. Qualitätssicherung durch interne und externe Kontrolle
10. Transparente und reibungslose Zusammenarbeit mit dem Labor und anderen Ärzten
11. Zügige Einarbeitung neuer Mitarbeiter/-innen

aus: Gabriele Oppenberg, „Praxismanagement - Erfolgsstrategien", Quintessenz-Verlags-GmbH, 2002, Seite 106

Weil Qualität sich nicht nur auf das Ergebnis, sondern auf den gesamten Praxisprozess bezieht, ist es wichtig, dass das komplette Praxisteam diesen Qualitätsgedanken auch lebt. Die Praxis benötigt ein Leitbild. In einem Leitbild wird das zusammengefasst, was eine Praxis auszeichnet. Es ist die Zielsetzung, die über allen Einzeltätigkeiten liegt.

Dabei reicht es nicht, immer wieder den Teamgedanken zu betonen, ohne dass sich tatsächlich etwas ändert. Die **Leitlinien** dürfen auch nicht „von oben" verkündet, sondern müssen gemeinsam erarbeitet und besprochen werden. Nur aus Zielen, von denen jede einzelne Mitarbeiterin überzeugt ist, wird auch eine Philosophie, die im Praxisalltag umgesetzt wird. **Qualität stellt sich nicht von selbst ein.** Qualität kann auch nicht verordnet werden, sondern **Qualität muss man leben.**

Beispiel für eine Praxisleitlinie:

Praxisgemeinschaft

Dr. Michel · Dr. Damm · Dr. Metz

Grundsätze

- **Wir sind** in erster Linie patientenorientiert. Freundlichkeit, Verständnis für unsere Patienten und Zuverlässigkeit sind unsere Stärken.
- **Wir sind** offen und ehrlich. Unser Kommunikationsverhalten ist einheitlich - auch gegenüber unseren Patienten.
- **Wir sind** eine gut gehende Praxis, weil wir erfolgreich sind. Ständige Aus- und Weiterbildung und ein kontinuierlicher Verbesserungsprozess sind für uns selbstverständlich.
- **Wir haben** den Anspruch besser zu sein als andere Praxen.

Patientenkultur

- Die Patientenbelange verdienen unsere höchste Konzentration.
- Unsere Zielgruppe ist ein hoher Anteil an Patienten mit Sinn für Vorsorge, die auch über eine akute Behandlung hinaus regelmäßig zu uns in die Praxis kommen.
- Patientenverantwortung heißt für uns: eine umfassende Patientenberatung und -betreuung in allen Behandlungsphasen.
- Die Patientenzufriedenheit ist der Lohn für unsere Mühe und unseren mehr als durchschnittlichen Einsatz.

Ziele

- In den medizinischen Behandlungsmethoden technisch und kommunikativ immer auf dem neuesten Stand zu sein,
- zu den Meinungsbildnern zu gehören,
- uns mit mündigen Patienten gegenseitig die Arbeit zu erleichtern,
- hohe Patientenbindung und stabile Umsatzzahlen.

aus: Gabriele Oppenberg, „Praxismanagement - Erfolgsstrategien" Quintessenz-Verlags-GmbH, 2002, Seite 104

INFO 3 Wissen, wo man steht – Praxischeck

Mithilfe von **Checklisten** wird im Rahmen des Qualitätsmanagements zunächst eine Situationsanalyse erstellt. Konkrete **Arbeitsanweisungen** legen den Ablauf des Praxisalltags verbindlich fest.

Die Checkliste enthält Fragen, die grundsätzlich für jede Arztpraxis anwendbar sind. Trotzdem kann sie natürlich im Einzelfall auch ergänzt und abgeändert werden.

5780226

Beispiel für eine Checkliste:

Praxischeck – Wie gut sind wir?

Nr.		☺	😐	☹
	Standort, Gebäude, Einrichtung			
1	Unsere Praxis ist gut erreichbar (Parkplätze vorhanden, Anbindung an öffentl. Verkehrsmittel).			
2	Unser Praxisgebäude von außen und auch das Treppenhaus machen einen guten Eindruck.			
3	Unsere Praxisräume sind bequem zu erreichen (Etage/Fahrstuhl).			
4	Unsere Beschilderung (innen und außen) ist eindeutig.			
5	Unser Anmeldebereich und das Wartezimmer sind freundlich und angenehm gestaltet.			
6	Unsere Wartezimmerstühle sind bequem.			
	Zeitmanagement und Organisation			
7	Unsere Anmeldung ist immer besetzt.			
8	Wir verfügen über eine professionelle Telefonanlage und sind telefonisch schnell erreichbar.			
9	Unsere Patienten warten durchschnittlich nicht mehr als maximal 20 Minuten.			
	Kommunikation mit den Patienten			
10	Telefongespräche werden freundlich, sachlich und kompetent geführt.			
11	Wir betreuen unsere Patienten freundlich und individuell.			
	Arzt-Patienten-Kontakt			
12	Unsere Patienten beurteilen den Arzt-Patienten-Kontakt gut (genügend Zeit, Zuwendung ...).			
13	Die Vorbereitung auf unsere Patienten funktioniert reibungslos (Karte, Röntgenbild, Labor, Arztbriefe externer Kollegen).			
14	Die Patientenbehandlung verläuft reibungslos und ungestört.			
	Praxisinformation und Kommunikation			
15	Unsere Patienten sind gut über unsere Abläufe und Leistungen informiert.			
16	Namen und Funktionen der Mitarbeiterinnen sind für unsere Patienten zu erkennen.			
17	Die Praxis wirkt nach außen in einer einheitlichen Form (Praxislogo, Briefbögen, Terminkarten usw.).			
18	Wir haben eine Praxisbroschüre, in der wir unser Team und unsere Leistungen vorstellen.			
19	Zu bestimmten Therapien erhalten unsere Patienten spezielle schriftliche Informationen.			
	Serviceleistungen			
20	Telefonische Auskünfte für die Patienten werden zuvorkommend eingeholt (z. B. Terminkapazitäten bei externen Behandlern, Taxibestellungen usw.).			
21	Getränke (Kaffee, Wasser, Säfte) sind für unsere Patienten im Wartezimmer vorhanden.			
22	Unsere Zeitschriften im Wartezimmer sind aktuell.			
23	Wir unterstützen unsere Patienten bei Fragen der Kostenerstattung.			
24	Unsere Behandlungszeiten sind patientenfreundlich und auf unsere Klientel abgestimmt.			
	Hygiene und Geräte			
25	Unsere Patiententoilette wird ständig sauber gehalten.			
26	Alle unsere Räume machen einen sauberen und hygienischen Eindruck.			
27	Zum Thema Hygiene und Sterilisation führen wir regelmäßig Mitarbeiterbelehrungen durch.			
28	Unsere Instrumente und Geräte sind sauber/steril und in einem einwandfreien Zustand.			
29	Unsere Geräte machen den Eindruck einer modernen und leistungsfähigen Arztpraxis.			
30	Unsere Geräte werden professionell bedient und gewartet.			
31	Unsere Büromittel entsprechen einem rationellen und zeitgemäßen Standard.			

aus: Gabriele Oppenberg, „Praxismanagement – Erfolgsstrategien" Quintessenz-Verlags-GmbH, 2002, Seite 118

Arbeitsaufträge

1. Nehmen Sie an, dass Ihr Arzt an einem Seminar zum Thema „Die Praxis der Zukunft" teilgenommen hat. Er ist überzeugt und begeistert von der Idee, dass man die Qualität einer Praxis nicht wie ein Medikament verordnen kann, sondern dass dies „von innen" herauskommen muss.
   Er bittet seine Mitarbeiterinnen, doch einmal all das aufzuschreiben, was ihnen zum Thema „gute Praxis" einfällt. Dazu gibt er jeder drei Karten im A-5-Format, auf die jeweils ein Stichwort geschrieben werden soll.
   Phase I Der Arzt legt Wert darauf, dass zunächst wirklich alles notiert wird, was den Mitarbeiterinnen in den Kopf kommt. Die Zettel bzw. die Abfragekarten werden an die Tafel, die Wand oder an eine Pinnwand geklebt.
   Phase II Nun geht es darum, die einzelnen Gesichtspunkte zu sortieren. Wählen Sie zwei Schülerinnen aus, die diese Aufgabe übernehmen und mit der Klasse zusammen die verschiedenen Aussagen hinsichtlich ihrer Gemeinsamkeiten zusammenfassen („clustern"). Natürlich können auch einzelne Aspekte oder genannte Ziele herausfallen.
   Phase III Eine andere Möglichkeit der Darstellung ist ein Mindmap. Erstellen Sie ein solches „Gedankennetz" auf der Grundlage dessen, was sich die Klasse in dem vorangehenden Prozess erarbeitet hat.
   Phase IV Was würden Sie tun, wenn Sie die Praxisziele hinsichtlich ihrer Bedeutung zu gewichten hätten? Wie sähe Ihr Ergebnis aus und welche Schlussfolgerungen bzw. welche Erkenntnisse ziehen Sie aus diesem Prozess?
2. Man kann Praxisziele auch danach unterscheiden, ob sie sich gegenseitig unterstützen *(Ein Ziel führt automatisch dazu, dass auch ein anderes Ziele erreicht wird.)*, ob sie miteinander konkurrieren *(Die Erreichung eines Zieles schließt die Erreichung eines anderen aus.)*, oder ob sie neutral zueinander sind *(Ein Ziel hat mit einem anderen nichts zu tun.)*. Versuchen Sie dafür Beispiele zu finden und ihre Einstufung nachvollziehbar zu begründen.
3. Wie geht man in Ihrer Praxis mit der Anforderung des Qualitätsmanagements um?
4. Versuchen Sie in Gruppen, verschiedene alternative Praxisleitlinien zu entwerfen.
5. Was halten Sie davon, dass jede Arztpraxis die Leitlinien für die Patienten deutlich sichtbar aushängt?
6. Sie wollen wissen, was Sie tun können, damit die Patienten ggf. noch zufriedener mit Ihrer Praxis sind. Dazu entwickeln Sie bitte einen Patientenfragebogen.
7. Kopieren Sie den „Praxischeck" und füllen Sie diese Checkliste für Ihre Praxis aus. Wenn Sie die Möglichkeit haben, sprechen Sie dieses Thema in Ihrer Praxis an und lassen Sie die Checkliste von Ihrer Kolleginnen, aber auch von Ihrem Chef ausfüllen. Bringen Sie die Ergebnisse mit in die Schule.

2 Qualität ist nicht alles, aber ohne Qualität ist alles nichts

Qualitätssicherung und Qualitätsmanagement in der Arztpraxis

Moment mal ...

Qualität ist auch in der Praxisgemeinschaft Dr. Michel, Dr. Damm, Dr. Metz ein Thema, über das in jüngster Zeit mehr als sonst diskutiert wird. Der Grund liegt auf der Hand: verlangt doch der Gesetzgeber von den Ärzten, ihre Qualität systematisch zu verbessern, um die Patientenversorgung zu optimieren.

Im Großen und Ganzen ist man bisher mit der Qualität nicht unzufrieden, aber das bedeutet nicht, dass es im Praxisalltag keine Mängel gibt. Manchmal sind z. B. die Wartezeiten für die Patienten relativ lang, abgelaufene Medikamente stapeln sich in Regalen und im Kontakt mit Krankenhäusern oder anderen niedergelassenen Ärzten kommt es immer häufiger zu Schnittstellenproblemen. Die meisten Behandlungsabläufe sind zwar im Laufe der Zeit zur Routine geworden, aber ganz fehlerfrei sind auch sie nicht, wie Dr. Damm erst kürzlich wieder erfahren muss. Eigentlich hätte Herr Budig laut Impfplan nämlich schon vor einem Jahr die dritte Impfung gegen Hepatitis A und B erhalten müssen. Für Dr. Michel ist klar, dass hier mal wieder die telefonische Erinnerung des Patienten an seinen Impftermin versäumt worden ist. Das Recallsystem gehört bei Impfungen ausdrücklich zu den Serviceleistungen der Praxis, auf das sich die Patienten verlassen sollen.

Ausgelöst durch die Mängel in der eigenen Praxisgemeinschaft und dem zunehmenden Qualitätsbewusstsein in der Medizin bringt es Dr. Damm in der letzten Teambesprechung auf den Punkt: „Packen wir es an und starten wir eine Qualitätsoffensive!“ und er ergänzt: „Uns allen sollte klar sein: Wer aufgehört hat besser zu werden, hat aufgehört gut zu sein.“

Was bedeutet eigentlich Qualität in der Medizin?
Was versteht man unter Qualitätssicherung?
Wie funktioniert Qualitätsmanagement?

INFO 1 Qualität in der Arztpraxis

Qualität in der Arztpraxis ist überall gefragt. Das beginnt bereits mit der MFA am Tresen, die Patienten empfängt und es versteht, auf deren Wünsche und Gemütslage freundlich und zuvorkommend einzugehen.

Qualität bei der Patientenversorgung hat in Arztpraxen schon immer einen hohen Stellenwert gehabt. Für ca. 1/3 seiner Tätigkeiten muss der Arzt ständig nachweisen, dass er und seine Mitarbeiterinnen die erforderlichen Voraussetzungen tatsächlich erfüllen. So muss z. B. ein Radiologe nicht nur die entsprechende Fachausbildung und eine Genehmigung von der KV haben, sondern er muss sogar in Abständen von 10 – 14 Monaten vor externen Gutachtern Mammografieaufnahmen beurteilen.

Wie in allen anderen Betrieben gibt es auch in Arztpraxen und Krankenhäusern keine 100%ige Qualität. Besonders schwer wiegend sind jedoch Mängel, die sich in Form von Behandlungsfehlern zeigen. Wie gravierend diese sein können, hat in jüngster Zeit der Präsident der Deutschen Gesellschaft für Chirurgie beteuert. Zumindest für Krankenhäuser gilt: Fehler, die dort gemacht werden, gehören zu den 10 häufigsten Todesursachen. Sie rangieren damit vor Brustkrebs, Aids und Verkehrsunfällen. Behandlungsfehler gehören zu den ältesten medizinischen Problemen in Arztpraxen und Krankenhäusern und manchmal schadet eine Therapie mehr als sie nützt. Besonders spektakuläre Fälle von ärztlichen Behandlungsfehlern (z. B. „Patient wurde falsches Bein amputiert") werden schnell über die Medien verbreitet und in der Öffentlichkeit diskutiert. Fast jeder kann aus seinem persönlichen Umfeld einen Verwandten, Nachbarn oder Freund nennen, bei dem etwas schief gelaufen ist. Andererseits hängen ärztliche Misserfolge aber auch damit zusammen, dass ein großer Teil der menschlichen Erkrankungen noch nicht umfassend erforscht worden ist.

Qualitätsmängel in der Behandlung werden sich nie ganz beseitigen lassen. Es sollte allerdings alles getan werden, um sie zu vermindern. Sie unter den Teppich zu kehren und das Missgeschick zu leugnen, ist sicher die falsche Strategie. Bekanntlich kann man auch aus Fehlern lernen. Man sollte sich zu ihnen bekennen und ehrlich mit ihnen umgehen.

Qualität in der Medizin besteht aus mehreren Bereichen. Zu unterscheiden sind die Struktur-, Prozess- und die Ergebnisqualität. Bei der Umsetzung der einzelnen Bereiche ist das gesamte Team in einer Arztpraxis beteiligt. Arzt und Mitarbeiter/-innen sind eine Gemeinschaft, die nur zusammen qualitativ hochwertige Arbeit hervorbringen kann.

Über die einzelnen **Bereiche der medizinischen Qualität** informiert diese Übersicht:

Dimensionen der medizinischen Qualität[1]

Strukturqualität	Prozessqualität	Ergebnisqualität
Es geht hierbei um den Rahmen der ärztlichen Leistungserstellung. Die Strukturqualität umfasst die personelle Gegebenheit, die technische Ausstattung, ihre räumlichen Merkmale und die Ablauforganisation einer Praxis.	Es geht um die Qualität der diagnostischen und therapeutischen Maßnahmen, die in einer Praxis ergriffen werden. Die Prozessqualität bezieht sich ausschließlich auf medizinische Fragen.	Sie bezieht sich auf das Behandlungsergebnis. Die Ergebnisqualität lässt sich häufig einfach feststellen nach dem Motto: „Wer heilt hat Recht".
Beispiele von Fragen: • Welche medizinischen Geräte dürfen in der Praxis überhaupt benutzt werden? • Wie sieht der Ausbildungsstand der Mitarbeiter aus? • Sind die Praxisräume so ausgestattet, dass ambulante Operationen durchgeführt werden können?	**Beispiele von Fragen:** • Wie wird diagnostiziert? • Wie läuft der gesamte Behandlungsprozess ab? • Wie wird therapiert?	**Beispiele von Fragen:** • Ist der Patient zufrieden mit dem Behandlungsergebnis? • Wurde der Patient von seinen Schmerzen befreit? • Besteht die Gefahr, dass der gesundheitliche Zustand sich wieder verschlechtert?

1 vgl. KBV (Hrsg.), Fortbildungshefte, Heft 11: Dr. Thomas Kriedel, Qualität in der vertragsärztlichen Versorgung, Berlin 10/2004, S. 8 ff.

INFO 2 Qualität und Qualitätssicherung in der Arztpraxis

Qualität in der ärztlichen Versorgung ist so wichtig, dass sie nicht nur dem Gestaltungswillen des einzelnen Arztes überlassen bleiben darf. Die Gefahr, Patienten zu schädigen und/oder die knappen finanziellen Mittel der Versicherten zu vergeuden, wäre viel zu groß. Um dieser Gefahr vorzubeugen, wurde eine Vielzahl von Normen geschaffen, welche die Qualität der ärztlichen Versorgung sicherstellen sollen.

Bei den Normen im Einzelnen handelt es sich um

- Berufsrecht: Beispiele hierfür sind die Berufsordnung und die Weiterbildungsordnung.
- Staatliche Normen: Beispiele hierfür sind das Infektionsschutzgesetz und die Röntgenverordnung.
- KV-Normen: Beispiele hierfür sind die Richtlinien der Kassenärztlichen Vereinigungen und der Kassenärztlichen Bundesvereinigung.

Die wichtigste gesetzliche Grundlage für die Qualitätssicherung ist das Sozialgesetzbuch (SGB). In § 135,1 ist z. B. zu lesen:

> Die Leistungserbringer sind zur Sicherung und Weiterentwicklung der Qualität der von ihnen erbrachten Leistungen verpflichtet. Die Leistungen müssen dem jeweiligen Stand der wissenschaftlichen Erkenntnisse entsprechen und in der fachlich gebotenen Qualität erbracht werden.

Relativ viele ärztliche Leistungen dürfen nur erbracht und abgerechnet werden, wenn sie zuvor von der Kassenärztlichen Vereinigung genehmigt worden sind. Die Genehmigung wird nur dann erteilt, wenn die notwendigen Qualitätssicherungsmaßnahmen auch eingehalten wurden. Eine kleine Auswahl aus dem Gesamtkatalog der genehmigungspflichtigen Leistungen zeigt die folgende Aufstellung:

- Ambulantes Operieren
- Arthroskopie
- Computertomografie
- invasive Kardiologie
- Koloskopie
- Langzeit-EKG
- Mammografie
- Nuklearmedizin
- Schmerztherapie
- Sonografie

Einen Beitrag zur Qualitätssicherung leisten auch die **Qualitätszirkel.** Hier treffen sich über einen längeren Zeitraum und mindestens einmal im Quartal ein feststehender Teilnehmerkreis von Ärzten. Unter der Leitung eines Moderators werden z. B. diagnostische oder therapeutische Themen behandelt. Qualitätszirkelarbeit besteht im Wesentlichen aus dem Vortrag eines externen Experten und einer anschließenden Diskussion der Teilnehmer.

Durch die **Zentralstelle der deutschen Ärzteschaft für Qualitätssicherung** wurde außerdem ein Gremium geschaffen, welches die Aufgabe hat, einheitliche Qualitätssicherungsrahmen für die ärztliche Berufsausübung zu entwickeln.

Qualitätssicherungsmaßnahmen am Beispiel einer Darmspiegelung (Koloskopie) zeigt die folgende Übersicht:

FK
LF 9
Kap. 5.4.1
Darmspiegelung

Ziel:

Genehmigung zur Abrechnung von ärztlichen Leistungen durch die KV (Beispiel: Darmspiegelung)

Bedingung → **Verschiedene Qualitätssicherungsmaßnahmen müssen erfüllt werden:**

Qualitätssicherungsmaßnahmen A → **Nachweis folgender Qualitätsmerkmale**

fachliche Befähigung des Arztes

Belege:
- ausreichende Fachkunde
- Vorlage von Bescheinigungen und Zeugnissen

geeignete Geräte und Räume

Belege:
- schriftliche Nachweise und Bescheinigungen
- Baupläne

fachliche Befähigung der Mitarbeiter

Belege:
- Ausbildungsnachweise
- Fortbildungsnachweise

Qualitätssicherungsmaßnahmen B → **zusätzliche Prüfungen**

- evtl. Teilnahme an einem wissenschaftlichen Gespräch (Kolloquium)
- evtl. Begehung der Praxis
- praktische Prüfung

Qualitätssicherungsmaßnahmen C → **routinemäßig stattfindende Prüfungen**

- Alle 12 Monate müssen mindestens 200 Darmspiegelungen nachgewiesen werden.
- Halbjährlich muss eine Überprüfung der Hygienequalität durch ein spezielles Hygieneinstitut vorgenommen werden.

INFO 3 Qualitätsmanagement in der Arztpraxis

Wer krank ist und deshalb zu einem Arzt geht, erwartet vor allem eins: eine qualitativ hochwertige Patientenversorgung. Qualität spielt aber nicht nur bei der Untersuchung und Therapie, sondern auch im gesamten Praxisablauf eine große Rolle. Weil die Qualität so wichtig ist, sollten sie Ärzte in ihrer Praxis systematisch und ständig fördern und verbessern. Das Zauberwort dazu heißt **Qualitätsmanagement (QM)**. Ärzte können sich dieser Aufgabe nicht entziehen. Der Gesetzgeber hat sie nämlich in das Sozialgesetzbuch aufgenommen. In § 135 a, SGB V ist zu lesen, dass Ärzte **„ein Qualitätsmanagement einzuführen und weiterzuentwickeln** haben".

Qualitätssicherung ist vom Qualitätsmanagement zu unterscheiden. Bei der Qualitätssicherung geht es um die Absicherung der medizinischen Basisqualität. Die Qualitätssicherung läuft im Wesentlichen über die vom Arzt einzuhaltenden Normen ab, wie sie die KV vorschreibt (➜ Info 2, Seite 231). Über das so erreichte **Qualitätsniveau** hinaus sollen alle die Maßnahmen führen, die im Rahmen des Qualitätsmanagements ergriffen werden. Durch ständige Verbesserungen in allen Bereichen der Praxis, die sich in einem wachsenden Qualitätsniveau ausdrücken, soll vor allem die Patientenversorgung optimiert werden. Gleichzeitig soll neben diesem Kerngeschäft einer Arztpraxis aber auch deren wirtschaftlicher Erfolg verbessert werden.

Kontinuierliche Verbesserung des Qualitätsniveaus durch Qualitätsmanagement

Qualitätsniveau (QN)

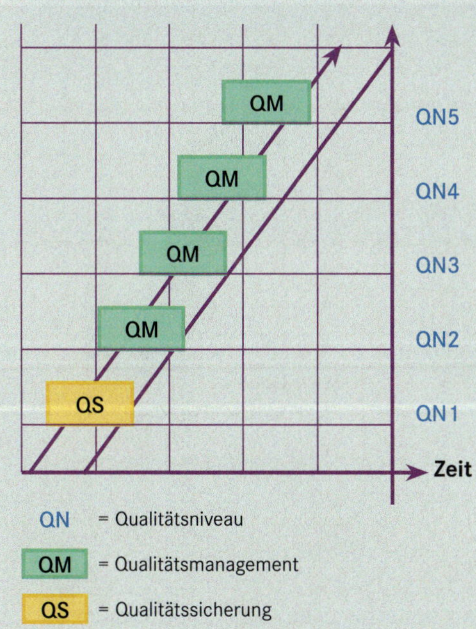

Ein steigendes Qualitätsniveau drückt sich z. B. aus durch ...

- zufriedene Patienten,
- Verbesserung der Information und Kommunikation,
- motiviertere Mitarbeiter,
- zufriedenere Praxisinhaber,
- Verbesserung der wirtschaftlichen Situation der Praxis,
- kontinuierliche Leistungsverbesserung,
- Verbesserung des Praxisklimas,
- Vermeidung von Fehlern,
- höhere Verantwortung der Mitarbeiter,
- klare Regelung von Arbeitsabläufen.

Praxis-tipp

Wer im Praxisbetrieb Verantwortung für Qualitätssicherung und Qualitätsmanagement übernehmen möchte und einen beruflichen Aufstieg damit verbindet, sollte sich zur Arztfachhelferin ausbilden lassen. Denkbar ist auch eine Fortbildung zur Qualitätsbeauftragten zu durchlaufen.

INFO 4 Ein QM-System für Arztpraxen[1]

Unter der Abkürzung **QEP (Qualität und Entwicklung in Praxen)** wurde von der KBV und den KVen gemeinsam ein spezielles QM-System für Arztpraxen und Psychotherapeuten entwickelt. Die Einführung des Systems in den Praxen erfolgt in 3 Schritten:

1. **Befähigungsphase:** Der Arzt und seine Mitarbeiterinnen beschaffen sich Informationen und nehmen an Schulungen teil, um sich mit dem QM-System vertraut zu machen. Anhand eines Kataloges mit Qualitätszielen kann eine erste Selbsteinschätzung zur Standortbestimmung der Praxis erfolgen.
2. **Umsetzungsphase:** Das QM-System wird in der Praxis eingeführt. Aus einem Handbuch (QEP-Manual) können Umsetzungsvorschläge und Dokumente (z. B. Patientenfragebogen) entnommen werden.
3. **Selbstbewertung:** Ausgehend von den Qualitätszielen, wird im Rahmen einer Selbstbewertung überprüft, inwieweit die Ziele auch tatsächlich erreicht worden sind.

Weitere Infos zu QEP unter: www.kbv.de/qm, www.aerzteverlag.de/buecher/buch.asp?id=1981, www.aerzteverlag.de/buecher/buch.asp?id=1981

Befähigungsphase

Einführungsseminar für Niedergelassene und Arzthelferinnen

Umsetzungsphase

QEP-Manual
- Umsetzungsvorschläge
- Interne Regelung
- Dokumente

Selbstbewertung

Qualitätszielkatalog mit Kernzielen inkl. Erläuterungen

Von großer Bedeutung für die Erfüllung des QEP-Systems ist der **Qualitätszielkatalog.** Da es wenige Dinge gibt, die man nicht noch besser machen kann, haben sich die Qualitätsziele auf den gesamten Praxisbereich zu beziehen und nicht nur auf einzelne Teilbereiche. Der wichtigste Zielbereich ist dabei die Patientenversorgung. Andere Zielbereiche haben sich ihm unterzuordnen. Mit allen Maßnahmen des Qualitätsmanagements verfolgt der Arzt natürlich auch das Ziel, die Patientenversorgung auf hohem Niveau sicherzustellen und seinen wirtschaftlichen Erfolg zu vergrößern. Dieser zeigt sich nicht nur in einer Zunahme der Patientenzahl. Denkbar ist z. B. auch, dass Überstunden reduziert werden, geringere Reparaturkosten bei Geräten anfallen, die Beschaffung kostengünstiger organisiert wird, die Lagerhaltung kostenmindernd verkleinert wird und auch doppelte Arbeitsgänge eingespart werden.

1 Diel F., Gibis B., QEP - Qualität und Entwicklung in Praxen, Konzeptvorstellung, Version 6.7, KBV Kassenärztliche Bundesvereinigung, Berlin 2005

Die nachfolgende Übersicht zeigt die **Qualitätsbereiche** einer Arztpraxis und ordnet ihnen Beispiele zu.

Qualitätsbereiche einer Arztpraxis	Beispiele von Qualitätszielen[1]
Patientenrechte und Patientensicherheit	Bei der Übermittlung und Weiterreichung von Patientendaten, -unterlagen bzw. -befunden werden die Vorgaben zur Schweigepflicht und zum Datenschutz eingehalten.
Mitarbeiter und Fortbildung	Die Mitarbeiter interessieren sich für Angebote der Fort- und Weiterbildung. Die Praxisleitung ermutigt sie zur Teilnahme und unterstützt sie dabei.
Patientenversorgung (zentraler Zielbereich)	Die Therapieentscheidung und Therapieplanung erfolgen gemeinsam mit dem Patienten.
Praxisführung und Praxisorganisation	Die Praxisleitung ist für die strategischen Planungen der Praxis verantwortlich. Die Mitarbeiter werden über diese Planung informiert.
Qualitätsentwicklung	Im QM-Praxishandbuch sind alle relevanten internen Regelungen und weiteren Dokumente der Praxis abgelegt und stehen den Mitarbeitern des Praxisteams jederzeit zur Verfügung.

Gemeinsame Zielsetzung aller QM-Maßnahmen:
→ Verbesserung der Patientenversorgung und Steigerung des wirtschaftlichen Erfolgs

INFO 5 Beispiel für die Umsetzung eines Qualitätsziels

Gedankliche Grundlagen eines QM-Systems sind Tätigkeiten, die sich durch folgende Begriffe beschreiben lassen:

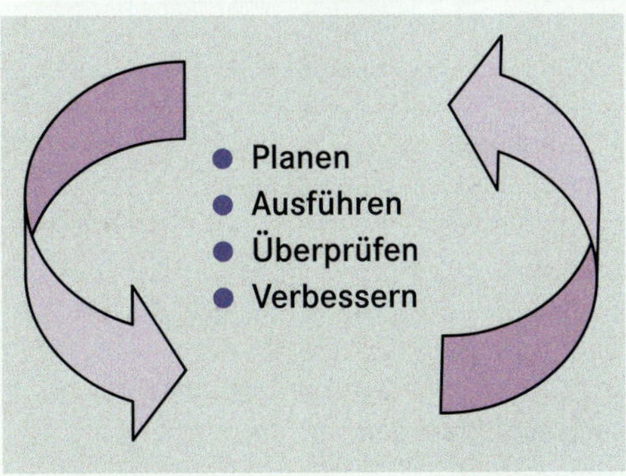

Die Begriffe bilden in ihrer Abfolge ein geschlossenes System. Die Arbeitsergebnisse der Ausführungsphase sind jeweils zu überprüfen. Sind Mängel vorhanden, ist eine Verbesserung vorzunehmen und die Planung beginnt wieder von neuem.

Planungsprozesse in der ärztlichen Praxis sollten sich an Qualitätszielen orientieren, wie sie z. B. dem Qualitätszielkatalog zu entnehmen sind.

1 vgl. Diel F., Gibis B. (Hrsg.), Qualität und Entwicklung in Praxen – Qualitätsziel-Katalog kompakt, Version 2005, Deutscher Ärzte-Verlag, Köln 2005, 2.2.2 (Ziel 2, S. 72), 3.2.2 (Ziel 2, S. 95), 1.3.1 (Ziel 2, S. 19), 4.1.1 (Ziel 2, S. 104), 5.1.6 (Ziel, S. 163)

Beispiel eines Qualitätszieles aus dem Qualitätsbereich „Patientenversorgung“ → „Die Erbringung von häufigen Leistungen orientiert sich an praxisinternen Behandlungspfaden.“

Der 1. Schritt zur Ausführung dieser Zielsetzung besteht z. B. darin, einen Behandlungspfad durch ein Flussdiagramm abzubilden, das Auskunft über einzelne Arbeitsschritte gibt. Ein Beispiel ist das folgende **Diagramm über das Impfen in der vertragsärztlichen Versorgung:**

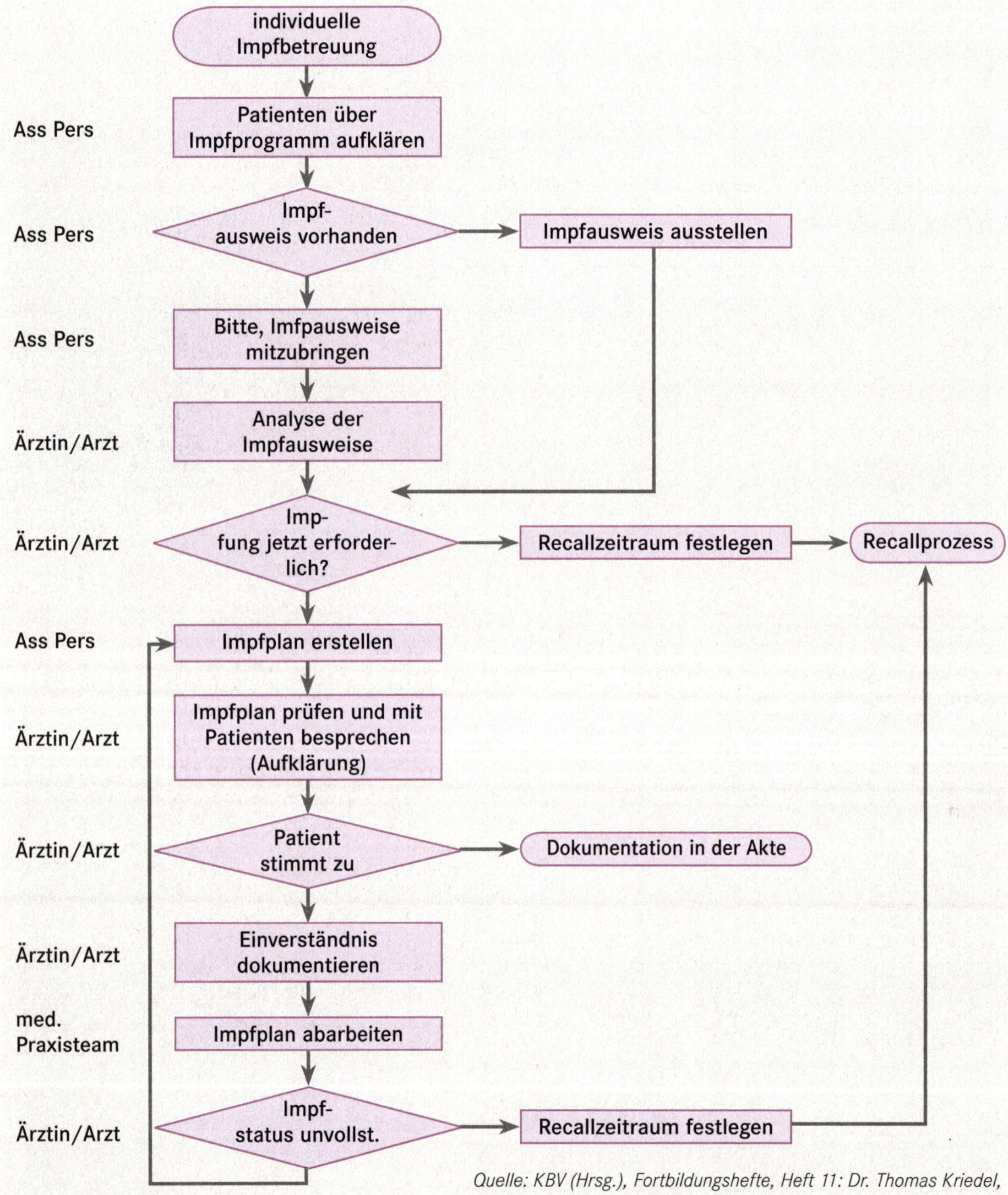

Quelle: KBV (Hrsg.), Fortbildungshefte, Heft 11: Dr. Thomas Kriedel, Qualität in der vertragsärztlichen Versorgung, Berlin 10/2004, S. 49

INFO 6 Zertifizierung einer Arztpraxis

Von dem Gesetzgeber ausdrücklich vorgeschrieben wird ein Qualitätsmanagement, dessen Erfolg über eine praxisinterne Selbstbewertung beurteilt wird. Welcher Praxisinhaber aber wissen möchte, wie er mit seinen Qualitätsanstrengungen im Vergleich zu anderen steht, kann seine Praxis zusätzlich durch neutrale Dritte beurteilen lassen. Ebenso wie die Selbstbewertung kann sich auch diese Fremdbewertung (Zertifizierung) am Qualitätszielkatalog der KBV orientieren. Arztpraxen, die sich erfolgreich einer Fremdbewertung unterzogen haben, erhalten ein **Zertifikat.** Es hat eine 3-jährige Gültigkeit. An einer Qualitätsplakette sollen Patienten zukünftig erkennen, welche Praxis sich besonders um eine Verbesserung der Qualität bemüht hat.

Ärzte und Qualitätsmanagement (QM): ein Portrait

Auf dem Weg zur zertifizierten Praxis

Im März feiert in Köln eine der ersten neurologischen Praxen in Deutschland ihre Zertifizierung.

Zwei Jahre hat es gebraucht, Tausende von Euro gekostet und einen immensen Einsatz aller Mitglieder des Teams gefordert – aber nun ist es geschafft: Schon im vergangenen Oktober haben die externen Prüfer – in der QM-Sprache auch Auditoren genannt – die Praxis des Neurologen Dr. Curl Beil in Köln Porz besucht und Arbeitsabläufe, Stellenbeschreibungen und übrigen Dokumentationen und Betriebsabläufe genau unter die Lupe genommen. „Da waren wir schon aufgeregt", gibt der Praxisinhaber zu – gleichzeitig war er aber auch zuversichtlich: Schließlich hatten sein Team und er alle Abläufe auch mit externer Hilfe gründlich geprüft und Unstimmigkeiten und Fehlsteuerungen immer wieder bearbeitet.

Der Neurologe erläutert, was ihn vor zwei Jahren bewogen hat, mit QM zu beginnen: „Wir wollten bestehende Mängel ausgleichen, von denen wir zwar wussten, die wir aber vorher nicht systematisch bearbeitet haben – zum Beispiel Schnittstellenprobleme mit dem Krankenhaus oder mit anderen niedergelassenen Kollegen." Außerdem sollte die Effizienz der Abläufe steigen. „Letztlich wollten wir einfach noch besser werden – das steigert auch die Zufriedenheit unserer Patienten und natürlich der Mitarbeiter", so Beil. ...

aus: KBV (Hrsg.), KBV Kurier Politik, Themendienste für die Presse, Berlin 01/2004

Arbeitsaufträge

1. Beschreiben Sie den Behandlungsablauf einer medizinischen Leistung, die von Ihrer Ausbildungspraxis häufig erbracht wird. Überlegen Sie auch, welche Materialien Sie benötigen. Weisen Sie auf solche Unterlagen (mitgeltende Unterlagen) hin (z. B. Gebrauchsanweisungen), aus denen wichtige Informationen für zu benutzende Geräte entnommen werden können.

Behandlungsablauf für:			
notwendige Maßnahmen:			
mitgeltende Unterlagen:			
Behandlungsschritte:	Kommentar:	mitgeltende Unterlagen:	verantwortliche Person:

2. Unterscheiden Sie zwischen Struktur-, Prozess- und Ergebnisqualität.

3. Machen Sie ein Rollenspiel zum Thema „Qualitätsmanagement in einer Arztpraxis“. Zu besetzen sind folgende Rollen: Patient, Praxisinhaber, Mitarbeiterin. Die jeweiligen Rolleninhaber sollen aus ihrer Sicht schriftlich festhalten, welche Vorteile sie vom Qualitätsmanagement erwarten. Auch mögliche Bedenken gegen ein Qualitätsmanagement sollten aufgeschrieben werden. Die Positionen der jeweiligen Rolleninhaber sind in der Klasse zu diskutieren.

4. In der Ausbildungspraxis wird überlegt, ob man den Praxisablauf nicht zertifizieren sollte.

   Diskutieren Sie Pro- und Contraargumente für diesen Schritt.

5. Welche Qualitätsbereiche nennt der Qualitätszielkatalog der KBV?

6. In welchem Verhältnis steht der Qualitätsbereich „Patientenversorgung“ zu den anderen Qualitätsbereichen?

7. In einer Diskussion über das Thema Qualitätsmanagement wird von einem Arzt folgende Meinung geäußert:
   „Das ist ja ganz schön und gut, wenn sich die Patientenversorgung durch ein Qualitätsmanagement verbessert. Aber ich habe doch nichts als Kosten. Wirtschaftlich gesehen schneide ich mir doch in das „eigene Fleisch“.

   Diskutieren Sie diese Meinung.

8. Unterscheiden Sie zwischen Qualitätssicherung und Qualitätsmanagement in einer Arztpraxis.

9. Beschreiben sie den Aufbau des QM-Systems, das unter der Abkürzung „QEP“ von der KBV und den KVen für Arztpraxen entwickelt worden ist.

10. Formulieren Sie selbst einige Qualitätsziele aus dem Qualitätsbereich „Mitarbeiter und Fortbildung“ und „Patientenrechte und Patientensicherheit“. Vergleichen Sie Ihre Antworten mit den Angaben aus dem Qualitätszielkatalog der KBV.

3 Organisation ist kein Selbstzweck

Aufbau- und Ablauforganisation

3.1 Wer macht was?

Zuständigkeiten und Verantwortungsbereiche

Moment mal ...

Lisa Braun ist mitten in der Arbeit, als Frau Dr. Schmitt sie zum wiederholten Male in ihr Behandlungszimmer ruft. „Frau Braun, ich brauche Sie ...“ sind die am häufigsten gebrauchten Worte. Lisa Braun ist gerade dabei, mit Edith Blum die Bestellung der Verbandmaterialien zu besprechen, denn hier ist kaum noch etwas vorrätig.

Weil Edith Blum nachmittags die Abrechnungen macht und außerhalb der normalen Sprechzeiten keiner am Empfang ist, muss Lisa auch dauernd an das Telefon. Außerdem soll sie unbedingt bis 16:00 Uhr einen Brief zur Post bringen – und es ist schon 15:45 Uhr.

Und jetzt soll sie zur Chefin in den Behandlungsraum 1 kommen. „Eigentlich ist es ja ein gutes Gefühl, wenn man überall gebraucht wird“, denkt sie sich, aber der Stress ... Es muss doch klar geregelt sein, wer für was zuständig ist und wer wem was zu sagen hat. Jeder verlangt, dass ich meine Arbeit ordentlich verrichte, aber bei diesem Chaos ist das nicht zu schaffen. Und wenn ein Fehler passiert, dann schiebt man mir auch noch die Schuld zu.“

Es kommt nicht nur auf die Spitze an ...

Wie funktionieren die Praxisabläufe möglichst reibungslos?

INFO 1 Aufbauorganisation

Aufbauorganisation ist die strukturierte Zuordnung von Aufgabenbereichen. In einer Arztpraxis arbeiten Menschen miteinander in einem Team. Aus der Vielzahl der internen Beziehungen muss ein klares Bild der Zuständigkeiten abgeleitet werden, damit klar ist, wer für welche Aufgaben zuständig ist und wer wem gegenüber weisungsbefugt ist. Dabei wird in folgenden Schritten vorgegangen:

Schritt 1: Aufgabenanalyse

Alle in einer Arztpraxis anfallenden Einzeltätigkeiten werden aufgelistet. Ziel ist die Feststellung, was geleistet werden muss, um den Aufgaben gerecht zu werden.

Verwaltungsaufgaben	Behandlungsaufgaben	Abrechnungsaufgaben
• Anmeldung	• Blutentnahmen	• Quartalsabrechnungen
• Telefon	• EKG-Untersuchungen	• Krankenscheine
• Empfangsbereich	• Labortätigkeiten	• Privatliquidationen
• Schriftverkehr	• Röntgenaufnahmen	
• Bestellwesen		
• Postverkehr		

Schritt 2: Aufgabensynthese

Nicht für jede einzelne Tätigkeit kann man eine eigene Mitarbeiterin beschäftigen. Daher werden so genannte „zuordnungsreife Teilaufgaben“ zusammengeführt. Der Tätigkeitsbereich wird dann von einzelnen Personen wahrgenommen. Wichtig ist, dass die Aufgabenbündelung sinnvoll ist, aber auch im Einklang mit der zur Verfügung stehenden Arbeitskapazität steht.

Schritt 3: Stellenbeschreibung

Am Ende der Aufgabensynthese steht die **Stellenbeschreibung.** In einer Stellenbeschreibung wird zusammengefasst, welche Aufgaben eine Mitarbeiterin hat. Dabei werden die Zuständigkeiten und Handlungsspielräume klar definiert. Aus einer Stellenbeschreibung lässt sich ableiten, welche Tätigkeiten von einer Mitarbeiterin erwartet werden und welche sie zu erfülllen hat. Im Umkehrschluss lässt sich aber auch feststellen, für welche Arbeiten eine Mitarbeiterin normalerweise nicht herangezogen werden kann.

Inhalte einer Arbeitsplatz- oder Stellenbeschreibung:

- detallierte Beschreibung der einzelnen Aufgabengebiete und Tätigkeiten
- Auflistung des zeitlichen Anteils der einzelnen Tätigkeiten
- Angabe der erforderlichen Kenntnisse zur Aufgabenerfüllung
- Angabe der erforderlichen Arbeitsmittel
- Hinweise zur organisatorischen Eingliederung des Arbeitsplatzes
- Angaben über die Weisungsverhältnisse

INFO 2 Grundsätze der Aufbauorganisation

Organisationsgrundsätze sind immer mit dem Ziel verbunden, den Praxisablauf bestmöglich zu gestalten. Eine Überorganisation, d. h. der Versuch, alles in allen Einzelheiten regeln zu wollen, kann einen sinnvollen Ablauf in einer Arztpraxis ersticken. Wird hingegen zu wenig organisiert, kann die Aufgabenverteilung in einem Chaos enden, weil niemand weiß, wofür er zuständig ist. Das organisatorische Gleichgewicht lässt sich nur schwer beschreiben. Es dürfte erreicht sein, wenn man das richtige Verhältnis zwischen folgenden Begriffen findet:

Während man im Rahmen der **Organisation** versucht alle möglichen Ereignisse vorauszudenken, wird man in der Praxis feststellen, dass dies nur bis zu einem bestimmten Grad möglich ist. Alles, was den organisatorischen Rahmen überschreitet, fällt in den Bereich der **Improvisation** und der **Disposition.** In solchen Situationen entsteht ein besonderer Handlungsdruck, weil oft noch nicht einmal die nötige Zeit zur Verfügung steht, um einen Sachverhalt zu erörtern und die Konsequenzen abzuwägen.

Hier sind die Qualifikationen der Mitarbeiterinnen in einem ganz besonderen Maße gefragt, denn es reicht nicht aus, nur Fachwissen anwenden zu wollen.

Für Vorgänge, die sich häufig wiederholen und an der Tagesordnung sind, sollten ebenso klare und einheitliche Regelungen vorhanden sein wie für Ereignisse, die zwar zeitlich nicht exakt vorhersehbar sind, mit denen man aber rechnen muss (z. B. Krankheitsausfälle). Alles andere unterliegt der **situativen Flexibilität des Handelns.**

INFO 3 Formen der Aufbauorganisation

Es gibt keine Vorschriften, wie die Aufbauorganisation in einer Arztpraxis zu erfolgen hat. Es ist aber dringend erforderlich, dass möglichst klar beschrieben wird, welche Aufgaben mit einem Arbeitsplatz verbunden sind (siehe vorige Seite).

Je größer eine Praxis, desto wichtiger ist es, dass die einzelnen Mitarbeiterinnen klare Zuständigkeitsbereiche haben. Dies gilt ganz besonders für Praxisgemeinschaften, Gemeinschaftspraxen oder Kliniken, weil hier zusätzlich auch die Frage zu klären ist, welche Ärzte den einzelnen Mitarbeiterinnen Anweisungen erteilen können.

Einliniensystem

Jede Mitarbeiterin hat eine(n) Vorgesetzte(n), die/der allein berechtigt ist Anweisungen zu erteilen.

Beispiel

Dr. Pfeiffer ist unabhängig von der Praxisgemeinschaft auch als Belegarzt im Krankenhaus tätig. Die damit verbundenen Arbeiten erledigt Karin Meier. Auch die anderen Belegärzte haben ihre „eigenen“ Mitarbeiterinnen.

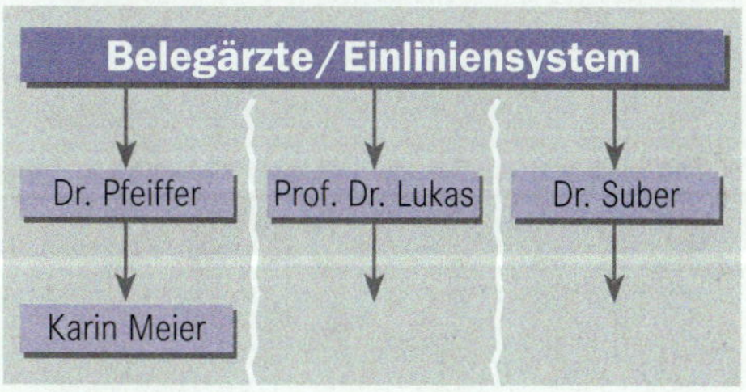

Vorteile:

- klare Struktur
- Jeder weiß genau, „wer wem etwas zu sagen hat“ und von wem Weisungen entgegenzunehmen sind.
- keine Kompetenzüberschneidungen

Nachteile:

- Das System ist wenig flexibel.
- Die Mitarbeiter/-innen sind evtl. unterschiedlich ausgelastet.

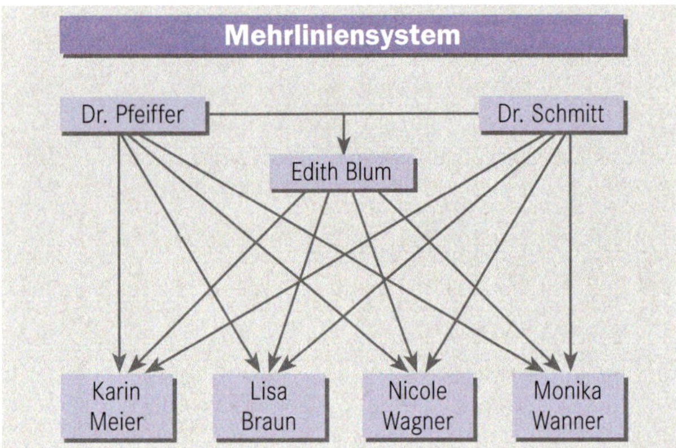

Mehrliniensystem

Anweisungen an nachgeordnete Stellen (Mitarbeiter/-innen) können von mehreren Vorgesetzten ausgehen (siehe Abbildung).

Vorteile:

- Das Mehrliniensystem ist an die jeweilige Arbeitssituation anpassungsfähiger.
- Die optimale Nutzung der personellen Ressourcen ist möglich (geringere „Leerzeiten").

Nachteil:

- Verschiedene Anweisungen können sich überlagern, wenn seitens der Vorgesetzten keine klare Abstimmung erfolgt.

www. *www.google.de Stichwort „Aufbauorganisation Arztpraxis"*

Praxistipp

Flexibilität und Chaos liegen oft dicht zusammen. Deshalb: Planen Sie Ihren Tagesablauf. Legen Sie zu Beginn des Praxistages klar fest, wer an diesem Tag für welche Aufgabe zuständig ist. Organisation allein ist zwar nichts, aber ohne Organisation ist alles nichts.

Forderungen des Qualitätsmanagements

- Regelmäßige sowie aus aktuellen Anlässen stattfindende Teambesprechungen sichern die Information und Einbeziehung der Mitarbeiter.
- Es gibt eine Interne Regelung zur Durchführung der Teambesprechungen.
- Stellenbeschreibungen mit Qualifikationsanforderungen liegen für alle Stellen vor.
- Verantwortlichkeiten und Befugnisse innerhalb der Praxis sind geregelt, schriftlich fixiert und allen in der Praxis Tätigen bekannt.
- Es gibt eine Interne Regelung, wie Informationen an alle Mitarbeiter der Praxis weitergegeben werden.

Quelle: Diel F., Gibis B. (Hrsg.), a.a.O., 3.1.4 (Ziel 1, Nachweis 1, Nachweis 1 zu Ziel 2, S. 85/86), 3.1.2 (Ziel 1, Nachweis 1 zu Ziel 2, S. 81/82)

Arbeitsaufträge

1. Was kennzeichnet die Aufbauorganisation?
2. Wie kommt man von der Aufgabenanalyse zur Stellenbildung?
3. Wovon hängt die Anzahl der Stellen in einer Praxis ab?
4. Erläutern Sie die einzelnen Begriffe zu den Grundsätzen der Organisation.
5. Stellen Sie dar, wie die Frage der Weisungsbefugnis in Ihrer Praxis geregelt ist.
6. In einer Arztpraxis kommt es immer wieder einmal zu Kommunikationsproblemen der Mitarbeiter untereinander.
   a) Was kann das ggf. auch mit dem organisatorischen Aufbau und der Abgrenzung von Zuständigkeiten zu tun haben?
   b) Wie kann man solchen Problemen wirksam entgegentreten?

5780242

3.2 Gemeinsam geht es besser – Mitarbeiterführung und Ablaufplanung

Moment mal ...

Die Orthopädin Dr. Larissa Schmitt ist „in Fahrt". Das Wartezimmer ist wie immer voll, sie selbst kommt nicht einmal dazu, ihren Kaffee, den sie gern mal zwischendurch trinkt, auch wirklich zu genießen. Hinzu kommt, dass auch noch das Röntgenbild eines Patienten weg ist. Außerdem ist der Sterilisator am Vortag nicht gereinigt worden - und die Fische im Aquarium des Wartezimmers müssen auch noch gefüttert werden.

Als Dr. Schmitt diese Probleme ansprechen will, zeigt sich keine der Mitarbeiterinnen verantwortlich. Karin denkt, dass Edith das Röntgenbild weggelegt hat, Lisa glaubt aber, dass hierfür Nicole verantwortlich ist, während die sich darauf verlassen hat, dass Monika das Röntgenbild wieder zurücklegt, nachdem sie es aus dem Archiv herausgezogen hat ...

Dr. Schmitt wirft Edith Blum vor, dass sie offenbar nicht wisse, wer in der Praxis was zu tun habe und wofür verantwortlich sei. Dass sich diese lautstarke Auseinandersetzung ausgerechnet auch noch vor dem Wartezimmer abspielt, setzt der Sache „die Krone" auf.

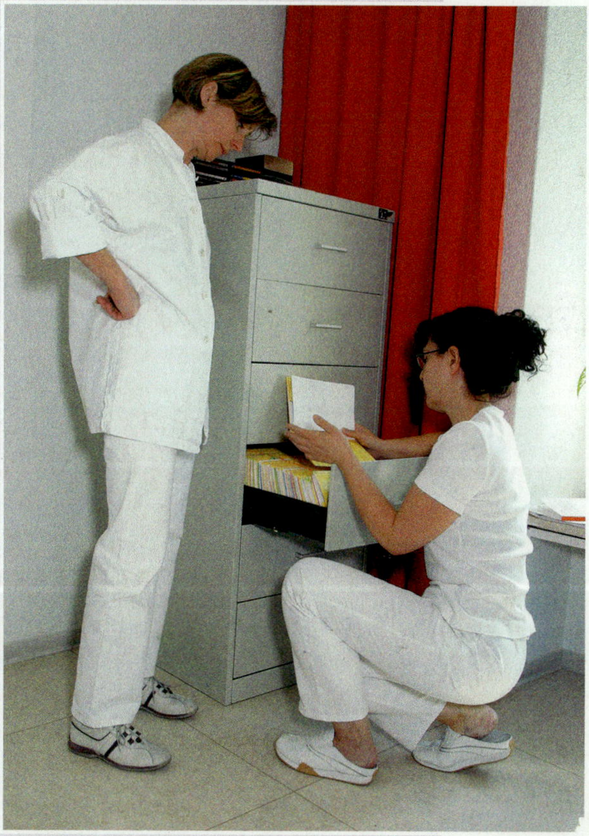

Welche Grundsätze der Mitarbeiterführung und der Organisation des Arbeitsablaufes sind in einer Arztpraxis unverzichtbar?

INFO 1 Mitarbeiterführung/Führungsaufgaben

Das Zusammenspiel zwischen Arzt und Helferteam hängt ganz wesentlich davon ab, welcher Führungsstil vorherrscht. Dass eine Arztpraxis geführt werden muss, steht außer Frage. Der Führungsstil ist sehr eng mit der Person des Vorgesetzten verbunden. Er drückt die Art und Weise aus, mit der Weisungen ausgeübt werden. Es lassen sich drei Arten von Führungsstilen unterscheiden:

- **Laissez-faire-Stil,** d. h., der zu führende Mitarbeiter entscheidet nach eigenem Gutdünken;
- **autoritärer Stil** mit alleiniger, starker, oft selbstherrlicher Lenkung der Mitarbeiter;
- **demokratischer oder kooperativer Stil** mit der Bereitschaft zur Anerkennung und Zusammenarbeit.

Der kooperative Führungsstil orientiert sich an den Bedürfnissen der Mitarbeiter und den Kenntnissen über die soziale Struktur eines Betriebes. Er fördert die Zusammenarbeit, bezieht die Mitarbeiter in die Verantwortung mit ein, verlangt konstruktive Kritik und sieht Vertrauen als wichtige Grundlage an.

Der kooperative Stil soll den sozialen Frieden und nicht zuletzt die Leistungsbereitschaft der Arbeitnehmer positiv beeinflussen. In Abhängigkeit davon, wie Macht überwiegend ausgeübt wird, fällt oder steigt der Erfolg des kooperativen Führungsstils.

Typische Verhaltensweisen für den kooperativen Führungsstil eines Vorgesetzten sind:

- Ermunterung der Mitarbeiterinnen zur Einbringung eigener Vorschläge
- Beteiligung der Mitarbeiterinnen an Entscheidungen und Planungen
- Aussprache über Ziele und Vorstellungen der Praxis
- Gespräche über Verfahren und Methoden
- Entgegennahme von Vorschlägen und Anregungen der Mitarbeiterinnen
- Anerkennung und Bestätigung sowie sachbezogene Kritik mit Nennung der Ursachen
- Offenheit und Gesprächsbereitschaft
- Suche nach Gründen und Ursachen für Fehlverhalten der Mitarbeiterinnen
- Durchführung sachbezogener Kontrollen als Mittel zur Ergebnisverbesserung

INFO 2 Konfliktbewältigung im Praxisteam

Konfliktsituationen lassen sich nie ganz ausschließen. Zu oft wird dabei die Frage nach der vermeintlichen Schuld gestellt. Sie ist oft aber überflüssig, denn viel wichtiger ist die Konfliktbereinigung. Aber Sie können als medizinische Fachangestellte weder Ihren Chef umerziehen, noch Ihre Patienten nachhaltig ändern. Das heißt, dass Sie sich in einem hohen Maße anpassen müssen. Auf keinen Fall ist dies damit gleichzusetzen, dass Sie sich selbst und Ihre Rechte aufzugeben haben.

Aber es gibt einige **Grundregeln,** die dazu führen können, dass der „Funke überspringt" und sich das Klima verbessert.

Teambesprechungen

Man wird kaum Zeit haben alles, was zu besprechen ist, immer sofort und gleich zu erledigen. Aber in regelmäßigen Teamsitzungen könnten Dinge erörtert werden, die im Laufe eines Tages oder im Laufe einer Woche angefallen sind. Solche Besprechungen bieten folgende Vorteile:

- Man lernt gegenseitige Probleme, aber auch die charakterlichen Eigenschaften besser kennen.
- Im kleinen, abgeschlossenen Kreis lassen sich Probleme offen ansprechen.
- Teambesprechungen können wie ein Ventil wirken.
- Neue Ideen werden in Teamsitzungen geboren, erörtert und gefördert.
- Gedanken und Anregungen führen zu konkret umsetzbaren Verbesserungsvorschlägen.

Aber dazu gehört auch ein hohes Maß an Disziplin: Teamsitzungen ...

- ... sollten regelmäßig stattfinden und von Vornherein zeitlich begrenzt sein.
- ... haben den größten Erfolg, wenn sie in einer angenehmen Atmosphäre stattfinden.
- ... benötigen eine ausgeglichene Gesprächsführung.
- ... haben keinen Platz für Einzelprobleme, die nur in einem „Vier-Augen-Gespräch" zu klären sind.
- ... sollten ergebnisorientiert ablaufen, d. h., man muss mit einem konkreten Ziel beginnen.

Verhaltensweisen

Im Konfliktfall geht es immer um mindestens zwei Personen. Es geht aber in erster Linie darum, was Sie tun können, um Konflikte zu bereinigen. Dazu einige Tipps:

- Im Team ist man nie allein. Aber Recht haben und Recht bekommen ist nicht nur vor Gericht zweierlei. Man sollte sich überlegen, was man selbst tun kann, um aus einem Konflikt herauszukommen und dem anderen eine Brücke bauen.
- Lassen Sie den anderen ausreden. Zuhören ist oft besser als Mitreden.
- Lassen Sie sich im Team nicht auseinander dividieren, denn Sie haben die gleichen Ziele.

Arbeitsaufträge

1. Wie unterscheiden sich die einzelnen Formen der Mitarbeiterführung?
2. Was sind aus Ihrer Sicht bzw. aus Ihrer Erfahrung typische Ursachen für Konflikte im täglichen Praxisablauf? Gehen Sie zur Beantwortung dieser Frage wie folgt vor:
   a) Jede notiert auf drei Karten jeweils ein Stichwort für eine Konfliktquelle, die man nach Möglichkeiten selbst schon einmal erlebt hat.
   b) Die Karten werden an eine Wand gepinnt und sortiert, dass man gleiche oder ähnliche Nennungen zusammenfasst.
   c) Welches sind Ihrer Meinung nach die Hauptursachen für Konflikte im Praxisalltag?
   d) Was kann oder sollte man tun, um Konflikte nach Möglichkeit gar nicht erst entstehen zu lassen oder sie schnellstmöglich zu lösen?
3. Für das Miteinander in einem Praxisteam ist nicht zuletzt der Führungsstil verantwortlich.
   a) Was versteht man unter dem Begriff „Führungsstil“ ?
   b) Inwiefern ist der Führungsstil tatsächlich mit für das Konfliktpotenzial oder die Art der Zusammenarbeit in einer Praxis verantwortlich?
   c) Fassen Sie in einem Satz zusammen, was man unter einem „Team“ versteht und nennen Sie drei Eigenschaften, die ein Team aus Ihrer Sicht haben sollte. Fassen Sie die Ergebnisse zusammen und stellen Sie fest, worin Sie übereinstimmen und wo Unterschiede in den einzelnen Meinungen bestehen.
   d) Versuchen Sie für Ihre Praxis festzustellen, welcher Führungsstil praktiziert wird. Halten Sie die Ergebnisse an der Tafel fest und berichten Sie, welche Erfahrungen Sie mit dem in Ihrer Praxis vorherrschenden Umgangston gemacht haben oder täglich machen.
   e) In Kapitel 1 haben Sie sich damit beschäftigt, was eine „gute Praxis“ ist. Wie muss Ihrer Meinung nach eine Praxis, in der sich sowohl Patienten als auch Mitarbeiter wohl fühlen, geführt werden? Fassen Sie dies dahin gehend zusammen, dass Sie drei Merkmale für einen „guten Chef“ und ebenfalls drei Merkmale für eine „gute Mitarbeiterin“ nennen.
4. Häufig wird der kooperative Führungsstil damit gleichgesetzt, dass man „über alles und jedes“ diskutieren kann. Ist dies Ihrer Meinung nach eine richtige Interpretation?
5. Simulieren Sie eine Teamsitzung mit einem frei von Ihnen gewählten Konfliktthema. Verteilen Sie die Rollen und einigen Sie sich über die Vorgehensweise sowie die Art der Dokumentation. Einige von Ihnen beobachten die Teambesprechung und machen sich Notizen über die Stärken und Schwächen in den Verhaltensweisen der Teammitglieder.

3.3 Kampf den Zeitfressern
Zeitplanungen im Praxisteam

3.3.1 Zeit ist Geld ...
Einsatzplanung der Mitarbeiterinnen

Moment mal ...

Montagmorgen kurz vor Sprechstundenbeginn. Das Wartezimmer füllt sich langsam, da ruft Karin Meier an und sagt, dass sie nicht zur Arbeit kommen kann, weil ihr Kind starken Husten habe. Sie könne es nicht in den Kindergarten schicken, aber in die Praxis mitbringen können sie es auch nicht. Sie müsse einen Tag Urlaub nehmen ... „Nicole ist in der Berufsschule und Frau Wanner hat Urlaub ... wass soll das denn werden?" fragt sich Dr. Pfeiffer. „Frau Blum was können wir tun?" - bei dem Reim huscht ihm ein kurzes Lächeln über das Gesicht.

Als ihn Edith Blum darauf hinweist, dass auch Lisa Braun nicht da ist, weil sie wegen des runden Geburtstages ihres Freundes Urlaub genommen hat, ist „Krisenstimmung" angesagt.

„Eine von den beiden muss kommen, egal wie. Ich kann meine Patienten nicht nach Hause schicken. Oder schafft ihr es allein? Dann darf aber wirklich nichts dazwischen kommen - und sagt denen, deren Termine nicht so wichtig sind, bitte gleich ab. „Herr Dr., das hat keinen Zweck. Der Plan ist nicht nur für diese Woche voll, sondern wir haben in den nächsten vierzehn Tagen kaum noch Termine frei. Wenn wir absagen, geht bald alles drunter und drüber", erwiedert Edith Blum.

„Moment mal ..., hat denn nicht Frau Kaiser bei ihrer Pensionierung vor einem halben Jahr gesagt, dass wir sie holen könnten, wenn Not am Manne sei? Frau Blum rufen Sie doch bitte bei ihr an - und sie soll gleich kommen!"

„Mein Gott, Herr Dr., das ist doch nicht das erste Mal, dass so etwas passiert. Jedesmal, wenn eine von uns Urlaub machen will, haben wir das gleiche Theater. Können wir denn nicht endlich einmal darüber reden, wie wir das lösen wollen? So kann es doch nicht weiter gehen ..."

Von welchen Maßnahmen wird die kurz-, mittel- und langfristige Einsatzplanung in einem Praxisteam getragen und wie ist mit Engpässen umzugehen?

INFO 1 Planungstechnik in der Praxis

Eine zentrale Rolle im Rahmen der Praxisorganisation stellt die Zeitplanung dar, denn die Behandlungszeit ist in der Regel ebenso ein Engpass wie die Zeit der Mitarbeiterinnen.

Nicht umsonst gibt es den Spruch „Zeit ist Geld". Leerlaufzeiten in der Praxis sind genauso schädlich wie eine Praxis, die hoffnungslos überlaufen ist und in der die Patienten lange warten müssen oder das Gefühl haben „abgefertigt" zu werden. Was für die Patienten gilt, gilt auch für die Mitarbeiterinnen. Eine medizinische Fachangestellte, die nicht weiß, wo ihr der Kopf steht, wird nicht nur nervös und unfreundlich, sondern sie macht eventuell auch Fehler, die mehr kosten als eine weitere Mitarbeiterin, die das Team verstärken könnte.

5780246

Im Praxisablauf gibt es eine Vielfalt an Ereignissen, die nicht alle gleichermaßen vorhersehbar sind. Die folgende Darstellung fasst die wichtigsten Dinge zusammen, die bei der Planung eines möglichst reibungslosen Ablaufes von Bedeutung sind:

Mitarbeiterinnen	↔	**Patient/-innen**
• Anzahl der regulären Arbeitsstunden pro Tag • Behandlungszeiten • nötige Zeit für Büroarbeiten und Abrechnungen • Urlaubspläne • Abwesenheit wegen Berufsschule • Fortbildungen	**planbare Ereignisse**	• Anzahl der bestellten Patienten • Behandlungsumfang • Behandlungsarten
• krankheitsbedingte Ausfälle • persönliche Verhinderungen der Dienstausübung • kurzfristig anfallende „Sonderarbeiten“ • Praxisprobleme (z. B. technische Defekte)	**unvorhersehbare Ereignisse**	• Absage von Terminen • Veränderungen der Behandlungszeiten • Aufnahme von Notfallpatienten • sonstige ungeplante Behandlungen (z. B. Freunde, Bekannte des Chefs)

Planung mit Puffer- oder Reservezeiten

Stehen an der Kasse eines Supermarktes die Kunden Schlange, werden weitere Kassen geöffnet. In einer Arztpraxis können zwar auch mehrere Patienten warten, aber behandelt werden kann immer nur einer nach dem anderen. Je besser es gelingt, die Wartezeiten zu verkürzen, desto ruhiger ist die gesamte Praxisatmosphäre und desto besser ist das Behandlungs- und Arbeitsklima.

Da während der Sprechstunde der Arzt überwiegend mit der Behandlung der Patienten beschäftigt ist, sind für einen reibungslosen Ablauf der Sprechstunden in erster Linie die Mitarbeiterinnen verantwortlich. Sie haben dafür zu sorgen, dass weder die Patienten lange Wartezeiten in Kauf nehmen müssen, noch behandlungsfreie Leerzeiten beim Arzt entstehen.

INFO 2 Der Biorhythmus als Rahmenbedingung für die Terminplanung

Zwischen dem Ziel eines möglichst reibungslosen Praxisablaufes und der Anzahl der eingesetzten oder benötigten Mitarbeiterinnen besteht ein wechselseitiger Zusammenhang. Dies gilt unabhängig davon, ob sich die Terminplanung nach den vorhandenen Arbeitskräften oder die Anzahl der Angestellten nach der Terminplanung richtet.

Die Frage, wie viele Patienten behandelt werden können („Kapazitätsauslastung") richtet sich nach dem Umfang und der Verteilung der Sprechstunden sowie den zur Verfügung stehenden Ärzten und Fachangestellten.

Die Zeitplanung darf nicht ohne eine ausreichende Beachtung der physiologischen und psychischen Belastbarkeit der Mitarbeiterinnen und des behandelnden Arztes erfolgen. Jeder Mensch unterliegt einem natürlichen **Biorhythmus,** der dafür verantwortlich ist, dass ein Mensch nicht wie eine Maschine funktioniert und keine gleichmäßige **„Leistungsabgabe"** erwartet werden kann. Auch wenn der Biorhythmus individuell verschieden ist, gibt es doch gewisse Grundregeln:

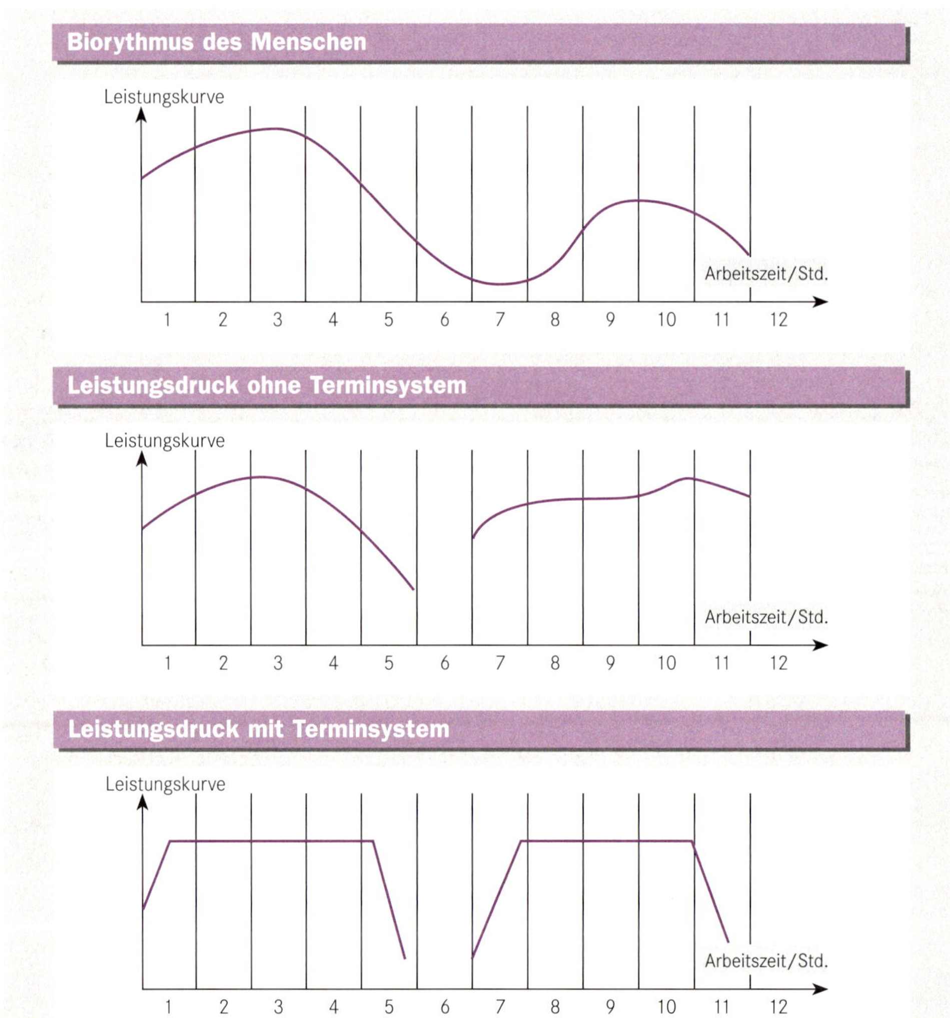

nach: Die Zahnarzthelferin (Heinrich/Hoffmann), MVH Zahnmedizinverlag Heidelberg GmbH & Co KG, Seite 94

Die Arbeitsleistung von Arzt und Mitarbeiterin sind mit dem Biorythmus abzustimmen. Dies bedeutet, dass die Termin- und Arbeitsplanung nur durch eine **sinnvolle Arbeitseinteilung** rationalisiert werden kann.

Die Zeiten höchster Leistungsfähigkeit sollten bestmöglich genutzt werden. In diesen Zeiten gehen die Arbeiten nicht nur schneller von der Hand, sondern aufgrund der nachweislich vorhandenen hohen Konzentrationsfähigkeit halten sich die Fehler in Grenzen.

Dies ist gerade bei schwierigen Behandlungen sehr wichtig. Die Mitarbeiterin im Empfang hat hier eine verantwortungsvolle Aufgabe bei der Terminvergabe.

INFO 3 Tages-, Wochen- und Jahrespläne

Unter „äußerer Terminplanung“ versteht man die grundsätzlichen Regelungen bezüglich der Sprechstunden. Zum Teil verbinden sich damit auch schon konkrete Bestell- und Planungssysteme. Die Art und Weise, wie die **Terminplanung** organisiert ist, hängt von mehreren Faktoren ab:

- Art der Praxis
- Standort der Praxis
- Patienteneigenschaften (überwiegend Stammpatienten oder Laufkundschaft)
- Gewohnheiten der Patienten
- Terminplanung von Nachbarpraxen

Dr. med. Hans Gorr
Facharzt für Allgemeinmedizin
Sprechstunden:
MO bis FR
08:30 bis 12:00 Uhr
und 15:00 bis 18:00 Uhr

Dr. med. Simone Marth
Ärztin für Frauenheilkunde und Geburtshilfe
Sprechstunden:
MO, DI, DO 10:00 bis 12:00 Uhr
DI nur für Arbeitnehmer/-innen
18:00 bis 20:30 Uhr
und nach Vereinbarung

Dr. Johannes Karuth
Internist
Sprechstunden:
MONTAG, DONNERSTAG
09:00 bis 12:00 Uhr
sowie nach Vereinbarung

Dr. Dr. hc. Franziska Grosser
Fachärztin für Medizinische Genetik
Sprechstunden:
nur nach Vereinbarung
Telefonsprechstunde:
DI, DO 16:00 bis 17:30 Uhr

Es obliegt allein der Entscheidung des Arztes, zu welchen feststehenden Zeiten eine Konsultation möglich ist.

Maßgebend sind unter anderem folgende Faktoren:

- **Patientenzahl**
  Je größer die Patientenzahl, desto länger ist der für Sprechstunden benötigte Zeitraum.
- **Fachrichtung**
  Unfallärzte und Allgemeinärzte haben in der Regel offene Sprechstunden, während Fachärzte eher Terminsprechstunden durchführen können.
- **Ausstattung, Anzahl der Räume und Mitarbeiter/-innen**
  Je größer die Praxis, desto umfangreicher können die Öffnungszeiten bzw. die Sprechstunden oder die Behandlungszeiten sein.

Bei der Planung der Sprechstunden ist sicherzustellen, dass sowohl den Bedürfnissen der Patienten (ärztliche Pflicht zur Hilfeleistung) als auch den Praxisbedingungen Rechnung getragen wird. Dazu gehört, dass jederzeit das nötige Personal zur Verfügung steht. Dies gilt insbesondere für Krankheitsfälle und Urlaubszeiten.

Entsprechend den Öffnungszeiten muss auch die Einsatzplanung der Arbeitskräfte erfolgen. Dabei ist in jedem Falle vor dem Beginn der Sprechstunde mit einem angemessenen Vorlauf für die Vorbereitung der anstehenden Arbeiten zu kalkulieren und es darf keineswegs davon ausgegangen werden, dass mit Ende der Sprechstunde auch die Arbeitszeit endet. Ein großer Teil der Tätigkeiten (Berichte schreiben, Schriftverkehr erledigen, Abrechnungen erstellen usw.) fällt in die Zeit danach.

Wie die Einsatzplanung erfolgt, bleibt dem Arzt oder der leitenden Angestellten im Team überlassen. Dabei können unterschiedliche **Hilfsmittel** verwendet werden. Eine Möglichkeit ist der **Tages-** und **Wochenplaner.** Die Verwendung der einzelnen Organisationsmittel ist u. a. auch davon abhängig, wie regelmäßig die Sprechstunden sind. Je unregelmäßiger sie sich auf die einzelnen Wochentage verteilen, desto differenzierter sind die Einsatzpläne, die erstellt werden müssen.

Unter Umständen sind zusätzlich auch Arbeitszeiten für Notfallbereitschaften oder Wochenenddienste einzuplanen.

Beispiel für eine Tagesplanung

Praxisgemeinschaft
Dr. med. Schmitt
Fachärztin für Orthopädie
Dr. med. Pfeiffer
Facharzt für Chirurgie

Sprechstunden:

MO, Di, DO	08:30 bis 12:00 Uhr und 15:00 bis 18:00 Uhr
MI	10:00 bis 12:00 Uhr
DO	08:30 bis 12:00 Uhr und 15:00 bis 18:00 Uhr
FR	08:30 bis 12:00 Uhr

Praxisteam

- **Edith Blum**
  Vollzeitkraft – Empfang, Büro und Abrechnung – ganztags
- **Lisa Braun**
  Vollzeitkraft
- **Karin Meier**
  Halbtagskraft
- **Monika Wanner**
  Halbtagsstelle; Labor, Empfang
- **Nicole Wagner**
  Auszubildende, 3. Jahr
  Berufsschule: Montag ganztags, Mittwochnachmittag

Ausgangslage

Einsatzplanung	Montag Sprechstunde: 08:30 bis 12:00 Uhr und 15:00 bis 18:00 Uhr						
Name	**Uhrzeit**						**Sonstiges**
	07:30 – 08:00	08:00 – 09:30	09:30 – 12:00	12:00 – 13:30	13:30 – 14:30	14:30 – 18:00	
1 Blum	X	X	X	X	X	–	
2 Braun	–	X	X	X	–	X	
3 Meier		X	X	X	–	–	
4 Wanner	–	–	–	–	X	X	
5 Wagner	–	–	–	–	–	–	Berufsschule

Es empfiehlt sich, die zur Verfügung stehende Arbeitszeit der Mitarbeiterinnen nicht bis auf die letzte Minute zu verplanen, weil sonst keine **Reservezeiten** als „freie Spitze" zur Verfügung stehen. Sie sind aber nötig, um z. B. unvorhersehbare Ereignisse abzufangen.

Aus allen Tagesplänen lassen sich die Arbeitszeiten der Mitarbeiterinnen ableiten. Diese sehen wie folgt aus:

Wochentag / Mitarbeiterin	Montag Arbeitsstunden	Dienstag Arbeitsstunden	Mittwoch Arbeitsstunden	Donnerstag Arbeitsstunden	Freitag Arbeitsstunden	verplante Zeit	Wochenarbeitszeit	„freie Spitze“
Blum	7,0	9,5	4,0	4,0	6,0	30,5	38,5	8,0
Braun	9,5	8,5	4,0	8,0	6,0	36,0	38,5	2,5
Meier	5,5	5,5	–	6,0		17	20,0	3,0
Wanner	4,5	3,0	–	5,0	3,0	15,5	20,0	4,5
Wagner	8,0	8,0	4,0 + 4,0	8,0	4,5	36,5	38,5	2,0

INFO 4 Organisation und Improvisation

Die beste Organisation des Praxisablaufs nutzt nichts, wenn Dinge auftreten, die nicht vorhersehbar waren. Alles, was nicht planbar ist, muss dadurch gelöst werden, dass man improvisiert. Dazu gehört, dass versucht wird, kurzfristig Termine bei Patienten zu verschieben und sie umzubestellen. „Im Ernstfall muss man einfach Arbeitszeit anhängen“, sagt Edith Blum.

Gerade aufgrund unvorhersehbarer Ereignisse lebt das Praxisgeschehen nicht nur von einer guten **Organisation,** sondern auch von dem Talent zur **Improvisation,** wenn einmal nicht alles nach Plan läuft. Arzt und Helferin sind gut beraten, wenn sie für solche Fälle „Schubladenpläne“ zur Verfügung haben, damit auf solche Besonderheiten schnell und zielgerichtet reagiert werden kann, ohne dass die Patienten es überhaupt merken.

Nur wenn der allein praktizierende Arzt ausfällt, wird nichts anderes übrig bleiben als die Praxis vorübergehend zu schließen und die Patienten nach Hause zu schicken. Außerdem muss den Patienten, die bestellt wurden, muss abgesagt werden.

Ihre Erfahrungen aus dem Praxisalltag werden bestätigen, dass die Öffnungszeiten der Praxis keineswegs mit Ihrer Arbeitszeit übereinstimmen. Man wird kaum damit rechnen können, früher als geplant nach Hause gehen zu können. Umso häufiger wird es vorkommen, dass die Behandlungen länger als geplant dauern. Und nach der letzten Patientin oder dem letzten Patienten muss die Praxis auch noch für den nächsten Tag vorbereitet werden ...

Neben den Tagesplänen empfiehlt es sich auch, z. B. zu Jahresbeginn eine Übersicht mit allen langfristigen Terminen zu erstellen. Hierin sind alle Zeiten enthalten, in denen die Praxis nicht vollständig oder gar nicht besetzt ist (Schulungen, Urlaub, Kuraufenthalte usw.).

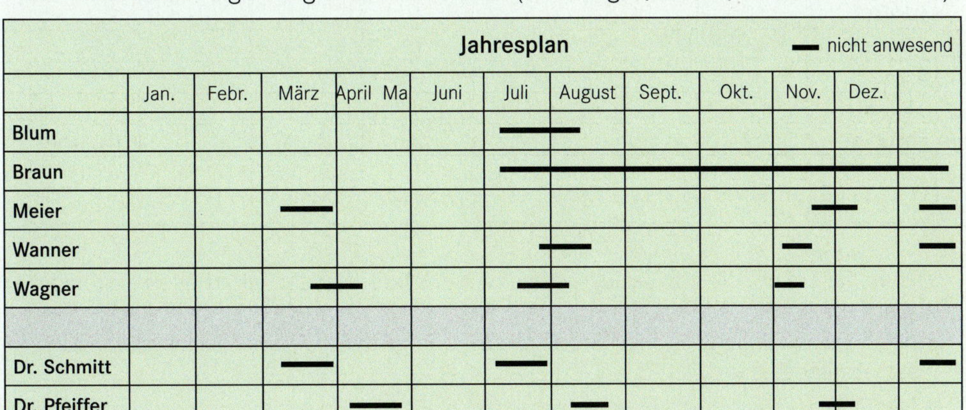

Arbeitsaufträge

1. Welche Faktoren bestimmen den Mitarbeiterinnenbedarf in einer Arztpraxis und warum ist dieser nicht in allen Praxen selbst dann gleich groß, wenn die Patientenzahlen in etwa vergleichbar sind?

2. „Zeit ist Geld" - dieser Spruch gilt auch für die Zeitplanung in einer Arztpraxis. Erläutern Sie, von welchen Grundsätzen die Planungen für die Arbeitszeiten bestimmt werden und welche gegenseitigen Abhängigkeiten dabei zu beachten sind.

3. Welche Möglichkeiten haben Sie in Ihrer Praxis bei absehbaren oder unvorhersehbaren Personalausfällen (Urlaub, Krankheit, Unfall, Kur, Todesfall usw.)?

4. Was unterscheidet die Organisation von der Improvisation?

5. Stellen Sie sich vor,
   - ein langjähriger Stammpatient oder
   - Ihr(e) Lehrer(in) oder
   - ein Freund Ihres Chefs oder
   - ein Patient, der bisher noch nie bei Ihnen war,

   ruft kurz vor Schluss der Sprechstunde in der Praxis an und gibt vor den ganzen Tag Schmerzen gehabt zu haben. Deshalb will er „noch mal schnell" zur Behandlung kommen. Es ist kurz vor 18:00 Uhr. Sie selbst haben für 19:00 Uhr eine Verabredung. Sie wissen, dass Ihr Chef um 18:30 Uhr zum Sport will. Wie verhalten Sie sich?

6. Krisenbesprechung in der Praxisgemeinschaft Dr. Schmitt/Dr. Pfeiffer. Es geht wieder einmal um die Frage, wann wer Urlaub machen kann. Dabei stoßen viele Meinungen aufeinander:

Lisa Braun	*ledig, keine schulpflichtigen Kinder* *Urlaub, wenn das Wetter schön ist*
Nicole Wagner	*Auszubildende, muss Urlaub in den Ferien nehmen*
Karin Meier	*verheiratet, 4-jährige Tochter, Ehemann ist Lehrer* *Urlaub geht nur in den Ferien*
Edith Blum	*erwachsene Kinder* *am liebsten Urlaub im Sommer wegen der Bademöglichkeiten*
Monika Wagner	*ledig, 10-jähriger Sohn* *Urlaub ist an die Schulferien gebunden*
Dr. Pfeiffer, Dr. Schmitt	*leidenschaftliche Skifahrer,* *beste Urlaubszeit ist der Winter, aber nicht wenn Ferien sind*

   Wie lösen Sie das Problem bzw. welchen Weg schlagen Sie vor, um möglichst viele Interessen „unter einem Hut zu bringen"?

3.3.2 Damit es läuft ...

Planung von Behandlungsterminen

Moment mal ...

„Was soll ich denn tun?“, fragt Nicole Wagner ihre Ausbilderin Edith Blum, als das Wartezimmer wieder einmal fast überzuquellen scheint. Was ist passiert? Nicole hat mehrere Patienten, die nicht angemeldet sind, angenommen und in das Wartezimmer gebeten. Im 3. Ausbildungsjahr darf sie, wenn die anderen Mitarbeiterinnen keine Zeit haben, schon mal alleine im Empfangsbereich arbeiten.

„Da kommen Patienten, die sagen, dass sie große Beschwerden haben. Und als ich neulich jemanden wegschickte, weil ich ganz genau wusste, dass wir niemanden mehr einschieben können, da hat er sich beim Chef beschwert“, berichtet Nicole.

Edith Blum muss zugeben, dass es ihr ja genauso geht. Sie weiß zu berichten, dass es Zeiten gibt, „da weiß man ganz genau, dass die Praxis voll wird. Das ist zum Beispiel am Wochenanfang so“, fährt sie fort. „Ich glaube, dass wir anders planen müssen.“ „Anders, aber wie anders ...?“ fragt Lisa Braun dazwischen .... „Ich glaube, dass man nie hundertprozentig genau voraussehen kann, was sich an einem Tag abspielt“, meint Karin Meier. „Aber was ist wichtiger? Ein übervolles Wartezimmer mit unzufriedenen Patienten und genervten Ärzten oder lieber mal etwas Leerlauf, den man ja auch ganz gut gebrauchen kann ...?

Welche Bestellsysteme und welche planerischen Hilfsmittel gibt es in einer Arztpraxis?

INFO 1 Grundsätze der Zeitplanung

Planung bedeutet, dass man den täglichen Praxisablauf möglichst optimal vorstrukturiert. Sie setzt zwar eine gewisse Flexibilität voraus, um auf unvorhersehbare Ereignisse (z. B. Notfälle) reagieren zu können, aber eine Planung, die nur auf Improvisation aufgebaut ist, verdient den Namen nicht. Der Umgang mit Zeit und Terminen will gelernt sein. Dazu gehört aber auch eine möglichst große Disziplin, um nicht durch das eigene Verhalten die Grundlagen des Timemanagements zu zerstören.

Oberstes Ziel in jeder Praxis dürfte sein, dass den Patienten der **größtmögliche medizinische Nutzen** verbunden **mit einer minimalen Wartezeit** geboten wird. Fast zwangsläufig ergibt sich aus der Erfüllung dieses Zieles auch für den Arzt der größtmögliche wirtschaftliche Nutzen verbunden mit einem Höchstmaß an Zufriedenheit und mehr Lebensqualität.

Je länger ein Patient warten muss, desto länger wird der Arzt meist auch von ihm in Anspruch genommen. Der Grund ist recht einfach: Wer will schon gerne stundenlang warten, um dann vielleicht in ein paar Minuten fertig zu sein? Das Gegenteil ist der Fall: Wenn man schon so lange warten musste, dann muss es sich auch „gelohnt“ haben.

Und warum lässt sich der Arzt darauf ein? Auch hier ist die Erklärung ganz einfach: Der Arzt hat - auch wenn er es nicht offen zugibt - ein schlechtes Gewissen gegenüber dem Patienten und er geht selbstverständlich auf alle Probleme ein und hört auch zu, obwohl es mit dem eigentlichen Grund der Konsultation nur wenig zu tun hat.

Von selbst regelt sich der Praxisablauf nicht. Man muss schon einige Grundregeln einhalten:

Regel Nr. 1 Zeitvorgaben

Viele ärztliche Behandlungen wiederholen sich oft und sind daher zeitlich relativ leicht kalkulierbar. Dies gilt sowohl für Routineuntersuchungen und Befundbesprechungen, aber auch für eine ganze Reihe von Konsultationen, die im Rahmen von alltäglichen Arztbesuchen auftreten. Dies ist an den einzelnen Wochentagen oft unterschiedlich. Vorhersehbar kann auch sein, dass die Häufigkeit der Konsultation des Arztes von der Jahreszeit oder der Witterungslage abhängt.

So wird man in der Praxis eines Allgemeinarztes damit rechnen können, dass am Wochenanfang eine stärkere Nachfrage vorhanden ist, weil es zum Beispiel um Arbeitsunfähigkeitsbescheinigungen und Ähnliches geht. Außerdem ist vorhersehbar, dass zum Beispiel im Herbst und im Winter als den typischen Erkältungs- und Grippezeiten die Krankheitsquote unverhältnismäßig hoch ist.

Regel Nr. 2 Es geht nicht ohne Pufferzeiten

Weder Arzt noch Patient sind Maschinen. Man wird es kaum erreichen, dass auch bei einer noch so ausgeklügelten Planung nicht doch Reservezeiten benötigt werden. Daher sollte der Terminplan Luft lassen für unvorhersehbare Ereignisse (Notfälle, längere Behandlungszeiten usw.). Wo die Pufferzeiten liegen, ist eigentlich egal. Sinnvoll ist es, sie am Ende eines Behandlungszeitraums einzuplanen (z. B. durch Freihalten der letzten 30, 45 oder 60 Minuten vormittags und nachmittags).

Man wird feststellen, dass diese Zeiten nie oder nur ganz selten frei bleiben. Plant man die Pufferzeiten nicht ein, gibt es nur drei Möglichkeiten:

- Es muss versucht werden, die Behandlungszeiten der Patienten zu verkürzen (scheitert in der Regel aus medizinischen, aber auch aus grundsätzlichen Erwägungen).
- Einige der wartenden Patienten müssen nach Hause geschickt werden, wenn die Konsultation nicht dringend erscheint (dürfte auch nur eine theoretische, aber praktisch kaum umsetzbare Möglichkeit sein).
- Unangemeldete Patienten müssen in der eigentlich vorgesehenen Pause oder nach regulärem Praxisschluss behandelt werden. Dadurch erhöht sich die Arbeitsbelastung und der Stress.

Regel Nr. 3 Disziplin bei der Terminplanung

Es spricht nichts dagegen, dass der Arzt keine „Behandlungsmaschine“ ist, sondern auch einmal ein persönliches Wort für die Patienten übrig hat. Gerade in schwierigen Situationen, aber auch ganz allgemein bei der Behandlung von Kleinkindern oder auch sehr alten Patienten ist ein besonderes Einfühlungsvermögen des Arztes nötig.

Eine gute Mitarbeiterin berücksichtigt dies bereits in der Zeitplanung. Trotzdem ist auch der Arzt gefordert sich dem Diktat der Uhr zu beugen. Wer von den Patienten Pünktlichkeit und Zuverlässigkleit erwartet, muss auch selbst Zeitdisziplin anlegen. Wenn der Arzt „überzieht“ oder sich einem Patienten mehr widmet, wird es kritisch, weil dann die ganze Zeitplanung zu scheitern droht.

Regel Nr. 4 Zusammenarbeit ist alles

Immer wieder kommt es vor, dass die Terminvergabe unkontrolliert erfolgt und unterschiedliche Handhabungen des Terminbuches zu Terminüberschneidungen führen. Dies gilt besonders dann, wenn mehrere Helferinnen im Empfang einer Praxis tätig sind und die Termine nicht sofort eintragen, sondern vielleicht sogar versuchen, sie sich zu merken, bis ein anderer Arbeitsgang beendet ist.

Das Chaos kann komplett werden, wenn vom Arzt, von einzelnen Behandlungsräumen aus oder aufgrund von Privatanrufen ohne vorherige Rücksprache Zeiten für (Folge-)Besuche festgelegt werden, die nicht mit dem Terminplan abgestimmt sind. Dann werden Patienten zur Sprechstunde eingetragen, die in der angegebenen Zeit gar nicht mehr versorgt werden können. Ergebnis: Es entsteht eine Zeitnot, die eine teilweise mangelhafte oder stark verkürzte Zuwendung zum Patienten und zum Teil unzumutbare Wartezeiten zur Folge hat.

Regel Nr. 5 Pünktlichkeit

Wenn der erste Patient für 08:00 Uhr bestellt ist, muss auch die Behandlung sichergestellt sein. Jede Zeitverzögerung, die zu Beginn entsteht, ist nur dann aufzuholen, wenn entsprechende Pufferzeiten vorhanden sind oder wenn erwartete Patienten nicht erscheinen.

Regel Nr. 6 Kampf den Terminkillern – klarer Arbeitsablauf

Während der Arzt behandelt, fallen im Vorzimmer oder im Empfang die unterschiedlichsten Tätigkeiten an. Das Telefon klingelt und Patienten wollen eine mündliche Beratung, Pharmareferenten möchten gerne mit dem Arzt sprechen und nicht zuletzt wollen vielleicht sogar die Kinder oder andere Familienangehörige und Freunde mal kurz zu ihm.

Es gibt in solchen Situationen keine allgemein gültigen und immer richtigen Ratschläge für Verhaltensweisen. In jedem Falle sollte man über generelle Regeln, wie in solchen Fällen vorzugehen ist, sprechen. Dies ersetzt zwar nicht die Einzelfallentscheidungen, die immer zu treffen sein werden, aber sie geben der Medizinischen Fachangestellten die Sicherheit der richtigen Reaktion und des nötigen Rückhaltes.

Helfen können dabei

- klare Regelungen über telefonische Rückrufe,
- Einführung und Bekanntgabe von Telefonsprechstunden,
- Besuchstermine für Pharmareferenten,
- Hinweis auf die Möglichkeit schriftlicher Anfragen (Behörden, Krankenkassen),
- Unterschriftsvollmachten für die Helferin (z. B. Atteste, Besuchs- oder AU-Bescheinigungen).

INFO 2 Patientenbestellsysteme

Bestellsysteme

offene Sprechstunde	halboffene Sprechstunde	Terminsprechstunde
Jeder Patient kann nach eigenem Ermessen in die Sprechstunde kommen.	Die Patienten können entweder zu den offenen Sprechstunden kommen oder sie vereinbaren einen Termin während oder außerhalb dieser Zeiten.	Die Konsultation ist nur nach vorheriger Terminabsprache möglich.
• jederzeitiges Aufsuchen der Arztpraxis möglich • weitgehend entfallende Terminplanung • eventuell längere Wartezeiten wegen der nicht planbaren „Patientendichte“	• Kompromiss zwischen offener und termingebundener Praxis • Vorteil für berufstätige Patienten • Probleme können entstehen, wenn Patienten mit vereinbarten Terminen während der offenen Sprechstundenzeiten behandelt werden.	• Je nach medizinischem Grund oder medizinischer Dringlichkeit werden sofortige, kurzfristige oder langfristige Termine vergeben. • Die Zeit, die ein Patient benötigt, muss ungefähr abgeschätzt werden können. • Pufferzeiten für Notfallpatienten sind einzuplanen.

Eine der Hauptklagen von Patienten sind zu lange Wartezeiten vor der Behandlung. Mit einer durchdachten Terminplanung sind zwar nicht alle, aber immerhin einige Probleme zu lösen. Dabei sollten die täglichen Erfahrungen vonseiten des Arztes und der Mitarbeiterinnen eingebracht werden, um gemeinsam zu einer Optimierung der Behandlungszeiten und zu einer Minimierung der Wartezeiten zu kommen.

Praxis-tipp

Ein Patientenbestellsystem darf kein „Patientenabwehrsystem" sein. Wenn Sie in der Praxis dauerhaft mit der Zeit nicht klarkommen, gehen Sie zuerst auf die Suche nach „Kreativitätsverlusten". Häufig gibt es im Organisationsablauf einiges zu verbessern.

Das mit der Terminabsprache verbundene Patientenbestellsystem hat sich immer mehr durchgesetzt. Das Ziel der Terminsprechstunde besteht darin, dass bestellte Patienten im Normalfall höchstens 5 bis 10 Minuten zu warten haben, bevor sie zur Behandlung gerufen werden.

Die Termine werden je nach Dringlichkeit oder medizinischer Notwendigkeit vergeben. Dabei ist eine exakte Angabe der Uhrzeit nötig. Von den Patienten muss vor der Terminvergabe erfragt werden, warum die Konsultation des Arztes erfolgt, weil hiervon die Zeitdauer der Behandlung abgeleitet wird.

www

Wenn Sie in einer geeigneten Suchmaschine im Internet das Suchwort „Praxisablauf" oder „Behandlungstermine" eingeben, finden Sie Tausend Einträge. Es gibt aber auch konkrete Angebote zur Erstellung von Praxisablaufplänen, so u. a. unter www.praxisberatung.beie.de. Im Bedarfsfall lohnt es sich einmal zu sehen, wie es andere machen.

Für den **Patienten**

- entstehen keine langen Wartezeiten,
- ist es von Vorteil, dass er sich voll auf seine Behandlung einstellen kann und diese unbeeinflusst von einer evtl. mit der Wartezeit zusammenhängenden großen Nervosität und ihren negativen Auswirkungen (Blutdruck usw.) erfolgen kann.

- bedeutet dies aber auch, dass er auf den Ersttermin evtl. länger warten muss,
- heißt dies, dass er weder gleich, noch unbedingt zu dem Termin kommen kann, der ihm passt, sondern er muss sich in das Bestellsystem einreihen,
- ist damit unabdingbar verbunden, dass er sich den Termin merkt.

Für die **Mitarbeiterinnen und den Arzt**

- ist der Praxisablauf überschaubarer zu planen und nicht von Zufälligkeiten abhängig,
- gibt es weniger Belastungsspitzen,
- verbessert sich die Möglichkeit, sich auf die einzelnen Behandlungen vorzubereiten,
- führt ein Bestellsystem zu geregelteren Arbeitszeiten.

- sind Störfälle in der Planung nicht auszuschließen, weil z. B. Notfälle, aber auch eigene Krankheiten die Grenzen des Systems markieren,
- ist es unumgänglich, ein Patientenbestellbuch zu führen, in dem alle Termine vermerkt sind,
- kann die Planung durcheinander geraten, wenn Behandlungen länger als geplant dauern und sich dann bestellte Patienten beschweren, weil sie trotz Termin nicht rechtzeitig behandelt werden.

5780256

Forderungen des Qualitätsmanagements

- Die Praxis sorgt dafür, dass Patienten entsprechend der Dringlichkeit ihres Versorgungsbedarfs einen Termin erhalten.
- Der Terminkalender bei Gemeinschaftspraxen enthält den einzelnen Ärzten/Psychotherapeuten zugeordnete Termine.
- Es gibt eine schriftliche Interne Regelung zum Umgang mit telefonischen Anfragen von Patienten.
- Informationen über die ärztliche/psychotherapeutische Versorgung außerhalb der Sprechzeiten sind jederzeit telefonisch abfragbar.
- Die Versorgung von Patienten ohne Versicherungsausweis ist sichergestellt.

Quelle: Diel F., Gibis B. (Hrsg.), a.a.O., 1.1.3 (Ziel 1, Nachweis 2 zu Ziel 2, S. 5/6), 1.1.4 (Ziel 1, Nachweis 1 zu Ziel 1, S. 7), 1.1.6 (Nachweis 2 zu Ziel 1, S. 10), 1.1.2 (Nachweis 3 zu Ziel 2, S. 4)

INFO 3 Nummernsystem für große Gemeinschaftspraxen

In großen Gemeinschaftspraxen, in denen mehrere Ärzte einen gemeinsamen Patientenstamm haben, kann ebenso wie in Kliniken das **Nummernsystem** sinnvoll sein. Es ist eine besondere Form des Bestellsystems in Verbindung mit der offenen Sprechstunde. Hier müssen sich die Patienten zu Beginn oder während der Sprechstunden persönlich oder telefonisch eine fortlaufende Nummer geben lassen, um sich dann in die schon angemeldeten Patienten einreihen zu lassen und zu der entsprechenden Zeit wieder in der Praxis zu erscheinen. Auf einer Anzeigetafel kann abgelesen werden, welche Nummer gerade an der Reihe ist.

Probleme bestehen darin, dass die

- Sprechstunde nicht beliebig ausgedehnt werden kann, sodass es bei großem Patientenandrang zu Schwierigkeiten kommen kann,
- Patienten nicht genau wissen, wann sie an der Reihe sind,
- Patienten mehrmals in die Sprechstunde kommen müssen, wenn sie die Nummer nur nach persönlicher Vorsprache erhalten,
- Bestellung nach dem Nummernsystem den Patienten u. U. das tatsächliche Gefühl verleiht „nur eine Nummer" zu sein und damit die psychisch evtl. wichtige Einschätzung, individuell behandelt zu werden, verloren geht.

INFO 4 Terminplanung – manuell oder EDV-gestützt

Nicht nur für die Patienten ist es wichtig, dass Termine gemerkt und eingehalten werden. Auch die Mitarbeiterinnen werden gar keine andere Wahl haben als die Termine der Patienten entweder in manuellen Terminplanern oder EDV-gestützt festzuhalten. Beide Systeme haben ihre Vor- und Nachteile.

Ein **manuelles Planungssystem** sollte

- groß und übersichtlich, aber auch transportabel sein, damit es ggf. auch zum Arzt in ein Behandlungszimmer gebracht werden kann,
- mehrere Monate umfassen,
- eine geeignete zeitliche Gliederung haben (z. B. 10 Minuten-Raster),
- Platz genug haben, damit Korrekturen oder notwendige Doppelbelegungen eingetragen werden können,

- so viele Spalten haben, wie z. B. parallele Behandlungen bei den Ärzten einer Gemeinschaftspraxis erfolgen können. Gleiches gilt, wenn Patienten gar nicht direkt zum Arzt müssen, sondern von den Helferinnen versorgt werden können (z. B. EKG, Blutdruckmessungen, Infusionen usw.),
- Blätter haben, die sich herausnehmen lassen, wenn der jeweilige Zeitraum vorüber ist,
- zu Beginn der Sprechstunde genügend Zeit für Routinearbeiten lassen, denn auch das Einschalten von Geräten, das Durchlüften der Räume, die Kontrolle des Faxgerätes, das Abhören des Anrufbeantworters, die Kontrolle des Briefkastens usw. kosten Zeit,
- berücksichtigen, dass am Ende der Sprechstunde noch Zeit benötigt wird, um Räume, Geräte, Instrumente usw. zu reinigen, sodass der letzte Termin nicht an das Ende der Arbeitszeit sondern früher gelegt wird,
- immer „Reservezeiten" haben, weil nie ausgeschlossen werden kann, dass sich Komplikationen ergeben oder dass Nachbehandlungen nötig sind.

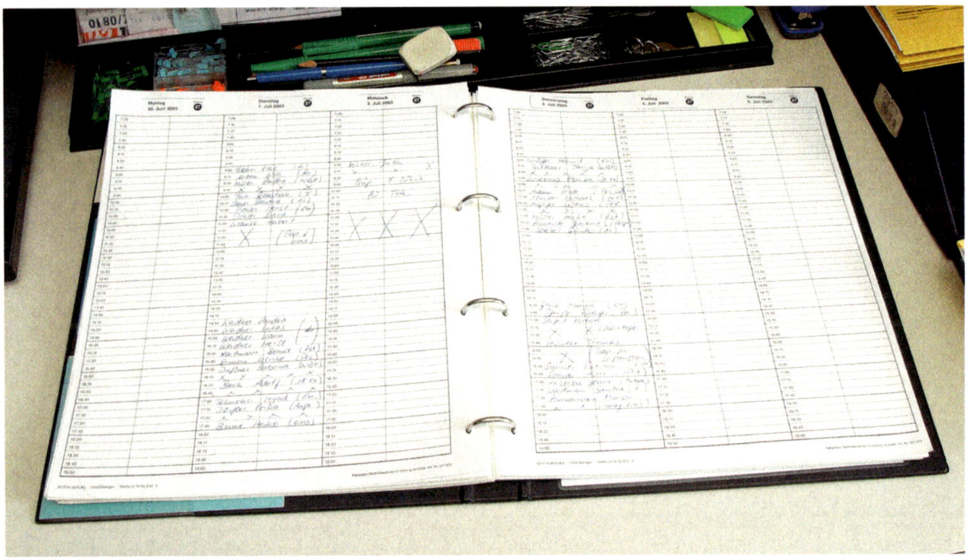

Forderungen des Qualitätsmanagements

- Es gilt eine praxisinterne Zielgröße für das Intervall zwischen dem vereinbarten Termin und der Behandlung (Wartezeit).
- Die Praxis erhebt und analysiert regelmäßig sowie bei Bedarf die Wartezeiten und entwickelt ggf. Verbesserungsmaßnahmen.

Quelle: Diel F., Gibis B. (Hrsg.), a.a.O., 1.1.3 (Nachweis 1 und 3 zu Ziel 3, S. 6)

Die Eintragungen sollten

- immer sofort vorgenommen werden, damit man sie nicht vergisst,
- mit Bleistift erfolgen, weil sie dann korrigiert werden können,
- eine farbliche Trennung der einzelnen Sprechstundenspalten enthalten, wenn in der Praxis mehrere Ärzte parallel behandeln, damit man auf einen Blick sieht, wer bei wem behandelt wird,
- den Vor- und Zunamen der Patienten beinhalten, damit man immer genau weiß, wer von der Familie bestellt ist. Die Telefonnummer ist hilfreich, weil man dann nicht zusätzlich in der Patientenkartei nachlesen muss, falls sich Rückfragen ergeben,
- die Art der Behandlung beinhalten, wenn es sich um besondere Eingriffe oder Untersuchungen handelt, die zeitaufwändig sind oder einer besonderen Vorbereitung bedürfen,

- durch eine geeignete Farbkennzeichnung die Behandlungsart schnell erkennen lassen,
- Pufferzonen deutlich markieren,
- wichtige Ereignisse berücksichtigen, wenn sie nicht vergessen werden dürfen oder für die Terminvergabe wichtig sind. Dazu gehören z. B. Urlaubszeiten, besondere Geburtstage, Fortbildungsveranstaltungen, Privattermine der Chefin/des Chefs usw.,
- auch die Besuche von Pharmareferenten oder sonstigen Besuchern umfassen,
- besondere Zeiten auch besonders einstufen. Dazu gehört z. B., dass die Abrechnungstage (Quartalsende) oder die Tage vor und nach dem Urlaub Beachtung finden, weil hier in der Regel der Praxisbetrieb außergewöhnlichen Einschränkungen unterliegt.

Es gibt kaum eine Praxis, in welche die elektronische Datenverarbeitung noch keinen Einzug gehalten hat. **Die Vorteile einer EDV-gestützten Terminplanung** liegen u. a. darin, dass

- mit ihm ein Zugriff auf den elektronischen Terminplaner von allen Arbeitsplätzen und Behandlungszimmern möglich ist,
- es problemlos möglich ist, durch die einfache Eingabe des Namens vom Patienten vergessene Behandlungstermine aufzufinden,
- man bei Bedarf Erinnerungshilfen für Termine ausdrucken lassen kann,
- feste Pausenzeiten in das Programm eingeplant werden können,
- verschiedene Zeitdauern für Behandlungsarten einzuprogrammieren sind,
- Auslastungsanzeigen für die Praxisfrequentierung grafisch angezeigt und statistisch ausgewertet werden können,
- es problemlos möglich ist, alle freien Termine auflisten zu lassen, um z. B. Patienten verschiedene Angebote machen zu können,
- Tages-, Wochen-, Monats- und Jahresübersichten gedruckt werden können,
- nach der Terminvergabe der Terminzettel ausgedruckt werden kann.

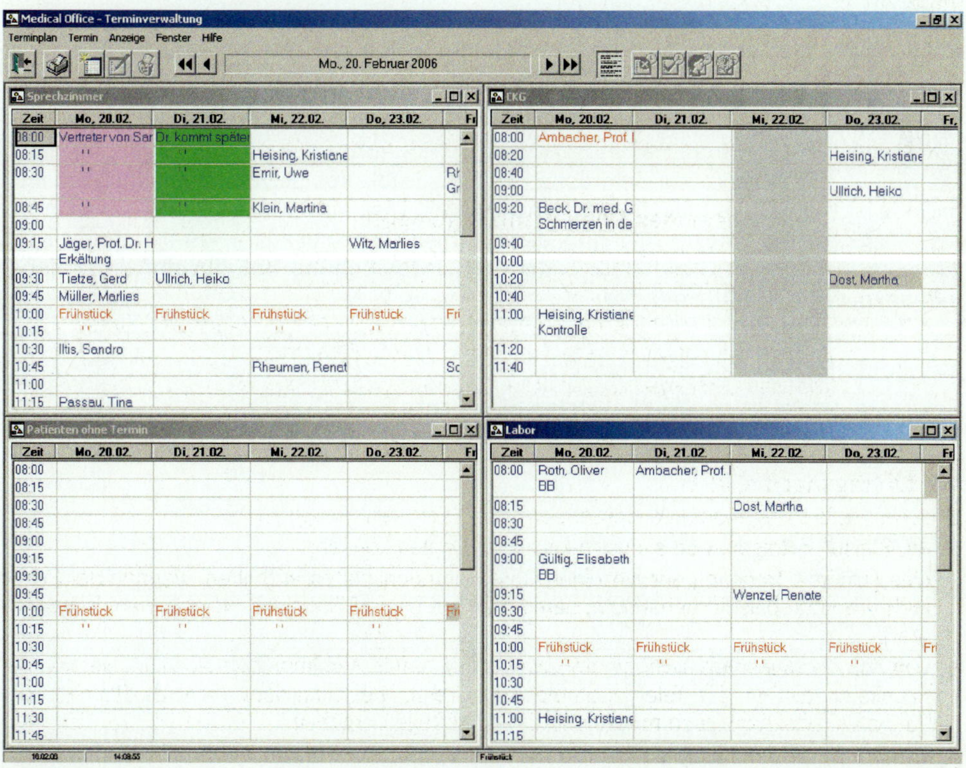

Tagesübersicht

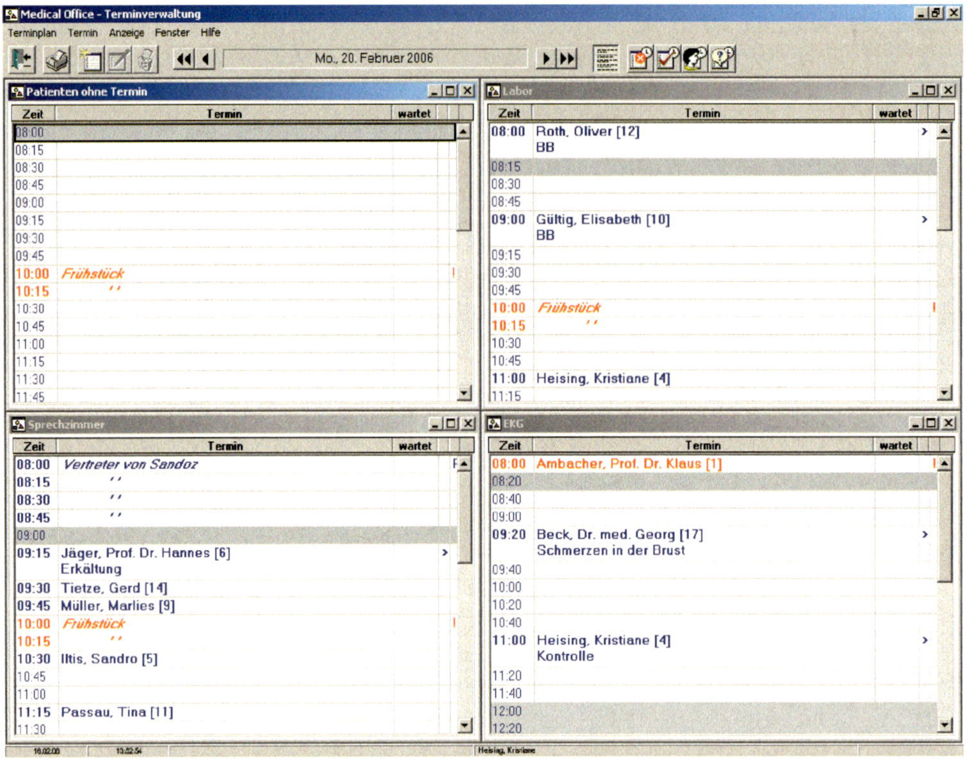

Wochenübersicht

INFO 5 Qualitätsmanagement: Praxischeck

Oft werden die Stärken und Schwächen des Praxisablaufes gar nicht erkannt, weil man davon ausgeht, dass sich doch nichts ändern lässt. Dies mag zwar oft so sein, aber trotzdem sollte man die Chance aufgreifen das Praxisgeschehen einmal kritisch unter die Lupe zu nehmen. An erster Stelle steht dabei eine **Untersuchung des gesamten Betriebsklimas und des Arbeitsablaufes:**

Möglichkeit 1

Befragung der Patienten: **Wie bewerten Sie unsere Praxis?**

	Bewertung						
	3	2	1	0	-1	-2	-3
Fragenkatalog (ist praxisspezifisch zu ergänzen oder abzuändern)	↓ stimmt genau						↓ stimmt gar nicht
• Die Wartezeiten sind angemessen.							
• Der Arzt hat zu wenig Zeit für die Behandlung.							
• Es wäre schön, wenn der Arzt mehr Zeit für ein persönliches Gespräch hätte.							

5780260

	Bewertung						
	3	2	1	0	-1	-2	-3
Fragenkatalog (ist praxisspezifisch zu ergänzen oder abzuändern)	↓ stimmt genau						↓ stimmt gar nicht
• Der Praxisablauf ist sehr hektisch.							
• Ich ärgere mich oft über zu lange Wartezeiten.							
• Die Reihenfolge der Patienten wird nicht immer eingehalten.							
• Das Wartezimmer ist langweilig eingerichtet.							
• Ein anderes System der Terminvergabe wäre mir angenehmer.							
• Ich habe das Gefühl, dass der Arzt unter großem Zeitdruck steht.							

Möglichkeit 2

Statistik über Wartezeiten

Oft ist es nur die Unkenntnis über eine bestimmte Situation, die daran hindert, dass man bestehende Probleme ausmerzt. Dies gilt auch für die Terminplanung. Viele Patienten stöhnen zwar über vermeintlich lange Wartezeiten, aber nur selten wird festgestellt, wie lange diese Zeiten wirklich sind. Dabei kann eine einfache Tabelle sehr hilfreich sein:

1. Fertigen Sie ein Kärtchen nach folgendem Muster an und legen es zu der Patientenkartei.

Uhrzeit (Std.)	**Minuten**												**Wartezeit**
	00	05	10	15	20	25	30	35	40	45	50	55	
07													
08													
09				*									
10													
11							*						2 Std. 15 Min.
12													
13													
14													
15													
16													
17													
18													
19													

2. Kreuzen Sie an, wann der Patient in die Praxis kommt.
3. Machen Sie erneut ein Kreuzchen, wenn der Patient zur Behandlung aufgerufen wird.
4. Tragen Sie die Wartezeit in eine eigene Tabelle ein.
5. Ermitteln Sie am Ende eines Tages die durchschnittliche Wartezeit aller Patienten.

Möglichkeit 3

Praxischeck Terminplanung

Die Ursachen für Terminverschiebungen lassen sich auch herausfinden, wenn man sich systematisch mit einigen damit verbundenen Sachverhalten beschäftigt:

	Checkliste Terminplanung	ja	nein
1	Wird ein Terminplaner geführt?		
2	Erfolgen die Eintragungen mit Bleistift, sodass sie ggf. geändert werden können?		
3	Werden nur Patienten zum Arzt gelassen, die einen Termin haben, sofern es sich nicht um Notfälle handelt?		
4	Werden Termine ausschließlich von den Mitarbeiterinnen vergeben?		
5	Beginnt die Sprechstunde immer pünktlich?		
6	Erscheinen die Patienten in der Regel pünktlich zu den vereinbarten Terminen?		
7	Haben Patienten mit Termin Vorteile gegenüber Patienten ohne Termin?		
8	Reicht das Personal aus, um eine reibungslose Behandlung der Patienten sicherzustellen?		
9	Sind die Öffnungszeiten der Praxis dem Patientenstamm angemessen?		
10	Gibt es Sondersprechstunden (z. B. für Berufstätige)?		
11	Hält der Arzt die Zeitvorgaben für die Behandlungen im Großen und Ganzen ein?		
12	Werden den Patienten die weiteren Behandlungstermine schriftlich mitgeteilt?		

Wenn nicht immer mit „ja“ geantwortet wird, besteht Handlungsbedarf.

www.aerzteblatt.de Hier finden Sie aktuelle Darstellungen zum Thema „Qualitäts- und Praxischeck“.

Arbeitsaufträge

1. Wodurch unterscheiden sich die offene, halboffene und die Terminsprechstunde?
2. Wie gehen Sie in Ihrer Praxis bei Terminplanungen vor und welche Erfahrungen haben Sie damit gemacht?
3. Während der Sprechstunde ruft jemand an, der sagt, er habe ein besonders wichtiges Anliegen mit Ihrem Chef zu besprechen. Um was es sich handelt, will er Ihnen nicht sagen, weil es privat sei. Der Anrufer macht die Sache sehr dringend und bringt Sie in Bedrängnis, weil Sie wissen, dass Ihr Chef eigentlich keine Störungen während der Behandlung von Patienten wünscht. Zurzeit hat er gerade einen Privatpatienten, der sich einer nicht ganz einfachen Untersuchung zu unterziehen hat.

   Versuchen Sie in einem Rollenspiel diese Szene nachzustellen. Dabei nimmt eine Auszubildende die Rolle des Anrufers und eine andere Auszubildende die Rolle der Mitarbeiterin am Empfang ein. Jede hat Ihre Rolle mit Überzeugung zu spielen, d. h., die Anruferin lässt sich nicht einfach abwimmweln und die Mitarbeiterin in der Praxis versucht überzeugend darzustellen, dass der Chef jetzt nicht gestört werden kann.
4. Welches Ziel wird mit einer kritischen Untersuchung der Praxisabläufe und des Praxisgeschehens verfolgt und was hat das alles mit dem Begriff „Qualität“ zu tun?

5780262

4 Wo Mitarbeiter und Patienten zusammentreffen

Arbeitsplatz Praxis

4.1 Das „kleine bisschen Etwas“

Einrichtung und Ausstrahlung der Praxis

Moment mal ...

„Die Patienten sollen sich bei uns wohl fühlen. Es reicht schon, wenn sie nicht gerne und, wenn man es richtig sieht, auch nicht völlig freiwillig zu uns kommen. Wir müssen ihnen den Aufenthalt daher so angenehm wie möglich machen. Auch eine Arztpraxis lebt von der Weiterempfehlung“. Dies ist, was sich Edith Blum als Leitmotiv „auf die Fahnen geschrieben“ hat.

Als sie in einer Teamsitzung jedem ein Blatt in die Hand drückt und jeder muss drei Dinge aufschreiben, die ihm zum Thema „Steigerung der Wohlfühlatmosphäre in der Praxis“ spontan einfallen, da staunt Edith Blum nicht schlecht. Von der Duftlampe bis hin zu frischen Blumen und Keksen auf den Tischen sowie einer Getränkebar und einem Kaffeeautomaten ist fast alles dabei, was man sich vorstellen kann. Jetzt beginnt das große Rätseln, was eine angenehme Praxisatmosphäre ausmacht.

Wovon hängt es ab, wie eine Praxis auf den Patienten wirkt?

INFO 1 Anforderungen an die Praxisgestaltung/ Wohlfühlatmosphäre

Es gibt keine allgemein gültigen Regeln, wie eine Praxis auszusehen hat. Jede Praxis hat ihren eigenen Stil und ihre eigenen „Gesetzmäßigkeiten“, die nicht unbedingt übertragbar sind.

Aber es gibt auch hier Entwicklungen und Erkenntnisse, die berücksichtigt werden sollten.

Eine **Wohlfühlatmosphäre** entsteht nicht von allein und sie soll auch nicht dazu führen, dass der Patient am liebsten gar nicht mehr weggehen möchte. Es hängt ganz wesentlich davon ab, ob es gelingt, der Praxis einen bestimmten Stil zu geben und ob der Stil auch zu dem Verhalten der Mitarbeiterinnen und der Ärzte passt.

Oft ist die Behandlungsdauer wesentlich kürzer als die Zeit, in der ein Patient sonstige Eindrücke sammeln kann. Aus der Sicht des medizinischen Laien (und das sind die meisten Patienten) beginnt die Beurteilung der medizinischen Leistungen bereits mit dem ersten Blick in die Praxis und endet mit der Verabschiedung.

„Der erste Eindruck ist der beste und den letzten nimmt man mit". Auf diesen einfachen Satz lässt sich das bringen, was abläuft, wenn ein Patient zur Behandlung kommt.

Es kann hundertmal positiv gewesen sein, dass der Arzt dem Patienten freundlich lächelnd die Hand entgegengestreckt hat, und trotzdem ist dies nicht der erste Eindruck.

- Vorher hat der Patient mit der Angestellten **telefoniert** und sich ein Urteil über die Stimme, aber auch die mögliche Laune in der sie sich befindet, gemacht. Es ist der erste Schritt, der oft mehr entscheidet, als man denkt.
- Danach kommt der Patient in die Praxis. Bevor er die eigentlichen Räume betritt, wird er evtl. auf der Suche nach einem **Parkplatz** auf die Probe gestellt. Das Praxisschild ist die erste Botschaft, dass er da ist, wo er nicht unbedingt hin will, aber hin muss.
- Die Art und Weise, wie er bei der **Anmeldung** angesprochen wird, entscheidet über Vertrauen und Sympathie oder Skepsis und Ablehnung.
- Kaum hat er im **Wartezimmer** Platz genommen, spürt er, ob er sich hier wohl fühlt und sich durch Lektüren ablenken oder unterhalten kann oder ob er sich am liebsten gar nicht auf die alten und sichtbar unbequemen Stühle setzen und in den uralten zerfletterten Zeitschriften lesen will.
- Dann kommt es darauf an, wie lange er warten muss. **Zeit** wollte er ja durchaus mitbringen, aber das bezieht sich nicht auf den ganzen Vormittag. Und dann muss er auch noch feststellen, dass dauernd andere Patienten vorgelassen werden.
- Wenn er endlich zur **Behandlung** kommt, ist sein Bild über die Praxis schon weitgehend abgeschlossen und er ist von der musikalischen Unterhaltung oder von quengelndem Kindergeschrei genervt.

Farbe und Licht

Für das Wohlbefinden spielen Farbe und Licht eine große Rolle. Neben allgemeinen Wohlfühleffekten ist die DIN 67505 zu beachten. Sie präzisiert die Anforderungen an die Beleuchtung ärztlicher Behandlungsräume.

Von Farben gehen auch psychologische Wirkungen aus, die beachtet werden müssen. So wird man sich eine Praxis eher in pastellfarbigen, ruhigen Tönen, als in einem knalligen, aggressiven Rot vorstellen können.

Natürlich müssen Praxisräume, vor allem aber Labor- und Behandlungsräume, sauber und steril sein. Das bedeutet aber nicht, dass der Raum auch steril wirken muss. Ein „Arztweiß" strahlt unweigerlich nicht nur Sauberkeit, sondern vor allem Kälte aus. Abwechslung bringen warme Farben an den Wänden ebenso wie Auflockerungen durch Bilder. Verschiedene Lichteffekte (indirekte Deckenbeleuchtung, Strahler usw.) können eine Praxis merklich aufwerten.

Dabei hat man im Wartebereich viel größere Möglichkeiten als im Kernbereich der Praxisräume. Hier spielen weniger die gestalterischen Elemente eine Rolle als die Arbeitsergonomie. Und trotzdem gilt, dass z. B. Lichtquelle nicht gleich Lichtquelle ist. Die Optik einer Leuchte und die Art, wo sie angebracht ist, spielen eine nicht zu unterschätzende Rolle für das Wohlfühlen am Arbeitsplatz.

Lärm

Lärm schädigt den Gehörsinn und beeinflusst das zentrale Nervensystem. Lärm mach krank, aber trotzdem lässt sich in einer Arztpraxis ebenso wenig wie an den meisten anderen Arbeitslätzen die Lärmentstehung ganz vermeiden.

Bei offenen Empfangsstationen ist deshalb darauf zu achten, dass Hektik und mögliche Störungen durch Patientengespräche, Türgeräusche, Telefonate usw. nicht einen Geräuschpegel ergeben, der sehr störend für die Patienten ist und ein konzentriertes Arbeiten erschwert.

Schallschluckende Ausführungen von Decken, Fußböden und Wänden, insbesondere aber schalldichte straßenseitige Fenster können hier ebenso abhelfen wie Stellwände und Raumteiler. Auch größere Blumen brechen den Schall und tragen zu einer Lärmverminderung bei.

Raumklima

Wer kennt es nicht? Dem einen ist es zu kalt, dem anderen zu warm, der eine möchte lüften, dem anderen zieht es. Das Raumklima wird bestimmt durch:

- Temperatur,
- Luftfeuchtigkeit,
- Luftbewegung,
- Sauerstoffgehalt.

In den Praxisräumen sollte die Temperatur zwischen 21 und 22 Grad betragen. Dies sind nur Richtwerte. Entscheidend ist das Wohlbefinden der Patienten und hier gilt, dass man leichter friert, als dass man in der Praxis wirklich schwitzt.

Achten Sie darauf, dass nach Möglichkeit die Räume im Sommer nicht durch intensive Sonneneinstrahlung zu sehr aufgeheizt werden. Die optimale Luftfeuchtigkeit liegt bei 50 % bis 60 %. Sie lässt sich durch ein Hygrometer ablesen.

Pflanzen sind für Praxisräume besonders zu empfehlen. Ausgenommen hiervon sind die Behandlungsräume, weil hier ggf. hygienische Vorschriften entgegenstehen. Pflanzen wirken nicht nur sehr positiv auf den Menschen, sondern sie können auch einen echten Beitrag zur Klimaverbesserung leisten. Sie erhöhen nämlich nicht nur die relative Luftfeuchtigkeit, sondern sie filtern auch Schadstoffe aus der Luft.

INFO 2 Gestaltung und Verkettung der Funktionsbereiche

Das, was eine Praxis sichtbar ausstrahlt, ersetzt keine medizinische Leistung. Die Patienten kommen nicht wegen der angenehmen Atmosphäre, sondern sie erwarten Hilfe bei ihren gesundheitlichen Problemen. Das heißt, dass eine Praxis auch funktionell auf einem Stand sein muss, der die Patienten überzeugt.

Jede Arztpraxis hat ihre Besonderheiten, weil allein die räumlichen Voraussetzungen verschieden sind. Gerade dann, wenn mehrere Praxen zusammengefasst sind oder zusammen arbeiten, setzt dies besondere Maßstäbe an die Praxisorganisation und den Praxisablauf. Dies beginnt schon bei der Architektur und der Raumaufteilung. Je besser der Überblick ist, den ein Patient hat, und je leichter er sich orientieren kann, desto besser ist es für alle Seiten. Der Patient hat das Gefühl, dass alles klar geregelt und geordnet ist, und dem Team bleibt manche Frage und Erklärung erspart.

Unabhängig von allen grundlegenden Einzelfragen gibt es Funktionsbereiche, die in allen Praxen gleiche Aufgaben zu erfüllen haben:

Öffentlichkeit

- Eingangsbereich
- Empfangsbereich
- Toiletten
- Wartezimmer

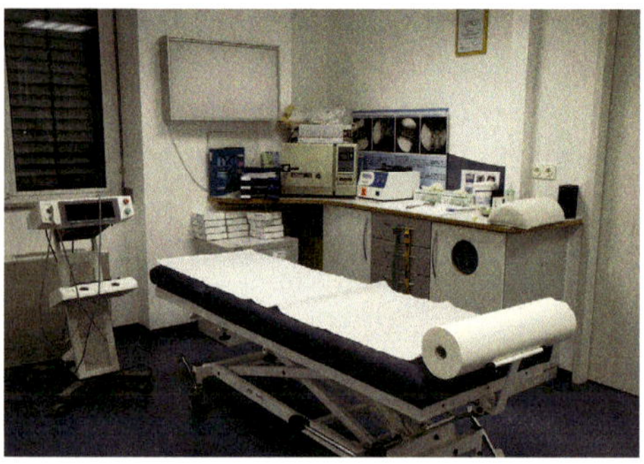

Behandlung

- Beratungsräume
- Behandlungsräume
- Röntgenräume
- Ruheräume (z. B. nach Operationen)

Verwaltung/Intern

- Bürobereich
- Sozialraum
- Personaltoiletten
- Laborräume

Die einzelnen Funktionsbereiche sind miteinander verbunden. Im Idealfall spricht man von einer internen Verkettung. Jede Praxis hat eigene Voraussetzungen für die Gestaltung der Arbeits- und Funktionsbereiche. Trotzdem sollte versucht werden folgende Empfehlungen zu berücksichtigen:

- optimale Anordnung der Räume
- bestmögliche Raumaufteilung
- Optimierung der vorhandenen Nutzfläche
- klare Trennung nach Funktionsbereichen
- günstige Anordnung technischer Anlagen
- angenehmes Praxisklima
- gute Farbauswahl und -abstimmung
- natürliche Raumluftzufuhr
- optimale Sanitär- und Sozialbereiche
- kurze interne „Verkehrswege“
- günstige Arbeitspositionen
- ausgefeiltes Kommunikationssystem

Trotz aller Verschiedenheiten gibt es eine Gemeinsamkeit: **Am Anfang jeder Praxis steht der Empfang.**

INFO 3 Empfangsbereich

„Empfangsbereich" statt „Anmeldung" ist mehr als nur eine veränderte Bezeichnung für ein und dieselbe Sache. Der Empfang ist die Visitenkarte der Praxis.

Am Empfangsbereich entscheidet sich, ob sich ein Patient neben der medizinischen Betreuung auch sonst wohl fühlt. Der beste Arzt wird Schwierigkeiten haben, wenn man Angst vor dem Kontakt mit dem Personal hat, weil es unfreundlich und unhöflich ist.

Das bedeutet nicht, dass ungenügende medizinische Leistungen nur mit Freundlichkeit und Höflichkeit ausgeglichen werden könnten, aber die Patienten sind Menschen mit ganz persönlichen Empfindungen und Stimmungen, auf die man sich einstellen muss. Patienten sind nichts anderes als Kunden. Genauso wie jedes andere Unternehmen muss auch eine Arztpraxis bestrebt sein möglichst zufriedene Kunden zu haben.

Die **Empfangstheke soll keine Barriere** sein. Dies ist der Bereich, in dem viele Dinge mit den Patienten geklärt werden. Dort legen sie ihre Sachen ab und füllen den Anamnesebogen aus. Hier finden sie die Informationen, die wichtig für sie sind. Und wenn ihre Daten in den PC eingegeben werden, sollten sie durchaus auch Einblick in den Bildschirm haben. Das fördert das Vertrauen, bedeutet aber keinesfalls eine Aufhebung des Datenschutzes. Gegenüber anderen Patienten müssen die Eingaben natürlich abgeschirmt sein.

Im Empfangsbereich laufen die „Nerven" der Praxis zusammen. Der Empfangsbereich ist die Schaltzentrale. Hier werden die Patienten aufgenommen, es werden Termine vereinbart, Rezepte ausgehändigt, die Post wird entgegengenommen – kurzum: Es wird der gesamte Praxisablauf organisiert.

Von daher empfiehlt es sich, dass der Empfang so platziert ist, dass von den Mitarbeiterinnen ohne Schwierigkeiten möglichst viele Praxisbereiche eingesehen werden können. Durch den offenen Empfang zum Wartebereich soll die **Kommunikation zwischen dem Praxisteam den Patienten** erleichtert werden. Aber Achtung: Trotz aller Offenheit ist der Schutz der persönlichen Daten oberstes Gebot.

LF 1
Kap. 7
Info 4
Seite 42
Schweigepflicht
Datenschutz

LF 2
Kap. 5.2
Info 3
Seite 151 f.
Datensicherung
Datenschutz

Praxistipp

Stellen Sie sicher,

- *dass neugierige Ohren nicht mithören können, wenn am Empfangstresen die Patienten ihr Anliegen schildern oder Daten für die Neuaufnahme mitteilen,*
- *dass Telefongespräche, die geführt werden, nicht von Wartenden und anderen Patienten mitgehört werden können,*
- *dass Bildschirme und Telefaxgeräte so aufgestellt sind, dass kein unberechtigter Einblick möglich ist,*
- *dass der Rechnerzugang durch Passworte geschützt ist und dass die Rechner, auf denen Patientendaten verarbeitet werden, nicht mit dem Netz verbunden sind.*

INFO 4 Wartebereich

Auch bei der besten Praxisorganisation lassen sich Wartezeiten nie ganz vermeiden. Abgesehen von wenigen Personen, die ein Wartezimmer auch einmal als eine willkommene Abwechslung vom häuslichen Alleinsein betrachten und die Zeit für ein Schwätzchen nutzen, warten die meisten Patienten nicht gerne. Daher muss die Wartezeit sinnvoll überbrückt werden können.

Der Gestaltungsspielraum des Wartebereiches ist zwar durch die baulichen Gegebenheiten begrenzt, aber dennoch kann man oft mehr tun, als man denkt. Es gibt viele Möglichkeiten, die weit über das einfache Auslegen von Zeitschriften hinausgehen.

Vorwartezone

Hier warten Patientinnen und Patienten, die gar nicht in die eigentliche Behandlung wollen. Es können z. B. Privatpatienten sein, die lediglich kurz mit dem Arzt zwischen zwei Behandlungen sprechen wollen. Es können aber auch andere Besucher sein, die rein privat vorsprechen (z. B. Verwandte, Freunde, Bekannte), oder auch angemeldete oder unangemeldete Pharmareferenten. In diesen Fällen müssen Sie als Mitarbeiterin mit dem nötigen Fingerspitzengefühl entscheiden, wie Sie sich verhalten.

Aufenthaltsraum

Dies ist der eigentliche Wartebereich bzw. das Wartezimmer. Hier gibt es die längsten Wartezeiten.

Daher ist diesem Raum auch eine ganz besondere Aufmerksamkeit zu widmen. Schöner als „Wartezimmer“ klingt die Bezeichnung „Aufenthaltsraum“. Moderne Arztpraxen sollten im Wartebereich mehr als nur bequeme Sitzplätze bieten. Jede Arztpraxis muss kundengerecht eingerichtet sein. Je mehr man sich auf die Ansprüche der Patienten einstellt, desto zufriedener werden sie nicht nur sein, sondern desto ruhiger ist auch die Praxisatmosphäre und desto geduldiger werden auch evtl. Wartezeiten hingenommen.

Wenn man sich sinnvoll beschäftigen kann, vergeht die Zeit unter Umständen wie im Flug. Das können für Kinder Spielecken, für Jugendliche und Erwachsene Internet-PCs und für die älteren Patienten Zeitschriften sein.

Toiletten

Es ist selbstverständlich, dass gerade in Arztpraxen die Toiletten besonders hygienisch und sauber sind. Papierbelegte Toilettenbrillen, saubere Handwaschbecken mit Seifenspender und Einmalhandtüchern, Ziehgeräten bzw. elektrischen Handtrocknern und Treteimern für Hygieneartikel sollten zum Standard gehören. Eine Kindertoilette kann eine sinnvolle Ergänzung darstellen. Es reicht auch nicht aus, die Toilette einmal am Tag zu kontrollieren. Dies muss zwar nicht unbedingt jede halbe Stunde geschehen, aber eine mehrmalige Reinigung und Desinfektion im Laufe eines Behandlungstages ist nicht nur sinnvoll, sondern nötig.

INFO 5 **Checklisten** für folgende Minimalanforderungen und möglichen Zusatzleistungen sind nur als Anregungen zu verstehen sich mit den Möglichkeiten der Praxiseinrichtung auseinander zu setzen.

	sinnvoll?		vorhanden?	
	ja	nein	ja	nein
• Aufenthaltsraum soll groß genug sein.				
• Beleuchtung muss ausreichend sein, möglichst durch Tageslicht.				
• Wände sind in frischen Farben tapeziert oder farblich gut abgestimmt gestrichen.				
• Bilder lockern die Wände auf.				
• Möbel sind optisch ansprechend und passen zum Stil der Praxis.				
• Sitzmöbel stehen in Gruppen und haben genügend Abstand.				
• Stühle und Sessel sind bequem und trotzdem rückenfreundlich.				
• Bei den Sitzmöbeln wurde auch an ältere Patienten gedacht, sie müssen sich ohne große Anstrengungen aus den Stühlen erheben können.				
• Der Wartebereich ist durch Stellwände in einzelne Bereiche abtrennbar (z. B. Videoecke).				
• Im Empfangs- und Wartebereich sind ansprechende Pflanzen- und Blumenarrangements vorhanden.				
• Für Kinder ist eine ausreichende Spielecke vorhanden.				
• Die Spielsachen sind immer hygienisch sauber und ungefährlich.				
• Ausliegende Zeitschriften sind in gutem Zustand und seriös.				
• Die Lichtquellen reichen aus, um genügend Licht zum Lesen abzugeben.				
• Es ist eine ausreichend große Garderobe vorhanden.				
• Die Räume sind gut temperiert und belüftet.				
• Dekoration ist auf die Jahreszeit abgestimmt (z. B. Weihnachts-, Ostergestecke).				
• An der Wand befinden sich Patientenwegweiser				
• Möglichkeit, zu telefonieren				
• Kaffee-, Tee-, Saft- und Getränkebar				
• Ständer mit Merkblättern über Krankheiten, Vorsorge usw. zum Mitnehmen				
• Patientenbibliothek mit Büchern aus dem Gesundheitswesen, die auch an die Patienten ausgeliehen werden				
• Kopiermöglichkeit von interessanten Zeitschriftenberichten				
• Infomappe über Wirkung und Gesundheitswert der verschiedenen Tees				
• Kreuzworträtsel oder Rätselzeitschriften				
• Schreibpult				

Arbeitsaufträge

1. Was kann getan werden, um den Aufenthalt in einer Praxis so angenehm wie möglich zu gestalten und wo liegen die Grenzen einer auf die Patientenwünsche ausgerichteten Praxisgestaltung?
2. Wodurch wird Ihrer Meinung nach die Behandlungsatmosphäre maßgeblich bestimmt?

3. Farbe und Licht sollen sich angeblich nicht nur auf die Gesundheit, sondern auch und insbesondere auf die Psyche auswirken. Wie erklären Sie sich dies?
4. Wie kommt man zu der Aussage, dass Lärm krank macht und was können Sie gegen Lärm in der Praxis tun?
5. In welche klassischen Funktionsbereiche lässt sich eine Praxis einteilen?
6. Sicher kennen Sie die Situation, dass Patienten im Empfangsbereich bei der Aufnahme ihre halbe Krankengeschichte erzählen. Vielleicht glauben die Patienten auch, dass dies für Sie wichtig sei. Wie gehen Sie mit solchen Situationen um?
7. Warum ist der Empfangsbereich gerade unter dem Gesichtspunkt des Datenschutzes eine sehr sensible Zone?
8. Dem einen Patienten ist es im Wartezimmer zu kalt, dem anderen zu warm, sodass er immer wieder das Fenster öffnet. Es entwickelt sich ein Streitgespräch in das Sie hineingezogen werden, als Sie den nächsten Patienten in das Behandlungszimmer bitten wollen. Wie reagieren Sie (richtig)?
9. Was halten Sie von der Idee, im Wartezimmer Spielfilme auf einer Großbildleinwand zu zeigen und den Ton - ähnlich wie in Flugzeugen - mithilfe von Kopfhörern übertragen zu lassen?
10. Nach welchen Merkmalen kann Ihrer Meinung nach die Qualität einer Praxiseinrichtung im „öffentlichen Funktionsbereich“ festgestellt werden? Greifen Sie bei der Beantwortung dieser Frage auch auf die abgebildete Checkliste zurück und versuchen Sie zu den einzelnen Merkmalen bezogen auf Ihre Praxis eine Bewertung oder Einstufung vorzunehmen.

4.2 Keine unnötigen Verrenkungen
Ergonomische Arbeitsplatzgestaltung

Moment mal …

Jeden Abend verlässt Nicole Wagner die Praxis und fühlt sich ziemlich erschöpft. Rückenschmerzen, die Augen tun weh, die Beine schmerzen auch. Zunächst denkt sie, es käme davon, dass die Tätigkeiten ungewohnt wären. Als sie ihren Kolleginnen dann doch einmal ihr Leid klagt, stimmen sie ihr zu. Edith meint, dass ihr Arbeitsplatz am Tresen einfach nicht mehr ausreiche. Der neue Farblaserdrucker hat noch einmal Platz weggenommen und die Tatsache, dass sich die Patientenzahl in den beiden letzten Jahren um etwa 20 % erhöht hat, hinterließ auch ihre Spuren (und wenn es auch nur mehr Karteikarten sind.)

Weil man mit dem Praxiscomputer wegen der hoch sensiblen Patientendaten nicht an das Internet angeschlossen sein darf, musste ein zweiter PC her. Auch der sollte noch auf den Schreibtisch oder – wenn der Platz hier nicht ausreichte – in eine Kammer, die bisher als Abstellraum genutzt wurde.

Für Karin Meier scheint der Weg vom Röntgenraum zu den Behandlungszimmern zu weit zu sein, denn „manchmal muss ich am Tag bestimmt fünfzigmal hin- und herlaufen“, sagt sie, „und dann muss ich noch laufend an den PC gehen, um irgendwelche Arbeiten zu erledigen. Das kann man uns doch nicht zumuten, der kleine Raum ist nicht nur zu weit von dem Empfang weg, sondern es ist auch ein Zimmer ohne Fenster.“

Dr. Schmitt und Dr. Pfeiffer laden die Mitarbeiterinnen zu einem Teamgespräch ein …

Welche Anforderungen sind an die Arbeitsplätze in einer Arztpraxis zu stellen?

INFORMATION

Ein Arbeitsplatz soll beste Bedingungen bieten, sodass die geforderte Leistung in einer möglichst angenehmen Umgebung erbracht werden kann. Dazu gehört, dass die Einrichtung geschmackvoll, vor allem aber auch funktionell ist. Es sollte nicht unterschätzt werden, dass die **Arbeitsplatzbedingungen als Wohlfühlfaktoren** auch auf den Umgang mit den Patienten ausstrahlen.

Eine optimale Leistungserbringung setzt nicht nur eine gute medizintechnische Ausstattung voraus, sondern sie ist auch mit einer optimalen Geräteausstattung im Bereich des Empfangs und der Bearbeitung der allgemeinen Patientenanliegen verbunden.

Dabei werden verschiedene technische Hilfsmittel eingesetzt. Zu einer modernen Rezeption gehören heute unter anderem folgende Kommunikationsmittel:

- **Telefonanlage** mit verschiedenen Sprechstellen in den Behandlungs-, Technik- sowie Warteräumen
- **Anrufbeantworter,** der außerhalb der Praxiszeiten eingeschaltet ist
- **Praxiscomputer** mit Internetanschluss
- **Telefaxgerät** oder Modem im PC
- **Schreibmaschine** zum Ausfüllen von nicht DV-gerechten Formularen
- **Karteisysteme**

Ergonomie ist die Anpassung der Arbeitsbedingungen an die Menschen unter Berücksichtigung psychologischer und physiologischer Gegebenheiten sowie Fähigkeiten der an einem Arbeitsplatz tätigen Menschen. Die Arbeitsbedingungen in einer Praxis entscheiden auch über das Leistungsvermögen der Mitarbeiterinnen.

Die Richtlinien zum Arbeitsschutz und zur Einrichtung ergonomischer Büroarbeitsplätze gilt auch für Arztpraxen. Dabei geht es nicht nur darum, dass arbeitsmedizinische Vorgaben erfüllt werden, sondern auch um die Frage, was darüber hinaus getan werden kann, damit sich die Mitarbeiter wohl fühlen und auf keinen Fall gesundheitliche Schäden erleiden.

Neben vielen anderen Vorschriften sollte die Einhaltung folgender Vorgaben für Bildschirmarbeit selbstverständlich sein:

Ihr Bildschirm

- ist leicht drehbar und lässt sich neigen. Er ist so eingestellt, dass Sie in einer entspannten Körperhaltung arbeiten können. Um in den Monitor zu schauen, müssen Sie nicht den Kopf drehen.
- hat einen Kontrast zwischen Zeichen und Hintergrund, der von Ihnen als angenehm empfunden wird. Sie können alles scharf und deutlich lesen.
- ist flimmerfrei. Die Darstellung von Bildern und Zeichen auf Ihrem Bildschirm ist stabil.
- ist mindestens einen halben Meter von den Augen entfernt aufgestellt. Er ist groß genug, dass sich die Zeichen aus diesem Abstand gut lesen lassen.
- hat die richtige Höhe. Dies ist dann der Fall, wenn sich die Oberkante des Monitors in Augenhöhe befindet.
- blendet Sie nicht. Auf der Mattscheibe gibt es keine störenden Reflexionen oder Spiegelungen. Alle Darstellungen sind unbeeinträchtigt zu erkennen.

Ihre Tastatur

- ist bequem bedienbar. Die Finger werden aus möglichst waagerechtem Handgelenk locker über die Tastatur geführt. Vor der Tastatur ist ausreichend Platz zum Auflegen von Händen und Armen. Bei einer zu schmalen Auflagefläche muss die Hand zu stark angewinkelt werden. Dadurch können zum Beispiel schmerzhafte Druckstellen am Handballen auftreten.

Ihr Arbeitstisch

- bietet genug Platz. Die Arbeitsfläche ist ausreichend groß und reflexionsfrei. Bildschirm, Tastatur, Schriftstücke, Telefon usw. lassen sich je nach Bedarf anordnen. Kein Arbeitsmittel ragt über den Tischrand hinaus. Beim Arbeiten können Sie problemlos die Körperhaltung wechseln.
- lässt Ihnen Beinfreiheit. Ausreichende Beinfreiheit unter dem Arbeitstisch ist dann gegeben, wenn Sie bei einer Beinhaltung, bei der Ober- und Unterschenkel etwa einen rechten Winkel bilden, nicht mit Ihren Knien oder Oberschenkeln an die Unterseite des Tisches stoßen.

Ihr Arbeitsumfeld

- lässt Ihnen Bewegungsspielraum. Der Raum oder Bereich, in dem Sie arbeiten, bietet Ihnen Möglichkeiten, sich zu bewegen. Sie sind nicht ausschließlich geistig aktiv, sondern verrichten im Büro hin und wieder auch kleine körperliche Tätigkeiten.
- birgt keine Gefahren. Alle Arbeitsmittel lassen sich erreichen, ohne dass das Risiko besteht zu stolpern oder irgendwo anzustoßen. Es liegen keine Kabel herum. Die Wege werden nicht durch offene (Schrank-)Türen verstellt.
- ist gut ausgeleuchtet, denn angemessene Beleuchtung ermöglicht gutes Sehen und verursacht keine Beeinträchtigungen.

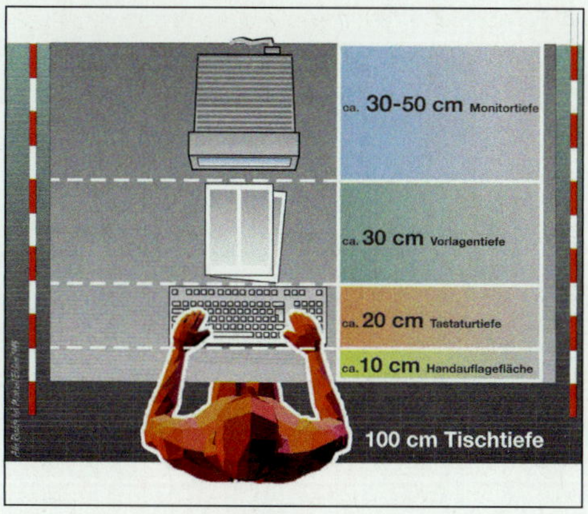

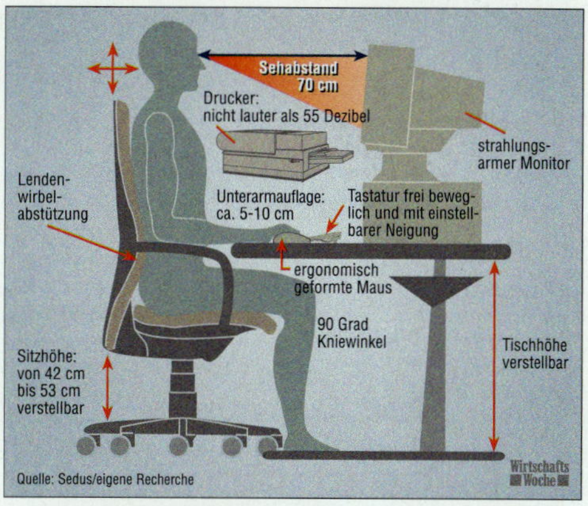

Vor der Tastatur sollten mindestens 10 cm Auflagefläche für die Hände bleiben, zwischen Tastatur und Bildschirm sollte Platz für Belege und Vorlagen sein und der Bildschirm sollte hinten auf keinen Fall über die Tischfläche hinausragen. Schon aus diesen Forderungen ergibt sich in vielen Fällen, dass ein Bildschirmarbeitstisch tiefer als 80 cm sein muss.

www.google.de Suchbegriff „Bildschirmarbeitsplatz Ergonomie

Arbeitsaufträge

1. Was bedeutet der Begriff „Ergonomie" und warum ist eine ergonomische Einrichtung des Arbeits- und Behandlungsplatzes wichtig?
2. Im Rahmen einer effektiven Organisation der Arbeitsabläufe und der Einrichtung des Arbeitsplatzes kann man auch die so genannte „ABC-Analyse" anwenden. Das bedeutet, dass man z. B. den Platz für Arbeitsmittel (Aktenordner, Schreibmaterialien, Terminpläne usw.) danach vergibt, wie oft man im Laufe eines Tages darauf zurückgreifen muss. Je öfter dies ist, desto näher muss das Arbeitsmittel am Arbeitsplatz sein. Am besten wäre es, wenn man alles direkt um sich herum hätte, aber dafür reicht der Platz nicht aus.

   Beispiel

   Ein Telefon gehört in Reichweite des Armes. Wenn man jedesmal einige Schritte zum Telefon gehen muss, ist es falsch platziert. Ähnliches gilt für den Terminplan. Dagegen kann der „Urlaubsordner", auf den man im Monat nur ein paar mal zurückgreift, ruhig in einem etwas entfernteren Schrank stehen.

   Versuchen Sie die von Ihnen am Arbeitsplatz (Empfangsbereich, Büro, Behandlungsraum) benötigten Arbeitsmittel in die Kategorien A (wird ständig benötigt), B (wird öfters benötigt) und C (wird selten benötigt) einzugruppieren. Ziehen Sie daraus geeignete Schlussfolgerungen für den Aufbewahrungsort dieser Arbeitsmittel und erklären Sie, worin der Sinn dieses Vorgehens liegt.

5 Was man schwarz auf weiß besitzt ...
Schriftliche Kommunikation

5.1 „Ab geht die Post"
Versendungsformen

Moment mal ...

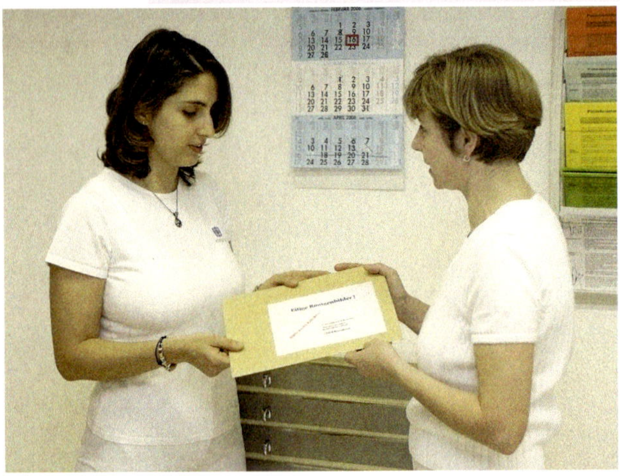

„Dieser Brief muss unbedingt morgen in der Universitätsklinik Konstanz sein. Ich habe das Röntgenbild von Herrn Kaiser beigefügt". Frau Dr. Schmitt lässt keinen Zweifel daran, dass sie es ernst meint.

Karin Meier weiß, worum es geht. Der Patient hat vor einigen Monaten ein künstliches Hüftgelenk bekommen und nun nehmen seine Beschwerden wieder zu. Offenbar beginnt der Beckenknochen sich zu zersetzen.

„Frau Meier, sorgen Sie bitte dafür, dass das auch wirklich klappt. Ich habe mit Prof. Dr. Grumbach vereinbart, dass ich ihn morgen gegen 11:00 Uhr anrufe. Spätestens eine Stunde vorher muss ihm das Röntgenbild vorliegen".

„Oh je, das sind ja mehr als 400 Kilometer Entfernung und es ist schon Nachmittag ..."

Welche Versandformen gibt es und welches sind die entscheidenden Kriterien für die Auswahl der am besten geeigneten Versendungsmöglichkeit?

INFO 1 Formen der schriftlichen Korrespondenz

Briefe

Briefe enthalten verschlossene Informationen, die in schriftlicher Form von einem Absender an einen Empfänger mit einer Postadresse gebracht werden.

Waren Betriebe und Privathaushalte beim Transport der Briefe bis vor kurzem auf die Post angewiesen, so zeichnet sich hier inzwischen eine Änderung ab. Immer mehr private Kurierdienste, die oft schneller und flexibler als die Post sind, bieten ihre Leistungen in zahlreichen Städten zu äußerst günstigen Tarifen an.

5780274

Bei der „Deutschen Post AG“ gibt es folgende Briefarten:

Briefform	Maße		maximales Gewicht
	Minimum	Maximum	
Standardbrief	140 x 90 mm	235 x 125 x 5 mm	20 g
Kompaktbrief	Europa 100 x 70 mm Welt 140 x 90 mm	235 x 125 x 10 mm	50 g
Großbrief	100 x 70 mm	353 x 250 x 20 mm (B4)	500 g
Maxibrief	Deutschland 100 x 70 mm	235 x 125 x 50 mm	1 000 g
	Europa/Welt 140 x 90 mm	Länge + Breite + Höhe = 900 mm und keine Seite länger als 600 mm	2 000 g

Postkarten
dürfen höchstens das Format C 6 haben, was einem Maß von 235 x 125 mm entspricht. Ihr Mindestmaß darf die Abmessungen 140 x 90 mm nicht unterschreiten.

Warensendungen
sind offene Briefsendungen. Sie dienen zum Versenden von kleineren Gegenständen wie Proben, Muster oder Ähnliches. Allen Warensendungen dürfen nur kurze Angaben zum Inhalt (z. B. „3-mal täglich einnehmen“) und eine Rechnung nebst Zahlscheinvordruck beigefügt sein.

Wurfsendungen
sind anschriftenlose Sendungen, die alle den gleichen Inhalt bzw. gleiche Beschaffenheit haben. Sie werden z. B. an alle Haushalte mit Tagespost verteilt.

Infopost und Infobriefe
Eine besondere Variante der Briefpost stellen die Infopost und die Infobriefe dar. Bedingung, um dieses kostengünstige Angebot der Post nutzen zu können, ist die Einlieferung einer bestimmten Mindestzahl inhaltsgleicher Sendungen (z. B. bei Infopost 50 Stück).

Als Infopost oder -brief eignen sich inhaltsgleiche schriftliche Mitteilungen, Unterlagen oder Datenträger in festgelegten Mindestmengen.

Pakete
haben ein Höchstgewicht von 20 kg. Das Höchstmaß eines Normalpakets beträgt 120 x 60 x 60 cm. Pakete in Rollenform sowie sperrige Pakete sind möglich. Bei Verlust oder Beschädigung haftete die Post. Gegen ein entsprechendes Entgelt kann eine Transportversicherung für Pakete abgeschlossen werden. Die beiden Wertstufen sind 2.556,46 € und 25.564,55 €. Eine Versiegelung oder ein sonstiger Hinweis auf wertvollen Inhalt ist nicht zulässig. Durch Aufkleben von „Freeway-Postmarken“ kann der Versender das Paket selbst freimachen. Auch ein Abholservice ist hierbei möglich. Als besondere Versendungsformen bietet die Post an: Eigenhändig, Rückschein und Nachnahme.

Päckchen
haben ein Höchstgewicht von 2 kg. Bei „Päckchen mit Marke“, bei welchem der Versender die Verpackung einschließlich Marke bei der Post erwirbt, beträgt das Höchstgewicht 20 kg. Das Höchstmaß eines Normalpäckchens ist 60 x 30 x 15 cm. Die Rollenform ist möglich. Im Gegensatz zum Paket wird die Einlieferung nicht bescheinigt. Auch übernimmt die Post grundsätzlich keine Haftung. Eine Ausnahme besteht bei eingeschriebenen Päckchen. Eigenhändig Rückschein und Nachnahme sind als besondere Versendungsformen möglich.

Besondere Versendungsformen

Für die ausgehende Post können auch einige besondere Versandformen von Bedeutung sein, welche die Post gegen ein zusätzliches Entgelt anbietet.

Versandform	Merkmale
Einschreiben	Der Absender erhält bei Einlieferung der Post eine Bescheinigung, mit der er beweisen kann, wann die Sendung abgegeben wurde. Folgende Zusatzleistungen sind möglich: • **Einwurf:** Die Sendung wird nicht persönlich abgegeben. Die Post bescheinigt nur den Einwurf in den Briefkasten des Empfängers. • **Eigenhändig:** Die Sendung wird nur dem Empfänger oder einem besonders Bevollmächtigten ausgehändigt. Die Bemerkung „Eigenhändig“ ist nur bei Einschreiben und bei Nachnahme möglich. • **Rückschein:** Der Absender erhält einen Rückschein mit der Unterschrift desjenigen, der die Sendung entgegengenommen hat.
Post Express	Dies ist eine neue Eilzustellung der Deutschen Post AG, die für Briefe und Pakete vereinbart werden kann. Die Post garantiert eine Zustellung am Tag nach der Einlieferung. Als Zusatzleistung kann vereinbart werden: Frühzustellung (z. B. vor 9:00 Uhr morgens), Sonn- und Feiertagszustellung, Transportversicherung, Auslieferung eigenhändig oder gegen Rückschein.
Werbeantwort	ist eine vorbereitete Antwortkarte oder ein Briefumschlag, die vorwiegend Werbesendungen beigefügt werden. Beispiel: Um den Ärzten das Bestellen von Waren zu erleichtern, legt das Versandhaus Medfix seinem Katalog eine vorgedruckte Postkarte bei. Der bestellende Arzt trägt seine eigene Adresse und die Bestellnummer ein. Das Porto zahlt bei dieser Werbeantwort der Empfänger. Neben der Adresse des Empfängers muss die Bemerkung „Porto zahlt der Empfänger“ oder „Bitte frankieren, falls Briefmarke zur Hand“ und der Vermerk „Antwort“ oder „Werbeantwort“ aufgedruckt sein.
Nachnahme	Von der Post werden hierbei Geldbeträge für einen bestimmten Absender von dem Empfänger eingezogen. Der gezahlte Betrag, abzüglich einer Gebühr, wird mit einem beigefügten Zahlschein auf das Postbankkonto des Empfängers überwiesen. Der Wert von Postnachnahmen ist auf 1.600,00 € begrenzt.

Praxistipp

Die Post AG bietet ständig neue Leistungen an. Ebenso bleiben die Gebühren und die Beförderungsbedingungen nicht immer gleich. Sie können sich im Internet auf der WEBSITE www.postag.de über die aktuellen Versandmöglichkeiten informieren.

INFO 2 Briefe mit medizinischem Material richtig versenden

Sendungen mit medizinischem Material bedürfen einer besonderen Vorsorge. Dafür gibt es eine eigene **E**uropäische **N**orm: EN 829. Sie schreibt vor, welche Versandverpackungen in bestimmten Fällen zugelassen sind.

Wichtig ist generell, dass

- von einem Versand medizinischer und chemischer Güter keine Gefahren ausgehen. Das heißt, dass die Versandverpackung den evtl. mechanischen Belastungen durch Werfen, Stoßen, Fallen usw. standhalten muss;
- flüssige Stoffe auslaufsicher verpackt sind;
- in der Verpackung zur Erhöhung der Sicherheit bei flüssigen Gütern aufsaugendes Material als Füllstoff enthalten sein muss, dessen Saugfähigkeit für die gesamte transportierte Flüssigkeit ausreicht;
- flüssige Stoffe in einem strapazierfähigen, wasserdichten und tropfsicheren Schutzgefäß, welches keinesfalls aus zerbrechlichem Glas bestehen darf, verpackt sind;
- nichtflüssiges Untersuchungsgut so sicher verpackt ist, dass es vor Beschädigungen durch Druck oder Stoß geschützt ist;
- die Warensendung mit der Aufschrift „Medizinisches Untersuchungsgut" gekennzeichnet ist;
- gefährliche Stoffe (z. B. infektiöse Materialien) nur in bauartgeprüften Versandverpackungen der Risikogruppe I und II verschickt werden dürfen. Sie müssen die deutliche Kennzeichnung „Vorsicht infektiös" tragen.

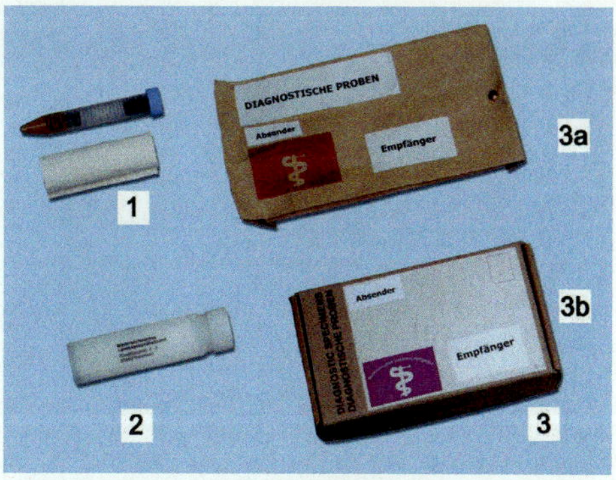

1. Probenröhrchen mit saugfähigem Material; 2. Schutzgefäß; 3. Umverpackung; 3a. flexible Versandhülle; 3b. formstabile Faltschachtel

Für Sendungen dieser Art bietet sich oft die Nutzung von **Kurierdiensten** an. Dies kann „Post Express" als Tochtergesellschaft der Deutschen Post AG sein, es gibt aber auch zahlreiche andere Privatanbieter von Expressdiensten. Ein Vergleich der Anbieter sollte nicht nur die Kosten, sondern auch die Zuverlässigkeit und die Schnelligkeit sowie die Frage berücksichtigen, ob die Post auch zu Hause oder in der Praxis abgeholt wird oder zu einer Annahmestelle gebracht werden muss.

Arbeitsaufträge

1. Nach welchen Merkmalen kann man die verschiedenen Möglichkeiten des Postversands unterscheiden?
2. Welche Versendungsform würden Sie in dem geschilderten Eingangsfall wählen? Begründen Sie dies und ermitteln Sie die Kosten für die Sendung.
3. Wann spricht man von „medizinischem Material" und warum gibt es für dessen Versand besondere Bedingungen?

5.2 Damit „er“ richtig ankommt ...
Briefkopf, -format und -inhalt

Moment mal ...

„Warum ist der Brief denn noch nicht angekommen?“
Frau Dr. Schmitt ist sichtlich schlecht gelaunt, als sie Herr Prof. Dr. Grumbach anruft und hört, dass die Röntgenaufnahmen des Patienten Lutz Kaiser noch nicht vorliegen. „Frau Meier, was ist denn da passiert? Meine Anweisungen waren doch eindeutig.“ Karin Meier hat zunächst auch keine Erklärung. Doch bei einer Kontrolle des Postausgangsbuches stellt sie fest, dass die Adresse nicht richtig angegeben wurde. Die Postleitzahl war falsch. Statt „78465“ mit der Straße „Am Höllbart“ war der Brief adressiert an „Am Homberg“ mit der Postleitzahl „78467“.

Was ist beim Postausgang zu beachten?

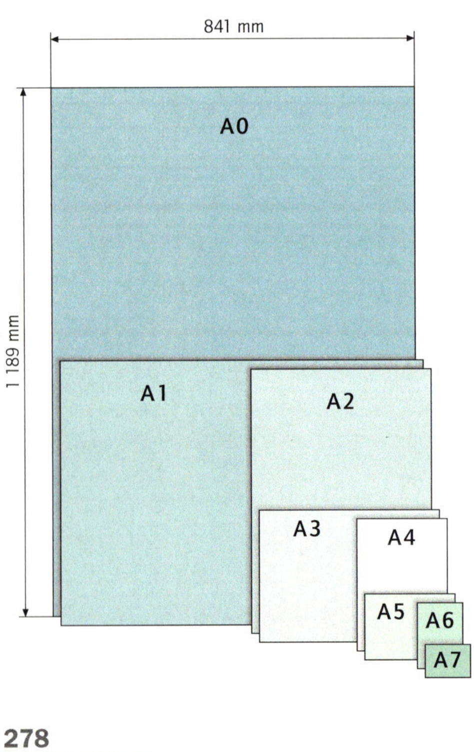

INFORMATION

Es gibt einige Grundregeln, die sicherstellen, dass die normalen Postlaufzeiten eingehalten werden und die Briefzustellung ordnungsgemäß erfolgen kann.

INFO 1 Normgerechte Briefformate

Sie können sich zwar theoretisch Ihr eigenes Briefformat basteln und Sie können auch eine achteckige Postkarte versenden, wenn Sie glauben, dass dies Ihren Patienten gefällt. Aber Sie müssen damit rechnen, dass sich die Zustellung immer dann verzögert, wenn Sie von der Norm abweichen.

Gängig sind nebenstehende Formate nach DIN 476.

Neben den „A-Formaten“ gibt es die „B“- und „C“-Reihen für Briefhüllen.

Üblich ist im Geschäftsverkehr die Verwendung von A4-Papier. Dies kann auf unterschiedliche Formate gefaltet werden, damit es in die jeweiligen Briefhüllen passt. Das Anschriftenfeld und der sonstige Aufbau eines A4-Geschäftsbriefes ist aber von der Frage, ob und wie oft der Brief gefaltet wird, völlig unabhängig.

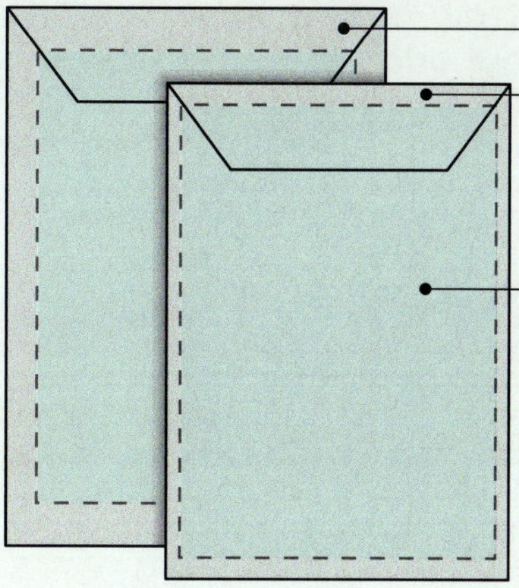

INFO 2 Briefe normgerecht aufbauen (DIN 676)

Die Abmessungen eines A4-Blattes stehen mit 297 x 210 mm fest. Ein A4-Umschlag hat die Maße 297,25 x 210,25 mm. Damit ist sichergestellt, dass ein A4-Papier auch in einen A4-Umschlag passt.

Bezüglich der inneren Gestaltung sind bestimmte Aufbauregeln zu beachten, weil man sonst z. B. bei der Verwendung von Fensterbriefumschlägen in Schwierigkeiten kommen könnte, denn schließlich soll die Anschrift und nicht der Inhalt sichtbar sein.

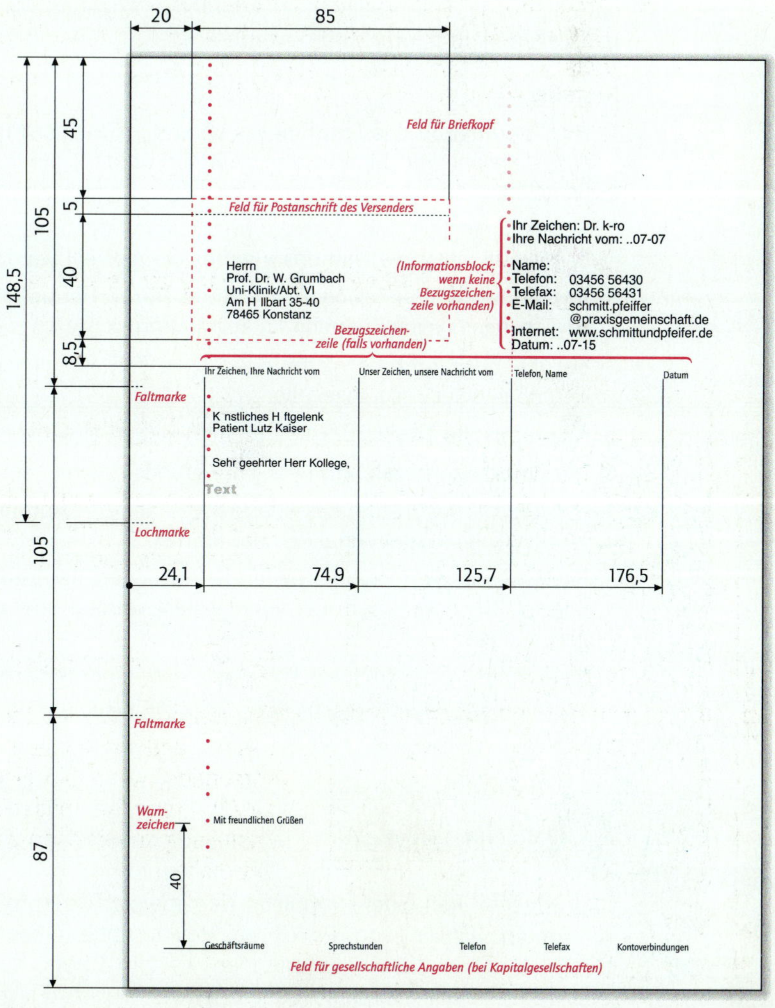

INFO 3 Briefkopf oder Anschrift richtig schreiben

Nicht umsonst ist auf einem Geschäftsbrief das Anschriftenfeld für einen bestimmten Bereich vorgesehen. Aber die Vorschriften gehen über das hinaus. Auch der Inhalt des Anschriftenfeldes ist standardisiert (nach DIN 5008):

Zeile	Inhalt	Erläuterung
1	Warensendung	← Sendungsart, Versendungsform, Vorausverfügung
2		Leerzeile
3		Leerzeile
4	Laborgemeinschaft	← Branche
5	MedLab Hornickel & Partner	← Firma
6	Südgasse 80 - 85	Straße
7	87600 Suhlheim	← PLZ/Ort
8		
9		

Im konkreten Einzelfall richtet sich die Gestaltung der neun Zeilen das Anschriftenfeldes natürlich nach den jeweiligen erforderlichen Angaben. Wichtig ist nur, dass die vorhandenen Zeilen nicht überschritten werden.

Regeln:

1. Wird die **Angabe des Empfängers** unter die Firmenangabe geschrieben, so kann der Brief auch von anderen Mitarbeitern geöffnet werden, denn im Vordergrund steht die Unternehmung.
2. Soll sichergestellt sein, dass der Brief nur von der angegebenen Person geöffnet und bearbeitet wird, muss die **Namensangabe** vorangestellt werden.
3. Anschriften werden grundsätzlich **ohne Hervorhebungen** geschrieben. Also keine Unterstreichungen, keine Sperrschrift, kein Fettdruck.
4. **Berufs- oder Amtsbezeichnungen** (z. B. ???, Rechtsanwalt) werden zusammen mit der Anrede in einer Zeile angegeben.
5. **Akademische Titel** (z. B. Dr., Dipl.-Ing.) stehen direkt vor dem Namen.
6. Die **Empfängerbezeichnung** beginnt grundsätzlich in der 4. Zeile.
7. Die Angabe des Dezernates oder der zuständigen **Abteilung** erleichert die gezielte Zustellung in großen Behörden und/oder Firmen.
8. Bei **Auslandspost** kann entweder die Abkürzung des Landes (z. B. „GB" für Großbritannien oder „I" für Italien) dem Ort vorangestellt werden oder das Land wird extra in eine Zeile geschrieben.
9. Man richtet sich grundsätzlich nach den **länderspezifischen Besonderheiten** im Anschriftenfeld, denn maßgebend ist die Zustellung im Ausland und nicht die Bearbeitung im Inland.

INFO 4 Briefinhalt

Das Erstellen von Briefen zählt in den meisten Arztpraxen zu einer der aufwändigsten Tätigkeiten. Es ist von Praxis zu Praxis unterschiedlich, welche Kompetenzen die Mitarbeiterinnen dabei jeweils haben. Es gibt Chefs, die auch wirklich jedes Wort und jeden Satz selbst schreiben oder diktieren wollen. Es gibt aber auch Praxen, in denen versierte Mitarbeiterinnen weitgehend freie Hand haben.

Auch für die schriftliche Kommunikation per Brief oder Karte gelten im übertragenen Sinne die gleichen Regeln wie für mündliche Gespräche:

- norm- und formgerechter Aufbau
- klarer Betreff und Bezug
- höfliche Ansprache
- klare Ausdrucksweise
- Sachlichkeit
- zielgerichtete Sprache (man muss wissen, worum es geht)
- keine Bedingungen oder Unterstellungen

Im Mittelpunkt von Geschäftsbriefen steht ohne Zweifel der Inhalt. Er soll möglichst kurz und präzise schildern, um was es geht, denn niemand liest gerne etwas, was er nicht braucht, um einen Sachverhalt verstehen und beurteilen zu können.

Betreff und Bezugszeichenzeile – oder: Worum geht es?

Diese beiden Zeilen haben hat verschiedene Funktionen. Zum einen enthalten sie die Angaben, um welchen Sachverhalt es in dem Brief geht. Zum anderen stehen hier wichtige Informationen über diejenigen, die mit diesem Brief zu tun haben. Dazu gehört die Abkürzung des Namens sowie die Telefonnummer einschließlich der Durchwahlmöglichkeit.

Beispiel 1

Die Praxis Dr. Schmitt versendet ein Schreiben. Diktiert hat es Frau Dr. Schmitt, geschrieben wurde es von Frau Wanner.

Ihr Zeichen/ Ihre Nachricht vom	Unser Zeichen/ Unsere Nachricht vom	Telefon/Name 03456 56430	Datum
	Schm - wan	12 - Frau Wanner	31.03.2006

Hier handelt es sich um ein „Erstschreiben", dem noch kein Brief vorausging, daher erfolgt keine Angabe unter „Ihr Zeichen".

verantwortlich für den Inhalt: Frau Dr. Schmitt

geschrieben von: Frau Wanner

Beispiel 2

Die Praxis erhält eine Antwort auf den vorausgegangenen Brief.

Ihr Zeichen/ Ihre Nachricht vom	Unser Zeichen/ Unsere Nachricht vom	Telefon/Name 06698 20001	Datum
Schm - wan 31.03.06	ka - se	22 - Frau Seeger	12.04.2006

Bezugszeichen des von uns versandten Schreibens

Beispiel 3

Unser Antwortbrief auf das eingegangene Schreiben:

Ihr Zeichen/ Ihre Nachricht vom	Unser Zeichen/ Unsere Nachricht vom	Telefon/Name 03456 56430	Datum
ka - se/wan 12.04.06	Schm - wan	12 - Frau Wanner	19.04.2006

Bezugszeichen des an uns gerichteten Schreibens

Ist **keine Bezugszeichenzeile vorgedruckt,** werden die Angaben entweder

- rechts oben neben das Anschriftenfeld aufgelistet (man beginnt in Höhe der 1. Zeile des Anschriftenfeldes) oder
- die Angaben erfolgen in der Höhe, wo sie auch auf vorgedruckten Formularen stehen. In diesem Fall können sie auch untereinander geschrieben werden.

Nach der Bezugszeichenzeile kommt der **Betreff.** Er soll in sehr kurzer Form (Stichworte - keine Sätze) den Empfänger knapp informieren, worum es geht.

Was will ich - Grundlagen der Textgliederung

Jeder Brief besteht (wie jeder Aufsatz) inhaltlich aus drei Teilen:

Einleitung

Sie hat die Funktion, in kurzen Worten einen Bezug zu einem wichtigen Zusammenhang herzustellen.

Hauptteil

Er hat die Funktion, darzustellen, um was es im Kernbereich des Anliegens geht.

Zu beachten:

1. sachlogischer und nachvollziehbarer Aufbau
2. innere Geschlossenheit der Argumentation
3. aufeinander abgestimmte Abfolge von Gründen und daraus abgeleiteten Forderungen
4. keine unangenehmen Mitteilungen am Anfang oder am Schluss
5. Interesse und Aufmerksamkeit am Beginn des Briefes erzeugen

Schluss

Am Ende eines ggf. auch noch so kritischen Briefes versucht man den Inhalt noch einmal zusammenzufassen und das Anliegen bezüglich des weiteren Vorgehens auf den Punkt zu bringen.

www.deutschepost.de
Link: Information & Unterhaltung
➜ Rund ums Briefeschreiben
➜ Brief-Assistent.

Bei Texten, deren Elemente sich häufig wiederholen und sich gut strukturieren lassen, kann man mit **Textbausteinen** arbeiten. Solche Serienbriefe unterscheiden sich oft nur durch unterschiedliche Adressen und Anreden.

Die Vorbereitung des Postausgangs wird durch folgende Arbeitsschritte gekennzeichnet:

- **Kontrolle** der Vollständigkeit der Briefe und deren Anlagen
  - Liegen dem Schreiben die erwähnten Anlagen bei (z. B. Kopien, EKG-Streifen, Facharztbefunde)?
  - Sind bei schriftlicher Beantwortung der Anfragen von Behörden, Krankenkassen, oder medizinsichen Diensten die entsprechenden Abrechnungsziffern für das Porto und die Kopien vermerkt worden?
  - Bei medizinischen Gutachten, z. B. für Lebensversicherungen, sind Rechnungen beizufügen.
- **Überprüfung** der Richtigkeit der Empfängerangabe
- **Falzen** der Briefe und der anderen Unterlagen. Für Arztpraxen mit viel Briefverkehr ist zu prüfen, ob sich die Anschaffung einer speziellen Brieffalzmaschine lohnt.
- **Kuvertieren,** d. h., die Unterlagen werden in die jeweils geeignete Briefhülle eingelegt. Durch Kuvertiermaschinen lässt sich dieser Vorgang automatisch ausführen. Diese Investition ist aber in der Regel nur für sehr große Praxen, besonders aber für Kliniken und Krankenhäuser geeignet.

- **Sortieren** der Post nach Versendungsformen (z. B. Einschreiben) und Sendungsart (z. B. Brief).
- **Wiegen** der Poststücke mit einer Briefwaage
- **Schließen** der Briefhüllen (manuell oder auch mit einer Briefschließmaschine)
- **Frankieren** der Postsendung durch Postwertzeichen (Briefmarken) oder in Arztpraxen mit regem Postverkehr auch durch eine Frankiermaschine

INFO 5 Briefe richtig falten

Briefformate und Umschläge sind so aufeinander abgestimmt, dass es immer passt, wenn man die Briefe richtig beschreibt und vor allem korrekt faltet. Auf den gedruckten Briefbögen sind Faltmarken angebracht. Das Problem ist nur, dass sie oft nicht beachtet werden. Aber nichts ist unschöner als ein mehrfach geknickter Brief.

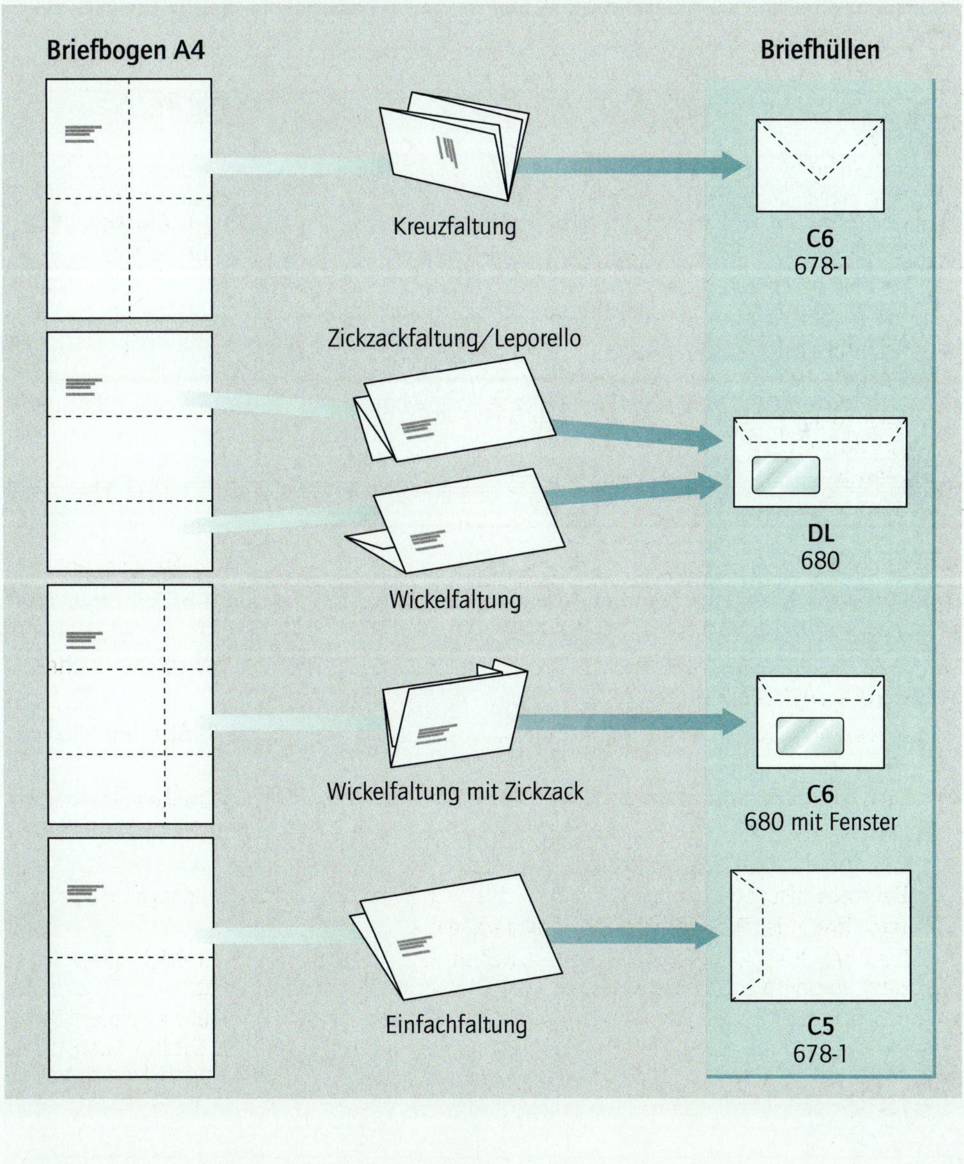

Praxistipp

Briefe richtig gestalten: Es kommt nicht nur darauf an, was man sagt, sondern auch darauf, wie man es sagt! Dies gilt nicht nur für das gesprochene Wort, sondern auch für ein Schriftstück. Aus einem Bogen Papier kann man etwas ganz Individuelles und Unverwechselbares machen – wenn man will.

Arbeitsaufträge

1. Welches Format hat ein „normaler“ Brief und welche anderen Formate unterscheidet man?
2. Wie muss das Anschriftenfeld aussehen, wenn Sie sicher gehen wollen, dass der Brief nur von dem Empfänger geöffnet wird?
3. Erläutern Sie die Grundstruktur für den Aufbau eines Geschäftsbriefes.
4. Welche Aufgabe haben Betreff- und Bezugszeichenzeile?
5. Nennen Sie die aus Ihrer Sicht die drei wichtigsten Qualitätsregeln für den Postversand.
6. Wie kommt es, dass ein A4-Brief problemlos in einen A4-Umschlag passt?
7. Privatpatienten sind in der Praxisgemeinschaft von Dr. Schmitt und Dr. Pfeiffer willkommen und werden - soweit es geht - auch immer bevorzugt behandelt. Man weiß ja, was man an ihnen hat. Die Gebührenordnung lässt den Ärzten zwar einerseits Luft, um höhere Honorare als bei Kassenpatienten in Rechnung zu stellen, aber manche Privatliquidation wird erst nach ein- bis zweimaliger Mahnung beglichen. Mit dem bisherigen Verfahren, anbei man eine Kopie der Liquidation verschickt und den Privatpatienten damit auffordert, die offene Rechnung zu begleichen, ist Frau Dr. Schmitt nicht mehr zufrieden. Sie will dies anders machen und bittet Nicole, doch einmal einen schicken Brief zu entwerfen, der die Patienten auch wirklich anspricht.
   Entwerfen Sie eine Zahlungserinnerung und gehen Sie dabei nicht nur inhaltlich an die Aufgabe heran, sondern überlegen Sie sich auch, was man gestalterisch machen könnte.
8. Ordnen Sie die Buchstaben den Briefbestandteilen richtig zu (bitte nicht in das Buch eintragen, wenn es Ihnen nicht gehört!)

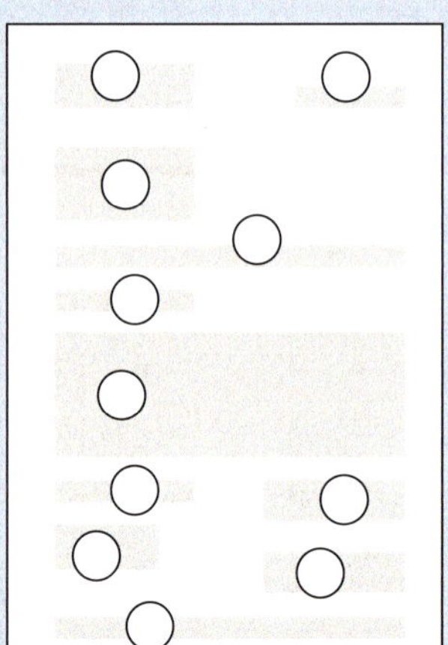

A Absenderangaben
B Datum
C Empfängerdaten
D Betreff
E Anrede
F Text
G Gruß
H Unterschrift
I Anlagevermerk
J Verteilervermerk
K Das Postskriptum

5.3 Damit nichts verloren geht ... Aufbewahrungsfristen/Schriftgutablage

Moment mal ...

Auf dem Schreibtisch stapeln sich die Unterlagen. Die Eingangspost ist das Wenigste - sie liegt ja obendrauf ... Aber da war doch gestern ein Anruf von Frau Schütze - oder hieß sie Schulze oder ... egal, wird sich schon noch einmal melden. Ach ja - fast hätte Edith Blum es vergessen - ihr Chef hat doch für morgen Vormittag eine Einladung zur Verabschiedung von Medizinalrat Dr. Obermeier gegeben. Sie sollte ihn daran erinnern - gut, dass sie den Zettel noch findet - besser vorher als nachher, denkt sie.

Und dann der Anruf der Unfallkasse, die bezüglich des Arbeitsunfalles der Patientin Gisela Schmitz (ihr war ein Regal auf den Fuß gefallen) eine Information darüber haben will, wann sie zur Behandlung war, was dabei genau festgestellt wurde und ob eine Röntgenaufnahme angefertigt worden ist. Frau Schmitz ist aber gar keine Stammpatientin - und die Suche nach den Unterlagen beginnt ...

Welche Aufgaben haben Registratur und Dokumentation zu erfüllen?

INFO 1 Dokumentationspflicht

Alle in Ausübung des Berufes gemachten Feststellungen und getroffenen Maßnahmen müssen aufgezeichnet und aufbewahrt werden.

LF 2
Kap. 1.1, 1.2, 5
Patientenaufnahme
Verwaltung von
Patientendaten

Bestandteile der ärztlichen Dokumentation (ohne Anspruch auf Vollständigkeit):

- Name des Patienten
- Datum des Besuches
- Anamnese
- Beschwerden
- Verdachtsdiagnosen
- Verordnung von Arzneimitteln
- Ergebnis der Behandlung
- Art der Nachbehandlung
- Sektionsbefunde
- Operationsberichte
- besondere Behandlungsarten
- Dosis und Datum der Applikation
- Zwischenfälle
- Röntgen- und Sonografieaufnahmen
- EKG- und CTG-Streifen
- Laborbefunde
- Überweisungsempfehlungen
- Wiedereinbestellungen
- Warnhinweise an den Patienten
- ggf. unterschriebene Weigerungserklärung des Patienten
- Einsatz von Blut und Blutprodukten (patienten- und produktbezogen)
- Chargennummern
- Präparatenamen/Hersteller

Dabei sind folgende **Grundsätze** zu beachten:

1 Für Laien muss die Dokumentation nicht verständlich sein. **Stichwortartige Angaben** in der Patientenkartei genügen; **Fachausdrücke** müssen nicht erklärt werden. Neben fachspezifischen Abkürzungen sind auch Symbole erlaubt. Voraussetzung ist, dass die Aufzeichnungen **leserlich** und **verständlich** sind. Ein anderer Arzt oder das Pflegepersonal muss erkennen können, wie vorgegangen wurde.

2 Laut Bundesgerichtshof muss die Dokumentation **objektive Erkenntnisse** über das körperliche Befinden des Patienten sowie Aufzeichnungen über Umstände und Verlauf der durchgeführten Behandlung enthalten. Der Eintrag in die Patientenakte sollte mit dem **Namen** des Patienten und dem **Datum** des Besuches beginnen. Dann folgt zumindest in Stichworten der Grund des Arztbesuches sowie die Beschwerden des Patienten.

3 Auch **Verdachtsdiagnosen** - selbst wenn sie sich nicht bestätigen - sollten in der Patientenakte notiert werden. Des Weiteren sollten **Untersuchungsmaßnahmen** und Funktionsbefunde vermerkt werden. Dabei genügen Stichpunkte, die aber so vollständig sind, dass die weitere Behandlung durch Praxisvertreter usw. sichergestellt ist. Von der Dokumentationspflicht ausgenommen sind Routinemaßnahmen, z. B. die vor einer Injektion durchzuführende Desinfektion der Haut.

4 Angaben über Ursache und **Ausmaß der Erkrankung** sowie daraus folgende Funktionsstörungen sollten jedoch in der Akte niedergeschrieben werden. Bei der **Verordnung von Arzneimitteln** sind Angaben über Art und Dosierung in die Akte aufzunehmen. Darüber hinaus gehört auch ein Bericht über die **Aufklärung** des Patienten in die Akte; genauso wie der Vermerk, wenn der Patient ausdrücklich auf die Aufklärung verzichtet.

5 Dokumentationen über ärztliche **Aufklärungsgespräche** werden von der Rechtsprechung nicht verlangt. Aus Beweisgründen empfiehlt es sich jedoch, dass zumindest bei operativen Eingriffen die vorangegangene Aufklärung dokumentiert werden sollte. Dabei kann auf Musterformulare zurückgegriffen werden - ein Aufklärungsgespräch wird dadurch nicht ersetzt. Freiräume auf den Formularen sollten genutzt werden, um mit Skizzen und Anmerkungen die Aufklärung zu ergänzen. Diese Art der Dokumentation kann im Streitfalle belegen, dass der Patient vor dem Eingriff ausreichend informiert wurde - vorausgesetzt, der Patient hat das Formular unterschrieben.

In die Dokumentation eines Anästhesisten zum Beispiel gehören **Patientendaten** wie Gewicht, Blutgruppe, Allgemeinzustand vor der Operation, allergische Erkrankungen sowie Angaben zur Verträglichkeit von Betäubungsmitteln. Im **Narkoseprotokoll** sollte die Lagerung des Patienten während des Eingriffes beschrieben werden. Bei **Operationen** sollte aus der Dokumentation hervorgehen, wer in welcher Funktion beteiligt war. Kommt es während der Operation zu Zwischenfällen, sollten diese mit Angabe des Zeitpunktes und eingeleiteten Maßnahmen dokumentiert werden.

6 Gerade im Streitfall zwischen Arzt und Patient ist eine umfangreiche Dokumentation von Bedeutung. Dabei ist zu berücksichtigen, dass die in der Berufsordnung vorgesehene **Aufbewahrungspflicht** für ärztliche Aufzeichnungen **von zehn Jahren** eine Mindestaufbewahrungspflicht ist. Im Einzelfall wird empfohlen die Unterlagen in strittigen Fällen - z. B. Geburtsschäden - 30 Jahre lang aufzubewahren. Denn so lange dauert es, bis zivilrechtliche Haftungsansprüche des Patienten verjähren.

7 Die Ärztekammer empfiehlt die Dokumentationsunterlagen für einen erheblich längeren Zeitraum aufzubewahren, wenn es während der Behandlung zu Komplikationen („Kunstfehlern“) kommt, für die der Arzt haftbar gemacht werden könnte. In diesem Fall sollten die Unterlagen bis zum Ende der zivilrechtlichen Verjährungsfrist von 30 Jahren aufbewahrt werden. Nach einem Urteil des Bundesgerichtshofes vom 7. Mai 1985 obliegt es dem Arzt, für eine ordnungsgemäße Dokumentation seiner Tätigkeit und die Führung sowie Aufbewahrung von Krankenunterlagen Sorge zu tragen.

Tut er es nicht, so können sich für spätere Haftpflichtprozesse Nachteile ergeben. Im schlimmsten Fall kann er die Vorwürfe der Gegenpartei wegen bereits vernichteter Unterlagen nicht widerlegen und somit zu Unrecht verurteilt werden.

8 **Aufzeichnungen auf elektronischen Datenträgern** oder anderen Speichermedien bedürfen besonderer Sicherungs- und Schutzmaßnahmen, um deren Veränderung, Vernichtung oder unrechtmäßige Verwendung zu verhindern.

Um die Daten vor nachträglicher Änderung zu schützen, kann man beispielsweise für einzelne Personen **Zugriffs-** und **Änderungsrechte** für ausgewählte Daten vergeben. So kann der Arzt sich als alleinigem Nutzer das Recht auf Datenänderung erteilen. Um Datenträger vor unbefugtem Kopieren zu schützen, sollte nur der Hauptserver der Praxis mit einem Laufwerk ausgestattet sein. Dieses sollte von außen verkleidet, abschließbar oder mittels Software zu deaktivieren sein.

9 Dass **EDV-gesicherte Daten** bei einem Stromausfall oder Virenbefall des Rechners vernichtet werden, kann durch eine tägliche Datensicherung auf externe Träger wie Diskette oder CD-ROM verhindert werden. Dabei ist zu beachten, dass sie zu keinem Zeitpunkt magnetischer Strahlung, wie durch einen Computer-Monitor, ausgesetzt sein sollten. Wie Papierakten sollten Datenträger in verschließbaren, feuerfesten Schränken aufbewahrt werden. Damit Datenträger nicht unbemerkt verloren gehen, sollten diese inventarisiert werden.

10 Akten, die in der laufenden Praxis nicht zur Verfügung stehen müssen, da beispielsweise der Patient zwischenzeitlich gestorben ist, können für die verbleibende Aufbewahrungszeit ausgelagert werden. Auch bei der **Wahl des Lagerraumes** sollte darauf geachtet werden, dass ein unbefugtes Entfernen der Unterlagen ausgeschlossen wird. Wenn die Möglichkeit fehlt die Unterlagen in den Praxisräumen aufzubewahren, kann auf private Archivierungsunternehmen zurückgegriffen werden. Wird die Praxis durch den Tod des Inhabers aufgegeben, so gehen die Pflichten zur ordnungsgemäßen Aufbewahrung auf die Erben über.

Nach Ablauf der Aufbewahrungsfrist dürfen die Patientenunterlagen auf keinen Fall in den normalen Müll gegeben werden! Die Unterlagen sind so zu vernichten, dass eine Rekonstruktion unmöglich ist, z. B. durch einen Reißwolf. Die **Aktenvernichtung** wird auch von privaten Unternehmen übernommen. Datenträger können unbrauchbar gemacht werden, indem sie mit entsprechender Software mehrmals überschrieben werden – die BÄK empfiehlt, dass dies unter Aufsicht des Arztes geschieht.

www.gesetzeskunde.de
Stichwort: Rechtsalmanach
➔ Krankendokumentation

INFO 2 Schriftgutablage/Registratursysteme

Die Schriftgutablage (Registratur) hat die Aufgabe, das Schriftgut geordnet aufzubewahren und zu verwalten. Da Mitarbeiterinnen in einer Arztpraxis durchschnittlich 20 % ihrer Arbeitszeit für Schriftgutverwaltung benötigen, wird eins deutlich: Schriftgut schlecht zu managen, ist ein Luxus, den sich viele Praxen in der heutigen Zeit einfach nicht mehr erlauben können.

Im Einzelnen sollte eine **effektive Schriftgutverwaltung** folgende Anforderungen in einer Arztpraxis erfüllen:

- Die benötigten Informationen sollten schnell verfügbar sein (z. B. kurze Zugriffszeit auf Patientenkartei).
- Die Aufbewahrung des Schriftguts sollte sicher erfolgen (z. B. Zugriffssicherung auf Patientendatei durch abschließbare Schränke).
- Die Schriftverwaltung sollte wirtschaftlich (kostengünstig) sein (z. B. preiswertes Registratursystem, gute Ausnutzung der Praxisräume durch die jeweiligen Registraturmöbel, geringe Personalkosten für Schriftgutverwaltung).

Hängeregistratur

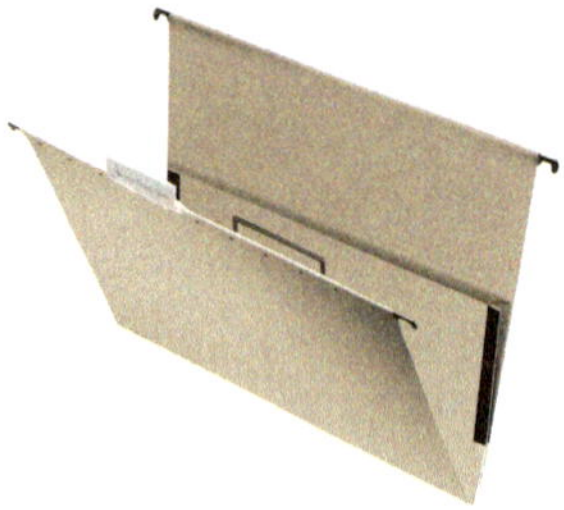

Vertikale Registratur, in der die Mappen oder Behälter für Schriftgut hängen. Diese Mappen sind oben offen. Das Schriftgut wird lose eingesteckt.

Die Registratur kann auch in Schränken oder Schreibtischauszügen untergebracht werden. Der Vorteil ist, dass eine schnelle und arbeitsplatznahe Einsortierung möglich ist.

Pendelregistratur

Vertikale Registratur, in der – ähnlich wie bei der Hängeregistratur – die Mappen oder Behälter für Schriftgut hängen. Diese Mappen sind im Gegensatz dazu aber unten offen. Das Schriftgut wird gelocht und eingeheftet.

Der Vorteil ist, dass die Reihenfolge des Schriftgutes durch das Einheften automatisch in chronologischer Form erfolgt. Die Zugriffszeit wird dadurch aber höher.

Kassettenregistratur

In Stehsammlern werden Einstellmappen oder Einstellbehälter aufbewahrt. In den Stehsammlern können auch größere Gegenstände (Kataloge usw.) aufbewahrt werden.

5780288

Ordnerregistratur

Das Schriftgut wird in Ordnern aufbewahrt. Dies ist die klassische und bekannteste Form der Aufbewahrung und Archivierung. Die Ordner gibt es in verschiedenen Rückenbreiten und für unterschiedliche DIN-Formate. Register und Trennblätter ermöglichen die Inhalte zu gliedern.

INFO 3 Ordnungssysteme bei der Schriftgutablage und -verwaltung

Bedingung für eine effiziente Schriftgutverwaltung in einer Arztpraxis ist ein übersichtliches und leicht einprägsames Ordnungssystem.

Verschiedene Arten von Ordnungssystemen werden unterschieden:

• alphabetische Ordnung

Ordnungsmittel ist die Reihenfolge der Anfangs- und Folgebuchstaben der jeweiligen Ordnungswörter. Die alphabetische Ordnung ist nach DIN 5007 geregelt und ist die gebräuchlichste Ordnungsmöglichkeit. Als weitere Regeln sind z. B. zu beachten:

- Die Umlaute ä, ö, ü werden wie ae, oe und ue und ß wird wie ss behandelt.
- Der Familienname ist das erste, der Vorname das zweite Ordnungswort. Ist das nicht ausreichend, sind weitere Merkmale, wie z. B. Straße, Wohnort, beim Ordnen zu beachten.
- Akademische Grade (z. B. Dr., Dipl.-Kfm.) werden nicht berücksichtigt und stehen nach dem Vornamen.

In der Arztpraxis findet die alphabetische Ordnung vor allem in der Patientenkartei Anwendung.

• numerische Ordnung

Ordnungsmerkmal sind hierbei Zahlenwerte. Die numerische Ordnung gewinnt durch die EDV immer größere Bedeutung. Die einfachste Art und Weise der numerischen Ordnung ist die einer fortlaufenden Nummerierung. Komplizierter ist das System einer sprechenden Nummerierung. Jede Ziffer innerhalb einer Zahlenfolge hat hierbei eine spezielle Bedeutung.

Beispiele

Chronologisch können z. B. geordnet werden: Bankauszüge, Eingangsrechnungen, Durchschriften von Arbeitsunfähigkeitsbescheinigungen. Die Reihenfolge der Heftung kann unterschiedlich sein. Bei der kaufmännischen Heftung werden die neuen Schriftstücke auf die alten geheftet. Bei der Behördenheftung ist dies umgekehrt.

• mnemotechnische Ordnung

Bei diesem System wird mit Erinnerungshilfen gearbeitet, die man herkömmlich auch als eine Art „Eselsbrücke" oder „Gedächtnisstütze" bezeichnen könnte. (Das Wort Mnemotechnik ist griechisch und bezeichnet die Kunst des Erinnerns.) Gewählt werden Abkürzungen, die sich leicht in einen Zusammenhang mit dem zu merkenden Begriff bringen lassen.

Beispiele

ER = Eingangsrechnung PA = Postausgang AB = Arztbefund BS = Berufsschule

- **sachlogische Ordnung**

Die Ablage erfolgt nach Oberbegriffen bzw. nach bestimmten Stichwörtern. Die Stichwörter werden dabei individuell dem Sachverhalt des Vorgangs entnommen.

Beispiel

So kann das Wort „Ärztekammer“ als Stichwort für die Ablage jeder Art von Schriftverkehr mit dieser Institution dienen.

- **farbliche Ordnung**

Farben sind häufig zusätzliche Ordnungsmittel für Zahlen und Buchstaben. Bei dieser Art der Farbcodierung wird einem bestimmten Zahlenwert und einer Buchstabenfolge eine eindeutige Farbe zugeordnet. Farbverwendung hat den Vorteil, dass sie direkt die Sinne anspricht, das Auge leitet (Signalwirkung der Farbe) und so die Zugriffszeit auf die Akten verkürzt.

Beispiel

Ordner, auf denen nicht nur der jeweilige Sachbegriff steht (wie z. B. Mahnungen, Befunde oder Gutachten), sondern bei denen die Aktenrücken außerdem unterschiedlich eingefärbt sind, erleichtern die Schriftgutverwaltung.

INFO 4 Aufbewahrungsfristen

Nr.	Art der Unterlagen	Aufbewahrung	Rechtsgrundlage
01	Arbeitsunfähigkeitsbescheinigung	**1 Jahr**	
12	Überweisungsscheine (nur für EDV-Abrechnung)	**1 Jahr**	Abschnitt 2 § 4 Abs. 3 Vertrag über Datenträgeraustausch
02	Abrechnung mit der KV mittels EDV-Sicherungskopie der Quartalsabrechnung	**2 Jahre**	§ 42 Abs. 6 BMV-Ä und § 35 Abs. 6 BMV-Ä/EK
10	Betäubungsmittel (Betäubungsmittelrezeptvorschriften, Teil 3, Betäubungsmittelbücher)	**3 Jahre**	§ 15 Betäubungsmittelverschreibeverordnung
	Aufzeichnungen über die Behandlung Geschlechtskranker	**5 Jahre**	§ 10 Abs. 1 Satz 2 des Gesetzes zur Bekämpfung der Geschlechtskrankheiten i. V. m. § 2 Abs. 3 zweite DVO zum GeschlKrG
09	Durchschriften von Berichtsvordrucken bei Früherkennungsuntersuchungen	**5 Jahre**	Krebsfrüherkennungsrichtlinien, Richtlinien Jugendgesundheitsuntersuchung, Gesundheitsuntersuchungsrichtlinie

02	Arztbriefe (eigene und fremde)	**10 Jahre**	Berufsordnung (BO) und Bundesmantelverträge (BMV)
04	ärztliche Aufzeichnungen (z. B. Dokumentation ambulantes Operieren, sonografische Untersuchungen, Laborbefunde, Durchschläge für Notfallvertreterschein, Gutachten, Computerauswertungen, Langzeit-EKG, EEG und EKG-Streifen) **Ausnahmen** für längere Aufbewahrungsfristen sind **möglich,** z. B. hinsichtlich **Latenzzeiten** gewisser Krankheiten.	**10 Jahre**	Berufsordnung (BO) und Bundesmantelverträge (BMV)
06	Röntgenuntersuchungen (Aufnahmen)	**10 Jahre**	§ 28 Abs. 4 Röntgenverordnung
08	Anwendung von Blutprodukten sowie gentechnisch hergestellter Plasmaprodukte zur Behandlung von Hämastasestörungen	**15 Jahre**	§ 14 Abs. 3 Transfusionsgesetz
11	zytologische Befunde und zytologische Präparate	**10 Jahre**	Krebsfrüherkennungsrichtlinien
	Ärztliche Untersuchungen über Unfallverletzte	**20 Jahre**	
05	Strahlenbehandlung (Aufzeichnung über die Behandlung mit radioaktiven Stoffen oder ionisierenden Strahlen)	**30 Jahre**	§ 43 Abs. 2 Strahlenschutzverordnung
	Krankengeschichte in der Regel (BF.) bei der Aufbewahrungsfrist gespeicheter Daten von verstorbenen Patienten ist allerdings eine kürzere Frist angebracht, da es eher unwahrscheinlich ist, dass nach 30 Jahren Angehörige Schadenersatzansprüche geltend machen.	**30 Jahre**	
07	Aufzeichnungen von Röntgenuntersuchungen einer Person, die das 18. Lebensjahr noch nicht vollendet hat	**bis zur Vollendung des 28. Lebensjahres**	§ 28 Abs. 3 Röntgenverordnung

Arbeitsaufträge

1. Welche Aufgabe hat die Dokumentation der Behandlungsunterlagen?
2. Welche Systeme der Schriftgutablage unterschiedet man?
3. Wie gehen Sie in Ihrer Praxis mit der Schriftgutablage um?
4. Wie lange bewahren Sie in Ihrer Praxis die einzelnen Unterlagen über die Patienten auf?
5. Sie wissen, dass ein Patient in die USA ausgewandert ist. Überlegen Sie, ob dies an der Aufbewahrungsfrist irgend etwas ändert.

6 Wettbewerb im Arztbereich

Praxismarketing – besondere Anforderungen an das Praxisteam

Moment mal ...

Für heute Abend hat der Betreiber des Ärztehauses alle Ärzte sowie deren Helferinnen zu einer Informationsveranstaltung eingeladen. Referent ist B. Siebert von einer Unternehmensberatungsgesellschaft, die sich auf Arzt-, Zahnarzt- und Tierarztpraxen spezialisiert hat. Nach seinem interessanten Vortrag über Praxismarketing gibt es eine lebhafte Diskussion. Lassen Sie uns einfach einmal reinhören:

Dr. Michel: „Werbung zielt doch nur auf das Geld der Patienten ab, das ist doch nicht der Grund, warum ich Arzt geworden bin ...“

Dr. Damm: „Ja und ich meine auch, dass Werbung für Ärzte verboten ist, da sie die Patienten doch nur verführen oder gar täuschen will.“

„Einspruch,“ sagt Herr Siebert, „vor allem geht es bei Werbung darum, über das eigene Können und die eigenen Leistungen der Praxis zu informieren. Sie richtet sich sowohl an alte als auch neue Patienten und auch an die Kollegen, die Ihnen möglichst zahlreiche Patienten überweisen sollen. Denken Sie an das alte Sprichwort: ‚Tue Gutes und sprich darüber‘. Werbung in Grenzen ist heute auch für Arztpraxen erlaubt. Marketing ist aber mehr als bloße Werbung. Es hat so viel mit Werbung zu tun wie Medizin mit Therapie, es gehört dazu, ist aber nur ein kleiner Bestandteil des Ganzen. Es gibt eine Reihe weiterer Instrumente, die man zu seiner Zielerreichung einsetzen kann.“

„Ja aber vergessen Sie nicht, dass wir Ärzte sind und keine Manager,“ wirft Dr. Pfeiffer ein.

„Aber, Herr Dr. Pfeiffer,“ entgegnet ihm Herr Siebert, „Sie sind als Praxisinhaber auch Unternehmer. Und als solcher müssen Sie marktwirtschaftlich denken. Sie müssen den Patienten als Kunden sehen, und der ist König. Und das gilt natürlich nicht nur für Sie, sondern für das gesamte Praxisteam – also auch für Sie, meine Damen. Nur so gewinnen Sie neue Patienten und sichern sich Ihren Arbeitsplatz.

„Das Wartezimmer ist sowieso immer voll. Und mein Arbeitstag geht bis in die Abendstunden. Mehr Patienten kann ich gar nicht bewältigen,“ wirft Frau Dr. Metz ein. Herr Siebert antwortet: „Ja, aber fragt sich, wie lange noch. Folgendes Sprichwort sollten Sie als Unternehmerin in einer Marktwirtschaft nie vergessen: ‚Wer aufgehört hat besser zu werden, der hat aufgehört gut zu sein.‘ Sie besuchen ja auch medizinische Fortbildungslehrgänge, um auf dem Laufenden zu bleiben. Auch in Praxisorganisation und Praxismarketing bleibt die Zeit nicht stehen. Da sollte man unbedingt am Ball bleiben. Und welche Nebenwirkungen hat Praxismarketing? Ihre Praxis wird bekannter. Die Patienten werden Ihre Leistungen besser wahrnehmen – und wenn sie von dem Wert dieser Leistungen überzeugt sind, werden sie zusätzliche IGeL-Leistungen nachfragen.“

5780292

Welche möglichen Marketingmaßnahmen sollten Praxen ergreifen?

INFORMATION

Eine gut gehende Praxis bedeutet sichere Arbeitsplätze für die Mitglieder des Praxisteams. Daher machen sich bewusst denkende Medizinische Fachangestellte auch laufend Gedanken über ihre Praxis. Sie überlegen sich Verbesserungsvorschläge für ein erfolgreiches Praxismarketing und arbeiten zielgerichtet bei der Vorstellung und dem Verkauf von IGeL-Leistungen mit.

Mögliche neue Patienten auf die Praxis aufmerksam zu machen, ehemalige Patienten wieder an die Praxis zu erinnern oder aktuelle Patienten langfristig an die Praxis zu binden, sind die Ziele eines erfolgreichen Praxisteams. Dabei stehen oft die Privatpatienten im Vordergrund. Aber auch die Kassenpatienten können als „Stammkunden" erhalten bleiben oder aber Praxen wechseln. Der Erfolg hängt dabei von der Qualität der von einer Praxis angebotenen Leistungen ab. Die Patienten können aber wegen nicht vorhandener Fachkenntnisse die eigentlichen medizinischen Leistungen der Ärzte und der Fachangestellten nur wenig beurteilen und nicht direkt vergleichen.

Sie werden daher den Umgang mit den Patienten, die Freundlichkeit und auch das Erscheinungsbild der Praxen vergleichen. Diese äußeren, sichtbaren Kriterien können auch von den Patienten ohne Fachkenntnisse in Medizin beurteilt werden. Eine Befragung von Patienten, die ihre Praxis gewechselt hatten ergab, dass man weniger mit den medizinischen Leistungen der Ärzte, sondern überwiegend mit den Leistungen des gesamten Praxisteams, wie z. B. dem Umgang mit den Patienten, nicht einverstanden war.

INFO 1 Instrumente des Praxismarketings „König Kunde": Umgang mit den Patienten

Die Patienten stehen im Mittelpunkt moderner Praxisteams. Die Ziele sind Patientenorientierung, Patientenzufriedenheit und Empfehlungsmarketing. Um erfolgreich zu sein, müssen also die Bedürfnisse und Erwartungen der Patienten befriedigt werden. Ein ganz wichtiges und zudem noch kostenloses Instrument ist die „Mund-zu-Mund-Propaganda".

Dennoch wird in unternehmerisch geführten Praxen der Erfolg nicht dem Zufall überlassen, sondern es wird aktiv selbst die Kommunikation über die Praxisstärken und das Leistungsangebot übernommen.

Dies ist heute durch die Lockerung des Werbeverbotes für Praxen auch besser möglich. Es gibt verschiedene Möglichkeiten, sich besonders um die Patienten zu kümmern.

Praxis-tipp

Praxisberater sagen: „Ein zufriedener Patient erzählt seine positiven Eindrücke drei bis fünf Bekannten – ein unzufriedener aber mindestens 15 Personen. Daher bemühen Sie sich um zufriedene Patienten.

Am Beispiel des Anrufes eines neuen Patienten soll dieses individuelle Eingehen auf den Patienten erklärt werden: In einem herkömmlichen denkenden Praxisteam wird mit dem neuen Patienten ein Termin vereinbart und seine Telefonnummer für eventuelle Terminveränderungen erfasst.

In einer marketingorientierten Praxis wird die Adresse des neuen Patienten mit aufgenommen (Dies muss sonst beim ersten Besuch sowieso geschehen.). An diese Adresse wird ein Begrüßungsbrief geschickt, mit einer Terminbestätigung, kurzen Erläuterung, wie sich der erste Termin gestaltet sowie einer Wegbeschreibung, Parkmöglichkeiten und Haltestellen öffentlicher Verkehrsmittel. Eine Visitenkarte mit Telefonnummer, Mailadresse und Homepage gibt dem Patienten die Möglichkeit, sich über die Praxis zu informieren oder Kontakt aufzunehmen. Es wird eine Praxisbroschüre beigelegt, in der Näheres über die Praxis und deren Leistungen beschrieben wird. Dies gibt dem neuen Patienten die Sicherheit, dass man sich um ihn kümmert. Die eventuelle Unsicherheit eines ersten Besuches wird ihm genommen.

INFO 2 Freundlichkeit und Kommunikation der Fachangestellten

LF 2 Seite 81 ff. Patienten empfangen und begleiten

Das nach wie vor wichtigste Instrument, um die Praxis ins Gespräch zu bringen, ist die Freundlichkeit der Ärzte und vor allem der Medizinischen Fachangestellten. Der erste Eindruck ist der beste, der letzte der bleibende. Die Medizinischen Fachangestellten empfangen und begleiten die Patienten und verabschieden diese. Dabei sollten diese - auch unter Stress - immer freundlich zu den Patienten sein.

Praxistipp

Versuchen Sie, dass die Patienten ein Vertrauensverhältnis zu Ihnen aufbauen. Denken Sie immer daran: Patientenverlust kann Ihren Arbeitsplatz kosten.

INFO 3 Werbung

Werbung für Praxen hat die Aufgabe, auf diese aufmerksam zu machen, sachlich zu informieren und zu interessieren, Vertrauen zu schaffen und der Praxis ein klares Profil zu geben. Die Patienten und Kollegen sollen erfahren, welche Leistungen die Praxis zusätzlich anbietet. In der Berufsordnung für Ärzte ist die sachliche Information im Hinblick auf das Informationsinteresse des Patienten sogar erwünscht.

So dürfen Ärzte jetzt werben:

- Die Größenbegrenzung für Praxisschilder wurde aufgehoben.
- Die zulässigen Inhalte wurden ergänzt. Jetzt dürfen auch Internetadresse, Handynummer, E-Mail, Weiterbildung sowie Zusatzqualifikationen angegeben werden.
- Zeitungsanzeigen dürfen jetzt auch ohne bestimmten Anlass (Urlaub, Praxisvertretung, Änderung der Sprechzeiten usw.) geschaltet werden.
- Rundfunk- und Fernsehwerbung sind prinzipiell zulässig.
- Flyer und Informationsbroschüren (Praxiszeitungen) dürfen in den Praxisräumen ausgelegt werden. Diese können organisatorische Hinweise, eine Übersicht des Leistungsspektrums sowie persönliche Angaben zur Arztperson beinhalten.
- An Patienten dürfen bedruckte Krankenkassenkartenhüllen, Kugelschreiber und Kalender als kleine Werbegeschenke abgegeben werden.
- Möglich sind Tage der offenen Tür, Kunstausstellungen usw. in der Praxis.

Welche Werbung ist verboten?

- anpreisende, irreführende und vergleichende Werbung (z. B. „Bei uns ist der Test sicherer")
- „marktschreierische Werbung" (z. B. „Ich bin der Superhausarzt")
- Werbung mit besonders günstigen Preisen (z. B. für IGeL – siehe Seite 299 ff.)
- „Scheinqualifikation" (z. B. für Gesundheitsförderung)
- persönlich vergleichende Werbung (z. B. „Bei uns gehts ohne Operation")
- Hinweise wie z. B. „die Behandlung mit einem Gerät der Firma X oder den Präparaten Y" (Verstoß gegen das Heilmittelwerbegesetz)
- Wartezimmer-TV-Programm mit Werbung für Produkte („unlauterer Wettbewerb")

Heilmittelwerbegesetz siehe unter www.bmgs.bund.de/download/gesetze/medizinprodukte/mpg.pdf

INFO 4 Ärzte online

Auch im Internet, das von immer mehr Menschen genutzt wird, kann man auf seine Praxis aufmerksam machen. Immer mehr Internetsurfer nutzen das Netz, um sich über Gesundheitsfragen zu informieren. Die Patienten suchen auch nach Informationen, mit denen sie glauben die ärztliche Kompetenz und die Betreuung in der Praxis beurteilen zu können. In größeren Städten suchen Sie einfach auch nur eine geeignete Praxis. Und hierbei spielt das Internet eine immer größere Rolle.

Praxishomepage

Mit ihr kann sich die gesamte Praxis präsentieren und die Patientenentscheidung damit beeinflussen. Eine solche Internetpräsentation muss professionell sein, denn sie ist die Visitenkarte der Praxis. Der moderne Patient schließt von der Homepage auf die Qualität der Praxis.[1]

Ein Wegweiser für Praxiswebsites siehe www.medical-tribune.de Stichwort siehe: „PraxisWebsite"

Früher war es häufig nicht klar, wer oder was einen Patienten hinter der Tür einer erstmals besuchten Praxis erwartet. Heute können sich die Patienten auf der Website schnell und einfach über eine Praxis und deren Leistungen informieren. So wird ein guter und laufend aktualisierter Internetauftritt für erfolgreiche Praxen immer wichtiger. In 2004 gab es sogar schon einen regionalen und einen Bundeswettbewerb für die beste Praxiswebsite.

Rezepte und Termine online

Wie oft kommt das vor: Ein Patient möchte nur schnell ein Wiederholungsrezept bestellen – doch das Telefon in Ihrer Praxis ist laufend besetzt. Andere möchten sich Termine holen – doch sie kommen nicht durch. Besonders zu Stoßzeiten wie z. B. Montagvormittag oder in den Abendsprechstunden häufen sich diese Anrufe. Dies ist nicht nur lästig für die Patienten, auch das Praxisteam am Empfangsbereich wird von zahlreichen Anrufen immer wieder bei seiner normalen Arbeit gestört – das bringt Unruhe und Stress. Außerdem fühlen sich Patienten nicht genügend beachtet, wenn sie z. B. während eines Aufnahmegesprächs mehrmals durch Anrufe unterbrochen wurden und evtl. immer wieder neu beginnen müssen.

Entzerren Sie diese Flut von Anrufen mit dem Internet. Wenn die Patienten auf der Praxishomepage ein Formular für das Bestellen von Wiederholungsrezepten oder/und eines für Termine vorfinden, können sie diese leicht online bestellen. Es entfallen so die o. g. Nachteile für alle Beteiligten.

1 Quelle: www.kvwl.de/ (= Kassenärztliche Vereinigung Westfalen-Lippe)

Ein Vorschlag zur Bestellung von Wiederholungsrezepten:

Dr. med.
Bernd Pfeiffer

Neustadt
Facharzt für Chirurgie

Sie möchten Ihr Rezept bestellen?
Das geht jetzt auch online!

Wir nehmen Ihren Rezeptwunsch gerne auch online entgegen. Bitte geben Sie Ihre Daten ein.

Lange Str. 18

34567 Neustadt

E-Mail: Praxis@Dr.Pfeiffer.de

Montag	08.00–12.00 Uhr u. 13.00–16.00 Uhr
Dienstag	08.00–12.00 Uhr u. 15.00–19.00 Uhr
Mittwoch	08.00–12.00 Uhr
Donnerstag	08.00–12.00 Uhr u. 15.00–19.00 Uhr
Freitag	08.00–12.00 Uhr u. 13.00–16.00 Uhr

Vorname

Name

Strasse, Hausnummer

Wohnort

Telefon

Tragen Sie bitte in das nachstehende Feld den Wunsch Ihres Wiederholungsrezeptes ein. Sie können das Rezept dann am nächsten Werktag in unserer Praxis zu den nebenstehenden Sprechzeiten abholen. Bitte vergessen Sie nicht Ihre Chipkarte mitzubringen. Auf Wunsch verschicken wir Ihnen das Rezept auch per Post. Auch wir müssen sparen – daher haben Sie bitte Verständnis, dass wir Ihnen hierzu das Porto berechnen müssen.

Bitte hier Ihren Rezeptwunsch eintragen:

Vielen Dank!

Löschen | Rezept anfordern

INFO 5 Weitere Marketingmaßnahmen

Fachärzte stellen sich bei den Ärzten für Allgemeinmedizin vor:

In zeitlichen Abständen wird immer mal wieder bei den Ärzten, die noch keine Patienten überwiesen haben, auf das Leistungsangebot hingewiesen. Dem überweisenden Arzt wird im abschließenden Bericht selbstverständlich besonders für die Überweisung gedankt. Wenn ein Arzt oder eine Helferin anrufen, muss unbedingt auf Höflichkeit geachtet werden. Für die Patienten sendet man an die überweisenden Praxen Praxiswegweiser mit Leistungsangebot, Sprechzeiten, Telefon, Homepage, einen Plan, wie man die Praxis erreicht und wo man parken kann - oder einfach die Praxisbroschüre.

Recall

Eine sehr erfolgreiche Werbemaßnahme bildet das Recall. Dies ist eine telefonische oder schriftliche Empfehlung oder Erinnerung an Schutzimpfungen, Nach- oder Vorsorgeuntersuchungen usw. Sie geben den Patienten das Gefühl, dass man sich um sie kümmert.

Praxisbroschüre

Sie ist eine gute Maßnahme, Werbung für die Praxis zu betreiben. In ihr können sich die Patienten über die Praxisphilosophie sowie über die verschiedenen Leistungen in Ruhe zu Hause informieren. Eine Praxisbroschüre ist besonders sinnvoll, wenn in der Praxis besondere Behandlungsmethoden oder Serviceleistungen erbracht werden. Beispiel: Ein Facharzt erbringt auch homöopathische Leistungen usw.

Die Praxisbroschüre sollte natürlich mit der Homepage abgestimmt werden. Sie muss beim Patienten Interesse wecken und darf ihn nicht mit zu viel fachlichen Informationen und unverständlichen Fremdwörtern erschlagen.

Gratulationen

Gratulationen bei Geburt, runden Geburtstagen, Hochzeiten oder anderen besonderen Ereignissen können in Form einer Bildkarte, auf der das Praxisteam abgegildet ist, verschickt werden. Gerade ältere Menschen freuen sich, wenn ihr Arzt an sie gedacht hat.

Corporate Identity

Ein gemeinsames Erscheinungsbild von Praxis und Praxisteam wirkt professioneller auf die Patienten. Folgende Möglichkeiten bieten sich an:

- **Praxislogo:** Ein gleiches Praxislogo ist auf allen Rezepten/Notizzetteln und anderen Mitteilungen, sowie Stempeln, Briefen, Visitenkarten und anderen Formularen enthalten. Es sollte auch auf allen Schildern in der Praxis, auf den Namensschildern der Mitarbeiter, aber auch in den Anzeigen für Urlaub, Personalsuche, auf der Homepage, in der Praxisbroschüre usw. wiederkehren.
- **Einheitliche Berufskleidung:** Tragen alle Mitglieder des Praxisteams einheitliche Kleidung, wird den Patienten der Teamgeist gezeigt.
- **Einheitliche Argumentation:** In Teambesprechungen sollten einheitliche Argumente, Begriffe und Redewendungen für bestimmte Fälle festgelegt werden. So wird der Patient nicht durch unterschiedliche Meinungen verwirrt. Die einheitliche Argumentation erzeugt beim Patienten auch den Eindruck, alle Mitarbeiter hätten genügend Sachkenntnis.

Informationsabend

Ein Informationsabend in Ihrer Praxis oder z. B. bei Frauenvereinen usw. über richtige Ernährung, Gesundheitssport, richtiges Sitzen, Patientenverfügung oder Ähnliches trägt zur Patientenbindung bei und eröffnet die Chance, neue Patienten zu gewinnen.

Belohnung der Patienten

Kleine Spielsachen oder z. B. eine „Tapferkeitsmedaille" oder ein Digitalfoto lassen bei Kindern schnell eine unangenehme Untersuchung oder Spritze vergessen. Bei Erwachsenen schafft eine Kopie eines Artikels über Krankheiten, Ernährung, Wellness usw. oder aber aus einer Zeitschrift dankbare Abnehmer. Ein selbst erstelltes patientengerechtes Info-Blatt als kostenloser Service wird von den Patienten doppelt honoriert.

Sich einfach drum kümmern

Für internistische und chirurgische Praxen kann ein Anruf bei den Patienten am Abend vor einem Eingriff eine beruhigende Wirkung haben. Man erkundigt sich nach dem Befinden, erinnert nochmals an zu treffende Maßnahmen (z. B. abführen, nichts essen usw.) und macht für den kommenden Tag Mut. Vielleicht plant man für Ältere oder allein Stehende einen Fahrdienst. Diese Patienten wissen, dass man sich um sie kümmert. Sie fühlen sich von dem Praxisteam gut betreut und empfehlen die Praxis weiter.

Patienten- und Praxisanalyse

Die Gründe zu wissen, weshalb Patienten eine bestimmte Praxis aufsuchen und Kollegen gerade diese Facharztpraxis empfehlen, sind Voraussetzungen für eine erfolgreiche Praxis. Anhand von Checklisten, Patientenbefragung oder in Teamdiskussionen sollte das Praxisteam herausfinden, was die Patienten an dieser Praxis und Ihrem Team schätzen (und natürlich auch, was sie weniger gut finden). Diese Analyse hilft die Qualität der Praxis zu verbessern.

Beratungsrezepte

Der häufigste Grund, warum Ratschläge der Ärzte nicht befolgt werden, ist das Vergessen. Oft genug erleben die Helferinnen, dass die Patienten nach einem ausführlichen Beratungsgespräch beim Arzt nochmals an der Anmeldung nachfragen: „Wie war das mit den Tabletten?“ Viele Patienten haben wichtige Ratschläge vergessen, wenn sie vom Arzt nach Hause kommen. Daher sollte man ihnen wichtige Empfehlungen schriftlich mitgeben. Dies ist heute mit Textbausteinen kein Problem mehr. Der Arzt tippt sie während des Gesprächs an und sie werden am Empfang ausgedruckt. Zahlreiche Beratungszettel können sogar im Voraus gedruckt und bei Bedarf ausgegeben werden.

Praxiseinrichtung

Kap. 4 Seite 263 ff.

Eine gemütliche Atmosphäre im Wartezimmer, sinnvolle Kinderspielecken, ausreichend neue Zeitschriften, Blumen, schöne Bilder und Einrichtungen usw. und vor allem ein sauberer und hygienischer Eindruck steigern das Vertrauen des Patienten in das Praxisteam.

Nebenleistungen

Besorgen eines Taxis, Ausleihe von Regenschirmen im Bedarfsfall, großzügiger Verleih von Blutdruckmess-, Inhaliergeräten u. a. erhöhen die Patientenbindung.

Weitere Möglichkeiten, wie auf die Praxis hingewiesen werden kann:

- Anzeigen: Vor und nach dem Urlaub oder bei freien Tagen und bei Praxisschließung wegen Fortbildung des Arztes kann auf die Schließung der Praxis oder die Wiedereröffnung in Zeitungsanzeigen hingewiesen werden. Wenn die medizinischen Leistungen mitgenannt werden, kann man mit diesen Anzeigen auch neue mögliche Patienten auf sich aufmerksam machen und einen Erinnerungseffekt bei den Patienten erzeugen.
- Auf alle Terminzettel, Einnahmepläne, Kurzmitteilungen usw., die die Patienten erhalten, sollte die Adresse mit Leistungsangebot gestempelt oder gedruckt werden. Der Patient hat dann Name, Anschrift und Telefonnummer der Praxis immer zur Verfügung.

Arbeitsaufträge

1. Warum wird Praxismarketing in Zukunft immer wichtiger?
2. Unterscheiden Sie zwischen erlaubter und verbotener Werbung in Arztpraxen.
3. Welche Marketingsmaßnahmen führen Sie in Ihrer Praxis schon durch und welche Erfahrungen haben Sie damit gemacht?
4. Welche der genannten Marketingsmaßnahmen finden sie am effektivsten? Begründen Sie Ihre Meinung.
5. „Praxismarketing - meine Praxis ist dafür zu klein“, sagte der Arzt - „Dann erst recht“, entgegnet der Berater. Erklären Sie diesen Dialog.
6. Wenn die heutige Medizin zu sehr befundorientiert und zu wenig patientenorientiert ist, dann kann der Marketingeinsatz: „Lernen Sie das Denken von erfolgreichen Unternehmen, bei denen die Menschen im Zentrum stehen.“ Diskutieren Sie diese Aussage eines Unternehmensberaters aus der Sicht Ihrer jeweiligen Praxen.
7. Erklären Sie die These eines Marketing-Experten: „Ihr stärkster Marketing-Mitarbeiter ist ihr Patient.“
8. Begründen Sie folgende These mit evtl. Beispielen aus Ihrer Praxis: „Glaubwürdigkeit, Begeisterung, Lächeln und sich Zeit nehmen sind kostenlose Marketinginstrumente und zudem noch die effektivsten.“

7 Individuelle Gesundheitsleistungen – Schlagwort oder bittere Notwendigkeit?

IGeL – Verkaufen in der Praxis

Moment mal ...

Immer wieder Ärger mit den individuellen Gesundheitsleistungen: „Das muss Ihnen Ihre Gesundheit wert sein."

Stuttgart, 16. November 2004 - Der Besuch beim Augenarzt endete für die Patientin unerfreulich. Dabei brauchte die 52 Jahre alte Angestellte nur eine neue Brille und wollte ihre Sehstärke prüfen lassen. Doch schon im Wartezimmer kam sie mit IGeL in Kontakt - den individuellen Gesundheitsleistungen. Die Arzthelferin wollte ihr gegen 20 Euro den Augendruck prüfen. Doch die Angestellte lehnte dankbar ab. Im Sprechzimmer wies der Arzt sie etwas bestimmter auf diese Zusatzuntersuchung hin. Als die Patientin immer noch nicht nickte, ging er zu schärferen Argumenten über: „Ist Ihnen Ihre Gesundheit das nicht wert?" (Deutsche Ärztezeitung, 16.11.04)

Was sind IGeL?
Wie werden diese angeboten?

INFO 1 Was sind IGel?

Ärztliche Leistungen, die von der GKV (Gesetzlichen Krankenversicherung) anerkannt sind, müssen zweckmäßig, wirtschaftlich und notwendig sein. Diese ärztlichen Leistungen gehören zu den **kurativen** (heilend/behandelnd) Leistungen. Darüber hinaus gibt es **präventive** (vorbeugend/vorsorgend) Leistungen der GKV, die in den jeweiligen Richtlinien genau festgelegt sind und von allen Mitgliedern ab dem entsprechenden Alter in Anspruch genommen werden können, z. B. Krebsvorsorge. Sie wird von den GKVs übernommen.

Daneben gibt es weitere Maßnahmen, die von Kassen als „sonstige Hilfen" bezahlt werden. Dies sind z. B. Maßnahmen im Rahmen von Empfängnisregelungen, Schwangerschaftsabbruch und medizinisch notwendiger Sterilisation (z. B. Verordnung der Pille auf Kassenrezept bis zum 20. Geburtstag).

Darüber hinaus kann der Patient noch weitere so genannte „Individuelle Gesundheitsleistungen (IGeL)" wünschen. Diese Leistungen werden dann aber nicht von der GKV übernommen, obwohl sie oftmals durchaus sinnvoll sind. Daher erfolgen IGeL nur auf ausdrücklichen Wunsch des Patienten.

Diese Leistungen werden immer mehr in Praxen angeboten. Ziele sind

- den wirtschaftlichen Erfolg der Praxen zu erhöhen und Kürzungen wegen der Sparpolitik im Gesundheitswesen auszugleichen, aber auch
- ein Serviceangebot für die Patienten.

IGeL spielen oftmals im Bereich der Prävention eine besondere Rolle. Die Kassenärztliche Bundesvereinigung hat zur Erklärung dieser Leistungen eine spezielle Liste herausgegeben oder veröffentlicht. Beispiele hierfür sind Schönheitsoperationen oder Wunschleistungen, wie die Krebsvorsorgeuntersuchung beim Hautarzt. Auch zusätzliche Früherkennungsuntersuchungen (z. B. mehr als drei Ultraschallaufnahmen in der Schwangerschaft) stehen auf der IGeL-Liste.

INFO 2 Ohne Marketing kein IGeL

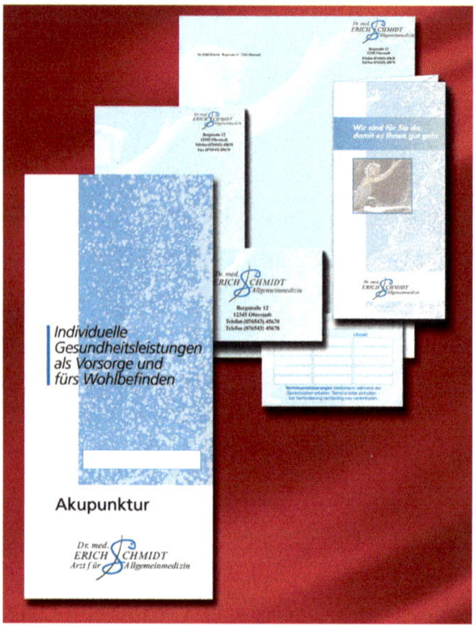

Auch IGeL verkaufen sich nicht von selbst. Die Wartezeit in der Praxis kann daher als Informationszeit unter dem Motto genutzt werden:

- „Was tun Sie für Ihre Gesundheit?“
- „Anti-Aging – wir beraten Sie gern!“
- „Fitnesstipp der Woche“
- „Unser neues Gesundheitsangebot“ usw.

Diese Infos könnten im Praxis-TV, in der Praxisbroschüre oder auf der Praxishomepage gegeben werden. Neugierig machen kann man die Patienten auch mit Infopostern an der Wand z. B. im Wartezimmer oder mit speziellen IGeL-Infobroschüren. Sie werden besonders von gesundheitsbewussten Patienten gelesen.

Beispiele für IGeL-Infobroschüren
Quelle: www.meyer-wagenfeld.de

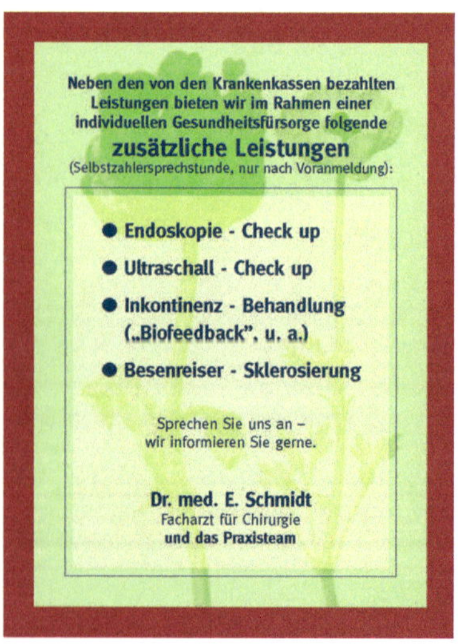

Beispiel für IGeL-Infoposter
Quelle: www.meyer-wagenfeld.de

www: *Ein Faltblatt zu IGeL siehe die Kassenärztliche Vereinigung Nordrhein: www.kvno.de/importiert/igelfalt.pdf*

INFO 3 Die Medizinischen Fachangestellten informieren

Nachdem ein erstes Interesse beim Patienten geweckt wurde, sollte das IGeL-Angebot persönlich vorgestellt und auf dessen Vorteile für den Patienten hingewiesen werden. Fachleute raten, dass dies unbedingt von den Helferinnen geschehen sollte. Diese könnten sich bei den Patienten informieren, ob das Poster gelesen wurde. Danach sollten sie dann eventuelle Fragen zu den Leistungen beantworten. Wenn der Arzt zu einer IGeL-Leistung rät, trauen sich viele Patienten nicht zu widersprechen. Dann besteht die Gefahr, dass diese Patienten das nächste Mal einfach die Praxis ganz meiden, um nicht nochmals in einen solchen Konflikt zu kommen. Den Helferinnen gegenüber hat man schon eher den Mut, zu widersprechen.

Praxis-tipp

Vorsicht: Seien Sie nicht aufdringlich bei der Beratung oder dem Hinweis auf IGeL. Der Patient muss immer selbst die Notwendigkeit erkennen und daher die Leistung wünschen. Sonst kann er sich überrumpelt fühlen und in Zukunft die Praxis meiden.

INFO 4 Das Verkaufsgespräch

Das Schwierigste beim „IGeLn" ist das Verkaufsgespräch. Wer Angst hat Preise zu nennen oder beim ersten „zu teuer" des Patienten zusammenzuckt, muss zunächst einmal die eigene Einstellung zu IGeL überprüfen. Grundsätzlich verkauft man nur die Leistung überzeugend und gut, von der man selbst überzeugt ist. Glaubwürdigkeit muss gepaart sein mit Kompetenz; also, ich weiß, wovon ich spreche, ich kenne die Leistung und kann sie beschreiben, insbesondere ihre Wirkung und ihren Nutzen.[1]

Der Patient muss in dem Verkaufsgespräch aber unbedingt darauf hingewiesen werden, dass die GKV die Kosten nicht übernimmt, sondern dass die Abrechnung nach den Richtlinien der GOÄ (Gebührenordnung für Ärzte) mit Privatrechnung erfolgen wird. Für diese Leistungen sollte zuerst ein Kostenvoranschlag erstellt werden, was auch mündlich geschehen kann.

INFO 5 Der Behandlungsvertrag

Wünscht ein Patient IGeL, bedarf es einer gewissenhaften Aufklärungspflicht, auch mit dem Hinweis, dass der therapeutische oder diagnostische Nutzen von den GKV eventuell nicht anerkannt wird. Dann müssen der Patient und der Arzt einen gesonderten Behandlungsvertrag abschließen.

LF 2 Kap. 4.1 Seite 127 ff. Behandlungsvertrag

Praxis-tipp

Bei beamteten Privatpatienten muss vor der Rechnungsstellung von IGeL darauf hingewiesen werden, dass bei einigen Leistungen keine Rückerstattung durch die Beihilfe erfolgt.

1 Quelle: Die Arzthelferin Nr. 4/2004, S. 18

Dr. Jürgen Damm · Internist
Lange Str. 18 · 34567 Neustadt

Inanspruchnahme von individuellen Gesundheitsleistungen

Ich, ____
(Name) (Vorname) (Geb. Datum)

wünschte die Durchführung der folgenden individuellen Gesundheitsleistungen als **Wunschleistungen,** für die eine medizinische Indikation oder Abrechnungsfähigkeit im Sinne und zu Lasten der gesetzlichen Krankenkasse nicht vorliegt:

1. ______________________________
2. ______________________________
3. ______________________________

Mir ist bekannt, daß ich diese vorgenannten individuellen Gesundheitsleistungen privat nach der Gebührenordnung für Ärzte (GOÄ) zu bezahlen habe, da diese Leistungen nicht zum Leistungsumpfang der gesetzlichen Krankenversicherung gehören.

Mir ist weiterhin bekannt, daß ich gegenüber meiner gesetzlichen Krankenkasse keinen Anspruch auf Kostenerstattung oder Kostenbeteiligung habe.

Eine Kopie dieser Erklärung habe ich erhalten. ______________________
(Ort) (Datum)

______________________ ______________________
Unterschrift des Arzt Unterschrift Patient

Beispiel einer schriftlichen Vereinbarung über IGeL

INFO 6 Die Meinung der GKV zu IGeL

Einige Maßnahmen können im Einzelfall durchaus sinnvoll sein, zum Beispiel reisemedizinische Beratungen und Impfungen. Der Sinn der zusätzlichen Früherkennungsuntersuchungen ist aber umstritten: Ärzte sehen in der IGeL-Liste ein sinnvolles Ergänzungsangebot, das dem Wunsch vieler Patienten und Patientinnen nach bestimmten Leistungen entgegenkommt. Die Krankenkassen weisen demgegenüber darauf hin, dass die in der IGeL-Liste aufgeführten Leistungen aus gutem Grund nicht von ihnen bezahlt werden: Die Wirkung und Qualität der Leistungen ist umstritten, ihre Wirksamkeit nicht nachgewiesen. So finden sich in dem Katalog Untersuchungsmethoden zur Krebsfrüherkennung, die sehr unzuverlässig sind, weil sie entweder eine Krebserkrankung nicht entdecken oder bei gesunden Menschen einen Fehlalarm auslösen (z. B. Früherkennung des Prostatakrebses).

Arbeitsaufträge

1. Was sollten Sie beachten, wenn Sie mit Patienten über IGeL sprechen?
2. Welche Gefahr birgt IGeL für die Praxis?
3. „Sie können nur so gut sein wie Ihre beste Praxismitarbeiterin." Erklären Sie diese These eines Marketingspezialisten im Hinblick auf den Verkauf von IGeL.
4. Diskutieren Sie über die in Info 6 dargestellte Meinung der GKVs zu IGeL.
5. Gehen Sie im Internet auf die Website der für Sie zuständigen KV und rufen Sie die IGeL-Liste auf. Welche Leistungen können Sie aus Überzeugung empfehlen? Gibt es in dieser Liste Leistungen, die Ihrer Meinung nach weniger zu empfehlen sind?

Lernfeld **12**

Berufliche Perspektiven entwickeln

Worum geht es?

In diesem letzten Lernfeld wird Ihre berufliche und wirtschaftliche Situation nach bestandener Abschlussprüfung zur Medizinischen Fachangestellten betrachtet.

Einige von Ihnen werden sich um einen neuen Arbeitsplatz bewerben müssen, andere bewerben sich während Ihres Berufslebens mehrere Male. Daher lernen Sie, wie man eine erfolgreiche Bewerbung verfasst.

Sie erfahren, wie Sie Ihre Persönlichkeit in einem Bewerbungsschreiben und dem sich anschließenden Vorstellungsgespräch angemessen präsentieren können.

Auf der Basis Ihres Arbeitsvertrages lernen Sie die grundlegenden arbeitsrechtlichen, tarifrechtlichen und gesetzlichen Regelungen für Ihren Beruf kennen, außerdem die grundsätzliche Möglichkeit zur Fort- und Weiterbildung und die finanzielle Förderung dieser Bildungsmaßnahmen.

Sie erkennen die „geheime Verschlüsselung“ in Arbeitszeugnissen und die Möglichkeit, sich gegen schlechte Beurteilungen zu wehren.

Den Unterschied zwischen den Leistungen der Sozialversicherung und denen der privaten Zusatzversicherung sollen Sie erkennen, denn Sie müssen sich absichern.

Ihre Gehaltsabrechnung sollten Sie verstehen lernen, sonst können Sie diese nicht überprüfen. Sie lernen die verschiedenen Möglichkeiten der Vermögensbildung mit ihren Vor- und Nachteilen, die Grundlage der Lohnsteuer sowie die Erstellung der privaten Einkommensteuererklärung kennen.

Ihr Gehalt wird auf Ihr Girokonto überwiesen. Vergleichen Sie dafür die Angebote verschiedener Banken. Die Grundlagen dafür lernen Sie in diesem Lernfeld ebenso wie einen vorsichtigen Umgang mit Krediten.

1 „Es geht weiter …“

Bewerbung als Medizinische Fachangestellte

Moment mal …

Nicole Wagner wird in Kürze ihre Ausbildung zur Medizinischen Fachangestellten abschließen. Frau Dr. Schmitt hat ihr frühzeitig mitgeteilt, dass sie leider nicht mit voller Stelle übernommen werden kann. Nicole sucht daher schon in den letzten Monaten ihrer Ausbildung eine neue Stelle. Sie hat alle Klassenkameradinnen befragt, ob in deren Praxen eine Medizinische Fachangestellte gesucht wird. Die meisten haben gleich abgewunken, denn sie wären froh, wenn sie selbst übernommen würden. Nicole schaut außerdem jeden Tag in die Stellenanzeigen ihrer regionalen Tageszeitung. Zusätzlich surft sie im Internet bei privaten Stellenbörsen und der Agentur für Arbeit. Bei Letzterer findet sie folgende Stellenbeschreibung, die ihr zusagt:

Dr. med. Sarah Schüssler – Praxis für Allgemeinmedizin
Buchenstr. 6 · 34599 Neukirchen

WIR BIETEN
Tätigkeit/Arbeitsplatz für eine Medizinische Fachangestellte

WIR SUCHEN (STELLENBESCHREIBUNG)

Für meine Allgemeinmedizin-Praxis suche ich eine erfahrene, selbstständig arbeitende Arzthelferin mit freundlichem Auftreten sowie gutem Deutsch in Wort/Schrift.
PC-Kenntnisse, schnelle Auffassungsgabe und Bereitschaft zur Fortbildung.

Ausübungsort
34599 Neukirchen, Hessen

Rahmenkonditionen
unbefristet; Arbeitszeiten: Vollzeit; Vergütungsangebot: nach Vereinbarung

frühester Eintrittstermin: 01.06.2006
spätester Eintrittstermin: 01.09.2006

Alter: 18 bis 30 Jahre
Kenntnisse und Fertigkeiten: Büro- und Verwaltungsarbeiten, Patientenbetreuung, Deutsch in Wort und Schrift: gut

BEVORZUGTE EIGENSCHAFTEN
Einfühlungsvermögen: gut
Flexibilität: gut
selbstständiges Arbeiten: gut
Umgangsformen: gut
Zuverlässigkeit: sehr gut
Erscheinungsbild: gut
Kontaktfähigkeit: gut
Teamfähigkeit: gut
Verantwortungsbewusstsein: gut

GEWÜNSCHTE ART DER KONTAKTAUFNAHME
Folgende Bewerbungsarten sind möglich: schriftliche Bewerbung

(In Anlehnung an ein original Stellenangebot in www.arbeitsagentur.de)

Nicole druckt sich das Angebot aus und will sofort mit der Bewerbung beginnen.

Wie verfasst man eine erfolgreiche Bewerbung?
Wie bereitet man sich auf ein Vorstellungsgespräch vor?
Wie führt man ein erfolgreiches Vorstellungsgespräch?

INFORMATION

Bewerbungen und Vorstellungsgespräche werden Sie sicherlich durch Ihr gesamtes Berufsleben begleiten.

Dabei reicht es nicht aus, seine alte Bewerbung immer wieder abzuschreiben. Wer erfolgreich sein will, der muss jeweils neue Bewerbungen ganz gezielt auf die sich wandelnden Bedingungen verfassen.

INFO 1 Wie bewerben Sie sich?

Obwohl man sich auch persönlich vorstellen oder online bewerben kann, ist die schriftliche Bewerbung immer noch die klassische Form. Mit ihr bewerben sich die meisten Arbeit Suchenden in Arztpraxen.

Mit einer Bewerbung werben Sie für sich. Sie wollen sich aus der Menge der Mitbewerberinnen herausheben. Gemäß dem Sprichwort: „Der erste Eindruck ist der beste" sollten Sie daher unbedingt auf eine ansprechende äußere Form Ihrer Bewerbungsunterlagen achten. Nur dann kommen Sie in die engere Wahl.

Der 30-Sekunden-Check

Wenn zahlreiche Bewerbungen in einer Praxis eingehen, dann werden diese erst einmal überflogen. Im Durchschnitt dauert diese erste Auswahl dann ca. 30 Sekunden pro Bewerbung.

Zurückgeschickt werden Bewerbungen,

- die unvollständig sind (fehlende Unterlagen wie Zeugnisse, Lebenslauf usw.);
- die keine gute Form haben (keine DIN-Norm, Flecken, falsche Anschrift usw.);
- denen man ansieht, dass sie schon einmal versendet wurden;
- abgeschrieben wurden und sich nicht auf die Praxis beziehen;
- aus deren Lebenslauf eine klare Unterqualifizierung hervorgeht;
- die in ihrer Gestaltung überhaupt nicht ansprechen.

Will man mit seiner Bewerbung den 30-Sekunden-Check schaffen, ist es erst einmal wichtig, dass die äußere Form (mit Foto) stimmt.

Checkliste „Chancen-Killer"

Damit Sie diese erste Hürde nehmen, sollte auf folgende Formalien geachtet und die nachfolgenden „Chancen-Killer" vermieden werden:

- ✔ kein weißes A4-Papier
- ✔ DIN-Norm 5008 nicht eingehalten
- ✔ falsche Adresse oder falsche Schreibweise des Namens des Ansprechpartners oder eventuell Titel (Dr. med; Prof. Dr. med usw.) vergessen
- ✔ Bewerbung geknickt und in einem A5-Umschlag verschickt
- ✔ unvollständige Unterlagen (Anschreiben, Lebenslauf, letztes Schul-, Prüfungs- und alle Arbeitszeugnisse)
- ✔ kein professionelles Foto oder gar ein Urlaubsbild
- ✔ nicht unterschriebenes Anschreiben und oder Lebenslauf
- ✔ lückenhafter oder unübersichtlicher Lebenslauf

Natürlich kommt es dann im zweiten Schritt auf den Inhalt an. Die Botschaft, die Sie versenden, muss in Anschreiben, Lebenslauf und auf der eventuellen dritten Seite dieselbe sein. Ihr Ansprechpartner muss erkennen können, welchen Nutzen Sie ihm bringen. Wenn Sie sich z. B. auf eine Anzeige bewerben, müssen Sie in Ihrem Anschreiben unbedingt auf möglichst alle dort gewünschten Eigenschaften, Kenntnisse und Fertigkeiten usw. eingehen.

Nicole Wagner

Birkenstr. 21
34598 Allendorf
Tel: 05657 145678
E-Mail: nicowag@aol.com

Frau
Dr. med. Sarah Schüssler
Buchenstr. 6
34599 Neukirchen

2006-04-20

Bewerbung um einen Arbeitsplatz in Ihrer Praxis
– Ihr Stellenangebot in www.arbeitsagentur.de –

Sehr geehrte Frau Dr. med. Schüssler,

ich bewerbe mich auf Ihr Angebot bei der Agentur für Arbeit um den Vollzeit-Arbeitsplatz in Ihrer Praxis. Ich bin sicher, dass ich die in der Stellenbeschreibung gestellten Anforderungen – abgesehen von einer Ausnahme – erfülle.

In meiner Ausbildung zur Medizinischen Fachangestellten in der Praxisgemeinschaft Dr. med. Schmitt/Dr. med. Pfeiffer habe ich längere Zeit die verschiedensten Büro- und Verwaltungsaufgaben wahrgenommen. Dass ich diese jeweils nach kurzer Einarbeitung ohne Schwierigkeiten überwiegend selbstständig erledigt habe, belegt meine gute Auffassungsgabe und meine Zuverlässigkeit. Das Programm Word ist mir sehr vertraut. In der Ausbildung habe ich zusätzlich mit dem Programm MediStar gearbeitet. Meine gute DV-Note zeigt, dass ich mich auch schnell in ein anderes Praxisprogramm einarbeiten könnte.

Während meiner Ausbildung hat mir die Betreuung der Patienten besonders viel Freude bereitet. So sehe ich heute den freundlichen Umgang mit den verschiedenen Patienten als eine der wichtigsten Aufgaben der Medizinischen Fachangestellten an. Einfühlungsvermögen, gute Kontaktfähigkeit und Umfangsformen werden in beiliegendem Zwischenzeugnis von meinen Ausbildern bescheinigt.

Im Juni dieses Jahres werde ich meine Ausbildung voraussichtlich mit gutem Erfolg beenden, sodass ich ab 01.07.06 bei Ihnen beginnen könnte. Die Noten in Deutsch in den beiden Berufsschul- und dem Realschulabschlusszeugnis verdeutlichen, dass ich Deutsch in Wort und Schrift sehr gut beherrsche. Sie zeigen aber auch meine Kommunikationsfähigkeiten.

Sie suchen eine erfahrene Arzthelferin. Große Berufserfahrung kann ich noch nicht bieten, dafür bin ich aber sehr flexibel und weiß, dass sich eine Medizinische Fachangestellte ständig fortbilden muss. Trotz guter Noten und Beurteilung kann ich nach meiner Ausbildung aus betrieblichen Gründen nicht übernommen werden. Daher bin ich an einer unbefristeten Beschäftigung in meinem Beruf sehr interessiert, zumal Ihre Praxis in der Nähe meines Wohnortes liegt.

Auf ein persönliches Gespräch mit Ihnen freue ich mich.

Mit freundlichen Grüßen

Nicole Wagner

Nicole Wagner

Anlage
Bewerbungsmappe

Quelle: www.top-bewerbung.de

5780306

INFO 3 Eisbrecher – das Anschreiben

Neben der Form kommt es beim Anschreiben natürlich auf den Inhalt an. Es ist der „Eisbrecher", es soll neugierig auf Sie machen. Es zeigt aber auch, warum Sie sich bewerben und welche Vorteile es dem Arbeitgeber bringt, wenn Sie eingestellt würden. Mit dem Anschreiben zeigen Sie auch, dass Sie in das Praxisteam passen, die in der Anzeige oder der Stellenbeschreibung geforderten Voraussetzungen besitzen sowie über die notwendigen Schlüsselqualifikationen verfügen. Das sind neben Ihren beruflichen Kenntnissen zusätzliche persönliche Eigenschaften, die Sie im Umgang mit den Patienten und dem Praxisteam benötigen und die Ihren Einsatzwillen und Ihr Engagement zeigen. Es gibt zahlreiche **Schlüsselqualifikationen,** nachfolgend einige wichtige:

LF 1 Kap. 1 Info 2 Seite 12 Anforderungen an eine MFA

Freundlichkeit, Aufgeschlossenheit	Ihre Patienten stehen im Mittelpunkt der Praxis. Sie wollen freundlich und höflich empfangen und behandelt werden. Auch das Praxisteam und Ihr zukünftiger Chef arbeiten lieber mit freundlichen als mit verschlossenen Menschen zusammen.
Kommunikationsfähigkeit	Mit Patienten und Teammitgliedern reden zu können (auch am Telefon), wird heute immer wichtiger.
Einfühlungsvermögen	Nur wer sich in andere Menschen gut hineinversetzen kann, ist auch „patientenfähig". Denn diese Schlüsselqualifikation benötigt man unbedingt, um Gespräche mit den Patienten führen zu können. Daneben ist diese auch notwendig, um mit den anderen Mitgliedern des Praxisteams gut auskommen zu können.
Teamfähigkeit	Sie müssen in das Praxisteam passen. Einfühlungsvermögen, Rücksichtnahme und mit anderen zusammenarbeiten zu können sind unverzichtbar. Die Bereitschaft, auch einmal für die Kollegin einzuspringen und zu helfen, ist ebenso gefordert wie sich an die Praxisordnung und -abläufe sowie an Absprachen mit den Kolleginnen zu halten.
Einsatzwillen	Ihr Chef bezahlt Sie auch für Ihre Einsatzbereitschaft. Dazu gehört, auch einmal länger zu bleiben, wenn es notwendig ist.

Weitere wichtige Schlüsselqualifikationen sind selbstständiges Arbeiten, Flexibilität, Konfliktfähigkeit, Stressfähigkeit, Belastbarkeit, Lernbereitschaft usw.

Wenn in Anzeigen solche Schlüssel- oder andere Qualifikationen gefordert sind, müssen Sie auf diese unbedingt im Anschreiben eingehen. Schreiben Sie aber eine Initiativbewerbung, d. h., Sie versenden eine Bewerbung ohne vorhergehende Stellenanzeige, dann sollten Sie auch Ihre persönlichen Schlüsselqualifikationen aufnehmen.

INFO 4 Die Bewerbungsmappe

Ihr Anschreiben legen Sie lose auf Ihre Bewerbungsmappe. Am besten eignet sich hierfür eine Klemm-Mappe mit durchsichtigem Deckel. In diese Mappe werden in Reihenfolge folgende Unterlagen geklemmt:

- Deckblatt (mit Foto)
- Lebenslauf
- dritte Seite: eine kurze Zusammenstellung Ihrer „Pluspunkte" (kann auch entfallen)
- Anlagenverzeichnis (dahinter kommen Ihre Anlagen in genannter Reihenfolge)

Der Aufreißer – ein kreativ gestaltetes Deckblatt

Ihr erstes Ziel ist es, die 30-Sekunden-Hürde zu überspringen. Um dies zu erreichen, muss sich Ihre Bewerbung positiv aus dem Stapel herausheben. Da das Deckblatt Ihrer Bewerbungsmappe sofort ins Auge fällt, ist dieses ausgesprochen wichtig. Jeder weiß zwar ganz genau, was sich in der Mappe verbirgt, aber die erste große Hürde ist schon geschafft, wenn der Leser neugierig wird und sich die Mappe mit dem besonderen Deckblatt aus der Menge der Bewerbungen herauszieht. Obwohl es sich bei der grafischen Gestaltung ganz bewusst um einen „Aufreißer" handelt, muss Ihr Deckblatt zu Ihrer Bewerbung und zu Ihnen passen. Es darf aber auch nicht verschwiegen werden, dass Sie sich mit einer mutigeren Gestaltung auch auf einem schmalen Grat bewegen. Während ein modernerer Arzt vielleicht von Ihrem Deckblatt angesprochen wird, weiß ein konservativer Ihren Mut zur Gestaltung vielleicht ganz und gar nicht zu schätzen.

Bitte recht freundlich – das Bewerbungsfoto

Die Ärzte wollen sich ein Bild von den Bewerberinnen machen. Daher ist das Foto in einer Bewerbung für die 30-Sekunden-Hürde ganz besonders wichtig.

Beachten Sie daher die **Checkliste:**

- ✔ Nehmen Sie kein Automatenfoto, auch kein Urlaubs- oder ähnliches Foto.
- ✔ Gehen Sie zu einem Fotografen, dessen Bilder Ihnen gefallen und lassen Sie spezielle Bewerbungsfotos machen.
- ✔ Sagen Sie dem Fotografen, ob die Fotos auf das Deckblatt oder den Lebenslauf kommen sollen (wegen der Größe und der Art der Fotos).
- ✔ Lassen Sie die Bilder früh genug machen und gehen Sie an einem Tag zum Fotografieren, an dem Sie sich besonders gut fühlen.
- ✔ Lächeln Sie auf dem Bild.
- ✔ Gehen Sie vor dem Fototermin zum Friseur.
- ✔ Schminken Sie sich dezent und ziehen Sie auch entsprechende Kleidung an.
- ✔ Ob schwarz-weiß oder ein farbiges Bild steht in Ihrem Ermessen und sollte zum Deckblatt passen. Alles andere macht ein guter Fotograf.

Wohin kommt Ihr Foto?

In modernen Bewerbungsunterlagen können Sie das Foto auf das Deckblatt kleben. Es kann hier ruhig etwas größer sein als ein Passfoto. Wenn Sie eine Deckblattgestaltung ohne Foto vorziehen, dann muss ein Passfoto in die linke obere Ecke des Lebenslaufes geklebt werden.

Der Lebenslauf – die Visitenkarte Ihrer Bewerbung

Auch mit einem Lebenslauf kann man sich positiv aus der Masse der Bewerbungen abheben. Üblich ist der tabellarische Lebenslauf, denn er ist übersichtlicher und schneller zu bearbeiten. Er beginnt mit den persönlichen Daten.

Daran schließen sich Schul- und Berufsausbildung, Ihre verschiedenen Arbeitsstätten, eventuelle Zusatzqualifikationen und Hobbys an. Wichtig ist, dass der Lebenslauf lückenlos ist und mit den in den Anlagen beigefügten Arbeitszeugnissen übereinstimmt. In der Gestaltung haben Sie wieder Freiheit.

Als Beispiel der modern gestaltete Lebenslauf von Nicole Wagner.

Beachten Sie bei der Erstellung des Lebenslaufes folgende Checkliste:

Checkliste: Mein Lebenslauf ...	Ja	Nein
ist wahr und richtig, d. h., die Daten stimmen mit denen der Zeugnisse überein.		
enthält alle beruflichen und schulischen Stationen (lückenlos - evtl. mit Arbeitslosenzeiten)		
ist in ansprechender und übersichtlicher Form verfasst.		
ist möglichst individuell gestaltet.		
hat Datum und Unterschrift.		
beinhaltet neben der Ausbildung und eventuellen Zusatzqualifikationen auch Hobbys oder persönliche Interessen, berufliche Erfahrungen (oder auch praktische Erfahrungen) und besondere Kenntnisse (meine Schlüsselqualifikationen).		

LEBENSLAUF

Persönliche Daten

Name:	Nicole Wagner
Geburtsdatum:	22.09.1986
Geburtsort:	Kassel
Familienstand:	ledig
Nationalität:	deutsch
Anschrift:	Birkenstr. 21, 34598 Allendorf Tel. 05657 14567, Mobil: 0172 2345678 E-Mail: nicowag@aol.com

Schule

1972 – 1976	Grundschule in Deute
1976 – 2002	Realschule in Borken mit Abschluss
2002 – 2003	Berufsfachschule in Homberg

Berufsausbildung

2003 – 2006	Ausbildung zur Medizinischen Fachangestellten in der Gemeinschaftspraxis Dr. med. Schmitt/Dr. med Pfeiffer und den Beruflichen Schulen Schwalmstadt Abschluss: voraussichtlich am 16.06.2006

Besuchte Lehrgänge

2002	Word in der Volkshochschule
2004 – 2006	Landesärztekammer Hessen: 3 x Fortbildungsseminar für Medizinische Fachangestellte
2004	Fa. Medtech: Praxisprogramm MediStar
2005	Praxisverwaltung und -organisation
2006	Umgang mit Patienten und Kommunikationstraining

Sprachkenntnisse

Englisch (durchschnittliche Schulkenntnisse)

Sonstige Interessen

Schwimmen, Tanzen, Gymnastik

Allendorf, 20.06.06

Nicole Wagner

Die „dritte Seite“ und das Anlagenverzeichnis

Hinter das Deckblatt und den Lebenslauf wird heute oftmals die „dritte Seite“ gebracht. Diese ist eine Auflistung in Stichworten, in der nochmals alle Vorteile, Weiterbildungsmaßnahmen und wichtigen Schlüsselqualifikationen aufgelistet werden. Sie soll in Kürze dem Leser den letzten Impuls geben - unter dem Motto: „Nimm mich!“

Hinter die „dritte Seite“ kommen die Anlagen wie Abschlusszeugnis der Schule, Berufsschule, Arbeitszeugnisse, Lehrgangsbescheinigungen usw. Wenn Sie mehrere Anlagen in die Mappe heften, machen Sie mit einem Anlagenverzeichnis und einer Nummerierung einen besseren Eindruck und erhöhen die Übersichtlichkeit.

INFO 8 Wie „glänzen“ Sie im Vorstellungsgespräch?

Vorstellungsgespräche können individuell sehr verschieden ablaufen. Dennoch haben aber alle gemeinsam das Ziel, dass Sie der mögliche Arbeitgeber kennen lernen will. Er will prüfen, ob Sie gut in das Praxisteam passen, d. h. auch, ob Sie sympathisch sind und man mit Ihnen gut auskommen kann. Sie sollten sich natürlich auf ein Vorstellungsgespräch gut vorbereiten.

Einige Grundregeln für das Vorstellungsgespräch:

- Seien Sie in jedem Falle pünktlich!
- Auch vor dem eigentlichen Gespräch mit dem Arzt können Sie schon von den Mitarbeiterinnen begutachtet und beobachtet werden. Wenn Sie warten müssen, seien Sie hierfür auf einen kleinen Smalltalk vorbereitet, zeigen Sie sich teamfähig.
- Schalten Sie unbedingt vor Betreten der Praxis das Handy aus. Es wäre sehr peinlich, wenn es mitten im Gespräch klingelt oder Sie ablenkt, wenn es in der Tasche oder am Bein vibriert.
- Gehen Sie gerade und zielstrebig auf den Gesprächspartner zu, sehen Sie ihn dabei an und blicken Sie nicht verschämt nach unten.
- Grüßen Sie den Gesprächspartner freundlich mit seinem Namen (mit Titel, z. B. „Herr Dr. Schüssler").
- Warten Sie, bis er Ihnen die Hand zur Begrüßung reicht und strecken Sie nicht zuerst die Hand zur Begrüßung aus.
- Setzen Sie sich erst, wenn man Sie dazu auffordert.
- Bedanken Sie sich nochmals für die Einladung.
- Lächeln und zeigen Sie mit Ihrer Körpersprache (Gestik, Mimik), dass Sie Ihren Gesprächspartner sympathisch finden.

www

Zahlreiche Musterfragen und -antworten sowie viele Verhaltenstipps finden Sie in www.top-bewerbung.de

Arbeitsaufträge

1. Welche Schlüsselqualifikationen sollten Medizinische Fachangestellte in Bewerbungen einbauen?
2. Entwerfen Sie in Gruppen- oder Teamarbeit ein individuelles Anschreiben für Ihre Bewerbung.
3. Verfassen Sie Ihren Lebenslauf und vergleichen Sie diesen mit denen Ihrer Mitschülerinnen.
4. Eine neue Mitarbeiterin soll in Ihrer Praxis eingestellt werden. Sehr wichtig ist es, dass diese auch in das Praxisteam passt. Diskutieren Sie darüber, wie Sie sich eine solche neue Kollegin vorstellen. Auf welche Merkmale würden Sie besonders achten?
5. Stellen Sie in Gruppen- oder Partnerarbeit einen Katalog über mögliche Fragen im Vorstellungsgespräch zusammen. Tragen Sie diese in der Klasse vor und beantworten Sie anschließend die Fragen.
6. Simulieren Sie mit den Fragen aus 5. ein Vorstellungsgespräch in einem Rollenspiel, in dem eine Schülerin den Arzt und eine andere die Bewerberin spielt. Die Mitschülerinnen achten auf Fehler und machen Verbesserungsvorschläge.

5780310

2 Alles unter Dach und Fach

Abschluss und Inhalte von Arbeitsverträgen

Moment mal ...

„Geschafft! Das ist eine tolle Sache," denkt Nicole und hält das Handy noch immer in der Hand. Gerade hatte sie Frau Dr. Schüssler für morgen zum Abschluss des Arbeitsvertrages eingeladen. „Da hab' ich aber Glück gehabt", sagt sie zu Tim. „Die meisten in meiner Klasse, die überhaupt nach der Prüfung übernommen werden, haben einen befristeten Arbeitsvertrag angeboten bekommen. Ich dagegen bekomme einen unbefristeten Vertrag." „Warum musst du den unterschreiben," fragt ihr Bruder Tim, „kann man das nicht mündlich machen? Ich habe gelesen, dass selbst Bundesliga-Trainer mit Millionengehältern einen Arbeitsvertrag per Handschlag abgeschlossen haben."

Welche Arten von Arbeitsverträgen gibt es?
Was beinhalten Arbeitsverträge?

INFORMATION

Arbeitsverträge sind Dienstverträge, in denen sich Arbeitnehmer dazu verpflichten, bestimmte Dienstleistungen zu erbringen. Die Arbeitgeber verpflichten sich ein Entgeld zu zahlen sowie verschiedene gesetzliche oder freiwillige soziale Leistungen zu erbringen.

Arbeitsverträge müssen schriftlich geschlossen und von beiden Partnern unterschrieben werden. Spätestens einen Monat nach Beginn der Tätigkeit muss der Vertrag dem Arbeitnehmer übergeben werden.

Bestimmungen aus Tarifverträgen dürfen im Arbeitsvertrag nicht unterschritten werden. Einigt man sich dagegen auf für die Arbeitnehmerin besseren Bedingungen, dann gelten diese.

INFO 1 Arten von Arbeitsverträgen

unbefristete Arbeitsverträge	Sie enden durch Kündigung oder Aufhebungsvertrag (siehe S. ...)
befristete Arbeitsverträge	Sie sind nach dem Teilzeitgesetz möglich und enden nach Ablauf einer bestimmten Zeit. Sie müssen aber sachlich begründet werden (z. B. Krankheitsvertretung, Aushilfe, Saisonarbeit usw.). Werden Auszubildende nach bestandener Prüfung direkt übernommen, gilt diese Übernahme ebenfalls als sachlicher Grund für einen befristeten Vertrag. Arbeitsverträge mit Beschäftigten ab 58 Jahren oder mit Neueingestellten können dagegen ohne sachliche Begründung befristet werden. Befristete Arbeitsverträge ohne sachlichen Grund können höchstens dreimal verlängert werden, insgesamt maximal aber für insgesamt 24 Monate. Danach geht ein befristeter in einen unbefristeten Vertrag über.
Arbeitsverträge mit geringfügiger Beschäftigung	Auch Arbeitsverträge für so genannte Minijobs (in 2005 bis maximal 400,00 € pro Monat) sollten schriftlich abgeschlossen werden. Es gelten besondere Bedingungen hinsichtlich der Arbeitszeiten, die im Vertrag geregelt werden sollten.

www. *Zu befristeten Arbeitsvertrag siehe www.aerztekammer-bw.de - Arbeitsvertrag -*

INFO 2 Mindestinhalte eines Arbeitsvertrages

Folgende Inhalte muss ein Vertrag mindestens enthalten:

- Personalien von Arbeitgeber und -nehmer
- Ort des Arbeitsplatzes
- Stellenbeschreibung
- Zeitpunkt des Beginns des Vertrags
- vorhersehbare Dauer des Arbeitsverhältnisses
  bei befristeten Arbeitsverhältnissen
- Dauer des Jahresurlaubs
- einzuhaltende Kündigungsfristen
- Höhe des Arbeitsentgeltes
- Tages- oder Wochenarbeitszeit
- gegebenenfalls Angabe der Tarifverträge oder
- kollektiver Vereinbarungen

www. *Muster-Arbeitsverträge gibt es beim Berufsverband der Arzthelferinnen, www. bda-online.de*

Dabei darf in Arbeitsverträgen nichts vereinbart werden, was gegen gesetzliche und tarifvertragliche Regelungen verstößt.

Praxis-tipp ***Achten Sie bei Abschluss eines Arbeitsvertrages darauf, dass mindestens aufgenommen wird, was tarifvertraglich vereinbart wurde, denn nicht alle Praxen sind tarifvertraglich gebunden.***

INFO 3 Arbeitsrechtliche Regelungen nach dem Manteltarifvertrag für Medizinische Fachangestellte

Probezeit: Sie beträgt mindestens 3 Monate. Wenn beide Parteien zustimmen, kann sie auf höchstens 6 Monate verlängert werden.

Arbeitszeit: Wöchentlich beträgt sie 38,5 Stunden. Beginn und Ende richten sich nach den Erfordernissen der Praxis. An Tagen, an denen die Praxis zum Notfalldienst eingeteilt ist, muss auch die Medizinische Fachangestellte außerhalb der wöchentlichen Arbeitszeit arbeiten.

Gehalt: Die Arzthelferin erhält ein Gehalt nach den Bestimmungen des jeweils geltenden Gehaltstarifvertrages. Berufsjahre zählen vom ersten des Monats an, in dem die Abschlussprüfung bestanden wurde. Erziehungsurlaub zählt zur Hälfte als Berufsjahre.

Vermögenswirksame Leistung: Nach Ablauf der Probezeit wird monatlich eine vermögenswirksame Leistung bezahlt.

Kap. 8
Info 2
Seite 341 ff.
vermögenswirksame Leistungen

Teilzeitarbeit: Bei Teilzeitarbeit erhält die Fachangestellte pro Stunde $1/167$ des vollen Monatsgehaltes.

Urlaub: Der gesetzliche Mindesturlaubsanspruch ist nach Alter gestaffelt:

Mindesturlaub	26 Arbeitstage
ab vollendetem 30. Lebensjahr	28 Arbeitstage
ab vollendetem 40. Lebensjahr	30 Arbeitstage

(Arbeitstage = alle Kalendertage ohne Samstag, Sonntag und gesetzliche Feiertage)

Mit jedem Beschäftigungsmonat erwirbt die Medizinische Fachangestellte einen Urlaubsanspruch in Höhe von $1/12$ des Jahresurlaubs.

Der Urlaub soll unter Berücksichtigung der Belange der Praxis und der Wünsche der MFA rechtzeitig (mind. 4 Monate vorher) festgelegt werden.

Praxis-tipp

Sind nicht beide Parteien des Arbeitsvertrages Mitglied der Tarifvertragspartner, so gelten die tariflichen Bestimmungen, wenn im Arbeitsvertrag auf den Manteltarifvertrag in der jeweils gültigen Fassung ausdrücklich Bezug genommen wird.

INFO 4 Minijob, Jobsharing oder Teilzeitvertrag

Alle drei Möglichkeiten sind vollwertige Arbeitsverhältnisse mit allen Rechten und Pflichten für Angestellte und Arbeitgeber. Lediglich in der Arbeitszeit, den Steuer- und Sozialversicherungsabzügen sowie dem Anspruch auf Urlaub gibt es Unterschiede.

Mini-Job ist die Bezeichnung für Arbeitsverhältnisse mit einem Brutto-Lohn bis zu 400 Euro monatlich. Bei **Jobsharing** teilen sich zwei Fachangestellte einen Arbeitsplatz sowie das Gehalt. **Teilzeitarbeit** ist eine verminderte Beschäftigung, deren wöchentliche Stundenzahl individuell festgelegt werden kann.

Grundsätzlich sind alle Fachangestellten gleich zu behandeln – egal ob Voll-, Teilzeit oder Mini-Job. Es empfiehlt sich für alle drei Beschäftigungsarten ein schriftlicher Arbeitsvertrag.

INFO 5 Wichtige Pflichten aus einem Arbeitsvertrag

Pflichten des Arbeitgebers = Rechte der Angestellten	Pflichten der Arbeitnehmerin = Rechte des Arbeitgebers
Beschäftigung: Die Arbeitnehmerin muss in der vertraglich festgelegten Tätigkeit beschäftigt werden.	**Arbeitsleistung:** Die Angestellte muss sich bemühen die vereinbarte Arbeitsleistung zu erbringen.
Vergütung: Das vereinbarte Gehalt und etwaige vereinbarte Nebenleistungen wie Urlaubsgeld, vermögenswirksame Leistungen, Überstundengeld usw. müssen pünktlich gezahlt werden.	**Gehorsamspflicht:** Die Anweisungen des Arbeitgebers müssen befolgt werden.
Fürsorge: Der Arbeitgeber ist verpflichtet Gesundheit und Leben seiner Angestellten zu schützen (z. B. durch Einhaltung des Arbeitszeitgesetzes, der Unfallverhütungsvorschriften, des Jugendarbeitsschutzgesetzes, Abführung der Sozialversicherungsbeiträge).	**Sorgfaltspflicht:** Die Arbeiten müssen sorgfältig und nach bestem Wissen erledigt werden. **Schweigepflicht:** Betriebsgeheimnisse und der Datenschutz (vor allem der Patientendaten) müssen gewahrt werden.
Zeugnis: Er muss bei Beendigung des Arbeitsverhältnisses ein Zeugnis oder auf Wunsch Zwischenzeugnisse ausstellen.	**Wettbewerbsverbot:** Die Fachangestellte darf dem Arbeitgeber keine Konkurrenz machen, nebenbei für die Konkurrenz arbeiten oder für diese werben.

Pflichtverletzungen können ein Kündigungsgrund sein oder sogar zu Schadensersatzansprüchen führen.

Praxis-tipp

Wenn Sie nur zu bestimmten Zeiten arbeiten möchten, sollten Sie diese Zeiten ausdrücklich schriftlich im Arbeitsvertrag vereinbaren. Gleichzeitig sollten Sie im Vertrag ergänzen, dass eine einseitige Verschiebung der Lage der Arbeitszeiten durch den Arbeitgeber nicht möglich ist, sondern der Zustimmung der Helferin bedarf – soweit das bei Vertragsschluss für Sie durchsetzbar ist.

www

www.hausaerzteverband-bremen.de/kollegen/downloads.htm: Hier finden Sie einen Musterarbeitsvertrag sowie den Tarifvertrag.

Arbeitsaufträge

1. Erklären Sie, was ein Arbeitsvertrag ist und wie er zustande kommt.
2. Beantworten Sie Tims Frage in „Moment mal ...", Seite 311: „Warum müssen Arbeitsverträge schriftlich abgeschlossen werden?"
3. Eine direkte Übernahme nach Beendigung der Ausbildung kann ein sachlicher Grund für einen befristeten Arbeitsvertrag sein. Erläutern Sie die eventuellen Folgen.
4. Wie lang ist die Probezeit?
5. Wie viel Stunden beträgt die wöchentliche Regelarbeitszeit der Medizinischen Fachangestellten?
6. Wie viel Urlaub steht den einzelnen Mitarbeiterinnen der Praxisgemeinschaft Schmitt/Pfeiffer sowie der Praxisgemeinschaft Michel/Damm/Metz mindestens zu?

3 Nicht alles gilt für alle

Tarifverträge

Moment mal ...

Eigentlich gefiel es Ludmilla Klein in der Kinderarztpraxis in Wolfhagen sehr gut. „Die Arbeitsbedingungen“, so Ludmilla, „könnten gar nicht besser sein“. Doch dann lernt Ludmilla im Urlaub Uwe kennen. Bei beiden funkt es sofort. Nach 2 Monaten ist für beide klar: Sie wollen zusammenziehen und künftig gemeinsam in der Wohnung von Uwe in Neustadt wohnen.

Eine neue Arbeitsstelle zu finden, ist kein Problem. Die Kinderärztin Dr. Metz hat ihr sofort zugesagt und der Arbeitsvertrag soll unterschrieben werden. Da stolpert Ludmilla über den Satz: „es wird der gesetzlich vorgeschriebene Urlaub gewährt.“ „Das sind aber doch nur 24 Werktage. Tariflich stehen mir 26 Arbeitstage zu. Die müssen Sie mir doch auch gewähren.“ Ludmilla ist über die Antwort von Frau Dr. Metz erstaunt. „Sie irren sich. Da wir in unserer Praxisgemeinschaft nicht tarifgebunden sind, gilt das nicht für uns, selbst wenn Sie gewerkschaftlich organisiert sind. Wir können Sie doch nicht besser stellen als unsere anderen Mitarbeiterinnen.“

„Ja, dann“, so Ludmilla nach einigem Zögern, „muss ich mir die Sache erst noch einmal überlegen“.

Wie ist der Geltungsbereich von Tarifverträgen geregelt?
Wer ist Tarifpartner im Gesundheitswesen?
Welche Arten von Tarifverträgen gibt es?

INFO 1 Geltungsbereich von Tarifverträgen

Tarifverträge werden von Arbeitgeber- und Arbeitnehmerorganisationen geschlossen. Sie gelten nur für die jeweiligen Mitglieder. Nur wenn sowohl die ärztliche Mitarbeiterin als auch die Praxis Mitglied der jeweiligen Interessenorganisation sind, gelten hier die tarifvertraglich geschlossenen Vereinbarungen. Nur dann besteht eine Tarifbindung.

In allen anderen Fällen gelten Tarifverträge nur dann, wenn sie in den Arbeitsvertrag übernommen oder für allgemein verbindlich erklärt werden. Auch die Bundesärztekammer empfiehlt die Übernahme der tarifvertraglichen Vereinbarungen in die Arbeitsverträge von tariflich nicht gebundenen Arztpraxen.

Es spricht nichts dagegen, wenn in Ausbildungsverträgen bessere Bedingungen vereinbart werden, als in höherrangigen Gesetzen (z. B. Jugendarbeitsschutzgesetz) oder auch in Tarifverträgen steht. Dann gibt es das so genannte **Günstigkeitsprinzip.** Bekommt z. B. eine MFA einen Zuschlag zur Ausbildungsvergütung, weil ihr Chef davon überzeugt ist, dass sie dann auch besonders motiviert arbeitet, so ist das aus rechtlicher Sicht in Ordnung.

Praxistipp

Nach dem so genannten Rangfolgeprinzip dürfen die Vereinbarungen in Arbeitsverträgen nicht ungünstiger sein als die Vorgaben, die man in Gesetzen (z. B. Arbeitszeitgesetz, Jugendarbeitsschutzgesetz), Tarifverträgen oder auch Betriebsvereinbarungen findet.

INFO 2 Tarifpartner

Tarifpartner entscheiden im Rahmen ihrer **Tarifautonomie.** Hierunter versteht man das Recht der Gewerkschaften und Arbeitgeber, Löhne und Arbeitsbedingungen in eigener Verantwortung zu vereinbaren. Der Staat mischt sich nicht ein. Er geht davon aus, dass die Sozialpartner selbst am besten wissen, welche Vereinbarungen sie treffen sollten. Dieser Freiraum der Sozialpartner ist sogar im Grundgesetz, Artikel 9 garantiert.

Tarifvertragliche Angelegenheiten gehören zum so genannten **Kollektivarbeitsrecht.** Das bedeutet, dass zwar die einzelne Praxismitarbeiterin mit ihrem Chef den jeweiligen Arbeitsvertrag abschließt, die übergreifenden Interessen aber von den jeweiligen Verbänden wahrgenommen werden.

Auf der Seite der ärztlichen Mitarbeiterinnen gibt es verschiedene Möglichkeiten, sich in Berufsverbänden bzw. Gewerkschaften zu organisieren. Zu den Leistungen, die von diesen Organisationen für ihre Mitglieder erbracht werden, zählen vor allem:

- Vertretung von Arbeitnehmerinteressen gegenüber Arbeitgebern bzw. deren Verband,
- Vertretung gegenüber berufs- und gesellschaftspolitischen Gremien,
- Rechtsschutz,
- Informationen über arbeitsrechtliche und medizinische Neuerungen,
- Unterstützung bei Fort- und Weiterbildung,
- Unterstützung bei Streik oder Aussperrung.

Arbeitnehmerorganisationen im Gesundheitswesen sind:

- Gewerkschaft ver.di: Innerhalb dieser großen Gewerkschaft stellt das Gesundheitswesen nur einen kleinen organisatorischen Bereich dar.
- Gewerkschaft für Beschäftigte im Gesundheitswesen (BIG): Ihre Mitglieder kommen nicht nur aus dem Bereich Gesundheitswesen, sondern auch aus der Alten- und Behindertenhilfe.
- Berufsverband der Arzt-, Zahnarzt- und Tierarzthelferinnen (BdA): Der Verband ist die größte Interessenvertretung der drei Fachberufe. Er ist regional in 17 Landesverbände mit insgesamt ca. 150 Bezirksstellen gegliedert.

Tarifpartner auf der Arbeitgeberseite ist die Arbeitsgemeinschaft zur Regelung der Arbeitsbedingungen der Arzthelferinnen (AAA). Die AAA ist eine reine Arbeitsgemeinschaft. Mitglieder dieser Gemeinschaft sind niedergelassene Ärzte, die Arzthelferinnen beschäftigen. Der Verband verfolgt nur den einzigen Zweck, Tarifverträge abzuschließen.

www: www.bda-online.com, www.ver.di.de www.gewerkschaft-big.de

INFO 3 Arten von Tarifverträgen

Je nach Inhalt unterscheidet man den Mantel- und den Gehaltstarifvertrag.

Manteltarifvertrag

Er enthält alle arbeitsrechtlichen Regelungen außer Gehalt und Ausbildungsvergütung, u. a.:

- Arbeitszeit
- Geltungsbereich
- Dauer der Probezeit
- Zuschläge für Überstunden und Sonntagsarbeit
- Vermögenswirksame Leistungen
- Urlaubsdauer
- Kündigungsfristen

Gehaltstarifvertrag

enthält:

- Gehaltstabellen aufgeschlüsselt nach Beschäftigten in den alten und neuen Bundesländern
- Tätigkeitsgruppen
- Angaben zur Ausbildungsvergütung, aufgeschlüsselt nach alten und neuen Bundesländern

Mantel- und Gehaltstarifvertrag unterscheiden sich nicht nur durch ihren Inhalt, sondern auch durch ihre Laufzeit. Während Gehaltstarifverträge häufig nur eine Laufzeit von einem Jahr haben, beträgt sie bei dem Manteltarifvertrag 2-3 Jahre. Auch längere Laufzeiten sind möglich.

Arbeitsaufträge

1. Was unterscheidet einen Mantel- von einem Gehaltstarifvertrag?
2. Welche Arbeitgeberorganisationen kommen als Interessenverbände der Medizinischen Fachangestellten infrage?
3. Welche Vorteile kann es als Praxismitarbeiterin haben, Mitglied einer Gewerkschaft bzw. eines Verbandes zu sein?
4. Im Arbeitsrecht gilt das Günstigkeitsprinzip. Was bedeutet dieser Begriff?
5. In einer Praxis werden drei Helferinnen beschäftigt, die alle jünger als 30 Jahre alt sind. Eine von ihnen ist Mitglied in der Gewerkschaft. Sie erhält laut Arbeitsvertrag 26 Arbeitstage Urlaub. Die übrigen beiden sind nicht gewerkschaftlich organisiert. Ihnen wird nur ein Urlaub von 24 Arbeitstagen gewährt, wie es im Bundesurlaubsgesetz vorgeschrieben ist. Der Arzt ist Mitglied der Arbeitsgemeinschaft zur Regelung der Arbeitsbedingungen der Arzthelferinnen (AAA). Er vertritt die Meinung, dass er sich mit der Urlaubsgewährung rechtlich korrekt verhalten hat.

   Diskutieren Sie seine Meinung.

4 Nicht einfach „rausfliegen“

Beendigung von Arbeitsverträgen und Kündigungsschutz

Moment mal ...

Praxisgemeinschaft Michel/Damm/Metz, 29. September 20.., 08:45 Uhr. Offizieller Beginn der Sprechstunde ist um 09:00 Uhr, deshalb ist das Wartezimmer schon gut gefüllt. „Wie üblich, zum Quartalsende“, so die Medizinische Fachangestellte Petra Knauff, die ab 08:00 Uhr arbeitet. Und dann das: Ramona Krämer ruft an, um mitzuteilen, dass sie heute erst etwas später zur Arbeit kommen könne, da ihr Lebensgefährte ihr Auto benötige. Die Antwort von Frau Dr. Metz war bis in das Wartezimmer hinein zu hören: „Was erlauben Sie sich eigentlich? Frau Bertram hat Urlaub, Lale ist in der Berufsschule, hier ist das Wartezimmer voll und Sie fehlen, nur weil Sie kein Auto haben ... Vorige Woche drei Tage krank, in den letzten drei Monaten mindestens fünfmal zu spät gekommen und zweimal früher gegangen, so geht das nicht weiter ... Wenn Sie nicht spätestens in zwanzig Minuten hier sind, können Sie gleich wegbleiben. Die Papiere schicke ich Ihnen dann auf Ihre Kosten nach Hause ...“

Zack - Frau Dr. Metz knallt den Hörer auf und murmelt: „Diesmal mache ich Ernst, das lasse ich mir nicht länger bieten. Wenn sie um fünf Minuten nach neun nicht da ist, fliegt sie raus!“

Was meinen Sie: Kann Ramona rausfliegen?
Wie werden Arbeitsverträge aufgehoben?
Welche Kündigungsschutzmaßnahmen gibt es?

INFORMATION

Jeder Arbeitsvertrag kommt durch zwei übereinstimmende Willenserklärungen zustande. Auch eine Weiterbeschäftigung nach bestandener Prüfung ist eine solche stillschweigende, zweiseitige Willenserklärung. Sie kommt zustande, weil der Arzt die Medizinische Fachangestellte zu tariflichen Bedingungen übernimmt und diese stillschweigend einwilligt.

Arbeitsverträge können entweder befristet oder unbefristet abgeschlossen werden.

In **befristeten Arbeitsverträgen** endet das Beschäftigungsverhältnis mit Ende der im Vertrag festgelegten Frist.

Eine **Beendigung von unbefristeten Arbeitsverträgen erfolgt** entweder durch einen Aufhebungsvertrag oder durch Kündigung.

Befristungen, Kündigungen und Aufhebungsverträge bedürfen der Schriftform.

INFO 1 Aufhebungsvertrag

Mit ihm erklären sich beide Vertragspartner zur Beendigung eines bestehenden Arbeitsverhältnisses bereit. Oftmals erhält die Arbeitnehmerin für die Einwilligung eines Aufhebungsvertrages eine Abfindung. Ein Teil davon wird allerdings auf das Arbeitslosengeld angerechnet. Dazu kann der Bezug des Arbeitslosengeldes bis zu drei Monaten gesperrt werden. Aufhebungsverträge werden oft aus betriebsbedingten Gründen (z. B. Rückgang der Patienten, Kosteneinsparungen usw.) angeboten, um den Kündigungsschutz zu umgehen. Sie können aber auch zur Anwendung kommen, wenn die MFA einen Grund für eine fristlose Kündigung liefert, ihr Chef ihr aber eine solche ersparen will, damit sie bei Bewerbungen bessere Chancen hat. In diesem Fall wird sicherlich keine Abfindung bezahlt.

Praxis-tipp

Überlegen Sie sich gut, ob Sie sich auf einen Aufhebungsvertrag einlassen sollen. Sie verzichten damit auf den Ihnen evtl. zustehenden Kündigungsschutz – auch auf den besonderen von Schwangeren und Schwerbeschädigten.
Erkundigen Sie sich auch vorher bei der Arbeitsagentur, inwieweit eine Ausgleichszahlung angerechnet wird und ob Sie eine Sperrzeit für das Arbeitslosengeld bekämen.

INFO 2 Kündigung

Eine **Kündigung** ist eine einseitige Willenserklärung des Kündigenden, die vom anderen Vertragspartner lediglich empfangen werden muss. Die gesetzlichen Kündigungsfristen sind im Bürgerlichen Gesetzbuch (BGB) als Mindestfristen geregelt. Längere Kündigungszeiten können in Tarifverträgen oder in Arbeitsverträgen vereinbart werden.

Es gibt drei Kündigungsarten: **ordentliche, fristgemäße Kündigung, außerordentliche, fristlose Kündigung und Änderungskündigung.**

Ordentliche, fristgemäße Kündigung:

In der Probezeit gelten Kündigungsfristen von 2 Wochen für Arbeitsverträge und tägliche Kündigungsfrist für Ausbildungsverträge.

Wenn die Arbeitnehmerin kündigt, dann muss sie eine Kündigungsfrist von 4 Wochen zum 15. oder zum Monatsende einhalten.

Kündigt der Arbeitgeber, gilt für Beschäftigte unter 25 Jahren eine Kündigungsfrist von 4 Wochen zum 15. oder zum Monatsende. Für Beschäftigte über 25 Jahren hängen die Kündigungsfristen nach § 622 BGB von der Länge der Betriebszugehörigkeit ab:

Betriebszugehörigkeit	Kündigungsfrist
unter 2 Jahren	4 Wochen zum 15. des Monats oder Monatsende
ab 2 Jahren	1 Monat zum Monatsende
ab 5 Jahren	2 Monate zum Monatsende
ab 8 Jahren	3 Monate zum Monatsende
ab 10 Jahren	4 Monate zum Monatsende
ab 12 Jahren	5 Monate zum Monatsende
ab 15 Jahren	6 Monate zum Monatsende
ab 20 Jahren	7 Monate zum Monatsende

Außerordentliche, fristlose Kündigung (§ 626 BGB)

Diese kann sowohl vom Arbeitgeber als auch von der Helferin erfolgen. Bedingung ist, dass dem Kündigenden eine Fortsetzung des Arbeitsverhältnisses nicht mehr zugemutet werden kann. Nach dem Manteltarifvertrag für Medizinische Fachangestellte ist eine solche Kündigung nur möglich, wenn ein wichtiger Grund vorliegt. Beispiele:

● Diebstahl ● Arbeitsverweigerung ● grober Verstoß gegen die Praxisordnung ● selbst genommener Urlaub ● Beleidigungen ● Vorenthaltung des Gehaltes ● sexuelle Belästigung

Jeder Vertragspartner muss dem anderen den Kündigungsgrund unverzüglich mitteilen. Eine fristlose Kündigung ist auch nur möglich, wenn der Kündigungsgrund nicht länger als zwei Wochen bekannt ist.

Änderungskündigung

Will der Chef eine Med. Fachangestellte zwar nicht entlassen, sondern nur eine Änderung der inhaltlichen Arbeitsbedingungen (z. B. Gehalt, Arbeitszeit) erreichen, kann eine Änderungskündigung ausgesprochen werden. Das bedeutet, der Fachangestellten wird der alte Vertrag gekündigt und gleichzeitig ein geänderter neuer Arbeitsvertrag angeboten.

INFO 3 Kündigungsschutz

Die zwei Voraussetzungen des Kündigungsschutzes

Unter folgenden Voraussetzungen genießen Sie einen erweiterten Kündigungsschutz:

1. Betrieblicher Geltungsbereich

Er gilt nur für Mitarbeiterinnen in Praxen mit mehr als 5 vollbeschäftigten Arbeitnehmern (ohne Azubis). In Betrieben unter 10 Arbeitnehmern (ohne Azubis) gilt kein Kündigungsschutz für die Arbeitnehmer, die dort erst nach dem 31.12.2003 begonnen haben.

2. Personenbezogener Geltungsbereich – Wartezeit:

Zum Zeitpunkt des Zugangs der Kündigung muss das Beschäftigungsverhältnis länger als sechs Monate bestanden haben.

Allgemeiner Kündigungsschutz

Eine Angestellte darf, wenn die Bedingungen erfüllt sind, nur dann gekündigt werden, wenn sie durch ihre Person oder ihr Verhalten einen Kündigungsgrund gibt oder wenn betriebliche Erfordernisse vorliegen.

Kündigungsgründe nach dem Kündigungsschutzgesetz

personenbedingte Gründe	Verhaltensgründe	betriebliche Gründe
• mangelhafte Kenntnisse und Fähigkeiten (Diese dürfen bei der Einstellung nicht bekannt gewesen sein.) • mangelnde körperliche oder geistige Eignung (z. B. Allergien) • lange Krankheit, deren Ende nicht absehbar ist • häufige Kurzerkrankungen (wenn die wirtschaftliche Belastung für den Arbeitgeber zu groß wird)	• schuldhafte Vertragsverletzung, z. B. Arbeitsverweigerung, häufige Unpünktlichkeit • selbst genommener und nicht genehmigter Urlaub • Verletzung arbeitsrechtlicher Nebenpflichten, z. B. Nichtvorlage einer Arbeitsunfähigkeitsbescheinigung • Verstöße gegen die Praxisordnung • Verweigerung von Überstunden • Störung des Betriebsfriedens durch Beleidigungen von Mitarbeiterinnen, Ärzten, Patienten	• Umsatz-/Ertragsrückgang • Umstrukturierung der Praxis • Praxiseinschränkung, z. B. aus Altersgründen, Krankheit • erheblicher Umsatzrückgang im Verhältnis zu den fortschreitenden Praxiskosten, die sich unmittelbar auf den Arbeitsplatz auswirken • Reorganisationsmaßnahmen
Zusatzpflichten des Praxisinhabers:	Vorherige schriftliche Abmahnung. Dadurch erhält die Angestellte die Chance, ihr Verhalten zu ändern. Erfolgt dies nicht, kann die Kündigung ausgesprochen werden.	• vorherige Änderungskündigung prüfen • Berücksichtigung sozialer Gesichtspunkte (siehe nächste Seite)

Soziale Abwägung (KSchG § 1)
Ist einem Arbeitnehmer aus dringenden betrieblichen Erfordernissen gekündigt worden, so ist die Kündigung trotzdem sozial ungerechtfertigt, wenn der Arbeitgeber bei der Auswahl des Arbeitnehmers die Dauer der Betriebszugehörigkeit, das Lebensalter, die Unterhaltspflichten und die Schwerbehinderung des Arbeitnehmers nicht oder nicht ausreichend berücksichtigt hat. Auf Verlangen des Arbeitnehmers hat der Arbeitgeber dem Arbeitnehmer die Gründe anzugeben, die zu der getroffenen sozialen Auswahl geführt haben.

In die soziale Auswahl sind Arbeitnehmer nicht einzubeziehen, deren Weiterbeschäftigung, insbesondere wegen ihrer Kenntnisse, Fähigkeiten und Leistungen oder zur Sicherung einer ausgewogenen Personalstruktur des Betriebes, im berechtigten Interesse der Praxis oder des Krankenhauses liegt.

Betriebsrat anhören
In Betrieben mit Betriebsrat ist dieser vor jeder Entlassung anzuhören, sonst ist die Kündigung unwirksam. Widerspricht der Betriebsrat und es wird Klage eingereicht, muss die Gekündigte bis zur Entscheidung des Arbeitsgericht weiterbeschäftigt werden.

Besonderer Kündigungsschutz
Folgende Gruppen genießen einen besonderen Kündigungsschutz:

- Wehr- und Ersatzdienst Leistende sind während dieser Tätigkeit nicht kündbar.
- Schwerbehinderte
- Schwangere
- Auszubildende nach der Probezeit
- Betriebsratsmitglieder, Jugend- und Auszubildendenvertreter sind während ihrer Amtszeit und ein Jahr danach unkündbar.

LF 1
Kap. 10
Info 7
Seite 57
Kündigungsschutz
Schwangere

LF 1
Kap. 2
Info 5
Seite 18 f.
Kündigungsschutz
Auszubildende

INFO 4 Widerspruch – Möglichkeiten, gegen eine Kündigung vorzugehen

Wenn man meint, dass die Kündigung nicht rechtens oder nicht notwendig war oder dass gegen bestehende Vorschriften verstoßen wurde, kann man gegen eine Kündigung vorgehen. Kündigungsschutzklagen werden beim Arbeitsgericht eingereicht und erfahren folgende Behandlung:

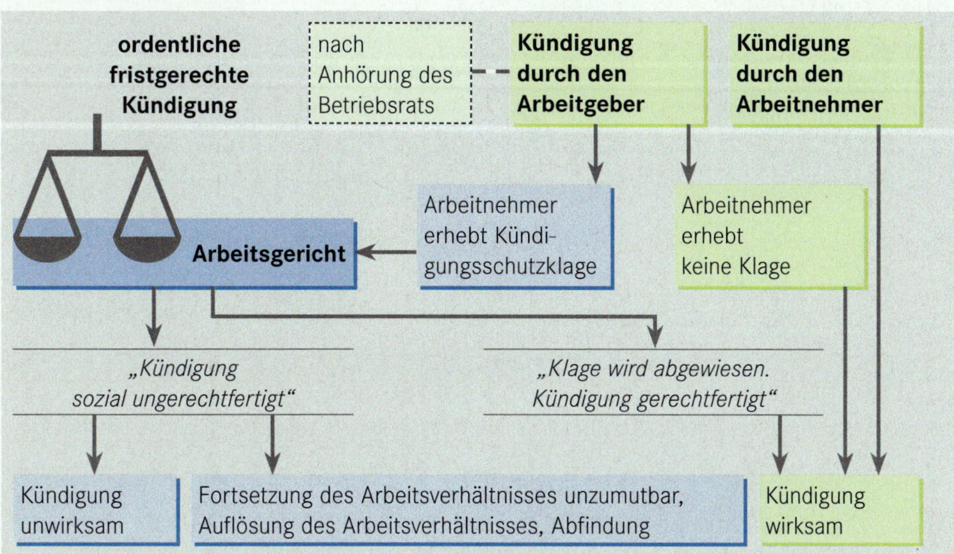

INFO 5 Rechte der Arbeitnehmerin nach der Kündigung

Sollte eine Medizinische Fachangestellte gekündigt worden sein, dann hat sie Anspruch auf

- angemessene Freistellung zu Vorstellungsgesprächen und Assessmentcentern,
- ein Arbeitszeugnis (auf Wunsch ein qualifiziertes Zeugnis),
- eventuellen Resturlaub,
- die Herausgabe ihrer Arbeitspapiere (Lohnsteuerkarte, Sozialversicherungsnachweis, Urlaubsbescheinigung).

Arbeitsaufträge

1. Überprüfen Sie den Fall in „Moment mal ...“, Seite 318 (Ramona K. erscheint an diesem Tag erst gegen 10:00 Uhr am Arbeitsplatz). Darf Dr. Metz ihr sofort kündigen?
2. Julia S. wurde nach bestandener Abschlussprüfung in ein normales Arbeitsverhältnis in der Praxis Dr. Körner übernommen. Nach einem Jahr überlegt sich Dr. Körner, die Gehaltskosten zu senken. Er möchte Julia nur noch in Teilzeit beschäftigen.
   a) Was muss er unternehmen?
   b) Julia hat sich in der Praxis Dr. Wohlfahrt beworben und könnte zum 01.06.20.. beginnen. Wann muss sie spätestens die Kündigung bei Dr. Körner abgeben?
3. Beurteilen Sie die Rechtslage folgender Fälle, ob eine Kündigung, und wenn ja, welche, möglich wäre:
   a) Eva K. wurde nun schon zum dritten Mal aufgefordert, in der Mittagspause am Empfang nicht zu Rauchen.
   b) Eva möchte mit ihrer Basketballmannschaft eine Woche nach Mallorca fliegen. Doch ihr Chef lehnt den Urlaubsantrag ab, da eine Kollegin schwanger sei und ständig die Gefahr bestehe, dass sie ausfalle. Das sieht Eva nicht so und fliegt einfach mit.
   c) Sabine M. ist vor allem freitags öfter krank. Wenn Sie donnerstags lange aus war, kämpft sie morgens öfter mit starker Migräne.
   d) Frau Schumann hatte schon mehrere schwerere Bandscheibenvorfälle. Die Tätigkeit im Labor fällt ihr dadurch immer schwerer und führt zu steigenden Krankenzeiten.
   e) Klara B. weigert sich die ihr im Praxisteam zugewiesenen Arbeiten zu übernehmen. Sie möchte lieber am Empfang arbeiten als die Privatliquidationen zu erstellen.
   f) Maike S. ist nicht gewillt einen Lehrgang für die neue Software zu absolvieren.

5 Achtung vor geheimen Zensuren

Arbeitszeugnisse

Moment mal ...

„Zwischen den Zeilen lesen können ..."

Nach der Ausbildung erhält Nicole folgendes Arbeitszeugnis:

Frau Nicole Wagner hat vom 01.08.2005 – 27.07.2008 eine Ausbildung zur Medizinischen Fachangestellten in meiner Facharztpraxis mit gutem Erfolg absolviert.

Nach der Ausbildung scheidet Frau Wagner wegen eines Ortswechsels auf eigenen Wunsch aus.

Da dieses einfache Arbeitszeugnis zu wenig aussagefähig ist, verlangt Nicole ein qualifiziertes Zeugnis. Als sie dieses überfliegt, denkt sie: „Klingt ganz gut".

Frau Nicole Wagner hat ihre Aufgaben im Großen und Ganzen recht sorgfältig wahrgenommen und war gegenüber den Patienten freundlich und zuvorkommend.

Im Umgang mit schwierigen Patienten hat sie sich stets nach besten Kräften bemüht und zeigte Einfühlungsvermögen. Dabei war sie stets mit Interesse bei der Sache.

Frau Wagner hat die Patientendatei und die Terminplanung im Rahmen ihrer Fähigkeiten eigenständig geführt und sich stets bemüht bei Kassenabrechnungen und Privatliquidationen die neuesten gesetzlichen Regelungen zu beachten.

Ihr Einsatz und Leistungswille entsprachen meinen Erwartungen.

Ich wünsche Frau Wagner auch weiterhin alles Gute.

Dennoch informiert sich Nicole im Internet, um zu sehen, ob sich etwas hinter den einzelnen Formulierungen verbirgt. Nach kurzer Zeit erkennt sie, dass die recht positiven Formulierungen in Wirklichkeit ihre Tücken haben. Daher beschließt sie, das Zeugnis nicht zu akzeptieren. „Mit diesem Zeugnis haben Sie mich sehr schlecht beurteilt, das habe ich nicht verdient," sagt Nicole, als sie ihrer Chefin das Zeugnis zurückgibt. „Ich habe mir dabei wirklich nichts gedacht", ist die Antwort der sichtlich überraschten Frau Dr. Schmitt. „Sie wissen doch, dass ich wenig Zeit habe", fährt sie fort. „Ich bitte Sie um ein neues Zeugnis, das ist mein Recht", entgegnet Nicole.

Wie würden Sie das qualifizierte Arbeitszeugnis von Nicole bewerten? Welche geheimen Codes gibt es?

INFO 1 Arbeitszeugnisse – wem sie nutzen

Warum eigentlich ein Arbeitszeugnis nach der Berufsausbildung?

Der eventuelle neue Arbeitgeber sucht eine neue Mitarbeiterin, die möglichst gut in sein Praxisteam passt. Er will sich also mithilfe von Zeugnissen ein Bild von der Bewerberin machen. Das Ergebnis der Abschlussprüfung und das Abschlusszeugnis der Berufsschule geben mehr Aufschluss über den theoretischen Kenntnisstand. Dieser wird auch mit weiteren Bescheinigungen und Zeugnissen über besuchte Fortbildungslehrgänge bestätigt. Die Leistungen in der Praxis, den Einsatzwillen, das soziale Verhalten im Praxisteam und weitere Schlüsselqualifikationen werden aber in einem Arbeitszeugnis bescheinigt.

Praxistipp ***Je länger die Zeit der Ausbildung vorüber ist, desto wichtiger werden die Arbeitszeugnisse. Daher heben Sie alle Arbeitszeugnisse unbedingt auf, denn diese müssen bei späteren Bewerbungen lückenlos vorgelegt werden.***

INFO 2 Gefahr von Arbeitszeugnissen für die Beurteilten

Mit einem Arbeitszeugnis werden Sie von einer anderen Person aus deren individueller Sicht beurteilt. Manche Chefs sind kritischer, andere dagegen großzügiger. So können gleiche Leistungen von verschiedenen Personen unterschiedlich bewertet werden. Es ist menschlich, dass man nicht alle Personen gleich sympathisch findet. Daher hat das Bundesarbeitsgericht für qualifizierte Arbeitszeugnisse entschieden:

- Bei der Formulierung muss von verständigem Wohlwollen ausgegangen werden.
- Ein Zeugnis muss alle wesentlichen Tatsachen enthalten, die für die Gesamtbeurteilung des Arbeitnehmers wichtig und für andere von Interesse sind.
- Einmalige Vorfälle oder Umstände, die für den Arbeitnehmer, seine Führung und Leistung nicht charakteristisch sind, dürfen nicht aufgenommen werden.

Gefahr von Arbeitszeugnissen für die Beurteilenden

Die Ausstellung eines bewusst wahrheitswidrigen Arbeitszeugnisses kann zu Schadensersatzansprüchen des neuen Chefs gegenüber dem ehemaligen führen. Letzterer steckt also in einer Zwickmühle: Die Rechtssprechung verlangt von ihm einerseits ein Zeugnis wahrheitsgemäß auszustellen. Andererseits zwingt sie ihn aber auch ein Zeugnis wohlwollend abzufassen, um das Fortkommen des Arbeitnehmers nicht unnötig zu erschweren. Dies führt dazu, dass immer mehr verschlüsselte Formulierungen eingesetzt werden.

INFO 3 Arten und Formulierungen von Arbeitszeugnissen

Es gibt zwei Arten von Arbeitszeugnissen.

1. Einfaches Arbeitszeugnis: Es enthält außer Informationen zur Person der Helferin nur Angaben über Art und Dauer des Beschäftigungsverhältnisses.

2. Qualifiziertes Zeugnis: Dieses enthält zusätzlich Angaben über die Leistungen und das Verhalten des Arbeitnehmers.

Praxistipp ***Ein Ausbildungszeugnis bekommen Sie mit Abschluss oder Abbruch der Ausbildung. Um sich rechtzeitig um einen anderen Arbeitsplatz nach Beendigung der Ausbildung bewerben zu können, ist auch die Ausstellung eines vorläufigen oder eines Zwischenzeugnisses möglich.***

Formulierungen im Arbeitszeugnis

Text im Arbeitszeugnis	Noten
... stets zur vollsten Zufriedenheit	1
... stets zur vollen Zufriedenheit	2
... zur vollen Zufriedenheit	3
... zu unserer Zufriedenheit oder zufrieden stellend	4
... insgesamt/weitgehend/im Großen u. Ganzen zu unserer Zufriedenheit oder ... entsprach unseren Erwartungen	5
... hat sich stets bemüht ... zu erfüllen	6

Das steht im Arbeitszeugnis	Das ist damit gemeint
Durch ihre Geselligkeit trug sie zur Verbesserung des Praxisklimas bei.	*Sie trink Alkohol am Arbeitsplatz.*
Sie bemüht sich den Anforderungen gerecht zu werden.	*Sie hat versagt.*
Sie war stets mit Interesse bei der Sache.	*Sie hat versagt.*
Sie arbeitete mit größter Genauigkeit.	*Sie war zu langsam.*

Weitere Beispiele für Verschlüsselungen finden Sie auf www.praxisfit.de/zeugnis.html

Ein unvollständiges Zeugnis kann das Umgehen von negativen Beurteilungen sein.

Spärliches Lob wie „Sie hat sich bemüht“ oder „Sie zeigte Interesse“ soll oftmals zeigen, dass die Leistung weit unterdurchschnittlich war. Ironische Aussagen zum Schluss wie „wir wünschen ihr alles erdenklich Gute“ oder „für ihre Mitarbeit bedanken wir uns aufs Herzlichste“ meinen oftmals das Gegenteil.

Die Verwendung von Superlativen (wie z. B. größte, vollste, herausragend, außergewöhnlich usw.) zeichnen eine sehr gute Beurteilung aus. Ein schwächeres Zeugnis erkennt man am Fehlen solcher Superlative.

Praxis-tipp

Widerspruch gegen ein Arbeitszeugnis:
Sind Sie mit Ihrem Zeugnis nicht einverstanden, sollten Sie zuerst versuchen sich gütig mit Ihrem Arbeitgeber zu einigen, um Ihr Zeugnis zu verbessern. Unterbreiten Sie ihm eventuell Änderungsvorschläge. Erst wenn Sie auf gütlichem Wege nichts erreichen, sollten Sie sich an den Ausbildungsberater der Kammer oder gar an einen Fachanwalt für Arbeitsrecht wenden.

Arbeitsaufträge

1. Unterscheiden Sie zwischen einem einfachen und einem qualifizierten Arbeitszeugnis.
2. Warum kann ein einfaches Arbeitszeugnis schon einen negativen Eindruck machen?
3. Stellen Sie die Zwickmühle dar, in der ein Chef beim Verfassen eines Arbeitszeugnisses steckt.
4. Diskutieren Sie über mögliche Gefahren durch die verschlüsselte Geheimsprache in Arbeitszeugnissen.
5. Deuten Sie das qualifizierte Arbeitszeugnis in „Moment mal ...“, Seite 323.
6. Versuchen Sie ein positives Arbeitszeugnis über sich selbst zu verfassen.

6 Damit die „Kohle" stimmt

Gehaltsabrechnung

Moment mal …

Nicole Wagner hat es geschafft. Sie fängt nach bestandener Prüfung bei Frau Dr. Schüssler an und das sogar zu einem übertariflichen Gehalt. „Na, dann ist ja alles in trockenen Tüchern", erklärt ihr Freund und die Planung des gemeinsamen Urlaubs beginnt. Ja, und weil es so schön ist, erwartetes Geld zu verplanen, schiebt Nicole noch einen Wunsch nach: „Ein anderes Auto muss ich mir jetzt erst mal zulegen, denn mein 10 Jahre altes Gefährt hält ja nur noch der Rost zusammen."

Und dann kommt der Zahltag. Nicole erhält ihre Gehaltsabrechnung und ist enttäuscht. Ihre Wünsche platzen wie Luftballons, als sie merkt, wie wenig sie von ihrem Bruttogehalt überwiesen bekommt. „Das kann nicht sein. Diese Rechnung soll mir mal jemand erklären", denkt Nicole und macht sich ärgerlich auf den Weg zu einer ehemaligen Arbeitskollegin, die sich auf diesem Gebiet auskennt.

Bezeichnung	bezahlte Menge	Faktor	Zuschlag	St	SV	Betrag
Festlohn				J		1.375,00
Vermögenswirksame Leistungen				J		13,29

Brutto-Verdienst
1.388,29

Steuerliche Abzüge:

Steuer Brutto	Lohnsteuer	Kirchensteuer	Solz			Betrag EUR
1.388,29	93,83	8,44	2,56			104,83

SV-rechtliche Abzüge:

KV/PV Brutto	RV/AV Brutto	KV-Betrag	PV-Betrag	RV-Betrag	AV-Betrag	Betrag EUR
1.388,29	1.388,29	105,51	11,80	138,13	29,15	284,59

Netto-Verdienst
998,87

Netto-Bezüge/Netto-Abzüge:

Bezeichnung	Betrag
Vermögenswirksame Leistungen	-26,59

Auszahlung
972,28

Gehaltsabrechnung Nicole Wagner

Wurde das Gehalt von Nicole richtig errechnet?
Wie ist eine Gehaltsabrechnung aufgebaut?
Welche Gehaltsabzüge sind im Einzelnen zu berücksichtigen?

INFO 1 Der Aufbau der Gehaltsabrechnung

Alle Lohn- und Gehaltsabrechnungen sind so aufgebaut, dass sie ausgehend vom Bruttogehalt den Betrag ermitteln, der ausgezahlt wird. Der Auszahlungsbetrag ist nicht gleichzusetzen mit dem Nettogehalt. Letzteres ist häufig höher, weil es noch um bestimmte Abzüge vermindert werden muss. Um die hiermit verbundenen Arbeiten zu erleichtern, lassen sich spezielle Tabellen anwenden. Inzwischen sind sie allerdings ein Auslaufmodell, denn die Datenverarbeitung bietet hier ganz andere Möglichkeiten. Anhand der individuellen Daten, die sich problemlos in die Eingabefelder eintragen lassen, wird die gesamte Gehaltsabrechnung zuverlässig, schnell und preiswert erledigt. Ausdrucken lässt sich alles, was Finanzamt, Krankenkasse, Betrieb und Arbeitnehmer benötigen. Und die Bedienung der jeweiligen Programme ist relativ einfach, bieten sie doch den Vorteil der grafischen Benutzeroberfläche.

Das Abrechnungsschema

Bruttogehalt
\+ Vermögenswirksame Leistung Arbeitgeber

= Summe der Bezüge
\- Lohnsteuer
\- Solidaritätszuschlag
\- Kirchensteuer
\- Krankenversicherung
\- Rentenversicherung
\- Arbeitslosenversicherung
\- Pflegeversicherung

= Nettoverdienst
\- Vermögenswirksames Sparen

= Auszahlungsbetrag

Auf dem Bildschirm stellt sich die Gehaltsabrechnung von Nicole Wagner so dar:

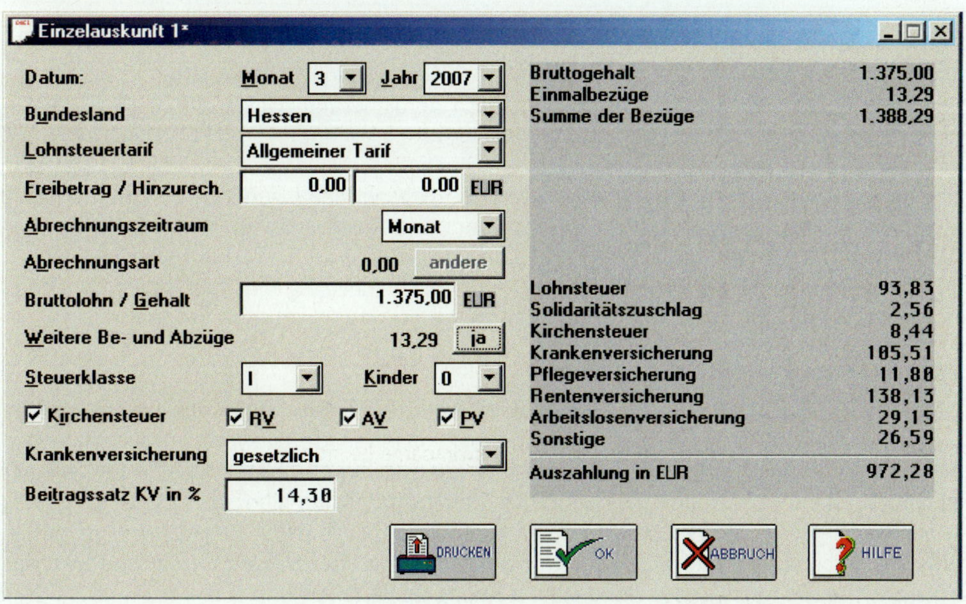

INFO 2 Gehaltsabzüge im Einzelnen

Das muss Frau Dr. Schüssler als Arbeitgeber an das **Finanzamt** abführen:

- **Lohnsteuer**
  Die Höhe der Steuerbelastung ist abhängig von vier Faktoren:
  - Bruttolohn,
  - Steuerklasse,
  - Anzahl der Kinderfreibeträge,
  - den evtl. vom Finanzamt eingetragenen Freibeträgen (z. B. Freibetrag wegen erhöhter Werbungskosten, z. B. durch Fahrtkosten zur Arbeitsstätte).
- **Kirchensteuer**
  Sie ist zu zahlen von den Mitgliedern der jeweiligen Religionsgemeinschaft. Der Steuersatz beträgt in den meisten Bundesländern 9 % der Lohn- bzw. Einkommensteuer, in den Ländern Baden-Württemberg, Bayern, Bremen und Hamburg 8 %.
- **Solidaritätszuschlag**
  Er wurde eingeführt, um den Aufbau in den neuen Bundesländern zu erleichtern. Der Solidaritätszuschlag beträgt 5,5 % der Lohn- und Einkommensteuer. Ist jemand Geringverdiener und muss keine Steuern zahlen, so entfällt auch der Solidaritätszuschlag.

Das führt Dr. Schüssler als Arbeitnehmeranteil an die **Krankenkasse** ab:

Arbeitnehmeranteil an der Sozialversicherung

Hälfte des Beitrags zur Krankenversicherung, erhöht um 0,45 %	Hälfte des Beitrags zur Pflegeversicherung, bei Kinderlosen erhöht um 0,25 % (ab dem 23. Lebensjahr)	Hälfte des Beitrags zur Rentenversicherung	Hälfte des Beitrags zur Arbeitslosenversicherung

Die Krankenkassen als Träger der Kranken- und Pflegeversicherung behalten ihre Beitragsanteile und verteilen den Rest an die anderen Versicherungsträger. Auch die Sozialversicherungsbeiträge richten sich nach dem Bruttoeinkommen. Die Belastung des Einkommens erfolgt allerdings nur bis zu einem bestimmten Höchstbetrag, der als Beitragsbemessungsgrenze bezeichnet wird. Über diese Grenze hinausgehende Einkommensteile sind beitragsfrei. Arbeitgeber und Arbeitnehmer zahlen jeweils die Hälfte der Beiträge. Eine Ausnahme gibt es bei der Krankenversicherung. Der Betrag der Arbeitgeber ist hier um 0,9 % niedriger als der der Arbeitnehmer. Die Sozialversicherung wird ausführlich behandelt in LF 1.

LF 1
Kap. 11
Seite 58 f.
Sozialversicherung

Sonstige Abzüge vom Bruttogehalt

Neben den Gehaltsabzügen, die an den Staat und die Sozialversicherung fließen, gibt es weitere mögliche Abzüge. So ist z. B. denkbar, dass ein Gehaltsvorschuss vom letzten Monat diesen Monat zurückgezahlt wird. Auch etwaige Gehaltspfändungen führen zu einer Minderung des ausgezahlten Betrags. Vom Gehalt abzuziehen sind auch die Beiträge des Arbeitnehmers, die als vermögenswirksame Leistung z. B. in einen Bausparvertrag einfließen. Der Arbeitgeberanteil zu den vermögenswirksamen Leistungen erhöht dagegen das Bruttogehalt und muss in der Gehaltsabrechnung addiert werden.

Arbeitsaufträge

1. Bearbeiten Sie folgende Aufgaben mit der Gehaltsabrechnung von Nicole Wagner:
   a) Erklären Sie den Aufbau der Gehaltsabrechnung.
   b) Welche Beträge fließen an den Staat und welche an die Sozialversicherungsträger?
   c) Wie hoch ist die prozentuale Steuerbelastung von Nicoles Bruttoeinkommen?
   d) Wie hoch ist die prozentuale Belastung durch die Sozialversicherungsbeiträge?
   e) Wie ist es zu erklären, dass Nicole weniger als ihr Nettogehalt überwiesen bekommt?

2. Führen Sie eine Gehaltsabrechnung durch:

	Situation a	Situation b	Situation c
monatliches Bruttogehalt	1.652,00 €	2.124,00 €	5.100,00 €
vermögenswirksame Leistung Arbeitgeber	19,94 €	–	78,00 €
Lohnsteuer[1]	233,00 €	368,00 €	1.693,00 €
vermögenswirksames Sparen	26,59 €	–	–
Vorschussverrechnung	–	400,00 €	–
Kirchensteuer	8 %	9 %	9 %
Krankenversicherung	13 %	14 %	13,5 %

Weitere Annahmen zur Gehaltsabrechnung:
- Solidaritätszuschlag beträgt 5,5 % der Lohn- bzw. Einkommensteuer
- Beitragssätze für die Sozialversicherung: Rentenversicherung 19,9 %, Arbeitslosenversicherung 4,2 %, Pflegeversicherung 1,7 % (Situation a und b), 1,95 % (Situation c)
- Beitragsbemessungsgrenze (Situation c): Kranken- und Pflegeversicherung jeweils 3.975,00 €; Renten- und Arbeitslosenversicherung jeweils 5.250,00 €

3. Sie sehen den Auszug aus einer Gehaltsabrechnung abgebildet. Versuchen Sie Aufbau und Inhalt der Tabelle zu erklären.

Steuer Tage	Steuerpflichtig	Steuerfreibetrag Hinzurechnung +	Lohnsteuer	Kirchensteuer 1 Kirchensteuer 2	Solidaritätszuschlag	
30	1840 65		218 16		11 99	

SV-Tg.		Sozial-Vers.pflichtig	AG-Anteil	AN-Anteil	AG-Anteil ausgez.	ZVK-Pfl.	ZVK-Umlage
30	KV	1840 65	128 85	137 13			
30	PV	1840 65	15 65	15 65			
30	RV	1840 65	179 46	179 46			
30	AV	1840 65	59 82	59 82			

Gesamtbrutto:	1840 65
Steuern/Abgaben:	230 15
Sozialversicherung:	392 06
= NETTO €	1218 44

4. Wovon hängt die Höhe der Lohnsteuerbelastung ab?

5. In Diskussionen über die leidigen Steuern hört man immer wieder zwei Thesen:
   a) „Ohne Steuern gehts allen besser."

   b) „Ein einheitlicher Steuersatz (z. B. 25 %) ist viel gerechter als der unübersichtliche Wirrwarr von Steuersätzen, wie wir ihn haben."
   Greifen Sie die beiden Thesen auf und führen Sie die Diskussion weiter.

1 Anders als die Kirchensteuer und die Sozialversicherung hat die Lohnsteuer keine festen, sondern variable Prozentsätze in Abhängigkeit vom Einkommen. Die angegebenen Beträge sind daher als Beispiel zu werten.

7 Auf den Prüfstand stellen?

Bankdienste vergleichen

7.1 Es lohnt sich

Vergleich der Bankkonditionen

Moment mal ...

Nicole Wagner hatte bisher ein kostenloses Girokonto für Azubis. Doch mit dem Ende ihrer Ausbildung berechnet ihr die Bank Kontoführungsgebühren. Daher informiert sie sich auf der Homepage der Verbraucherzentrale Baden-Württemberg und findet folgenden Artikel:

Geldfalle Girokonto ***... Nicht auf Ihre Kosten***

Oftmals haben Bankkunden das Gefühl, dass die Bank nicht nur ihr Geld verwaltet, sondern gleichzeitig abkassiert. Unklare Abrechnungen, Entgelte, die zu hoch erscheinen, und fehlende Guthabenzinsen sind nur einige Punkte, die den Kunden verärgern. Nur in seltenen Fällen können Verbraucherverbände Entgelte für Bankdienstleistungen gerichtlich überprüfen lassen – und das auch nicht immer mit Erfolg. Während der Bundesgerichtshof beispielsweise die Entgelte für Baraus- und -einzahlungen am Schalter für unzulässig erklärt hat, darf für jeden einzelnen Buchungsvorgang Geld verlangt werden, sofern fünf Buchungen kostenfrei sind. Unbedingt wichtig ist daher ein Vergleich der Kosten bei verschiedenen Banken.

nach: www.verbraucherzentrale-bdwue.de

Warum sollte man die Bedingungen für Girokonten vergleichen?

INFORMATION

Ohne Bankverbindung läuft heutzutage nichts mehr. Das Girokonto ist zum Dreh- und Angelpunkt aller Geldgeschäfte geworden. Es gibt zahlreiche und zum Teil ganz verschiedene Banken. Doch bei welchem Institut soll man sein Girokonto einrichten? Ein Vergleich verschiedener Banken und ihrer Bedingungen ist unbedingt anzuraten – es lohnt sich. Sie können sich die Bank mit den besten Konditionen aussuchen. Auch ein Wechsel von Kontomodellen bei der gleichen Bank kann sich lohnen.

Für die Wahl des Kreditinstitutes sollten aber nicht nur die Konditionen für die Kontoführung überprüft werden. Wichtig ist beispielsweise auch, ob es eine Geschäftsstelle der Bank in der Nähe Ihrer Wohnung oder Ihres Arbeitsplatzes gibt. Denn Fahrt-, Telefon- und Portokosten sowie Gebühren für die Nutzung fremder Geldautomaten können ein günstiges Angebot auch verteuern. Dies gilt auch für Direktbanken.

INFO 1 Preissteigerungen beim Girokonto: Viele machens billiger

Wird das Girokonto teurer, sollte man überprüfen, wie viel Geld mit dem Wechsel zu einem anderen Kreditinstitut gespart werden kann. Allerdings ist ein Preisvergleich nicht ganz einfach, weil sich die Kosten für ein Girokonto aus verschiedenen Posten zusammensetzen.

Neben dem monatlichen Grundpreis sind Buchungsgebühren für Last- und Gutschriften, Überweisungen sowie für die Einrichtung von Daueraufträgen zu berücksichtigen. Hinzu kommen die Kosten für eine Maestro- bzw. Kreditkarte. Um Entgelte für Barabhebungen zu vermeiden, sollte der Zugang zu einem Geldausgabeautomaten ohne großen Aufwand vom Wohn- oder Arbeitsplatz möglich sein. Darüber hinaus gilt es, die Servicequalität und die Entfernung zur nächsten Filiale mit Schalterbetrieb in die Entscheidung einzubeziehen.

Manche Kreditinstitute bieten unterschiedliche Kontomodelle an. Um das individuell günstigste davon auszuwählen, sollte man die Zahl und Art seiner Buchungen kennen. Je nach Kontomodell sind verschiedene Buchungen im Preis enthalten. Es gibt z. B. ein Angebot für „Vielnutzer", in dessen hohem Grundpreis eine hohe Zahl von Einzelbuchungen enthalten ist. Dagegen hat die Variante für „Wenignutzer" nur einen geringen Grundpreis, aber auch nur wenig freie Buchungsposten. Wenn man im Monat mehr Buchungen vornimmt, kosten diese zusätzlich. Dazwischen gibt es je nach Bank noch weitere Varianten.

Azubis, Studenten und Schüler bekommen das Girokonto bei den meisten Kreditinstituten zum Nulltarif - Nachfragen lohnt sich.

Es gibt auch Leistungen, die kostenpflichtig sind und dennoch nicht im Preisverzeichnis stehen müssen. Es sind solche Leistungen, die nicht zum Tagesgeschäft gehören, z. B. das nochmalige Übersenden der Kontounterlagen auf Wunsch des Kunden. Entgelte hierfür dürfen nicht unangemessen hoch sein, sie müssen individuell festgelegt werden und für die Kunden sowie das Gericht nachvollziehbar sein. Denn dort muss die Bank im Streitfall ihre Kalkulation offen legen.

Quelle: www.verbraucherzentrale-bawue.de

Praxistipp

Erhöht die Bank ihre Preise, können Sie Ihr Konto innerhalb eines Monats mit sofortiger Wirkung kündigen - und zahlen bis zur Kontoauflösung die alten Gebühren.

INFO 2 Homebanking

Bankgeschäfte am PC vom heimischen Schreibtisch aus abzuwickeln - das ist gerade für Berufstätige eine gute Möglichkeit. Durch dieses „Home- oder Onlinebanking" lassen sich rund um die Uhr Überweisungen tätigen, Daueraufträge einrichten oder Kontoauszüge ausdrucken. Das spart Zeit. Weil die Kunden der Bank dabei Arbeit abnehmen, werden „Homebanker" oft mit geringeren Kontokosten belohnt. Immer mehr Banken bieten das Girokonto dann sogar kostenlos an.

Da die Daten heute verschlüsselt übertragen werden, besteht eine relativ hohe Sicherheit, dennoch ist Onlinebanking nicht völlig risikofrei.

Praxistipp

Verbrecher versuchen immer wieder mit „Phishing" (abgeleitet aus „Password" und „Fishing") an Ihre Daten heranzukommen. Man versucht Sie per E-Mail oder einem Link zu einer täuschend echt nachgebauten Webseite der Bank zu leiten - mit der Bitte, wegen eines Sicherheitschecks PIN und TAN einzutragen. Geben Sie nie PIN und TAN preis, speichern Sie diese auch nicht im PC.

Auch **Direktbanken** haben oftmals preislich interessante Angebote mit Guthabenzinsen, kostenloser Kontoführung und der Möglichkeit, an „bankfremden" Geldautomaten kostenfrei abzuheben. Direktbanken haben allerdings keine Filialen. Die Kontakte erfolgen telefonisch oder online - meist sogar mit 24-Stunden-Service.

INFO 3 Girokonto verweigert?

Obwohl die Banken lautstark um neue Kunden werben, kann es passieren, dass Sie als Kunde unerwünscht sind - z. B., weil Sie arbeitslos sind oder Schulden haben. Wenn Ihnen die Eröffnung eines Girokontos im Guthabenbereich verweigert wird, verlangen Sie eine schriftliche Begründung. Mit dieser Begründung wenden Sie sich dann an eine Verbraucher- oder Schuldnerberatungsstelle. Diese setzen sich dann für Ihr Recht auf ein Girokonto ein, denn Sie brauchen ja ein Girokonto.

Manche Banken kündigen ein Girokonto, wenn Kontopfändungen beantragt werden.

Girokonten können vom Kontoinhaber jederzeit und ohne Frist gekündigt werden. Will jedoch die Bank selbst den Vertrag lösen, muss sie dem Kunden eine Frist einräumen. Für die Auflösung des Kontos dürfen keine Gebühren berechnet werden.

INFO 4 Schufa und Bankgeheimnis

Bei Ihrer Kontoeröffnung müssen Sie auch unterschreiben, dass Ihre Daten an die Schufa (Schutzgemeinschaft für Kreditsicherung) weitergegeben und dort gespeichert werden.

Größere Kreditaufnahmen oder Kontoüberziehungen werden der Schufa gemeldet und gespeichert. Damit sind Ihre Schulden kein Geheimnis mehr. Wollen Sie dann z. B. in ein paar Jahren eine Wohnung mieten und der Vermieter holt sich eine Schufa-Auskunft, könnte es Schwierigkeiten geben. Wenn alles erledigt ist, werden die Daten nach drei Jahren gelöscht. Das gilt auch für unbezahlte Rechnungen bei Versandhäusern usw.

INFO 5 Checkliste: Kontowechsel

Ein Wechsel der Kontoverbindung ist einfacher, als man glaubt. Folgendes muss berücksichtigt werden:

- ✔ Wenn das richtige Girokonto bei einer anderen Bank gefunden wurde, sollte die alte Kontoverbindung noch etwa drei Monate parallel dazu laufen.
- ✔ Anhand der Kontoauszüge des vergangenen Jahres sollte sorgfältig geprüft werden, welche Zahlungen regelmäßig über das Girokonto vorgenommen wurden.
- ✔ Viele Kontobewegungen laufen aufgrund von Einzugsermächtigungen. Mit einer Einzugsermächtigung erlaubt man einem Vertragspartner, den fälligen Rechnungsbetrag vom Girokonto einzuziehen. Darum muss dieser Vertragspartner unbedingt über die Änderung der Kontoverbindung informiert werden. Für diesen Zweck bieten viele Kreditinstitute vorformulierten Postkarten o. Ä. an, (z. B. Energieversorger, Versicherungen, Zeitungsverlage, GEZ, Telefonanbieter und Vereine).
- ✔ Daueraufträge müssen neu eingerichtet und bei der alten Bank gekündigt werden.
- ✔ Dem Arbeitgeber muss man die neue Kontoverbindung mitteilen.
- ✔ Wenn ein Dispositionskredit (Möglichkeit der Kontoüberziehung) bei der neuen Kontoverbindung nicht automatisch gewährt wird, über dessen Höhe mit der Bank verhandeln.

www

www.agv.de: Homepage des Bundesverbandes der Verbraucherzentralen. Dort klicken Sie „Verbraucherzentralen der Länder" an. So kommen Sie auf die Verbraucherzentrale Ihres Bundeslandes. Hier finden Sie Zinsen und Kontoführungskosten im Vergleich.

Arbeitsaufträge

1. Warum sollte man die Bedingungen der Girokonten bei verschiedenen Banken vergleichen?
2. Welche Kosten können berechnet werden? Besorgen Sie sich (on- oder offline) die Gebühren und Kosten für Girokonten von verschiedenen Banken und machen Sie eine Gegenüberstellung.
3. Worauf müssen Sie bei Onlinebanking besonders achten?
4. Erklären Sie die Schufa-Klausel in allen Kontoanträgen.

7.2 Drum prüfe wer sich bindet

Augen auf bei der Aufnahme von Krediten

Moment mal ...

Reingetappt in die Schuldenfalle

„Ich dachte mir gar nichts dabei ..." erzählt Nicole ihrer Freundin, „es begann alles so einfach. Lars und ich hatten die gemeinsame Wohnung gemietet. Die Einrichtung haben wir gemeinsam auf Kredit gekauft, den Golf GTI haben wir geleast. Versicherungen, Handyrechnungen, die Kosten für den Lebensunterhalt, zum Monatsende wurde es immer knapp. Und dann wurde Lars auch noch entlassen, da konnten wir das alles nicht mehr bezahlen. Wir überzogen unsere Girokonten, denn die Sparbücher waren schon lange leer, die Mahnungen des Versandhauses habe ich einfach nicht beachtet. Schließlich drohten sie mit dem Gerichtsvollzieher. Den geleasten Golf hatten sie schon eingezogen. Das hatte Lars schwer getroffen. Wir stritten uns immer öfter und immer nur wegen der Geldprobleme. Was sollte ich machen? Da kam die Kleinanzeige in der Zeitung gerade richtig. Dort las ich:

„Kredite für jedermann – sofort und ohne Formalitäten." Den Vertrag habe ich abgeschlossen und per Post zurückgeschickt. Kurze Zeit später waren 7.000,00 € auf meinem Konto. Nun konnten wir sogar einen gebrauchten Opel kaufen. Als ich dann mal wieder meine Kontoauszüge holte, hatte die Bank inzwischen die aufgelaufenen Raten für den Überziehungskredit abgebucht. Den hatte ich ganz vergessen. Daher war mein Konto schon wieder leer. Nun muss ich auch noch die Raten für den neuen Kredit bezahlen. Und die Überweisung für das Auto nahm die Bank nicht an. Ich weiß nicht, wie das weitergehen soll ..."

Was hätten Nicole und Lars bei der Aufnahme von Krediten beachten müssen?
Gibt es einen Ausweg für die beiden?

INFO 1 Vorsicht vor Krediten

„Heute bestellen - in 6 Monaten bezahlen“ - „Neuer Super-Handy-Vertrag“
„Sofortkredit ohne Prüfung“ - „Monatlich nur ...“ „Superschnäppchen“
„Geiz ist geil“ - „Ich bin doch nicht blöd ...“ einige Beispiele von vielen ...

Teufelskreis der Kreditaufnahme

Verlockende Angebote verleiten zu einem Leben auf Pump: Banken, Auto-, Kauf- oder Versandhäuser vergeben großzügig Kredite. Immer mehr wird finanziert und so kommt es, dass auch immer mehr Menschen den Überblick verlieren und in die Schuldenfalle hineintappen und sich überschulden. Während es 1990 noch 1,2 Millionen Haushalte waren, steigt die Zahl ständig an auf über 3 Millionen Haushalte im Jahr 2006.

Schulden machen kann man, solange man die Tilgung und Zinsen auch zurückzahlen kann. Doch gerade hier lauert eine große Gefahr: Die meisten Menschen verschulden sich zu einem Zeitpunkt, in dem die geliehene Summe noch rückzahlbar erscheint. Doch dann treten plötzliche Ereignisse wie Arbeitslosigkeit, Trennung, Scheidung, Krankheit, Unfall usw. ein. Die Einnahmen fallen, Kosten steigen und der Schuldenberg wächst. Enden würde dieser Teufelskreis mit Zwangsvollstreckung, Lohnpfändung, Zwangsräumung und Verlust der Wohnung bis zur Obdachlosigkeit. Und es trifft immer mehr ...

INFO 2 Kreditarten

Überziehungs- oder Dispositionskredit

Ein Kreditinstitut erlaubt dem Inhaber, sein Girokonto bei Bedarf zu überziehen, falls der Kontoinhaber volljährig und zahlungsfähig ist (z. B. ein geregeltes Einkommen hat).

Die Höhe des Dispokredits hängt meist vom Monatseinkommen ab (bei vielen Banken das Zwei- oder Dreifache des Monatseinkommens). Die Höhe des verfügbaren Kredits steht oftmals auf den Kontoauszügen. Es werden keine besonderen Sicherheiten verlangt. Ein Kreditvertrag ist auch nicht erforderlich. Zinsen fallen nur an, wenn das Konto tatsächlich überzogen wird. Sie sind aber verhältnismäßig hoch und liegen über denjenigen des Ratenkredits. Daher sollte dieser Kredit, wenn überhaupt, dann nur kurzfristig genommen werden.

Praxistipp

Ein Dispositionskredit ist nur ratsam, wenn man kurzfristig sein Konto überziehen muss. Seinen Lebensunterhalt von dem Dispositionskredit zu finanzieren, führt häufig in eine finanzielle Katastrophe. Durch die erheblichen Zinsen bleibt Ihnen immer weniger von Ihrem Geld übrig und Sie benötigen einen immer höheren Dispositionsrahmen.

Ratenkredit (oder: Anschaffungsdarlehen)

Die Kreditsumme wird auf einmal ausgezahlt. Der Kreditnehmer zahlt das Darlehen dann in Raten zurück. Mit jeder Rate verringert sich die Schuld des Kreditnehmers. Ratenkredite werden von Banken und Finanzdienstleistern, aber auch von Direktbanken online vergeben. Immer mehr Einzelhandelsbetriebe bieten ihre Produkte mit Ratenkäufen an. Aber auch Autohäuser, Reiseveranstalter usw. vermitteln Kredite, mit denen die Kunden die Waren oder Leistungen bezahlen. Daneben werben viele Unternehmen mit Zahlungsaufschüben wie „Heute bestellen, in drei Monaten bezahlen ...".

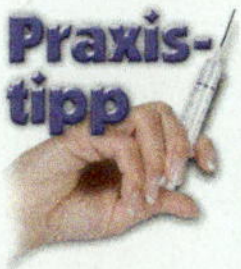

Achtung vor den so genannten Kredithaien. Diese werben mit „Sofortkrediten", „Kredite an Hausfrauen", „Kredite ohne Sicherheiten" „Umschuldungen" usw. Sie berechnen zum Teil erheblich höhere Zinsen und Gebühren.

Ein Kreditvertrag besteht aus

- dem eigentlichen Vertrag,
- der Widerrufserklärung und
- den Anlagen zum Kreditvertrag.

In der Anlage zum Kreditvertrag müssen alle Kosten, die durch den Kredit entstehen, einzeln aufgeführt werden. Mit der Widerrufserklärung unterschreibt der Kreditnehmer, dass er über sein Recht informiert wurde, dass er innerhalb von 14 Tagen diesen Kreditvertrag ohne Begründung widerrufen kann.

Informationen über das Recht zum Widerruf

Als Kreditnehmer steht mir das gesetzliche Recht zum Widerruf zu. Danach ist die auf den Abschluss dieses Kreditvertrages gerichtete Willenserklärung erst wirksam, wenn sie nicht binnen **einer Frist von zwei Wochen schriftlich widerrufen wird.** Zur Wahrung der Frist genügt die rechtzeitige Absendung des Widerrufs. Der Lauf der Frist beginnt mit Aushändigung der Durchschrift dieser Information über das Recht zum Widerruf. Hat der Kreditnehmer den Kredit/das Darlehen empfangen, gilt der Widerruf als nicht erfolgt, wenn er den Kredit/das Darlehen nicht binnen zweier Wochen entweder nach Erklärung des Widerrufs oder nach Auszahlung des Kredits/Darlehens zurückzahlt.

Der schriftliche Widerruf ist zu richten an:

Bank, vollständige Postanschrift

Ort, Datum Kreditnehmer

Durchschrift für den Kreditnehmer

Hypothekendarlehen

Als Pfand für diese oftmals langfristigen Darlehen dienen Häuser oder Grundstücke. Kann der Kreditnehmer den Kredit nicht mehr tilgen, dann wird der Kreditgeber das Pfand verkaufen, versteigern oder vermieten. Damit wird der Kredit beglichen und einen eventuellen Rest erhält der Kreditnehmer.

INFO 3 Kreditvergleiche

Bei einem Kredit fallen Zinsen und Nebenkosten an. Diese sind von Bank zu Bank unterschiedlich und hängen von den jeweiligen Kreditverträgen ab. Berechnet werden können z. B. Bearbeitungsgebühren, Kreditversicherung (sie zahlt den Kredit bei Tod oder Arbeitsunfähigkeit durch Unfall oder sogar bei Arbeitslosigkeit), Provisionen und Disagio. Letzteres ist ein Abzug vom Auszahlungsbetrag. Wird z. B. ein Vertrag über 10.000,00 € mit 4 % Disagio vereinbart, dann erhält der Kreditnehmer nur 9.600,00 € ausgezahlt, er muss aber 10.000,00 € zurückzahlen.

Die Zinsen können für eine bestimmte Zeit fest vereinbart werden oder aber auch variabel sein, sie können fallen, aber auch steigen. Die Summe aus Zinsen, anderen Kosten und der monatlichen Rückzahlung (Tilgung) nennt man „Annuität“.

Der **effektive Zinssatz** enthält alle Kosten und Zinsen umgerechnet auf einen Jahreszinssatz. Er gibt also an, wie viel Prozent man für einen Kredit tatsächlich bezahlen muss.

Er muss in jedem Kreditvertrag und -angebot genannt sein.

Praxis-tipp ***Vergleichen Sie, bevor Sie einen Kredit aufnehmen, die effektiven Zinssätze bei verschiedenen Banken. Es kann sich in jedem Falle lohnen.***

INFO 4 Reingetappt, in die Schuldenfalle

Wie kommt es zu Überschuldungen?

Häufigster Auslöser von Überschuldungen ist das Eintreten eines oder mehrerer kritischer Lebensereignisse. Hierzu gehören der plötzliche Verlust des Arbeitsplatzes, eine Ehescheidung oder die Trennung von geliebten Personen, eigene Krankheit oder der Tod naher Angehöriger. Vielfach rühren daraus Depressionen, Orientierungslosigkeit, Drogenkonsum (vor allem Alkohol) und das Fehlen einer Lebensperspektive. Verstärkt werden solche Schicksalsschläge durch Probleme wie die mangelnde Fähigkeit, mit Geld umzugehen, oder eine Anfälligkeit gegenüber Werbepraktiken von Anbietern. Die Folge sind weitere Tiefschläge: Gleichen die monatlichen Einnahmen die monatlichen Ausgaben nicht mehr aus, sperrt die Bank das Girokonto. Die Mahnungen häufen sich, die Kündigung der Wohnung droht und der Gerichtsvollzieher steht vor der Tür. Die daraus folgende Angst macht viele Menschen erst recht handlungsunfähig. Dann hofft man auf die Hilfe von Kreditvermittlern (-haien) oder Umschuldnern. Diese sind dann aber meist das Ende.

Gibt es nun keine Rettung mehr?

Die Überschuldeten haben die Chance für einen Neubeginn! Zum einen leisten die Schuldnerberatungsstellen den Betroffenen Beistand. Sie helfen ihnen ihre Schulden zu ordnen und wieder zurückzuzahlen. Zum anderen ermöglicht das Verbraucherinsolvenzrecht auch überschuldeten Privathaushalten wieder einen Neubeginn. Dies setzt zwar ein langwieriges Verfahren voraus, doch es macht den Betroffenen Hoffnung auf einen echten Neuanfang.

5780336

www.forum-schuldnerberatung.de
Adressen: Hier finden Sie die Adressen aller deutschen Schuldnerberatungsstellen – es ist auch eine in der Nähe Ihres Wohnortes.
www.schulden-infos.de
Hilfen und Tipps, was man alles mitbringen sollte und wie man sich für den ersten Besuch bei der Schuldnerberatung vorbereiten sollte
www.bmfsfj.de/top/dokumente/Struktur/ix_30696.htm
Ausführliche und nützliche Infos für Schuldner vom „Bundesministerium für Familie …"
Broschuerenstelle@bmfsfj.bund.de
kostenlose Broschüre „Was mache ich mit meinen Schulden?"

INFO 5 Verbraucherinsolvenz – der Ausweg aus dem Teufelskreis

Mit der Verbraucherinsolvenz kann man aus diesem Teufelskreis herauskommen. Voraussetzung dafür ist aber, dass der Schuldner in den letzten sechs Monaten ernsthaft versucht hat, eine Einigung mit den Gläubigern zu erzielen. Hierbei helfen die Schuldnerberatungsstellen. Sie verschaffen sich zuerst einen Überblick über die finanzielle Situation und helfen bei den Verhandlungen mit den Gläubigern und dem eigentlichen Verbraucherinsolvenzverfahren. Diese sind kostenlos, aber oftmals so überlaufen, dass man lange warten muss. Eine Lösung wären private zugelassene Schuldnerberatungsstellen. Sie berechnen ihre Leistungen zwar, aber können auch sehr hilfreich sein. Eine Androhung der Verbraucherinsolvenz reicht oftmals aus, um die Gläubiger zu einer außergerichtlichen Einigung zu bewegen. Denn läuft eine Verbraucherinsolvenz, müssen sich die Gläubiger mit einem Bruchteil ihrer Forderungen begnügen oder gehen sogar ganz leer aus. Da kommen sie vorher lieber dem Schuldner entgegen und erhalten immer noch mehr als im Insolvenzfall.

Die Verbraucherinsolvenz selbst läuft sechs Jahre. Neben der Zwangsversteigerung von Immobilien und anderen Werten werden Teile des Lohnes gepfändet und an die Gläubiger abgeführt. Man muss in dieser Zeit unbedingt versuchen zu arbeiten. Arbeitslose Schuldner müssen jede zumutbare Arbeit annehmen, auch Aushilfs- und Gelegenheitsjobs. Man muss sehr sparsam leben und mit allen Mitteln versuchen die Schulden so weit wie möglich zurückzuzahlen. Doch der Lohn der Entbehrungen ist: Wer das Verfahren zu Ende bringt, ist nach sechs Jahren schuldenfrei.

Arbeitsaufträge

1. Erklären Sie, wie Nicole und ihr Freund Lars in den „Teufelskreis Kredit" geraten sind.
2. Was ist ein Dispositionskredit und worauf sollte man bei ihm achten?
3. Warum können Aufschübe von Zahlungen (z. B. „Heute bestellen – in drei Monaten bezahlen") sehr gefährlich werden?
4. Vor der Kreditaufnahme sollten bei verschiedenen Kreditinstituten die effektiven Zinsen verglichen werden. Was bedeutet „effektiver Zins"?
5. Wie kann einer Person, die in die Schuldenfalle geraten ist, geholfen werden?

8 Statt ausgeben Geld auf die „hohe Kante“ legen

Geldanlage und Vermögensbildung

Moment mal ...

Eine Überraschung ist es für Karin Maier nicht, als sie die Nachricht erhält, dass ihr Onkel nach längerer Krankheit verstorben ist. Was sie erstaunt, ist die Tatsache, dass sie ein kleines Vermögen geerbt hat. 86.000,00 € beträgt die Summe, die sie erhalten soll. „Mit dem Geldsegen hat sich Fortuna aber diesmal die Richtigen ausgesucht“, so Karin zu ihrem Mann Frank. Und dann wurde geplant: Neues Auto, Möbel für das Kinderzimmer und eine Urlaubsreise nach Spanien stehen ganz oben auf der Wunschliste. „Und was machen wir mit dem Rest? Den packen wir auf unser Sparbuch, so der Vorschlag von ihrem Mann, und er ergänzt „da besteht kein Risiko und wenn wir mal was brauchen, kommen wir recht schnell ran an das Geld.“ „Aber mit den Zinsen sieht es doch ganz mau aus“, so seine Frau Karin, „da können wir doch gleich das Geld unters Kopfkissen legen“, ist ihr nicht ganz ernst gemeinter Einwand. „Da fällt mir ein, erwidert Frank und wird ganz nachdenklich, „vielleicht sollte man schon was für unsere spätere Altersversorgung tun. Denn was man so hört, soll es mit den späteren Zahlungen aus der gesetzlichen Rentenversicherung ja ziemlich mies bestellt sein.“

Für beide ist nun klar: Man muss sich beraten lassen.

Welche Möglichkeiten der Geldanlage zur Vermögensbildung gibt es?

Welche Geldanlagen eignen sich besonders für die spätere Altersvorsorge?

INFO 1 Formen der Geldanlage

Girokonto

Kontoauszug

Kontonummer	Kontoart	letzter Auszug	Erstellungsdatum — Zeit — Auszug-Nr.	Blatt	Filiale
1234567890	KKT	33	06-17 10:34 34	1	300

Beleg	Buchungstag	Wert	Text	Betrag
991952	07-12	06-12	EC 22222222 06-12 14:21 MEO	495,60 S

Robert Schumann

Saldo alt: HABEN 1.707,79

Kontostand: HABEN 1.214,19

Ein Girokonto dient der Abwicklung der laufenden Zahlungen. Die Guthaben auf diesem Konto bezeichnet man als **Sichteinlage.**

Es gibt in der Regel nur bis zu 0,5 % oder gar keine Guthabenzinsen; daher ist das Girokonto als Sparkonto ungeeignet. Das überschüssige Geld überweist man auf ein **Sparbuch** (Spareinlagen) mit längeren Laufzeiten oder wählt eine andere Anlageform.

Denkbar ist es auch, Geld vom Girokonto für einen vorher bestimmten Zeitraum (z. B. sechs Monate) festzulegen. Die Verzinsung bei diesen **Termineinlagen** ist umso höher, je länger die Anlagezeit und je höher die angelegte Summe ist. Häufig werden die Termineinlagen erst ab einer Summe von 5.000,00 € angeboten.

Prämiensparen

Man zahlt für eine Laufzeit von mehreren Jahren einen festen monatlichen Betrag (z. B. 50,00 € oder 100,00 €) ein. Die Bank zahlt etwas höhere Zinsen als beim Sparbuch und am Ende der Laufzeit zusätzlich eine einmalige Prämie.

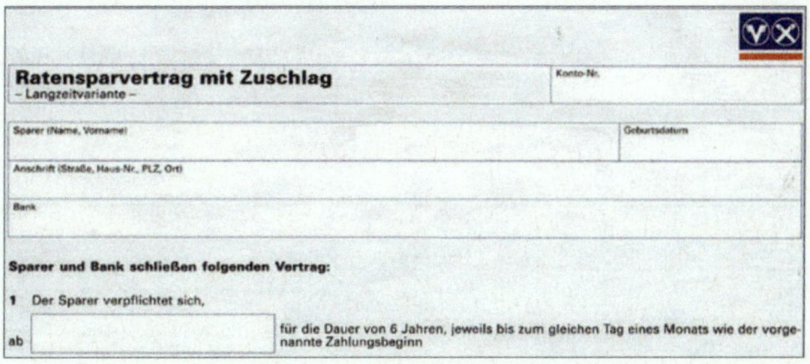
Ratensparvertrag mit Zuschlag
– Langzeitvariante –
Konto-Nr.
Sparer (Name, Vorname)
Geburtsdatum
Anschrift (Straße, Haus-Nr., PLZ, Ort)
Bank
Sparer und Bank schließen folgenden Vertrag:
1 Der Sparer verpflichtet sich,
ab
für die Dauer von 6 Jahren, jeweils bis zum gleichen Tag eines Monats wie der vorgenannte Zahlungsbeginn

Lebensversicherung

Die in der Regel monatlich zu zahlenden Beiträge werden von der Versicherungsgesellschaft angelegt. Am Ende der Laufzeit werden der Sparbetrag, Zinsen und ein eventueller Überschuss ausgezahlt.

Bei vorzeitigem Tod des Versicherungsnehmers wird die vereinbarte Summe sofort ausgezahlt.

Eine neue Form der Lebensversicherung ist die private Rentenversicherung.

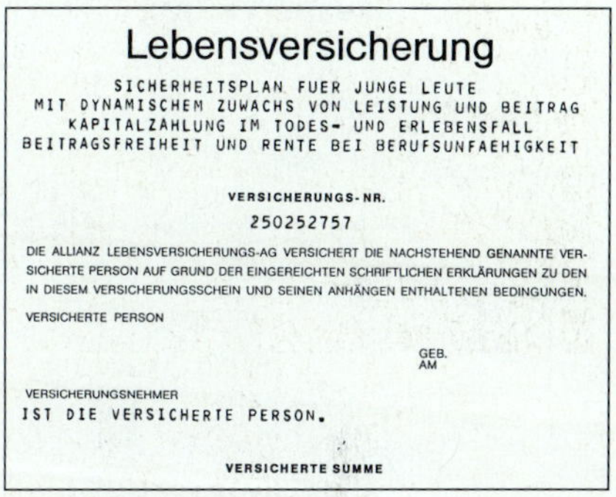
Lebensversicherung
SICHERHEITSPLAN FUER JUNGE LEUTE
MIT DYNAMISCHEM ZUWACHS VON LEISTUNG UND BEITRAG
KAPITALZAHLUNG IM TODES- UND ERLEBENSFALL
BEITRAGSFREIHEIT UND RENTE BEI BERUFSUNFAEHIGKEIT
VERSICHERUNGS-NR.
250252757
DIE ALLIANZ LEBENSVERSICHERUNGS-AG VERSICHERT DIE NACHSTEHEND GENANNTE VERSICHERTE PERSON AUF GRUND DER EINGEREICHTEN SCHRIFTLICHEN ERKLÄRUNGEN ZU DEN IN DIESEM VERSICHERUNGSSCHEIN UND SEINEN ANHÄNGEN ENTHALTENEN BEDINGUNGEN.
VERSICHERTE PERSON
GEB. AM
VERSICHERUNGSNEHMER
IST DIE VERSICHERTE PERSON.
VERSICHERTE SUMME

Aktien

Aktien sind Beteiligungen an Aktiengesellschaften. Ihr Nennwert lautet in der Regel über 1,00 € (oder in Stück, d. h. Anteile am Unternehmen) - dies ist der Betrag der Beteiligung an der AG. Auf ihn bekommt man auch eine Dividende (Gewinnanteil). Kaufen muss man die Aktien über die Banken an der Börse. Die Beträge, die man bezahlen muss, nennt man Kurswerte. Sie können, je nach Angebot und Nachfrage, höher oder niedriger sein als der Nennwert (der auf der Aktie aufgedruckte Wert). Man kann mit Aktien unter Umständen recht gute Gewinne erwirtschaften. Es ist aber auch möglich, dass die Börsenkurse fallen und es dann zu Verlusten kommt.

Wertpapierfonds

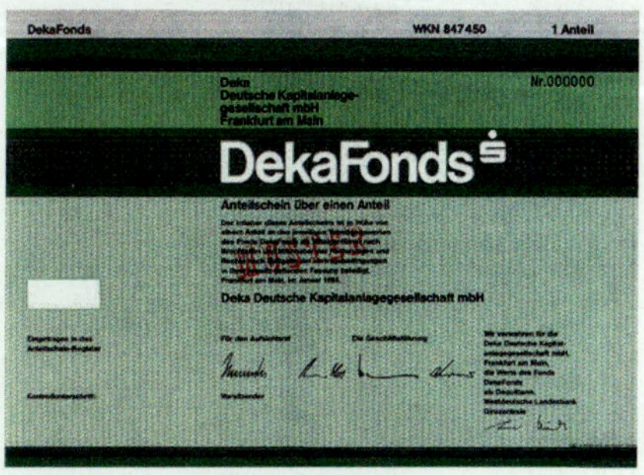

Risikoärmer als der Erwerb von einzelnen Aktien ist der Kauf von **Fondsanteilen.** In einem Fond bündelt eine Kapitalanlagegesellschaft die Gelder zahlreicher Anleger, um sie nach dem Prinzip der Risikostreuung in verschiedenen Vermögenswerten (z. B. Aktien, Immobilien oder Bankguthaben) anzulegen. Die Vermögenswerte werden von den Gesellschaften fachmännisch verwaltet. Dahinter steht die Absicht, für den Anleger einen möglichst hohen Ertrag zu erwirtschaften. Für ihre Tätigkeit verlangen die Kapitalanlegergesellschaften im Normalfall einen Ausgabenaufschlag und eine jährliche Verwaltungsgebühr. Auch mit geringem finanziellen Einsatz lassen sich schon Fondanteile erwerben. Möglich ist z. B. einen Sparplan mit einer Bank über eine monatliche Summe von 50,00 € zu vereinbaren, die jeweils zum Kauf von Fondanteilen dient (Fondsparen).

Verschiedene **Fondsarten** lassen sich unterscheiden. Die wichtigsten sind:

- Rentenfonds: Sie investieren das Geld ihrer Anleger in festverzinsliche Wertpapier mit unterschiedlichen Zinssätzen und Laufzeiten.
- Aktienfonds: Sie beteiligen sich mit den eingesammelten Geldern an Aktiengesellschaften.
- Mischfonds: Sie legen ihr Geld teils in festverzinslichen Wertpapieren und teils in Aktien an. Da Aktien risikoreicher als festverzinsliche Wertpapiere sind, wird durch diese Anlageform das Risiko gestreut.
- Immobilienfonds: Sie legen ihr Geld in hochwertige Immobilien wie z. B. Geschäfts- und Mietshäuser an. Immobilienfonds gehören zu den risikoärmeren Anlageformen.

Bausparvertrag

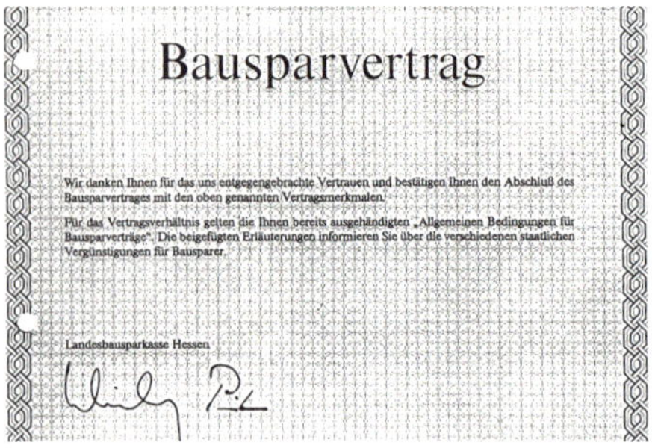

Bausparvertrag

Wir danken Ihnen für das uns entgegengebrachte Vertrauen und bestätigen Ihnen den Abschluß des Bausparvertrages mit den oben genannten Vertragsmerkmalen.

Für das Vertragsverhältnis gelten die Ihnen bereits ausgehändigten „Allgemeinen Bedingungen für Bausparverträge". Die beigefügten Erläuterungen informieren Sie über die verschiedenen staatlichen Vergünstigungen für Bausparer.

Landesbausparkasse Hessen

Ein Bausparvertrag wird mit einer Bausparkasse abgeschlossen. Er läuft über viele Jahre. Die Guthabenzinsen sind relativ niedrig. Bei Fälligkeit des Vertrages erhält der Bausparer nicht nur seine eingezahlten Beiträge plus Zinsen, sondern auch einen Kredit von der Bausparkasse. Interessant hierbei sind die niedrigen Schuldzinsen, wenn man bauen, umbauen, modernisieren oder Wohnraum kaufen will. Der Bausparvertrag wird fällig (auszahlbar), wenn eine bestimmte Bewertungszahl erreicht wird. Diese berechnet sich in der Regel aus der Summe der Einzahlungen und der Laufzeit.

Termingeld/Festgeld

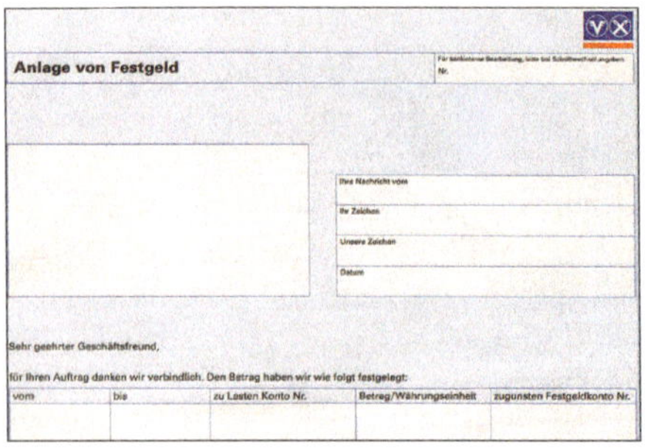

Anlage von Festgeld

Nr.

Ihre Nachricht vom

Ihr Zeichen

Unsere Zeichen

Datum

Sehr geehrter Geschäftsfreund,

für Ihren Auftrag danken wir verbindlich. Den Betrag haben wir wie folgt festgelegt:

vom	bis	zu Lasten Konto Nr.	Betrag/Währungseinheit	zugunsten Festgeldkonto Nr.

Hier wird ein Betrag (in der Regel ab 1.000,00 €) für einen bestimmten Zeitraum festgelegt - z. B. einen Monat, halbjährlich, jährlich oder länger. Die Zinsen sind höher als beim Sparbuch. Der Sparer kann aber auch nicht früher als vereinbart über das Geld verfügen. Benötigt er das Geld dringend, muss er auf die Zinsen ganz verzichten.

Sparbuch

Das Sparbuch hat in der Regel eine dreimonatige Kündigungsfrist. Innerhalb eines Monats können ohne Ankündigung bis zu 2.000,00 € abgehoben werden. Wer kurzfristig mehr benötigt, bekommt auch ohne Kündigung den Betrag ausgezahlt, die Bank berechnet aber Vorschusszinsen für den Betrag über 2.000,00 €.

Es werden von den meisten Banken nur relativ geringe Zinsen bezahlt. Für eine längerfristige Geldanlage ist dies zu wenig. Bei Sparverträgen und Sonderformen des Sparens sind Loseblattsammlungen, Kontoauszüge und Sparzertifikate gebräuchlich. Für Sparbücher mit längerer Kündigungsfrist werden höhere Zinsen bezahlt.

Sparbriefe/Wachstumszertifikate

Sie werden von den Kreditinstituten ausgegeben und laufen über mehrere Jahre. Sie haben einen festen Zinssatz oder steigende Zinsen (z. B. 1. Jahr: 5 %, 2. Jahr: 5,5 %, 3. Jahr: 5,5 %, 4. Jahr: 6 % ...).

Die Zinsen sind also vertraglich gesichert. Häufig lauten die Sparbriefe über einen Betrag von 1.000,00 €. Diese Anlagemöglichkeiten sind von Bank zu Bank u. U. sehr verschieden. Ein Vergleich lohnt sich.

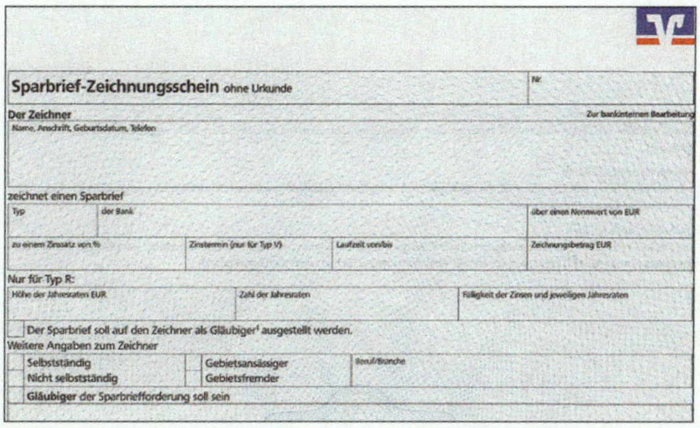
Sparbrief-Zeichnungsschein ohne Urkunde | Nr.

Der Zeichner | Zur bankinternen Bearbeitung
Name, Anschrift, Geburtsdatum, Telefon

zeichnet einen Sparbrief
Typ | der Bank | über einen Nennwert von EUR
zu einem Zinssatz von % | Zinstermin (nur für Typ V) | Laufzeit von/bis | Zeichnungsbetrag EUR

Nur für Typ R:
Höhe der Jahresraten EUR | Zahl der Jahresraten | Fälligkeit der Zinsen und jeweiligen Jahresraten

☐ Der Sparbrief soll auf den Zeichner als Gläubiger[1] ausgestellt werden.

Weitere Angaben zum Zeichner
☐ Selbstständig ☐ Nicht selbstständig | ☐ Gebietsansässiger ☐ Gebietsfremder | Beruf/Branche
☐ **Gläubiger** der Sparbriefforderung soll sein

Bundesschatzbriefe

Sie werden von der Bundesrepublik Deutschland ausgegeben und von den Banken an Privatpersonen verkauft. Im 1. Jahr liegen sie fest; danach kann man sie bis zu einer Summe von max. 5.000,00 € pro Monat verkaufen. Bundesschatzbriefe haben einen jährlich steigenden Zinssatz. Beim Typ A werden die Zinsen jährlich ausgezahlt, beim Typ B werden sie angesammelt und am Ende der Laufzeit ausgeschüttet. Bundesschatzbriefe liegen im Depot einer Bank oder – gebührenfrei – bei der Bundesschuldenverwaltung (Vermittlung durch die Bank).

Risiken der Geldanlage

Wer sein Geld anlegt, geht gewisse Risiken ein. Sie sind bei den einzelnen Anlageformen sehr unterschiedlich. Selbst wer sein Geld auf einem Sparkonto angesammelt hat, geht ein Inflationsrisiko ein. Es besteht nämlich hier die Gefahr, dass der Anleger aufgrund einer Geldentwertung (Inflation) einen Vermögensschaden erleidet.

INFO 2 Vermögenswirksame Leistungen

Etwa 8 Millionen Arbeitnehmer verschenken jedes Jahr bares Geld. Sie könnten nämlich vermögenswirksame Leistungen beantragen, tun es aber nicht.

Zusätzlich zur Ausbildungsvergütung lassen viele Arbeitgeber ihren Auszubildenden und Arbeitnehmern ein kleines Geschenk zukommen in Form von vermögenswirksamen Leistungen (VL). Deren Höhe ist in den einzelnen Wirtschaftsbereichen sehr unterschiedlich. Einen besonders hohen Betrag von 40,00 € erhalten z. B. die Beschäftigten bei Banken und Versicherungen. Die Höhe des Arbeitgeberzuschusses ist in den jeweiligen Manteltarifverträgen geregelt. Er sieht für MFAs bzw. MTAs folgende Regelung vor:

- Sie erhalten nach Ablauf der Probezeit eine vermögenswirksame Leistung von 30,00 € monatlich.
- Auszubildende ab dem 2. Ausbildungsjahr haben auf 15,00 € vermögenswirksame Leistung Anspruch.

Wer Anspruch auf vermögenswirksame Leistung hat, dem empfiehlt es sich, den Anteil des Arbeitgebers auf die maximal geförderte Sparsumme aufzustocken.

Nicht nur der Arbeitgeber zahlt Zuschüsse bei vermögenswirksamen Leistungen, sondern auch der Staat fördert durch die so genannte **Arbeitnehmersparzulage** die Vermögensbildung der Arbeitnehmer. Besonders für Menschen mit nicht so hohem Einkommen lohnt sich das vermögenswirksame Sparen. Die Einkommensgrenze für Ledige liegt bei einem zu versteuernden Einkommen von 17.900,00 € (Stand 2007). Bei Verheirateten beträgt sie 35.800,00 €, wenn beide arbeiten.

geförderte Sparleistung pro Jahr

für Aktienfonds	für Bausparverträge
VL (AG + AN) **bis 512,00 €**	VL (AG + AN) **bis 470,00 €**

darauf Förderung für niedrige Einkommen

AN-Sparzulage **8,8 %**	AN-Sparzulage **9 %**

ergibt Förderung pro Jahr

bis 45,06 €	**bis 42,30 €**

(AG = Arbeitgeber, AN = Arbeitnehmer)

Nach dem Vermögensbildungsgesetz gibt es unterschiedliche Möglichkeiten, seine VL-Gelder anzulegen. Manche sind allerdings nicht ganz ohne Risiko.

- **Investmentfonds** (mit mindestens 60 Prozent Aktienanteil): Geringverdiener können hier 18 % zusätzlich vom Staat kassieren.
- **Bausparverträge:** Neun Prozent Bonus erhält der VL-Sparer bei Zahlungen in einen Bausparvertrag. Das Geld wird auch dann gezahlt, wenn es dazu verwendet wird, die Schulden für die eigene Immobilie zu tilgen. Die Arbeitnehmersparzulage beträgt hier nur 9 %.
- **Anlage in Unternehmen des Arbeitgebers,** so z. B. in Form von Belegschaftsaktien.

Wer einen LV-Vertrag abschließt, muss auch wirklich regelmäßig sparen. Er darf das Angesparte auch nicht anrühren. Die Anspardauer beträgt 6 Jahre. Danach liegen die Gelder für ein Jahr fest. Erst danach kann der Sparer über die gesamte Summe verfügen.

Praxistipp

Wer sein Geld in Banksparverträge und Kapitallebensversicherungen stecken möchte, erhält keine Zusatzförderung vom Staat. Bei Heirat, einer mehr als einjährigen Arbeitslosigkeit oder Tod des Ehepartners ist eine vorzeitige Kündigung des Vertrages möglich.

vermögenswirksame Verträge abschließen – wie funktioniert das?

Schritte	Erklärungen
1 Klären: Wie viel Geld gibt mein Arbeitgeber?	Häufig gibt es die VL erst nach der Probezeit. Bei Auszubildenden erfolgt die Zahlung im Allgemeinen erst im 2. Ausbildungsjahr (tarifliche Regelung).
2 Auswahl des passenden Vertrages	Überlegen Sie, welche Art von VL-Vertrag am besten zu Ihrer persönlichen Situation und Risikoneigung passt. Wer Aktienfonds wählt, muss auch evtl. mit Kursverlusten rechnen. Die gibt es bei Bausparverträgen nicht.

5780342

3 Mitteilung an den Arbeitgeber

Der Arbeitnehmer hat seinen Chef über den Abschluss seines VL-Vertrages zu informieren. Dieser überweist die Beträge, d.h. seinen Zuschuss und das, was der Arbeitnehmer freiwillig drauflegt.

4 Arbeitnehmersparzulage beantragen

Der Sparer muss jedes Jahr beim Fiskus seine Sparzulage beantragen. Dies geschieht mit der Anlage „VL" zur Steuererklärung. Das Institut (z.B. Bausparkasse), welches die VL-Gelder verwaltet, stellt das Formular aus. Die gesamte Fördersumme wird erst nach Ablauf der Sperrfrist vom Fiskus überwiesen.

Praxistipp

Die Kostenbelastung beim VL-Sparen ist sehr unterschiedlich. Ausgabenaufschläge und Depotgebühren können je nach Bank und Investmentgesellschaft unterschiedlich sein. Am günstigsten sind Online-Vermittler.

INFO 3 Vermögensbildung und Altersvorsorge

Wer erst vor kurzem seinen ersten Schritt in das Berufsleben gemacht hat, tut sich wahrscheinlich schwer schon jetzt an seinen späteren Ruhestand zu denken. Wer im Alter aber ein finanziell abgesichertes Leben führen möchte, dem bleibt nichts anderes übrig, als sich schon in jungen Jahren Gedanken über seine spätere Altersversorgung zu machen. Die immer kleiner werdenden Renten sind ein großes Problem für die kommenden Generationen.

Nach Expertenmeinung wird die Standardrente im Jahr 2030 nach 45 Beitragsjahren auf etwa 43% des durchschnittlichen Bruttoeinkommens gesunken sein. Davon kann keiner leben. Deshalb ist die finanzielle Vorsorge für jeden unverzichtbar und jetzt schon ein Gebot der Stunde. Die Geburtenraten sinken, die Lebenserwartung wird weiter steigen und die im Berufsleben stehenden Beitragszahler werden ständig weniger. Für die gesetzliche Rentenversicherung ist es unmöglich, diese finanziell belastende Entwicklung ohne eine stärkere Absenkung des Rentenniveaus zu bewältigen.

Damit die jetzigen Arbeitnehmer auch zukünftig sorgenfrei im Alter leben können, gibt es ein neues Modell der Altersversorgung, das **Drei-Schichten-Modell:**

Drei-Schichten-Modell der Altersvorsorge

1. Schicht	Basisversorgung	• gesetzliche Rente • Rürupprente • Beamtenpension
2. Schicht	Zusatzversorgung	• Riesterrente • betriebliche Altersversorgung
3. Schicht	Kapitalanlageprodukte	• Lebensversicherung • private Rentenversicherung • sonstige Vermögensbildung

Basisversorgung

LF 1
Kap. 11.5
Seite 74 ff.
gesetzliche Rentenversicherung

Bert Rürup gilt als der geistige Vater der neuen Vorsorge.

Neben Pensionen für die Beamten und der gesetzlichen Rente gehört auch die nach ihrem Erfinder benannte **Rürupprente** (auch Basisrente genannt) zum Baustein der Basisversorgung. Die Rürupprente soll vor allem dabei helfen, die beschlossenen Kürzungen bei der gesetzlichen Rentenversicherung auszugleichen. Die durch den Staat finanziell geförderte Rente ist an bestimmte Bedingungen gebunden.

Zusatzversorgung

Das Altersvermögensgesetz bietet die Möglichkeit, eine so genannte **Riesterrente** abzuschließen. Zusammen mit der Betriebsrente bildet sie die **zweite Schicht** der Altersversorgung.

Nach Walter Riester ist eine Form der Vorsorge benannt.

Bei der **Betriebsrente** erhalten die Arbeitnehmer Unterstützung vom Chef. Der Arbeitnehmer hat das Recht, dass Teile seines Gehalts in eine betriebliche Altersversorgung fließen (Entgeltumwandlung). Da der Betrieb die Beiträge subventioniert, rechnet sich die Betriebsrente fast für jeden. Beiträge, die im Rahmen einer Betriebsrente z. B. in eine Direktversicherung oder einen speziellen Fond einfließen, sind außerdem steuerfrei. Allerdings müssen die späteren Auszahlungsbeträge versteuert werden (nachgelagerte Besteuerung).

Um mehr Bürger zu motivieren, privat vorzusorgen, brachte der ehemalige Arbeitsminister Walter **Riester** eine private Zusatzrente auf den Weg, die seinen Namen trägt. Um das Ziel einer dauerhaften Absicherung für den Lebensabend zu erreichen, werden nur solche Kapitalanlagen mit Extrageld und Steuervorteilen bedacht, die bestimmte Bedingungen erfüllen.

Praxistipp

Durch die Extras vom Staat werden selbst ertragsärmere Geldanlagen zu einer lohnenden Investition für die spätere Altersversorgung.

Kapitalanlageprodukte

Basisrente und Riesterrente sind interessante Möglichkeiten, steuerbegünstigt die persönliche Versorgungslücke zu schließen. Für persönliche Wünsche lassen sie jedoch kaum Spielraum. Dies ist anders bei den Produkten aus der **dritten Schicht.** Die Anlageprodukte, die hier infrage kommen können, müssen nicht allein der Altersvorsorge dienen. Wer z. B. eine große Urlaubsreise machen möchte, kann sich bei Rentenbeginn eine größere Summe auszahlen lassen. Zu den Kapitalanlageprodukten dieser Art zählen vor allem die Kapitallebensversicherung und die private Rentenversicherung. Bei der Kapitallebensversicherung müssen die Erträge, das ist die Differenz zwischen eingezahlten Beiträgen und ausgezahlten Summen, voll versteuert werden. Wer aber mindestens 12 Jahre lang Beiträge zahlt und erst ab 60 die Auszahlung wünscht, für den wird die Steuer halbiert. Todesfallleistungen bleiben generell steuerfrei. Auch die Hinterbliebenen sind so gut abgesichert.

Wer eine private Rentenversicherung abschließt, stellt sich steuerlich noch günstiger als bei der Kapitallebensversicherung. Wer mit 65 in Rente geht, muss nur 18 % der ausgezahlten Beiträge versteuern. Der Sparer hat auch hier die Möglichkeit, sich sein Guthaben auf einmal auszahlen zu lassen. Dann gelten aber hier die gleichen ungünstigen steuerlichen Bestimmungen wie bei der Lebensversicherung.

Praxistipp

Berufsanfänger sollten nicht erst warten, bis das Gehalt höher ist. Je früher man mit der Absicherung beginnt, desto besser ist die Absicherung.
Das neue Rentensystem ist kompliziert. Deshalb sollte man sich vor Vertragsabschluss von unabhängigen Fachleuten beraten lassen.

Arbeitsaufträge

1. Ordnen Sie folgende Formen der Geldanlage nach dem Gesichtspunkt einer zunehmenden Risikobereitschaft des Anlegers: Aktienfond, Bundesschatzbrief, Mischfond, Fremdwährungsanleihe, Immobilienfond, Aktie der Firma Siemens.
2. Karin und Frank Maier haben eine Erbschaft gemacht (siehe „Moment mal ...“, Seite 338). Beide sind sich einig eine Anlageform zu wählen, die einen hohen Ertrag verspricht. Während Karin zum Kauf eines Bundesschaftsbriefes rät, möchte Frank das Geld lieber in einen Aktienfond stecken. Beurteilen Sie die Meinungen von Karin und Frank.
3. Karin Maier arbeitet bereits 4 Jahre in der Praxisgemeinschaft. Um die vermögenswirksamen Gelder anzulegen, entschließt sie sich zum Abschluss eines Bausparvertrages.
   a) Die Ärzte der Praxisgemeinschaft sind Mitglieder einer Tarifgemeinschaft. Mit welchem Beitrag an Arbeitgebersparzulage kann Karin rechnen?
   b) Auf ihr Bausparkonto werden jährlich 420,00 € eingezahlt. Wie hoch ist in diesem Fall die Arbeitnehmersparzulage?
   c) Wie lange muss Karin das Geld ansparen?
   d) Nach wie viel Jahren kann sie über das Geld verfügen?
4. Beschreiben Sie das Ablaufschema über den Abschluss eines vermögenswirksamen Vertrages.
5. Beschreiben Sie das Drei-Schichten-Modell der Altersvorsorge.

9 Wer rastet, der rostet

Fort- und Weiterbildung

Moment mal ...

Die MFA Ramona Krämer hat letzt Woche in der Verbandzeitschrift diese Anzeige gelesen:

AfG AKADEMIE für GESUNDHEIT

Gute berufliche Perspektive als

Ernährungs- und Diätberaterin

Unsere mehrteiligen Fortbildungsmaßnahmen haben als Zielgruppe engagierte Arzthelferinnen, die ihre Kenntnisse in der Ernährungs- und Diätberatung erweitern möchten.

Die Fortbildung wird anerkannt durch den BdA und den Zentralverband der Ärzte für Naturheilverfahren.

Inhalte:
Herz-Kreislauf-Erkrankungen, gesunde Ernährung, Allergien, Mykosen, Fettstoffwechselstörungen, Osteoporose, Gicht, Gastritis, Immunsystem, Neurodermitis, Krebs, Nahrungsergänzung, Einzel- und Gruppenberatung

Fortbildungsbeginn jeweils am
20.06.20..
28.10.20..

Infotelefon: 05621 3846
Lange Str. 11, 34270 Schauenburg
www.akademie-fuer-gesundheit.de

Zwischen Ramona und ihrem Freund Markus kommt es zu folgendem Gespräch:

Ramona: *Du Markus, ich glaube, das mit der Fortbildung zur Ernährungs- und Diätberaterin, das wär was für mich.*
Markus: *Was willst du denn als MFA damit anfangen?*
Ramona: *Na hör mal! Ernährungsberatung wäre doch ne prima Ergänzung unserer IGeL-Angebote. Die Verordnungen von Dr. Damm würden dadurch super unterstützt, denn viele Krankheiten sind nun mal ernährungsbedingt.*
Markus: *Und was hast du dann von dem ganzen Stress, den du dir damit einhandelst?*
Ramona: *Also, eine prozentuale Beteiligung an den Einnahmen müsste einfach drin sein. Als Alternative könnte ich mir aber auch eine generelle Gehaltserhöhung vorstellen.*
Markus: *Aber du weißt doch noch gar nicht, ob dein Chef da überhaupt mitmacht.*
Ramona: *Das muss ich unbedingt klären. Wenn ich das für unsere Praxis mache, muss er natürlich auch die entstehenden Fortbildungskosten tragen.*
Markus: *Und wenn nicht?*
Ramona: *Dann muss ich mir überlegen, ob ich das Geld nicht selbst aufbringen kann. Mein Ziel wäre dann, mich selbstständig zu machen.*

Welche Fort- und Weiterbildungsmöglichkeiten werden angeboten?
Wie werden sie finanziell gefördert?

INFO 1 Notwendigkeit und Träger der Fortbildung

Fortbildung ist in einer sich immer schneller weiterentwickelnden Berufs- und Arbeitswelt unverzichtbar. Das gilt natürlich auch für die Mitarbeiterin einer Arztpraxis. Auf dem Gebiet der Humanmedizin gibt es fast täglich neue Erkenntnisse, die Medizintechnik bietet ständig neu- und weiterentwickelte Geräte an und im Verwaltungsbereich können immer mehr Aufgaben schneller und Kosten sparend EDV-gestützt erledigt werden. Damit ist Fortbildung der Schlüssel für Qualität im Beruf.

Auch für Medizinische Fachangestellte liegen die Vorteile einer Fort- und Weiterbildung auf der Hand. Das Arbeitsplatzrisiko wird geringer, das Gehalt kann steigen und die Chancen, eventuell mal eine neue Stelle zu finden, verbessern sich. Abgesehen davon gibt es einem einfach ein gutes Gefühl, sich in ein neues Gebiet eingearbeitet zu haben und dann mitreden zu können.

Das Angebot an Fortbildungen ist sehr vielfältig. Als Träger sind z. B. zu nennen Ärztekammern, der Berufsverband BdA, Pharmafirmen, Niedersächsische Akademie, Kolpingwerk, Medizinische Akademie Wiesbaden und viele mehr. Auch die Berufsverbände der Ärzte kommen als Bildungsträger für MFAs infrage, wenn sie z. B. anbieten ganze Praxisteams zu bestimmten Themengebieten (z. B. Qualitätsmanagement) zu schulen. Auch Volkshochschulkurse können als Fortbildungen interessant sein.

Übrigens: Fortbildung hilft auch sehr bei der Mäusejagd ...

INFO 2 Fortbildungsangebote

Fortbildung zur Arztfachhelferin: Die Arztfachhelferin ist die Führungskraft im Praxisteam des Arztes. Sie ist zuständig für alle Verwaltungsaufgaben und Aufgabenbereiche wie Gesundheitsberatung, Notfallmedizin und Arbeitsschutz. Sie wirkt auch bei Maßnahmen zur Qualitätssicherung mit. Im Bereich der Praxisverwaltung gilt sie als rechte Hand des Praxisinhabers. Sie kennt die Möglichkeiten der modernen Bürokommunikation, verfügt über betriebswirtschaftliches Grundwissen und ist verantwortlich für das Personalmanagement. Im Bereich der MFA-Ausbildung hat sie gemäß der Ausbildungsordnung die notwendigen Fähigkeiten und Kenntnisse, um sie den Auszubildenden zu vermitteln. Zusätzlich hat sie Qualifikationen in mindestens einem medizinischen Bereich erworben.

Fortbildung zur Praxismanagerin: Die Entwicklung der niedergelassenen Ärzte geht hin zu größeren Organisationseinheiten. Immer mehr Ärzte kooperieren in größeren Gemeinschaften. Diese Entwicklung erfordert auch Mitarbeiterinnen, welche in dieser Art von Praxen Managementaufgaben wahrnehmen können. Durch die Weiterbildung zur Praxismanagerin erwirbt die MFA die Qualifikation, um die Praxis gemeinsam mit dem Arzt zu leiten. Sie überwacht z. B. auch den Praxisumsatz und erarbeitet Vorschläge, wie ein rückläufiger Umsatz wieder gesteigert werden könnte.

Eine Praxismanagerin braucht neben ihrem medizinischen Grundwissen fundierte betriebswirtschaftliche Kenntnisse und ein ausgeprägtes Führungsverhalten. Die Weiterbildungsmaßnahmen beziehen sich auf Lerninhalte wie z. B. betriebliches Rechnungswesen, betriebswirtschaftliche Praxisführung, Qualitäts- und Personalmanagement, Informations- und Kommunikationstechnologie. Im Vergleich zur Arztfachhelferin ist die Praxismanagerin die weitergehende und anspruchsvollere Fortbildungsmaßnahme für MFAs.

Fortbildung zur Qualitätsbeauftragten: Nach einer ab dem Jahr 2004 geltenden Fassung des § 135 a des Sozialgesetzbuches sind Vertragsärzte verpflichtet:

- sich an Maßnahmen der Qualitätssicherung zu beteiligen, die vor allem das Ziel haben die Ergebnisqualität ihrer Leistungen zu verbessern;
- intern ein Qualitätsmanagement einzuführen und weiterzuentwickeln.

Neben dem Praxisinhaber ist eine Qualitätsbeauftragte die verantwortliche Mitarbeiterin, die für Fragen des Qualitätsmanagements zuständig ist. In speziellen Lehrgängen wird sie mit ihrem neuen Aufgabenbereich vertraut gemacht. Ein Beispiel: Die Qualitätsbeauftragte überwacht die Dokumentation der Wartung, Reparatur und Lieferung von Geräten.

Weitere Forbildungsangebote im Überblick:

Von der Ärztekammer anerkannte Fortbildungen (Beispiele)

- Strahlenschutzkurse
- Fachzertifikate Impfberatung
- Fachzertifikate Gesundheitsberatung
- Diabetesberatung
- Dialyseberatung
- Arztfachhelferin
- Praxismanagerin

Vom Berufsverband, von Pharmafirmen und sonstigen Trägern angebotene Fortbildungsmaßnahmen (Beispiele)

- Abrechnung
- IGeL
- Praxismanagement
- Ausbildung der Azubis
- Patientenberatung
- Homöopathie
- Arbeitsmedizin
- Reisemedizin

Volkshochschulkurse, die für die MFAs interessant sein könnten (Beispiele)

- Arbeiten mit dem PC
- Telefonieren
- Textverareitung
- Tastschreiben

Studiengänge im Bereich Gesundheit (Beispiele)

- Studium Medizinökonomie
- Studium Gesundheitsökonomie
- Betriebswirt Gesundheitsmanagement
- Studium Gesundheitswesen
- Dipl. Gesundheitswirt
- Pflegestudiengänge

5780348

INFO 3 Fortbildung während der Ausbildung

Mit der beruflichen Fortbildung muss man nicht unbedingt bis nach dem Abschluss der Berufsausbildung warten. Schon während der dualen Ausbildung lassen sich parallel hierzu Zusatzqualifikationen erwerben. Auszubildende in einer Arztpraxis können z. B. Volkshochschulkurse über Textverarbeitung, Tastschreiben oder Kommunikation besuchen. Denkbar ist auch, dass sie den Europäischen Computerpass erwerben (European Computer Passport Xpert).

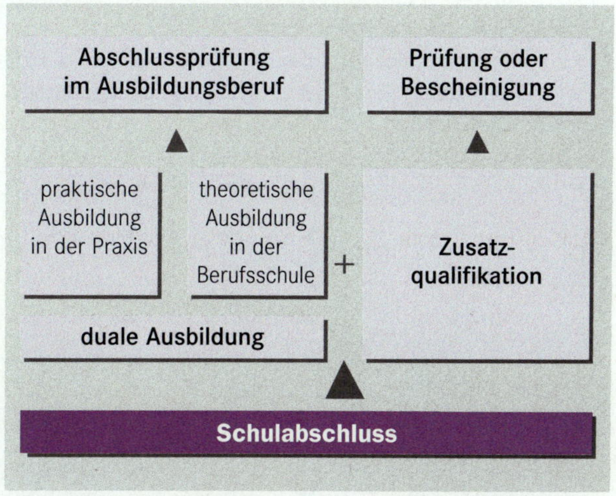

INFO 4 Finanzielle Förderung der Fort- und Weiterbildung

Kurse und Lehrgänge zur Fort- und Weiterbildung sind im Allgemeinen nicht kostenlos. Um das Geld hierfür aufzubringen, gibt es verschiedene Möglichkeiten:

- Wenn die Fortbildung auf den ausdrücklichen Wunsch des Arbeitgebers hin erfolgt, ist er verpflichtet die Kosten hierfür in vollem Umfang zu tragen. Das gilt nicht nur für die Kursgebühren, sondern auch für die Fahrtkosten.
- Bis zu einem Alter von 25 Jahren können junge MFAs über die „Begabtenförderung Berufliche Bildung“ ein Stipendium beantragen. Bei bestimmten Voraussetzungen entscheidet die Ärztekammer, ob die Förderung genehmigt wird. Informationen gibt es bei der zuständigen Landesärztekammer.
- Auch die Arbeitsagenturen sind unter bestimmten Bedingungen bereit Weiterbildungs- und Unterhaltskosten zu übernehmen. Hierzu werden Bildungsgutscheine ausgegeben. Sie sind die Zusicherung, dass die Kosten tatsächlich übernommen werden. Die Ausgabe eines Bildungsgutscheines setzt voraus, dass in einer persönlichen Beratung mit einer Beratungsfachkraft der Agentur für Arbeit ein individuell notwendiger Qualifizierungsbedarf festgestellt wurde.

Praxis-tipp

Wer private Bildungsausgaben hat, die dazu dienen, die beruflichen Fähigkeiten zu erhalten oder zu erweitern, kann auch Steuern sparen. Er kann diese Ausgaben als Werbungskosten gegenüber dem Finanzamt geltend machen. Hierzu müssen alle Quittungen und Belege aufgehoben werden.

INFO 5 Bildungsurlaub

Der Bildungsurlaub ist eigentlich eine Arbeitnehmerweiterbildung. Er gibt Arbeitnehmer/-innen einschließlich Auszubildenden das Recht auf Freistellung von der Arbeit, um dann an einer Weiterbildungsmaßnahme teilzunehmen. Gehälter bzw. Ausbildungsvergütungen werden für diese Zeit weiterbezahlt. Grundsätzlich unterscheidet man hierbei zwischen beruflicher, politischer und allgemeiner Weiterbildung. Die Dauer des Bildungsurlaubs beträgt zwischen drei und fünf Tagen. Ein Rechtsanspruch besteht nur in Betrieben ab zehn Beschäftigten. In kleineren Betrieben ist der Bildungsurlaub eine freiwillige Leistung des Arbeitgebers.

Ein Qualitätsmanagement bietet so für die Praxen die Chance, aus medizinischer und unternehmerischer Sicht die Leistungen zu verbessern.

www *Die Regelungen in den einzelnen Bundesländern sind unterschiedlich. Informationen hierüber findet man im Internet unter www.bildungsurlaub-hamburg.de.*

Arbeitsaufträge

1. Für welchen Aufgabenbereich ist eine Ernährungs- und Diätberaterin zuständig?
2. Beschreiben Sie kurz den Aufgabenbereich einer Arztfachhelferin und einer Praxismanagerin.
3. Die MFA Claudia Müller hat auf ausdrücklichen Wunsch ihres Chefs an einer Fortbildung teilgenommen. Er trägt zunächst zwar die angefallenen Kosten, besteht aber darauf, dass Claudia eine Rückzahlungsvereinbarung unterschreibt. Beurteilen Sie diese Situation.
4. Erklären Sie die Möglichkeit des Bildungsurlaubs und prüfen Sie, wie er in Ihrem Bundesland geregelt ist.
5. Ramona Krämer (siehe „Moment mal ...“, Seite 346) möchte an einer Fortbildung als Ernährungs- und Diätberaterin teilnehmen. Wenn ihr Chef die Fortbildungskosten nicht übernehmen sollte, überlegt sie sich sogar sich selbstständig zu machen.
   a) Diskutieren Sie über Vor- und Nachteile, die eine selbstständige Berufstätigkeit als Ernährungs- und Diätberaterin mit sich bringen könnte.
   b) Fertigen Sie eine Übersicht an, in der Sie Vor- und Nachteile gegenüberstellen.
   c) Kommen Sie zu einem abschließenden Urteil und entscheiden Sie, ob die Vor- oder Nachteile überwiegen.
6. Wie soll es beruflich weitergehen? Checken Sie ihre Möglichkeiten. Beruflich am Ball zu bleiben, ist wichtiger denn je. Wer sich rechtzeitig darüber informiert, welche Möglichkeiten der Weiterbildung es für seinen Beruf gibt, hat die Nase vorn.
   a) Besorgen Sie sich Informationen über Möglichkeiten der Weiterbildung nach dem Abschluss Ihrer Berufsausbildung.
   b) Informieren Sie sich auch darüber, welche Zusatzqualifikationen Sie eventuell schon während der Berufsausbildung erwerben können. Klären Sie, ob Ihr Ausbildungsbetrieb daran Interesse hätte und Sie unterstützen würde (Hinweis: Über Zusatzqualifikationen speziell für Auszubildende informiert die Datenbank „Ausbildung Plus“. Es handelt sich hier um ein Projekt des Instituts der Deutschen Wirtschaft www.ausbildungsplus.de).
7. Informieren Sie sich bei Ihrer örtlichen Agentur für Arbeit über die Bedingungen einer beruflichen Weiterbildung.
   (Hinweis: Informationen können Sie aus der kostenlosen Broschüre „Was? – Wie viel? – Wer?“ entnehmen oder auch im Internet finden unter www.arbeitsagentur.de.)

10 Er kann einem das Leben ganz schön schwer machen

Stress am Arbeitsplatz

Moment mal ...

Jasmin Stiller ist seit einem Vierteljahr wieder in der Praxis. Nachdem ihre Tochter im August eingeschult wurde und ihr zu Hause die „Decke auf den Kopf" fiel, wollte sie nach einer fast siebenjährigen Pause wieder arbeiten. Was ihr früher leicht gefallen war, macht ihr jetzt Probleme. Mit Dr. Damm kommt sie nicht klar, weil der ständig auf das Arbeitstempo drückt. Zu sagen hat sie auch nichts mehr und bei der Anwendung der neuen Software fehlt ihr der Durchblick. Hilfe von ihren Kolleginnen ist nicht zu erwarten, weil die selbst die Arbeit nicht aus den Händen geben wollen. Als ihre Tochter dann noch krank wird und sie eine Zeit lang zu Hause bleiben muss, spitzt sich die Situation zu. „Ich bin völlig ausgelaugt, schlafe kaum noch und habe häufig schmerzhaftes Herzstechen", sind die Worte, mit denen sich Jasmin einer Freundin anvertraut. Und Jasmin ergänzt: „Wenn das so weitergeht, klappe ich bald zusammen."

Wie zeigt sich Stress im Berufsalltag?
Welche Stressfaktoren belasten den Praxisalltag?
Was kann man zur Stressbewältigung tun?

INFO 1 Was ist Stress und wie zeigt er sich?

Stress ist eine Belastung, die durch private und/oder berufliche Anforderungen hervorgerufen wird. Stress muss nicht unbedingt negativ sein. Es gibt auch positiven Stress, der sich z. B. im Berufsalltag als leistungsfördernd auswirkt.

Wie wird Stress erlebt?

positiver Stress	negativer Stress
• Die Anforderungen werden als Herausforderung erlebt. Man möchte sich ihnen stellen. • Man hält sich für fähig genug die Anforderungen zu bewältigen. • Man ist davon überzeugt, Erfolg zu haben.	• Die Anforderungen werden als belastend erlebt. • Man glaubt die Anforderungen nicht bewältigen zu können. • Man fühlt sich als hilfloses Opfer einer Situation ausgesetzt.

Wer seinen Körper beobachtet und die Körperwahrnehmung schult, kann **Stresssignale** erkennen.

körperliche Alarmsignale	emotionale Alarmsignale
• Rückenschmerzen • Magen-Darm-Beschwerden • verspannte Muskeln • starke Infektanfälligkeit • unnatürliche Müdigkeit	• innere Unruhe • Erschöpfung • seelische Verstimmung • Gereiztheit
kognitive Alarmsignale	**verhaltensmäßige Alarmsignale**
• Konzentrationsschwäche • Vergesslichkeit • Entscheidungsschwäche • gedankliche Aussetzer • Leistungsstörungen	• Stottern und Zucken • Fingertrommeln • verstärkter Konsum von Alkohol und Zigaretten • verändertes Essverhalten

INFO 2 Stressvermeidung und Stressbewältigung

Eine Arztpraxis ganz ohne Stress wird es nicht geben. Der nomale Arbeitsablauf ist einfach mit einem gewissen Maß an Anspannung verbunden, die sich auch positiv auswirken kann. Negative Auswirkungen für die Praxismitarbeiter können auftreten wenn:

- die Belastung längere Zeit anhält,
- die Belastung als besonders stark empfunden wird,
- keine Zeit zur Entspannung zur Verfügung steht.

Stress in seiner negativen Form sollte erst gar nicht entstehen. Kommt es durch große Anspannungszustände aber doch zu Stress, sollte alles getan werden, um ihn durch geeignete Maßnahmen zu bewältigen. Auch Ärzte sind natürlich gegen Stress nicht gefeit. Leiden sie selbst unter einer zu großen beruflichen Anspannung, wirkt sich das auch belastend auf das Arbeitsumfeld ihrer Mitarbeiterinnen aus.

Nicht nur die Fachangestellten selbst, sondern auch der Arzt kann viel zur Stressvermeidung und -bewältigung tun. Schließlich ist er es ja, der die Rahmenbedingungen für den Berufsalltag seiner Mitarbeiterinnen bestimmt.

Nur kein Stress: Einige Beispielmaßnahmen zur Reduzierung der Belastung

Was kann der Praxisinhaber tun?	Was können die Mitarbeiterinnen selbst tun?
• Mitarbeiterinnen sollten Handlungs- und Entscheidungsspielräume haben. Überforderung sollte vermieden werden. • Bei Konflikten mit Außenstehenden (z. B. Patienten) sollte den Mitarbeiterinnen der Rücken gestärkt werden. Bei internen Konflikten sollte der Arzt schlichtend vermitteln.	• Die eigenen Handlungs- und Entscheidungsspielräume sollten ausgenutzt werden. • Persönliche Arbeitsabläufe sollten überprüft werden, um sie eventuell besser zu gestalten.

Was kann der Praxisinhaber tun?	Was können die Mitarbeiterinnen selbst tun?
• Verantwortung sollte an die Mitarbeiterinnen delegiert werden. Das motiviert.	• Arbeiten, die viel Konzentration erfordern, sollten nach Möglichkeit in Zeiten hoher persönlicher Leistungsfähigkeit gelegt werden.
• Die jeweiligen Zuständigkeitsbereiche sollten klar festgelegt sein.	• Frust über den Chef und die Kolleginnen sollte man nicht in sich „hineinfressen“. Reden über das, was einen beschäftigt, ist sehr wichtig.
• Mitarbeiterinnen sollten auf Weiterbildungsmöglichkeiten angesprochen werden.	• Bei Konflikten sollte nach Lösungen und nicht nach Schuldigen gesucht werden.
• Bei Einführung neuer Geräte müssen sie sorgfältig eingearbeitet werden und Zeit haben sich an die Veränderung anzupassen.	• Die Grundregeln für ein stressfreies Arbeiten beachten und nicht mehrere Dinge gleichzeitig tun.
• Die Arbeitsplätze sollten die richtige und nicht unbedingt die modernste Ausstattung haben.	• Die Chancen des Stressabbaus über sportliche Aktivitäten sollten genutzt werden.
• Räume sollten zur Verfügung stehen, in die sich die Mitarbeiterinnen zur Entspannung auch einmal zurückziehen können.	• Entspannungstechniken wie z. B. autogenes Training, Yoga oder auch die progressive Muskelentspannung nutzen. Vieles gehört auch zum Standardprogramm von Volkshochschulen und Sportvereinen.
• Sie sollten wissen, dass ihre Arbeit wichtig ist.	• Auf eine gesunde Ernährung sollte geachtet werden.
• Mitarbeiterinnen sollte die Möglichkeit eingeräumt werden ihre Probleme in Teambesprechungen konstruktiv zu bearbeiten.	• Freizeit sollte nicht mit Aktivitäten überfrachtet werden. Zeiten für ein genussreiches Nichtstun sind wichtig.
• Die Einsatzpläne sollten so gestaltet sein, dass sie für die Mitarbeiterinnen auch für eine längere Zeit gültig sind.	• Weil Zeitnot Stress macht, sollte man morgens frühzeitig aufstehen.
• Mit Lob sollte nicht sparsam umgegangen werden. Kritik sollte konstruktiv und nicht verletzend sein.	

Praxistipp

Sport ist ein besonders wirksamer Stresskiller. Vor allem Ausdauerbelastungen können Stressreaktionen gut abbauen und wirken auch vorbeugend. Hierfür besonders geeignete Sportarten sind Schwimmen, Radfahren, Joggen, Nordic-Walking und Inlinern.

Woran erkennt man, ob jemand gestresst ist? Die Berufsgenossenschaft für Gesundheits- und Wohlfahrtspflege hat eine Checkliste erarbeitet, die eine Selbstdiagnose ermöglicht.

Checkliste zur Selbstdiagnose:

Welche folgenden Faktoren erleben Sie in Ihrem Praxisalltag als Belastung?	Ja	Nein
1 Zeitdruck, hohes Arbeitstempo		
2 Konflikte mit Kollegen		
3 häufige Arbeitsunterbrechungen		
4 ungerechtfertigte Kritik		
5 fachliche Über- oder Unterforderung		
6 Personalmangel und/oder mangelnde Qualifikation des Personals		
7 Lärm (häufiges Telefonklingeln, Geräte, Patienten)		
8 Konflikte mit dem Chef		
9 einseitige Bewegungen oder Körperhaltungen		
10 unbefriedigende Pausenregelung		
11 starke körperliche Belastungen (z. B. Bewegen von Lasten oder Patienten)		
12 ungenügende Ausstattung mit Hilfsmitteln (z. B. arbeitserleichternde medizinische Geräte)		
13 zu wenig Entscheidungsbefugnisse/Verantwortungsbereiche		
14 unzureichende Arbeitsorganisation/Arbeitsabläufe		
15 wenig Erfolgserlebnisse und geringe Anerkennung		
16 körperliche Beschwerden (z. B. Rückenschmerzen, Kopfschmerzen)		
17 Umgang mit Schwerkranken		
18 Umgang mit schwierigen Patienten oder deren Angehörigen		
19 Umgang mit Gefahrstoffen		
20 nichtergonomische Arbeitsumgebung (z. B. zu enge Zimmer, mangelhafter PC-Arbeitsplatz am Empfang)		

Arbeitsaufträge

1. Beschäftigen Sie sich mit dem vorstehenden Stresstest:
   a) Stellen Sie fest, wie Sie beim Test abschneiden. Je mehr Faktoren Sie ankreuzen, desto größer ist die Wahrscheinlichkeit, dass Sie sich in einer Stresssituation befinden.
   b) Haben Sie mehr als drei Treffer, so machen Sie Vorschläge, was Sie bzw. Ihr Chef oder evtl. Ihre Kolleginnen tun können, um Ihre persönliche Situation zu verbessern.
   c) Diskutieren Sie Ihr Abschneiden in dem Test und Ihre Verbesserungsvorschläge in der Klasse.
2. Diskutieren Sie die These: Jegliche Art von Stress ist schlecht und wirkt sich immer negativ aus.
3. Unterscheiden Sie zwischen körperlichen, emotionalen, kognitiven und verhaltensmäßigen stressbedingten Alarmsignalen.
4. Monika Wanner ist während ihrer Arbeitszeit nicht immer ganz bei der Sache, da sie offensichtlich Probleme hat. Zum dritten Mal hat sie vergessen den Monteur der Wartungsfirma zu bestellen, damit der Fehler an der Mechanik der Behandlungsliege behoben wird. Formulieren Sie eine konstruktive Kritik, die ihre privat bedingte Stresssituation nicht noch weiter verschlimmert.

11 Wer verzichtet, verschenkt oft Geld

Einkommensteuererklärung

Moment mal ...

Sonntag Nachmittag in einer Eisdiele. Natalia Bertram hat hier ihre Kollegin Jasmin Stiller getroffen.

***Natalia:** „Ich trau meinen Augen nicht. Du hast ja schon wieder eine neue Digitalkamera. Deine letzte hattest du doch bestimmt noch kein Jahr. Woher nimmst du denn das Geld? Wir sind doch nun wirklich keine Großverdiener."*

***Jasmin:** „Du wirst es nicht glauben. Dieses gute Stück mit 12fach Zoom und 7 Mega Pixel bezahlt das Finanzamt. Es hat mir nämlich 640,00 € an zuviel gezahlten Steuern überwiesen. Da kann man nicht meckern, oder?"*

***Natalia:** „Ja, und warum kriege ich nicht auch so eine kleine Finanzspritze? Wir haben doch etwa das gleiche Einkommen. Und auf meinem Konto ist immer Ebbe."*

***Jasmin :** „Also Natalia, hör genau zu, das will ich dir erklären ..."*

Wie ist das Einkommensteuersystem aufgebaut?
Warum hat Natalia Geld zurückbekommen und Jasmin nicht?

INFO 1 Grundlagen der Lohnsteuer

Lohnsteuer

Die **Lohnsteuer** ist eine besondere Form der Einkommensteuer. Sie bezieht sich auf Einkünfte aus nichtselbstständiger Arbeit (Arbeitslohn). Die vom Arbeitnehmer zu bezahlende Steuer wird vom Arbeitgeber einbehalten. Sie ist von ihm an das Finanzamt abzuführen.

Vom Bruttolohn behält der Arbeitgeber die gesetzlichen Abzüge ein. Er überweist sie an die zuständigen Stellen. Die Abzüge setzen sich aus der Lohn- und Kirchensteuer, dem Solidaritätszuschlag und dem Anteil zur Sozialversicherung (Kranken-, Arbeitslosen-, Renten- und Pflegeversicherung) zusammen. Übrig bleibt der Nettolohn, der auf das Girokonto des Anteilnehmers überwiesen wird. Damit der Arbeitgeber die Steuern in der richtigen Höhe einbehalten kann, muss jeder Arbeitnehmer zum Jahresbeginn eine Lohnsteuerkarte im Betrieb vorlegen. Sie wird jährlich von der Stadtverwaltung oder Gemeinde ausgestellt. Der Arbeitnehmer bekommt sie im Allgemeinen nicht zurück. Stattdessen erhält er vom Arbeitgeber einen Ausdruck seiner Lohnsteuerbescheinigung.

Die Steuerbelastung hängt ab von der Höhe des Bruttolohnes, den einzelnen Freibeträgen und der Steuerklasse. Zukünftig ist der Arbeitgeber verpflichtet alle steuerrelevanten Angaben des Arbeitnehmers mittels Datenübertragung an das Finanzamt zu übermitteln. Für dieses Übermittlungsverfahren wurde eine sog. **„eTIN"**[1] (elektronische Identifikationsnummer) als neues Ordnungskriterium eingeführt. Sie besteht aus dem Namen und dem Geburtsdatum des Steuerpflichtigen. Für Arbeitgeber, welche die technischen Voraussetzungen für die elektronische Übermittlung der Datenübertragung zurzeit noch nicht haben, gibt es Übergangsfristen.

eTIN ist eigentlich eine englische Abkürzung und steht für „electronic Taxpayer Identification Number".

INFO 2 Steuerklassen

Das deutsche Einkommensteuersystem kennt sechs Steuerklassen. Die Einordnung der Steuerpflichtigen in diese Klassen erfolgt nach persönlichen und familiären Verhältnissen. Die Steuerschuld wird mithilfe von Steuertabellen ermittelt. Sie informieren über die Steuerbelastung der in Steuerklassen eingeteilten Steuerpflichtigen.

Steuertarif

Wäre es sozial und gerecht, wenn jedes Einkommen mit dem gleichen Steuersatz belastet würde? Es wäre ungerecht und auch nicht sozial. Für einen Steuerzahler mit sehr niedrigem Einkommen würde diese Steuerlast ein sehr viel größeres Opfer bedeuten als für einen Großverdiener. Unser Steuersystem orientiert sich vor allem an der Leistungsfähigkeit des Einzelnen. Es versucht die Steuerlast fair zu verteilen. Das Gebot der steuerlichen Fairness gehört mit zu den Eckpfeilern unseres Sozialstaates. Es wird berücksichtigt im Aufbau des **Einkommensteuertarifs** und besteht aus vier Bausteinen:

Steuerklassen	Personenkreise (vereinfachte Angaben)
I	Ledige, Geschiedene, Verwitwete oder dauernd getrennt lebende Ehepartner
II	Ledige, Geschiedene und Verwitwete mit mindestens einem Kind, für das sie einen Kinderfreibetrag haben
III	Verheiratete, wenn nur ein Ehegatte Arbeitslohn bezieht oder wenn beide arbeiten und der andere Steuerklasse V wählt
IV	Verheiratete, wenn beide Ehegatten Arbeitslohn beziehen und dieselbe Steuerklasse wählen
V	Wenn Verheiratete beide Arbeitslohn beziehen, kann einer der Ehegatten die Steuerklasse V, der andere die Klasse III wählen.
VI	Wenn mehrere Arbeitsverhältnisse bestehen, wird auf der benötigten zweiten und allen weiteren Lohnsteuerkarten die Steuerklasse VI eingetragen. Nach Klasse VI wird auch versteuert, wenn die Lohnsteuerkarte nicht oder nicht rechtzeitig abgegeben wurde oder verloren ging.

- **Grundfreibetrag (Nullzone)**
  mit kleinem oder nur sehr geringem Einkommen sind von der Steuerzahlung befreit. Der Gesetzgeber gesteht seinen Bürgern damit ein einkommensmäßiges Existenzminimum zu.
- **Progressionszone**
  Ausgehend vom Eingangssteuersatz beginnt der progressive Einkommensteuertarif. Das heißt, auf höhere Einkommen ist nicht nur eine höhere Steuer zu entrichten, sondern es gilt ein höherer Prozentsatz. Er steigt an, bis der Spitzensteuersatz erreicht ist.
- **untere Proportionalzone**
  Ab einer bestimmten Einkommenshöhe steigt der Steuersatz zunächst nicht weiter an. Spitzeneinkommen werden einheitlich mit demselben Höchstsatz von 42 % bis zu einem Monatseinkommen von unter 250.000 € versteuert.
- **obere Proportionalzone**
  Einkommen, die 250.000 € übersteigen, werden ab 2007 nicht mehr mit 42 %, sondern mit 45 % versteuert (Reichensteuer)

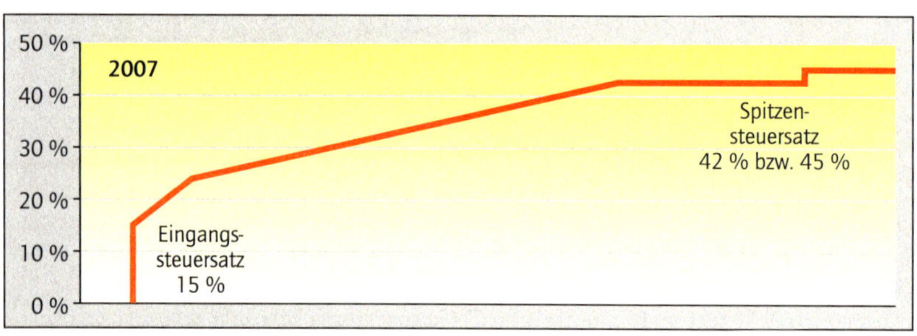

INFO 2 Was ist eine Einkommensteuererklärung?

Wer über steuerpflichtiges Einkommen verfügt, sollte am Jahresende einen Veranlagungsantrag stellen. Das gilt auch für Auszubildende. Der Grundfreibetrag liegt z. B. für das Jahr 2007 bei 7.664,00 €. Nur wer mehr verdient, zahlt auch Steuern und kann abzugsfähige Ausgaben geltend machen. Der Antrag auf Einkommensteuerveranlagung wird durch Abgabe einer Einkommensteuererklärung gestellt. Aufgrund dieser Erklärung setzt das Finanzamt die Steuern nach Ablauf eines Kalenderjahres fest. Sie dient dazu, überzahlte Lohn- und Kirchensteuer zurückzuerhalten. Eine Einkommensteuererklärung muss man nicht abgeben, sie ist eine freiwillige Angelegenheit. Anders sieht es aus, wenn ein Arbeitnehmer zusätzliche Einkünfte z. B. in Form von Miete oder Zinsen erhält, die eine bestimmte Höhe überschreiten. In diesem Fall muss er unaufgefordert eine Einkommensteuererklärung abgeben (Pflichtveranlagung).

Praxis-tipp

Im Zweifelsfall sollte man immer eine Einkommensteuererklärung abgeben. Der Grund: Durchschnittlich verliert jeder Steuerzahler 350,00 €, weil er auf die Steuererklärung verzichtet hat.

Einkommensteuererklärung: Wann ist es sinnvoll, sie abzugeben?

- **Arbeitnehmer war zeitweise arbeitslos**
- **erhöhte Werbungskosten und Sonderausgaben** (höher als Pauschalbetrag) **oder außergewöhnliche Belastungen sind entstanden** (siehe Info 3)

- **schwankender Arbeitslohn, z. B. durch Überstunden oder Beförderung**
- **Änderung im Familienstand, z. B. durch Eheschließung oder Geburt eines Kindes**

INFO 3 Zu versteuerndes Einkommen

Aufgrund der Angaben in der Einkommensteuererklärung berechnet das Finanzamt das zu versteuernde Einkommen. Dabei wird das Jahresbruttoeinkommen um bestimmte abzugsfähige Beträge vermindert. Teile dieser Beträge sind schon als Pauschalbeträge in der Monatslohnsteuertabelle berücksichtigt. Nur Aufwendungen, die darüber hinausgehen, vermindern das zu versteuernde Einkommen. Grundsätzlich müssen Sie gegenüber dem Finanzamt nachgewiesen werden.

Jahresbruttoeinkommen	
– Freibeträge	**abzugsfähige Posten**
– Werbungskosten	
– Sonderausgaben	
– außergewöhnliche Belastungen	
= zu versteuerndes Einkommen	

Die abzugsfähigen Posten im Einzelnen

Werbungskosten

Dies sind Aufwendungen, die der Sicherung und Erhaltung der Berufstätigkeit dienen. Es lohnt sich nur dann, diese Aufwendungen geltend zu machen, wenn sie die Werbungskostenpauschale von 920,00 € übersteigen.

Beispiele:
- Aufwendungen für die Fahrt zur Arbeit: Angesetzt werden können 0,30 € je Kilometer (ab 2007 erst ab dem 21. Entfernungskilometer).
- Aufwendungen für Berufskleidung, Fachliteratur
- Aufwendungen für berufliche Fortbildung
- Gewerkschaftsbeiträge
- Mehraufwendungen wegen einer beruflich bedingten doppelten Haushaltsführung

Sonderausgaben

Dies sind Aufwendungen, die der sozialen Vorsorge dienen. Eine Vorsorgepauschale ist in der Lohnsteuertabelle bereits eingearbeitet.

Beispiele:
- Arbeitnehmeranteil an der gesetzlichen Sozialversicherung
- Private Haftpflichtversicherung
- Kirchensteuer
- Spenden

außergewöhnliche Belastungen

Sie entstehen durch größere Aufwendungen des Steuerpflichtigen. Sie fallen zwangsläufig aufgrund besonderer Umstände an.

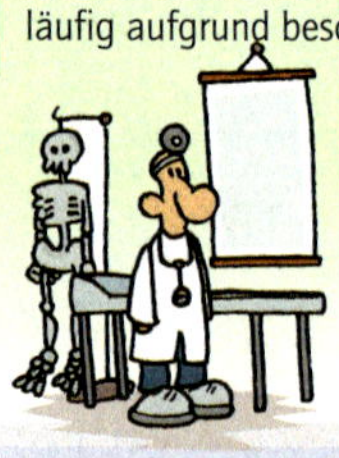

Beispiele:
- Kosten durch Krankheit oder Tod eines Familienangehörigen
- Ausgaben wegen Ehescheidung
- Aufwendungen für körperliche und sonstige Behinderungen
- Ausgaben zur Unterstützung bedürftiger Angehöriger
- Ausgaben für Unwetterschäden

Freibeträge

sind Steuerentlastungen, die vom Staat aus sozialen oder politischen Gründen festgelegt werden. Freibeträge sind zum Teil in der Steuertabelle bereits berücksichtigt.

Beispiele:
- Grundfreibetrag
- Arbeitnehmerfreibetrag
- Kinderfreibetrag

INFO 4 Das Formular der Einkommensteuererklärung

Das benötigte Formular ist mit einer ausführlichen Anleitung beim Finanzamt kostenlos erhältlich. Aber auch eine Steuererklärung am PC ist möglich. Auf dem Bildschirm erscheinen die einzelnen Formularbögen mit allen Details. Fast ein Dutzend Programme sind auf dem Markt. Sie haben einen großen Vorteil: Der Anwender kann sich mithilfe der Software errechnen lassen, wie viel Steuern er zurückbekommt oder aber noch zu zahlen hat.

Praxis-tipp

Die Finanzverwaltung bietet mit dem Programm „Elster Formular" eine kostenlose Software für die Steuererklärung an. Via Internet lassen sich die Daten elektronisch an das zuständige Finanzamt übermitteln. Ein weiterer Vorteil besteht darin, dass die Bearbeitung der Steuererklärung einige Wochen schneller geht. Elster Formular ist als Download über das Internet (www.elsterformular.de) oder als CD bei den Finanzämtern erhältlich.

Eine Einkommensteuererklärung auszufüllen ist leichter geworden, da man vereinfachte Vordrucke verwenden kann. Das ist aber nur möglich, wenn nur Arbeitslohn und z. B. keine Mieteinnahmen bezogen wurden. Außerdem dürfen nur die im Vordruck bezeichneten Werbungskosten, Sonderausgaben und außergewöhnliche Belastungen geltend gemacht werden. Beim Ausfüllen ist zu beachten, dass die so genannte „eTIN“ auf den Vordruck übertragen werden muss.

Als wichtige Informationsgrundlage des Arbeitnehmers für die einzutragenden Daten dient eine Lohnsteuerbescheinigung. Als A4 Ausdruck wird sie den Beschäftigten von ihrem Arbeitgeber zur Verfügung gestellt. Er enthält alle Angaben, die der Arbeitgeber der Finanzverwaltung übermittelt hat.

Die folgenden Abbildungen zeigen Auszüge aus einer vereinfachten Einkommensteuererklärung. Auf der Vorderseite wird u. a. auch die „eTIN“ eingetragen.

1 X Vereinfachte Einkommensteuererklärung für Arbeitnehmer | Antrag auf Festsetzung der Arbeitnehmer-Sparzulage | Eingangsstempel

An das Finanzamt
2 KASSEL SPOHRSTR

Steuernummer | Bei Wohnsitzwechsel: bisheriges Finanzamt
3 12341-0084

Allgemeine Angaben
Telefonische Rückfragen tagsüber unter Nr.

geltend gemacht

Einkünfte aus nichtselbständiger Arbeit

eTIN lt. Lohnsteuerbescheinigung Stpfl. / Ehemann | eTIN lt. Lohnsteuerbescheinigung Ehefrau
21 HEBELLARS 94115

Lohn- / Entgeltersatzleistungen (z. B. Arbeitslosengeld, Insolvenzgeld | Stpfl. / Ehemann | Ehefrau

Auf der 2. Seite der vereinfachten Steuererklärung sind auch Angaben zu den Werbungskosten und den Sonderausgaben zu machen.

Steuernummer 12341-0084

Werbungskosten Stpfl. / Ehemann | 87

Wege zwischen Wohnung und Arbeitsstätte (Entfernungspauschale)
Arbeitsstätte in (Ort und Straße) | Arbeitstage je Woche | Urlaubs- und Krankheitstage

31 Homberg, Trockenstr. 29 | 5 | 41

32

	Arbeitsstätte lt. Zeile	aufgesucht an		einfache Entfernung		davon mit eigenem oder zur Nutzung überlassenem Pkw zurückgelegt		davon mit Sammelbeförderung zurückgelegt		davon mit öffentl. Verkehrsmitteln, Motorrad, Fahrrad o. Ä., als Fußgänger, als Mitfahrer einer Fahrgemeinschaft zurückgelegt		Behinderungsgrad mind. 70 oder mind. 50 und Merkzeichen „G“
33	31	40 220	Tagen	41 46	km	68 46	km	78	km		km	36 1=Ja
34		43	Tagen	44	km	69	km	79	km		km	37 1=Ja

EUR
35 Aufwendungen für Fahrten mit öffentlichen Verkehrsmitteln (ohne Flug- und Fährkosten) (Bitte stets auch die Zeilen 33 und 34 ausfüllen) 49 340,–

36 Aufwendungen für Arbeitsmittel, Bewerbungskosten, Fortbildungskosten, Kontoführungsgebühren, Reisekosten bei Dienstreisen, Flug- und Fährkosten, Beiträge zu Berufsverbänden – soweit nicht steuerfrei ersetzt – 53 ,–

Sonderausgaben | Stpfl. / Ehemann EUR | Ehefrau EUR | 52

43 Beiträge zu – freiwilligen Versicherungen in den gesetzlichen Rentenversicherungen 35 ,– 36 ,–

44 – eigenen kapitalgedeckten Rentenversicherungen (§ 10 Abs. 1 Nr. 2 Buchstabe b EStG) mit Laufzeitbeginn nach dem 31. 12. 2004 – ohne Altersvorsorgebeiträge, die in Zeile 20 geltend gemacht werden – 37 ,– 38 ,–

45 Bei Zusammenveranlagung ist die Eintragung für jeden Ehegatten vorzunehmen: Haben Sie zu Ihrer Krankenversicherung oder Ihren Krankheitskosten Anspruch auf – steuerfreie Arbeitgeberbeiträge (z. B. sozialversicherungspflichtige Arbeitnehmer) oder – steuerfreie Beihilfen (z. B. Beamte, Versorgungsempfänger)? 49 1=Ja 2=Nein 50 1=Ja 2=Nein

Stpfl./Ehegatten EUR

46 Beiträge zu – freiwilligen Versicherungen gegen Arbeitslosigkeit, Erwerbs- und Berufsunfähigkeitsversicherungen, Kranken- und Pflegeversicherungen, Unfall- und Haftpflichtversicherungen und Risikoversicherungen, die nur für den Todesfall eine Leistung vorsehen 55 720,–

47 – Rentenversicherungen mit Kapitalwahlrecht und Kapitallebensversicherungen mit mindestens 12 Jahren Laufzeit und Laufzeitbeginn sowie erster Beitragszahlung vor dem 1. 1. 2005 46 1200,–

48 – Rentenversicherungen ohne Kapitalwahlrecht mit Laufzeitbeginn und erster Beitragszahlung vor dem 1. 1. 2005 (auch steuerpflichtige Beiträge zu Versorgungs- und Pensionskassen) – ohne Altersvorsorgebeiträge, die in Zeile 20 geltend gemacht werden – 44 ,–

49 Kirchensteuer 13 2006 gezahlt 223,– 14 2006 erstattet 26,–

50 Zuwendungen (lt. beigefügten Bestätigungen) für wissenschaftliche, mildtätige und kulturelle Zwecke 18 120,– für kirchliche, religiöse u. gemeinnützige Zwecke 19 ,–

Arbeitsaufträge

1. Welche Lohnsteuerklassen haben die folgenden Beschäftigten aus der Praxisgemeinschaft Dr. Michel/Dr. Damm/Dr. Metz?
   a) Ramona Krämer ist ledig und kinderlos.
   b) Dr. Michel ist verheiratet. Seine Frau ist Oberärztin im städtischen Krankenhaus und hat ein vergleichbares Einkommen.
   c) Petra Knauff ist verheiratet und arbeitet nur vormittags. Ihr Mann ist Diplomingenieur und in einer Automobilfabrik tätig.
   d) Jasmin Stiller ist neben ihrem Teilzeitjob in der Praxisgemeinschaft abends bei einem ambulanten Pflegedienst beschäftigt.
2. In einem Gespräch zwischen zwei Auszubildenden wird die Meinung vertreten, dass es sich immer lohnt, eine Einkommensteuererklärung abzugeben. Nehmen Sie Stellung zu dieser Meinung.
3. Bernd Fischer ordnet seine Unterlagen für die Einkommensteuererklärung. Dazu gehören: Spende an das Rote Kreuz von 50,00 €, Haftpflichtversicherung 210,00 €, Unterstützungszahlung für im Altenheim lebende Mutter 1.200,00 €, Gebühr für Fortbildungslehrgang 125,00 €, Ausgaben für Zahnimplantat 2.699,99 €, Gewerkschaftsbeitrag 134,00 €, Fahrten zu Vorstellungsgesprächen 184,00 €, Vorsorgeaufwendungen 1.830,00 €.
   Ermitteln Sie die Summen, die an Werbungskosten, Sonderausgaben und außergewöhnlichen Belastungen angefallen sind.
4. Die Werbungskostenpauschale beträgt 920,00 €. Welche Bedeutung hat dies für die Steuererklärung von Bernd Fischer?
5. Bernd Fischer wohnt in Marburg und arbeitet in Bad Zwesten. Er muss täglich 35 Kilometer mit dem Auto zurücklegen. Letztes Jahr hat er 209 Tage gearbeitet. Berechnen Sie die Aufwendungen, die als Werbungskosten für seine Fahrten zwischen Wohn- und Arbeitsstätte berücksichtigt werden.
6. Diskutieren Sie über den Aussagegehalt der beiden vorstehenden Karikaturen.
7. Machen Sie eine „Steuerrückerstattungsübung" mit einer vereinfachten Steuererklärung.
   a) Tragen Sie die folgenden Angaben dort ein. Als Orientierung können die vorstehenden Formularabschnitte dienen.
      - persönliche Angaben: Martha Köster, ledig, Zahntechnikerin
      - Angaben zu Werbungskosten: Gewerkschaftsbeiträge 216,00 €, Fortbildungskosten 283,00 €, Arbeitskleidung 172,00 €, Fachliteratur 74,00 €. Die Entfernung zwischen Wohnung und Arbeit beträgt 40 km. Martha hat an 225 Tagen gearbeitet.
      - Angaben zu Sonderausgaben: Spenden 65,00 €, Unfallversicherung 45,00 €, Haftpflichtversicherung 148,00 €
      - außergewöhnliche Belastungen: keine

   b) Warum sind die Eintragungen zum Arbeitslohn bei der vereinfachten Steuererklärung nicht notwendig?
   Hinweis: Alle weiteren notwendigen Angaben (Bankverbindung, Adresse) ergänzen Sie gemäß Ihrer eigenen Vorstellung.

12 Sicherheit tut gut
Private Absicherung

Moment mal ...

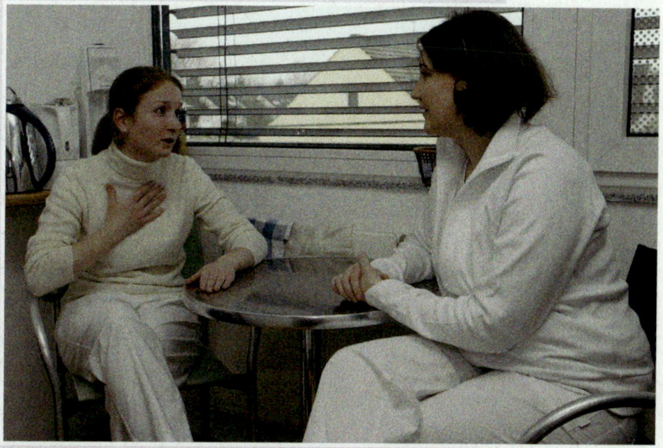

Ort: Praxisgemeinschaft Michel/Damm/Metz, Gespräch zwischen Natalia Bertram und Jasmin Stiller

Natalia: *„Stell dir vor, meine Freundin Kirsten hat vor 2 Jahren als Medizinische Fachangestellte ausgelernt und jetzt muss sie sich einen ganz anderen Job suchen."*

Jasmin: *„Wo gibts denn sowas?"*

Natalia: *„Tja, schwerer Trümmerbruch am linken Bein durch einen Sturz beim Skifahren. Sie kann ihr Bein nicht mehr voll belasten. Von ihrem Beruf kann sie sich verabschieden."*

Jasmin: *„Verdammt harter Schicksalsschlag. Wie sieht es denn jetzt mit ihrem Einkommen aus? Sie hat auch eine Menge Ausgaben."*

Natalia: *„Ganz mau. Sie hat sich erkundigt. Rente würde es in ihrem Fall erst nach fünf Jahren Wartezeit geben. Und die Berufsgenossenschaft rückt auch kein Geld heraus, denn es war ja kein Arbeitsunfall."*

Jasmin: *„Ich habe das Gefühl, wenn so etwas passiert, sitzt man auf einem Pulverfass. Vielleicht gibt es eine private Versicherung, die man für solche Fälle abschließen kann?"*

Welche Versicherung deckt diese Art von Risiko ab, wie sie im Gespräch der beiden Arbeitskolleginnen beschrieben wurde?
Welche anderen wichtigen Privatversicherungen gibt es?
Wo liegt der Unterschied zwischen Sozial- und Privatversicherung?

INFO 1 Individualversicherung: Pro und Kontra

Als Arbeitnehmerinnen werden Natalia und Jasmin monatliche Beiträge zur Sozialversicherung vom Lohn abgezogen. Die Sozialversicherung ist für sie eine Pflichtversicherung. Die Beitragszahlungen richten sich nach der Höhe des Einkommens oder bei der Unfallversicherung nach dem Risiko der jeweiligen Branche.

Anders als die Sozialversicherung bieten private Zusatzversicherungen (Individualversicherungen) die Möglichkeit zur persönlichen Gestaltung des Versicherungsschutzes. Vieles spricht für, manches aber auch gegen Individualversicherungen.

Pro	Kontra
• Es kann immer etwas Unvorhersehbares passieren, wogegen man sich absichern muss. • Die finanziellen Risiken sind zu groß, als dass man sie allein tragen kann. • Gute Versicherungen beraten vor einem Abschluss und weisen auf Vor- und Nachteile hin. • Der Kunde kann allein entscheiden, welches Risiko er versichern und welches er selbst tragen will. • Versicherungen schützen sich vor Missbrauch ihrer Leistungen durch die Kunden. Würden sie das nicht tun, müsste die Versichertengemeinschaft letztlich höhere Beiträge zahlen.	• Das Risiko, dass bestimmte Ereignisse eintreten, ist kalkulierbar. Man kann sich nicht gegen alles versichern. • Versicherungsprämien sind häufig viel zu teuer. • Versicherungsagenturen leben von der Provision, deshalb wollen sie nur verkaufen. • Im „Versicherungsdschungel" kennt sich keiner aus. Viele Doppelversicherungen auf der einen und Versicherungslücken auf der anderen Seite sind die Folgen. • Im klein Gedruckten werden viel zu viele Risiken ausgeschlossen, worüber die Versicherten nicht genügend aufgeklärt sind.

... versichert gegen Hundebisse jeder Art; ausgenommen sind lediglich
a) Bisse von männlichen Hunden,
b) Bisse von weiblichen Hunden.
Kastrierte Hunde fallen nicht unter den Begriff Hund ...

INFO 2 Überblick

Individualversicherungen lassen sich einteilen in Personen-, Vermögens- und Sachversicherungen. Abgeschlossen werden sie zwischen dem Versicherer (Versicherungsgesellschaft) und dem Versicherungsnehmer. Ihnen liegt das Versicherungsprinzip zugrunde, dass nur der Leistungen erhalten kann, der auch Beitragszahler ist.

Das System der Individualversicherungen

Personenversicherungen	Vermögensversicherungen	Sachversicherungen
Beispiele: • private Krankenversicherung • private Unfallversicherung • Lebensversicherung • Berufsunfähigkeitsversicherung	*Beispiele:* • Haftpflichtversicherung • Rechtsschutzversicherung • Reiserücktrittsversicherung • Reisegepäckversicherung • private Rentenversicherung	*Beispiele:* • Hausratversicherung • Feuerversicherung • Einbruchdiebstahlversicherung
	Kraftverkehrsversicherung	
Insassenversicherung	Haftpflichtversicherung	Kaskoversicherung

INFO 3 Personenversicherungen

Die private Krankenversicherung

Mehr als 10 % der Einwohner der Bundesrepublik Deutschland sind ausschließlich privat krankenversichert. Für die Arztpraxis hat daher diese Patientengruppe eine nicht unerhebliche wirtschaftliche Bedeutung.

Die private Krankenversicherung steht jedem offen. Als **Vollversicherung** und Alternative zur gesetzlichen Krankenversicherung kann sie aber nicht von allen genutzt werden. Angestellte und Arbeiter können nur Mitglied werden ab einem bestimmten Monatseinkommen. Auch Freiberufler, Selbstständige und Beamte sind häufig bei privaten Krankenkassen versichert.

Die **Beiträge** der privaten Krankenversicherung richten sich nach dem Alter, dem Geschlecht und dem gewählten Tarif. Vom Einkommen sind die Beiträge unabhängig. Hohe Beiträge im Alter sind ein Nachteil der privaten Krankenversicherung. Durch die Bildung von Altersrückstellungen versuchen die privaten Krankenversicherungen, der stärkeren Kostenbelastung durch ältere Patienten entgegenzuwirken. Die Gesundheitsreform hat auch für die private Krankenversicherung einige wichtige Neuerungen gebracht:

- Arbeitnehmer dürfen künftig nur dann in die PKV wechseln, wenn sie die Versicherungspflichtgrenze in drei aufeinander folgenden Jahren überschreiten. Das gilt rückwirkend zum 4. Juli 2006.
- Freiwillig gesetzlich Versicherte dürfen sich dabei nur nach Alter und Geschlecht unterscheiden. Eventuelle Vorerkrankungen werden nicht berücksichtigt.
- Bis jetzt privat Versicherte können im Zeitraum vom 01.01.2009 bis zum 30.06.2009 in den kostengünstigen Basistarif einer privaten Krankenversicherung wechseln. Die Leistungen in diesem Tarif entsprechen in etwa dem der gesetzlichen Krankenversicherung.
- Nur Neukunden können die bei ihrer privaten Versicherung angesparte Altersrückstellung beim Wechsel in eine andere Privatversicherung mitnehmen. Angerechnet werden dabei nur solche Rückstellungen, die im Umfang des Basistarifes gebildet worden sind.

Im Wesentlichen setzt sich der Privatschutz aus folgenden **Bausteinen** zusammen: Tarife für ambulante ärztliche Behandlungen, Arzneimittel, Zahnbehandlung, Zahnersatz sowie Tarife für das Krankenhaus. Die meisten Versicherungen bieten auch Tarife für Kuren an.

Wie Kassenpatienten können auch Privatpatienten ihren Arzt frei wählen. Bei einem Krankenhausaufenthalt können sie zwischen einem Einbett- oder Mehrbettzimmer wählen.

Für den Einzelnen und für berufstätige Ehepaare kann die private Krankenversicherung kostengünstiger sein als der gesetzliche Versicherungsschutz. Bedingung für die Wahlfreiheit ist allerdings, dass der versicherte Arbeitnehmer mit seinem Gehalt über der Krankenversicherungspflichtgrenze liegt, die jedes Jahr verändert wird. Ist nur ein Verdiener in der Familie, ist die gesetzliche Krankenversicherung in der Regel preiswerter, da alle Familienmitglieder beitragsfrei mitversichert sind.

Ist jemand selten krank und hat ein Jahr lang keine Versicherungsleistungen in Anspruch genommen, so kann er eine **Beitragsrückerstattung** erhalten. Die gesetzliche Krankenversicherung kennt diese Einrichtung nur in wenigen Fällen.

Auch Mitglieder der gesetzlichen Krankenversicherung können Leistungen der privaten Krankenversicherung in Anspruch nehmen. Diese **Zusatzversicherungen** werden in verschiedenen Formen angeboten:

- **Krankenhaustagegeldversicherung:** Je Krankenhaustag wird ein tariflich vereinbarter Betrag an den Versicherungsnehmer ausbezahlt, um etwaige Mehrkosten auszugleichen. Krankenhaustagegeldversicherungen haben häufig nicht nur gesetzlich, sondern auch privat versicherte Mitglieder.

- **Krankentagegeldversicherung:** Die ausgezahlten Beiträge richten sich nach der Anzahl der Arbeitsunfähigkeitstage. Sie dient dazu, den krankheitsbedingten Verdienstausfall auszugleichen. Die private Versicherung bietet so die Möglichkeit an, die Differenz zwischen dem gezahlten Krankengeld der gesetzlichen Versicherung und dem sonst erzielten Einkommen auszugleichen.
- **Krankenhauskosten-Zusatzversicherung:** Sie wird von gesetzlich Versicherten abgeschlossen, um bei einem Krankenhausaufenthalt die Vorteile von Privatpatienten zu haben, so z. B. freie Klinik- und Arztwahl sowie den Komfort eines Zwei- oder sogar Einbettzimmers. Wer sich dabei grundsätzlich mit einem Zweibettzimmer zufrieden gibt, bezahlt eine niedrigere Prämie. Die Tarifangebote der Versicherungen unterscheiden sich erheblich und sollten daher sorgfältig verglichen werden.
- **Auslands-Reisekrankenversicherung:** Sie ist für Kassenpatienten, die ins außereuropäische Ausland reisen, unverzichtbar. Wer z. B. als gesetzlich Versicherter in die USA reist und dort in ein Krankenhaus eingeliefert werden muss, kann im finanziellen Ruin enden.

Der Aufstieg zum „Erste-Klasse-Patienten" muss nicht unbedingt höhere Kosten bedeuten. Gesetzlich Versicherte sollten vielmehr prüfen, was sie durch einen Wechsel in eine günstigere Krankenversicherung sparen können. Diese Ersparnis kann dann in eine Zusatzversicherung fließen. Auch die gesetzlichen Krankenkassen bieten inzwischen Zusatzversicherungen an.

Die private Unfallversicherung

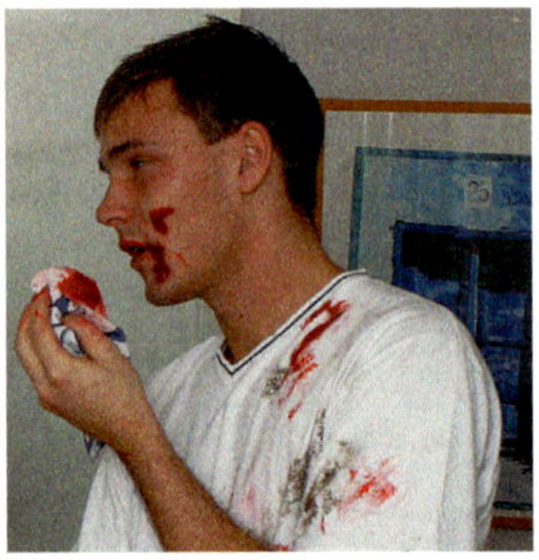

Sie hat die Aufgabe, die wirtschaftlichen Folgen von privaten und beruflichen Unfällen tragen zu helfen. Die private Unfallversicherung gibt es als Einzel- und Gruppenversicherung. So kann z. B. eine Unternehmung für ihre Außendienstmitarbeiter zusätzlich eine private Unfallversicherung für Verkehrsunfälle abschließen.

Bei der **gesetzlichen Unfallversicherung** beschränken sich die Leistungen auf Unfälle am Arbeitsplatz sowie auf dem direkten Hin- und Rückweg. Die meisten Unfälle passieren aber im Haushalt und in der Freizeit. Den umfassenderen Versicherungsschutz für alle diese Fälle bietet die **private Unfallversicherung.**

Anders als bei der gesetzlichen Unfallversicherung bestimmt der Versicherungsnehmer über seine Beitragszahlungen die Art und Höhe der Versicherungsleistung selbst. Neben einer Invaliditätssumme sind folgende Leistungen möglich: Todesfallsumme, Tagegeld, Krankenhaustagegeld mit Genesungsgeld und Übergangsentschädigung.

Lebensversicherung

Im Gegensatz zu den meisten Versicherungsarten wird bei der Lebensversicherung kein Schadensersatz geleistet, sondern eine bestimmte Summe ausbezahlt (Summenversicherung). Die Zahlung kann auf einmal **(Kapitalversicherung)** oder in Teilbeträgen **(Rentenversicherung)** erfolgen. Folgende **Formen** der Lebensversicherung werden unterschieden:

- Bei der **Todesfallversicherung** wird die Versicherungssumme erst beim Tod des Versicherten fällig.
- Bei der **Erlebensfallversicherung** wird die Leistung fällig, wenn der Versicherungsnehmer einen bestimmten Zeitpunkt erlebt (z. B. 60 Jahre alt wird).
- Die **gemischte Lebensversicherung** ist eine Versicherung auf den Erlebens- oder Todesfall. Die Versicherungssumme wird ausbezahlt, wenn ein bestimmtes Lebensalter erreicht wird. Stirbt der Versicherungsnehmer schon früher, wird der gesamte Betrag bereits zu diesem Zeitpunkt fällig.

Berufsunfähigkeitsversicherung

Laut Statistik muss jeder vierte Beschäftigte wegen Krankheit aus seinem Beruf aussteigen. In diesen Fällen schützt die gesetzliche Rentenversicherung nur eingeschränkt. Tritt der Schaden in den ersten 5 Versicherungsjahren ein, zahlt sie keinen Cent. Auch gibt es eine volle Erwerbsminderungsrente nur dann, wenn der Versicherte weniger als 3 Stunden täglich irgendeiner Erwerbstätigkeit nachgehen kann. Eine private Berufsunfähigkeitsrente bietet hier Abhilfe.

Praxistipp

Eine private Absicherung ist in jungen Jahren besonders preiswert.

Wer eine Berufsunfähigkeitsversicherung abschließt, sollte sich nicht gleich auf die billigste Police stürzen. In manchen Policen ist nämlich eine „Verweisklausel" enthalten. Sie besagt, dass der Versicherer den Kunden im Ernstfall auf einen anderen Beruf verweisen kann, anstatt ihm die Rente auszuzahlen.

Wichtig ist, eine ausreichend hohe Rente abzusichern. Sparen wäre an dieser Stelle verfehlt, denn es ist ja möglich, dass man später von dem Geld leben muss.

Schummeln bei den Gesundheitsfragen im Antrag ist gefährlich. Wenn man dem Versicherten auf die Schliche kommt, verliert er seinen Schutz.

Eine ungünstige Berufsunfähigkeitsversicherung sollte nie vorschnell gekündigt werden. Hat sich nämlich der Gesundheitszustand des Versicherten verschlechtert, bekommt er eventuell keinen neuen Vertrag mehr oder er muss einen satten Prämienzuschlag akzeptieren.

INFO 4 Vermögensversicherungen

Haftpflichtversicherung

Sie schützt den Versicherungsnehmer vor der Leistung von Schadensersatz gegenüber Dritten. Die Verpflichtung, Schadensersatz zu zahlen (Haftpflicht), ist im § 823, 1 BGB geregelt.

Die Haftpflichtversicherung bezahlt den Schaden in Höhe der vereinbarten Deckungssumme und übernimmt den Rechtsschutz, um ungerechtfertigte Ansprüche abzuwehren. Eine Zahlung erfolgt nicht, wenn ein Schaden vorsätzlich herbeigeführt wird (z. B. ein Versicherungsnehmer wirft einen Stein mit voller Absicht in ein Schaufenster).

Gegen Schadensersatzansprüche, die bei der Ausübung einer beruflichen Tätigkeit entstehen, schützen spezielle Berufshaftpflichtversicherungen. So hat z. B. auch Dr. Heilmann für sich und seine Mitarbeiterinnen eine entsprechende Versicherung abgeschlossen.

Rechtsschutzversicherung

Wer in einem Rechtsstreit unterliegt, hat die entstandenen Kosten zu tragen. Das Kostenrisiko kann für den Einzelnen ganz beträchtlich sein. Es zu übernehmen, ist Aufgabe der Versicherung. Sie ersetzt die Aufwendungen für den Rechtsanwalt, die Gerichtskosten, die Auslagen für Zeugen und Sachverständige. Voraussetzung ist allerdings, dass der Rechtsstreit nicht von Anfang an aussichtslos ist.

Reiserücktrittsversicherung

Versichert sind die geschuldeten Rücktrittskosten. Das sind die Stornogebühren, die anfallen, wenn man eine Reise nicht antreten oder eine Ferienwohnung nicht nutzen kann. Muss man vorzeitig abreisen, ersetzt die Versicherung im Allgemeinen die zusätzlichen Rückreisekosten. Möglich ist es auch, per Zusatzklausel die bereits bezahlten, aber noch nicht in Anspruch genommenen Reiseleistungen mitzuversichern.

Reisegepäckversicherung

Sie schützt den Versicherten vor dem finanziellen Schaden, der durch Verlust oder Beschädigung des Reisegepäcks entstehen kann. Versichert sind sämtliche Sachen des persönlichen Reisebedarfs. Dazu gehören Kleidung und das aufgegebene Gepäck und Handgepäck. Auch nahezu alle Sportgeräte einschließlich Zubehör sind während des Transports und der Lagerung mitversichert.

Private Rentenversicherung (siehe Seite 345)

INFO 5 Sachversicherungen

Hausratversicherung

Sie ersetzt Schäden am Hausrat (z. B. Bekleidung, Elektrogeräte, Möbel), die durch Feuer, Sturm, Hagel, Raub, Leitungswasser und Einbruchdiebstahl verursacht worden sind. Der Normaltarif der Hausratversicherung kann erweitert werden, sodass auch Schadensersatz bei Fahrraddiebstahl und Glasbruch geleistet wird.

Feuerversicherung

Sie ersetzt Schäden, die durch Brand, Blitzschlag, Explosion oder Flugzeugabsturz entstanden sind. Der Versicherungsschutz wird nur für Sachen gewährt, die dem Versicherungsnehmer gehören. Bricht ein Feuer aus, muss er unverzüglich Maßnahmen ergreifen, die den zu erwartenden Schaden mindern können.

Einbruchdiebstahlversicherung

Der Versicherer leistet Ersatz für Gegenstände, die durch Einbruchdiebstahl aus einem Gebäude entfernt oder dabei beschädigt oder zerstört werden. Entsprechend dem Namen dieser Versicherung müssen zwei Tatbestände zusammentreffen:

- der Einbruch und
- der Diebstahl.

Fremdes Eigentum wird in der Regel ohne Prämienerhöhung mitversichert, wenn dies ausdrücklich vereinbart wurde.

INFO 6 Kraftverkehrsversicherung

Die Kraftverkehrsversicherung besteht im Wesentlichen aus drei verschiedenen Versicherungsarten.

- **Kraftfahrzeug-Haftpflichtversicherung:** Sie ist gesetzlich vorgeschrieben. Bezahlt werden begründete Schadensersatzansprüche gegen Fahrzeughalter und -fahrer.
- **Kaskoversicherung:** Sie beinhaltet einen Versicherungsschutz gegen Schäden am eigenen Fahrzeug. Als **Teilkaskoversicherung** tritt sie z. B. ein bei Schäden durch Brand, Explosion,

Entwendung, Sturm und Hagel. Die **Vollkaskoversicherung** deckt darüber hinaus Schäden, die der Besitzer durch einen selbst verschuldeten Unfall am eigenen Fahrzeug verursacht hat. Auch Schäden, die durch mut- oder böswillige Handlungen Unbekannter am eigenen Fahrzeug entstehen, werden beglichen.

- **Insassenunfallversicherung:** Durch sie haben Kraftfahrer die Möglichkeit, Bei- und Mitfahrer gegen Unfälle zu versichern. Die Versicherung zahlt bei Tod und Invalidität, und zwar unabhängig von der Schuldfrage. Übrigens: Im Beitragssatz ist ein zusätzliches Krankenhaustagegeld für alle Insassen enthalten. Bedingung ist allerdings, dass sie angeschnallt waren.

Arbeitsaufträge

1. Welche Versicherung ist für folgende Schadensfälle zuständig?
   - Dr. Damm verschmutzt bei der Arbeit die neue Seidenbluse einer Patientin. Diese fordert, dass ihr die Reinigungskosten erstattet werden.
   - Frau Bachmann verursacht schuldhaft einen Unfall, bei der ihre Mitfahrerin erheblich verletzt wird. Diese fordert Schmerzensgeld von 16.000,00 €.
   - Im Sommerurlaub verkratzt Dr. Michel mit seinem Surfbrett die Autotür eines Bekannten. Der Lackschaden ist beträchtlich.
   - Für die in einer gesetzlichen Krankenversicherung versicherte Ramona Krämer entstehen bei einem Krankenhausaufenthalt 1.200,00 € zusätzliche Kosten, weil sie in einem Einbett-Zimmer untergebracht ist.
   - Um ein nicht begründetes Bußgeldverfahren abwehren zu können, entstehen Jasmin Stiller Anwaltskosten von 1.800,00 €.
   - Durch einen geplatzten Schlauch an der Waschmaschine kommt es in der Wohnung von Nadja Schulz zu einem Wasserschaden von über 3.000,00 €.
   - Die Orthopädin Frau Dr. Schmitt operiert einen Beinbruch ohne ausreichende Röntgendiagnostik. Es kommt zu einer Nervschädigung mit einem dauerhaften Taubheitsgefühl. Die Patientin fordert 10.000,00 € Schmerzensgeld.
2. Unterscheiden Sie zwischen den Zuständigkeitsbereichen der privaten und der gesetzlichen Unfallversicherung.
3. Erklären Sie die verschiedenen Arten der Kraftverkehrsversicherung.
4. Der amerikanische Schriftsteller Mark Twain misstraute Versicherungen: „Das sind Gesellschaften, die bei Sonnenschein Regenschirme ausleihen und sie wieder einsammeln, sobald die ersten Tropfen fallen."
   Diskutieren Sie diese These.
5. Frank S. kann sich nun endlich einen Traum erfüllen: Ein Strandurlaub in der Dominikanischen Republik. Das Angebot des Reisebüros hört sich nicht schlecht an. „Vierzehn Tage all inclusiv für 985,00 € sind ein richtiges Schnäppchen", meint auch die Frau vom Reisebüro. Auf die angeblich so wichtigen Versicherungen angesprochen wird Frank unsicher. „Reiseausfall-, Gepäck- und Auslandskrankenversicherung soll ich auch noch abschließen. Ist das wirklich notwendig und was kostet das zusätzlich?"
   a) Erkundigen Sie sich bei einem Reisebüro, wie hoch die Prämien für die einzelnen Versicherungen sind und was sie beinhalten. (Annahme: Zeitwert für das Gepäck 450,00 €)
   b) Diskutieren Sie in der Klasse die Frage, ob es wirklich sinnvoll ist, jede dieser einzelnen Versicherungen abzuschließen. Berücksichtigen Sie dabei auch die Kosten für die Versicherung.
6. Nennen Sie einige wichtige Anforderungen, welche die Gesundheitsreform für die private Krankenversicherung gebracht hat.

A

B

5780368

C

D

5780374

Bildquellenverzeichnis

adpic, Bonn: 285
ArtToday Europe, Unterhaching: 122
BGW, Hamburg: 52, 53, 127
Bilderbox Fotoagentur, Thening: 14, 18, 95, 169/2, 184, 211/1, 292
Bundesärztekammer/Volker Thurm, Heinz-Michael Just, Gottfried Mauff, Annegret Schoeller, Helmut Tschäpe: 277
Bundesministerium für Arbeit und Soziales: 79
Bundesministerium für Gesundheit: 134
picture alliance/dpa: Frankfurt am Main: 78/1 (Uli Deck)
Danzer Organisation + Systeme GmbH, Halfing: 288
Deutsche Post World Net, Bonn: 274/2
Ehlers Media Design, Reichenberg: 273/2
Esselte-Leitz, Stuttgart: 288/289
Wolfgang Filser: 357
Globus Infografik GmbH, Hamburg: 28/1+2, 58, 356
Claudia Hild, Angelburg 46, 51, 147 (3), 155 (u.), 157, 188, 224 (u.), 246
Horst Haitzinger: 343
Herz- und Diabeteszentrum NRW, Bochum: 153/2, 163
IMU-Infografik GmbH, Essen: 66
Indamed, Leverkusen: 259, 260
Kassenärztliche Bundesvereinigung, Berlin: 234
Marburger Bund, Berlin: 35
Medicalpicture/Steche: 268
Meyer-Wagenfeld, Espelkamp: 300/1+2
Gerhard Regenthal/Identität & Image, Wirtschaftsverlag Bachem (1996): 239
RWTÜV Anlagentechnik GmbH, Essen: 155/1
Techniker Krankenkasse, Hamburg: 133, 134
Transit/Thomas Härtrich: 366
Stefan Trux, Großkarolinenfeld: 191
Dirk und Dieter Tonn: 333
Jupp Wolter: 47, 362

Übrige Fotos: Hefele Fotodesign, Darmstadt
Illustrationen: Felix Görmann, Berlin
Layout: Claudia Hild, Angelburg